Kohlhammer

Arbeitsrecht

Grundlagen des Individualarbeitsrechts,
des kollektiven Arbeitsrechts
sowie der Arbeitsgerichtsbarkeit

von

Prof. Dr. Friedrich Schade MBA
Universität Sopron

Prof. Dr. Eva Feldmann
Fachhochschule Südwestfalen

2., überarbeitete Auflage

Verlag W. Kohlhammer

2. Auflage 2022

Alle Rechte vorbehalten
© W. Kohlhammer GmbH, Stuttgart
Gesamtherstellung: W. Kohlhammer Druckerei GmbH & Co. KG, Stuttgart

Print:
ISBN: 978-3-17-031451-1
E-Book-Formate:
pdf: ISBN 978-3-17-031452-8
epub: ISBN 978-3-17-031453-5

Dieses Werk einschließlich aller seiner Teile ist urheberrechtlich geschützt. Jede Verwendung außerhalb der engen Grenzen des Urheberrechts ist ohne Zustimmung des Verlags unzulässig und strafbar. Das gilt insbesondere für Vervielfältigungen, Übersetzungen, Mikroverfilmungen und für die Einspeicherung und Verarbeitung in elektronischen Systemen.
Für den Inhalt abgedruckter oder verlinkter Websites ist ausschließlich der jeweilige Betreiber verantwortlich. Die W. Kohlhammer GmbH hat keinen Einfluss auf die verknüpften Seiten und übernimmt hierfür keinerlei Haftung.

Vorwort

Das deutsche Arbeitsrecht ist geprägt durch einen ständigen und vielfältigen Wandel. Dazu trägt nicht nur – aber hauptsächlich – die Gesetzgebung bei. Arbeitsrecht ist allerdings vielfach auch „Richterrecht", so dass insbesondere die vielen Entscheidungen der Arbeitsgerichte, in erster Linie die des Bundesarbeitsgerichts und des Europäischen Gerichtshofs, Berücksichtigung bei der Erstellung eines Studienbuches zum Arbeitsrecht finden müssen.
Immer größeren Einfluss haben auch Richtlinien und Verordnungen der Europäischen Union auf das deutsche Arbeitsrecht. Zu erwähnen sind an dieser Stelle insbesondere die vier Richtlinien 2000/43/EG, 2000/78/EG, 2002/73/EG sowie 2004/113/EG, aus denen insgesamt durch Transformation in deutsches Recht das Allgemeine Gleichbehandlungsgesetz vom 14. August 2006 entstanden ist. Dazu kommen wegweisende Urteile des Europäischen Gerichtshofs, die von deutschen Gerichten, aber auch vom deutschen Gesetzgeber zu beachten sind.
Daneben wirken sich laufende Veränderungen in Arbeits- und Produktionsprozessen, dazu neuartige und immer schneller werdende Kommunikationsmittel sowie eine engere Verzahnung der verschiedenen Volkswirtschaften im Rahmen der Globalisierung auf nationale arbeitsrechtliche Sachverhalte aus.
Ziel dieses Studienbuches ist es einerseits, eine kompakte Darstellung des Individualarbeitsrechts mit dem darin enthaltenen besonderen Arbeitsschutzrecht, des kollektiven Arbeitsrechts sowie der Arbeitsgerichtsbarkeit zu vermitteln. Insbesondere Studierende der Rechtswissenschaften sowie von betriebswirtschaftlichen Studiengängen mit Vorlesungen im Arbeitsrecht an Universitäten, Fachhochschulen, Berufs-, Verwaltungs- und Wirtschaftsakademien soll das Studienbuch, speziell auch in Bachelor- und Masterstudiengängen, eine hilfreiche Vorbereitung auf anstehende, mit gutem Erfolg zu bestehende Rechtsklausuren im Arbeitsrecht sein. An dieser Stelle sei für Studierende auf die erschienene Fallsammlung von Schade/Beckmann/Pfaff, „Fälle zum Arbeitsrecht", 2010, X, 86 Seiten, kart., € 19,90, ISBN 978-3-17-020894-1 zum Trainieren von Falllösungen im Gutachtenstil hingewiesen.
Andererseits soll gerade Praktikern aus dem rechtlichen und wirtschaftlichen Umfeld, insbesondere den Unternehmerinnen und Unternehmern aus dem Mittelstand, den Entscheidern in Verbänden sowie Berufstätigen in Personalabteilungen das Studienbuch als nützliches Nachschlagewerk dienen, um arbeitsrechtliche Probleme zu erkennen und bei Bestehen derartiger Probleme zu ersten gedanklichen Lösungen zu kommen.
Rechtsprechung und Rechtsliteratur befinden sich auf dem Stand von August 2010. Ein umfangreiches Literaturverzeichnis und detaillierte Fundstellen, auf die der Autor besonderen Wert legt, sollen den Leserinnen und Lesern die Möglichkeit verschaffen, die eigenen Rechtskenntnisse, wenn gewünscht, weiter zu vertiefen und zu Recherchezwecken die Zitate, insbesondere aus den Urteilen des Bundesarbeitsgerichts sowie der Rechtsliteratur, an den exakten Stellen zu finden.
Besonders herzlich möchte ich Herrn Hendrik Wolking, ehemaliger Student in meinen Rechtsvorlesungen im Bachelor-Studiengang „Business and Management Studies", für seinen äußerst hohen zeitlichen, sehr disziplinierten und qualitativ höchst erfolgreichen Einsatz bei der technischen Bewältigung notwendiger redaktioneller Veränderungen bis zur Abgabe des Manuskripts an den Verlag danken. Herrn Rechtsreferendar André Stoffer danke ich besonders für wertvolle inhaltliche Hinweise und Anregungen, die in die Bearbeitung des Studienbuches aufgenommen wurden.

Vorwort

Die Leserinnen und Leser dieses Studienbuches möchte ich um Nachsicht bitten, dass einzelne Begriffe überwiegend in der männlichen Form benutzt werden.
Für Hinweise auf Fehler, für inhaltliche Vorschläge sowie weitere Anregungen und Kritik, die das Studienbuch weiter verbessern, bin ich sehr dankbar.

Iserlohn, im September 2010   Friedrich Schade

Vorwort zur 2. Auflage

Das deutsche Arbeitsrecht ist ein Rechtsgebiet, welches einem stetigen Wandel unterliegt. Sowohl die höchstrichterliche Rechtsprechung von EuGH und BAG, aber auch neue Gesetzgebungsaktivitäten fordern sowohl von Studierenden an Universitäten und Hochschulen, als auch von Praktikern eine regelmäßige Aktualisierung ihres Wissens. Die Autoren freuen sich daher sehr, nun die 2. Auflage vorlegen zu können.
Gute Kenntnisse im Arbeitsrecht sind für Studierende an Hochschulen in Bachelor-und Masterstudiengängen, aber auch für die Erste Juristische Prüfung unverzichtbar. Das vorliegende Lehrbuch möchte Studierende verschiedener Studiengänge auf Prüfungen im Arbeitsrecht vorbereiten, stellt aber gleichzeitig ein kompaktes Nachschlagewerk für den Praktiker dar.
Die Neuauflage ist grundlegend überarbeitet und beinhaltet zahlreiche Neuerungen der vergangenen Jahre, wie beispielsweise das Betriebsrätemodernisierungsgesetz, den Einfluss der Covid-19-Pandemie auf das Arbeitsrecht, das Beschäftigtendatenschutzrecht, das Geschäftsgeheimnissgesetz (GeschGehG), die Reform des MuSchG sowie Fragen zur Arbeitszeit und deren Dokumentation. Eingearbeitet wurden weiterhin zahlreiche klausur- und praxisrelevante Entscheidungen. Rechtsprechung, Gesetzgebung und Literatur sind auf dem Stand von Juli 2021.
Zur Vertiefung und Übung klausurrelevanter Bereiche sei an dieser Stelle auf das Studienbuch „Schade/Pfaff, Fälle zum Arbeitsrecht, 2019, ISBN 978-3-17-032898-3" verwiesen. Es ergänzt dieses Lehrbuch und ermöglicht es Studierenden, ihr gewonnenes Wissen auf praxisnahe Fälle anzuwenden und dabei den Gutachtenstil einzuüben.
Wir freuen uns über Anregungen und Verbesserungsvorschläge.

Sopron/Hagen im Oktober 2021   Friedrich Schade
                                                                          Eva Feldmann

Inhaltsverzeichnis

Vorwort V
Vorwort zur 2. Auflage VII
Abkürzungsverzeichnis XXI
Literaturverzeichnis XXVI
Abbildungsverzeichnis XXVII
Informative Internetadressen XXIX

Erster Teil: Grundlagen des Arbeitsrechts 1

§ 1 Das Arbeitsrecht im Gesamtrechtssystem 1
    I. Gegenstand des Arbeitsrechts 1
    II. Begriff des Arbeitsrechts. 3
    III. Individualarbeitsrecht und kollektives Arbeitsrecht 3
    IV. Arbeitsgerichtsbarkeit 4

§ 2 Geschichtliche Entwicklung 5

§ 3 Arbeits- und Beschäftigungsverhältnisse 6
    I. Typisches Arbeitsverhältnis. 6
    II. Parteien des Arbeitsverhältnisses 7
    III. Besondere Arbeitsverhältnisse. 8
    IV. Sonstige Beschäftigungsverhältnisse 9
    V. Arbeitnehmerähnliche Personen 10

§ 4 Rechtsquellen des Arbeitsrechts 11
    I. Supranationales Recht. 12
        1. Allgemeine völkerrechtliche Verträge 12
        2. Europäisches Gemeinschaftsrecht. 12
        3. Internationales Privatrecht der Europäischen Union 16
    II. Deutsches Recht. 16
        1. Grundgesetz 16
        2. Gesetze und Rechtsverordnungen von Bund und Ländern 17
        3. Kollektivvereinbarungen. 17
            a) Tarifvertrag 17
            b) Betriebsvereinbarung. 18
            c) Richtlinien 18
        4. Arbeitsvertrag 18
            a) Arbeitsvertragliche Einheitsregelungen 19
            b) Betriebliche Übung. 19
            c) Direktionsrecht des Arbeitgebers 19
        5. Gewohnheitsrecht 20
        6. Richterrecht 20

Inhaltsverzeichnis

Zweiter Teil:	**Individualarbeitsrecht**	22

§ 1 **Grundlagen** 22

§ 2 **Entstehung von Arbeitsverhältnissen** 23
- I. Personaleinstellungsplanung 24
- II. Anbahnung des Arbeitsvertrags 25
  1. Stellenausschreibung 25
  2. Bewerbung und Bewerbungsgespräch 25
  3. Informationsrechte des Arbeitgebers 26
  4. Ansprüche des Bewerbers 28
  5. Einstellungshindernisse 29
  6. Gleichbehandlung der Bewerber 29
- III. Abschluss des Arbeitsvertrags 30
  1. Einigung 31
  2. Geschäftsfähigkeit 31
  3. Stellvertretung 32
  4. Form 32
  5. Mängel bei Vertragsabschluss 33
  6. Inhaltskontrolle von Arbeitsverträgen 36
- IV. Besondere Arbeitsverhältnisse 38
  1. Zeitliche Abweichungen 38
     - a) Arbeitsverträge über mehr als fünf Jahre 38
     - b) Befristete Arbeitsverhältnisse; Arbeitsverhältnisse unter auflösender Bedingung 38
     - c) Teilzeitarbeit 38
  2. Sachlich besondere Arbeitsverhältnisse 40
     - a) Arbeitsverhältnis auf Probe 40
     - b) Berufsausbildungsverhältnis 41
     - c) Praktikanten und Volontäre 41
     - d) Schüler und Werkstudenten 42
     - e) Aushilfsarbeitsverhältnis 42
     - f) Nebenbeschäftigung 42
     - g) Arbeitnehmerüberlassung 42
- V. Arbeitnehmer als Verbraucher nach § 13 BGB 44
- VI. Arbeitgeber als Unternehmer nach § 14 BGB 44

§ 3 **Vertragsparteien** 45
- I. Arbeitnehmer 45
  1. Begriff 45
  2. Privatrechtlicher Vertrag 45
  3. Unselbstständige, entgeltliche Dienste 46
  4. Persönliche Abhängigkeit 47
     - a) Weisungsgebundenheit 47
     - b) Eingliederung in die Arbeitsorganisation 47
     - c) Konzentrierung der Arbeitskraft 47
     - d) Weitere Indizien für eine Arbeitnehmereigenschaft 47

		5.	Arbeiter und Angestellte	48
	II.		Arbeitgeber	49
		6.	Auszubildende	49
		1.	Begriff	49
		2.	Weitere Führungsebenen mit Leitungsfunktion	50
		3.	Betriebliche Altersversorgung	50
		4.	Arbeitgeberwechsel durch Betriebsübergang	51

§ 4 Inhalt von Arbeitsverträgen 52

    I. Grundlagen 52
    II. Pflichten des Arbeitnehmers 53
        1. Hauptpflicht: Arbeitstätigkeit 54
            a) Schuldner der Arbeitspflicht 54
            b) Gläubiger der Arbeitsleistung 54
            c) Art der Arbeitsleistung 54
            d) Ort der Arbeitsleistung 55
            e) Zeitlicher Umfang der Arbeitsleistung 55
                aa) Bereitschaft zur Arbeitsleistung 56
                bb) Höchstdauer der Arbeitszeit 56
                cc) Vertraglich vereinbarte Arbeitszeit 57
                dd) Einteilung der Arbeitszeit 57
                ee) Arbeitsruhe an Sonn- und Feiertagen 58
                ff) Intensität der Arbeitsleistung 59
        2. Nebenpflichten 59
            a) Pflicht zur Rücksichtnahme 59
            b) Handlungspflichten 60
            c) Unterlassungspflichten 60
                aa) Allgemeine Unterlassungspflichten 60
                bb) Besondere Unterlassungspflichten 61
            d) Gesetzliches Verbot der Bestechlichkeit 62
            e) Nebentätigkeitsverbot 62
            f) Wettbewerbsverbot 63
            g) Weiterbildungsgebot 63
    III. Pflichten des Arbeitgebers 64
        1. Hauptpflichten: Lohnzahlung und Beschäftigung 64
            a) Vergütungspflicht 64
                aa) Lohnformen 65
                bb) Auszuzahlender Betrag 67
                cc) Ausschlussfristen 67
                dd) Lohnschutz 67
            b) Beschäftigungspflicht 68
        2. Nebenpflichten 68
            a) Fürsorge- und Rücksichtspflichten 69
            b) Besondere Schutzpflichten 69
                aa) Schutz von Leben und Gesundheit 69
                bb) Schutz von Persönlichkeitsrechten 69
                cc) Schutz gegenüber eingebrachten Sachen 70

Inhaltsverzeichnis

			dd) Schutz von Vermögensinteressen	70
		c)	Pflicht zur Urlaubsgewährung	70
		d)	Pflicht zur Vergütung von Arbeitnehmererfindungen	71
		e)	Pflicht zur betrieblichen Altersversorgung	71
		f)	Pflichten bei Beendigung des Arbeitsverhältnisses	71
		g)	Pflicht zum Aufwendungsersatz	72

§ 5 Grundsatz der Gleichbehandlung ... 72

- I. Inhalt und Rechtswirkungen des Gleichbehandlungsgrundsatzes ... 73
- II. Benachteiligungsverbot nach dem Allgemeinen Gleichbehandlungsgesetz ... 74
- III. Sonstige Benachteiligungsverbote ... 77

§ 6 Leistungsstörungen im Arbeitsverhältnis ... 77

- I. Grundlagen ... 77
- II. Pflichtverletzungen des Arbeitnehmers ... 78
  1. Nichterbringung der Arbeit ... 79
  2. Schlechterfüllung der Arbeit ... 80
  3. Verletzung von Nebenpflichten ... 80
  4. Rechtsfolgen bei Pflichtverletzungen des Arbeitnehmers ... 80
     - a) Klage auf Erfüllung der Arbeitsleistung ... 80
     - b) Verlust des Anspruchs auf Arbeitsentgelt ... 80
     - c) Schadensersatz ... 81
     - d) Mankohaftung ... 82
     - e) Betriebsbuße ... 82
     - f) Abmahnung ... 82
- III. Pflichtverletzungen des Arbeitgebers ... 83
  1. Verletzung von Hauptpflichten ... 83
     - a) Lohnzahlungspflicht ... 83
     - b) Beschäftigungspflicht ... 84
  2. Verletzung von Nebenpflichten ... 84
     - a) Fürsorgepflicht ... 84
     - b) Schutzpflichten ... 85
     - c) Förderungspflichten ... 85
     - d) Gleichbehandlungspflicht ... 85
     - e) Gewährung von Erholungsurlaub ... 87
     - f) Sonstige Nebenpflichten ... 88
  3. Rechtsfolgen bei Pflichtverletzungen des Arbeitgebers ... 88
- IV. Einschränkung der Haftung des Arbeitnehmers ... 89
- V. Unverschuldeter Arbeitsausfall ... 90
  1. Grundsatz „Ohne Arbeit keinen Lohn" ... 91
  2. Ausnahmen vom Grundsatz „Ohne Arbeit keinen Lohn" ... 91
     - a) Entgeltfortzahlung an Feiertagen und im Krankheitsfall ... 91
       - aa) Entgeltfortzahlung an Feiertagen ... 91
       - bb) Entgeltfortzahlung im Krankheitsfall ... 92
         - (1) Unverschuldete Krankheit ... 93
         - (2) Verschuldete Krankheit ... 93

Inhaltsverzeichnis

			(3)	Mitteilungspflicht	94
			(4)	Höhe der Entgeltfortzahlung.	94
			(5)	Schadensersatzansprüche des Arbeitgebers gegenüber Dritten	95
		b)	Vorübergehende Verhinderung.		95
		c)	Urlaub		96
			aa)	Grundlagen	96
			bb)	Urlaubszeitpunkt und Urlaubszeitraum	97
			cc)	Vergütungsanspruch während des Urlaubs	98
		d)	Mutterschutz		99
		e)	Elternzeit und Elterngeld.		100
		f)	Pflegezeit.		101
		g)	Annahmeverzug des Arbeitgebers		101
		h)	Betriebsrisiko		102
		i)	Arbeitskampfrisiko		103
VI.	Arbeitsunfall.				104
	1.	Grundlagen.				104
	2.	Haftungsbeschränkung des Arbeitgebers				105
	3.	Haftungsbeschränkung des Arbeitnehmers				106
	4.	Haftung Dritter.				107

§ 7 Beendigung des Arbeitsverhältnisses 107

I.	Grundlagen				108
II.	Beendigungsgründe.				109
	1.	Nichtigkeit des Arbeitsvertrags.			109
	2.	Ordentliche Kündigung			109
		a)	Wirksame Kündigungserklärung.		110
		b)	Kündigungsgrund.		110
		c)	Kündigungsfrist		111
		d)	Anhörung des Betriebsrats bzw. des Sprecherausschusses . . .		111
		e)	Keine Unwirksamkeit der Kündigung		112
			aa)	Formmangel.	112
			bb)	Ordnungsgemäße Vertretung	112
			cc)	Verstoß gegen ein gesetzliches Verbot.	112
				(1) Kündigungsschutz bei Betriebsübergang	112
				(2) Kündigungsschutz bei Wechsel in ein Teilzeit- oder Vollzeitarbeitsverhältnis.	112
				(3) Kündigungsschutz für Mitglieder des Betriebsrats bzw. einer Jugend- und Auszubildendenvertretung.	113
				(4) Kündigungsschutz für Frauen während der Schwangerschaft und nach der Entbindung.	113
				(5) Kündigungsschutz vor und während der Elternzeit.	114
				(6) Kündigungsschutz für schwerbehinderte Personen	114
			dd)	Kündigungsschutz bei Verstoß gegen § 138 BGB	114

XIII

Inhaltsverzeichnis

	3.	Außerordentliche Kündigung	114
		a) Wirksame Kündigungserklärung	115
		b) Wichtiger Kündigungsgrund	115
		c) Umdeutung	116
	4.	Sonderfälle der Kündigung	117
		a) Verdachtskündigung	117
		b) Druckkündigung	117
		c) Änderungskündigung	118
III.	Sonstige Beendigungsgründe		119
	1.	Anfechtung des Arbeitsvertrags	119
	2.	Aufhebungsvertrag	120
	3.	Befristung von Arbeitsverhältnissen	120
		a) Kalendermäßig befristeter Arbeitsvertrag	121
		b) Zweckbefristeter Arbeitsvertrag	122
		c) Auflösend bedingter Arbeitsvertrag	122
	4.	Erreichen der Altersgrenze	123
	5.	Gerichtliche Entscheidung	124
	6.	Tod des Arbeitnehmers	124
IV.	Keine Beendigungsgründe		124
	1.	Betriebsübergang	125
		a) Grundlagen	125
		b) Betriebsübergang durch Rechtsgeschäft	125
		c) Betriebsübergang per Gesetz oder Hoheitsakt	127
		d) Informations- und Widerspruchsrecht des Arbeitnehmers	127
		e) Haftung bei Betriebsübergang	128
	2.	Betriebsstilllegung	128
	3.	Insolvenz des Arbeitgebers	129
	4.	Tod des Arbeitgebers	129
V.	Pflichten bei Beendigung des Arbeitsverhältnisses		129
	1.	Pflichten des Arbeitgebers	130
		a) Angemessene Freizeit zur Arbeitssuche	130
		b) Herausgabe von Arbeitspapieren	130
		c) Zeugniserteilung	130
		d) Auskunftserteilung über den ehemaligen Arbeitnehmer	132
	2.	Pflichten des Arbeitnehmers	133
		a) Herausgabe- und Rückzahlungspflichten	133
		b) Verschwiegenheitspflicht	133
		c) Nachvertragliches Wettbewerbsverbot	134
		d) Ausgleichsquittung	134

§ 8 Allgemeiner Kündigungsschutz 135

I.	Grundlagen		135
II.	Anwendbarkeit des Kündigungsschutzgesetzes		136
III.	Grundsatz der sozialen Rechtfertigung		137
	1.	Personenbedingte Kündigungsgründe	138
	2.	Verhaltensbedinge Kündigungsgründe	138
	3.	Betriebsbedingte Kündigungsgründe	139

IV.	Sozialwidrigkeit einer Kündigung	140
	1. Prognoseprinzip	140
	2. Ultima-ratio-Prinzip	140
	3. Interessenabwägung	141
	4. Sozialauswahl	141
V.	Wiedereinstellungsanspruch bei betriebsbedingter Kündigung	142
VI.	Kündigungsschutz und Allgemeines Gleichbehandlungsgesetz	142
VII.	Schutz vor Massenentlassungen	143
VIII.	Kündigungsschutzklage	143
	1. Klageart	143
	2. Klageerhebung	144
	3. Prozessuale Voraussetzungen	144
	4. Weiterbeschäftigungsanspruch	146
	5. Wiedereinstellungsanspruch	146

Dritter Teil: Besonderes Arbeitsschutzrecht 148

§ 1 Grundlagen 148
  I. Abgrenzung Öffentliches Recht/Privatrecht 148
  II. Rechtsfolgen aus der Verletzung von Arbeitsschutzrechten 149

§ 2 Verantwortung für den Arbeitsschutz 149
  I. Durchführung im Betrieb 149
  II. Direkte Verantwortung 151
    1. Arbeitgeber 151
    2. Arbeitnehmer 152
    3. Betriebsrat 152
    4. Sicherheitsbeauftragte 152
    5. Externe Verantwortliche 153
    6. Datenschutzbeauftragte 153
    7. Inklusionsbeauftragte 154
    8. Staatliche Aufsicht 154
    9. Berufsgenossenschaften 154
  III. Durchsetzung des Arbeitsschutzes 154

§ 3 Gebiete des Arbeitsschutzes 155
  I. Arbeitszeitschutz 156
    1. Arbeitszeit 156
    2. Anwendbarkeit des Arbeitszeitgesetzes 156
    3. Umfang der Arbeitszeit 156
    4. Festlegung der Arbeitszeit 157
    5. Ruhepausen 158
    6. Ruhezeit 158
    7. Nacht- und Schichtarbeit 158
    8. Sonn- und Feiertagsruhe 159

Inhaltsverzeichnis

II.	Schutz vor Lebens- und Gesundheitsgefahren	160
III.	Frauenarbeitsschutz	161
IV.	Mutterschutz	161
V.	Jugendarbeitsschutz	162
VI.	Schwerbehindertenschutz	162
	1. Grundlagen	162
	2. Beschäftigungspflicht des Arbeitgebers	163
	3. Sonstige Pflichten des Arbeitgebers	163
	4. Besondere Rechte schwerbehinderter Menschen	164
	5. Besonderer Kündigungsschutz	164
VII.	Schutz für Teilzeit- und befristet Beschäftigte	164
VIII.	Heimarbeitsschutz	165
IX.	Arbeitszeitschutz durch das Ladenschlussgesetz	166
X.	Datenschutz	167
XI.	Schutz bei Mehrarbeit und Kurzarbeit	168

Vierter Teil: Kollektives Arbeitsrecht 171

§ 1 Koalitionsrecht 171

I.	Begriff und Bedeutung	171
II.	Aufgaben	173
III.	Koalitionsfreiheit	173
	1. Individuelle Koalitionsfreiheit	173
	2. Kollektive Koalitionsfreiheit	174
	a) Bestandsgarantie	174
	b) Betätigungsgarantie	175
	c) Koalitionsmittelgarantie	175
	3. Einschränkungen der Koalitionsfreiheit	175
IV.	Arbeitgeberverbände und Gewerkschaften als Koalitionen	176
	1. Arbeitgeberverbände	176
	2. Gewerkschaften	176

§ 2 Tarifvertragsrecht 177

I.	Begriff und Bedeutung eines Tarifvertrags	178
II.	Tariffähigkeit und Tarifzuständigkeit	179
	1. Tariffähigkeit	179
	2. Tarifzuständigkeit	180
III.	Arten und Inhalt von Tarifverträgen	180
	1. Arten von Tarifverträgen	180
	2. Inhalt von Tarifverträgen	180
	a) Schuldrechtlicher Teil	180
	b) Normativer Teil	181
IV.	Grenzen der Tarifautonomie	182
V.	Wirkungen der tarifvertraglichen Regelungen	183
	1. Wirksamer Tarifvertrag	183
	2. Tarifgebundenheit der Tarifparteien	184

		3.	Geltungsbereich des Tarifvertrags	185
		4.	Friedenspflicht	185
		5.	Tarifkonkurrenz und Tarifpluralität	186
		6.	Beendigung des Tarifvertrags	187

§ 3 Schlichtungsrecht 187

    I. Begriff und Arten 187
    II. Sinn und Verfahren 188

§ 4 Arbeitskampfrecht 188

    I. Begriff und Grundlagen 189
    II. Rechtsgrundlagen 190
    III. Arbeitskampfmaßnahmen der Arbeitnehmer 191
        1. Streik 191
        2. Boykott 192
        3. Abkehr 192
    IV. Arbeitskampfmaßnahmen der Arbeitgeber 192
        1. Aussperrung 192
        2. Betriebsstilllegung 193
        3. Streikbruchprämie 193
    V. Rechtmäßigkeitsvoraussetzungen für Arbeitskämpfe 193
        1. Grundlagen 193
        2. Tarifvertragsparteien 194
        3. Zulässige Tarifvertragsregelungen 194
        4. Allgemeine Grundsätze des Arbeitskampfs 195
            a) Freie Wahl der Kampfmittel 195
            b) Verhandlungsparität 195
            c) Gebot der Verhältnismäßigkeit 196
            d) Gebot fairer Kampfführung 196
    VI. Rechtsfolgen von Arbeitskämpfen 197
        1. Rechtmäßiger Arbeitskampf 197
            a) Rechtsfolgen für kämpfende Tarifvertragsparteien 197
            b) Rechtsfolgen für kampfbeteiligte Arbeitsvertragsparteien ... 198
            c) Rechtsfolgen für unbeteiligte Dritte 199
        2. Rechtswidriger Arbeitskampf 199
            a) Rechtsfolgen für kämpfende Tarifvertragsparteien 199
            b) Rechtsfolgen für kämpfende Tarifvertragsparteien im Verhältnis zu einzelnen Arbeitnehmern oder einzelnen Arbeitgebern 200
            c) Rechtsfolgen für kampfbeteiligte Arbeitsvertragsparteien ... 200
            d) Rechtsfolgen für unbeteiligte Dritte 201
    VII. Vorläufiger Rechtsschutz beim Arbeitskampf 201

§ 5 Mitbestimmung in Betrieb und Unternehmen 202

    I. Einführung 202
    II. Betriebsverfassungsrecht 202

Inhaltsverzeichnis

1. Grundlagen.. 203
2. Historische Entwicklung...................................... 205
3. Geltungsbereich.. 206
   a) Räumlicher Geltungsbereich............................... 206
   b) Sachlicher Geltungsbereich............................... 206
   c) Persönlicher Geltungsbereich............................. 207
4. Grundprinzipien der Betriebsverfassung....................... 209
   a) Prinzip der vertrauensvollen Zusammenarbeit.............. 209
   b) Friedenspflicht.. 209
   c) Grundprinzipien der Behandlung von Betriebsangehörigen   210
5. Organisation der Betriebsverfassung.......................... 210
   a) Betrieb.. 210
   b) Arbeitgeber und Arbeitnehmer............................. 211
   c) Betriebsrat.. 211
      aa) Rechtsstellung....................................... 211
      bb) Wahl des Betriebsrats................................ 212
      cc) Wahlberechtigung und Wählbarkeit..................... 212
      dd) Zahl der Betriebsratsmitglieder...................... 213
      ee) Amtszeit... 213
      ff) Wahlverfahren.. 214
      gg) Anfechtung der Wahl.................................. 214
      hh) Nichtigkeit der Wahl................................. 215
      ii) Organisation des Betriebsrats........................ 215
      jj) Geschäftsführung des Betriebsrats.................... 215
      kk) Aufgaben des Betriebsrats............................ 217
      ll) Rechtsstellung und Schutz der Betriebsratsmitglieder. 218
          (1) Tätigkeit und Ansprüche.......................... 218
          (2) Schutzrechte für die Ausübung der Betriebsrats-
              tätigkeit.. 219
          (3) Sonstige Schutzrechte............................ 219
      mm) Verschwiegenheitspflicht............................. 220
      nn) Datenschutz.. 220
      oo) Haftung.. 220
   d) Sonstige Organe der Betriebsverfassung................... 221
      aa) Betriebsversammlung.................................. 221
      bb) Gesamtbetriebsrat.................................... 221
      cc) Konzernbetriebsrat................................... 222
      dd) Europäischer Betriebsrat............................. 222
      ee) Betriebsrat einer Europäischen Gesellschaft (SE)..... 223
      ff) Jugend- und Auszubildendenvertretung................. 223
      gg) Wirtschaftsausschuss................................. 224
      hh) Sprecherausschuss der leitenden Angestellten......... 224
      ii) Schwerbehindertenvertretung.......................... 225
      jj) Einigungsstelle...................................... 225
6. Beteiligungsrechte des Betriebsrats.......................... 225
   a) Mitbestimmungs- und Mitwirkungsrechte.................... 226
      aa) Soziale und personelle Angelegenheiten............... 226

		bb) Mitwirkungsrechte im Betrieb. 226

            bb) Mitwirkungsrechte im Betrieb. 226
                (1) Widerspruchsrecht 226
                (2) Beratungs- und Anhörungsrecht. 226
                (3) Unterrichtungsrecht 227
        b) Besondere Sachgebiete der Beteiligung 227
            aa) Allgemeine Aufgaben des Betriebsrats 227
            bb) Mitbestimmung in sozialen Angelegenheiten 227
            cc) Mitbestimmung in personellen Angelegenheiten. 228
                (1) Personalplanung 229
                (2) Berufsbildung 229
                (3) Einstellung, Eingruppierung, Umgruppierung
                     und Versetzung 230
                (4) Ordentliche und außerordentliche Kündigung. . . 231
            dd) Mitbestimmung in wirtschaftlichen Angelegenheiten . 231
                (1) Grundlagen. 232
                (2) Wirtschaftsausschuss. 232
                (3) Betriebsänderungen 232
                (4) Sozialplan. 233
            ee) Mitbestimmung bei der Gestaltung von Arbeitsplatz,
                Arbeitsablauf und Arbeitsumgebung 233
        c) Ausübung der Beteiligungsrechte 234
        d) Durchsetzung der Beteiligungsrechte. 235
        e) Betriebsvereinbarung. 236
            aa) Inhalt der Betriebsvereinbarung 236
            bb) Geltungsbereich 237
        f) Betriebsabsprache 238
III. Mitbestimmung für leitende Angestellte 238
    1. Grundlagen. 238
    2. Sprecherausschuss 239
    3. Errichtung, Organisation und Geschäftsführung 240
    4. Aufgaben und Beteiligungsrechte. 241
    5. Rechtsstellung der Sprecherausschussmitglieder. 241
    6. Zusammenwirken mit dem Betriebsrat 242
IV. Personalvertretungsrecht. 242
    1. Grundlagen. 242
    2. Personalrat 242
    3. Errichtung, Organisation und Geschäftsführung 243
    4. Personalversammlung. 243
    5. Mitwirkungs- und Mitbestimmungsrechte. 244
    6. Dienstvereinbarung 245
V. Mitbestimmung in Unternehmen 245
    1. Grundlagen. 245
    2. Mitbestimmung nach Montan-Mitbestimmungsgesetz 1951
       (Montan-MitbestG) 246
    3. Mitbestimmung nach Mitbestimmungsgesetz 1976 (MitbestG) . . 247
    4. Mitbestimmung nach Drittelbeteiligungsgesetz 2004 (DrittelbG). 248

Inhaltsverzeichnis

Fünfter Teil: Arbeitsgerichtsbarkeit 250

§ 1 **Grundlagen** 250

§ 2 **Organisation und Zuständigkeit der Arbeitsgerichte** 251
- I. Gerichtsinstanzen 251
  1. Arbeitsgericht 251
  2. Landesarbeitsgericht. 252
  3. Bundesarbeitsgericht 252
- II. Rechtsweg 252
- III. Sachliche Zuständigkeit. 253
- IV. Örtliche Zuständigkeit. 254
- V. Verweisung. 255

§ 3 **Urteilsverfahren und Beschlussverfahren** 255
- I. Urteilsverfahren 255
- II. Beschlussverfahren. 257

§ 4 **Schiedsverfahren** 258

Stichwortverzeichnis 261

Abkürzungsverzeichnis

a. A.	anderer Ansicht
ABl.	Amtsblatt
Abs.	Absatz
AcP	Archiv für die civilistische Praxis
AEntG	Arbeitnehmer-Entsendegesetz
AEUV	Vertrag über die Arbeitsweise der Europäischen Union vom 1.12.2009
AfP	Archiv für Presserecht
AG	Arbeitsgericht, Aktiengesellschaft, Die Aktiengesellschaft, Zeitschrift
AGB	Allgemeine Geschäftsbedingungen
AGBG	AGB-Gesetz
AGG	Allgemeines Gleichbehandlungsgesetz
AIDS	Acquired Immune Deficiency Syndrome
AKR	Arbeitskampfrecht
Alt.	Alternative
AltersteilzeitG	Altersteilzeitgesetz
Anm.	Anmerkung
ArbGG	Arbeitsgerichtsgesetz
ArbNErfG	Arbeitnehmererfindungsgesetz
ArbPlSchG	Arbeitsplatzschutzgesetz
ArbRB	Der Arbeits-Rechts-Berater
ArbRGeg	Das Arbeitsrecht der Gegenwart, Jahrbuch
ArbSchG	Arbeitsschutzgesetz
ArbStättV	Arbeitsstättenverordnung
ArbZG	Arbeitszeitgesetz
AP	Arbeitsrechtliche Praxis
arg. e	Argument aus
ARS	Arbeitsrechtssammlung mit Entscheidungen des Reichsgerichts, der Landesarbeitsgerichte und Arbeitsgerichte
Art.	Artikel
Artt.	Artikel (Pl.)
ARW	Archiv für Recht und Wirtschaftsphilosophie, Zeitschrift
ASiG	Gesetz über Betriebsärzte, Sicherheitsingenieure und andere Fachkräfte für Arbeitssicherheit
AÜG	Arbeitnehmerüberlassungsgesetz
Aufl.	Auflage
AuR	Arbeit und Recht, Zeitschrift
BAG	Bundesarbeitsgericht
BAGE	Amtliche Sammlung der Entscheidungen des Bundesarbeitsgerichts, Band und Seiten
BAVAZ	Bedarfsabhängige variable Arbeitszeit
Bearb.	Bearbeiterin, Bearbeiter
BArbBl.	Bundesarbeitsblätter
BaubetriebeVO	Baubetriebeverordnung
BB	Betriebs-Berater, Zeitschrift
BBergG	Bundesberggesetz
BBiG	Berufsbildungsgesetz
Bd.	Band
BDA	Bundesverband der Deutschen Arbeitgeberverbände
BDI	Bundesverband der Deutschen Industrie
BDSG	Bundesdatenschutzgesetz
BEEG	Bundeselterngeld- und Elternzeitgesetz
BErzGG	Bundeserziehungsgeldgesetz
Beil.	Beilage
BeschSchG	Beschäftigungsschutzgesetz

Abkürzungsverzeichnis

BetrAVG	Gesetz zur Verbesserung der betrieblichen Altersversorgung
BetrVG	Betriebsverfassungsgesetz
BGB	Bürgerliches Gesetzbuch
BGBl.	Bundesgesetzblatt
BGH	Bundesgerichtshof
BGHSt	Amtliche Sammlung der Entscheidungen des Bundesgerichtshofs in Strafsachen, Band und Seiten
BGHZ	Amtliche Sammlung der Entscheidungen des Bundesgerichtshofs in Zivilsachen, Band und Seiten
BImSchG	Bundesimmissionsschutzgesetz
BPersVG	Bundespersonalvertretungsgesetz
BSG	Bundessozialgericht
BT-Dr	Drucksache des Deutschen Bundestags
BurlG	Bundesurlaubsgesetz
BverfG	Bundesverfassungsgericht
BverfGE	Amtliche Sammlung der Entscheidungen des Bundesverfassungsgerichts, Band und Seiten
BZRG	Bundeszentralregistergesetz
bzw.	beziehungsweise
ca.	cirka
ChemG	Chemikaliengesetz
CR	Computer und Recht, Zeitschrift
DB	Der Betrieb, Zeitschrift
DDR	Deutsche Demokratische Republik
ders.	derselbe
DGB	Deutscher Gewerkschaftsbund
d. h.	das heißt
dies.	dieselben
div.	diverse
DJT	Deutscher Juristentag
DrittelbG	Drittelbeteiligungsgesetz
EBRG	Europäisches Betriebsräte-Gesetz
EFZG	Gesetz über die Zahlung des Arbeitsentgeltes an Sonn- und Feiertagen und im Krankheitsfall
EG	Europäische Gemeinschaft
EGBGB	Einführungsgesetz zum Bürgerlichen Gesetzbuch
EGC	Europäische Grundrechte-Charta
EGV	Vertrag zur Gründung der Europäischen Gemeinschaft
Einf.	Einführung
EMRK	Konvention zum Schutz der Menschenrechte und Grundfreiheiten
ErfK	Erfurter Kommentar
ESC	Europäische Sozialcharta
etc.	ecetera
EU	Europäische Union
EuGH	Europäischer Gerichtshof
e.V.	eingetragener Verein
evtl.	eventuell
EWG	Europäische Wirtschaftsgemeinschaft
EzA	Entscheidungssammlung zum Arbeitsrecht
EzB	Entscheidungssammlung zum Berufsbildungsrecht
f.	folgende
ff.	fortfolgende
FS	Festschrift
G	Gesetz
GDBA	Gewerkschaft Deutscher Bundesbahnbeamter und Anwärter

Abkürzungsverzeichnis

GdED	Gewerkschaft der Eisenbahner Deutschlands
GDL	Gewerkschaft Deutscher Lokomotivführer
GmbH	Gesellschaft mit beschränkter Haftung
GmbHR	GmbH-Rundschau, Zeitschrift
gem.	gemäß
GenTG	Gentechnikgesetz
GewO	Gewerbeordnung
GG	Grundgesetz
ggf.	gegebenenfalls
GK	Gemeinschaftskommentar
GK-BetrVG	Gemeinschaftskommentar zum Betriebsverfassungs-Gesetz
GK-KR	Gemeinschaftskommentar zum Kündigungsrecht
GKG	Gerichtskostengesetz
grds.	grundsätzlich
GS	Großer Senat
GSG	Gesundheitsstrukturgesetz
GVG	Gerichtsverfassungsgesetz
HAG	Heimarbeitsgesetz
Hdb.	Handbuch
HGB	Handelsgesetzbuch
h. M.	herrschende Meinung
Hrsg.	Herausgeber
Hs.	Halbsatz
IAO	Internationale Arbeitsorganisation
i. d. R.	in der Regel
i. e. S.	im engeren Sinn
IG	Industriegewerkschaft
ILO	International Labour Organisation
insbes.	insbesondere
InsO	Insolvenzordnung
i. S. d.	im Sinne der/des/dieses
i. S.e.	im Sinne eines
i. S. v.	im Sinne von
i. V. m.	in Verbindung mit
JA	Juristische Arbeitsblätter, Zeitschrift
JArbSchG	Jugendarbeitsschutzgesetz
JURA	Juristische Ausbildung, Zeitschrift
JuS	Juristische Schulung, Zeitschrift
JZ	Juristen-Zeitung
KAPOVAZ	Kapazitätsorientierte variable Arbeitszeit
Kfz.	Kraftfahrzeug
KR	Kündigungsrecht
KSchG	Kündigungsschutzgesetz
KSchR	Kündigungsschutzrecht
LadSchlG	Gesetz über den Ladenschluss
LAG	Landesarbeitsgericht (Ladenschlussgesetz)
LohnFG	Gesetz über die Fortzahlung des Arbeitsentgelts im Krankheitsfalle (Lohnfortzahlungsgesetz)
LS	Leitsatz, Leitsätze
m.	mit
MH	Münchener Handbuch zum Arbeitsrecht
MitbestG	Mitbestimmungsgesetz
MK	Münchener Kommentar
Montan-MitbestG	Montan-Mitbestimmungsgesetz
MontMitbestErgG	Montan-Mitbestimmungsergänzungsgesetz

Abkürzungsverzeichnis

MuSchG	Mutterschaftsschutzgesetz
NachwG	Nachweisgesetz
n. F.	neue Fassung
NJW	Neue Juristische Wochenschrift, Zeitschrift
Nr.	Nummer
NZA	Neue Zeitschrift für Arbeitsrecht
NZA-RR	NZA-Rechtsprechungsreport, Arbeitsrecht
NZS	Neue Zeitschrift für Sozialrecht
PersV	Personalvertretung, Zeitschrift
PflegeZG	Pflegezeitgesetz
RAG	Reichsarbeitsgericht
RdA	Recht der Arbeit
RGZ	Amtliche Sammlung der Entscheidungen des Reichsgerichts in Zivilsachen, Band und Seiten
RIW	Recht der Internationalen Wirtschaft, Zeitschrift
Rn.	Randnummer
Rom-I-VO	Verordnung (EG) Nr. 593/2008 des Europäischen Parlaments und des Rates vom 17.6.2008 über das auf vertragliche Schuldverhältnisse anzuwendende Recht (Rom-I)
Rs.	Rechtssache
S.	Seite, Seiten
SAE	Sammlung arbeitsrechtlicher Entscheidungen
SCE	Societas Cooperativa Europaea
SE	Societas Europaea
SEBG	SE-Beteiligungsgesetz
SeemG	Seemannsgesetz
SGB	Sozialgesetzbuch
Slg.	Sammlung
sog.	sogenannte
SprAuG	Sprecherausschussgesetz
SchwArbG	Gesetz zur Bekämpfung der Schwarzarbeit
StGB	Strafgesetzbuch
Transnet	Transport, Service und Netz
TüV	Technischer Überwachungsverein
TVAL	Tarifvertrag für Angehörige alliierter Dienststellen
TVG	Tarifvertragsgesetz
TzBfG	Teilzeit- und Befristungsgesetz
u.	und
u. a.	und andere/unter anderem
UNO	United Nations Organization
Urt.	Urteil
USA	United States of America
u. U.	unter Umständen
UWG	Gesetz gegen den unlauteren Wettbewerb
v.	vom/von/vor
VersR	Versicherungsrecht, Zeitschrift
Vgl.	Vergleiche
VO	Verordnung
VwVfG	Verwaltungsverfahrensgesetz
WRV	Verfassung des Deutschen Reiches v. 11.8.1919 (Weimarer Reichsverfassung)
WuB	Wirtschafts- und Bankrecht

Abkürzungsverzeichnis

z. B.	zum Beispiel
ZBR	Zeitschrift für Beamtenrecht
ZfA	Zeitschrift für Arbeitsrecht
ZGR	Zeitschrift für Unternehmens- und Gesellschaftsrecht
zit.	zitiert
ZivilG	Zivilgericht
ZPO	Zivilprozessordnung
z. T.	zum Teil
ZTR	Zeitschrift für Tarif-, Arbeits- und Sozialrecht des öffentlichen Dienstes
z.Zt.	zurzeit
€	Euro
§	Paragraph
%	Prozent

Literaturverzeichnis

Ascheid/Preis/Schmidt, Kündigungsrecht, 6. Aufl. 2021
Baeck/Deutsch, Arbeitszeitgesetz, 4. Aufl. 2020
Bauer/Krieger/Günther, Allgemeines Gleichbehandlungsgesetz und Entgelttransparenzgesetz, 5. Aufl. 2018
Baumbach/Hopt, Handelsgesetzbuch, 40. Aufl. 2021 (zit.: Baumbach/Hopt/Bearb.)
Brose/Weth/Volk, Mutterschutzgesetz und Bundeselterngeld- und Elternzeitgesetz, 9. Aufl., 2020
Brox/Rüthers/Henssler, Arbeitsrecht, 20. Aufl. 2020
Buchner/Becker, Mutterschutzgesetz und Bundeselterngeld- und Elternzeitgesetz, 8. Aufl., 2008
Conrads/Schade, Internationales Wirtschaftsprivatrecht, 2008
Dauner-Lieb/Langen, Bürgerliches Gesetzbuch: BGB, Band 2: Schuldrecht, 4. Aufl. 2021 (zit.: Dauner-Lieb/Langen/Bearb.)
Däubler (Hrsg.), Tarifvertragsgesetz, 4. Aufl. 2016 (zit.: Däubler/Bearb.)
Däubler/Bertzbach, Allgemeines Gleichbehandlungsgesetz, 4. Aufl. 2018 (zit.: Däubler/Bertzbach/Bearb.)
Däubler/Deinert/Zwanziger, KSchR Kündigungsschutzrecht, 11. Aufl. 2020 (zit.: KSchR/Bearb.)
Däubler/Hjort/Schubert/Wolmerath, Arbeitsrecht, 4. Aufl. 2017 (zit.: Däubler/Hjort/Schubert/Wolmerath/Bearb.)
Däubler/Klebe/Wedde, BetrVG Betriebsverfassungsgesetz, 17. Aufl. 2020
Dütz/Thüsing, Arbeitsrecht, 25. Aufl. 2020
Fitting/Engels/Schmidt/Trebinger/Linsenmaier, Betriebsverfassungsgesetz, 30. Aufl. 2020 (zit.: Fitting, §)
Gamillscheg, Kollektives Arbeitsrecht, Bd. 1, 1997
Germelmann/Matthes/Prütting, Arbeitsgerichtsgesetz, 9. Aufl. 2017 (zit.: Germelmann/Bearb.)
Grabitz/Hilf/Nettesheim, Das Recht der Europäischen Union, Band I: EUV/EGV, 72. Aufl. 2021 (zit.: Grabitz/Hilf/Nettesheim/Bearb.)
Habersack/Henssler, Mitbestimmungsrecht, 4. Aufl., 2018
Hanau/Adomeit, Arbeitsrecht, 14. Aufl. 2007
Henssler/Braun, Arbeitsrecht in Europa, 3. Aufl. 2011
Henssler/Willemsen/Kalb, Arbeitsrechtskommentar, 9. Aufl. 2020 (zit.: Henssler/Bearb.)
Hirdina, Grundzüge des Arbeitsrechts, 4. Aufl. 2014
von Hoyningen-Huene, Betriebsverfassungsgesetz, 7. Aufl. 2020
Hohmann, Arbeitsgerichtsgesetz, 3. Aufl. 2014
Hohmeister/Goretzki/Oppermann, Bundesurlaubsgesetz, 2. Aufl. 2008
Hromadka/Maschmann, Arbeitsrecht, Band 1 (Individualarbeitsrecht), 7. Aufl. 2018 (zit.: Hromadka/Maschmann, Bd. 1)
dies., Arbeitsrecht, Band 2 (Kollektivarbeitsrecht und Arbeitsstreitigkeiten), 8. Aufl. 2020 (zit.: Hromadka/Maschmann, Bd. 2)
Hueck/Nipperdey, Lehrbuch des Arbeitsrechts, Bd. 1, 7. Aufl. 1967
dies., Lehrbuch des Arbeitsrechts, Bd. 2, 7. Aufl. 1970
Jauernig, Bürgerliches Gesetzbuch, 18. Aufl. 2021 (zit.: Jauernig/Bearb.)
Junker, Grundkurs Arbeitsrecht, 20. Aufl. 2021
Kokemoor, Sozialrecht, 9. Aufl. 2020
Kollmer/Wiebauer/Schucht, Arbeitsstättenverordnung (ArbStättVO), 4. Aufl. 2019
Laux/Schlachter, Teilzeit- und Befristungsgesetz, 2. Aufl. 2011 (zit.: Laux/Schlachter/Bearbeiter)
Lieb/Jacobs, Arbeitsrecht, 9. Aufl. 2006
Linck/Krause/Bayreuther, Kündigungsschutzgesetz, 16. Aufl. 2019
Löwisch/Caspers/Klumpp, Arbeitsrecht, 12. Aufl. 2019
Löwisch/Rieble, Tarifvertragsgesetz, 4. Aufl. 2017
Michalski/Westerhoff, Arbeitsrecht, 8. Aufl. 2020
Müller-Glöge/Preis/Schmidt (Hrsg.), Erfurter Kommentar zum Arbeitsrecht, 21. Aufl. 2021 (zit.: ErfK/Bearb.)
Münchener Kommentar, Bürgerliches Gesetzbuch,
    Band 1, Teil 1, Allgemeiner Teil, §§ 1–240, 8. Aufl. 2018 (zit.: MK-BGB1/Bearb.)
    Band 7, Schuldrecht Besonderer Teil IV, §§ 705–853, 8. Aufl. 2020 (zit.: MK-BGB7/Bearb.)

Literaturverzeichnis

Münchener Kommentar, Handelsgesetzbuch, Band 1, Erstes Buch, Handelsstand, §§ 1–104, 5. Aufl. 2021 (zit: MK-HGB/Bearb.)
Neumann/Fenski/Kühn, Bundesurlaubsgesetz, 12. Aufl. 2021
Nikisch, Arbeitsrecht, Bd. 1, 3. Aufl. 1961
ders., Arbeitsrecht, Bd. 2, 2. Aufl. 1959
Otto/Bieder, Arbeitsrecht, 5. Aufl. 2020
ders., Arbeitskampf- und Schlichtungsrecht, 2006 (zit.: Otto, AKR)
Palandt (Hrsg.), Bürgerliches Recht, Kommentar, 80. Aufl. 2021 (zit.: Palandt/Bearb.)
Preis/Temming, Arbeitsrecht – Individualarbeitsrecht, 36 Aufl. 2019 (zit.: Preis/Temming)
Preis/Greiner, Arbeitsrecht – Kollektivarbeitsrecht, 5. Aufl. 2020 (zit.: Preis/Greiner)
Ranke (Hrsg.), Mutterschutz/Elterngeld/Elternzeit/Betreuungsgeld, 5. Aufl. 2018 (zit.: Ranke/Bearb.)
Richardi (Hrsg.), Recht der Betriebs- und Unternehmensmitbestimmung, Bd. 1, 3. Aufl. 2000 (zit.: Richardi/Bearb.)
ders., Betriebsverfassungsgesetz, 16. Aufl. 2018
ders./Wlotzke (Hrsg.), Münchener Handbuch zum Arbeitsrecht, Bd. 1, 5. Aufl. 2021 (zit.: MH1/Bearb.)
ders./Wlotzke (Hrsg.), Münchener Handbuch zum Arbeitsrecht, Bd. 2, 4. Aufl. 2018 (zit.: MH2/Bearb.)
ders./Wlotzke (Hrsg.), Münchener Handbuch zum Arbeitsrecht, Bd. 3, 5. Aufl. 2021 (zit.: MH3/Bearb.)
ders./Bayreuther, Kollektives Arbeitsrecht, 4. Aufl. 2019
Rüthers, Streik und Verfassung, 1960
Schade/Graewe, Wirtschaftsprivatrecht, 4. Aufl. 2016
Schaub, Arbeitsrechts-Handbuch, 18. Aufl. 2019 (zit.: Schaub/Bearb.)
Schaub/Koch, Arbeitsrecht von A-Z, 25. Aufl. 2021
Schmidt/Koberski/Tiemann/Wascher, Heimarbeitsgesetz, 4. Aufl. 1998
Schmitt, Entgeltfortzahlungsgesetz und Aufwendungsausgleichsgesetz, 8. Aufl. 2018
Schüren/Hamann, Arbeitnehmerüberlassungsgesetz, 5. Aufl. 2018
Schwab/Weth, Arbeitsgerichtsgesetz, 5. Aufl. 2017
Senne, Arbeitsrecht – Das Arbeitsverhältnis in der betrieblichen Praxis, 10. Aufl. 2018
Streinz, EUV/AEUV, 3. Aufl. 2018 (zit.: Streinz/Bearb.)
Thüsing/Rachor/Lembke, Kündigungsschutzgesetz, 4. Aufl. 2018
Treber, EFZG, 2. Aufl. 2007
Treier, Personalpsychologie im Unternehmen, 2009
Ulmer/Habersack/Henssler, Mitbestimmungsrecht, 2. Aufl. 2006
Waltermann, Arbeitsrecht, 19. Aufl. 2018
Wiedemann (Hrsg.), Tarifvertragsgesetz, 7. Aufl. 2007 (zit.: Wiedemann/Bearb.)
Wiese/Kreutz/Oetker u. a., Gemeinschaftskommentar zum Betriebsverfassungsgesetz, Bd. 1, 11. Aufl. 2018, Bd. 2, 11. Aufl. 2018 (zit.: GK-BetrVG/Bearb.)
Wörlen/Kokemoor, Arbeitsrecht, 13. Aufl. 2019
Zöllner/Loritz/Hergenröder, Arbeitsrecht, 7. Aufl. 2015

Abbildungsverzeichnis

Abb. 1	Gegenstand des Arbeitsrechts	4
Abb. 2	Arbeits- und Beschäftigungsverhältnisse	6
Abb. 3	Rechtsquellen des Arbeitsrechts	11
Abb. 4	Individualarbeitsrecht	23
Abb. 5	Entstehung von Arbeitsverhältnissen	24
Abb. 6	Arbeitnehmerüberlassung	43
Abb. 7	Vertragsparteien im Arbeitsrecht	45
Abb. 8	Pflichten des Arbeitnehmers	53
Abb. 9	Pflichten des Arbeitgebers	64
Abb. 10	Leistungsstörungen im Arbeitsverhältnis	78
Abb. 11	Ausnahmen vom Grundsatz „Ohne Arbeit keinen Lohn"	91
Abb. 12	Beendigungsgründe für ein Arbeitsverhältnis	109
Abb. 13	Kündigungsschutz	135
Abb. 14	Verantwortung für den Arbeitsschutz	150
Abb. 15	Gebiete des Arbeitsschutzes	155
Abb. 16	Kollektives Arbeitsrecht	171
Abb. 17	Tarifvertragsrecht	178
Abb. 18	Arbeitskampfrecht	190
Abb. 19	Betriebsverfassungsrecht	204
Abb. 20	Arbeitsgerichtsbarkeit	251
Abb. 21	Urteils- und Beschlussverfahren	256

Informative Internetadressen

www.arbeitsagentur.de	Bundesagentur für Arbeit
www.arbeitgeber.debda-online.de	Bundesvereinigung der Deutschen Arbeitgeberverbände
www.bdi.eu	Bundesverband der Deutschen Industrie e.V.
www.bgbl.de	Bundesgesetzblatt – online
www.bmas.de	Bundesministerium für Arbeit und Soziales
www.bmjv.de	Bundesministerium der Justiz
www.bundesarbeitsgericht.de	Bundesarbeitsgericht: Entscheidungen im Volltext, Pressemitteilungen
www.bundesgerichtshof.de	Bundesgerichtshof: Entscheidungen im Volltext, Pressemitteilungen
www.bsg.bund.de	Bundessozialgericht: Entscheidungen im Volltext, Pressemitteilungen
www.bundesverfassungsgericht.de	Bundesverfassungsgericht, Entscheidungen im Volltext, Pressemitteilungen
www.curia.europa.eu	Gerichtshof der Europäischen Union, Entscheidungen im Volltext und Pressemitteilungen
www.dbb.de	Deutscher Beamtenbund und Tarifunion
www.dejure.org	Gesetze, Gesetzestexte, Rechtsprechung
www.dgb.de	Deutscher Gewerkschaftsbund
www.dip.bundestag.de	Deutscher Bundestag: Datenbanken (u. a. BT-Drucksachen)
www.bundesanzeiger.de	Elektronischer Bundesanzeiger
www.eur-lex.europa.eu/de/index.htm	EurLex – Internetportal zum Gemeinschaftsrecht der Europäischen Union
www.gesamtmetall.de	GESAMTMETALL – Die Arbeitgeberverbände der Metall- und Elektro-Industrie
www.gesetze-im-internet.de	Bundesministerium der Justiz, Gesetze im Internet
www.igmetall.de	Internetportal der IG Metall
www.iwkoeln.de	Institut der Deutschen Wirtschaft, Köln
www.jurawelt.com	Internetportal für Jura-Studierende, Referendare und Anwälte
www.juris.de	juris, Das Rechtsportal, Aktuelle Gesetzestexte
www.recht.de	Forum Deutsches Recht
www.verdi.de	Vereinte Dienstleistungsgewerkschaft

Erster Teil: Grundlagen des Arbeitsrechts

Schrifttum: *Annuß*, Der Arbeitsvertrag als Grundlage des Arbeitsverhältnisses, ZfA 2004, 283; *Bausback*, Der Bestandsschutz des Arbeitsverhältnisses auf europäischer und internationaler Ebene – Entwicklungen vom Mittelalter bis zur Gegenwart, 2007; *Becker*, Arbeitsvertrag und Arbeitsverhältnis in Deutschland, Vom Beginn der Industrialisierung bis zum Ende des Kaiserreichs, Jus Commune, 1995; *Benkert*, Arbeit 4.0: Crowdworking als neue Form eines Arbeitsverhältnisses?, NJW-Spezial 2020, 178; *Däubler*, Die Eigenständigkeit des Arbeitsrechts, FS 50 Jahre BAG, 2004, S. 3; *Deinert*, Die heutige Bedeutung des Heimarbeitsgesetzes, RdA 2018, 359; *Fischer*, Datenschutzrechtliche Stolperfallen im Arbeitsverhältnis und nach dessen Beendigung, NZA 2018, 8; *Fastrich*, Vom Menschenbild des Arbeitsrechts, FS Kissel, 1994, S. 193; *Giesen*, Die alternde Arbeitswelt von arbeits- und sozialrechtlichen Herausforderungen, NZA 2008, 905; *Hanau*, Die Zukunft des Arbeitsrechts, RdA 1999, 159; ders., Die Europäische Grundrechtecharta – Schein und Wirklichkeit im Arbeitsrecht; NZA 2010, 1; *Loritz*, Die Wiederbelebung der Privatautonomie im Arbeitsrecht, ZfA 2003, 629; *Mayer-Maly*, Vom Kinderschutz zum Arbeitsrecht, FS Schmelzeisen, 1980, S. 227; *Neumann*, Die unendliche Geschichte des Arbeitsvertragsrechts, DB 2008, 60; *Preis*, Von der Antike zur digitalen Arbeitswelt – Herkunft, Gegenwart und Zukunft des Arbeitsrechts, RdA 2019, 75; *Reuter*, Die Stellung des Arbeitsrechts in der Privatrechtsordnung, 1997; *Richardi*, Arbeitsrecht als Teil freiheitlicher Ordnung, 2002; ders., Arbeitsvertrag als Grundfigur des Arbeitsverhältnisses auch in Corona-Zeiten, NZA 2020, 908; *Rieble*, Arbeitsmarkt und Wettbewerb, 1997; *Sagan/Brockfeld*, Arbeitsrecht in Zeiten der Corona-Pandemie, NJW 2020, 1112; *Seifert*, Arbeitsrechtliche Sonderregeln für kleine und mittlere Unternehmen – Zur Auflösung des Spannungsverhältnisses von Mittelstands- und Arbeitnehmerschutz, RdA 2004, 200; *Steindl* (Hrsg.), Wege zur Arbeitsrechtsgeschichte, 1984; *Waltermann*, Die betriebliche Übung, RdA 2006, 257; *Willemsen/Müntefering*, Begriff und Rechtsstellung arbeitnehmerähnlicher Personen: Versuch einer Präzisierung, NZA 2008, 193; *Zöllner*, Arbeitsrecht und Marktwirtschaft, ZfA 1994, 423.

§ 1 Das Arbeitsrecht im Gesamtrechtssystem

I. Gegenstand des Arbeitsrechts

Das Arbeitsrecht ist eines von zahlreichen Rechtsgebieten im Gesamtrechtssystem der Bundesrepublik Deutschland. Dieses besteht grundsätzlich aus dem Privatrecht und dem Öffentlichen Recht (inklusive dem Strafrecht). Diese grundsätzliche Einordnung erfolgt anhand der Beziehungen der Rechtssubjekte zueinander. Das Öffentliche Recht ist gekennzeichnet durch ein Über-/Unterordnungsverhältnis zwischen Bürger und Staat oder zwischen Hoheitsträgern untereinander. Es steht daher ein Hoheitsträger auf einer Seite, der aus einer „höheren" Positionen handelt, z. B. bei der Erteilung/Versagung von Gewerbeerlaubnissen oder Subventionen. Das Privatrecht hingegen ist bestimmt durch ein Gleichordnungsverhältnis zwischen zwei oder mehreren natürlichen oder juristischen Personen. Das Bürgerliche Recht ist hierbei die Grundlage, die für jedermann gilt. Es geht beispielsweise um den Abschluss und die Durchführung von Verträgen oder das Zustandekommen und Durchsetzen von Schadensersatzansprüche. Daneben existiert das sog. Sonderprivatrecht. Sonderprivatrecht bedeutet, dass es sich auf der einen Seite um Privatrecht handelt, auf der anderen Seite dieses Privatrecht aber nur für bestimmte Gruppen gilt, wie z. B. das Handelsgesetzbuch nur bei Kaufleuten Anwendung findet.

Das Arbeitsrecht ist das Sonderrecht für alle Arbeitnehmerinnen und Arbeitnehmer, welche eine unselbstständige Tätigkeit ausüben. Es umfasst alle Rechtsnormen über Arbeitsverhältnisse bzw. arbeitsrechtsähnliche Verhältnisse, welche zu einer abhängig geleisteten Tätigkeit in Beziehung stehen. Dabei umfasst es eine Vielzahl unterschiedlicher Regelungen, die teilweise privatrechtlich, teilweise öffentlich-rechtlich zu qualifizieren sind. So gehört das Arbeitsvertragsrecht systematisch ins Privatrecht, weil z. B. der Arbeitsvertrag innerhalb des BGB geregelt ist. Schließlich gibt es Teilbereiche des Arbeitsrechts, die systematisch dem Öffentlichen Recht zuzuordnen sind, wenn man an den Bereich des Arbeitsschutzrechts denkt. Hierzu zählen beispielsweise die Vorschriften des Mutterschutzgesetzes, Jugendarbeitsschutzgesetzes, Arbeitszeitgesetzes, des Verfahrensrechts (Prozessrecht) und der Gewerbeordnung (Gefahrenschutz). Hier besteht das beschriebene Über-/Unterordnungsverhältnis, da z. B. dem Arbeitgeber zum Schutze der Arbeitnehmer durch den Staat Vorgaben gemacht werden, die auch individualvertraglich nicht abänderbar sind. Innerhalb des privatrechtlichen Teils des Arbeitsrechts wird noch einmal unterschieden. Wie bereits erwähnt, finden sich Regelungen zum Arbeitsvertragsrecht, wie auch der Arbeitsvertrag selbst (§ 611a BGB), im BGB. Andere Teilbereiche des Arbeitsrechts wiederum haben Sonderregelungen in arbeitsrechtlichen Spezialgesetzen gefunden, wie beispielsweise das Recht der Entgeltfortzahlung im Krankheitsfall im EFZG oder das Urlaubsrecht im BUrlG.

Im Arbeitsrecht besteht grds. Vertragsfreiheit. Die Vertragsfreiheit erweist sich aber insoweit als wertlos, weil sich nicht zwei annähernd gleich starke Partner gegenüber stehen; denn dann scheidet ein echtes individuelles Aushandeln mit der Folge einer Richtigkeitsgewähr für die Arbeitsbedingungen aus.[1] Es besteht somit für den Arbeitnehmer, ob bei Abschluss eines Arbeitsvertrags oder nach Beginn des Arbeitsverhältnisses, ein hohes Schutzbedürfnis gegenüber seinem Arbeitgeber. Vor diesem Hintergrund wird das Arbeitsrecht auch als Arbeitnehmerschutzrecht bezeichnet.

2 Das Arbeitsrecht ist eine der dynamischsten Rechtsmaterien im deutschen Recht. Seine Normen sind wie bei kaum einem anderen Rechtsgebiet ständigen Änderungen unterworfen. Die Dynamik seiner Entwicklung, seine Praxisrelevanz sowie seine hohe sozialpolitische und wirtschaftliche Bedeutung heben das Arbeitsrecht deshalb von vielen anderen Rechtsmaterien ab, weil es für den Großteil der Bevölkerung deren Existenzgrundlage und Lebensumstände gestaltet.[2]

3 Bis heute ist das Arbeitsrecht nicht in einem gesamten „Arbeitsgesetzbuch" kodifiziert worden. Während schon die Weimarer Reichsverfassung nach Art. 157 II WRV ein eigenständiges Arbeitsgesetzbuch forderte und auch der Einigungsvertrag zur Deutschen Einheit darauf hinwies, zeitnah für die gesamte Bundesrepublik Deutschland ein eigenständiges Arbeitsgesetzbuch zu erstellen, hat die Zusammenführung verschiedenster Arbeitsgesetze zu einem Gesetzbuch bisher nicht stattgefunden. Das Arbeitsrecht ist somit von seinen unterschiedlichsten Gesetzen her immer noch eine zersplitterte Rechtsmaterie. Die mittlerweile fast 70 bedeutendsten Arbeitsgesetze, z. B. das Allgemeine Gleichbehandlungsgesetz, das Arbeitszeitgesetz, das Bürgerliche Gesetzbuch, das Entgeltfortzahlungsgesetz, das Jugendarbeitsschutzgesetz, das Kündigungsschutzgesetz, das Mitbestimmungsgesetz, das Mutterschutzgesetz, das Sozialgesetzbuch, das Tarifvertragsgesetz sowie das Teilzeit- und Befristungsgesetz, mögen als Beispiele für die Unterschiedlichkeit der arbeitsrechtlichen Gesetzgebung dienen, welche bei einem einheitlichen Arbeitsgesetzbuch mit einem großen Aufwand zu einem Gesetzbuch zusammengefügt werden müssten. Außerdem spielt im Arbeitsrecht, mehr als in anderen Rechtsgebieten, die richterliche Rechtsfortbildung eine große Rolle.

4 Die Umschreibung des Arbeitsrechts als Arbeitnehmerschutzrecht ist mehr als gerechtfertigt. Denn ein Arbeitsvertrag begründet für den Arbeitnehmer eine soziale Abhängigkeit vom Arbeitgeber. Durch den Arbeitsvertrag wird der Arbeitnehmer gegenüber dem Arbeitgeber weisungsabhängig. Innerhalb des Arbeitsverhältnisses gewinnt die Vertragspartei des Arbeitgebers dadurch an Gewicht. Die zum Arbeitsrecht gehörenden verschie-

---

1 Wörlen/Kokemoor/Dütz/Thüsing, Rn. 4
2 Brox/Rüthers/Henssler, Rn. 2

denen Arbeitsgesetze stellen dazu den notwendigen sozialen Ausgleich dar, um dem Arbeitnehmer eine schutzwürdige Stellung gegenüber dem Arbeitgeber einzuräumen. Dazu kommt, dass der einzelne Arbeitnehmer durch eine kollektive Vereinbarung, z. B. einen Tarifvertrag, welcher auf seiner Seite und überwiegend zu seinen Gunsten von Gewerkschaften vereinbart wird, grds. Vorteile erhält. Die Position des Arbeitnehmers als Partner des Einzelarbeitsvertrags wird dadurch verändert, dass die Arbeitnehmer nicht als einzelne auftreten, sondern zusammengeschlossen in einer Gewerkschaft mit der Arbeitgeberseite bestimmte Arbeitsbedingungen aushandeln und u. U. durch Streik erzwingen.[3] Zusätzlich sehen Rechtsnormen des Betriebsverfassungsgesetzes (BetrVG) vor, dass ein Betriebsrat, falls errichtet, bei wesentlichen Änderungen von Arbeitsbedingungen im Unternehmen zumindest gehört, wenn nicht sogar mitzuwirken hat.

II. Begriff des Arbeitsrechts

Der Begriff „Arbeit" i. S. d. Arbeitsrechts umfasst nicht jede menschliche Tätigkeit, denn Werktätige wie Beamte, z. B. Richter und Staatsanwälte, Ministerialräte oder Berufssoldaten, schließen keinen Arbeitsvertrag nach § 611a I 1 BGB ab. Diese spezielle Gruppe der Werktätigen, für die das öffentliche Recht gilt, werden kraft Hoheitsakt zu Staatsdienern ernannt. Ein Arbeitsvertrag umfasst dagegen gemäß § 611a I 1 BGB die Erbringung weisungsgebundener, fremdbestimmter Arbeit in persönlicher Abhängigkeit. Ein Dienstvertrag gemäß § 611 I BGB mit einem Selbständigen, z. B. einem Freiberufler, etwa einem Arzt, Rechtsanwalt oder Steuerberater, zur Behandlung oder Beratung, stellt dagegen genau das Gegenteil eines Arbeitsvertrags dar.

III. Individualarbeitsrecht und kollektives Arbeitsrecht

Neben der Unterscheidung zwischen öffentlichem und privaten Arbeitsrecht unterscheidet man zwischen dem Individualarbeitsrecht und dem kollektiven Arbeitsrecht. Das Individualarbeitsrecht befasst sich mit dem individuellen Arbeitsverhältnis, das durch den Abschluss eines Arbeitsvertrages auf der individuellen Ebene zwischen Arbeitgeber und Arbeitnehmer begründet wird. Das kollektive Arbeitsrecht regelt hingegen nicht die einzelne Beziehung zwischen den Arbeitsvertragsparteien, sondern Gruppenbeziehungen, nämlich auf einer kollektiven Ebene zwischen Arbeitgeberverband und Gewerkschaft, Einzelarbeitgeber und Gewerkschaft, oder auch Arbeitgeber und Betriebs- bzw. Personalrat oder Sprecherausschuss. Damit dient das kollektive Arbeitsrecht in einem weiteren Sinne der sog. sozialen Selbstverwaltung, indem etwa ein Arbeitgeberverband und eine Gewerkschaft einen Tarifvertrag abschließen und damit die Arbeitsbedingungen für ihre jeweiligen Mitglieder autonom und eigenverantwortlich regeln. Die Koalitionsfreiheit erlaubt den Gewerkschaften und den Arbeitgeberverbänden, im Wege der „Selbsthilfe" durch Tarifverträge und Arbeitskämpfe, die Arbeitsbedingungen auf überbetrieblicher Ebene zu gestalten.[4] Des Weiteren spielt das Betriebsverfassungsrecht innerhalb des kollektiven Arbeitsrechts eine große Rolle. Denn das Betriebsverfassungsrecht, normiert im Betriebsverfassungsgesetz (BetrVG), regelt die Mitwirkung der Arbeitnehmer in den einzelnen Unternehmen insbesondere dort, wo ein Betriebsrat zu bilden ist.

---

3 Zöllner/Loritz/Hergenröder, § 1 I 2b)
4 Preis/Greiner, § 78 Rn. 36; Junker, Rn. 4

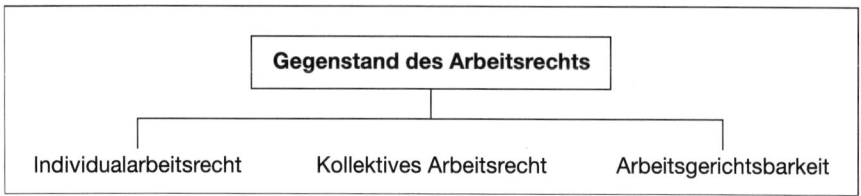

Abb. 1: Gegenstand des Arbeitsrechts

IV. Arbeitsgerichtsbarkeit

7 Das Arbeitsgerichtsgesetz (ArbGG) trat am 23.12.1926 in Kraft. Seit seiner Schaffung existiert eine eigene, von der Zivilgerichtsbarkeit abgetrennte Gerichtsbarkeit für Arbeitssachen.[5] Arbeitsgerichtsverfahren umfassen in der Mehrzahl der Fälle Klagen von Arbeitnehmern gegen eine ausgesprochene Kündigung. Arbeitsgerichte sind nach § 2 ArbGG im Urteilsverfahren ausschließlich zuständig für alle bürgerlichen Rechtsstreitigkeiten zwischen Arbeitnehmern und Arbeitgebern aus dem Arbeitsverhältnis, seiner Entstehung, seiner Beendigung und sonstigen Anlässen, soweit sie im Zusammenhang mit dem Arbeitsverhältnis stehen.[6] Da sich die Arbeitsgerichtsbarkeit in einer sehr engen räumlichen Nähe zum Arbeitsrecht befindet, wird diese später ausführlich behandelt.[7] Arbeitsrecht lässt sich somit als die Gesamtheit der Normen über Arbeitsverträge und Arbeitsschutz, über Koalitionen, über Tarifverträge, Arbeitskämpfe, Betriebsverfassung und Unternehmensmitbestimmung sowie über das arbeitsgerichtliche Verfahren definieren.

8 Aufgabe des Arbeitsrechts ist es, zwischen Arbeitgeber und Arbeitnehmer einen angemessenen Interessenausgleich zu schaffen. Der Arbeitnehmer ist als die schwächere Vertragspartei im Rahmen des Arbeitsverhältnisses vor Umständen zu schützen, die seine wirtschaftliche, seine persönliche und seine gesundheitliche Situation beeinträchtigen können. Die schwächere Stellung des Arbeitnehmers ergibt sich immer wieder aufgrund der wirtschaftlichen Abhängigkeit vom Arbeitgeber. Gewährleistet wird der notwendige Schutz in persönlicher sowie wirtschaftlicher Hinsicht insbesondere durch die verschiedenen Arbeitsschutzgesetze aus der Zeit nach dem Zweiten Weltkrieg, welche mittlerweile auch den Bereich der Kommunikation und des Datenschutzes umfassen.

9 Eine weitere Aufgabe des Arbeitsrechts besteht in der Ordnung des Arbeitslebens, weil das Arbeitsrecht eng mit der Wirtschafts- und Arbeitsmarktordnung verbunden ist.[8] Folglich ist es notwendig, dass einerseits der Arbeitsschutz für den einzelnen Arbeitnehmer unbedingt gewährleistet sein muss und dass andererseits wirtschaftliche Veränderungen durch Arbeitgeber wie Arbeitnehmer genutzt werden müssen, um notwendige unternehmerische Entscheidungen herbeizuführen. Hierzu ist die Mitwirkung des Arbeitnehmers an betrieblichen wie unternehmerischen Entscheidungen unabdingbar – allerdings immer auch zum Wohl des gesamten Unternehmens. Diese Beteiligungsrechte des Arbeitnehmers, die sog. Mitbestimmungsrechte, ergeben sich u. a. aus dem Betriebsverfassungsgesetz (BetrVG). Neben der Errichtung von Betriebsräten eröffnet sich für die Arbeitnehmerseite auch die Möglichkeit, in Gremien wie Aufsichtsrat und Beirat durch besondere Mitbestimmungsgesetze unternehmerische Entscheidungen zu

---

5 Wörlen/Kokemoor, Rn. 387
6 Dazu ausführlich ErfK/Koch, § 2 ArbGG Rn. 4
7 Siehe dazu den Fünften Teil dieses Lehrwerks
8 Vgl. zur wirtschafts- und sozialpolitischen Bedeutung: Preis/Temming, § 3 Rn. 61 f.

beeinflussen, zu prüfen und zu überwachen, z. T. sogar in Geschäftsführungsorganen bei Kapitalgesellschaften vertreten zu sein. Der Arbeitnehmerschutz hat aber die Flexibilität unternehmerischer Entscheidungen nicht dahingehend einzuschränken, dass kein erforderlicher Spielraum mehr für Anpassungen an betriebliche und wirtschaftliche Notwendigkeiten erfolgen kann.[9]

§ 2 Geschichtliche Entwicklung

Im 19. Jahrhundert beginnt die Geschichte des deutschen Arbeitsrechts. Denn die Industrialisierung dieser Jahrzehnte führte dazu, dass in produzierenden Betrieben plötzlich eine Vielzahl von Arbeitsverträgen abzuschließen war. Die damaligen Arbeitsverhältnisse waren geprägt durch soziale Missstände: niedrige Löhne und lange Arbeitszeiten, Frauen- und Kinderarbeit bei weitgehender Arbeitslosigkeit der Männer, mangelnder Unfallschutz sowie fehlender Vorsorge bei Krankheit und Tod des Ernährers.[10] Waren in der vorindustriellen Zeit die Arbeitsverhältnisse der wichtigsten Arbeitnehmergruppen noch durch staatliche oder ständische Reglementierung in ein starres Normensystem eingebunden, forderte die liberalistische Denkweise das Postulat des freien Arbeitsvertrags, der weder durch Gesetze inhaltlich determiniert ist, noch durch Behörden festgesetzt oder auch auf seine Angemessenheit kontrolliert wird.[11] Diese Idee konnte sich allerdings nur zu einer solchen Zeit durchsetzen, weil mit der Industrialisierung im 19. Jahrhundert ein starkes Bevölkerungswachstum einherging und somit ein großes Angebot an Arbeitskräften bestand. Von einer sozialen Ausgewogenheit zwischen den Arbeitsparteien konnte keine Rede sein.

Dennoch kann das 19. Jahrhundert auch als Beginn einer Arbeitnehmerschutzgesetzgebung angesehen werden: Den Beginn stellte das Preußische Regulativ über die Beschäftigung jugendlicher Arbeiter in Bergwerken und Fabriken aus dem Jahr 1839 dar. Darin wurde einerseits festgelegt, dass eine Beschäftigung von Kindern unter neun Jahren verboten war; andererseits durften Kinder bis zum Alter von 16 Jahren täglich nicht mehr als 10 Stunden arbeiten. Im Jahr 1869 wurde die erste Gewerbeordnung erlassen; diese sah u. a. die erste Aufhebung von Koalitionsverboten vor, was dazu führte, dass sich Gewerkschaften nicht nur bildeten, sondern sich auch einer großen Zunahme an Mitgliedern erfreuten. Erste Tarifverträge wurden geschlossen; zu Beginn des 20. Jahrhunderts bestanden bereits tausende von Tarifverträgen. Zaghaft entwickelten sich die ersten Arbeitnehmervertretungen direkt in den einzelnen Betrieben, und mit der Einführung von Gewerbegerichten im Jahr 1890 fasste die Arbeitsgerichtsbarkeit Fuß.

In der ersten Hälfte des 20. Jahrhunderts wurde der Arbeitsschutz für die Arbeitnehmerinnen und die Arbeitnehmer durch das Arbeitszeitschutzgesetz aus dem Jahr 1918 erheblich verbessert. In 1926 wurde dann das Arbeitsgerichtsgesetz (ArbGG) erlassen. In der Weimarer Verfassung von 1919 wurde die Allgemeine Koalitionsfreiheit in Artikel 159 WRV verankert. Und das Betriebsrätegesetz aus dem Jahr 1920 normierte die betriebliche Vertretung der Arbeitnehmer gegenüber dem Arbeitgeber. Daraus resultiert die Betriebsvereinbarung zwischen Arbeitgeber und Betriebsrat zur einvernehmlichen Vereinbarung verträglicher Arbeitsbedingungen im jeweiligen Betrieb.

Die Zeit des Nationalsozialismus hatte auf das Individualarbeitsrecht, d. h. das Arbeitsvertragsrecht sowie das Arbeitsschutzrecht, keinen besonderen Einfluss; dagegen wurde

---
9 Vgl. Michalski/Westerhoff, Rn. 7
10 Dütz/Thüsing, Rn. 8
11 Vgl. Preis/Temming, § 4 Rn. 70 ff.

das kollektive Arbeitsrecht eliminiert, was zur Folge hatte, dass sich Gewerkschaften und Arbeitgeberverbände auflösen mussten, Arbeitskämpfe unzulässig waren und keine Tarifverträge mehr geschlossen werden konnten. Nach dem Zweiten Weltkrieg wurde das kollektive Arbeitsrecht sofort wiederhergestellt. Das bedeutete, dass Gewerkschaften wieder zugelassen wurden, die Bildung von Betriebsräten gestattet und auch das Tarifvertragsrecht wieder erlaubt wurde. Das Arbeitsschutzrecht, welches der Nationalsozialismus nicht angetastet hatte, entwickelt sich bis zur heutigen Zeit zugunsten der Arbeitnehmerinnen und Arbeitnehmer konsequent fort. Und auch das Arbeitsvertragsrecht wird bis zum heutigen Tag unter der Prämisse der sozialen Ausgewogenheit weiter verbessert.

14 Der Staatsvertrag über die Herstellung der Einheit Deutschlands, welcher am 3.10.1990 in Kraft trat, führte dazu, dass sowohl das Recht der Bundesrepublik Deutschland als auch das Recht der Europäischen Gemeinschaften auf die ehemalige DDR Anwendung fand, somit auch die in der Bundesrepublik Deutschland geltenden Arbeitsgesetze. Das in der DDR am 16.6.1977 in Kraft getretene Arbeitsgesetzbuch trat zu diesem Zeitpunkt außer Kraft. Die aktuelle Entwicklung des Arbeitsrechts ist gekennzeichnet durch eine fortdauernde Ausweitung des Arbeitnehmerschutzes, wobei die inländische Gesetzgebung immer stärker durch das Europäische Gemeinschaftsrecht beeinflusst wird.

§ 3 Arbeits- und Beschäftigungsverhältnisse

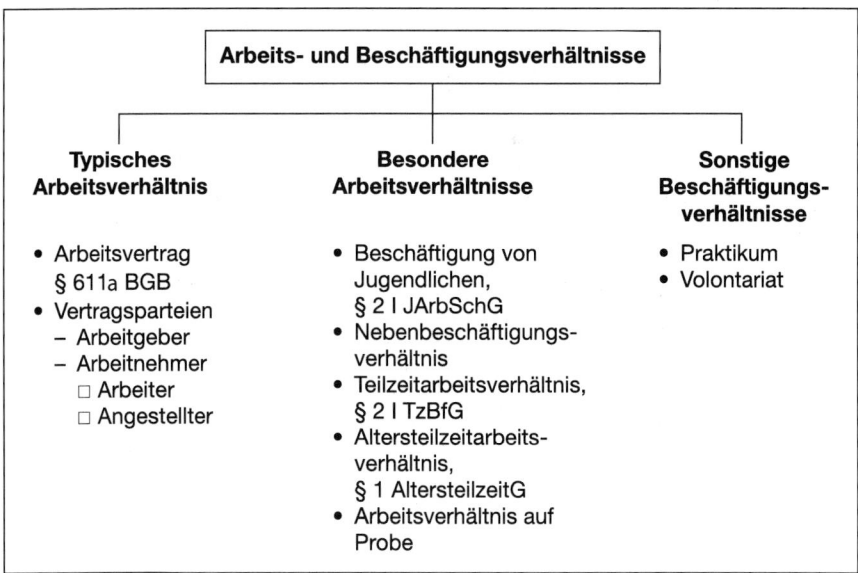

Abb. 2: Arbeits- und Beschäftigungsverhältnisse

I. Typisches Arbeitsverhältnis

15 Ein Arbeitsverhältnis entsteht durch einen privatrechtlichen Vertrag i. S. d. § 611a BGB. Er wird als eine Unterart des in §§ 611 ff. BGB geregelten Dienstvertrages angesehen. Der Arbeitsvertrag ist ein schuldrechtlicher Austauschvertrag und gehört damit zu den sog. synallagmatischen Vertragsverhältnissen, bei denen der eine Vertragspartner eine Leistung um der Gegenleistung willen verspricht (sog. „do-ut-des-Prinzip"). Insofern kommt ein Arbeitsverhältnis nur dann durch rechtliche Beziehungen – Abschluss eines Vertrags – zwischen Arbeitgeber und Arbeitnehmer zustande, wenn sich der Arbeitnehmer rechtlich verpflichtet, eine abhängig zu leistende Tätigkeit für seinen Arbeitgeber zu erbringen; letzterer verpflichtet sich, für diese Tätigkeit einen Lohn zu bezahlen und den Arbeitnehmer zu beschäftigen. Abzugrenzen ist der Arbeitsvertrag i. S. d. § 611a BGB vom Werkvertrag. Beim Arbeitsvertrag schuldet der Arbeitnehmer nur die tatsächliche Arbeitsleistung, während beim Werkvertrag der Ersteller des Werkes zusätzlich zu seiner Tätigkeit einen Erfolg vorzuweisen hat. Dazu tritt beim Arbeitsverhältnis das Weisungsrecht des Arbeitgebers, welches zur Folge hat, dass der Arbeitgeber dem Arbeitnehmer eindeutig mitteilen kann, wann, wo und wie der Arbeitnehmer seine Arbeitsleistung zu erbringen hat. Ein weiteres Kriterium für ein Arbeitsverhältnis ist, dass der Arbeitnehmer im Gegensatz z. B. zum Freiberufler wie Rechtsanwalt, Steuerberater oder Wirtschaftsprüfer unselbstständig, d. h. in persönlicher Abhängigkeit tätig ist.[12] Fehlt das Merkmal der Unselbstständigkeit, besteht kein Arbeitsverhältnis.

II. Parteien des Arbeitsverhältnisses

Der Arbeitnehmer und der Arbeitgeber sind die Vertragsparteien eines Arbeitsverhältnisses. Der Arbeitnehmerbegriff hat seit dem 1.4.2017 erstmals seit Inkrafttreten des BGB eine gesetzliche Definition in § 611a I 1 BGB erfahren. Hiernach ist Arbeitnehmer derjenige, der *„im Dienste eines anderen zur Leistung weisungsgebundener, fremdbestimmter Arbeit in persönlicher Abhängigkeit verpflichtet"* (ist). Der Arbeitgeber ist die zweite Vertragspartei innerhalb eines Arbeitsverhältnisses. Auf Grund des Arbeitsvertrags erwartet der Arbeitgeber den Arbeitseinsatz des Arbeitnehmers, wofür der Arbeitgeber den Lohn zu bezahlen hat, § 611a II BGB. Diese Begriffsdefinition ist zu unterscheiden vom Unternehmer nach § 14 BGB. Dem Unternehmer, der eine natürliche, eine juristische Person oder eine rechtsfähige Personengesellschaft sein kann, kommt hauptsächlich wirtschaftliche Bedeutung zu. Denn ein Arbeitgeber muss nicht notwendigerweise Eigentümer der Betriebsmittel sein; vielmehr kann er diese auch gemietet (Leasing), gepachtet oder auf Kredit (Eigentumsvorbehalt) erworben haben.[13]

Unterschieden wird bei Arbeitnehmern zwischen Arbeitern und Angestellten, vgl. § 622 I BGB, § 5 I BetrVG. Auch für die Begriffe „Arbeiter" und „Angestellter" finden sich in den Arbeitsgesetzen keine Definitionen. Grundsätzlich ist davon auszugehen, dass Arbeiter körperliche Arbeit verrichten, während Angestellte überwiegend geistig tätig sind. Diese Differenzierung hat allerdings im heutigen Arbeitsrecht nicht mehr die Bedeutung wie in früheren Zeiten, als für beide Arbeitnehmergruppen z. B. verschieden lange Kündigungsfristen oder unterschiedliche Vorschriften bei der Entgeltfortzahlung im Krankheitsfall galten. Bedeutung kommt der Unterscheidung heute allenfalls noch im Bereich des kollektiven Arbeitsrechts zu, und zwar bei Fragen der Betriebsverfassung, Personalvertretung und (überbetrieblichen) Mitbestimmung. Zu erwähnen sind des Weiteren die sog. leitenden Angestellten, welche rechtlich oft anders behandelt werden als typische Arbeitnehmer. Da leitende Angestellte, z. B. Prokuristen eines Unternehmens, oft Tätigkeiten des Arbeitgebers wahrnehmen, sind die Regelungen einzelner Arbeitsgesetze, so z. B. das Betriebsverfassungsgesetz nach §§ 5 III, IV BetrVG, das Arbeitszeitgesetz nach § 18 I Nr. 1 ArbZG oder das Kündigungsschutzgesetz gem. § 14 II KSchG nicht anwendbar.

---

[12] Dazu Heuberger, Sachliche Abhängigkeit als Kriterium des Arbeitsverhältnisses, 1982, S. 22 ff.; vgl. zu den freien Berufen: ErfK/Preis, § 611a BGB Rn. 61 ff.
[13] Vgl. zur Abgrenzung: Löwisch/Caspers/Klumpp, Rn. 11

III. Besondere Arbeitsverhältnisse

18 Die Beschäftigung von Jugendlichen ist nach § 2 I JArbSchG ab dem 15. Lebensjahr gestattet. Das bedeutet, dass die Beschäftigung von Kindern unter 15 Jahren grds. verboten ist. Dieses Verbot gilt nach § 5 II, III JArbSchG dann nicht, wenn die Beschäftigung von Kindern zum Zweck der Beschäftigungs- und Arbeitstherapie, im Rahmen eines Betriebspraktikums während der Vollzeitschulpflicht oder in Erfüllung einer richterlichen Weisung geschieht. Außerdem gilt das Verbot der Beschäftigung von Kindern über 13 Jahren dann nicht, wenn die Eltern zu dieser Beschäftigung ihr Einverständnis erklärt haben und die Beschäftigung leicht und für Kinder geeignet ist.

19 Auch Nebenbeschäftigungsverhältnisse sind Arbeitsverhältnisse. Zusätzlich zur Haupttätigkeit für einen Arbeitgeber kann ein Arbeitnehmer auch einen weiteren Arbeitsvertrag für eine Nebentätigkeit abschließen. Üblicherweise wird im Arbeitsvertrag vereinbart, dass der Arbeitgeber einer solchen Nebentätigkeit zustimmen muss. Grundsätzlich hat der Arbeitnehmer einen Rechtsanspruch auf eine solche Nebentätigkeit; der Arbeitgeber hat also eine Genehmigung für eine solche Nebentätigkeit zu erteilen. Kollidiert die weitere Tätigkeit allerdings mit den dienstlichen Interessen des (Haupt-) Arbeitgebers, so kann dieser die Genehmigung verweigern.[14] Des Weiteren darf die Nebentätigkeit nicht gegen eine Gesetzesvorschrift, den Tarifvertrag oder eine Betriebsvereinbarung verstoßen.

20 Ein besonderes Arbeitsverhältnis stellt auch das Teilzeitarbeitsverhältnis dar. Nach § 2 I TzBfG ist ein Arbeitnehmer teilzeitbeschäftigt, dessen regelmäßige Wochenarbeitszeit kürzer ist als die eines vergleichbaren vollzeitbeschäftigten Arbeitnehmers. Zum einen kann der Arbeitnehmer, dessen Arbeitsverhältnis länger als sechs Monate bestanden hat, nach § 8 I TzBfG vom Arbeitgeber verlangen, dass seine vertraglich vereinbarte Arbeitszeit verringert wird. Soweit betriebliche Gründe dem nicht entgegenstehen, hat der Arbeitgeber der Bitte zur Verringerung der Arbeitszeit zuzustimmen und ihre Verteilung entsprechend den Wünschen des Arbeitnehmers festzulegen, § 8 IV 1 TzBfG. Eine erneute Verringerung der Arbeitszeit kann der Arbeitnehmer nach § 8 VI TzBfG nach Ablauf von 2 Jahren verlangen, nachdem der Arbeitgeber einer Verringerung zugestimmt oder sie berechtigt abgelehnt hat. Im Rahmen der Teilzeitarbeit können Arbeitgeber und Arbeitnehmer nach § 12 I 1 TzBfG auch vereinbaren, dass der Arbeitnehmer seiner Arbeitsleistung entsprechend dem Arbeitsanfall zu erbringen hat. Dabei handelt es sich um die sog. Arbeit auf Abruf.

21 Ebenfalls in den Bereich „Teilzeitarbeit" fällt die Arbeitsplatzteilung nach § 13 TzBfG, das sog. Job-Sharing. Im Rahmen des Job-Sharing können Arbeitgeber und Arbeitnehmer vereinbaren, dass mehrere Arbeitnehmer sich die Arbeitszeit an einem Arbeitsplatz teilen. Das können mindestens zwei Arbeitnehmer aber auch eine Gruppe von Arbeitnehmern sein. Trotz der Freiheit, die Arbeitszeit selbst bestimmen zu können, bleiben Teilzeitbeschäftigte im Rahmen des Job-Sharing Arbeitnehmer, da sie weisungsgebunden und vom Arbeitgeber persönlich abhängig sind.

22 Das Altersteilzeitgesetz sieht in § 1 AltersteilzeitG vor, dass älteren Arbeitnehmern ein gleitender Übergang vom Erwerbsleben in die Altersrente ermöglicht wird. Die Bundesagentur für Arbeit fördert durch Leistungen die Teilzeitarbeit älterer Arbeitnehmer, die ihre Arbeitszeit ab Vollendung des 55. Lebensjahres vermindern und damit die Einstellung eines sonst arbeitslosen Arbeitnehmers ermöglichen. Nutzen Arbeitnehmer die Möglichkeiten nach dem Altersteilzeitgesetz ab dem 55. Lebensjahr, weniger zu arbeiten, so sind sie nicht mehr vollzeitbeschäftigte Arbeitnehmer. Die Anspruchsvoraussetzungen des Arbeitgebers auf die Erstattung von Mehraufwendungen für den Arbeitneh-

---

14 ErfK/Preis, § 611a BGB Rn. 724

mer bzw. die detaillierten Berechnungsvorschriften für diese Ansprüche ergeben sich aus den §§ 3, 7 AltersteilzeitG. Nach § 16 AltersteilzeitG kann seit dem 1.1.2010 mit geförderter Altersteilzeit nicht mehr begonnen werden; allerdings bleibt das AltersteilzeitG als solches in Kraft, so dass die übrigen an die Altersteilzeitarbeit anknüpfenden Bestimmungen weiterhin Geltung beanspruchen.[15]

23 Arbeitgeber und Arbeitnehmer können auch ein Arbeitsverhältnis auf Probe abschließen. Einerseits ist es möglich, dass Arbeitgeber wie Arbeitnehmer ein unbefristetes Arbeitsverhältnis abschließen, allerdings mit einer befristeten Probezeit von 6 Monaten, vgl. § 1 I KSchG. Innerhalb dieser Probezeit von 6 Monaten haben Arbeitgeber wie Arbeitnehmer nach § 622 III BGB das Recht, das Arbeitsverhältnis mit einer Frist von 2 Wochen zu kündigen. Zum anderen können Arbeitgeber und Arbeitnehmer ein sog. befristetes Probearbeitsverhältnis i. S. d. § 14 I 1 Nr. 5 TzBfG abschließen. Im Gegensatz zum normalen Arbeitsvertrag ist dieses befristete Probearbeitsverhältnis schriftlich nach § 14 IV TzBfG abzuschließen. Das Probearbeitsverhältnis endet dann mit Ablauf der Frist, für das es eingegangen worden ist. Eine ordentliche Kündigung eines derartigen Arbeitsverhältnisses ist grds. nicht möglich, es sei denn, dass der Arbeitgeber und der Arbeitnehmer nach § 15 III TzBfG eine solche Kündigungsmöglichkeit einzelvertraglich vereinbart haben oder eine derartige Kündigungsmöglichkeit zwischen Gewerkschaft und Arbeitgeberseite im bestehenden Tarifvertrag festgelegt ist.

IV. Sonstige Beschäftigungsverhältnisse

24 Der Prototyp des Arbeitsverhältnisses ist das sog. „Normalarbeitsverhältnis" des vollzeitbeschäftigten Arbeitnehmers, das auf unbestimmte Dauer geschlossen und – wenn es nicht vorher wirksam aufgehoben oder gekündigt wird – von den Parteien mit Erreichen der (Renten-)Altersgrenze beendet wird.[16] Allerdings gibt es Rechtsverhältnisse, in denen einer der Sache nach mindestens partiell gleiche Schutzbedürftigkeit besteht wie bei Arbeitsverhältnissen, deren Merkmale sich aber für eine mit den Arbeitsverhältnissen gemeinsame Abgrenzung nicht eignen oder bei denen doch das Arbeitsrecht als Ganzes nicht passen würde.[17]

25 Auf Volontäre und Praktikanten findet das Berufsbildungsgesetz nach § 26 BBiG Anwendung. Nach § 82a HGB ist der Volontär eine Person, die zum Zweck ihrer Ausbildung unentgeltlich mit kaufmännischen Diensten beschäftigt wird. Ein Praktikum dagegen absolviert, wer sich neben theoretischen Kenntnissen auch praktische Kenntnisse im Rahmen einer Gesamtausbildung aneignen möchte. Der Arbeitgeber verpflichtet sich, dem Praktikanten den für das Praktikum vorgesehen Arbeitsbereich umfassend darzustellen, dem Praktikanten genügend Informationen über diesen Arbeitsbereich zu geben sowie auch leichtere Tätigkeiten in eigener Verantwortung zu übertragen. Immer häufiger sind Studierende verpflichtet, während ihrer theoretischen Ausbildung auch Pflichtpraktika zu absolvieren. Auf derartige studienbegleitende Praktika finden arbeitsrechtliche Regelungen grundsätzlich keine Anwendung, es sei denn, es erfolgt eine komplette Eingliederung in den Betrieb als sog. Werkstudent.[18] Auf die Tätigkeit des Werkstudenten bzw. bei einem Ferienjob ist das Arbeitsrecht anwendbar. Bei diesen Tätigkeiten geht es weniger um eine studienbegleitende Ausbildung als um eine Aushilfstätigkeit, welche im üblichen Rahmen entlohnt wird. Normalerweise werden dann befristete Arbeitsverhältnisse zwischen den Vertragsparteien abgeschlossen, die auch eine Urlaubsregelung beinhalten.

---

15 Vgl. ErfK/Rolfs, § 16 AltersteilzeitG Rn. 1
16 Junker, Rn. 110
17 Waltermann, Rn. 59a
18 Vgl. Däubler/Hjort/Schubert/Wolmerath/Fechner, § 33 MiLoG Rn. 12 ff.

V. Arbeitnehmerähnliche Personen

26 Es gibt Rechtsverhältnisse, die keine Arbeitsverhältnisse darstellen; dennoch befindet sich eine der beiden Vertragsparteien wegen ihrer wirtschaftlichen Unselbstständigkeit gegenüber einem Unternehmer in einer ähnlichen Lage wie ein Arbeitnehmer.[19] § 12a I Nr. 1 TVG definiert arbeitnehmerähnliche Personen als Personen, die wirtschaftlich abhängig und vergleichbar einem Arbeitnehmer sozial schutzbedürftig sind, wenn sie aufgrund von Dienst- oder Werkverträgen für andere Personen tätig sind und die geschuldeten Leistungen persönlich und im Wesentlichen ohne Mitarbeit von Arbeitnehmern erbringen. Sie sind überwiegend für eine Person tätig und ihnen steht von dieser Person im Durchschnitt mehr als die Hälfte des Entgelts zu, das sie für ihre Erwerbstätigkeit insgesamt erhalten. Das Bundesarbeitsgericht (BAG) nimmt bei einer werktätigen Person dann eine arbeitnehmerähnliche Stellung an, wenn diese Person zwar nicht vom Arbeitgeber persönlich abhängig ist, sich aber aufgrund der Rechtsbeziehung für die werktätige Person eine wirtschaftliche Unselbstständigkeit ergibt.[20]

27 Durch die soziale Schutzbedürftigkeit dieser zwar selbstständigen, aber in wirtschaftlicher Abhängigkeit stehenden Personen wird die arbeitnehmerähnliche Person vielfach dem Arbeitnehmer gleichgestellt. Für arbeitnehmerähnliche Personen gelten z. B. ebenso das Bundesurlaubsgesetz nach § 2 S. 2 BUrlG, das Arbeitsgerichtsgesetz gem. § 5 I 2 ArbGG sowie das Arbeitsschutzgesetz nach § 2 II Nr. 3 ArbSchG. Die Schutzbedürftigkeit hat das Bundesarbeitsgericht klar herausgestellt: eine vergleichbare soziale Schutzbedürftigkeit liegt vor allem dann vor, wenn der Selbständige im Wesentlichen nur für einen Arbeitgeber tätig ist und das daraus erzielte Entgelt seine entscheidende Existenzgrundlage darstellt.[21]

28 Als arbeitnehmerähnliche Personen können z. B. in Heimarbeit Beschäftigte nach §§ 1 ff. HAG gelten. Nach § 2 I 1 HAG ist Heimarbeiter, wer in selbst gewählter Arbeitsstätte oder selbst gewählter Betriebsstätte allein oder mit seinen Familienangehörigen im Auftrag von Gewerbetreibenden erwerbsmäßig arbeitet, jedoch die Verwertung der Arbeitsergebnisse dem unmittelbar oder mittelbar auftraggebenden Gewerbetreibenden überlässt. Dasselbe gilt auch gegenüber Freiberuflern, für die die in Heimarbeit tätige Person ihre Leistung erbringt. Nach § 5 I 2 BetrVG gelten auch die in Heimarbeit Beschäftigten als Arbeitnehmer, wenn sie in der Hauptsache für einen Betrieb arbeiten. Das Heimarbeitsgesetz umfasst auch die Hausgewerbetreibenden. Hausgewerbetreibender nach § 2 II 1 HAG ist, wer in eigener Arbeitsstätte mit nicht mehr als zwei fremden Hilfskräften oder Heimarbeitern im Auftrag von Gewerbetreibenden Waren herstellt, verarbeitet oder verpackt, wobei er selbst wesentlich am Stück mitarbeitet, jedoch die Verwertung der Arbeitsergebnisse dem unmittelbar oder mittelbar auftraggebenden Gewerbetreibenden überlässt. Auch bei freien Mitarbeitern kann es sich um arbeitnehmerähnliche Personen handeln. Insbesondere die Medienbranche, aber auch Freiberufler bedienen sich oft freier Mitarbeiter. Freie Mitarbeit ist anzunehmen, wenn sie sich in der Erbringung bestimmter, im Voraus abgegrenzter Dienstleistungen erschöpft. Besteht für den freien Mitarbeiter eine wirtschaftliche Abhängigkeit und bildet die Vergütung für die freie Mitarbeit die wesentliche Existenzgrundlage, gilt ein gewisser arbeitsrechtlicher Schutz auch für diese Personengruppe.[22]

29 Zur Gruppe der arbeitnehmerähnlichen Personen kann im Einzelfall auch der Handelsvertreter gehören. Das Handelsvertreterrecht ist in den §§ 84 ff. HGB geregelt. Handelt

---

[19] Vgl. BAG NZA 1993, 789, 790; 1997, 62, 63
[20] Vgl. BAG NZA 1997, 62, 63; BAG AP Nr. 12 zu § 611 BGB, Arbeitnehmerähnlichkeit
[21] Vgl. BAG NZA 1997, 399, 400; 1997, 1126, 1127; vgl. dazu auch BGHZ 140, 11, 20; BGH NZA 2000, 390, 391
[22] Dütz/Thüsing, Rn. 37 f.

es sich bei dem Handelsvertreter um einen Ein-Firmen-Vertreter i. S. v. § 92a HGB, gilt der Handelsvertreter dann als Arbeitnehmer i. S. d. Arbeitsgerichtsgesetzes (ArbGG), wenn dieser innerhalb der letzten sechs Monate des Vertragsverhältnisses, bei kürzerer Vertragsdauer während eines solchen Zeitraums, im Durchschnitt monatlich nicht mehr als 1000,00 € aufgrund des Vertragsverhältnisses an Vergütung einschließlich Provision und Ersatz für im regelmäßigen Geschäftsbetrieb entstandene Aufwendungen bezogen hat, vgl. § 5 III ArbGG. Auch der Franchise-Nehmer wird als arbeitnehmerähnliche Person angesehen, wenn die Kontrollrechte des Franchise-Gebers so ausgeprägt sind, dass eine umfassende wirtschaftliche und eventuell sogar persönliche Abhängigkeit des Franchise-Nehmers vom Franchise-Geber begründet wird.[23]

§ 4 Rechtsquellen des Arbeitsrechts

Das Arbeitsrecht wird durch die deutsche Gesetzgebung sowie die EU-Gesetzgebung erheblich beeinflusst. Allerdings ist der Begriff „Rechtsquelle" dabei nicht reduziert auf gesetzliche oder gesetzesähnliche Regelungen, die von einem demokratisch legitimierten Gesetzgeber erlassen werden, sondern umfasst auch Regelungswerke wie Verträge, denen eine kollektivrechtliche oder individualrechtliche Normwirkung zukommen kann.[24]

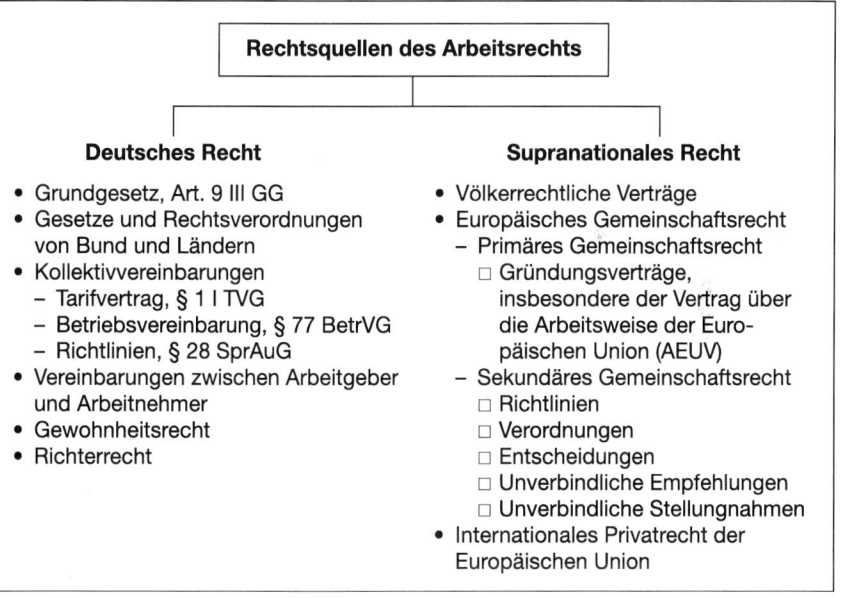

Abb. 3: Rechtsquellen des Arbeitsrechts

---

23 Vgl. BGHZ 140, 10, 19 f.; BAG AP Nr. 37 zu § 5 ArbGG 1979
24 Vgl. Michalski/Westerhoff, Rn. 47

I. Supranationales Recht

31 Große Bedeutung erlangt das supranationale Recht. Dazu zählen allgemeine völkerrechtliche Verträge sowie das Europäische Gemeinschaftsrecht. Supranationales Recht bedeutet, dass eine den beteiligten Staaten übergeordnete staatliche Organisation existiert, die zuvor von den Mitgliedstaaten begründet und mit entsprechenden Kompetenzen ausgestattet worden ist. Diese Organisation erlässt sodann einen Rechtsrahmen. So bedarf es nicht des Abschlusses von Verträgen zwischen den Staaten bei jeder einzelnen Gesetzgebung, sondern die überstaatliche (= supranationale) Organisation kann diese Gesetze mit verbindlicher Wirkung für alle Staaten erlassen.

1. Allgemeine völkerrechtliche Verträge

32 Bedeutende Auswirkungen auf das deutsche Arbeitsrecht haben insbesondere folgende multilaterale bzw. bilaterale völkerrechtliche Abkommen[25]:
- Europäische Menschenrechtskonvention vom 4.11.1950 (EMRK), welche nach Art. 11 I EMRK allen Menschen das Recht garantiert, sich friedlich frei zu versammeln und frei mit anderen zusammenzuschließen sowie das Recht, zum Schutz ihrer Interessen Gewerkschaften zu bilden und ihnen beizutreten. Die EMRK besitzt in der Bundesrepublik Deutschland den Rang unmittelbar geltenden einfachen Bundesrechts.
- Europäische Grundrechte-Charta (EGC), insbesondere die Artt. 27–30 EGC, welche betriebliche Anhörungs- und Beratungsrechte der Arbeitnehmer, Tarifautonomie, Arbeitskampfrecht sowie Schutz vor ungerechter Entlassung regeln. Die Europäische Grundrechte-Charta ist bisher nicht in Kraft getreten.
- Europäische Sozialcharta (ESC) von 1961, die in Teil 2, Art. 5 ESC die Koalitionsfreiheit für Arbeitnehmer und Arbeitgeber und in Teil 2, Art. 6 ESC die Arbeitskampfgewährleistung für Arbeitnehmer und Arbeitgeber regelt. Umstritten ist, ob auch die Europäische Sozialcharta für die Bundesrepublik Deutschland unmittelbar geltendes Recht enthält.
- Internationaler Pakt über wirtschaftliche, soziale und kulturelle Rechte, insbesondere die Gewährleistung des Streikrechts nach Artikel Art. 8. Der Internationale Pakt wirkt als unmittelbar geltendes einfaches Bundesrecht.
- Übereinkommen der Internationalen Arbeitsorganisation/International Labour-Organisation (IAO/ILO). Bei der IAO handelt es sich um eine von der UNO getragene, durch den Friedensvertrag von Versailles gegründete Einrichtung mit dem ursprünglich begrenzten Zweck, einheitliche Arbeitsschutzmaßnahmen in vielen Ländern durchzusetzen. Umstritten ist, ob die ratifizierten Übereinkommen auch zwischen einzelnen Arbeitgebern, Arbeitnehmern oder Gewerkschaften unmittelbare Rechtswirkungen entfalten.[26]

2. Europäisches Gemeinschaftsrecht

33 Das Europäische Gemeinschaftsrecht hat einen großen Einfluss auf das nationale Arbeitsrecht. Lag der Schwerpunkt des Europäischen Gemeinschaftsrechts früher hauptsächlich auf wirtschaftlichem Gebiet, bezogen auf den Warenhandel in der Europäischen Union, haben ab Mitte der 70iger Jahre des 20. Jahrhunderts die Richtlinien zur Angleichung der Rechtsvorschriften über Massenentlassungen von 1975,[27] die Richtlinie über Arbeitnehmeransprüche bei Betriebsübergang von 1977[28] sowie die Richtlinie

---

25 Siehe zu den folgenden Ausführungen Dütz/Thüsing, Rn. 21; Otto/Bieder, Rn. 142 ff.
26 Ablehnend BAG NZA 1994, 802, 803
27 Ersetzt durch EU-Richtlinie 1998/59/EG
28 Ersetzt durch EU-Richtlinie 2001/23/EG

über den Schutz der Arbeitnehmer bei Zahlungsunfähigkeit des Arbeitgebers aus dem Jahr 1980 einheitliches EU-Arbeitnehmerschutzrecht für die Mitgliedstaaten geschaffen.

Die „soziale Dimension des Binnenmarktes" fand ihren deutlichsten Ausdruck in der Gemeinschaftscharta der sozialen Grundrechte, die im Dezember 1989 auf dem Gipfeltreffen in Straßburg verabschiedet wurde.[29] Aus dieser Charta entstanden zwei Richtlinien mit individualarbeitsrechtlichem Inhalt: zum einen die Richtlinie über die Unterrichtung des Arbeitnehmers über die Arbeitsbedingungen von 1991, welche in der Bundesrepublik Deutschland durch das Nachweisgesetz geregelt wurde, sowie die Richtlinie über die Arbeitszeitgestaltung von 1993, inzwischen ersetzt durch die Richtlinie 2003/88/EG, die der deutsche Gesetzgeber durch das Arbeitszeitgesetz in nationales Recht transformiert hat. **34**

Am 1.11.1993 trat für die damaligen 12 Mitgliedstaaten der Europäischen Union der Vertrag von Maastricht in Kraft. Dieser Vertrag begründete zum einen die Europäische Union; zum anderen unterzeichneten 11 der 12 Mitgliedstaaten ein Abkommen über die Sozialpolitik, aus dem insbesondere die Richtlinie 1994/45/EG über den Europäischen Betriebsrat abzuleiten ist. Der Vertrag der damaligen EU-Mitgliedstaaten von Amsterdam, der am 1.5.1999 in Kraft trat, fasste den EG-Vertrag neu. Seit dem 1.12.2009 gilt der Vertrag über die Arbeitsweise der Europäischen Union (AEUV) als Folge des in Kraft getretenen Vertrags der Europäischen Union von Lissabon. Nach Art. 151 AEUV ist u. a. die Politik der Europäischen Gemeinschaft dahin auszurichten, die Beschäftigung zu fördern, einen angemessenen sozialen Schutz zu gewährleisten, den Dialog zwischen den Sozialpartnern zu fördern, ein dauerhaft hohes Beschäftigungsniveau sicherzustellen und Ausgrenzungen zu bekämpfen. Wichtiges Beispiel für einen nach dem früheren EG-Vertrag erlassenen Rechtsakt ist die Richtlinie 2000/43/EG. Diese Richtlinie schreibt die Anwendung des Gleichbehandlungsgrundsatzes ohne Unterschied der Rasse oder der ethnischen Herkunft vor. Diese Richtlinie hat der deutsche Gesetzgeber im Zusammenhang mit weiteren Richtlinien in das deutsche Recht transformiert. Daraus entstand das Allgemeine Gleichbehandlungsgesetz (AGG) im Jahr 2006. **35**

Bei Europäischem Gemeinschaftsrecht wird zwischen primärem, sekundären und tertiären Gemeinschaftsrecht unterschieden. Unmittelbar anwendbare Normen des Unionsrecht haben vor nationalen Regelungen der Mitgliedsstaaten einen Anwendungsvorrang. Dies wirkt sich in Fällen aus, in denen eine nationale Regelung z. B. einer unmittelbar geltenden Verordnung widerspricht. Der Anwendungsvorrang gilt hierbei gegenüber dem gesamten nationalen Recht, also auch dem Verfassungsrecht. Anwendungsvorrang bedeutet hierbei, dass nationale Regelung und das unmittelbar wirkendes Unionsrecht miteinander zu vergleichen sind. Widerspricht eine nationale Regelung dem Unionsrecht, so ist zunächst zu schauen, ob eine unionsrechtskonforme Auslegung möglich ist. Erscheint dies als nicht möglich, so verdrängt das Unionsrecht sodann diese konkrete Regelung. Der Anwendungsvorrang ist grundsätzlich von allen nationalen Gerichten, aber auch den Behörden zu beachten. **36**

Der EU-Vertrag und der Vertrag über die Arbeitsweise der Europäischen Union (AEUV) sind die zentralen Rechtsquellen des Primärrechts. Die beiden Verträge sind (untechnisch gesprochen) die „Verfassung" der EU und enthalten die Rechtsgrundlagen für den Aufbau und die Zuständigkeiten der EU-Organe, die Grundfreiheiten der EU sowie die Kompetenznormen für den Erlass von „einfachem" EU-Recht (sog. Sekundärrecht). Bereits das Primärrecht des AEUV enthält wichtige Bestimmungen zum Arbeitsrecht mit den dort verankerten Grundfreiheiten. Diese werden von der Rechtsprechung des EuGH als Gleichbehandlungsgebote bzw. Diskriminierungsverbote verstanden. Die Grundfrei- **37**

---

29 Junker, Rn. 28, 29

heiten sind daher sog. Anspruchsnormen. Sie binden die Mitgliedstaaten unmittelbar und begründen auch Rechte des einzelnen Bürgers gegenüber dem Staat (und der EU selbst), die sich als höherrangiges Recht gegen nationale Gesetze durchsetzen können, wenn die Regelung hinreichend konkret ist, keinen Ermessensspielraum lässt und ihre Anwendung ohne weitere Vollzugsmaßnahmen wirksam ist.

38 In EU-Vertrag und AEUV wird der EU als supranationaler Organisation die Kompetenz zu eigener Rechtssetzung verliehen. Dieses von der EU geschaffene Recht wird als Sekundärrecht bezeichnet. Dabei handelt es sich nach Art. 288 AEUV entweder um Verordnungen, um Richtlinien, um Beschlüsse, um (unverbindliche) Empfehlungen oder Stellungnahmen. Dabei haben Verordnungen und Richtlinien den verbindlichsten Charakter gegenüber allen Mitgliedstaaten.

39 Die Verordnung lässt sich von ihren Rechtswirkungen her mit einem innerstaatlichen Gesetz vergleichen: sie hat allgemein Geltung, ist in allen ihren Teilen verbindlich und gilt unmittelbar in jedem Mitgliedstaat, Art. 288 II AEUV.[30] Durch Verordnungen besteht für Organe der Europäischen Union die Möglichkeit, die Normen des Primärrechts effektiv zu konkretisieren.[31] Typisches Beispiel dafür ist die EU-Verordnung 1251/70/EG, welche Arbeitnehmern aus EU-Mitgliedstaaten das Recht zubilligt, nach einer Beendigung des Arbeitsverhältnisses in dem EU-Mitgliedstaat weiterhin seinen Wohnsitz beizubehalten. EU-Verordnungen sind unmittelbar geltendes Gemeinschaftsrecht; diese haben Vorrang vor dem nationalen Recht der jeweiligen EU-Mitgliedstaaten.

40 Wichtigste Bedeutung für die Vereinheitlichung des Rechts innerhalb der Europäischen Union haben Richtlinien. So ist gerade das europäische Arbeits- und Sozialversicherungsrecht sehr umfassend durch Richtlinien bestimmt. Nach Art. 288 III AEUV sind Richtlinien in nationales Recht zu transformieren. Die von Organen der Europäischen Union erlassenen Richtlinien haben somit selbst keine unmittelbare Geltung bzw. Rechtskraft für die einzelnen Mitgliedstaaten. Ihre Verbindlichkeit ergibt sich daraus, dass die einzelnen EU-Mitgliedstaaten innerhalb eines vorgegebenen Zeitraums die Inhalte dieser Richtlinien in nationale Gesetze umzuwandeln und diese dann zu verabschieden haben. Dabei lassen sie den Mitgliedstaaten in zweifacher Hinsicht einen Regelungsspielraum: Sie überlässt zum einen den Mitgliedsstaaten die Wahl der Form und der Mittel. Mithin verpflichtet die Richtlinie die Mitgliedstaaten dazu, alle erforderlichen Maßnahmen zu treffen, um das in der Richtlinie festgelegte Ziel zu verwirklichen. Richtlinien setzen zum anderen nur Mindeststandards, so dass die Mitgliedstaaten bei der Umsetzung von Richtlinien auch weitergehende Ziele verfolgen und über die Vorgaben hinausgehen können. Die Umsetzung von Richtlinien führt also nicht zwingend zu völlig identischen Rechten in den Mitgliedstaaten. Die Richtlinie ist zunächst nur für die Mitgliedstaaten und erst nach erfolgter Umsetzung auch für den einzelnen Unionsbürger verbindlich. Das bedeutet, dass eine nicht fristgerecht oder nicht ordnungsgemäß umgesetzte Richtlinie keine unmittelbaren Rechtswirkungen auf Rechtsverhältnisse zwischen Privatpersonen entfaltet. Eine unmittelbare Wirkung der Richtlinie kann sich in solchen Fällen nur dann ergeben, wenn sie inhaltlich hinreichend bestimmte Regelungen enthält und inhaltlich unbedingt ist (sog. self-executing-Richtlinie).

41 Schließlich existiert sog. Tertiäres Unionsrecht. Hierunter fallen delegierte Rechtsakte und Durchführungsrechtsakte. Delegierte Rechtsakte gemäß Art. 290 AEUV sind Rechtsakte ohne Gesetzescharakter zur Ergänzung bzw. Änderung nichtwesentlicher Vorschriften. Ist für die Durchführung verbindlicher Unions-Rechtsakte die Schaffung einheitlicher Bedingungen erforderlich, so werden der Kommission bzw. in bestimmten

---

30 Streinz/W.Schroeder, Art. 288 AEUV Rn. 39
31 Streinz/W.Schroeder, Art. 288 AEUV Rn. 38

Fällen auch dem Rat Durchführungsbefugnisse übertragen. Dies bezeichnet man als Durchführungsrechtsakte gemäß Art. 291 Abs. 2–4 AEUV.

42 Der AEUV schafft für das Arbeitsrecht weder eine ausschließliche noch eine umfassende Zuständigkeit der Union. Vielmehr konkurrieren die Zuständigkeiten der Union mit den Kompetenzen der Mitgliedstaaten. Nach dem Grundsatz der Subsidiarität darf die Union auch im Arbeitsrecht nur tätig werden, sofern und soweit die verfolgten Ziele auf der Ebene der Mitgliedstaaten nicht ausreichend erfüllt und daher wegen ihres Umfangs oder ihrer Wirkungen besser auf Unionsebene erreicht werden können (Art. 5 I 2, III EUV). Diese Befugnisse können auch mit einer Anspruchsnorm kombiniert sein. So kann der Rat „erforderliche Maßnahmen" zur Herstellung der Arbeitnehmerfreizügigkeit (Art. 46 iVm. Art. 294 AEUV) und zur Gewährleistung der Gleichbehandlung von Männern und Frauen (Art. 157 III iVm. Art 294 AEUV) ergreifen.

43 Rechtsgrundlagen des Europäischen Arbeitsrechts sind im Primärrecht die Arbeitnehmerfreizügigkeit gemäß Art 45–48 AEUV sowie die Sozialvorschriften der Art. 151–161 AEUV. Nach Art. 45 II AEUV wird die Abschaffung jeglicher Ungleichbehandlung der Arbeitnehmer der Mitgliedstaaten in Bezug auf Beschäftigung, Entlohnung und sonstige Arbeitsbedingungen aus Gründen der Staatsangehörigkeit verfolgt. Bedeutsam für das deutsche Arbeitsrecht ist außerdem Artikel 157 AEUV, welcher das Recht auf gleiches Entgelt für Frauen und Männer bei gleicher Arbeit festsetzt. Dieses Recht steht jedem einzelnen Arbeitnehmer aus einem EU-Mitgliedstaat zu, das er direkt bei seinem zuständigen Arbeitsgericht geltend machen kann. Weitere Anspruchsnormen sind darüber hinaus auch Gleichheitssätze wie das (subsidiäre) allgemeine Diskriminierungsverbot der Art. 18, 19 AEUV. Gemäß Art. 153 I, II S. 3 AEUV können die Mitgliedstaaten in bestimmten Bereichen, wie z. B. dem Schutz der Arbeitnehmer bei Beendigung des Arbeitsvertrages einstimmig Maßnahmen beschließen. Auch mit qualifizierter Mehrheit können die Mitgliedstaaten gemäß Art. 153 I, II S. 2 AEUV Rechtsakte erlassen, wie z. B. zur Verbesserung insbesondere der Arbeitsumwelt zum Schutz der Gesundheit und der Sicherheit der Arbeitnehmer. Art. 153 V AEUV normiert dagegen bestimmte Ausnahmen von der Rechtsangleichung, wie z. B. das Koalitionsrecht.

44 Des Weiteren sind bedeutende Richtlinien durch die Europäische Union erlassen worden, welche großen Einfluss auf das deutsche Arbeitsrecht haben:
– Richtlinie 1975/129/EWG, Rechtsvereinheitlichungen bei Massenentlassungen;
– Richtlinie 1977/187/EWG, Schutz der Arbeitnehmer bei Übergang/Verkauf von Unternehmen, Betrieben und Betriebsteilen;
– Richtlinie 1980/987/EWG, Schutz des Arbeitnehmers bei Insolvenz des Arbeitgebers;
– Richtlinie 1989/391/EWG, Förderung der Sicherheit und des Gesundheitsschutzes vom Arbeitnehmer im Betrieb;
– Richtlinie 1991/383/EWG, Verbesserung der Sicherheit und des Gesundheitsschutzes von Arbeitnehmern;
– Richtlinie 1991/533/EWG, Nachweis des Arbeitgebers gegenüber dem Arbeitnehmer über Vereinbarungen im Arbeitsvertrag;
– Richtlinie 1993/104/EG, Jugendschutz;
– Richtlinie 1994/95/EG, Installierung Europäischer Betriebsräte;
– Richtlinie 2006/54/EG zur Verwirklichung des Grundsatzes der Chancengleichheit und Gleichbehandlung von Männern und Frauen in Arbeits- und Beschäftigungsfragen;
– Richtlinie 2018/957/EU, Entsendung von Arbeitnehmern.

45 Große Bedeutung hat auch der Europäische Gerichtshof (EuGH) mit Sitz in Luxemburg. Diesem obliegt die Pflicht zur Wahrung und Sicherung von EU-Recht bei der Auslegung und Anwendung der Gründungsverträge.

3. Internationales Privatrecht der Europäischen Union

46 Erst wenn keine supranationalen Regelungen anwendbar sind, ist mit dem Internationalen Privatrecht der Europäischen Union, geregelt in der Rom-I-Verordnung, 593/2008/EG, die für die Beurteilung und Entscheidung eines Falls mit Auslandsberührung maßgebliche arbeitsrechtliche Regelung zu bestimmen; man hat dann also zu klären, ob entweder das Arbeitsrecht der einzelnen Mitgliedstaaten der Europäischen Union oder welches sonstige ausländische Arbeitsrecht gilt. Die Rom-I-Verordnung, die teils am 17.6.2009, im Wesentlichen aber am 17.12.2009 in Kraft getreten war, hat das im Einführungsgesetz zum Bürgerlichen Gesetzbuch (EGBGB) normierte deutsche Internationale Privatrecht weitestgehend verdrängt. Nach Art. 1 Rom-I-VO gilt die Verordnung für alle vertraglichen Schuldverhältnisse in Zivil- und Handelssachen, die eine Verbindung zum Recht verschiedener Staaten aufweisen. Ausnahmen dazu finden sich in Art. 1 II Rom-I-VO. Gem. Art. 2 Rom-I-VO ist das in der Verordnung bezeichnete Recht auch dann anzuwenden, wenn es nicht das Recht eines Mitgliedstaates der Europäischen Union ist. Artt. 3 ff. EGBG, die in Deutschland bis zum Inkrafttreten der Rom-I-VO die alleinige Rechtsgrundlage für die Beurteilung und Entscheidung eines Falls mit Auslandsberührung bildeten, haben, sofern sie nicht aufgehoben wurden, nur noch dann Gültigkeit, soweit unmittelbar anwendbare Regelungen der Europäischen Union in ihrer jeweils geltenden Fassung nicht maßgeblich sind.

47 Immer häufiger kommt es vor, dass ein inländischer Arbeitnehmer mit einem ausländischen Arbeitgeber einen Arbeitsvertrag schließt und im Ausland arbeitet; umgekehrt ist es häufig so, dass ein ausländischer Arbeitnehmer mit einem inländischen Arbeitgeber einen Arbeitsvertrag schließt und im Inland beschäftigt ist. In derartigen Fällen haben die Vertragsparteien bei einem Arbeitsverhältnis die Möglichkeit, einvernehmlich zu bestimmen, welches nationale Arbeitsrecht i. S. v. Art. 3 Rom-I-VO auf das Vertragsverhältnis anzuwenden ist. Allerdings stellt Art. 8 I 2 Rom-I-VO eine Grenze für die Wahlfreiheit auf. Die Rechtswahl der Parteien darf nicht dazu führen, dass dem Arbeitnehmer der Schutz entzogen wird, der ihm durch Bestimmungen gewährt wird, von denen nach dem Recht, das nach Art. 8 II-IV Rom-I-VO mangels einer Rechtswahl anzuwenden wäre, nicht durch Vereinbarung abgewichen werden darf. Haben Arbeitgeber und Arbeitnehmer im Arbeitsvertrag keine Vereinbarung über anzuwendendes Recht geschlossen, gilt nach Art. 8 II Rom-I-VO das Recht des Staates, in dem der Arbeitnehmer gewöhnlich seine Arbeit verrichtet. Der Staat, in dem die Arbeit gewöhnlich geleistet wird, wechselt nicht, wenn der Arbeitnehmer seine Tätigkeit vorübergehend in einem anderen Staat ausübt.

48 Wird ein Streitfall im Arbeitsrecht mit internationalem Bezug einem deutschen Gericht zur Prüfung vorgelegt, ist zu ermitteln, ob überhaupt die Zuständigkeit eines deutschen Gerichts gegeben ist. Die Bestimmung der Zuständigkeit richtet sich grds. nach den Regelungen der Brüssel-Ia-Verordnung (EuGVVO). Auch in dieser Verordnung existieren für die Zuständigkeit für individuelle Arbeitsverträge Sonderregelungen in den Artt. 20–23 EuGVVO.

II. Deutsches Recht

1. Grundgesetz

49 Mit Ausnahme von Art. 9 III GG finden sich im Grundgesetz keine Regelungen, die das Arbeitsrecht ausdrücklich berühren. Zum einen regelt Art. 9 III GG die Koalitionsfreiheit, d. h. das Recht, im Hinblick auf das Arbeitsrecht Tarifvertragsparteien wie z. B. Gewerkschaften oder Arbeitgeberverbände zu bilden. Zum anderem legitimiert Art. 9 III 3 GG Arbeitskämpfe, welche zur Wahrung und Förderung der Arbeits- und Wirtschaftsbedingungen von Vereinigungen geführt werden können. Unmittelbar hat allerdings auch das in Artt. 20, 28 GG normierte Sozialstaatsprinzip erhebliche Auswirkungen auf das Arbeitsrecht. Dieses Schutzprinzip dient dazu, dass der Staat zu einer gerechten und sozial ausgewogenen Gestaltung der gesellschaftlichen Voraussetzungen verpflichtet ist und auf soziale Notsituationen einzelner Gruppen reagieren muss. Ein unmittelbares Recht erwirbt der einzelne Bürger aus dem Sozialstaatsprinzip nicht; das Sozialstaatsprinzip verpflichtet den Staat im Hinblick auf das Arbeitsrecht aber dazu, einen Interessenausgleich zwischen dem Arbeitgeber und dem sozial schwächeren Arbeitnehmer zu schaffen. Umstritten ist in diesem Zusammenhang, ob die Artt. 1–6, 12 GG für den Arbeitnehmer unmittelbare Bedeutung haben, d. h. auf das Arbeitsrechtsverhältnis unmittelbar anwendbar sind. Grundsätzlich handelt es sich bei den Schutzvorschriften des Grundgesetzes um Abwehrrechte des einzelnen Bürgers gegenüber dem Staat und seinen Untergliederungen. Nach ständiger Rechtsprechung des Bundesverfassungsgerichts wirken die Grundrechte im Privatrechtsverkehr nicht unmittelbar, sondern nur über die Auslegung und über die Generalklauseln wie z. B. §§ 138, 242, 826 BGB.[32] Die h. M. in der Rechtsliteratur, aber mittlerweile auch das Bundesarbeitsgericht vertreten eine nur mittelbare, vor allem über unbestimmte Rechtsbegriffe, Generalklauseln und sonstige Auslegungen eintretende Drittwirkung der Grundrechte als objektive Wertordnung, es sei denn, dass eine unmittelbare Drittwirkung, wie z. B. in Art. 9 III 2 GG, konkret normiert ist.[33]

2. Gesetze und Rechtsverordnungen von Bund und Ländern

Die Gesetzgebungskompetenz im Arbeitsrecht liegt grds. im Rahmen der konkurrierenden Gesetzgebung nach Art. 74 Nr. 12 GG bei den einzelnen Bundesländern, es sei denn, der Bund macht nach Art. 72 GG von seinem Gesetzgebungsrecht Gebrauch. Mit wenigen Ausnahmen sind in den letzten Jahrzehnten nur Arbeitsgesetze durch den Bund erlassen worden; Hintergrund ist die notwendige bundeseinheitliche Regelung des Arbeitsrechts in der Bundesrepublik Deutschland. Nur in wenigen Fällen haben die einzelnen Bundesländer eigene Rechtsnormen zum Arbeitsrecht erlassen, so z. B. im Bereich des Bildungsurlaubs bzw. der abweichenden Regelung von Feiertagen, an denen Arbeitnehmer zur Erbringung ihrer Arbeitsleistung nicht verpflichtet sind. Bund und Länder können nach Art. 80 GG auch Rechtsverordnungen im Arbeitsrecht erlassen. Von dieser Ermächtigung haben sie kaum Gebrauch gemacht. So ist z. B. die Wahlordnung als „Erste Verordnung zur Durchführung des Betriebsverfassungsgesetzes" eine derartige Rechtsverordnung.

3. Kollektivvereinbarungen

Bedeutende Rechtsquellen im Arbeitsrecht sind die zwischen Gewerkschaften und Arbeitgeberverbänden ausgehandelten Tarifverträge sowie die zwischen der Arbeitgeberseite – dem Unternehmer – und der Arbeitnehmerseite – dem Betriebsrat – geschlossenen Betriebsvereinbarungen.

a) Tarifvertrag. Nach § 1 I TVG regelt der Tarifvertrag die Rechte und Pflichten der Tarifvertragsparteien und enthält Rechtsnormen, die den Inhalt, den Abschluss, die Beendigung von Arbeitsverhältnissen sowie betriebliche und betriebsverfassungsrechtliche Fragen ordnen können. Als Tarifvertragsparteien werden nach § 2 I TVG Gewerkschaften, einzelne Arbeitgeber sowie Vereinigungen von Arbeitgebern angesehen. Tarifgebunden sind nach § 3 I TVG die Mitglieder der Tarifvertragsparteien und der Arbeitgeber, der selbst Partei des Tarifvertrags ist. Zwar ist es möglich, dass der Gesetzgeber auch Rechtsnormen erlassen kann, welche tarifliche Regelungen vorsehen; in einer Entschei-

---

32 Vgl. BVerfGE 7, 198, 209; 42, 143, 148
33 Vgl. BAG (GS) NZA 1985, 702, 703; BAG NZA 1986, 643, 645

dung hat das Bundesverfassungsgericht aber darauf hingewiesen, dass nicht nur die Tarifvertragsparteien das alleinige Recht zu Vereinbarungen von Rechtsnormen durch Tarifverträge besitzen.[34] So kann z. B. der Gesetzgeber einen gesetzlich festgelegten Mindestlohn für bestimmte Branchen vorschreiben, wenn das Bundesministerium für Arbeit und Soziales einen Tarifvertrag im Einvernehmen mit einem aus je drei Vertretern der Spitzenorganisationen der Arbeitgeber und der Arbeitnehmer bestehenden Ausschuss auf Antrag einer Tarifvertragspartei unter den Voraussetzungen des § 5 TVG für allgemeinverbindlich erklärt. Liegt die Tarifgebundenheit der Tarifvertragsparteien nach § 4 I TVG vor, sind solche Regelungen geltendes Recht gegenüber jedem einzelnen Arbeitgeber und jedem einzelnen Arbeitnehmer. Zwar besteht die Tarifgebundenheit i. S. v. § 3 TVG nur dann, wenn der einzelne Arbeitgeber bzw. der einzelne Arbeitnehmer Mitglied des Arbeitgeberverbands bzw. Mitglied einer jeweiligen Gewerkschaft ist. Andererseits werden von den Vereinbarungen der Tarifparteien üblicherweise auch Arbeitnehmer erfasst, die nicht gewerkschaftlich organisiert sind.

53 Der Tarifvertrag setzt zwingendes Recht; dispositive Wirkung entfaltet ein Tarifvertrag nur dann, wenn abweichende Abmachungen nach § 4 III 1. Hs. TVG zu Ungunsten des Arbeitnehmers vereinbart wurden bzw. die Rechtsnormen gem. § 4 V TVG nach Ablauf des Tarifvertrages keine zwingende Wirkung mehr haben. Nach dem Sinn des Tarifrechts, die Arbeitnehmer zu schützen, haben die Tarifnormen nur eine einseitig zwingende Wirkung; deshalb bleiben einzelvertragliche Abmachungen, die für den Arbeitnehmer günstiger als die Tarifnorm sind, vom Tarifvertrag unberührt.[35] § 4 III 2.Hs. TVG normiert das sog. Günstigkeitsprinzip.

54 b) **Betriebsvereinbarung.** Arbeitgeber und Betriebsrat können Regelungen auch auf der einzelnen Betriebsebene treffen. Solche Regelungen, die Betriebsvereinbarungen genannt werden, gelten nach § 77 IV 1 BetrVG unmittelbar und zwingend. Allerdings können Arbeitsentgelte und sonstige Arbeitsbedingungen, die durch Tarifvertrag geregelt sind oder üblicherweise geregelt werden, nach § 77 III 1 BetrVG nicht Gegenstand einer Betriebsvereinbarung sein, es sei denn, dass ein Tarifvertrag den Abschluss ergänzender Betriebsvereinbarungen ausdrücklich zulässt. Betriebsvereinbarungen, die z. B. die Arbeitszeiterfassung, Kontrollen der Arbeitnehmer oder Zugangsregelungen zum Betrieb festlegen, stehen somit hinter den rechtsetzenden Regelungen des Tarifvertragsrechts zurück. Dasselbe gilt nach § 87 I BetrVG, wenn zwischen den Tarifvertragsparteien gesetzliche oder tarifliche Regelungen in sozialen Angelegenheiten, insbesondere bei Mitbestimmungsrechten bestehen. Dann sind Betriebsvereinbarungen auf diesem Gebiet grds. nicht zulässig.

55 c) **Richtlinien.** Nach § 28 I SprAuG können Arbeitgeber und der Sprecherausschuss der leitenden Angestellten Richtlinien über den Inhalt, den Abschluss oder die Beendigung von Arbeitsverhältnissen der leitenden Angestellten schriftlich vereinbaren. Der Inhalt der Richtlinien gilt für die Arbeitsverhältnisse unmittelbar und zwingend, soweit dies zwischen Arbeitgeber und Sprecherausschuss vereinbart ist. Abweichende Regelungen sind grundsätzlich nur zugunsten leitender Angestellter nach § 28 II 2 SprAuG zulässig.

4. Arbeitsvertrag

56 Der Arbeitsvertrag hat als Rechtsquelle erheblich und zwar deshalb an Bedeutung verloren, weil i. d. R. Bundesgesetze, Tarifverträge und Betriebsvereinbarungen als Rechtsnormen das Arbeitsverhältnis zwischen Arbeitgeber und Arbeitnehmer ausführlich bestimmen. Bei außertariflich angestellten Arbeitnehmern, also üblicherweise leitenden Angestellten, für die die Tarifvereinbarungen zwischen Arbeitgeber- und Arbeitnehmer-

---

34 Vgl. BVerfGE 84, 212, 228
35 Vgl. Schaub/Koch, Günstigkeitsprinzip

seite zum größten Teil nicht gelten, kann der Arbeitsvertrag als Rechtsquelle noch eine besondere Bedeutung haben.

a) Arbeitsvertragliche Einheitsregelungen. Arbeitsvertragliche Einheitsregelungen gelten für eine Vielzahl von Arbeitnehmern in einem Betrieb ohne Berücksichtigung des jeweiligen einzelnen Arbeitsverhältnisses. Diese Einheitsregelungen sind rechtlich wie Allgemeine Geschäftsbedingungen zu werten, so dass die §§ 305 ff. BGB Anwendung finden. Bei den arbeitsvertraglichen Einheitsregelungen muss es sich demzufolge ebenfalls um vorformulierte Vertragsbedingungen handeln. Darunter fällt nach h. M. auch die Gesamtzusage, z. B. die Zusage von Weihnachtsgeld. Auch die Gesamtzusage ist eine vertragliche Vereinbarung, wobei der Arbeitnehmer das Angebot des Arbeitgebers bei einer für ihn positiven Zusage stillschweigend i. S. v. § 151 BGB annehmen kann. Eine eingeschränkte Anwendbarkeit besteht gemäß § 310 IV 2 BGB dagegen auf Arbeitsverträge. **57**

b) Betriebliche Übung. Unter einer betrieblichen Übung versteht man die regelmäßige Wiederholung gleichförmiger Verhaltensweisen im Betrieb, die denjenigen – meist den Arbeitgeber –, der sich gleichförmig verhält, gegenüber dem Vertragspartner – meist Arbeitnehmer – rechtlich bindet.[36] Zwar wird eine betriebliche Übung, z. B. die Zahlung von Heirats- und Geburtsbeihilfen, als soziale Leistungen des Arbeitgebers und nicht als eigene Rechtsquelle angesehen. Allerdings kann eine solche betriebliche Übung durch die Wiederkehr desselben Verhaltens eine, wenn auch stillschweigende Vereinbarung beinhalten, nach der eine Vertragspartei auf die Wiederholung dieser Übung in der Zukunft vertraut.[37] Daraus entsteht i. d. R. eine Vertrauenshaftung durch den Arbeitgeber. **58**

Zwar ist auch im Rahmen einer betrieblichen Übung eine Vereinbarung zwischen Arbeitgeber und Arbeitnehmer zu treffen. Dies kann auf beiden Seiten durch schlüssiges Verhalten, d. h. konkludent erfolgen. Die Rechtsprechung geht allerdings davon aus, dass erst die vorbehaltlose dreimalige Erbringung der Leistung durch den Arbeitgeber einen Rechtsanspruch des Arbeitnehmers aus einer betrieblichen Übung begründet.[38] Sobald eine betriebliche Übung zu einer Regelung des Arbeitsvertrags geworden ist, können beide Vertragsparteien – Arbeitgeber und Arbeitnehmer – diese Regelung nur einvernehmlich aufheben. Auch belastende, sog. negative betriebliche Übungen, sind möglich, z. B. zur betrieblichen Ordnung.[39] Hat ein neu eintretender Arbeitnehmer die zu seinem Nachteil bestehende Betriebsübung nicht gekannt und brauchte er sie auch nicht zu kennen, kommt der Arbeitsvertrag ohne die ihm benachteiligende Betriebsübung zustande.[40] Zur Vereinheitlichung der Arbeitsbedingungen kann der Arbeitgeber dann nur noch die Kündigung des Arbeitsverhältnisses durch eine sog. Änderungskündigung vornehmen. **59**

c) Direktionsrecht des Arbeitgebers. Aus dem zwischen dem Arbeitgeber und dem Arbeitnehmer geschlossenen Arbeitsvertrag ergeben sich üblicherweise die Art, der Umfang und der Einsatzort der Tätigkeit. Selbst letzterer ist, insbesondere bei handwerklichen Tätigkeiten, nicht im Detail zu vereinbaren, so dass dann im Arbeitsvertrag nur die fachliche Tätigkeit aufgeführt wird. Das Direktionsrecht gibt dem Arbeitgeber die Befugnis, die Arbeitspflicht des Arbeitnehmers etwa nach Art, Zeit und Ort näher zu **60**

---

36 Wörlen/Kokemoor, Rn. 198
37 Vgl. Lieb/Jacobs, Rn. 59
38 Vgl. dazu schon RGZ 75, 325, 327; 94, 322, 324; vgl. BAG AP Nr. 3, 4, 7 zu § 611 BGB, Gratifikation
39 Siehe dazu BAG AP Nr. 2 zu § 611 BGB, Lohnanspruch; BAG AP Nr. 50, 55 zu § 242 BGB, Betriebliche Übung
40 Schaub/Ahrendt, § 110 Rn. 27

konkretisieren, also bestimmte Arbeiten zuzuweisen.[41] Rechtsgrundlage für das Direktionsrecht, welches auch Weisungs- oder auch Leitungsrecht genannt wird, bildet § 106 GewO i. V. m. dem Arbeitsvertrag und § 315 BGB. Der Arbeitgeber kann nach § 106 S. 1 GewO Inhalt, Ort und Zeit der Arbeitsleistung nach billigem Ermessen näher bestimmen, soweit diese Arbeitsbedingungen nicht durch den Arbeitsvertrag, Bestimmungen einer Betriebsvereinbarung, eines anwendbaren Tarifvertrags oder gesetzliche Vorschriften festgelegt sind. Dies gilt auch für die Ordnung und das Verhalten der Arbeitnehmer im Betrieb.

61 Im Einzelfall kann das Weisungsrecht aus § 106 GewO durch Grundrechte des Arbeitnehmers begrenzt sein, etwa durch Art. 4 I GG; der Arbeitgeber muss auf das Gewissen der Arbeitnehmer jedoch nur Rücksicht nehmen, wenn er die zu erledigende Arbeit unproblematisch anderen Arbeitnehmern zuweisen kann.[42] Oft ist der Umfang des Weisungsrechts vom Arbeitgeber nicht eindeutig abschätzbar, so dass im Einzelfall zu prüfen ist, ob der Arbeitgeber sein Weisungsrecht überschritten hat oder nicht. Überschreitet der Arbeitgeber sein Weisungsrecht, darf der Arbeitnehmer die zugewiesene Arbeit verweigern; der Arbeitgeber gerät in Annahmeverzug nach § 615 BGB, wenn er dem Arbeitnehmer keine andere Arbeit zuweist.[43]

5. Gewohnheitsrecht

62 Der Begriff des Gewohnheitsrechts umfasst ungeschriebene Grundsätze bzw. Normen des objektiven Rechts, welche sich durch langjährige Übung entwickelt haben und mündlich überliefert wurden.[44] Gewohnheitsrechtliche Regelungen sind vom Rang her vergleichbar mit gesetzlichen Regelungen. Sie sind somit wie Gesetze zu behandeln. Im Arbeitsrecht findet sich kaum Gewohnheitsrecht. Allerdings ist für die Arbeitnehmerhaftung, die gesetzlich nur lückenhaft geregelt ist, gewohnheitsrechtlich anerkannt, dass die strenge und umfassende Haftung für jede zu vertretende Pflichtverletzung abzulehnen ist, da sie der allgemeinen Rechtsüberzeugung nicht mehr entspricht.[45]

6. Richterrecht

63 Das Arbeitsrecht, welches nicht in einem einheitlichen Gesetzbuch kodifiziert ist, bietet breiten Raum für Richterrecht. Zum einen existieren im Arbeitsrecht viele unbestimmte Rechtsbegriffe, die der gerichtlichen Interpretation bedürfen, z. B. die „soziale Rechtfertigung" i. S. d. § 1 KSchG oder der Begriff der „Unzumutbarkeit" i. S. v. § 626 BGB. Außerdem entwickeln sich im arbeitsrechtlichen Bereich gegenüber vielen anderen Rechtsmaterien rasche Diskrepanzen zwischen normativer Ordnung und Wirklichkeit, denn wirtschaftliche und technische Entwicklung produzieren einen ständigen Wandel der durch das Recht zu regelnden Umstände, welche dazu führen, dass die Voraussetzungen für das Abgeben von Normtext und die Annahme einer Rechtslücke öfter und schneller vorliegen als in anderen Rechtsmaterien.[46]

64 Außerdem gibt es im Arbeitsrecht Bereiche, welche gar nicht geregelt sind, und zwar einerseits, weil die Interessen der Sozialpartner so unterschiedlich sind, dass eine einvernehmliche Regelung nicht möglich ist; andererseits kommt es im Arbeitsrecht oft und zwar stärker als in anderen Rechtsgebieten auf den jeweiligen Einzelfall an, welcher gesetzlich nicht geregelt werden kann. Insofern ist es nur folgerichtig, dass das Richterrecht als Rechtsgrundlage, nicht aber als eigene Rechtsquelle dienen kann. Denn ein

---

41 Vgl. BAG NZA 1990, 561, 562
42 Brox/Rüthers/Henssler, Rn. 140
43 Brox/Rüthers/Henssler, Rn. 141
44 Wörlen/Kokemoor, Rn. 25
45 Vgl. Otto/Bieder, Rn. 148
46 Dütz/Thüsing, Rn. 14

Richterrecht im normativen Sinn gibt es nicht, weil das Bewusstsein von der Bindung des Richters an das Gesetz erhalten bleiben muss.[47] Zu den wichtigsten Entwicklungen der Rechtsprechung zählen praktisch das gesamte Arbeitskampfrecht, der arbeitsrechtliche Gleichbehandlungsgrundsatz und die Grundsätze zur Haftung des Arbeitnehmers für betrieblich bedingte Tätigkeiten. Oft ist das Richterrecht, so z. B. bei befristeten Arbeitsverhältnissen, eine Rechtsgrundlage für die spätere gesetzliche Kodifizierung, z. B. die Normen des Teilzeit- und Befristungsgesetzes.

---

47 Siehe dazu Mayer-Maly, Das Richterrecht zu Verweisungen in Tarifverträgen, in: FS E. Wolf, 1985, 473, 477

Zweiter Teil: Individualarbeitsrecht

Schrifttum: *Badura*, Arbeitsrecht und Verfassungsrecht, RdA 1999, 8; *Birk*, Die arbeitsrechtliche Leistungsmacht, 1973; *Dorndorf*, Tarifautonomie und individuelle Freiheit, FS Kissel, 1994, S. 139; *Fastrich*, Betriebsvereinbarung und Privatautonomie, RdA 1994, 129; *Franzen*, Betriebsvereinbarung: Alternative zu Betriebsvertrag und Arbeitsvertrag?, NZA 2006, Beil. 3, S. 107; *Fuhlrott/Oltmanns*: Der Crowdworker – (k)ein Arbeitnehmer?, NJW 2020, 958: *Gamillscheg*, Die Grundrechte im Arbeitsrecht, AcP 164 (1964), 385; *Gast*, Arbeitsvertrag und Direktion, 1978; *Greiner*, Kollektivmacht und Individualschutz in der Rechtsprechung des BAG – Entwicklungslinien und Widersprüche, NZA 2020, 609; *Heinze*, Tarifautonomie und sog. Günstigkeitsprinzip, NZA 1991, 329; *ders.*, Kollektive Arbeitsbedingungen im Spannungsfeld zwischen Tarif- und Betriebsautonomie, NZA 1995, 5; *Henssler*, Tarifautonomie und Gesetzgebung, ZfA 1998, 1; *Hromadka*, Änderung von Arbeitsbedingungen, RdA 1992, 234; *Kempen*, Betriebsverfassung und Tarifvertrag, RdA 1994, 140; *Oetker*, Die Ausprägung der Grundrechte des Arbeitnehmers in der Arbeitsrechtsordnung der Bundesrepublik Deutschland, RdA 2004, 8; *Preis*, Grundfragen der Vertragsgestaltung im Arbeitsrecht, 1993; *Ramm*, Grundrechte und Arbeitsrecht, JZ 1991, 1; *Reuter*, Das Verhältnis von Individualautonomie, Betriebsautonomie und Tarifautonomie, RdA 1991, 193; *Richardi*, Arbeitsvertrag und Tarifgeltung, ZfA 2003, 655; *Säcker*, Gruppenautonomie und Übermachtkontrolle im Arbeitsrecht, 1972; *Schnorr*, Die für das Arbeitsrecht spezifischen Rechtsquellen, 1969; *Schreiber*, Der Arbeitnehmerbegriff, JURA 2008, 21; *Söllner*, Einseitige Leistungsbestimmung im Arbeitsverhältnis, 1966; *ders.*, Der verfassungsrechtliche Rahmen für Privatautonomie im Arbeitsrecht, RdA 1989, 144; *ders.*, Die Verwirklichung der Grundrechte als gemeinsame Aufgabe von BAG und BVerfG, FS Kissel, 1994, S. 1121; *Thüsing/Hütter-Brungs*, Crowdworking: Lenkung statt Weisung – Was macht den Arbeitnehmer zum Arbeitnehmer?, NZA-RR 2021, 231; *Wank*, Die Änderung von Arbeitsbedingungen, RdA 2005, 271.

§ 1 Grundlagen

65 Das Individualarbeitsrecht ist geprägt durch das Rechtsverhältnis zwischen dem Arbeitgeber und dem Arbeitnehmer. Dem Individualarbeitsrecht gehören daher alle Regelungen an, die sich mit der Begründung, dem Übergang, der Änderung und der Beendigung des Arbeitsverhältnisses sowie den Erfüllungs-, Aufwendungsersatz- und Schadensersatzansprüchen aus dem Arbeitsverhältnis beschäftigen.[48] Zwischen Arbeitgeber und Arbeitnehmer wird ein Arbeitsverhältnis durch privatrechtlichen Vertrag i. S. d. § 611a BGB begründet. Dabei handelt es sich um ein sog. Dauerschuldverhältnis.

66 Ein grundsätzliches Recht auf Arbeit steht dem Arbeitnehmer nicht zu. Zwar haben alle Bürger in Deutschland nach Art. 12 GG das Recht, Beruf, Arbeitsplatz und Ausbildungsstätte frei zu wählen. Verfassungsrechtlich gewährleistet ist aber allenfalls ein öffentlich-rechtlicher Anspruch gegen den Staat, bei der Beschaffung eines Arbeitsplatzes behilflich zu sein; diese Aufgabe wird durch die im Sozialgesetzbuch III (SGB III) vorgesehenen Maßnahmen erfüllt.[49] Dagegen besteht ein Recht auf Beschäftigung für den Arbeitnehmer, wenn ein wirksamer Arbeitsvertrag mit dem Arbeitgeber geschlossen wurde.

---

48 Vgl. Michalski/Westerhoff, Rn. 183
49 Dütz/Thüsing, Rn. 74a, 75

> **Individualarbeitsrecht**
> - Arbeits- und Beschäftigungsverhältnisse
> - Vertragsparteien
>   - Arbeitgeber
>   - Arbeitnehmer
> - Pflichten der Vertragsparteien
> - Leistungsstörungen
> - Ausnahmen vom Grundsatz „Ohne Arbeit keinen Lohn"
> - Beendigung des Arbeitsvertrags
> - Kündigungsschutz
> - Besonderer Arbeitsschutz

Abb. 4: Individualarbeitsrecht

Das in Artt. 20, 28 GG manifestierte Sozialstaatsprinzip führt dazu, dass zum einen die Bundesagentur für Arbeit dem arbeitslosen Arbeitnehmer bei der Stellenvermittlung behilflich ist bzw. durch Arbeitsförderung nach Sozialgesetzbuch III den arbeitslosen Arbeitnehmer unterstützt. Ebenso soll nach § 16d SGB II arbeitslosen Arbeitnehmern durch sog. Ein-Euro-Jobs die Möglichkeit gegeben werden, in den Arbeitsprozess zurückzugelangen; hierdurch entsteht allerdings gemäß § 16 d VII 2 SGB II kein Arbeitsverhältnis.[50] Hilfe erhält ein arbeitsloser Arbeitnehmer durch das Arbeitslosengeld, welches nach §§ 136 ff. SGB III durch die Bundesagentur für Arbeit befristet in Abhängigkeit auf die bisherige Beschäftigungszeit und das Lebensalter bezahlt wird. Bleibt der Arbeitnehmer weiter arbeitslos, erfolgt dann die Grundsicherung durch das Arbeitslosengeld II gem. § 19 SGB II. Kann ein arbeitsloser Arbeitnehmer seinen Lebensunterhalt weder mit eigenem Vermögen, noch durch Arbeitslosengeld bestreiten, wird ihm nach Sozialgesetzbuch XII Sozialhilfe gewährt.

§ 2 Entstehung von Arbeitsverhältnissen

Ein Arbeitsverhältnis entsteht, wenn ein Arbeitgeber und ein Arbeitnehmer einen privatrechtlichen Vertrag, d. h. einen sog. Arbeitsvertrag, abschließen. Der Arbeitsvertrag kommt durch zwei übereinstimmende Willenserklärungen, dem Angebot und der Annahme gem. §§ 145 ff. BGB zustande. Gesetzlich ist er in § 611a BGB geregelt und wird als eine Unterart des in §§ 611 ff. BGB geregelten Dienstvertrages angesehen. Der Arbeitsvertrag ist ein schuldrechtlicher Austauschvertrag und gehört damit zu den sog. synallagmatischen Vertragsverhältnissen, bei denen der eine Vertragspartner eine Leistung um der Gegenleistung willen verspricht (sog. „do-ut-des-Prinzip"). Daraus ergibt sich die Pflicht für den Arbeitnehmer, seine Arbeitsleistung gegenüber dem Arbeitgeber zu erbringen; der Arbeitgeber ist seinerseits verpflichtet, die vereinbarte Vergütung, den Lohn, an den Arbeitnehmer zu bezahlen und den Arbeitnehmer zu beschäftigen. Sollten Arbeitgeber und Arbeitnehmer die Vergütung ausnahmsweise nicht konkret geregelt haben, gilt § 612 I BGB: eine Vergütung gilt als stillschweigend vereinbart, wenn die Dienstleistung den Umständen nach nur gegen eine Vergütung zu erwarten ist. Dabei handelt es sich um eine übliche Vergütung.

---

50 Siehe dazu BAG NZA 2007, 1422, 1423

```
┌─────────────────────────────────────────────────────────┐
│              ┌──────────────────────────────┐           │
│              │ Entstehung von Arbeitsverhältnissen │    │
│              └──────────────┬───────────────┘           │
│                             │                           │
│   • Personaleinstellungsplanung                         │
│     – Personalbedarf                                    │
│     – Unterrichtung bzw. Zustimmung des Betriebsrats, § 92 I BetrVG │
│     – Auswahlrichtlinien, § 95 BetrVG                   │
│   • Anbahnung des Arbeitsvertrags                       │
│     – Stellenausschreibung                              │
│     – Bewerbung/Bewerbungsgespräch                      │
│     – Informationsrechte des Arbeitgebers               │
│     – Ansprüche des Bewerbers                           │
│     – Einstellungshindernisse                           │
│     – Gleichbehandlung der Bewerber                     │
│   • Abschluss des Arbeitsvertrags                       │
│     – Einigung                                          │
│     – Geschäftstätigkeit                                │
│     – Stellvertretung                                   │
│     – Form                                              │
│     – Mängel bei Vertragsabschluss                      │
│     – Inhaltskontrolle von Arbeitsverträgen             │
└─────────────────────────────────────────────────────────┘
```

Abb. 5: Entstehung von Arbeitsverhältnissen

I. Personaleinstellungsplanung

69 Eine detaillierte Personalplanung bildet für jeden Betrieb einen wichtigen Schlüssel für den Erfolg oder Misserfolg eines Unternehmens. Abzuwägen ist unter betriebswirtschaftlichen Voraussetzungen der aktuelle bzw. zukünftige Arbeitsaufwand im Verhältnis zum dafür benötigten Personal. Insofern obliegt es dem Geschick des Unternehmers, eine erfolgreiche Personalpolitik in seinem Unternehmen zu betreiben.[51] Besteht in seinem Unternehmen ein Betriebsrat, hat der Arbeitgeber diesen über die Personalplanung, insbesondere über den gegenwärtigen und künftigen Personalbedarf sowie über sich die daraus ergebenden personellen Maßnahmen und Maßnahmen der Berufsbildung anhand von Unterlagen rechtzeitig und umfassend nach § 92 I 1 BetrVG zu unterrichten. In Betrieben mit mehr als 500 Arbeitnehmern kann der Betriebsrat nach § 95 II BetrVG die Aufstellung von Richtlinien über die personelle Auswahl bei Einstellungen, Versetzungen, Umgruppierungen und Kündigungen unter Beachtung von fachlichen und persönlichen Voraussetzungen sowie sozialen Gesichtspunkten verlangen. Dies gilt gemäß § 95 IIa BetrVG auch dann, wenn bei der Aufstellung der Richtlinien Künstliche Intelligenz zum Einsatz kommt. Personalfragebögen, die der Arbeitgeber zur rationellen Gestaltung des Einstellungsverfahrens verwenden will, bedürfen der Zustimmung des Betriebsrats nach §§ 94 I, 76 V BetrVG; entsprechendes gilt für persönliche Angaben in allgemein verwendeten schriftlichen Arbeitsverträgen sowie für die Aufstellung allgemeiner Beurteilungsgrundsätze gem. § 94 II BetrVG.[52]

---

51 Vgl. Treier, 4.2.1, S. 58
52 Waltermann, Rn. 161

II. Anbahnung des Arbeitsvertrags

Für den Arbeitgeber gestaltet sich die Suche nach geeignetem Arbeitspersonal sehr aufwendig. Er kann entweder mit der Aufgabe einer Stellenanzeige in Zeitungen, Zeitschriften oder online, durch die Beauftragung eines Personaldienstleistungsunternehmens, welches sich auf die Suche nach Arbeitskräften spezialisiert hat, oder durch Prüfung von Initiativbewerbungen arbeitsuchender Arbeitnehmer Arbeitspersonal suchen. Eine weitere Möglichkeit für den Arbeitgeber besteht darin, die Bundesagentur für Arbeit um die Vermittlung einer Stelle i. S. d. §§ 35 ff. SGB III zu beauftragen. Die üblichste Art, Personal zu finden, geschieht durch Stellenausschreibungen in den Printmedien oder online. **70**

1. Stellenausschreibung

Bei der Stellenausschreibung, der sog. Stellenanzeige in Printmedien bzw. online, handelt es sich um eine typische Einladung des Arbeitgebers an Arbeitssuchende, ein Angebot auf Aufnahme einer Arbeitstätigkeit abzugeben, die sog. invitatio ad offerendum. Zu beachten für den Arbeitgeber bei der Stellenausschreibung ist das Allgemeine Gleichbehandlungsgesetz (AGG), insbesondere die §§ 11, 7 I AGG. Danach ist der Arbeitgeber verpflichtet, freie Arbeitsstellen benachteiligungsfrei auszuschreiben, es sei denn, dass Ausnahmen nach §§ 5, 8–10 AGG in Betracht kommen. Der Arbeitgeber hat nach § 7 I TzBfG einen Arbeitsplatz, den er öffentlich oder den er innerhalb des Betriebs ausschreibt, auch als Teilzeitarbeitsplatz auszuschreiben, wenn sich der Arbeitsplatz hierfür eignet. Besteht im Unternehmen ein Betriebsrat, kann dieser nach § 93 BetrVG verlangen, dass Arbeitsplätze, die besetzt werden sollen, allgemein oder für bestimmte Arten von Tätigkeiten vor ihrer Besetzung innerhalb des Betriebs ausgeschrieben werden. **71**

Die Ausschreibung der Stelle darf nicht zu einem Benachteiligungsverbot nach § 7 AGG führen, wonach Benachteiligungen aus Gründen der Rasse oder wegen der ethnischen Herkunft, des Geschlechts, der Religion oder Weltanschauung, einer Behinderung, des Alters oder der sexuellen Identität zu verhindern sind. Der Arbeitsplatz darf nach § 11 AGG außerdem nicht unter Verstoß gegen § 7 I AGG ausgeschrieben werden. Darunter fällt auch, dass die Stelle geschlechtsneutral auszuschreiben ist. Ein Verstoß gegen § 11 AGG führt dazu, dass nach § 22 AGG gegenüber dem Bewerber eine potenzielle Benachteiligung vermutet wird. Nach § 15 I, II AGG ist bei einem Verstoß gegen das Benachteiligungsverbot der Arbeitgeber verpflichtet, den hierdurch entstandenen Schaden zu ersetzen, es sei denn, dass der Arbeitgeber die Vermutung der Benachteiligung widerlegen kann. Wegen eines Schadens, der nicht Vermögensschaden ist, kann der Beschäftigte nach § 15 II AGG eine angemessene Entschädigung in Geld verlangen. Allerdings darf die Entschädigung bei einer Nichteinstellung 3 Monatsgehälter nicht übersteigen, wenn der Beschäftigte auch bei benachteiligungsfreier Auswahl nicht eingestellt worden wäre. **72**

2. Bewerbung und Bewerbungsgespräch

Lädt ein Unternehmer einen Bewerber zu einem Bewerbungsgespräch ein, der vorher an das interessierte Unternehmen Bewerbungsunterlagen wie z. B. Zeugnisse gesandt hatte, entsteht zwischen dem Unternehmer und dem Bewerber ein vorvertragliches Schuldverhältnis i. S. v. § 311 II BGB, welches den potentiellen Arbeitgeber und den potentiellen Arbeitnehmer nach § 241 II BGB zur Rücksicht auf die Rechte, Rechtsgüter und Interessen des anderen Teils verpflichtet. Dazu zählen insbesondere Informationspflichten. Zum einen muss der Bewerber unaufgefordert alle Umstände wahrheitsgemäß darlegen, die für das künftige Arbeitsverhältnis im Hinblick auf die Erfüllbarkeit **73** der arbeitsvertraglichen Leistungspflicht wesentlich sind.[53] Beispiele dafür sind die Offenbarung der Schwerbehinderteneigenschaft des Arbeitnehmers, wenn die für ihn gesehene Tätigkeit beim Arbeitgeber dadurch unmöglich wird,[54] oder einer in Kürze anzutretenden Haftstrafe, da diese die Erbringung der Arbeitsleistung verhindert. Für den Arbeitgeber besteht ebenso eine Offenbarungspflicht gegenüber dem zukünftigen Arbeitnehmer, wenn es sich bei den Informationen um wesentliche Umstände handelt. Das ist zum Beispiel der Fall bei einer kurzfristig drohenden Insolvenz.[55] Im Bewerbungsverfahren ist es auch äußerst wichtig, dass die Grundsätze des Beschäftigtendatenschutzes beachtet werden. Bereits ein Verstoß gegen das Mitbestimmungsrecht des Betriebsrates aus § 94 I 1 BetrVG ist zugleich ein Verstoß gegen Art. 26 VI BDSG. Das Datenschutzrecht unterscheidet gemäß § 26 VIII BDSG nicht zwischen Arbeitnehmern und Bewerbern, da sie alle unter den Begriff der „Beschäftigten" fallen. Eine Verarbeitung dieser Beschäftigtendaten ist gemäß § 26 I BDSG zulässig, wenn sie zu Zwecken des Beschäftigungsverhältnisses und damit auch zur Begründung oder Durchführung des Arbeitsverhältnisses erfolgt. Im Zuge des Bewerbungsverfahrens gespeicherte Daten müssen gelöscht werden. Von Ausnahmefällen abgesehen, rechtfertigt die Bewerbung lediglich die Erhebung personenbezogener Daten, nicht dagegen deren Aufbewahrung bzw. Nutzung über die Dauer des Bewerbungsverfahrens hinaus. Gemäß Art. 17 DSGVO besteht nach dem Abschluss des Bewerbungsverfahrens ein Löschungsanspruch des Bewerbers, wenn der Arbeitgeber die Daten nicht mehr benötigt. Hierzu ist Art. 17 III e) DSGVO zu beachten. Hiernach kann keine Löschung gefordert werden, solange der Arbeitgeber die verarbeiteten Daten zur Geltendmachung, Ausübung oder Verteidigung von Rechtsansprüchen benötigt. Im Arbeitsrecht wird dies der Fall sein, bis arbeitsrechtliche Ansprüche, z. B. nach dem AGG verjährt sind.

74 Für den Bewerber, aber auch für den potentiellen Arbeitgeber können die Verletzungen von Schutz- und Offenbarungspflichten im Rahmen des vorvertraglichen Schuldverhältnisses zu Schadensersatzansprüchen aus §§ 280 I, 311 II, 241 II BGB führen. Der Arbeitnehmer kann z. B. einen derartigen Schadensersatzanspruch dann geltend machen, wenn ein Arbeitgeber im Rahmen eines Bewerbungsverfahrens beim Arbeitnehmer die sichere Erwartung weckt, dass es zu einer Einstellung kommen wird, worauf der Arbeitnehmer sein aktuelles Arbeitsverhältnis kündigt; später verweigert der neue Arbeitgeber ohne Angaben von Gründen den Abschluss des Arbeitsvertrags.[56] Der Arbeitgeber kann dagegen zusätzliche Inseratskosten gegenüber einem schon eingestellten Bewerber geltend machen, wenn dieser seine Arbeitsunfähigkeit aufgrund seiner Krankheit verschwiegen hatte.[57]

3. Informationsrechte des Arbeitgebers

75 Für den Arbeitgeber sind umfassende Informationen des Bewerbers über Ausbildung, Weiterbildung sowie bisherige berufliche Tätigkeiten von entscheidender Bedeutung. Denn der Arbeitgeber benötigt zuverlässige Auskunft über Person, Leistung und Verhalten des Kandidaten, um eine sachgerechte Auswahlentscheidung treffen zu können: die Auswahl von Mitarbeitern ist letztlich ein Informationsproblem.[58] Dagegen versucht der Bewerber, sich als Person und seine bisherigen Leistungen bestmöglich darzustellen. Es kommt also entscheidend darauf an, welche Informationen ein Bewerber von sich aus an den Arbeitgeber weiterzugeben hat und andererseits, welche Informationen ein Arbeitgeber vom Bewerber überhaupt verlangen kann. Gegenüber dem Arbeitgeber hat

---

53 Dütz/Thüsing, Rn. 88; vgl. dazu ErfK/Preis, § 611a BGB Rn. 260 ff.
54 Vgl. BAG NZA 2001, 315 f.
55 Vgl. BAG AP Nr. 10 zu § 276 BGB, Verschulden bei Vertragsabschluss = DB 1977, 451
56 ErfK/Preis, § 611a BGB Rn. 262
57 Vgl. BAG DB 1964, 555
58 Waltermann, Rn. 162; Junker, Rn. 149

der Bewerber nur solche Informationen über sich selbst und seine bisherigen Tätigkeiten preiszugeben, welche für das Eingehen eines Arbeitsverhältnisses entscheidend sind. Folglich hat der Bewerber grundsätzlich keine Offenbarungspflicht gegenüber Tatsachen, welche den Arbeitgeber mangels Fragestellung eher nicht interessieren. Allerdings hat der Bewerber nach § 242 BGB eine selbstständige Mitteilungspflicht, wenn der Arbeitgeber eine solche erwarten darf. Das ist der Fall, wenn dem Arbeitnehmer aufgrund der betreffenden Umstände die Erfüllung des Arbeitsvertrags nicht möglich sein wird, andererseits diese aber für den Arbeitsplatz von ausschlaggebender Bedeutung sind.[59]

76 Im Bewerbungsgespräch kommt es darauf an, welche Fragen der Arbeitgeber dem Bewerber überhaupt stellen darf. Einerseits ist das Informationsinteresse des Arbeitgebers durch die Privatautonomie nach Artt. 2 I, 12 I GG geschützt, denn eine freie, privatautonome Entscheidung für oder gegen einen Arbeitsvertrag ist nur möglich, wenn sich der Arbeitgeber über den Bewerber informieren kann.[60] Andererseits ist das Fragerecht des Arbeitgebers zum Schutz der Persönlichkeit des Arbeitnehmers eingeschränkt auf solche Fragen, an deren Beantwortung im Hinblick auf die in Aussicht genommene Tätigkeit des Arbeitnehmers ein schutzwürdiges Interesse besteht.[61] Das Bundesarbeitsgericht hat das Fragerecht des Arbeitgebers bei Bewerbungsgesprächen insoweit anerkannt, wenn der Arbeitgeber ein berechtigtes, billigenswertes und schutzwürdiges Interesse an der Beantwortung der Fragen hat.[62] Zulässig sind solche Fragen, welche die fachliche Qualifikation, Ausbildungs- sowie sonstige Prüfungsleistungen umfassen und somit als notwendige Voraussetzungen für eine erfolgreiche Tätigkeit angesehen werden. Ebenso zulässig sind Fragen nach dem beruflichen Werdegang, welche auch verschiedene Arbeitsverhältnisse und deren jeweilige Dauer umfassen.[63] Denn ein Arbeitgeber hat das berechtigte Interesse zu wissen, ob der Bewerber ein sog. Job-Hopper ist, von dem anzunehmen ist, er werde auch bei dem neuen Arbeitgeber nicht lange tätig sein.[64]

77 Das Fragerecht des Arbeitgebers ist allerdings nur begrenzt zulässig. Grundsätzlich gilt, dass der Arbeitgeber nur berechtigt ist, beim Einstellungsgespräch solche Fragen zu stellen, an deren Beantwortung er im Hinblick auf die zu besetzende Stelle ein sachliches Interesse hat. Dabei handelt es sich zum Beispiel um Fragen über Vorstrafen des Bewerbers. Derartige Fragen braucht ein Bewerber nur dann zu beantworten, wenn die Vorstrafe für die zukünftig auszuübende Tätigkeit von besonderer Bedeutung ist, z. B. ein Einbruchsdiebstahl bei einer zukünftigen Tätigkeit als Geld- und Werttransportfahrer, und wenn diese Vorstrafe noch im Bundeszentralregister aufgeführt ist. Ansonsten besteht nach § 51 I BZRG ein sog. Verwertungsverbot. Unzulässig sind Fragen nach der Religion, nach dem bisherigen Einkommen, nach unehelichen Beziehungen des Arbeitnehmers oder nach der Zugehörigkeit zu einer Gewerkschaft. Unzulässig ist auch die Frage nach einer bestehenden Schwangerschaft. Das BAG vertritt hier in Folge einer Grundsatzentscheidung des EuGH[65] die Ansicht, die Frage des Arbeitgebers an eine Stellenbewerberin nach einer bestehenden Schwangerschaft sei grundsätzlich unzulässig. Ansonsten läge ein Verstoß gegen das im AGG enthaltene Diskriminierungsverbot vor. Ausnahmen wurden bis zum Jahre 2003 dann bejaht, wenn das Arbeitsverhältnis nicht wirksam in Vollzug gesetzt werden könnte, weil z. B. die Beschäftigung wegen eines sofortigen mutterschutzrechtlichen Beschäftigungsverbotes unzulässig wäre[66].

---

59 Vgl. BAG NZA 1991, 719
60 Dütz/Thüsing, Rn. 89 f.; Junker, Rn. 151
61 Waltermann, Rn. 162
62 Vgl. BAG NZA 1991, 719; 1996, 371 f.
63 Vgl. BAG NJW 1958, 516, 517
64 BAG NJW 1970, 1565, 1566
65 EuGH NJW 2002, 123
66 BAG NJW 1989, 929 ff.

Diese Ausnahme existiert heutzutage nicht mehr. Das BAG verweist nunmehr darauf, dass das Hindernis nur vorübergehender Natur und des dem Arbeitgeber daher zuzumuten sei, zunächst auf die Tätigkeit der Schwangeren zu verzichten.[67] Daher darf der Arbeitgeber die Einstellung für eine unbefristete Tätigkeit nicht wegen eines während der Schwangerschaft geltenden Beschäftigungsverbots verweigern.[68] Auch die Kündigung bzw. Anfechtung eines befristeten Arbeitsvertrages ist unwirksam.[69] Kontrovers wird auch die Frage nach einer Schwerbehinderteneigenschaft diskutiert. Früher wurde es von der Rechtsprechung als zulässig angesehen, wenn der Arbeitgeber den Arbeitnehmer im Einstellungsgespräch nach einer bestehenden Schwerbehinderung und nach einem etwaigen Grad der Behinderung gefragt hat.[70] Nach Erlass der Antidiskriminierungsrichtlinie 2000/78/EG, die u. a. die Diskriminierung eines Arbeitnehmers wegen einer Behinderung untersagt und ihrer Umsetzung in § 164 Abs. 2 SGB IX sowie dem Diskriminierungsverbot des AGG, wird dieses Fragerecht des Arbeitgebers überwiegend abgelehnt. Hiernach dürfen Arbeitgeber schwerbehinderte Beschäftigte nicht wegen ihrer Behinderung benachteiligen. Die Frage nach einer Schwerbehinderung wird vom BAG als entsprechend diskriminierungsrelevant angesehen.[71] Ausnahmen werden zum Teil dann bejaht, wenn die Behinderung dazu führt, dass die Arbeitsleistung des Behinderten schlechter oder gar unmöglich wird. Nach Ansicht des BAG ist im bestehenden Arbeitsverhältnis jedenfalls nach sechs Monaten, also nach dem Erwerb des Sonderkündigungsschutzes für behinderte Menschen (vgl. § 173 Abs. 1 Nr. 1 SGB IX), die Frage des Arbeitgebers nach der Schwerbehinderung zulässig.[72] Das gilt insbesondere zur Vorbereitung von beabsichtigten Kündigungen. Hintergrund ist, dass der Arbeitgeber seinen gesetzlichen Pflichten z. B. zur behindertengerechten Beschäftigung, zur Zahlung einer Ausgleichsabgabe oder zur Beteiligung des Integrationsamtes bei Kündigungen nur nachkommen kann, wenn er über bestehende Schwerbehinderungen informiert ist.

78 Unzulässige Fragen braucht der Arbeitnehmer nicht zu beantworten; er hat sogar das Recht, sie unwahr zu beantworten, d. h. zu lügen. Aus einer solchen Lüge kann sich zwar eine konkrete Täuschung über die Person bzw. sonstige Verhältnisse ergeben; da die Frage aber weder beantwortet werden muss, bzw. sogar unwahr beantwortet werden darf, fehlt es an einer Widerrechtlichkeit, welche für eine Verwirklichung des Tatbestands nach § 123 I BGB vorausgesetzt wird. Insofern ist eine Anfechtung des Arbeitsvertrags in einem solchen Fall nicht zulässig.

79 Nach § 99 I BetrVG bedarf es in Betrieben mit in der Regel mehr als 20 wahlberechtigten Arbeitnehmern für die Einstellung eines Arbeitnehmers der Zustimmung des Betriebsrats. Eine Verweigerung des Betriebsrats zur Zustimmung kann allerdings nach § 99 II BetrVG nur unter bestimmten Umständen erfolgen.

4. Ansprüche des Bewerbers

80 Lädt der Arbeitgeber einen Bewerber zu einem Vorstellungsgespräche ein, steht dem Bewerber nach §§ 662, 670 BGB analog ein Anspruch auf Ersatz seiner Vorstellungskosten zu. Dieser Anspruch umfasst alle Aufwendungen, die der Bewerber den Umständen nach für erforderlich halten durfte, z. B. die Kosten für eine Anreise, für notwendige Verpflegung und eventuell für die Unterbringung.[73] Der Arbeitgeber kann allerdings derartige Kosten gegenüber dem Bewerber ausschließen, wenn er vor dem Bewerbungs-

---

67 BAG NZA 2003, 848 f. = AP BGB § 611 a Nr. 21
68 EuGH NZA 2000, 255
69 EuGH BB 2001, 2478
70 BAG, AP Nr. 19 zu § 123 BGB
71 BAG NZA 2010, 383 ff.
72 BAG, Urteil vom 16.2.2012 – 6 AZR 553/10
73 Vgl. BAG NZA 1989, 468; Senne, D II 2

gespräch ausdrücklich darauf hinweist, dass er die Kosten nicht übernehmen will. Wird der Bewerber nach einem Bewerbungsgespräch nicht eingestellt, hat er ein Recht auf Rückgabe seiner Bewerbungsunterlagen. Ebenfalls steht dem Bewerber ein quasi-negatorischer Beseitigungsanspruch aus § 1004 BGB analog zu, dass ein eventuell angefertigter oder ausgefüllter Personalbogen zu vernichten ist, wenn kein Arbeitsverhältnis begründet wird.[74]

5. Einstellungshindernisse

Einstellungshindernisse können dann vorliegen, wenn ein vertraglich vereinbartes Arbeitsverhältnis gegen Gesetze, § 134 BGB, oder gegen tarifliche Abschlussverbote verstößt. Eine Möglichkeit ist z. B., dass ein Arbeitsvertrag gegen § 5 JArbSchG verstößt. Denn die Beschäftigung von Kindern ist nach § 5 I JArbSchG grds. verboten. Ein derart abgeschlossener Arbeitsvertrag ist gem. § 134 BGB von Anfang an nichtig. Des Weiteren können nach § 1 I, 2. HS TVG normative Abschlussverbote durch die Tarifparteien geregelt werden. **81**

Hat ein Arbeitnehmer einen Arbeitsvertrag mit einem Arbeitgeber geschlossen und geht dieser Arbeitnehmer ein weiteres Arbeitsverhältnis ein, ist fraglich, ob das zweite Arbeitsverhältnis für den Arbeitnehmer zu erfüllen ist. Grundsätzlich ist auch der zweite Arbeitsvertrag wirksam; er ist jedoch bei Vereinbarung einer ganz erheblichen Überschreitung der zulässigen Arbeitszeit i. S. v. §§ 3 ff. ArbZG nach § 134 BGB nichtig, wenn er bei Einhaltung der gesetzlichen Höchstarbeitszeiten zum allergrößten Teil hinfällig wäre.[75] **82**

6. Gleichbehandlung der Bewerber

Das deutsche Arbeitsrecht ist durch die Richtlinie 2006/54/EG über die Gleichbehandlung von Männern und Frauen in Arbeits- und Beschäftigungsfragen erheblich beeinflusst worden. Aus dieser EU-Richtlinie ist in der Bundesrepublik Deutschland das Allgemeine Gleichbehandlungsgesetz (AGG) entstanden, welches nach § 1 AGG das Ziel hat, Benachteiligungen aus Gründen der Rasse oder wegen der ethnischen Herkunft, des Geschlechts, der Religion oder Weltanschauung, einer Behinderung, des Alters oder der sexuellen Identität zu verhindern oder zu beseitigen. Das AGG zielt nicht auf den Schutz bestimmter Personengruppen, sondern soll in seinem Anwendungsbereich Benachteiligungen wegen bestimmter, enumerativ aufgeführter Merkmale verhindern oder beseitigen.[76] Dabei ist das Gesetz nicht nur auf Benachteiligungen bei Beschäftigungsverhältnissen oder in der Arbeitswelt insgesamt anwendbar; nach §§ 19–21 AGG findet es auch Anwendung auf den allgemeinen Zivilrechtsverkehr. **83**

Im Arbeitsrecht dürfen Beschäftigte nach § 7 I AGG nicht wegen eines in § 1 AGG genannten Grundes benachteiligt werden. Das gilt für die unmittelbare wie auch für die mittelbare Benachteiligung. Unmittelbar benachteiligt ist ein Arbeitnehmer, wenn eines der in § 1 AGG enumerativ aufgezählten Merkmale auf den Sachverhalt zutrifft, welcher zu einer Benachteiligung des Arbeitnehmers führt. Ausnahmsweise liegt nach §§ 8–10 AGG keine Benachteiligung vor, wenn nach § 8 I AGG dieser Grund wegen der Art der auszuübenden Tätigkeit oder der Bedingungen ihrer Ausübung eine wesentliche und entscheidende berufliche Anforderung darstellt, sofern der Zweck rechtmäßig und die Anforderung angemessen ist. Außerdem ist nach § 9 I AGG eine unterschiedliche Behandlung wegen der Religion oder Weltanschauung bei der Beschäftigung durch Religionsgemeinschaften, die ihnen zugeordneten Einrichtungen ohne Rücksicht auf ihre Rechtsform oder durch Vereinigungen, die sich die gemeinschaftliche Pflege einer **84**

---
74 Vgl. BAGE 46, 98, 102 = NZA 1984, 321
75 Vgl. BAG DB 1959, 1086
76 Waltermann, Rn. 156; Junker, Rn. 162

Religion oder Weltanschauung zur Aufgabe machen, zulässig. Als Beispiel kann die Besetzung einer Chefarztstelle in einem katholischen Krankenhaus dienen, deren Voraussetzung u. a. ist, dass die Bewerberin bzw. der Bewerber dem katholischen Glauben angehört. Ebenfalls möglich ist eine zulässige unterschiedliche Behandlung wegen des Alters nach § 10 AGG, wenn sie objektiv und angemessen und durch ein legitimes Ziel gerechtfertigt ist, z. B. die Begrenzung des Alters bei Berufspiloten im Personenbeförderungsverkehr bis zur Vollendung des 60. Lebensjahres.

85 Eine mittelbare Benachteiligung liegt nach § 3 II AGG vor, wenn dem Anschein nach neutrale Vorschriften, Kriterien oder Verfahren Personen wegen eines in § 1 AGG genannten Grundes gegenüber anderen Personen in besonderer Weise beeinträchtigen können, es sei denn, die betreffenden Vorschriften, Kriterien oder Verfahren sind durch ein rechtmäßiges Ziel sachlich gerechtfertigt und die Mittel sind zur Erreichung dieses Ziels angemessen und erforderlich. Typisches Beispiel ist die Benachteiligung von Teilzeitbeschäftigten bei Vergünstigungen, die Vollzeitbeschäftigten gewährt werden und die zum überwiegenden Teil weibliche Arbeitskräfte betreffen, da es sich beim überwiegenden Teil um Frauen in Teilzeitbeschäftigungsverhältnissen handelt. Gleichzeitig liegt in einem solchen Fall ein Verstoß gegen das Diskriminierungsverbot nach § 4 I TzBfG vor, da ein teilzeitbeschäftigter Arbeitnehmer wegen der Teilzeitbeschäftigung nicht schlechter behandelt werden darf als ein vergleichbarer vollzeitbeschäftigter Arbeitnehmer, es sei denn, dass sachliche Gründe eine unterschiedliche Behandlung rechtfertigen.

86 Hat der Arbeitgeber gegen das Benachteiligungsverbot nach § 7 AGG verstoßen, ist er nach § 15 I AGG entweder verpflichtet, den hierdurch entstandenen Schaden zu ersetzen oder bei einem Schaden, der nicht Vermögensschaden ist, nach § 15 II 1 AGG eine angemessene Entschädigung in Geld zu bezahlen. Die Entschädigung darf bei einer Nichteinstellung drei Monatsgehälter nicht übersteigen, wenn der oder die Beschäftigte auch bei benachteiligungsfreier Auswahl nicht eingestellt worden wäre. Für die Geltendmachung gegenüber dem Arbeitgeber gilt eine Ausschlussfrist von 2 Monaten ab dem Zeitpunkt, in dem der Benachteiligte von der Benachteiligung Kenntnis erlangt. Sie muss schriftlich erfolgen und beginnt mit Zugang der Ablehnung, sonst ab Kenntnis. Für die gerichtliche Geltendmachung gilt eine Ausschlussfrist von 3 Monaten ab dem Zeitpunkt der schriftlichen Geltendmachung dem Arbeitgeber gegenüber (§ 61b I ArbGG).

III. Abschluss des Arbeitsvertrags

Schrifttum: *Adomeit*, Gesellschaftsrechtliche Elemente im Arbeitsverhältnis, 1986; *Annuß*, Der Arbeitsvertrag als Grundlage des Arbeitsverhältnisses, ZfA 2004, 283; *ders.*, Arbeitsrechtliche Aspekte von Zielvereinbarungen in der Praxis, NZA 2007, 290; *Bayreuther*, Neue Spielregeln im Arbeitnehmerfindungsrecht, NZA 2009, 1123; ders., Nachwirkungen von Zeitarbeitsverträgen im Kontext des Equal Pay/Treatment Gebots des AÜG, BB 2010, 309; *Beckschulze*, Internet und E-Mail-Einsatz am Arbeitsplatz, DB 2009, 2097; *Benkert*, Weisungen im Arbeitsverhältnis, NJW-Spezial 2017, 178; *Boemke*, Schuldvertrag und Arbeitsverhältnis, 1999; *Bruns*, Befristung von Arbeitsverträgen mit Sporttrainern, NZA 2008, 1270; *Coester*, Inhaltskontrolle von Arbeitsverträgen, JURA 2005, 251; *Däubler*, Aktuelle Fragen der AGB-Kontrolle im Arbeitsrecht, NZA 2006, Beil. 3, S. 133; *Fiebig*, Die Fürsorgepflicht des Arbeitgebers bei Auslandseinsätzen, NZA 2009, 938; *Greiner*, Nachträgliche Schriftformwahrung in befristeten Arbeitsverhältnissen, RdA 2009, 82; *Griebeling*, Der Arbeitnehmerbegriff und das Problem der „Scheinselbstständigkeit", RdA 1998, 208; *Hartmann/Pröpper*, Internet und E-Mail am Arbeitsplatz – Mustervereinbarung für den dienstlichen und privaten Zugang, BB 2009, 1300; *Heiden*, Entgeltvariabilisierung durch Zielvereinbarungen, DB 2009, 1705; *Henrici*, Der rechtliche Schutz von Scheinselbstständige, 2002; *Henssler/Pant*, Europäisierter Arbeitnehmerbegriff – Regulierung der typischen und atypischen Beschäftigung in Deutschland und der Union, RdA 2019, 321; *Herbert/Oberrath*, Beherrschung und Verwendung der deutschen Sprache bei der Begründung des Arbeitsverhältnisses, DB 2009, 2434; *Herfs-Röttgen*, Beschäftigung von

Arbeitnehmern im Ausland, NZA 2017, 873; *Herschel*, Haupt- und Nebenpflichten im Arbeitsverhältnis, BB 1978, 569; *Hromadka*, Arbeitnehmerbegriff und Arbeitsrecht – Zur Diskussion um die „neue Selbstständigkeit", NZA 1997, 569; *Iraschko-Luscher/Kiekenbeck*, Welche Krankheitsdaten darf der Arbeitgeber von seinem Mitarbeiter abfragen? NZA 2009, 1239; *Kort*, Inhalt und Grenzen der arbeitsrechtlichen Personenfürsorgepflicht, NZA 1996, 854; *Kühn*, Rauchfreier Arbeitsplatz? Zur Beschäftigung von Arbeitnehmern in Raucherräumen, DB 2010, 120; *Leßmann/Hopfe*, Neue Regeln für Vergütungssysteme in Finanzinstituten, DB 2010, 54; *Löwisch*, Die neue Mindestlohngesetzgebung, RdA 2009, 215; *Mahnhold*, „Global Whistle" oder „deutsche Pfeife" – Whistleblowing – Systeme im Jurisdictionskonflikt, NZA 2008, 737; *Mühlmann*, Flexible Arbeitsvertragsgestaltung – Die Arbeit auf Abruf, RdA 2006, 356; *Nikisch*, Die Grundformen des Arbeitsvertrags und der Anstellungsvertrag, 1926; *Orlowski*, Praktikantenverträge, RdA 2009, 38; *Preis*, Grundfragen der Vertragsgestaltung im Arbeitsrecht, 1993; *Reinecke*, Neudefinition des Arbeitnehmerbegriffs durch Gesetz und Rechtsprechung?, ZIP 1998, 581; *Söllner*, Der Umfang der Arbeitspflicht beim Zeitlohn, in: Tomandl (Hrsg.), Entgeltprobleme aus arbeitsrechtlicher Sicht, 1979; *Thees*, Das Arbeitnehmerpersönlichkeitsrecht als Leitidee des Arbeitsrechts, 1995; *Tomandl* (Hrsg.), Wesensmerkmale des Arbeitsvertrags, 1971, *ders.*, Treue- und Fürsorgepflicht im Arbeitsrecht, 1975; *Ulber*, Die Richtlinie zur Leiharbeit, AuR 2010, 10; *Wank*, Arbeitnehmer und Selbstständige, 1988; *ders.*, Neues zum Arbeitnehmerbegriff des EuGH, EuZW 2018, 21; *Wiedemann*, Das Arbeitsverhältnis als Austausch- und Gemeinschaftsverhältnis, 1966; *Wiese*, Der personale Gehalt des Arbeitsverhältnisses, ZfA 1996, 439; *Willemsen/Mehrens*, Arbeitnehmerüberlassung versus Dienstleistung, NZA 2019, 1473; *E. Wolf*, „Treu und Glauben", „Treue" und „Fürsorge" im Arbeitsverhältnis, DB 1971, 1863.

1. Einigung

Ein Arbeitsvertrag kommt, wie jeder andere privatrechtliche Vertrag, auch durch eine rechtsgeschäftliche Einigung der Vertragsparteien, dem Angebot i. S. v. § 145 BGB und der Annahme, §§ 147 ff. BGB, zustande. Die Ausschreibung einer Stelle in den verschiedenen Medien, ob Printmedien oder online, das sog. Stellenangebot, ist die im Zivilrecht geläufige „invitatio ad offerendum", d. h. die Einladung an einen unbestimmten Personenkreis, ein Angebot abzugeben, im Arbeitsleben, sich auf eine Stellenausschreibung zu bewerben. Die Bewerbung selbst ist somit das Angebot eines potenziellen Arbeitnehmers an den Arbeitgeber, seine Arbeitsleistung anzubieten. Schreibt der Arbeitgeber eine offene Stelle durch eine Zeitungsanzeige, online oder im Betrieb aus, so darf die Ausschreibung nicht gegen das Benachteiligungsverbot des § 7 I AGG verstoßen, es sei denn, dass eine unterschiedliche Behandlung für die auszuübende Stelle unerlässlich ist (§§ 8 ff. AGG, z. B. Sopranistin, Bauchtänzerin, Herrenmannequin, männliche bzw. weibliche oder altersabhängige Theaterrolle).[77] Ein Verstoß des Arbeitgebers gegen § 11 AGG ist nicht unmittelbar sanktioniert; er kann jedoch ein Indiz für eine verbotene Benachteiligung nach § 7 AGG sein, die ihrerseits Schadensersatzansprüche gemäß § 15 AGG gegen den Arbeitgeber nach sich ziehen kann.[78]

Voraussetzung für ein wirksames Arbeitsverhältnis ist ein rechtswirksam geschlossener Arbeitsvertrag. Der Arbeitsvertrag darf insbesondere nicht von Anfang an nichtig sein, z. B. wegen fehlender Geschäftsfähigkeit nach §§ 104 ff. BGB oder wegen eines Verstoßes gegen ein gesetzliches Verbot oder gegen die guten Sitten nach §§ 134, 138 BGB.

2. Geschäftsfähigkeit

Arbeitgeber wie auch Arbeitnehmer müssen bei Abschluss eines Arbeitsvertrags grds. geschäftsfähig sein. Ansonsten werden die Rechte einer minderjährigen Vertragspartei durch den gesetzlichen Vertreter, üblicherweise die Eltern nach § 1629 BGB, eventuell durch einen Betreuer nach § 1902 BGB, wahrgenommen. Ist die Vertragspartei, ob Arbeitgeber oder Arbeitnehmer, nach § 106 BGB beschränkt geschäftsfähig, entsteht ein Arbeitsverhältnis nur dann, wenn der gesetzliche Vertreter nach §§ 107–109 BGB zu-

---

77 Vgl. die Beispiele bei Waltermann, Rn. 156
78 ErfK/Schlachter, § 11 AGG, Rn. 3

stimmt. Daneben bestehen Sondervorschriften, welche auch minderjährigen Arbeitgebern bzw. minderjährigen Arbeitnehmern die Möglichkeit eröffnen, rechtswirksame Willenserklärungen abzugeben. Für den minderjährigen Arbeitgeber ist § 112 BGB eine bedeutende Rechtsnorm. Ermächtigt der gesetzliche Vertreter mit Genehmigung des Familiengerichts den Minderjährigen zum selbstständigen Betrieb eines Erwerbsgeschäfts, so ist der Minderjährige für solche Rechtsgeschäfte unbeschränkt geschäftsfähig, welche der Geschäftsbetrieb mit sich bringt. Ermächtigt somit der gesetzliche Vertreter den Minderjährigen, einen Geschäftsbetrieb zu eröffnen und stimmt das Familiengericht der Eröffnung und dem Betrieb selbst zu, kann der Minderjährige als Arbeitgeber im Rahmen dieser Rechtsposition als unbeschränkt geschäftsfähiger Vertragspartner im Rechtsverkehr auftreten. Einschränkungen dazu sind in § 112 I 2, II BGB festgelegt.

90 Außerdem kann sich der minderjährige Arbeitnehmer auf § 113 BGB berufen, wenn der gesetzliche Vertreter den Minderjährigen ermächtigt, in Dienst oder in Arbeit zu treten. Dann ist der Minderjährige für solche Rechtsgeschäfte unbeschränkt geschäftsfähig, welche die Eingehung oder Aufhebung eines Dienst- oder Arbeitsverhältnisses der gestatteten Art oder die Erfüllung der sich aus einem solchen Verhältnis ergebenden Verpflichtungen betreffen. Ausgenommen sind Verträge, zu denen der gesetzliche Vertreter der Genehmigung des Familiengerichts bedarf. Die Ermächtigung kann vom Vertreter nach § 113 II BGB zurückgenommen oder eingeschränkt werden.

3. Stellvertretung

91 Auf Arbeitgeber- wie auf Arbeitnehmerseite kann ein Arbeitsvertrag rechtswirksam auch durch einen Stellvertreter abgeschlossen werden. Nach § 164 I 1 BGB wirkt dann die Willenserklärung, die jemand innerhalb der ihm zustehenden Vertretungsmacht im Namen des Vertretenen abgibt, unmittelbar für und gegen den Vertretenen. Schließen für den zu Vertretenen ein Vormund, ein Betreuer oder ein Pfleger einen Ausbildungs- bzw. Arbeitsvertrag ab, welche einen Zeitraum von mehr als einem Jahr umfassen, ist die Genehmigung des Vormundschaftsgerichts nach §§ 1822 Nr. 6, 7, 1908i I, 1915 I BGB einzuholen.

4. Form

92 Arbeitsverträge können ohne Beachtung einer besonderen Form, z. B. mündlich, abgeschlossen werden. In Betracht kommt auch konkludentes Handeln durch die Aufnahme der Arbeitstätigkeit durch den Arbeitnehmer, mit der der Arbeitgeber einverstanden ist. Allerdings hat der Arbeitgeber nach § 2 I 1 NachwG spätestens einen Monat nach dem vereinbarten Beginn des Arbeitsverhältnisses die wesentlichen Vertragsbedingungen schriftlich niederzulegen, die Niederschrift zu unterzeichnen und diese dem Arbeitnehmer auszuhändigen. Dabei handelt es sich aber nicht um eine Formvorschrift. Beachtet der Arbeitgeber das Gebot des Nachweisgesetzes nicht, führt die mangelnde schriftliche Niederlegung der wesentlichen Vertragsbedingungen nicht zur Nichtigkeit des Arbeitsverhältnisses. Die Wirksamkeit des Arbeitsverhältnisses wird dadurch nicht berührt. Allerdings ergeben sich für den Arbeitnehmer durch den fehlenden Nachweis eventuell Schadensersatzansprüche aus § 280 I BGB. Gemäß § 3 NachwG greift die Dokumentationspflicht des Arbeitgebers nicht nur bei einem Neuabschluss, sondern auch bei einer Änderung der wesentlichen Arbeitsvertragsbedingungen ein (§ 3 I 1 NachwG), es sei denn, es handelt sich um eine Änderung von gesetzlichen Vorschriften, Kollektivvereinbarungen oder ähnlichen Regelungen (§ 3 I 2 NachwG). Auch können beispielsweise Tarifverträge ein Schriftformerfordernis vorsehen. Selbst wenn ein kraft Tarifbindung oder kraft Allgemeinverbindlichkeitserklärung für beide Parteien geltender Tarifvertrag vorsieht, dass Arbeitsverträge schriftlich abgeschlossen werden, hat dies nicht automatisch zur Folge, dass ein mündlich abgeschlossener Arbeitsvertrag wegen eines Formmangels gemäß § 125 S. 1 BGB i. V. m. § 4 I 1 TVG unwirksam ist. In einem solchen

Fall muss vielmehr geprüft werden, ob der Tarifvertrag lediglich eine sog. deklaratorische oder eine sog. konstitutive Schriftformklausel enthält. Eine deklaratorische Schriftformklausel hat lediglich eine klarstellende Funktion und beschreibt in diesem Zusammenhang nur eine Absicht der Parteien. Die konstitutive Schriftformklausel hat dagegen eine rechtsbegründende Funktion und stellt damit eine Wirksamkeitsvoraussetzung für den Vertragsschluss dar.

Ausnahmen von der Formfreiheit finden sich in § 14 IV TzBfG bei befristeten Teilzeitarbeitsverhältnissen, nach § 11 BBiG bei Ausbildungsverträgen sowie nach § 11 I AÜG bei sog. Leiharbeitsverträgen. Nach § 14 IV TzBfG bedarf die Befristung eines Arbeitsvertrags zu ihrer Wirksamkeit der Schriftform. Fehlt die Schriftform, bleibt der Arbeitsvertrag wirksam; nur die Befristung gilt nicht, so dass der Arbeitsvertrag unbefristet geschlossen worden ist.[79] Beim Ausbildungsvertrag nach § 11 BBiG sowie beim Leiharbeitsvertrag nach § 11 I AÜG handelt es sich um deklaratorische Formerfordernisse. Beide Arten von Arbeitsverträgen sind auch durch mündliche Einigung zwischen den Vertragsparteien wirksam. Der Arbeitgeber hat allerdings in beiden Fällen gegenüber dem Auszubildenden bzw. dem Arbeitnehmer, der „ausgeliehen" werden soll, den wesentlichen Inhalt des jeweiligen Vertrags i. S. d. § 2 I NachwG schriftlich niederzulegen. Der Umfang der Informationen, die schriftlich zu fixieren sind, ergibt sich aus § 11 BBiG bzw. § 11 AÜG.

93

5. Mängel bei Vertragsabschluss

Mängel bei Vertragsabschluss können dazu führen, dass der Arbeitsvertrag nichtig ist. So kann ein Arbeitsvertrag gegen ein gesetzliches Verbot nach § 134 BGB verstoßen; des Weiteren kann ein Arbeitsvertrag gem. § 138 BGB gegen die guten Sitten verstoßen oder den Tatbestand des Wuchers verwirklichen. Ebenso kann eine Anfechtung des Arbeitsvertrags die Nichtigkeit des Schuldverhältnisses zur Folge haben.

94

Verstöße gegen ein Gesetz bzw. gegen die guten Sitten i. S. d. §§ 134, 138 BGB sind eher selten. Ein Verstoß liegt z. B. gegen das Jugendarbeitsschutzgesetz vor, wenn ein Arbeitgeber mit einem Kind vor Vollendung des 15. Lebensjahrs einen Arbeitsvertrag schließt, da nach § 5 JArbSchG die Beschäftigung von Kindern grds. verboten ist. Das Bundesarbeitsgericht hat einen Arbeitsvertrag als sittenwidrig i. S. v. § 138 BGB angesehen, bei dem sich ein Ehepaar verpflichtet hatte, in einer Nachtbar täglich abends den Geschlechtsverkehr auf der Bühne vor Besuchern vorzuführen.[80] Verstoßen dagegen einzelne Vertragsbestandteile des Arbeitsvertrags gegen gesetzliche Vorschriften, so z. B. gegen die gesetzlich festgelegte Höchstarbeitszeit nach § 3 ArbZG, wird dadurch nicht der Arbeitsvertrag in seiner Gesamtheit nichtig. Anderenfalls würde sich die Verbotsvorschrift, die den Arbeitnehmer schützen soll, im Ergebnis zum Nachteil des Arbeitnehmers auswirken, so dass die nichtige Vertragsklausel, z. B. eine unzulässig verkürzte Kündigungsfrist nach § 622 V BGB, durch die gesetzliche Bestimmung des § 622 V BGB ersetzt wird.[81] Dagegen kommt es immer wieder vor, dass Arbeitnehmer i. S. d. § 138 II BGB unter Ausbeutung der Zwangslage für einen unterhalb der Tarifvereinbarung zu zahlenden Arbeitslohn beschäftigt werden, weil der Arbeitnehmer unbedingt berufstätig sein will. Sobald die vereinbarte Vergütung um etwa ein Drittel niedriger ist, als zwischen den Tarifpartnern im Tarifvertrag vereinbart, geht die Rechtsprechung von strafbarem Lohnwucher nach § 291 I 1 Nr. 3 StGB aus.[82] Rechtsfolge ist dann, dass i. S. v.

95

---

79 Dütz/Thüsing, Rn. 324
80 Vgl. BAGE 28, 83, 88 = BAG NJW 1976, 1958
81 Junker, Rn. 180
82 Vgl. BGHSt 43, 53 f., 60 = NZA 1997, 1167; dazu BAGE 110, 79, 84 = BAG AP Nr. 59 zu § 138 BGB = NZA 2004, 971

§ 612 II BGB zwischen dem Arbeitgeber und dem Arbeitnehmer die übliche Vergütung als vereinbart anzusehen ist.

96 Anfechtungsgründe, die zur Nichtigkeit eines Arbeitsverhältnisses führen, können sich aus §§ 119, 123 BGB ergeben. In Betracht kommen insbesondere § 119 II BGB beim Irrtum über eine verkehrswesentliche Eigenschaft einer Person sowie nach § 123 I 1. Alt. BGB eine arglistige Täuschung. Eine verkehrswesentliche Eigenschaft einer Person im Rahmen eines Arbeitsverhältnisses kann dessen Aus- und Weiterbildung, der Gesundheitszustand oder deren Zuverlässigkeit sein. Die Eigenschaft muss allerdings so erheblich sei, dass sie besondere Auswirkungen auf das Arbeitsverhältnis hat. So ist z. B. die AIDS-Infektion bei einer Operationsschwester in der chirurgischen Abteilung eines Krankenhauses eine erhebliche Eigenschaft dieser Person. Weder Vorstrafen, noch eine Schwangerschaft sind verkehrswesentliche Eigenschaften i. S. v. § 119 II BGB, denn Vorstrafen sind selbst keine Eigenschaften; sie lassen aber Rückschlüsse auf Eigenschaften einer Person zu, so zum Beispiel die Vorstrafe wegen Diebstahls für mangelnde Ehrlichkeit, welche bei einer Einstellung als Kassiererin im Verkehr als wesentlich angesehen wird.[83] Die Schwangerschaft wird nicht als verkehrswesentliche Eigenschaft angesehen, weil es sich bei ihr um keinen Dauerzustand handelt.[84] Eine Anfechtung des Arbeitsverhältnisses wegen Schwangerschaft würde zudem gegen § 17 MuSchG verstoßen; außerdem läge ein Verstoß nach §§ 7, 1 AGG im Rahmen einer Benachteiligung aus Gründen des Geschlechts vor.

97 Häufiger Anfechtungsgrund im Rahmen eines Arbeitsverhältnisses ist die arglistige Täuschung nach § 123 I 1. Alt. BGB. Denn wer zur Abgabe einer Willenserklärung durch arglistige Täuschung bestimmt worden ist, kann die Erklärung anfechten. Die Täuschungshandlung, die durch aktives Tun oder Unterlassen begangen werden kann und beim Getäuschten einen Irrtum hervorruft, muss mindestens durch bedingten Vorsatz begangen worden sein, da die Täuschung arglistig erfolgen muss.[85] Auch Schweigen kann zu einer Täuschungshandlung führen, wenn für denjenigen, der eine Täuschungshandlung begeht, eine Pflicht zur Offenlegung und Aufklärung besteht. Im Arbeitsrecht kann demzufolge eine Täuschungshandlung durch positives Tun entstehen, wenn z. B. der Bewerber zulässige Fragen des Arbeitgebers unwahr beantwortet, obwohl für ihn eine Auskunftspflicht besteht; andererseits können auch gefälschte Zeugnisse oder Leistungsnachweise eine arglistige Täuschung i. S. v. § 123 I 1. Alt. BGB darstellen. Eine Täuschungshandlung nach § 123 I 1. Alt. BGB kann aber auch dann vorliegen, wenn die Verpflichtung für den Bewerber besteht, eine Auskunft zu erteilen, selbst wenn er nicht gefragt worden ist, z. B. bei einer chronischen Krankheit oder bei einer Krankheit, welche sich in einem so schweren Stadium befindet, dass auch die Todesfolge nicht ausgeschlossen ist.[86] Die Täuschungshandlung muss zudem widerrechtlich sein. Für das Arbeitsrecht bedeutet dies, dass der Bewerber keine unwahren Tatsachen verbreiten darf, wenn er zur wahrheitsgemäßen Aussage verpflichtet ist, d. h. das Fragerecht des Arbeitgebers zulässig ist und der Bewerber die Frage korrekt beantworten muss. Nicht widerrechtlich dagegen ist eine falsche Antwort auf eine Frage des Arbeitgebers, welche nicht zulässig ist. Das Fragerecht des Arbeitgebers sowie die Zulässigkeit seiner Fragen werden seit Inkrafttreten des Allgemeinen Gleichbehandlungsgesetzes erheblich stärker überprüft; Fragen nach Diskriminierungsmerkmalen können Indizien i. S. d. § 22 AGG sein und somit zu einer Umkehr der Beweislast zu Lasten des Arbeitgebers bei Entschädi-

---

[83] Vgl. Waltermann, Rn. 172; BAG NZA 2013, 1087, 1089
[84] Vgl. BAG AP Nr. 15 zu § 123 BGB
[85] Schade, Rn. 90
[86] Vgl. dazu BAG AP Nr. 3 zu § 119 BGB, epileptische Erkrankung

gungsansprüchen führen.⁸⁷ Haben Arbeitgeber und Arbeitnehmer den Arbeitsvertrag unterschrieben, hat der Arbeitgeber gegenüber dem Arbeitnehmer ein erweitertes Fragerecht.⁸⁸

98 Für die Anfechtung nach §§ 119 II, 123 I BGB ist neben dem Anfechtungsgrund die Anfechtungserklärung nach § 143 BGB erforderlich. Des Weiteren muss der Anfechtende, i. d. R. der Arbeitgeber, unterschiedliche Anfechtungsfristen einhalten gem. §§ 121 I, 124 BGB, um die Anfechtungserklärung fristgemäß gegenüber dem Arbeitnehmer abzugeben. Ist dies geschehen, wird der Arbeitsvertrag nichtig. § 142 BGB normiert, dass ein anfechtbares Rechtsgeschäft, sofern es angefochten worden ist, von Anfang an als nichtig anzusehen ist. Beim Arbeitsvertrag handelt es sich aber um ein Dauerschuldverhältnis. Daher muss unterschieden werden, ob der Arbeitnehmer nach Abschluss des Arbeitsvertrags mit der Tätigkeit bereits begonnen hat oder nicht. Hat der Arbeitnehmer mit seiner Arbeitstätigkeit noch nicht begonnen und erkennt der Arbeitgeber seinen Irrtum bezüglich der Eigenschaft der Person des Arbeitnehmers oder der begangenen Täuschungshandlung schon zu diesem Zeitpunkt, kann er den Arbeitsvertrag anfechten, und die Rechtsfolge nach § 142 BGB, die Nichtigkeit des Schuldverhältnisses ex tunc, also von Anfang an, ist möglich. Dem Vertragspartner stehen dann aus diesem Arbeitsverhältnis keine vertraglichen Ansprüche zu. Hat der Arbeitnehmer dagegen mit seiner Tätigkeit im Betrieb des Arbeitgebers bereits begonnen, gehen die Rechtsprechung und die h. M. in der Rechtsliteratur davon aus, dass das Schuldverhältnis ex nunc, d. h. zum jetzigen Zeitpunkt und nicht rückwirkend von Anfang an nichtig ist.⁸⁹ Es entsteht ein sog. faktisches Arbeitsverhältnis. Die Anfechtungserklärung hat daher die Wirkung einer außerordentlichen Kündigung. Somit stehen dem Arbeitnehmer bis zum Empfang der Anfechtungserklärung nach § 143 BGB der Vergütungsanspruch und eventuell sonstige Ansprüche wie z. B. Urlaub zu.

99 Unwirksam kann ein Arbeitsvertrag von Anfang an sein, wenn der Arbeitnehmer den Arbeitsvertrag mit einem Stellvertreter des Arbeitgebers abgeschlossen hat und der Stellvertreter nach § 177 I BGB ohne Vertretungsmacht gehandelt hat. Dann hängt die Wirksamkeit des Arbeitsvertrags für und gegen den Arbeitgeber von dessen Genehmigung ab. Genehmigt der Arbeitgeber den Arbeitsvertrag nicht, war die vertragliche Vereinbarung von Anfang an unwirksam. Ist das Arbeitsverhältnis aber bereits in Vollzug gesetzt worden und hat der Arbeitnehmer bereits seine Arbeitsleistung für einen gewissen Zeitraum erbracht, gehen die Rechtsprechung und die h. M. in der Rechtsliteratur auch hier von einem sog. faktischen bzw. fehlerhaften Arbeitsverhältnis aus.⁹⁰

100 Voraussetzungen für ein solches Arbeitsverhältnis sind:
- ein fehlerhafter Arbeitsvertrag,
- eine bereits begonnene, d. h. in Vollzug gesetzte Tätigkeit des Arbeitnehmers sowie
- keine überwiegenden öffentlichen Belange, die dem fehlerhaften Arbeitsverhältnis entgegenstehen.⁹¹

Ein derartiges fehlerhaftes Arbeitsverhältnis, welches bereits in Vollzug gesetzt worden ist, kann rückwirkend nicht mehr aufgehoben werden. Der fehlerhafte Arbeitsvertrag entfaltet für die Zukunft keine rechtliche Bindung mehr, für die Vergangenheit wird das fehlerhafte Arbeitsverhältnis aber für die Zeit seines Bestehens wie ein wirksames

---

87 Vgl. Dütz/Thüsing, Rn. 90a; dazu auch Wisskirchen/Bissels, Das Fragerecht des Arbeitgebers bei Einstellung unter Berücksichtigung des AGG, NZA 2007, 169, 170
88 Vgl. Brox/Rüthers/Henssler, Rn. 167
89 Vgl. BAG AP Nr. 2 zu § 125 BGB; BAG AP Nr. 32 zu § 63 HGB; siehe dazu Preis/Temming, § 23 II; MH1/Benecke, § 38 Rn. 48
90 Vgl. BAG EzA Nr. 22, 25 zu § 123 BGB; BAG NZA 1999, 584, 585; Lieb/Jacobs, Rn. 132 ff.
91 Vgl. Wörlen/Kokemoor, Rn. 91; Otto/Bieder, Rn. 258

Arbeitsverhältnis behandelt, aus dem quasivertragliche Ansprüche für die Vergangenheit folgen.[92] Somit stehen dem Arbeitnehmer für diesen Zeitraum sämtliche Ansprüche wie z. B. Vergütung oder Urlaub zu, als wenn ein rechtswirksamer Arbeitsvertrag zustande gekommen wäre.

6. Inhaltskontrolle von Arbeitsverträgen

101 Aus dem Verdacht heraus, dass die Vertragsinhaltsfreiheit nicht „funktioniert", hat sich der Gedanke entwickelt, dass die ausformulierten gesetzlichen und tarifvertraglichen Grenzen nicht ausreichen, den notwendigen und der Gerechtigkeit entsprechenden Schutz des Arbeitnehmers gegen ungerechte Vertragsgestaltung sicher zu stellen, und dass es daher zusätzlicher generalklauselartiger Grenzen bedarf, an denen der Vertragsinhalt zu überprüfen ist.[93] Eine derartige Vertragskontrolle gibt es gegenüber Allgemeinen Geschäftsbedingungen, sog. Sondervereinbarungen, die standardisiert sind. Die Effektivität unseres Wirtschaftslebens erfordert es, dass Verträge, z. B. Kaufverträge über Kraftfahrzeuge, Dienstleistungsverträge über Kontoeröffnungen bei Banken aber auch Teile von Arbeitsverträgen standardisiert formuliert werden.

102 Es besteht die Gefahr, dass der Verwender von standardisierten Formulierungen im Arbeitsvertrag seine Interessenlage gegenüber dem Arbeitnehmer ausnutzt und zu seinem Vorteil missbraucht. Bei den §§ 305 ff. BGB handelt es sich um Schutzvorschriften zugunsten des Vertragspartners eines Verwenders von AGB. Es soll die strukturelle Unterlegenheit ausgeglichen werden, die dadurch entsteht, dass der Verwender von AGB diese für sich vorteilhaft erstellt und überdenkt, während der Vertragspartner ein fertiges Klauselwerk vorgelegt bekommt und oftmals entweder ganz zustimmen, oder ablehnen kann. Nicht erforderlich ist der Schutz bei „gleichrangigen" Vertragspartnern, bei denen keine strukturelle Unterlegenheit besteht. Nach § 310 IV 2 BGB sind derartige Formulararbeitsverträge grundsätzlich auf Arbeitsverträge anwendbar. Dies gilt gemäß § 310 IV 1 BGB nicht bei Tarifverträgen bzw. Betriebs- und Dienstvereinbarungen. Allerdings sind auch bei Arbeitsverträgen § 305 II, III BGB gemäß § 310 IV 2 Hs 2 BGB nicht anwendbar, so dass an eine wirksame Einbeziehung nicht dieselben Anforderungen zu stellen sind. Mit der Unterzeichnung des Vertrages erklärt der Arbeitnehmer in der Regel sein Einverständnis. Als arbeitsrechtliche Besonderheiten, die gemäß § 310 IV 2 BGB zu berücksichtigen sind, sind alle Normen anzusehen, die sich im Arbeitsrecht besonders auswirken, so z. B. die fehlende Vollstreckbarkeit persönlicher Handlungen gemäß § 888 III ZPO, die im Arbeitsrecht, anders als in den meisten anderen Schuldverhältnissen, den vertraglichen Primäranspruch betrifft.[94] Bei struktureller Störung der Vertragsparität erfolgt eine gerichtliche Inhaltskontrolle auch bei der Gesamtzusage und der betrieblichen Übung nach §§ 315 III, 242, 138 BGB.[95]

103 Für eine inhaltliche Prüfung von arbeitsrechtlichen Standardregelungen, die in allen Arbeitsverträgen vorkommen, ist Voraussetzung, dass eine Abweichung von Tarifverträgen, Betriebsvereinbarungen oder Gesetzen vorliegt. Nicht überprüfbar im Rahmen einer Inhaltskontrolle sind standardisierte Formulierungen in Arbeitsverträgen, wenn es sich um Tarifvereinbarungen handelt, welche wortwörtlich übernommen worden sind, §§ 310 IV 3, 307 BGB. Ansonsten könnten Tarifvereinbarungen der Tarifparteien im Rahmen einer Inhaltskontrolle überprüft und evtl. ausgehebelt werden. Andererseits ist eine Inhaltskontrolle von standardisierten Formulierungen bei Anrechnungs-, Widerrufs- und Freiwilligkeitsvorbehalten nach §§ 307 III, 310 IV 2 BGB möglich, sofern sich

---

92 Vgl. Wörlen/Kokemoor, Rn. 92
93 Vgl. zur struktureller Ungleichheit: BVerfG NJW 2007, 286
94 Vgl. BAG NZA 2004, 727; vgl. auch: Dütz/Thüsing, Rn. 268
95 Dütz/Thüsing, Rn. 64

die standardisierten Formulierungen des Arbeitgebers auf die flexible Gestaltung von Vergütungsmöglichkeiten beziehen.[96]

Überprüfbar sind standardisierte arbeitsrechtliche Formulierungen wie folgt: **104**
- Handelt es sich um allgemeine Arbeitsbedingungen i. S. d. § 305 I BGB?
- Besteht eher eine individuelle Vertragsvereinbarung i. S. v. § 305b BGB, so dass standardisierte arbeitsrechtliche Formulierungen nicht vorliegen?
- Hat der Arbeitgeber eine überraschende Klausel i. S. d. § 305c I BGB verwendet?
- Ist eine sonstige Klausel als arbeitnehmerfeindlich anzusehen, welche gegen §§ 307–309 BGB verstößt?
- Handelt es sich bei der verwendeten Klausel um eine wortgleiche tarifliche Regelung oder um eine Betriebsvereinbarung?
- Finden die §§ 309, 308 und 307 BGB (in dieser Prüfungsfolge!) Anwendung auf die standardisierte arbeitsrechtliche Formulierung?
- Steht einer unwirksamen Klausel eine arbeitsrechtliche Besonderheit i. S. v. § 310 IV 2 BGB entgegen, die die Unwirksamkeit aufhebt?
- Wenn bei einer standardisierten Formulierung nach Inhaltskontrolle die Unwirksamkeit ausgeschlossen war, wurde dann die arbeitnehmerfreundlichste Auslegung nach § 305c II BGB gewählt?

Sollte eine standardisierte arbeitsrechtliche Formulierung im Arbeitsvertrag unwirksam sein, bleibt der Arbeitsvertrag im Übrigen wirksam nach § 306 I BGB. Soweit die Formulierungen nicht Vertragsbestandteil geworden oder unwirksam sind, richtet sich der Inhalt des Arbeitsvertrags, was diese Formulierung betrifft, gemäß § 306 II BGB nach den gesetzlichen Vorschriften. **105**

Typische Standardformulierungen in Arbeitsverträgen betreffen Vereinbarungen über Vertragsstrafen, Änderungsvorbehalte, Ausschlussfristen, Schriftformvereinbarungen oder Ausgleichsquittungen. Insbesondere bei Vereinbarungen über Vertragsstrafen werden Klauseln in Arbeitsverträgen dann als unwirksam angesehen, wenn die Höhe der Strafe in einem groben Missverhältnis zur Pflichtverletzung des Arbeitnehmers steht. Der Änderungsvorbehalt kann z. B. den Widerruf von freiwilligen Gratifikationen umfassen, wobei das Bundesarbeitsgericht davon ausgeht, dass der widerrufliche Anteil maximal 30 % des gesamten Arbeitslohns nicht überschreiten darf; außerdem muss ein stichhaltiger Grund vorliegen, welcher in der vorherigen Vereinbarung aufgeführt ist, damit der Widerruf rechtswirksam ist.[97] Eine Klausel in einem Arbeitsvertrag, die den Arbeitgeber berechtigt, übertarifliche Lohnbestandteile jederzeit unbeschränkt zu widerrufen, verstößt gegen § 308 Nr. 4 BGB.[98] Ausschlussfristen sind, ob ein- oder zweistufig, in Arbeitsverträgen üblich. Besteht eine einstufige Ausschlussfrist, hat der Arbeitnehmer einen Anspruch innerhalb eines gewissen Zeitraums gegenüber dem Arbeitgeber geltend zu machen. Bei zweistufigen Ausschlussfristen ist nach erfolgloser außergerichtlicher Geltendmachung auf einer zweiten Stufe eine Klageerhebung erforderlich.[99] Einseitige Ausschlussfristen für den Arbeitnehmer sind unwirksam.[100] Zweiseitige Ausschlussfristen, die also Arbeitnehmer und Arbeitgeber gleichermaßen treffen, können grds. in Formulararbeitsverträgen vereinbart werden;[101] allerdings besteht für jede Stufe eine Mindestfrist von drei Monaten. **106**

---

96   Vgl. dazu BAG DB 2005, 669, 670; 2007, 170, 172; 2007, 1757, 1758
97   Vgl. BAG AP Nr. 5 zu § 620 BGB, Teilkündigung
98   BAGE 113, 140
99   Siehe dazu auch Ascheid/Preis/Schmidt/Hesse, § 4 KSchG, 157 ff.
100 Vgl. BAG NZA 2006, 324, 326 f.
101 Vgl. BAG NZA 2005, 1112

IV. Besondere Arbeitsverhältnisse

107 Üblicherweise vereinbaren Arbeitgeber und Arbeitnehmer ein unbefristetes Arbeitsverhältnis i. S. d. § 620 II BGB. Es gibt aber in zeitlicher wie in sachlicher Hinsicht Arbeitsverhältnisse, die entweder von Beginn an entweder zeitlich ein ganzes Arbeitsleben lang oder befristet dauern sollen; aus sachlichen Gründen können Arbeitsverhältnisse zur Probe, zur Aushilfe, auf der Basis von Leiharbeit oder mittelbare Arbeitsverhältnisse begründet werden. Rechtliche Besonderheiten dieser Arbeitsverhältnisse sind zu beachten.

1. Zeitliche Abweichungen

108 a) **Arbeitsverträge über mehr als fünf Jahre.** Einen Arbeitsvertrag können der Arbeitgeber und der Arbeitnehmer im Ausnahmefall auch sehr langfristig, eventuell sogar bis zum Eintritt in den Ruhestand, die Pensionierung des Arbeitnehmers, abschließen. In der heutigen Zeit rascher Arbeitsplatzwechsel wird eine solche Absprache eher die Ausnahme sein. Dennoch ist eine solche Vereinbarung denkbar und auch grds. nicht sittenwidrig nach § 138 I BGB. Gem. § 624 S. 1 BGB i. V. m. § 620 III BGB, § 15 IV TzBfG kann der Arbeitnehmer ein solches Arbeitsverhältnis nach Ablauf von fünf Jahren kündigen. Weiterhin steht dem Arbeitnehmer, aber auch dem Arbeitgeber bei einem derartigen Arbeitsverhältnis das außerordentliche Kündigungsrecht nach § 626 BGB zu.

109 b) **Befristete Arbeitsverhältnisse; Arbeitsverhältnisse unter auflösender Bedingung.** Befristete Arbeitsverhältnisse gelten nur für den von den Vertragsparteien vereinbarten Zeitraum. Sie enden, ohne dass eine der Vertragsparteien das Arbeitsverhältnis kündigen muss, nach §§ 620 I BGB i. V. m. §§ 163, 158 II BGB, §§ 15, 21 TzBfG. Dasselbe gilt für Arbeitsverhältnisse, die nach der Erfüllung eines bestimmten Zwecks, d. h. auflösungsbedingt enden sollen. Das ordentliche Kündigungsrecht gem. § 620 II BGB existiert dann grds. nicht; es kann allerdings vertraglich wie tariflich festgelegt werden nach §§ 15 III, 21 TzBfG. Unberührt davon existiert das fristlose Kündigungsrecht aus wichtigem Grund gem. § 626 BGB.

110 c) **Teilzeitarbeit.** Nach § 2 I 1 TzBfG ist ein Arbeitnehmer teilzeitbeschäftigt, wenn dessen regelmäßige Wochenarbeitszeit kürzer ist als die eines vergleichbaren vollzeitbeschäftigten Arbeitnehmers. Ist eine regelmäßige Wochenarbeitszeit nicht vereinbart, so ist der betreffende Arbeitnehmer teilzeitbeschäftigt, wenn seine regelmäßige Arbeitszeit im Durchschnitt eines bis zu einem Jahr reichenden Beschäftigungszeitraums unter der eines vollzeitbeschäftigten Arbeitnehmers liegt. Vergleichbar ist nach § 2 I 3 TzBfG ein vollzeitbeschäftigter Arbeitnehmer des Betriebs mit derselben Art des Arbeitsverhältnisses und der gleichen oder einer ähnlichen Tätigkeit. Befristet beschäftigt ist ein Arbeitnehmer nach § 3 I 1 TzBfG mit einem auf bestimmte Zeit geschlossenen Arbeitsvertrag. Ein auf bestimmte Zeit geschlossener Arbeitsvertrag liegt vor, wenn seine Dauer kalendermäßig bestimmt ist (kalendermäßig befristeter Arbeitsvertrag) oder sich aus Art, Zweck oder Beschaffenheit der Arbeitsleistung ergibt (zweckbefristeter Arbeitsvertrag). Das Teilzeit- und Befristungsgesetz hat das Ziel, Teilzeitarbeit zu fördern, die Voraussetzungen für die Zulässigkeit befristeter Arbeitsverträge festzulegen und die Diskriminierung von teilzeitbeschäftigten und befristet beschäftigten Arbeitnehmern zu verhindern.

111 Nach § 4 I 1 TzBfG darf ein teilzeitbeschäftigter Arbeitnehmer wegen der Teilzeit nicht schlechter behandelt werden als ein vergleichbarer vollzeitbeschäftigter Arbeitnehmer, es sei denn, dass sachliche Gründe eine unterschiedliche Behandlung rechtfertigen. Die große Mehrzahl der teilzeitbeschäftigten Arbeitnehmer sind Frauen; daher gilt neben dem Benachteiligungsverbot nach dem Teilzeit- und Befristungsgesetz (TzBfG) auch das mittelbare Diskriminierungsverbot nach Art. 3 I, II GG, nach dem Vertrag über die Arbeitsweise der Europäischen Union (AEUV), sowie nach §§ 7 I 1. Hs., 3 II AGG. Nach § 4 I 2 TzBfG hat der teilzeitbeschäftigte Arbeitnehmer Anspruch auf ein Arbeitsentgelt oder auf eine andere teilbare geldwerte Leistung in dem Umfang, der dem Anteil seiner Arbeitszeit an der Arbeitszeit eines vergleichbaren vollzeitbeschäftigten Arbeitnehmers entspricht. Der Anspruch auf eine Teilzeitarbeit ergibt sich aus §§ 6, 8 TzBfG. Zum einen hat der Arbeitgeber dem Arbeitnehmer, auch in leitenden Positionen, Teilzeitarbeit zu ermöglichen. Zum anderen kann ein Arbeitnehmer, dessen Arbeitsverhältnis länger als sechs Monate bestanden hat, verlangen, dass seine vertraglich vereinbarte Arbeitszeit verringert wird. Allerdings muss der Arbeitnehmer den Wunsch auf Verringerung seiner Arbeitszeit und den Umfang der Verringerung nach § 8 II 1 TzBfG gegenüber dem Arbeitgeber spätestens drei Monate vor deren Beginn geltend machen. Der Arbeitgeber hat dann mit dem Arbeitnehmer die gewünschte Verringerung der Arbeitszeit mit dem Ziel zu besprechen, zu einer Vereinbarung zu gelangen.

112 Nach § 8 IV 1 TzBfG hat der Arbeitgeber der Verringerung der Arbeitszeit zuzustimmen und ihre Verteilung entsprechend den Wünschen des Arbeitnehmers festzulegen, soweit betriebliche Gründe nicht entgegenstehen. Ein solcher betrieblicher Grund liegt insbesondere vor, wenn die Verringerung der Arbeitszeit und die Organisation den Arbeitsablauf oder die Sicherheit im Betrieb wesentlich beeinträchtigt oder unverhältnismäßige Kosten verursacht. Die Rechtsprechung erkennt als betrieblichen Grund zur Ablehnung der Verringerung der Arbeitszeit den mangelnden Ersatz eines qualifizierten Arbeitnehmers an, der die Fehlzeiten des dann Teilzeitbeschäftigten übernehmen kann.[102] Auch dem Teilzeitwunsch entgegenstehende Betriebsvereinbarungen über die Lage und tägliche Verteilung der Arbeitszeit von Teilzeitbeschäftigten stellen im Hinblick auf § 77 I BetrVG einen entgegenstehenden betrieblichen Grund dar, weil der Arbeitgeber nicht gezwungen werden kann, sich betriebsverfassungswidrig zu verhalten.[103]

113 Nach § 7 I TzBfG hat der Arbeitgeber einen Arbeitsplatz, den er öffentlich oder innerhalb des Betriebs ausschreibt, auch als Teilzeitarbeitsplatz auszuschreiben, wenn sich der Arbeitsplatz hierfür eignet. Dieses Gebot für den Arbeitgeber wird ergänzt durch das Informationsgebot nach § 7 II TzBfG, wonach der Arbeitgeber einen Arbeitnehmer, der ihm den Wunsch nach einer Veränderung von Dauer und Lage seiner vertraglich vereinbarten Arbeitszeit angezeigt hat, über entsprechende Arbeitsplätze zu informieren hat, welche im Betrieb oder Unternehmen besetzt werden sollen. Im Gegensatz zur Verkürzung der Arbeitszeit normiert § 9 TzBfG, dass der Arbeitgeber einen teilzeitbeschäftigten Arbeitnehmer, der ihm den Wunsch nach einer Verlängerung seiner vertraglich vereinbarten Arbeitszeit angezeigt hat, bei der Besetzung eines entsprechenden freien Arbeitsplatzes bei gleicher Eignung bevorzugt zu berücksichtigen hat, es sei denn, dass dringende betriebliche Gründe oder Arbeitszeitwünsche anderer teilzeitbeschäftigter Arbeitnehmer dem entgegenstehen. § 9a TzBfG sieht für Arbeitnehmer weiterhin einen Anspruch auf zeitlich begrenzte Teilzeit vor (sog. Brückenteilzeit). Dieser Anspruch setzt gemäß § 9a I 1 TzBfG voraus, dass das Arbeitsverhältnis mehr als sechs Monate bestanden hat, der Arbeitgeber in der Regel mehr als 45 Arbeitnehmer (ausgenommen der Personen in Berufsausbildung) beschäftigt (§ 9a I 3 TzBfG, keine betrieblichen Gründe entgegenstehen (§ 9a II 1 TzBfG) und der Arbeitnehmer mindestens drei Monate vor Beginn der Brückenteilzeit einen Antrag in Textform stellt (§ 9a III 1 i. V. m. § 8 II TzBfG).

114 Ein besonderes Teilzeitarbeitsverhältnis stellt die Arbeit auf Abruf nach § 12 TzBfG dar. Arbeitgeber und Arbeitnehmer können vereinbaren, dass der Arbeitnehmer seine Arbeitsleistung entsprechend dem Arbeitsanfall zu erfüllen hat. Arbeitgeber und Arbeitnehmer vereinbaren in einer solchen Situation eine sog. kapazitätsorientierte variable Arbeitszeit (KAPOVAZ) bzw. eine bedarfsabhängige variable Arbeitszeit (BAVAZ).[104]

---

102 Vgl. BAG NZA 2005, 770, 772
103 Dütz/Thüsing, Rn. 916
104 Zur Anwendbarkeit: ErfK/Preis, § 12 TzBfG Rn. 5 ff; Senne, H VI

Allerdings muss eine solche Vereinbarung nach § 12 I 2 TzBfG eine bestimmte Dauer der täglichen und wöchentlichen Arbeitszeit festlegen. Besteht keine Vereinbarung über die Dauer der wöchentlichen Arbeitszeit, so gilt eine Arbeitszeit von zehn Stunden als vereinbart. Ist die Dauer der täglichen Arbeitszeit nicht festgelegt, hat der Arbeitgeber die Arbeitsleistung des Arbeitnehmers jeweils für mindestens drei aufeinander folgende Stunden in Anspruch zu nehmen. In diesem Zusammenhang hat die Rechtsprechung festgestellt, dass der in Formulararbeitsverträgen standardisiert formulierte Anteil an Abrufarbeit 25 % der festgelegten Arbeitszeit unter Berücksichtigung des § 307 II Nr. 1 BGB nicht überschreiten darf; der Arbeitgeber würde sonst das Beschäftigungsrisiko in unangemessener Weise auf den Arbeitnehmer verlagern.[105]

115 Die Arbeitsplatzteilung nach § 13 TzBfG, das sog. Job-Sharing, ist eine weitere Möglichkeit der Teilzeitarbeit. Arbeitgeber und Arbeitnehmer können vereinbaren, dass mehrere Arbeitnehmer sich die Arbeitszeit an einem Arbeitsplatz teilen. Typisches Job-Sharing besteht nach § 13 III TzBfG dann, wenn sich mindestens zwei Arbeitnehmer auf einem bestimmten Arbeitsplatz in festgelegten Zeitabschnitten abwechseln oder untereinander eine Absprache treffen, welcher Arbeitnehmer zu welchem Zeitpunkt am Arbeitsplatz ist. Dagegen handelt es sich um typische Teilzeitarbeit, wenn eine Halbtagskraft nach einem halben Tag durch eine weitere Halbtagskraft abgelöst wird. Beim Job-Sharing besteht nach § 13 I 2 TzBfG die Pflicht, die Arbeitsleistung gegenüber dem Arbeitgeber gemeinsam zu erbringen. Allerdings müssen die Arbeitnehmer des Job-Sharing einer Vertretung im Einzelfall zugestimmt haben. Folge ist dann, dass sich bei Arbeitsplatzteilung mehrere Arbeitnehmer dazu verpflichten, einen an der Arbeitsleistung verhinderten Arbeitnehmer zu vertreten. Eine Pflicht zur Vertretung besteht nach § 13 I 3 TzBfG auch dann, wenn der Arbeitsvertrag bei Vorliegen dringender Gründe eine Vertretung vorsieht und diese im Einzelfall zumutbar ist. Allerdings sind Arbeitnehmer im Rahmen des Modells der Arbeitsplatzteilung keine Gesamtschuldner der Arbeitsleistung nach § 421 BGB.[106] Wird das Arbeitsverhältnis eines Arbeitnehmers im Rahmen der Arbeitsplatzteilung gekündigt, betrifft die Kündigung somit nicht das Arbeitsverhältnis anderer Arbeitnehmer bei der Arbeitsplatzteilung. Nach § 13 II 1 TzBfG ist eine darauf gestützte Kündigung eines Arbeitsverhältnisses eines Arbeitnehmers, welcher ebenfalls in die Arbeitsplatzteilung einbezogen ist, durch den Arbeitgeber unwirksam. Sonstige Kündigungsgründe, z. B. aus betrieblichen Gründen oder eine Änderungskündigung, können aber in Betracht kommen.

2. Sachlich besondere Arbeitsverhältnisse

116 a) **Arbeitsverhältnis auf Probe.** Es gibt drei Möglichkeiten für ein Arbeitsverhältnis auf Probe:
- kalendermäßig befristetes Arbeitsverhältnis zur Probe, das mit Zeitablauf bei rechtzeitiger Benachrichtigung automatisch endet, §§ 620 I, III BGB i. V. m. §§ 163, 158 II BGB, § 15 III TzBfG;
- unbefristetes Arbeitsverhältnis mit anfänglicher Probezeit als Mindestvertragszeit, bei dem eine ordentliche Kündigung während der Probezeit ausgeschlossen ist;
- unbefristetes Arbeitsverhältnis mit anfänglicher echter Erprobungszeit, bei der eine möglichst schnelle Auflösung des Arbeitsverhältnisses während der Probezeit möglich sein soll, sobald mangelnde Eignung oder Neigung festgestellt wird.[107]

117 Üblicherweise handelt es sich bei der Vereinbarung einer Probezeit zwischen Arbeitgeber und Arbeitnehmer um eine echte Erprobungszeit.[108] § 20 BBiG sieht für ein Berufs-

---

105 BVerfG NZA 2007, 85, 87; BAG NZA 2006, 423, 428
106 Vgl. ErfK/Preis, § 13 TzBfG Rn. 7; ebenso Henssler/Schmalenberg, § 13 TzBfG Rn. 2
107 Siehe zu der Thematik ausführlich Dütz/Thüsing, Rn. 129
108 Vgl. BAG AP Nr. 11 zu § 620 BGB, Probearbeitsverhältnis = DB 1971, 1922

ausbildungsverhältnis eine Probezeit vor, welche mindestens einen Monat und höchsten vier Monate betragen darf. Das Berufsausbildungsverhältnis kann dann nach § 22 I BBiG jederzeit ohne Einhalten einer Kündigungsfrist während der Probezeit gekündigt werden.

b) Berufsausbildungsverhältnis. Auch das Berufsausbildungsverhältnis ist ein Arbeitsverhältnis i. S. d. § 611 BGB. Somit sind alle arbeitsrechtlichen Regelungen nach § 10 II BBiG auch auf das Berufsausbildungsverhältnis anwendbar mit den zusätzlichen Sonderregelungen des Berufsbildungsgesetzes. Das Berufsbildungsgesetz (BBiG) regelt nach § 1 BBiG die Berufsausbildungsvorbereitung, die Berufsausbildung, die berufliche Fortbildung und die berufliche Umschulung. Bei der Berufsausbildung schließen Arbeitgeber und Auszubildender einen Berufsausbildungsvertrag. Nach § 10 II BBiG sind, soweit sich aus seinem Wesen und Zweck und aus diesem Gesetz nichts anderes ergibt, die für den Arbeitsvertrag geltenden Rechtsvorschriften und Rechtsgrundsätze anzuwenden. Dabei hat der Arbeitgeber nach § 14 Nr. 1 BBiG dafür zu sorgen, dass den Auszubildenden die berufliche Handlungsfähigkeit vermittelt wird, die zum Erreichen des Ausbildungsziels erforderlich ist, und die Berufsausbildung in einer durch ihren Zweck gebotenen Form planmäßig, zeitlich und sachlich gegliedert so durchzuführen, dass das Ausbildungsziel in der vorgesehenen Zeit erreicht werden kann.

118

Wie der Arbeitsvertrag kann auch ein Ausbildungsvertrag formfrei abgeschlossen werden. Nach § 11 BBiG hat ein Arbeitgeber aber unverzüglich nach Abschluss des Berufsausbildungsvertrags, spätestens vor Beginn der Berufsausbildung, den wesentlichen Inhalt des Vertrags mit allen in § 11 I 2 Nr. 1–10 BBiG aufgeführten Voraussetzungen schriftlich niederzulegen; die elektronische Form ist ausgeschlossen. Die Niederschrift ist gem. § 11 II BBiG vom ausbildenden Arbeitgeber, dem Auszubildenden und evtl. einem gesetzlichen Vertreter zu unterzeichnen. Außerdem hat der Arbeitgeber nach § 11 III BBiG dem Auszubildenden und evtl. einem gesetzlichen Vertreter eine Ausfertigung der unterzeichneten Niederschrift unverzüglich auszuhändigen. Gem. § 15 BBiG hat der Arbeitgeber den Auszubildenden für die Teilnahme am Berufsschulunterricht und an Prüfungen freizustellen. Nach § 17 I 1 BBiG ist der Arbeitgeber verpflichtet, dem Auszubildenden eine angemessene Vergütung zu bezahlen, und zwar nach § 19 I BBiG z. B. auch für die Zeit der Freistellung nach § 15 BBiG.

119

Das Berufsausbildungsverhältnis beginnt mit einer Probezeit. Diese muss nach § 20 S. 2 BBiG mindestens einen Monat und darf höchstens vier Monate betragen. Während der Probezeit kann das Ausbildungsverhältnis nach § 22 I BBiG jederzeit ohne Einhalten einer Kündigungsfrist gekündigt werden. Nach der Probezeit ist eine Kündigung nur noch aus wichtigem Grund binnen zwei Wochen nach Bekanntwerden des Grundes möglich; in diesen Fällen hat die Kündigung schriftlich unter Angabe der Gründe zu erfolgen.[109] Nach der Probezeit kann gem. § 22 II BBiG das Berufsausbildungsverhältnis aus einem wichtigen Grund ohne Einhalten einer Kündigungsfrist oder vom Auszubildenden mit einer Kündigungsfrist von vier Wochen beendet werden, wenn dieser die Berufsausbildung aufgeben oder sich für eine andere Berufstätigkeit ausbilden lassen will. Eine außerordentliche Kündigung steht dem Arbeitgeber bzw. dem Auszubildenden jederzeit zu.

120

c) Praktikanten und Volontäre. Ein Praktikant ist eine Person, die sich einer bestimmten Tätigkeit oder Ausbildung in einem Betrieb unterzieht, weil diese Tätigkeit im Rahmen einer Gesamtausbildung vorgeschrieben ist.[110] Dabei kann es sich z. B. um Praktika handeln, die während des Studiums in der vorlesungsfreien Zeit zu absolvieren sind.

121

---

109 ErfK/Schlachter, § 22 BBiG, Rn. 7
110 Vgl. Michalski/Westerhoff, Rn. 160

Handelt es sich um sog. studienbegleitende Praktika, ist das Arbeitsrecht grds. nicht anwendbar.[111]

122 Nach § 82a HGB handelt es sich bei Volontären um Personen, die, ohne als Auszubildende angenommen zu sein, zum Zweck ihrer Ausbildung unentgeltlich mit kaufmännischen Diensten beschäftigt werden. Volontäre können auch außerhalb kaufmännischer Tätigkeiten beschäftigt bzw. eingesetzt werden. Hauptkriterien für ein Volontärsverhältnis sind die Aus- bzw. Fortbildung sowie die Arbeitstätigkeit des Volontärs ohne jedwede Vergütung.[112] Da gemäß § 26 BBiG die Regelungen der §§ 10–23, 25 BBiG auch auf Beschäftigungsverhältnisse wie Volontäre anwendbar sind, hat § 82a HGB in der Praxis keine Bedeutung.[113]

123 d) **Schüler und Werkstudenten.** In den Schulferien übernehmen Schüler oft einen sog. Ferienjob. Dabei handelt es sich i. d. R. um ein Aushilfsarbeitsverhältnis nach § 14 I 2 Nr. 1 TzBfG. Es besteht somit ein befristetes Arbeitsverhältnis, auf das das Arbeitsrecht anwendbar ist. Andererseits sind Schüler oft dazu verpflichtet, während der Schulzeit ebenfalls ein Praktikum zu absolvieren. Auf ein derartiges Praktikum findet, wie bereits erörtert, das Arbeitsrecht keine Anwendung. Werkstudenten schließen dagegen wie Schüler bei Ferienarbeitsverhältnissen ebenfalls befristete Arbeitsverhältnisse ab. Die Möglichkeit der Entlohnung, um z. B. das Studium zu finanzieren, steht im Vordergrund. Zusätzliche praktische Erfahrungen, welche dem Werkstudenten auch im Studium nützlich sein können, stehen hinter der Entlohnungsabsicht zurück. Deshalb ist auf das befristete Arbeitsverhältnis zwischen Werkstudent und Arbeitgeber das Arbeitsrecht umfassend anwendbar.

124 e) **Aushilfsarbeitsverhältnis.** Besteht i. S. v. § 14 I 2 Nr. 1 TzBfG nur vorübergehend betrieblicher Bedarf an einer Arbeitsleistung, spricht man von einem Aushilfsarbeitsverhältnis. Auf ein derartiges Aushilfsarbeitsverhältnis sind die arbeitsrechtlichen Regelungen uneingeschränkt anwendbar. Aushilfsarbeitsverhältnisse kommen insbesondere bei saisonabhängigen Branchen vor, so z. B. in den Bereichen der Gastronomie und der Touristik.

125 f) **Nebenbeschäftigung.** Der Arbeitnehmer hat die Möglichkeit, neben seiner Haupttätigkeit noch einer Nebenbeschäftigung nachzugehen. Voraussetzung für eine rechtmäßige Nebentätigkeit ist, dass er das Hauptarbeitsverhältnis gegenüber seinem ersten Arbeitgeber nicht beeinträchtigt und nicht gegen Vereinbarungen, z. B. Wettbewerbsabreden, verstößt. Des Weiteren darf er nicht gegen Arbeitsgesetze, z. B. §§ 3 ff. ArbZG, § 8 BUrlG oder gegen §§ 1, 2 SchwarzarbeitsG verstoßen. Auf ein Arbeitsverhältnis, welches als Nebenbeschäftigung angesehen wird, sind die arbeitsrechtlichen Normen anwendbar.

126 g) **Arbeitnehmerüberlassung.** Leiharbeit ist zu einem gängigen Rechtsbegriff im Arbeitsrecht geworden. Dabei handelt es sich um eine Arbeitnehmerüberlassung. Im Gegensatz zu § 598 BGB, wonach durch den Leihvertrag der Verleiher einer Sache verpflichtet wird, dem Entleiher den Gebrauch der Sache unentgeltlich zu gestatten, handelt es sich bei einem Leiharbeitsvertrag um eine Arbeitnehmerüberlassung gegen Vergütung. Unterschieden wird zwischen einem echten und unechten Leiharbeitsverhältnis. Echte Leiharbeit besteht, wenn ein Arbeitnehmer einmalig oder gelegentlich

---

111 Vgl. BAG EzB Nr. 8 zu § 2 BBiG; lesenswert Orlowski, Praktikantenverträge – transparente Regelung notwendig!, RdA 2009, 38
112 Vgl. Michalski/Westerhoff, Rn. 159; Baumbach/Hopt/Roth, § 82a Rn. 1; MK-HGB/Thüsing, § 82a Rn. 1
113 MK-HGB/Thüsing, § 82a, Rn. 3

IV. Besondere Arbeitsverhältnisse

und zwar auch dann nur vorübergehend von einem Entleiher beschäftigt wird.[114] Der Arbeitnehmer ist somit weiter für seinen Arbeitgeber tätig.

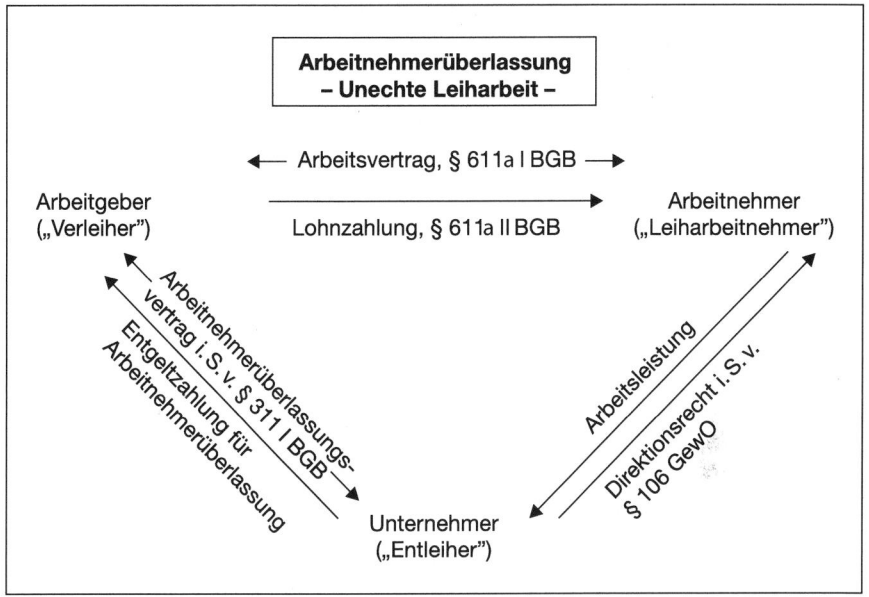

Abb. 6: Arbeitnehmerüberlassung

Das Arbeitnehmerüberlassungsgesetz (AÜG) regelt die unechte Leiharbeit, d. h. die gewerbsmäßige Arbeitnehmerüberlassung. Charakteristisch hierfür ist, dass ein Unternehmer („Verleiher") einen oder mehrere bei ihm eingestellte Arbeitnehmer („Leiharbeitnehmer") einem anderen Unternehmer („Entleiher"/„Auftraggeber") zur Arbeitsleistung überlässt.[115] Dabei wird der Arbeitnehmer aufgrund eines zwischen seinem Arbeitgeber und dem Entleiher geschlossenen Vertrags vollständig in den Betrieb des Entleihers eingegliedert und zur Förderung seines Betriebszwecks weisungsgebunden eingesetzt.[116] Nach § 1 I 1 AÜG bedürfen Arbeitgeber, die als Verleiher Dritten (Entleihern) Arbeitnehmer (Leiharbeitnehmer) gewerbsmäßig zur Arbeitsleistung überlassen wollen, der behördlichen Erlaubnis der Bundesagentur für Arbeit. Abzugrenzen davon ist nach § 35 I 1 SGB III die Tätigkeit der Bundesagentur für Arbeit gegenüber Ausbildungssuchenden, Arbeitssuchenden und für Arbeitgeber, Ausbildungs- und Arbeitsvermittlung zu erbringen. Nach § 35 I 2 SGB III umfasst die Vermittlung alle Tätigkeiten, die darauf gerichtet sind, Ausbildungssuchende mit Arbeitgebern zur Begründung eines Ausbildungsverhältnisses und Arbeitsuchende mit Arbeitgebern zur Begründung eines Beschäftigungsverhältnisses zusammenzuführen.

Bei der unechten Leiharbeit, der Arbeitnehmerüberlassung gegen Entgelt, besteht weiterhin ein Arbeitsvertrag zwischen dem Verleiher und seinem Arbeitnehmer. Der Arbeitnehmer erhält somit seinen Arbeitslohn vom Verleiher. Der Entleiher hat gegenüber dem Verleiher ein vereinbartes Entgelt zu bezahlen. Gemäß § 1 Ib 1 AÜG darf der Verleiher denselben Arbeitnehmer allerdings nicht länger als 18 aufeinander folgende

---

114 Junker, § 3, Rn. 112
115 Vgl. Wörlen/Kokemoor, Rn. 102a
116 BAG NZA 1998, 876, 877

Monate demselben Entleiher überlassen. Auch der Entleiher darf denselben Arbeitnehmer nicht länger tätig werden lassen.

129 Hat der Verleiher nicht nach § 1 AÜG die erforderliche Erlaubnis von der Bundesagentur für Arbeit für die gewerbsmäßige Arbeitnehmerüberlassung erhalten, sind die Verträge nach § 9 Nr. 1 AÜG zwischen Verleihern und Entleihern sowie zwischen Verleihern und Leiharbeitnehmern unwirksam. Ist der Vertrag zwischen einem Verleiher und einem Leiharbeitnehmer nach § 9 Nr. 1 AÜG unwirksam, so gilt nach § 10 I 1 AÜG ein Arbeitsverhältnis zwischen Entleiher und Leiharbeitnehmer zu dem zwischen dem Entleiher und dem Verleiher für den ab Beginn der Tätigkeit vorgesehenen Zeitpunkt als zustande gekommen. Dem Leiharbeitnehmer steht nach § 10 II 1 AÜG im Fall der Unwirksamkeit seines Vertrags mit dem Verleiher nach § 9 Nr. 1 AÜG ein Schadensersatzanspruch zu, wenn er auf die Gültigkeit des unechten Leihvertrags vertraut hat, es sei denn, der Leiharbeitnehmer kannte den Grund der Unwirksamkeit. Wichtig ist weiterhin der sog. Gleichstellungsgrundsatz des § 8 AÜG. Gemäß § 8 I 1 AÜG ist der Verleiher verpflichtet, dem Arbeitnehmer für die Zeit der Überlassung an den Entleiher die im Betrieb des Entleihers für einen vergleichbaren Arbeitnehmer des Entleihers geltenden wesentlichen Arbeitsbedingungen einschließlich des Arbeitsentgelts zu gewähren. Schließlich sind Leiharbeitnehmer gemäß § 14 II 4, 5 AÜG in die Berechnung der Schwellenwerte z. B. des Betriebsverfassungsgesetzes und des Mitbestimmungsgesetzes miteinzubeziehen und zählen dadurch als vollwertige Arbeitnehmer im Betrieb des Entleihers.

V. Arbeitnehmer als Verbraucher nach § 13 BGB

130 Nach § 13 BGB ist Verbraucher jede natürliche Person, die ein Rechtsgeschäft zu einem Zweck abschließt, der weder ihrer gewerblichen, noch ihrer selbstständigen beruflichen Tätigkeit zugerechnet werden kann. Insofern ist ein Arbeitnehmer Verbraucher[117] i. S. d. BGB und demzufolge unterliegt auch ein Arbeitsvertrag dem Verbraucherschutzrecht. Hierdurch unterliegen Arbeitsverträge der Inhaltskontrolle des AGB-Rechts (vgl. § 310 III, IV 2 BGB).

VI. Arbeitgeber als Unternehmer nach § 14 BGB

131 Nach § 14 I BGB ist eine natürliche oder juristische Person oder eine rechtsfähige Personengesellschaft Unternehmer, die bei Abschluss eines Rechtsgeschäfts in Ausübung ihrer gewerblichen oder selbstständigen beruflichen Tätigkeit handelt. Der Begriff des Unternehmers und der des Arbeitgebers können häufig synonym verwendet werden, da jemand, der gewerbliche oder selbstständige berufliche Tätigkeit ausübt, in der Regel auch mindestens einen Arbeitnehmer beschäftigt.[118] Allerdings gibt es auch die Möglichkeit, Arbeitgeber zu sein, ohne die Unternehmereigenschaft nach § 14 BGB zu erfüllen. Beschäftigt z. B. die Hauseigentümerin eine Haushaltshilfe, ist sie zwar Arbeitgeberin, aber keine Unternehmerin i. S. v. § 14 BGB, weil sie nicht in Ausübung einer gewerblichen oder selbstständigen beruflichen Tätigkeit handelt. Des Weiteren können ein Arbeitgeber bzw. ein Unternehmer auch privatrechtliche Verträge abschließen, so z. B. Speisen in einem Restaurant bestellen, um diese zu verzehren. Der Unternehmerbegriff des bürgerlichen Rechts ist mit dem Kaufmannsbegriff des Handelsrechts gemäß §§ 1 ff. HGB nicht identisch. Er ist deutlich weiter, da er z. B. neben juristischen Personen und Handelsgesellschaften auch natürliche Personen (Kleingewerbetreibende/Selbstständige) erfasst.

---

117 BAG NZA 2008, 1004, 1006; NZA 2005, 1111, 1115.
118 Wörlen/Kokemoor, Rn. 60

§ 3 Vertragsparteien

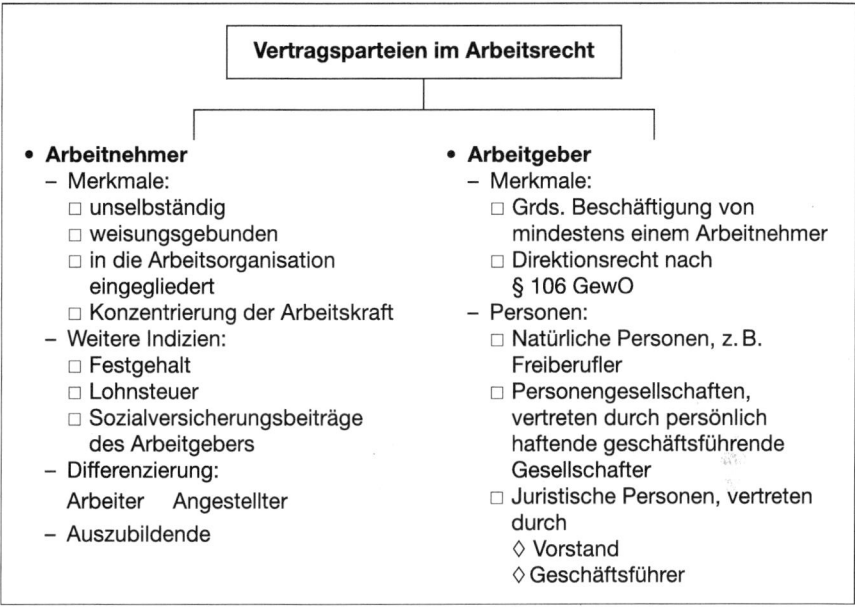

Abb. 7: Vertragsparteien im Arbeitsrecht

I. Arbeitnehmer

Im Individualarbeitsrecht ist der Arbeitnehmer die eine Vertragspartei des Arbeitsvertrags. **132**

1. Begriff

Der Arbeitnehmerbegriff hat seit dem 1.4.2017 erstmals seit Inkrafttreten des BGB eine gesetzliche Definition in § 611a I 1 BGB erfahren. Hiernach ist Arbeitnehmer derjenige, der *„im Dienste eines anderen zur Leistung weisungsgebundener, fremdbestimmter Arbeit in persönlicher Abhängigkeit verpflichtet"* (ist). Gemäß § 611a II BGB bekommt der Arbeitnehmer außerdem eine Vergütung. Trotz einer solchen umfassenden Definition ist es oft nicht leicht abzugrenzen, ob eine Person wirklich als Arbeitnehmer oder z. B. als freiberuflich Handelnder für einen anderen tätig ist. Insofern ist an Hand verschiedener Kriterien zu prüfen, ob die Arbeitnehmereigenschaft einer Person besteht. **133**

2. Privatrechtlicher Vertrag

Nach § 611a BGB schließen Arbeitgeber und Arbeitnehmer einen privatrechtlichen Vertrag, welcher durch zwei übereinstimmende Willenserklärungen, dem Angebot und der Annahme, zustande kommt. Eine derartige privatrechtliche Vereinbarung liegt dann nicht vor, wenn Personen, z. B. aus religiösen oder karitativen Gründen, ausschließlich ehrenamtlich arbeiten.[119] Helfen Familienangehörige nach Feierabend im Geschäft ihrer Eltern aus, so wird i. d. R. kein privatrechtlicher Vertrag zugrunde liegen, sondern es wird sich um die familienrechtliche Verpflichtung zur Mithilfe nach §§ 1356, 1619 BGB **134**

---

119 Wörlen/Kokemoor, Rn. 43

handeln.[120] Dagegen ist es selbstverständlich möglich, Familienangehörige mit einem rechtswirksamen Arbeitsvertrag als Arbeitnehmer im eigenen Betrieb zu beschäftigen.

135 Beamte, z. B. Richter, Staatsanwälte, Lehrer oder Ministerialräte, sind keine Arbeitnehmer. Sie werden durch Hoheitsakt zu Beamten ernannt und stehen in einem Dienst- und Treueverhältnis gegenüber ihrer jeweiligen staatlichen Organisation, z. B. dem Land Nordrhein Westfalen, der Bundesrepublik Deutschland oder supranational gegenüber der Europäischen Union. Die Treuepflicht gegenüber dem Staat führt dazu, dass Beamte nicht streiken dürfen und während eines Streiks, z. B. durch Arbeitnehmer des öffentlichen Dienstes, sogar deren Arbeitsleistung zusätzlich so weit wie möglich mitzuerbringen haben.[121]

3. Unselbstständige, entgeltliche Dienste

136 Gemäß § 611a I 1. II BGB führt der Arbeitnehmer im Dienste eines anderen Leistungen gegen Entgelt aus. Arbeitnehmer ist also nur, wer entgeltlich tätig wird. Daneben muss eine fremdbestimmte Tätigkeit gegeben sein. Im Unterschied zum Arbeitnehmer führt z. B. ein Gesellschafter einer Gesellschaft eigenbestimmte Tätigkeiten aus, wenn er für diese tätig wird. Die unselbstständige Tätigkeit bildet die Grundlage für das Arbeitnehmer-/Arbeitgeberverhältnis. Oft ist die Abgrenzung selbstständiger und unselbstständiger Arbeit nicht leicht vorzunehmen. Denn die Globalisierung hat auch dazu geführt, dass sich Arbeitgeber der sozialen Verantwortung gegenüber den Personen, die für sie tätig sind, dadurch entziehen wollen, indem sie mit den für sie tätigen Personen keinen Arbeitsvertrag mehr abschließen, sondern auf selbstständiger Grundlage zusammenarbeiten. Wesentlicher Beurteilungsmaßstab ist der tatsächlich gelebte Vertragsinhalt unabhängig von den vertraglich festgeschriebenen Regelungen.

137 Problematisch ist die Abgrenzung, wenn jemand häufig, z. B. als Rundfunkautor, Gebäudereiniger oder Honorarlehrkraft, eventuell sogar ständig als Transporteur, Verkaufsfahrer oder Versicherungsvertreter für ein und dieselbe natürliche oder juristische Person tätig wird.[122] In solchen Fällen ist genau zu prüfen, ob die tätige Person als Arbeitnehmer oder als Selbständiger zu qualifizieren ist. Denn nur die Arbeitnehmereigenschaft billigt der Person den Schutz des Arbeitsrechts, vor allem aber auch die Anwendung des Sozialversicherungsrechts zu. Insbesondere der Grad der persönlichen Abhängigkeit von dem Beauftragten lässt auf eine Arbeitnehmertätigkeit schließen. Denn der Arbeitnehmer muss fremdbestimmt sein. Der Arbeitgeber kann also seinem Arbeitnehmer bis ins Detail vorschreiben, zu welcher Zeit er welche Tätigkeit an welchem Ort in welchem Umfang zu verrichten hat. Auch ein sog. Crowdworker kann Arbeitnehmer sein. Beim Crowdworking stellen Unternehmen auf Cowdworking-Plattformen Aufgaben in Form von Mikrojobs bereit, z. B. das Erstellen von Grafiken, Designs oder Programmierungen. Crowdworker können die eingestellten Aufträge annehmen, oder auch nicht. Während oftmals Crowdworker nicht als Arbeitnehmer angesehen werden, kann nach einer Entscheidung des BAG[123] auch ein Arbeitsverhältnis zwischen Crowdworker und Crowdsourcing-Plattform bestehen. Zwar sei ein Crowdworker grundsätzlich in seiner Entscheidung frei, einen Auftrag anzunehmen, oder auch abzubrechen. Auch eine Weisungsgebundenheit habe nicht bestanden. Allerdings beinhalte das System der Crowdworking-Plattform ein Anreizsystem, indem mit einer Vielzahl erledigter Aufträge ein höheres Level im Bewertungssystem erreicht werden konnte. Durch dieses System sah das Gericht eine faktische Weisungsgebundenheit und stufte den Arbeitnehmer als Crowdworker ein.

---

120 Michalski/Westerhoff, Rn. 108
121 Vgl. BAG AP Nr. 86 zu Art. 9 GG, Arbeitskampf
122 Junker, Rn. 96
123 BAG NJW 2021, 1551

4. Persönliche Abhängigkeit

Beim Arbeitnehmer muss weiterhin das Kriterium „persönliche Abhängigkeit" hinzutreten. Mit diesem Definitionsmerkmal des Arbeitnehmers wird der Arbeitnehmer vom sog. „freien" Dienstnehmer abgegrenzt, dessen Vertragsverhältnis in der klassischen Form des Dienstvertrages in § 611 BGB geregelt ist. Freier Mitarbeiter ist, wer nicht weisungsgebunden für einen Arbeitgeber tätig wird und daher selbstbestimmt über Inhalt, Durchführung, Zeit, Dauer und Ort der Tätigkeit handelt. Der freie Mitarbeiter hat keinen Arbeitnehmerstatus. Hierbei wird im Wesentlichen auf die folgenden Gesichtspunkte abgestellt:

a) **Weisungsgebundenheit.** Arbeitnehmer sind üblicherweise weisungsgebunden. Je stärker die Weisungsgebundenheit ausgeprägt ist, desto eher ist eine persönliche Abhängigkeit gegeben. § 84 I 2 HGB normiert, dass selbstständig ist, wer im Wesentlichen frei seine Tätigkeit gestalten und seine Arbeitszeit bestimmen kann. Diese Vorschrift ist die einzige Norm, die einen gesetzlichen Anhaltspunkt gibt, um den Arbeitnehmerbegriff zu konkretisieren; im Umkehrschluss lässt sich aus ihr entnehmen, dass für eine Weisungsgebundenheit die Art und die Zeit der Tätigkeit die wichtigsten Kriterien der Unselbstständigkeit bilden.[124] Je mehr also der Dienstverpflichtete hinsichtlich seiner Arbeitszeit, des Arbeitsortes, der Arbeitsfolge und der Arbeitsausführung den Weisungen des Dienstberechtigten unterliegt, desto mehr spricht dies für eine Arbeitnehmerstellung.[125]

b) **Eingliederung in die Arbeitsorganisation.** Ein weiteres Kriterium, welches die Arbeitnehmerstellung des Dienstverpflichteten unterstreicht, ist die Eingliederung in die Arbeitsorganisation des Unternehmens. Dieses zweite Kriterium ist eng verbunden mit der Weisungsgebundenheit; die Eingliederung in die Arbeitsorganisation des Arbeitgebers führt zwangsläufig zu einem umfangreichen Weisungsrecht des Arbeitgebers.[126] Der Betrieb kann als eine organisatorische Einheit angesehen werden, innerhalb derer ein Arbeitgeber allein oder in Gemeinschaft mit seinen Mitarbeitern mit Hilfe von sachlichen und immateriellen Mitteln bestimmte arbeitstechnische Zwecke fortgesetzt verfolgt.[127] Bei einem Betrieb muss es sich demzufolge um eine organisatorische Einheit handeln, welche Arbeitnehmer beschäftigt und durch eine Geschäftsführung geleitet wird. Die Eingliederung in die Arbeitsorganisation eines Betriebs erfolgt z. B. dadurch, dass der Arbeitnehmer in Dienst- oder Schichtpläne integriert wird.

c) **Konzentrierung der Arbeitskraft.** Üblicherweise stellt ein Arbeitnehmer bei einer Vollzeitbeschäftigung seine ganze Arbeitskraft zur Verfügung. Der Dienstverpflichtete konzentriert sich somit bei Ausübung seiner Tätigkeit fast vollständig auf einen einzigen Arbeitgeber. Nahezu seine gesamte Arbeitsleistung hat der Arbeitnehmer für einen Arbeitgeber zu erbringen.[128] Daraus lässt sich ableiten, dass ein Arbeitnehmer grds. neben seinem Arbeitsverhältnis auch einer Nebentätigkeit nachgehen kann, selbst bei einer Vollzeitbeschäftigung. Die Nebentätigkeit darf allerdings nicht dazu führen, dass das Vollzeitbeschäftigungsverhältnis beeinträchtigt wird.

d) **Weitere Indizien für eine Arbeitnehmereigenschaft.** Die Einstufung des Dienstverpflichteten als Arbeitnehmer gegenüber dem selbstständigen Dienstverpflichteten, z. B. dem freien Mitarbeiter, ist, wie erörtert, nicht immer leicht zu treffen. Liegen die Kriterien Unselbstständigkeit, Weisungsgebundenheit, Eingliederung in die Organisation des

---

124 Junker, Rn. 98; vgl. dazu BAG AP Nr. 79 zu § 611 BGB, Abhängigkeit = NZA 1996, 477
125 Michalski/Westerhoff, Rn. 131
126 Vgl. BAG AP Nr. 59 zu § 611 BGB, Abhängigkeit = NZA 1992, 407
127 Vgl. Wörlen/Kokemoor, Rn. 49; Hromadka/Maschmann, Bd. 1, § 1 Rn. 23
128 Vgl. Wörlen/Kokemoor, Rn. 51

Betriebs und Konzentrierung der Arbeitskraft vor, ist von einer Arbeitnehmerstellung des Dienstverpflichteten auszugehen. Fehlen ein oder mehrere Kriterien zur Feststellung der Arbeitnehmereigenschaft, sind danach zusätzlich Indizien heranzuziehen, welche ebenfalls Rückschlüsse auf eine eventuelle Arbeitnehmereigenschaft des Dienstverpflichteten zulassen.

142 Weitere Indizien können darauf hinweisen, ob es sich bei der Tätigkeit eines Dienstverpflichteten um eine Tätigkeit als Arbeitnehmer oder als Selbständiger handelt. Erstes Indiz kann die Bezeichnung der Tätigkeit sein. Wird in einem privatrechtlichen Vertrag der Dienstverpflichtete als „freier Mitarbeiter" bezeichnet, kann dies darauf hinweisen, dass keine Arbeitnehmerstellung begründet werden sollte bzw. besteht. Ein weiteres Indiz kann die Vergütung des Dienstverpflichteten sein. Wird die Vergütung als „Festgehalt" bezeichnet, welches regelmäßig in derselben Höhe vom Auftraggeber bezahlt wird, kann dies auf die Arbeitnehmereigenschaft des Dienstverpflichteten hinweisen. Ein weiteres bedeutendes Indiz ist die Abführung von Lohnsteuer und Sozialversicherungsbeiträgen durch den Dienstberechtigten. Rechtsprechung und Rechtsliteratur sehen dieses Indiz zusätzlich als formelles Abgrenzungskriterium für eine Arbeitnehmerstellung an.[129]

5. Arbeiter und Angestellte

143 Der Unterschied zwischen Arbeitern und Angestellten ist historisch bedingt. Während Arbeiter überwiegend körperliche Arbeit verrichten, z. B. der Schmied oder ein Dienstverpflichteter in der Landwirtschaft, wird als Angestellter derjenige angesehen, welcher hauptsächlich geistige Tätigkeit leistet. Kann anhand der genannten Kriterien nicht festgestellt werden, dass der Beschäftigte Angestellter ist, wird er rechtlich als Arbeiter qualifiziert. Eine solche Unterscheidung wurde zu Beginn der industriellen Revolution im 19. Jahrhundert vorgenommen. Als Angestellte wurden diejenigen Arbeitnehmer bezeichnet, die schreiben konnten.[130] Angestellte wurden i. d. R. höher entlohnt. Auch wenn in verschiedenen Arbeitsgesetzen, z. B. § 5 I 1 ArbGG, § 2 S. 1 BUrlG, § 2 II ArbZG, § 1 II EFZG oder § 5 I BetrVG Arbeitnehmer noch als Arbeiter und Angestellte sowie die zu ihrer Berufsausbildung Beschäftigten bezeichnet werden, haben der Gesetzgeber, aber auch die Tarifvertragsparteien diese Unterschiede weitestgehend aufgehoben. Beispiele sind dafür im Individualarbeitsrecht die Vereinheitlichung der Kündigungsfristen von Arbeitern und Angestellten nach § 622 BGB sowie nach § 3 I EFZG dieselbe Entgeltfortzahlung im Krankheitsfall. Auch im Betriebsverfassungsrecht sowie bei der Sozialversicherung sind die Unterschiede aufgehoben worden.

144 Leitende Angestellte unterscheiden sich von Arbeitern und Angestellten dadurch, dass der Arbeitsrechtsschutz durch die Arbeitsgesetze eingeschränkt ist. So findet nach § 5 III BetrVG das Betriebsverfassungsgesetz, soweit in ihm nicht ausdrücklich etwas anderes bestimmt ist, keine Anwendung auf leitende Angestellte. Nach § 18 I Nr. 1 ArbZG ist das Arbeitszeitgesetz nicht auf leitende Angestellte anzuwenden. Außerdem gilt nach § 14 II KSchG der Kündigungseinspruch gem. § 3 KSchG nicht. Folglich haben leitende Angestellte einen geringeren Kündigungsschutz; ihnen stehen aber nach § 9 I KSchG Abfindungsansprüche zu.

145 Nach § 5 III 2 BetrVG ist leitender Angestellter, wer nach Arbeitsvertrag und Stellung im Unternehmen oder im Betrieb:
– selbstständig Arbeitnehmer einstellt oder entlässt;
– Generalvollmacht oder Prokura hat;

---

129 BAG NZA 1992, 407, 408 f.; für viele Otto/Bieder, Rn. 97; a. A. Schaub/Vogelsang, § 8 Rn. 35
130 Vgl. Hromadka/Maschmann, Bd. 1, § 3 Rn. 4

– regelmäßig Aufgaben wahrnimmt, welche für den Bestand und die Entwicklung des Unternehmens von Bedeutung sind und deren Erfüllung besondere Erfahrungen und Kenntnisse voraussetzt. Die Entscheidungen müssen im Wesentlichen frei von Weisungen getroffen werden können bzw. maßgeblich beeinflusst werden.

6. Auszubildende

Der Ausbildungsvertrag zwischen dem Ausbilder und dem Auszubildenden ist nach § 10 BBiG ein besonderes Arbeitsverhältnis. Denn erst, wenn im Berufsausbildungsgesetz nicht speziell etwas für den Ausbildungsvertrag geregelt ist, sind die für den Arbeitsvertrag geltenden Rechtsvorschriften und Rechtsgrundsätze anzuwenden. Berufsbildung i. S. d. Berufsbildungsgesetzes sind die Berufsausbildungsvorbereitungen, die Berufsausbildung, die berufliche Fortbildung und die berufliche Umschulung. Lernorte der Berufsbildung sind nach § 2 BBiG die Betriebe der Wirtschaft sowie des öffentlichen Dienstes, die berufsbildenden Schulen für die schulische Berufsbildung und sonstige Bildungseinrichtungen für außerbetriebliche Berufsbildung, z. B. Lehrwerkstätten. Grundlage für die Ausbildung muss ein anerkannter Ausbildungsberuf sein. Der Ausbildungsvertrag kann formfrei geschlossen werden; nach § 11 I 1 BBiG hat der Ausbilder unverzüglich nach Abschluss des Berufsausbildungsvertrags den wesentlichen Inhalt schriftlich zu fixieren. Aufzunehmen sind mindestens die in § 11 I 2 Nr. 1–10 BBiG genannten Punkte, wie z. B. Art, sachliche und zeitliche Gliederung sowie Ziel der Berufsausbildung, oder auch die Zahlung und Höhe der Vergütung.

Auszubildende haben sich nach § 13 S. 1 BBiG zu bemühen, die berufliche Handlungsfähigkeit zu erwerben, die zum Erreichen des Ausbildungsziels erforderlich ist. Die Auszubildenden sind für die Teilnahme am Berufsschulunterricht und für die Teilnahme an Prüfungen freizustellen. Nach der Beendigung der Berufsausbildung hat der Ausbildende dem Auszubildenden nach § 16 I 1 BBiG ein schriftliches Zeugnis auszustellen.

Auch die Berufsausbildung beginnt üblicherweise mit einer Probezeit von mindestens einem und insgesamt höchstens vier Monaten. Der Vergütungsanspruch und die Höhe ergeben sich aus dem Ausbildungsvertrag. Jede Vertragspartei kann während der Probezeit das Berufsausbildungsverhältnis ohne Einhalten einer Kündigungsfrist nach § 22 I BBiG kündigen. Nach der Probezeit ist eine Kündigung für beide Vertragsparteien nur rechtlich zulässig bei einem wichtigen Grund, dann ohne Einhalten einer Kündigungsfrist oder, wenn der Auszubildende das Ausbildungsverhältnis kündigt, dann mit einer Kündigungsfrist von vier Wochen, wenn die Berufsausbildung aufgegeben werden soll oder eine andere Berufsausbildung angestrebt wird. Eine Wettbewerbsabrede, mit der sich der Auszubildende verpflichtet, nach Beendigung der Ausbildung für einen bestimmten Zeitraum nicht in derselben Branche tätig zu werden, ist nach § 12 BBiG nichtig.

II. Arbeitgeber

1. Begriff

Der Arbeitgeber ist die Vertragspartei des Arbeitnehmers. Nach Abschluss des Arbeitsvertrags kann der Arbeitgeber vom Dienstverpflichteten die Ausübung der angebotenen Tätigkeit verlangen. Arbeitgeber ist, wer mindestens einen Arbeitnehmer beschäftigt.[131] Arbeitgeber können natürliche Personen, juristische Personen wie Aktiengesellschaft oder Gesellschaft mit beschränkter Haftung sowie rechtsfähige Personengesellschaften gem. § 14 II BGB sein. Auch die BGB-Gesellschaft hat bei Außenwirkung eine eigene

---
131 Vgl. BAG NZA 1999, 539, 541

150 Abzugrenzen sind die Begriffe „Arbeitgeber", „Betrieb" und „Unternehmen". Als Arbeitgeber wird vielfach die Leitung eines Unternehmens verstanden, üblicherweise bei Personengesellschaften der geschäftsführende Gesellschafter eines Unternehmens. Es kann sich bei Kapitalgesellschaften auch um den Vorstand einer Aktiengesellschaft oder den Geschäftsführer einer GmbH handeln. Während mit dem Begriff „Unternehmen" die organisatorische Einheit, mit welcher der Inhaber einen entfernteren wirtschaftlichen oder ideellen Zweck verfolgt, bezeichnet wird, wird der Begriff „Betrieb" als organisatorische Einheit verstanden, innerhalb derer der Inhaber allein oder in Gemeinschaft mit seinen Mitarbeitern mit Hilfe von sachlichen und immateriellen Mitteln bestimmte arbeitstechnische Zwecke unmittelbar fortgesetzt verfolgt.[134] Eine Aktiengesellschaft mit Filialen und Niederlassungen wird selbst als Unternehmen bezeichnet, die Filialen oder Niederlassungen dagegen als Betriebe angesehen. Andererseits fallen die Begriffe „Unternehmen" und „Betrieb" bei einem einzelnen Herrenausstattungsgeschäft oder einer Bäckerei, welche üblicherweise inhabergeführt als Einzelkaufmann nach § 19 I Nr. 1 HGB geleitet werden, zusammen. Besondere Bedeutung erhält der Begriff „Betrieb" durch das Betriebsverfassungsgesetz.

2. Weitere Führungsebenen mit Leitungsfunktion

151 Je größer das Unternehmen ist, desto mehr Führungsebenen sind vorhanden. Grundsätzlich üben Vorstände und Geschäftsführer Leitungsfunktionen bei Unternehmen aus. Die zweite Leitungsebene, z. B. bei Finanzdienstleistern, sind Prokuristen mit Generalvollmacht. Daran schließen sich Direktoren und Abteilungsdirektoren, ebenfalls mit Prokura, an. Handlungsbevollmächtigte bilden in der Finanzdienstleistungsbranche meistens die unterste Leitungsebene. Im Arbeitsrecht spielen derartige Leitungsebenen eine untergeordnete Rolle; allerdings ist zu beachten, dass Mitarbeiter auf höheren Leitungsebenen Arbeitnehmerschutzrechte gem. § 5 III, IV BetrVG verlieren. Dagegen handelt der Unternehmer in der Rechtsform des Einzelkaufmanns mit unbeschränkter Haftung selbst; ihn treffen somit die Rechtsfolgen aus Rechtsgeschäften vollständig persönlich.

3. Betriebliche Altersversorgung

152 Nach vielen Jahren beruflicher Tätigkeit ist es notwendig, dass der Arbeitnehmer und seine Familie durch eine Altersversorgung abgesichert sind. Erste Säule bildet die gesetzliche Rentenversicherung, in die der Arbeitgeber während der Berufstätigkeit seines Arbeitnehmers einen Anteil des Bruttolohns eingezahlt hat und wodurch dem Arbeitnehmer bei Erreichen des Pensions- oder Rentenalters bzw. bei Erwerbs- oder Berufsunfähigkeit eine Rente zusteht. Die zweite Säule kann, da eine gesetzliche Verpflichtung des Arbeitgebers für eine betriebliche Altersversorgung nicht besteht, eine betriebliche Altersversorgung sein. Das Gesetz zur Verbesserung der betrieblichen Altersversorgung (BetrAVG) sieht in §§ 1, 1b BetrAVG folgende Möglichkeiten für eine betriebliche Altersversorgung vor:
– Direktzusage des Arbeitgebers an den Arbeitnehmer und seine Familie nach § 1 I 2 BetrAVG;
– Abschluss einer Direktversicherung für einen Arbeitnehmer nach § 1b II BetrAVG;
– Ansprüche auf Versorgungsleistungen aus einer eigenen Pensionskasse des Unternehmens nach § 1b III BetrAVG;

---

132 Schade, Rn. 513
133 Thüsing, Rn. 63
134 Vgl. Dütz/Thüsing, Rn. 45

– Versorgungsleistungen aus einer Unterstützungskasse nach § 1b IV BetrAVG.

Eine Altersversorgung des Unternehmens ist nach § 1a BetrAVG dann gesetzlich verpflichtend, wenn der Arbeitnehmer in Jahren seiner Berufstätigkeit Lohnbestandteile in spätere Versorgungsansprüche umgewandelt hat. Danach kann der Arbeitnehmer verlangen, dass von seinen künftigen Entgeltansprüchen bis zu 4 % der jeweiligen Beitragsbemessungsgrenze in der Rentenversicherung der Arbeiter und Angestellten durch Entgeltumwandlung für seine betriebliche Altersversorgung verwendet werden. Üblicherweise ist Rechtsgrundlage für die betriebliche Altersversorgung eine arbeitsvertragliche Einheitsregelung im Rahmen einer Gesamtzusage, welche auf einer Pensionsordnung beruht. Denkbar ist auch eine einzelvertragliche Zusage zur späteren Altersversorgung. Dabei ist der Gleichbehandlungsgrundsatz zu beachten. Die Rechtsprechung hat dann eine Verletzung des Gleichbehandlungsgrundsatzes angesehen, wenn z. B. Teilzeitbeschäftigte von der Altersversorgung ausgeschlossen werden.[135] Keine Verletzung des Gleichbehandlungsgrundsatzes liegt dagegen vor, wenn z. B. nur Führungskräfte in den Genuss einer betrieblichen Altersversorgung kommen.[136]

Der Anspruch auf Zahlung des Ruhegeldes entsteht erst, wenn der Arbeitnehmer nach Erfüllung der vorgesehenen Wartezeit aus dem Arbeitsverhältnis ausscheidet; vorher hat er nur eine Anwartschaft auf den Anspruch.[137] Nach § 16 BetrAVG ist der Arbeitgeber verpflichtet, alle drei Jahre eine Anpassung der laufenden Leistungen der betrieblichen Altersversorgung zu prüfen und hierüber nach billigem Ermessen zu entscheiden. Wird der Arbeitgeber zahlungsunfähig, z. B. durch Insolvenz, steht dem Arbeitnehmer, welcher Ansprüche aus der betrieblichen Altersversorgung erworben hat, nach §§ 7 ff., 14 BetrAVG ein Anspruch gegenüber dem Pensionssicherungsverein zu. Unter bestimmten Voraussetzungen kann die betriebliche Altersversorgung entweder widerrufen, durch eine Betriebsvereinbarung abgeändert oder durch eine außerordentliche Kündigung bei einem wichtigen Grund beendet werden.

4. Arbeitgeberwechsel durch Betriebsübergang

Mangels Nachfolgeregelung, aber auch aus sonstigen Gründen kann sich ein Unternehmer entscheiden, seinen Betrieb zu verkaufen. Maßgebliche Rechtsnorm für den Betriebsübergang ist § 613a BGB. Geht nach § 613a I 1 BGB ein Betrieb oder ein Betriebsteil durch Rechtsgeschäft auf einen anderen Inhaber über, so tritt dieser in die Rechte und Pflichten aus den im Zeitpunkt des Übergangs bestehenden Arbeitsverhältnissen ein. Damit ist der Wechsel an einen neuen Rechtsträger gemeint, der durch wirksames Rechtsgeschäft den Betrieb übernimmt und in die Rechte und Pflichten aus allen Arbeitsverhältnissen kraft Gesetzes eintritt, welche im Zeitpunkt des Übergangs bestehen und dem übergegangenen Betrieb oder Betriebsteil zuzuordnen sind.[138]

Sind diese Rechte und Pflichten durch Rechtsnormen eines Tarifvertrags oder durch eine Betriebsvereinbarung geregelt, so werden sie Inhalt des Arbeitsverhältnisses zwischen dem neuen Inhaber und dem Arbeitnehmer nach § 613a I 2 BGB; diese Rechte dürfen nicht vor Ablauf eines Jahres nach dem Zeitpunkt des Übergangs zum Nachteil des Arbeitnehmers geändert werden. Für die arbeitsrechtlichen Verpflichtungen haftet der bisherige Arbeitgeber nach § 613a II 1 BGB neben dem neuen Inhaber als Gesamtschuldner, soweit diese vor dem Zeitpunkt des Übergangs entstanden sind und vor Ablauf von einem Jahr nach diesem Zeitpunkt fällig werden.

---

135 Vgl. BAG NZA 1987, 445, 446
136 Vgl. BAG NZA 1987, 445, 449
137 Vgl. zur Anwartschaft ErfK/Steinmeyer, § 1b BetrAVG, Rn. 5
138 Vgl. BAGE 104, 324, 331 = AP Nr. 243 zu § 613a BGB, Aktienoptionsplan = NZA 2003, 487; dazu Junker, Rn. 143 sowie seine Anmerkung zu BAGE 104, 324 = WuB IX., 2003, § 613a BGB, S. 1

157 Vor dem Übergang des Betriebs oder des Betriebsteils haben entweder der bisherige Arbeitgeber oder der neue Inhaber die betroffenen Arbeitnehmer in Textform nach § 613a V BGB wie folgt zu informieren über
Nr. 1 den Zeitpunkt oder den geplanten Zeitpunkt des Übergangs;
Nr. 2 den Grund für den Übergang;
Nr. 3 die rechtlichen, wirtschaftlichen und sozialen Folgen des Übergangs für die Arbeitnehmer;
Nr. 4 die hinsichtlich der Arbeitnehmer in Aussicht genommenen Maßnahmen.

158 Nach § 613a VI BGB kann der Arbeitnehmer dem Übergang des Arbeitsverhältnisses innerhalb eines Monats nach Zugang der Unterrichtung schriftlich widersprechen. Der Widerspruch kann gegenüber dem bisherigen Arbeitgeber oder gegenüber dem neuen Inhaber erklärt werden. Dieses Widerspruchsrecht, welches seine Rechtsgrundlage in der EU-Richtlinie 2001/23/EG hat, ist durch § 613a VI BGB in deutsches Recht transformiert worden. Dem Arbeitnehmer soll dadurch die rechtliche Möglichkeit eröffnet werden, bei einem Betriebsübergang selbst entscheiden zu können, ob er seine berufliche Tätigkeit nach Übergang in diesem Betrieb mit dem neuen Arbeitgeber fortsetzen möchte oder nicht. Insofern billigt der Gesetzgeber dem Arbeitnehmer einseitig ein Beendigungsrecht gegenüber dem zukünftigen Inhaber zu; eine einvernehmliche Aufhebung durch ein zweiseitiges Rechtsgeschäft ist dafür nicht erforderlich. Mit Zugang des Widerspruchs beim Betriebsveräußerer bzw. -erwerber wird das Arbeitsverhältnis zu den bisherigen Bedingungen mit dem Betriebsveräußerer fortgesetzt.[139] Allerdings kann dann der bisherige Arbeitgeber das Arbeitsverhältnis betriebsbedingt wegen Wegfall des Arbeitsplatzes kündigen. Dem steht auch § 613a IV 1 BGB nicht entgegen.[140]

§ 4 Inhalt von Arbeitsverträgen

Schrifttum: *Bayreuther*, Rufbereitschaft als Arbeitszeit, NZA 2018, 348; *Däubler*, Arbeitsschutz schafft neues Arbeitsrecht?, NZA 2021, 86; *Daum*, Die Urlaubs-Verantwortlichkeit des Arbeitgebers, RdA 2020, 179; *Eufinger*, Verletzung der Fürsorgepflicht durch arbeitgeberseitiges Whistleblowing, NZA 2017, 619; *Fuhlrott/Oltmanns*, Social Media im Arbeitsverhältnis – Der schmale Grat zwischen Meinungsfreiheit und Pflichtverletzung, NZA 2016, 785; *Franzen*, Persönlichkeitsrecht und Datenschutz im Arbeitsverhältnis, ZfA 2019, 18; *ders.*, Das geänderte Arbeitnehmer-Entsendegesetz, EuZA 2021, 3; *Höpfner/Daum*, Die Pflicht des Arbeitgebers zur Erfassung der Arbeitszeit, RdA 2019, 270; *Hohenstatt/Krois*, Lohnrisiko und Entgeltfortzahlung während der Corona-Pandemie, NZA 2020, 413; *Hördt*, Das Arbeitsverhältnis im internationalen Kontext – Ein Überblick über das anwendbare Arbeits- und Sozialrecht, die Arbeitnehmerentsendung und das Home-Office im Ausland, ArbAktuell 2020, 485; *Naber/Schulte*, Können Arbeitnehmer zu einer Corona-Impfung oder einem Impfnachweis verpflichtet werden?, NZA 2021, 81; *Preis/Deutzmann*, Entgeltgestaltung durch Arbeitsvertrag und Mitbestimmung, NZA-Beilage 2017, 101; *Reinhard*, Pflicht zur Arbeitszeiterfassung und Arbeit 4.0, NZA 2019, 1313; *Rudkowski*, Urlaub als Grundrecht des Arbeitnehmers, NJW 2019, 476; *Venetis/Oberwetter*, Videoüberwachung von Arbeitnehmern, NJW 2016, 1051.

I. Grundlagen

159 Ein Arbeitsverhältnis zwischen Arbeitgeber und Arbeitnehmer kommt durch einen rechtswirksamen Arbeitsvertrag zustande. Dabei handelt es sich um ein zweiseitiges Rechtsgeschäft nach § 611a BGB, so dass die zivilrechtlichen Normen auf den Arbeitsvertrag grundsätzlich anwendbar sind. Folglich kann ein Arbeitsvertrag wegen Geschäftsunfähigkeit, Sittenwidrigkeit wie z.B. tägliche Vorführung des Geschlechtsver-

---

139 Vgl. Schaub/Ahrendt, § 118 Rn. 55
140 Vgl. Junker, Rn. 142

kehrs in einer Bar,[141] oder Verstoß gegen ein gesetzliches Verbot[142] nichtig sein (vgl. §§ 105, 138, 134 BGB); er unterliegt der Anfechtung wegen Willensmängeln (§§ 119, 123 BGB), und für das Wirksamwerden der den Arbeitsvertrag konstituierenden Willenserklärungen gelten die Regeln über den Zugang und das Zustandekommen von Verträgen (insbes. §§ 130, 145 ff. BGB).[143] Der Arbeitsvertrag begründet ein Dauerschuldverhältnis, weil die von den Vertragsparteien nach Vertragsabschluss zu erbringenden Leistungen – Tätigkeitspflicht für den Arbeitnehmer, Vergütungs- und Beschäftigungspflicht für den Arbeitgeber – fortlaufend bis zur Beendigung des Arbeitsverhältnisses erbracht werden. Folglich sind einzelne Normen des Zivilrechts, z. B die Geltendmachung von Willensmängel oder Regelungen über Gesetzesverstöße bei Arbeitsverträgen, nicht umfassend anwendbar. Zum Beispiel führt die Nichtigkeit eines in Gang gesetzten Arbeitsverhältnisses nicht dazu, dass das Vertragsverhältnis ex tunc nicht besteht; es wird nur für die Zukunft, d. h. ex nunc beendet. Der Dauerschuldcharakter des Arbeitsvertrags bedeutet, dass Sonderregelungen über Leistungsstörungen im Arbeitsverhältnis, über die Beendigung von Arbeitsverträgen oder deren Behandlung im Fall der Insolvenz des Arbeitgebers bestehen.[144] Beim Arbeitsvertrag handelt es sich um einen sehr stark personenbezogenen Vertrag, da der Arbeitnehmer die Arbeitsleistung grds. höchstpersönlich zu erbringen hat und somit die Konzentrierung seiner Arbeitsleistung für den Betrieb des Arbeitgebers als Vertragspartner besteht.

II. Pflichten des Arbeitnehmers

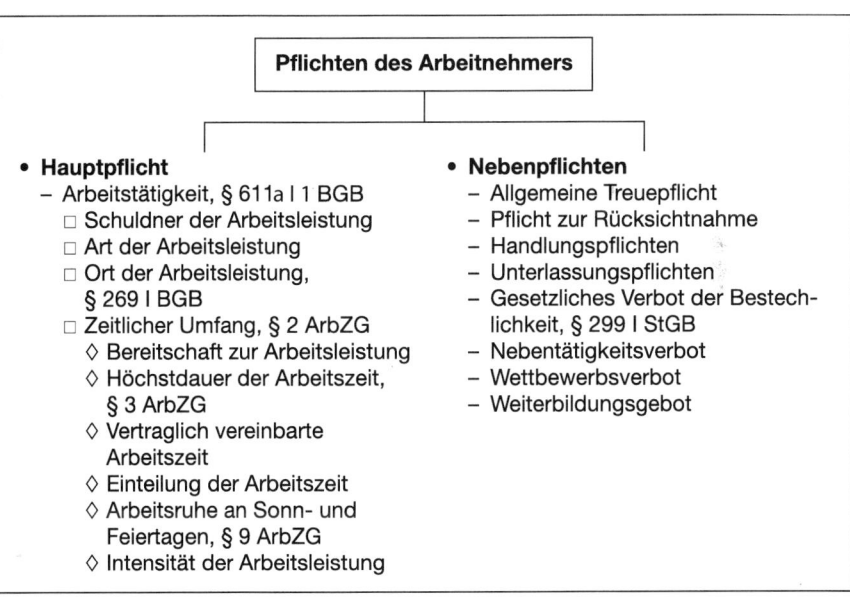

Abb. 8: Pflichten des Arbeitnehmers

---

141 Vgl. BAGE 28, 83, 88 = BAG NJW 1976, 1958
142 Dazu ausführlich Reuter, Zivilrechtliche Probleme der Schwarzarbeit, in: Eser/Müller (Hrsg.), Schattenwirtschaft und Schwarzarbeit, 1986, S. 31 ff.
143 Wörlen/Kokemoor, Rn. 62
144 Vgl. Hromadka/Maschmann, Bd. 1, § 10 Rn. 35

1. Hauptpflicht: Arbeitstätigkeit

160 **a) Schuldner der Arbeitspflicht.** Nach § 611a I 1 BGB wird der Arbeitnehmer durch den Arbeitsvertrag zur Leistung weisungsgebundener, fremdbestimmter Arbeit in persönlicher Abhängigkeit verpflichtet. Die Erbringung seiner Arbeitsleistung ist die Hauptpflicht des Arbeitnehmers. Der Arbeitsvertrag selbst ist nicht nur die einzige Rechtsquelle zur Arbeitspflicht; weitere Einzelheiten können sich auch aus gesetzlichen Vorschriften, Tarifverträgen, Betriebsvereinbarungen, allgemeinen Arbeitsbedingungen, betrieblichen Übungen, dem Gleichbehandlungsgrundsatz und der Direktionsbefugnis des Arbeitgebers ergeben.[145] Erfüllt der Arbeitnehmer diese Hauptpflicht, steht ihm nach § 611a II BGB der Vergütungsanspruch zu. Die Höchstpersönlichkeit der Arbeitspflicht führt dazu, dass im Todesfall des Arbeitnehmers die Arbeitspflicht erlischt, §§ 675, 673 S. 1 BGB, und der Anspruch auf Arbeitsleistung nicht als Verbindlichkeit auf die Erben nach §§ 1922, 1967 BGB übergeht.

161 **b) Gläubiger der Arbeitsleistung.** Der Arbeitgeber ist als Vertragspartner des Arbeitnehmers der Gläubiger der Arbeitsleistung. Da der Arbeitnehmer die Arbeitsleistung nach § 613 BGB höchstpersönlich schuldet, erlischt die Gläubigerposition des Arbeitgebers z. B. beim Tod bzw. bei Berufsunfähigkeit des Arbeitnehmers. Stirbt der Arbeitgeber, erlischt der Arbeitsvertrag grds. nicht. Nach § 1922 BGB tritt der rechtmäßige Erbe als Gesamtrechtsnachfolger in das Arbeitsverhältnis mit dem Arbeitnehmer als neuer Arbeitgeber ein; ihm steht nach § 626 BGB aus wichtigem Grund ein Kündigungsrecht zu. Ausnahmsweise endet das Arbeitsverhältnis zwischen dem Arbeitgeber und dem Arbeitnehmer beim Tod des Arbeitgebers dann, wenn die Arbeitsleistung des Arbeitnehmers unmittelbar in besonderem Bezug zur Person des Arbeitgebers steht, so z. B. im Fall der häuslichen Krankenpflege, der Haushaltsführung oder von höchstpersönlichen Sekretariatsarbeiten.

162 **c) Art der Arbeitsleistung.** Grundlage für die Bestimmung der Art der Arbeitsleistung ist der zwischen dem Arbeitgeber und dem Arbeitnehmer abgeschlossene Arbeitsvertrag nach § 611a BGB. Zusätzlich sind zum einen Gesetze und Tarifvereinbarungen bei der Art der Arbeitsleistung zu berücksichtigen; zum anderen hat das sog. Weisungsrecht, auch Direktionsrecht genannt, große Bedeutung für die Tätigkeit des Arbeitnehmers. § 106 GewO regelt das Weisungsrecht des Arbeitgebers. Danach kann der Arbeitgeber den Inhalt, d. h. die Art der Arbeitsleistung, nach billigem Ermessen näher bestimmen, soweit diese Arbeitsbedingungen nicht durch den Arbeitsvertrag, Bestimmungen einer Betriebsvereinbarung oder eines anwendbaren Tarifvertrags bzw. durch gesetzliche Vorschriften festgelegt sind.

163 Das Weisungsrecht nach § 106 GewO gilt für alle Arbeitnehmer in unterschiedlichen Bereichen und Positionen. Ein Wechsel der Beschäftigungsart ist gegen den Willen des Arbeitnehmers i. d. R. nicht möglich; es bedarf hierzu einer Vertragsänderung, die vom Arbeitgeber u. U. mit einer Änderungskündigung nach § 2 KSchG durchgesetzt werden kann.[146] In Notfällen, z. B. bei Ausbruch eines Feuers in einem Bürogebäude, mag es nach Freigabe des Objekts durch die Feuerwehr Arbeitnehmern des Betriebs zumutbar sein, beim Entfernen von Gegenständen wie Büromöbeln, Aktenordner oder Bildern durch Abtransport zu helfen. Diese Zumutbarkeit misst sich allerdings nach den körperlichen und geistigen Fähigkeiten des betroffenen Arbeitnehmers. Ein Notfall kann den Rahmen der Zumutbarkeit allerdings erweitern. § 242 BGB bildet hier letztendlich den rechtlichen Maßstab für die Zumutbarkeit.

---

145 Dütz/Thüsing, Rn. 137
146 Dütz/Thüsing, Rn. 140

d) Ort der Arbeitsleistung. Auch der Ort der Arbeitsleistung ergibt sich grds. aus dem Arbeitsvertrag. Fehlt im Arbeitsvertrag die Vereinbarung über den Ort der Arbeitsleistung oder sieht die nach § 2 NachwG verpflichtende Niederschrift der Arbeitsvereinbarung, die dem Arbeitnehmer auszuhändigen ist, einen Arbeitsort nicht vor, so gilt § 269 I BGB. Danach hat der Schuldner die Leistung grds. an dem Ort zu erbringen, an dem der Schuldner zur Zeit der Entstehung des Schuldverhältnisses seinen Wohnsitz hat. Abweichend von § 269 I BGB, welcher als üblichen Ort für die Schuld die Holschuld ansieht, handelt es sich aufgrund der Natur des Schuldverhältnisses, hier Arbeitsvertrag, um eine Bringschuld, da der Arbeitnehmer seine Arbeitspflicht im Betrieb des Arbeitgebers zu erbringen hat.[147] Der Arbeitgeber kann allerdings auch beim Ort der Arbeitsleistung von seinem Weisungsrecht nach § 106 GewO Gebrauch machen und den Arbeitnehmer verpflichten, seine Arbeitsleistung außerhalb der Betriebsstätte zu erbringen, so z. B. typischerweise im Außendienst bei Vertriebs- und Verkaufsmitarbeitern, als Unternehmensberater in Betrieben, welche die Beratungsgesellschaft beauftragt haben, oder als Handwerker bei Kunden.

164

Die Versetzung von Mitarbeitern in einen anderen Betrieb des Arbeitgebers, z. B. von der Niederlassung einer Bank in Frankfurt am Main in die Niederlassung der Bank nach Hamburg, wird vom Weisungsrecht des Arbeitgebers grds. nur dann umfasst, wenn eine derartige Versetzungsmöglichkeit zwischen dem Arbeitgeber und dem Arbeitnehmer im Arbeitsvertrag vereinbart wurde. Nach § 99 I 1 BetrVG ist der Betriebsrat bei einem Unternehmen mit in der Regel mehr als zwanzig Arbeitnehmern von der Versetzung zu unterrichten und die Zustimmung zu der Versetzung einzuholen. Nach § 95 III 1 BetrVG ist eine Versetzung i. S. d. Betriebsverfassungsgesetzes die Zuweisung eines anderen Arbeitsbereichs, die voraussichtlich die Dauer von einem Monat überschreitet oder die mit einer erheblichen Änderung der Umstände verbunden ist, unter denen die Arbeit zu leisten ist. Für die Verlegung des Betriebs an einen anderen Ort und den damit verbundenen Umfang des Weisungsrechts des Arbeitgebers gegenüber seinen Arbeitnehmern gilt § 111 BetrVG.

165

e) Zeitlicher Umfang der Arbeitsleistung. Europäische Rechtsgrundlage für den arbeitszeitlichen Gesundheitsschutz ist die Arbeitszeitrichtlinie 2003/88/EG. Die Richtlinie legt Mindestvorschriften für den Sicherheits- und Gesundheitsschutz bei der Arbeitszeitgestaltung fest. Dabei geht es insbesondere um tägliche Ruhezeiten, Ruhepausen, wöchentliche Ruhezeiten, wöchentliche Höchstarbeitszeit, Jahresurlaub sowie bestimmte Aspekte der Nacht- und der Schichtarbeit. Eine Umsetzung erfolgte in Deutschland durch das Arbeitszeitgesetz (ArbZG) und teilweise auch durch das Bundesurlaubsgesetz (BUrlG). Zweck des Arbeitszeitgesetzes ist es nach § 1 ArbZG, die Sicherheit und den Gesundheitsschutz bei der Arbeitszeitgestaltung zu gewährleisten und die Rahmenbedingungen für flexible Arbeitszeiten zu verbessern. Außerdem sollen die Sonntage sowie die staatlich anerkannten Feiertage als Tage der Arbeitsruhe und der seelischen Erhebung für die Arbeitnehmer geschützt werden. § 2 ArbZG enthält Begriffsdefinitionen für den Anwendungsbereich des ArbZG. Arbeitszeit i. S. d. Arbeitszeitgesetzes ist nach § 2 I 1 ArbZG die Zeit vom Beginn bis zum Ende der Arbeit ohne die Ruhepausen; Arbeitszeiten bei mehreren Arbeitgebern sind zusammenzurechnen. Ausnahmsweise gelten im Bergbau unter Tage die Ruhepausen als Arbeitszeit.[148] Nach § 2 II ArbZG gilt das Arbeitszeitgesetz grds. für alle Arbeitnehmer und Auszubildende. Ausgenommen vom persönlichen Geltungsbereich sind nach § 18 I ArbZG leitende Angestellte i. S. d. § 5 III BetrVG sowie Chefärzte, Leiter von öffentlichen Dienststellen und deren Vertreter

166

---

147 Vgl. Waltermann, Rn. 180 III 2
148 Vgl. dazu Baeck/Deutsch, § 2 Rn. 62

und Arbeitnehmer im öffentlichen Dienst, die zu selbstständigen Entscheidungen in Personalangelegenheiten befugt sind.[149]

167 aa) **Bereitschaft zur Arbeitsleistung.** Nach § 2 I 1 ArbZG ist Arbeitszeit i. S. d. Arbeitszeitgesetzes die Zeit vom Beginn bis zum Ende der Arbeit ohne die Ruhepausen. Ruhezeit ist dagegen jede Zeitspanne außerhalb der Arbeitszeit. Diese Definition zur Arbeitszeit umfasst allerdings nicht die Situation, in der ein Arbeitnehmer im Rahmen einer Arbeitsbereitschaft, durch vereinbarten Bereitschaftsdienst oder eine Rufbereitschaft zwar nicht unmittelbar tätig ist, seine Arbeitsleistung aber dann abrufbar ist, wenn sie benötigt wird.

168 Unter Arbeitsbereitschaft versteht die Rechtsprechung die „wache Achtsamkeit im Zustand der Entspannung"; sie stellt eine Arbeit minderer Leistung dar.[150] Dagegen muss sich der Arbeitnehmer bei der Verpflichtung zum Bereitschaftsdienst an einem vom Arbeitgeber bestimmten Ort regelmäßig innerhalb des Betriebs aufhalten, damit er notfalls seine Tätigkeit unmittelbar aufnehmen kann, so z. B. der Arzt im Krankenhaus. Der Bereitschaftsdienst ist höchstrichterlich durch den Europäischen Gerichtshof als Arbeitszeit angesehen worden.[151] § 7 I Nr. 1a ArbZG normiert, dass Arbeitsbereitschaft oder Bereitschaftsdienst als Arbeitszeit nach dem Arbeitszeitgesetz zu werten sind.

169 Eine weitere Möglichkeit der Bereithaltung von Arbeitszeit ist die Rufbereitschaft. Hierbei kann sich der Arbeitnehmer an einem von ihm frei gewählten Ort aufhalten; er muss für den Arbeitgeber aber erreichbar sein (z. B. über Handy) und darüber hinaus in der Lage sein, seine Arbeit alsbald aufzunehmen.[152] Nach § 5 III ArbZG gilt der Zeitraum der Rufbereitschaft selbst nicht als Arbeitszeit. Nur der tatsächliche Arbeitseinsatz, der sich aus der Rufbereitschaft und der Anforderung des Arbeitnehmers innerhalb der Rufbereitschaft ergibt, ist als Arbeitszeit zu werten. Allerdings sind Rufbereitschaften, während der ein Arbeitnehmer zwar zu Hause sein kann, aber notfalls binnen acht Minuten im Betrieb erscheinen muss, ebenfalls Arbeitszeit.[153]

169 Auch Reisezeit ist arbeitszeitschutzrechtlich und vergütungsrechtlich als Arbeitszeit zu bewerten. Dies gilt allerdings nur dann, wenn der Charakter der Reise einer Bewertung der Reisezeit als Ruhezeit entgegensteht (z. B. Führen eines PKW auf Geheiß des Arbeitgebers). Der Arbeitnehmer hat daher grundsätzlich einen Anspruch auf Anrechnung von Reisezeiten bis zur Grenze der täglichen Soll-Arbeitszeit. Darüber hinaus gibt es keine generelle berechtigte Vergütungserwartung für Reisezeiten. Bei Mitarbeitern im Außendienst sind dagegen die Fahrtzeiten als Arbeitszeit zu werten, auch die Fahrtzeit zum ersten bzw. vom letzten Termin. Dies kann auch nicht durch eine abweichende Betriebsvereinbarung abbedungen werden.[154]

170 bb) **Höchstdauer der Arbeitszeit.** Die zulässige Höchstarbeitszeit ist für erwachsene Arbeitnehmer gemäß § 3 S. 1 ArbZG auf eine regelmäßige werktägliche Arbeitszeit von 8 Stunden festgelegt. Sie kann auf bis zu zehn Stunden nur verlängert werden, wenn innerhalb von sechs Kalendermonaten oder innerhalb von vierundzwanzig Wochen im Durchschnitt acht Stunden werktäglich nicht überschritten werden. Die Arbeitszeit ist durch Ruhepausen zu unterbrechen. Nach § 4 S. 1 ArbZG ist die Arbeit durch im Vo-

---

149 Michalski/Westerhoff, Rn. 1267
150 So BAGE 58, 243, 246 = NZA 1989, 138
151 Vgl. EuGH Rs. C-151/02, Slg. 2003, I-8389 = AP Nr. 7 zu EWG-Richtlinie Nr. 93/104; vgl. hierzu auch BAG AP Nr. 7 zu § 611, Bereitschaftsdienst; vgl. Boerner, Anpassung des Arbeitszeitgesetzes an das Gemeinschaftsrecht, NJW 2004, 1559, 1560
152 Waltermann, Rn. 446
153 EuGH, Urt. v. 21.2.2018, C-518/15
154 BAG NZA 2020, 868

raus feststehende Ruhepausen von mindestens dreißig Minuten bei einer Arbeitszeit von sechs bis zu neun Stunden und fünfundvierzig Minuten bei einer Arbeitszeit von mehr als neun Stunden insgesamt zu unterbrechen. Länger als sechs Stunden hintereinander dürfen Arbeitnehmer nicht ohne Ruhepause beschäftigt werden.

Nach Beendigung der täglichen Arbeitszeit hat der Arbeitnehmer nach § 5 I ArbZG Anspruch auf eine ununterbrochene Ruhezeit von mindestens elf Stunden. Eine Verkürzung dieser ununterbrochenen Ruhezeit um bis zu einer Stunde ist in Krankenhäusern und anderen Einrichtungen zur Behandlung, Betreuung und Pflege von Personen, in Gaststätten und in anderen Einrichtungen zur Bewirtung und Beherbergung, in Verkehrsbetrieben, beim Rundfunk sowie in der Landwirtschaft und in der Tierhaltung möglich, wenn jede Verkürzung der Ruhezeit innerhalb eines Monats oder innerhalb von vier Wochen durch Verlängerung einer anderen Ruhezeit auf mindestens zwölf Stunden ausgeglichen wird. In außergewöhnlichen Fällen, z. B., wenn Rohstoffe oder Lebensmittel verderben oder Arbeitsergebnisse zu misslingen drohen und deren Nichterledigung das Ergebnis der Arbeit gefährden oder einen unverhältnismäßigen Schaden zur Folge haben würde, kann im Ausnahmefall nach § 14 ArbZG eine Verlängerung der Arbeitszeit möglich sein. **171**

cc) Vertraglich vereinbarte Arbeitszeit. Unter Beachtung des Arbeitszeitgesetzes können eine Vereinbarung im Arbeitsvertrag oder der Tarifvertrag eine andere wöchentliche Arbeitszeit vorsehen. Je nach Branche werden in Deutschland wöchentlich zwischen fünfunddreißig und vierzig Stunden gearbeitet. In den meisten Branchen regeln Tarifverträge den zeitlichen Umfang für die zu erbringende Arbeitsleistung. Betriebsvereinbarungen über Arbeitszeiten kommen aufgrund des Tarifvorbehalts in § 77 III 1 BetrVG grds. nicht vor, es sei denn, der Tarifvertrag lässt im Rahmen einer Öffnungsklausel nach § 77 III 2 BetrVG den Abschluss ergänzender Betriebsvereinbarungen ausdrücklich zu. Nach § 87 I Nr. 3 BetrVG hat der Betriebsrat über eine vorübergehende Verlängerung der betriebsüblichen Arbeitszeit mitzubestimmen. **172**

Auch eine vorübergehende Verminderung der Arbeitszeit durch den Arbeitgeber, welcher der Betriebsrat nach § 87 I Nr. 3 BetrVG ebenfalls zustimmen muss, kann durch die Festsetzung von Kurzarbeit geschehen. Rechtsgrundlage für die Kurzarbeit kann zum einen der Arbeitsvertrag sein, wenn eine entsprechende Vereinbarung zwischen Arbeitgeber und Arbeitnehmer besteht, sowie der Tarifvertrag, wenn dieser eine Möglichkeit zur Kurzarbeit vorsieht. Kurzarbeitsklauseln sind oft in Tarifverträgen enthalten, welche Tatbestände vorsehen, bei deren Vorliegen Kurzarbeit kraft Weisung nach § 106 GewO eingeführt werden kann.[155] Besteht der Tarifvertragsvorbehalt i. S. v. § 77 III 1 BetrVG nicht, kann die Kurzarbeit auch im Rahmen einer Betriebsvereinbarung konkret geregelt werden. Nach § 77 IV 1 BetrVG gelten derartige Betriebsvereinbarungen unmittelbar und zwingend für Arbeitgeber und Arbeitnehmer. Ausnahmsweise kann es durch eine Betriebsvereinbarung zur Kurzarbeit zu einer Schlechterstellung der arbeitsrechtlichen Position von Arbeitnehmern im Betrieb kommen. Ist die Einführung der Kurzarbeit durch den Arbeitgeber rechtswidrig, behält der Arbeitnehmer trotz Verkürzung seiner Arbeitszeit den Anspruch auf die im Arbeitsvertrag vereinbarte Vergütung nach §§ 615, 293 ff. BGB bzw. § 326 II BGB. Denn der Arbeitgeber befindet sich in einer solchen Situation mit der Arbeitsleistung des Arbeitnehmers im Annahmeverzug. Deshalb besteht für den Arbeitgeber die Pflicht, den Arbeitnehmer wie vereinbart zeitlich voll umfänglich zu beschäftigen. **173**

dd) Einteilung der Arbeitszeit. Das Weisungsrecht gibt dem Arbeitgeber die Möglichkeit, gegenüber den Arbeitnehmern den Anfang und das Ende der täglichen Arbeitszeit **174**

---

155 Vgl. Schaub/Linck, § 47 Rn. 3; ErfK/Franzen, § 1 TVG Rn. 69

festzusetzen. Zu beachten hat der Arbeitgeber diesbezüglich zum einen Regelungen über Arbeitszeiten im Arbeitsvertrag sowie gesetzliche und tarifvertragliche Regelungen. Zu beachten sind in diesem Zusammenhang zum anderen die gleitende Arbeitszeit, außerdem die Nacht- und Schichtarbeit.

175 In vielen Betrieben können Arbeitnehmer durch sog. gleitende Arbeitszeitregelungen Anfang und Ende der täglichen Arbeitszeit innerhalb eines gewissen Zeitrahmens selbst festlegen. Üblicherweise vereinbaren Arbeitgeber und Arbeitnehmer eine Kernarbeitszeit, innerhalb derer der Arbeitnehmer zwingend seine Arbeitsleistung zu erbringen hat, z. B. zwischen neun Uhr morgens und fünfzehn Uhr nachmittags. Dem Arbeitnehmer ist es im Rahmen einer Gleitzeitregelung freigestellt, auch morgens, z. B. schon ab sieben Uhr, zu beginnen und z. B. um fünfzehn Uhr, mit Ende der Kernarbeitszeit, seine tägliche Arbeitsleistung zu beenden. Andererseits kann der Arbeitnehmer seine Tätigkeit erst ab Anfang der Kernarbeitszeit beginnen und diese zwei Stunden nach Ende der Kernarbeitszeit, d. h. um siebzehn Uhr, beenden. Zusätzlich dienen Geld- und Arbeitszeitkonten der Flexibilisierung der Arbeitszeit und geben dem Arbeitnehmer weitere Möglichkeiten, die Zeit zur Erbringung seiner Arbeitsleistungen in einem gewissen Umfang selbst zu bestimmen.[156]

176 Nacht- und Schichtarbeit sind in § 6 ArbZG geregelt. Nachtarbeit liegt dann vor, wenn ein Arbeitnehmer mindestens zwei Stunden innerhalb der Nacht, welche einen Zeitraum von dreiundzwanzig Uhr bis sechs Uhr morgens umfasst, arbeitet. Der deutsche Gesetzgeber hat hierdurch die EU-Richtlinie 2003/88/EG[157] über Nachtarbeit verschärft, da die Richtlinie Nachtarbeit erst dann anerkennt, wenn mindestens drei Stunden in der Nacht gearbeitet werden. Nach § 6 II ArbZG darf die werktägliche Arbeitszeit der Nachtarbeitnehmer acht Stunden grds. nicht überschreiten. Die Nachtzeit für Bäckereien und Konditoreien beginnt ab zweiundzwanzig Uhr und dauert bis fünf Uhr morgens. Unter Schichtarbeit versteht die Rechtsprechung des Bundesarbeitsgerichts, wenn nicht sämtliche Beschäftigte eines Betriebs zur selben Zeit arbeiten, sondern der eine Teil arbeitet, während der andere Teil Freizeit hat, beide sich also regelmäßig gegenseitig ablösen.[158] Nach § 6 I ArbZG hat der Arbeitgeber die Arbeitszeit der Nacht- und Schichtarbeitnehmer nach den gesicherten arbeitswissenschaftlichen Erkenntnissen über die menschengerechte Gestaltung der Arbeit festzulegen. Weitere Verpflichtungen des Arbeitgebers gegenüber dem Arbeitnehmer, welcher nachts oder im Schichtbetrieb arbeitet, sind in § 6 III–V ArbZG geregelt, u. a. die Berechtigung von Nachtarbeitnehmern, sich vor Beginn der Beschäftigung und danach in bestimmten Zeitabständen von nicht weniger als drei Jahren arbeitsmedizinisch untersuchen zu lassen. Die Kosten der Untersuchungen hat grds. der Arbeitgeber zu tragen.

177 ee) **Arbeitsruhe an Sonn- und Feiertagen.** An Sonn- und Feiertagen ruht die Arbeit. Diese besondere Arbeitnehmerschutzregelung ist in Art. 140 GG i. V. m. Art. 139 WRV normiert. § 9 ArbZG regelt die Sonn- und Feiertagsruhe für Arbeitnehmer. Danach dürfen Arbeitnehmer an Sonn- und gesetzlichen Feiertagen von null bis vierundzwanzig Uhr grds. nicht beschäftigt werden. Ausnahmen lässt das Arbeitszeitgesetz in § 9 II, III ArbZG sowie in einem umfassenden, abschließenden Ausnahmenkatalog in § 10 ArbZG zu. Weist der Arbeitgeber Sonn- und Feiertagsarbeit an, besteht für den Betriebsrat ein Zustimmungsrecht nach § 87 I Nr. 2 BetrVG. Selbst bei zulässiger Sonn- und Feiertagsbeschäftigung müssen nach § 11 I ArbZG fünfzehn Sonntage im Jahr beschäftigungsfrei bleiben. Außerdem steht Arbeitnehmern, die an einem Sonntag beschäftigt werden, ein Ersatzruhetag zu, der innerhalb eines den Beschäftigungstag einschließenden Zeitraums

---

156 Michalski/Westerhoff, Rn. 1279
157 Abl. EU, 2003, L 299/9
158 Vgl. BAGE 12, 143, 146; BGA NZA 1991, 23

von zwei Wochen zu gewähren ist. Ebenfalls haben Arbeitnehmer Anspruch auf einen Ersatzruhetag, wenn sie an einem auf einen Werktag fallenden Feiertag beschäftigt werden; der Ersatzruhetag ist vom Arbeitgeber innerhalb eines den Beschäftigungstag einschließenden Zeitraums von acht Wochen zu gewähren. Abweichend kann in § 12 S. 1 Nr. 4 ArbZG aufgrund eines Tarifvertrags oder aufgrund einer Betriebsvereinbarung die Arbeitszeit in vollkontinuierlichen Schichtbetrieben an Sonn- und Feiertagen auf bis zu zwölf Stunden verlängert werden, wenn dadurch zusätzliche freie Schichten an Sonn- und Feiertagen erreicht werden. Weiterhin können gemäß § 13 ArbZG durch Rechtsverordnung von der Sonn- und Feiertagsruhe bzw. -beschäftigung abweichende Regelungen getroffen werden, insbesondere, um die gesetzlich zulässigen wöchentlichen Betriebszeiten weitgehend auszunutzen und zur Erhaltung der Wettbewerbsfähigkeit gegenüber ausländischen Betrieben mit längeren Betriebszeiten.

ff) Intensität der Arbeitsleistung. Die Leistungsintensität des Arbeitnehmers, insbesondere seine Schnelligkeit, richtet sich nach seiner individuellen Leistungsfähigkeit.[159] Der Arbeitnehmer muss tun, was er soll und zwar so gut, wie er kann.[160] Wer überdurchschnittlich leistungsfähig ist, hat diese überdurchschnittliche Leistung auch zu erbringen; wer dagegen nur Unterdurchschnittliches zu leisten vermag, genügt seiner Arbeitsleistungspflicht mit einer solchen Leistung.[161] Der Arbeitgeber kann rechtmäßige Anreize setzen, um die individuelle Leistungsfähigkeit seiner Arbeitnehmer zu erhöhen. Dabei kann es sich z. B. um eine Beförderung zum leitenden Mitarbeiter mit Personalverantwortung handeln; es können auch finanzielle Anreize, z. B. zusätzliche entgeltliche Urlaubstage gewährt werden. Zu beachten ist auf jeden Fall das Diskriminierungsverbot, da die individuelle Leistungsfähigkeit eines jeden Menschen unterschiedlich ist.

178

2. Nebenpflichten

Für den Arbeitnehmer bestehen umfangreiche Nebenpflichten. Sie lassen sich in Handlungs-, Unterlassungspflichten und sonstige Pflichten einteilen. Einerseits bestehen sie aufgrund des Arbeitsvertrags i. V. m. §§ 241 II, 242 BGB; zum anderen können gesetzliche oder tarifvertragliche Regelungen derartige Nebenpflichten begründen.

179

a) Pflicht zur Rücksichtnahme. Auf Grund des Arbeitsvertrags i. V. m. §§ 241 II, 242 BGB besteht für den Arbeitnehmer gegenüber dem Arbeitgeber eine unbedingte Treuepflicht. Der Begriff „Treuepflicht" resultierte insbesondere aus der früher für den Arbeitnehmer verstandenen Pflicht, den Weisungen des Arbeitgebers Folge zu leisten, d. h. einer Gehorsamspflicht zu genügen.[162] In der heutigen Zeit geht die h. M. in Rechtsprechung und Literatur davon aus, dass der Begriff „Treuepflicht" nicht nur veraltet ist, sondern auch die Nebenpflichten des Arbeitnehmers gegenüber dem Arbeitgeber zu sehr einschränken.[163] Denn § 241 II BGB besagt, dass das Schuldverhältnis nach seinem Inhalt jeden Teil, also hier den Arbeitnehmer, zur Rücksicht auf die Rechte, Rechtsgüter und Interessen des anderen Teils, hier des Arbeitgebers, verpflichtet. Dazu zählt nicht nur eine ordentliche Verhaltenspflicht des Arbeitnehmers gegenüber dem Arbeitgeber, die die Pflicht zur Befolgung von Weisungen beinhaltet; in materieller Hinsicht resultiert die Pflicht zur Rücksichtnahme aus der Eigenheit des Arbeitsverhältnisses als Dauerschuldverhältnis, dass dem Arbeitnehmer besondere Einwirkungsmöglichkeiten auf

180

---

159 Vgl. Dütz/Thüsing, Rn. 149; a. A. von Hoyningen-Huene/Linck, § 1 Rn. 684
160 Vgl. BAG AP Nr. 48 zu § 1 KSchG 1969, Verhaltensbedingte Kündigung; BAG AP Nr. 33 zu § 23 KSchG 1969
161 Vgl. BAG AP Nr. 27 zu § 123 GewO = DB 1969, 1154
162 So z. B. für die ältere Rechtsliteratur Hueck/Nipperdey, Bd. 1, § 37 I; Nikisch, Bd. 1, S. 448
163 Vgl. dazu Schaub/Koch, Treuepflicht; Schaub/Linck, § 55 Rn. 2

die Rechte, Rechtsgüter und Interessen des Arbeitgebers eröffnet.[164] Dazu gehören verschiedene Pflichten des Arbeitnehmers, welche entweder durch ein aktives Tun oder ein Unterlassen erfüllt werden.

181 b) **Handlungspflichten.** Handlungspflichten als Nebenpflichten bestehen für den Arbeitnehmer insbesondere dann, wenn er seinen Arbeitgeber durch aktives Tun vor einem Schaden schützen kann. Der Arbeitnehmer muss also handeln, um seiner Schadensabwendungspflicht gegenüber dem Arbeitgeber zu genügen. Wenn z. B. ein Feuer im Betrieb ausgebrochen ist, hat der Arbeitnehmer, der dieses Feuer bemerkt, die Feuerwehr zu rufen, bei einem kleineren Brand selbst Löschmaßnahmen zu ergreifen und den Arbeitgeber zu informieren. Eine spezialgesetzliche Handlungspflicht des Arbeitnehmers ergibt sich aus § 16 I ArbSchG. Danach haben die Beschäftigten dem Arbeitgeber oder dem zuständigen Vorgesetzten jede von ihnen festgestellte unmittelbare erhebliche Gefahr für die Sicherheit und Gesundheit sowie jeden an den Schutzsystemen festgestellten Defekt unverzüglich zu melden. Dieselbe Anzeigenpflicht ergibt sich für den Arbeitnehmer, wenn er Straftaten, z. B. einen Diebstahl eines anderen Mitarbeiters, im Betrieb bemerkt. Welche Anzeigen- und Überwachungspflichten ein Arbeitnehmer hat, kommt auf den Einzelfall und seine Stellung im Betrieb an. So ist ein Werkmeister eher zur Anzeige verpflichtet als ein Hilfsarbeiter, und Diebstähle sind eher anzeigepflichtig als das Schlafen während der Arbeitszeit.[165]

182 c) **Unterlassungspflichten. – aa) Allgemeine Unterlassungspflichten.** Der Arbeitnehmer hat grundsätzlich alles zu unterlassen, was den Rechten, Rechtsgütern oder den Interessen des Arbeitgebers zuwiderläuft. Oberster Maßstab ist, dass der Arbeitnehmer alles unterlässt, was der wirtschaftlichen Leistungsfähigkeit des Betriebs schadet. Der Arbeitnehmer darf nicht den Betriebsfrieden stören, den Konkurrenten des Arbeitgebers Betriebsgeheimnisse preisgeben, kreditschädigende Äußerungen – selbst wenn sie wahr sind – über den Arbeitgeber abgeben oder innerbetriebliche Missstände, die er vorher nicht mit dem Arbeitgeber besprochen hat, Aufsichtsbehörden anzeigen.[166] Keine Verletzung der Verschwiegenheitspflicht liegt vor, wenn der Arbeitnehmer Straftaten des Arbeitgebers der Staatsanwaltschaft oder der Polizei (z. B. Steuerhinterziehung oder Verstöße gegen das Kriegswaffenkontrollgesetz) oder drohende gesundheitliche Schäden der Berufsgenossenschaft oder dem Gewerbeaufsichtsamt (z. B. Verletzung von Arbeitsschutzvorschriften) anzeigt.[167] Dabei handelt es sich um das sog. Whistleblowing. Eine solche Meldung durch den Arbeitnehmer kommt bei groben bzw. schwerwiegenden Missständen von erheblicher Tragweite in Betracht. Maßstab ist hierbei der Schutz allgemeiner, öffentlicher Belange. Nach der Rechtsprechung des BAG kann allerdings dieses externe Whistleblowing den Arbeitgeber zu einer fristlosen Kündigung nach § 626 I BGB berechtigen, wenn die öffentliche Meldung eine rechtswidrige und schuldhafte Verletzung vertraglicher Pflichten darstellt und diese Pflichtverletzung auch unter Berücksichtigung aller im Einzelfall beteiligter Interessen die Kündigung rechtfertigt.[168] Besteht ein internes Hinweisgebersystem, so ist der Arbeitnehmer bei Verstößen von Kollegen oder Vorgesetzten grundsätzlich gehalten, den Verstoß zunächst dort zu melden. Geht es allerdings um strafrechtliches Verhalten des Arbeitgebers selbst, besteht in Einzelfällen auch ein Recht des Arbeitnehmers, den Missstand sogleich nach außen zu

---

164 Vgl. Thüsing, Rn. 152
165 Vgl. Brox/Rüthers/Henssler, Rn. 221
166 Siehe dazu Meyer, Ethikrichtlinien internationaler Unternehmen und deutsches Arbeitsrecht, NJW 2006, 3605, 3608
167 Senne, F II 2
168 BAG NZA 2007, 502

melden, wenn hieran ein öffentliches Interesse besteht.[169] Zum Schutz des Whistleblowers ist am 16.12.2019 die Whistleblowing-Richtlinie 2019/1937/EU in Kraft getreten, wonach Privatunternehmen mit 50 oder mehr Arbeitnehmern oder einem Jahresumsatz von mehr als 10 Mio. Euro verpflichtet werden, interne Meldesysteme einzurichten. Auch soll der Whistleblower bereits dann gegen sanktionierende Maßnahmen des Arbeitgebers geschützt sein, wenn nach sorgfältiger Prüfung durch den Arbeitnehmer hinreichende Gründe für die Annahme bestanden haben, dass die weitergegebenen Informationen der Wahrheit entsprechen. Eine Umsetzung in nationales Recht muss bis zum 17.12.2021 erfolgen.

183 Weitere Unterlassungspflichten können sich auch aus dem Typus des Arbeitsvertrags ergeben. Eine Arbeitnehmerin, die als Aufsichtsperson in einem evangelischen Kindergarten tätig ist, darf in der Öffentlichkeit nicht für eine andere Glaubensgemeinschaft mit abweichenden religiösen Lehren eintreten.[170] Einem Krankenpfleger in einem Krankenhaus ist es nicht gestattet, die aus seiner Sicht zu geringe Anzahl von Pflegepersonal im Krankenhaus öffentlichkeitswirksam in den regionalen Medien zu kritisieren. Der Umfang der Unterlassungspflicht des einzelnen Arbeitnehmers ergibt sich somit einerseits aus seiner Stellung im Betrieb, andererseits aus der Art des Unternehmens, in dem er tätig ist. So billigt die Rechtsliteratur dem Hilfsarbeiter zu, sich anders in der Öffentlichkeit verhalten zu dürfen als der Vorstand einer Sparkasse.[171] Dem kann so pauschal nicht zugestimmt werden; das Verhalten in der Öffentlichkeit muss für jede Person, unabhängig von ihrer Stellung im Betrieb, jederzeit einwandfrei sein. Ist der Arbeitnehmer z. B. in einem sog. Tendenzbetrieb i. S. d. § 118 BetrVG tätig, welcher unmittelbar und überwiegend entweder politischen, koalitionspolitischen, konfessionellen, karitativen, erzieherischen, wissenschaftlichen oder künstlerischen Bestimmungen oder Zwecken der Berichterstattung oder Meinungsäußerungen dient, hat ein Arbeitnehmer alles zu unterlassen, was in der Öffentlichkeit die Tendenz beeinträchtigen könnte.

184 **bb) Besondere Unterlassungspflichten.** Die Verschwiegenheitspflicht ist die bedeutendste Unterlassungspflicht des Arbeitnehmers. Früher war der Schutz von Geschäftsgeheimnissen nur unvollständig durch §§ 17–19 UWG geregelt. Mit der im Juni 2016 verabschiedeten Richtlinie 2017/943/EU erfolgte eine Harmonisierung der nationalen Gesetze zum Schutz vor rechtswidrigem Erwerb sowie rechtswidriger Nutzung und Offenlegung von Geschäftsgeheimnissen. Die Richtlinie sollte darüber hinaus vor dem rechtswidrigen Erwerb, der rechtswidrigen Nutzung und Offenlegung von Geschäftsgeheimnissen abschrecken, ohne Grundrechte und Grundfreiheiten zu untergraben. Die Umsetzung dieser Richtlinie erfolgte in Deutschland durch das Gesetz zum Schutz von Geschäftsgeheimnissen (GeschGehG), welches zum 26.4.2019 in Kraft trat. Dieses Gesetz dient gemäß § 1 I GeschGehG dem Schutz von Geschäftsgeheimnissen vor unerlaubter Erlangung, Nutzung und Offenlegung. Ein Geschäftsgeheimnis ist gemäß § 2 Nr. 1 GeschGehG eine Information, *„die weder insgesamt noch in der genauen Anordnung und Zusammensetzung ihrer Bestandteile den Personen in den Kreisen, die üblicherweise mit dieser Art von Informationen umgehen, allgemein bekannt oder ohne Weiteres zugänglich ist und daher von wirtschaftlichem Wert ist und die Gegenstand von den Umständen nach angemessenen Geheimhaltungsmaßnahmen durch ihren rechtmäßigen Inhaber ist und bei der ein berechtigtes Interesse an der Geheimhaltung besteht".* § 4 GeschGehG verbietet das Erlangen des Geheimnisses durch unbefugten Zugang, unbefugte Aneignung oder unbefugtes Kopieren. Ausnahmen bestehen gemäß § 3 I Nr. 2 GeschGehG bei öffentlich verfügba-

---

169 EGMR NZA 2011, 1269 – Heinisch/Deutschland; vgl. aber auch: EGMR afp 2021, 119 –Gawlik/Liechtenstein
170 Vgl. BAG NZA 2001, 1136, 1138
171 Vgl. Brox/Rüthers/Henssler, Rn. 224

ren Produkten und auch gemäß § 5 GeschGehG bei berechtigten Interessen. 23 GeschGehG regelt die Strafbarkeit der Verletzung von Geschäftsgeheimnissen und die Beteiligung daran. Hiernach ist gemäß § 23 I Nr. 3 GeschGehG strafbar, wenn eine bei einem Unternehmen beschäftigte Person ein Geschäftsgeheimnis, das ihr im Rahmen des Beschäftigungsverhältnisses anvertraut worden oder zugänglich geworden ist, während der Geltungsdauer des Beschäftigungsverhältnisses offenlegt.

185 **d) Gesetzliches Verbot der Bestechlichkeit.** § 299 I StGB stellt Bestechlichkeit unter Strafe. Denn wer als Angestellter oder Beauftragter eines geschäftlichen Betriebs im geschäftlichen Verkehr einen Vorteil für sich oder einen Dritten als Gegenleistung dafür fordert, sich versprechen lässt oder annimmt, dass er einen anderen bei dem Bezug von Waren oder gewerblichen Leistungen im Wettbewerb in unlauterer Weise bevorzugt, wird mit Freiheitsstrafe bis zu drei Jahren oder mit Geldstrafe bestraft. Die Möglichkeit besteht am Arbeitsplatz, wenn der Arbeitnehmer für pflichtwidriges Handeln durch Schmiergeldannahme bestochen wird. Der Arbeitnehmer erteilt z. B. einen Auftrag an einen Geschäftspartner, obwohl das Produkt teurer ist als bei der Konkurrenz; er schadet somit seinem Arbeitgeber. Die Absprache des Arbeitnehmers mit dem Geschäftspartner ist nach § 138 BGB sittenwidrig. Der Arbeitgeber, welcher durch die Bestechung seines Arbeitnehmers geschädigt wurde, hat nach §§ 667, 687 II 1, 681 BGB einen Anspruch auf Herausgabe des Schmiergelds aus unerlaubter Eigengeschäftsführung.[172] Als Anspruchsgrundlage sind auch §§ 675, 667 BGB anerkannt.[173] Hat sich der Arbeitnehmer bestechen lassen, steht dem Arbeitgeber das Recht zu, den Arbeitnehmer aus wichtigem Grund fristlos nach § 626 BGB zu kündigen.[174]

186 **e) Nebentätigkeitsverbot.** Grundsätzlich ist es dem Arbeitnehmer gestattet, neben seiner Haupttätigkeit auch weitere Nebentätigkeiten auszuüben. Denn es existiert kein allgemeines Verbot für eine Nebentätigkeit. Ein im Arbeitsvertrag zwischen Arbeitgeber und Arbeitnehmer vereinbartes Nebentätigkeitsverbot kann daher gegen Art. 12 GG verstoßen, insbesondere dann, wenn die Nebentätigkeit nicht zu einem wettbewerbswidrigen Verhalten führt, so z. B., wenn die Mitarbeiterin in der Packstube abends für drei Stunden in einem Gastronomiebetrieb als Kellnerin tätig ist. Immer häufiger sind in der heutigen Zeit Arbeitnehmer darauf angewiesen, ihren Lebensunterhalt auch durch eine zusätzliche Nebentätigkeit bestreiten zu können.

187 Aus Gesetz können sich aber Einschränkungen für eine Nebentätigkeit ergeben. So sieht z. B. § 8 BUrlG vor, dass der Arbeitnehmer während des Urlaubs keine dem Urlaubszweck widersprechende Erwerbstätigkeit ausüben darf. Eine Einschränkung ergibt sich auch aus dem Arbeitszeitgesetz: nach § 3 S. 1 ArbZG darf die werktägliche Arbeitszeit der Arbeitnehmer acht Stunden nicht überschreiten. Bei sechs Werktagen von Montag bis einschließlich Samstag beträgt die erlaubte maximale Arbeitszeit pro Woche somit theoretisch bis zu achtundvierzig Stunden. Haupttätigkeit und Nebentätigkeit des Arbeitnehmers dürfen diesen Zeitumfang insgesamt nicht überschreiten; dieser Zeitrahmen eröffnet dem Arbeitnehmer aber auch die Möglichkeit, eine Nebentätigkeit überhaupt ausüben zu dürfen. Der Arbeitgeber ist zwar berechtigt, den Arbeitnehmer zur Anzeige von Nebentätigkeiten zu verpflichten bzw. sich eine Genehmigung vorzubehalten; der Arbeitnehmer hat aber dann einen Anspruch auf die Genehmigung der Nebentätigkeit, sofern keine Beeinträchtigung betrieblicher Interessen des Arbeitgebers zu befürchten ist.[175]

---

172 Vgl. BAGE 11, 208, 212
173 Vgl. BGHZ 38, 171, 175
174 Vgl. BAG AP Nr. 65 zu § 626 BGB
175 So z. B. BAGE 100, 70, 74 = NZA 2002, 965

f) **Wettbewerbsverbot.** Ein gesetzliches Wettbewerbsverbot ist im Handelsgesetzbuch in § 60 I HGB geregelt. Danach darf der Handlungsgehilfe ohne Einwilligung des Geschäftsherrn weder ein Handelsgewerbe betreiben, noch in dem Handelszweig des Geschäftsherrn für eigene oder fremde Rechnung Geschäfte machen. Diese Regelung bringt den verallgemeinerungsfähigen Rechtsgedanken zum Ausdruck, dass man dem Unternehmen, von dessen Erträgen man lebt, nicht gleichzeitig Konkurrenz machen kann.[176] Unter den Begriff „Handlungsgehilfe" des HGB fällt auch der Arbeitnehmer im Betrieb des Arbeitgebers.[177] Die Rechtsprechung stellt allerdings klar, dass dieses Wettbewerbsverbot für den Arbeitnehmer grds. nur während des Zeitraums seiner Tätigkeit für den Arbeitgeber gilt. Denn Art. 12 I 1 GG billigt allen Arbeitnehmern in der Bundesrepublik Deutschland das Recht zu, Beruf, Arbeitsplatz und Ausbildungsstätte frei zu wählen. Daraus leitet sich das Recht des Arbeitnehmers ab, nach Beendigung seiner Tätigkeit für einen Arbeitgeber ohne Zeitverzug bei einem anderen Arbeitgeber – auch einem Wettbewerber aus derselben Branche – zu arbeiten.

Die Privatautonomie erlaubt es Arbeitgeber und Arbeitnehmer, im Arbeitsvertrag ein nachvertragliches Wettbewerbsverbot für einen bestimmten Zeitraum zu vereinbaren. Gesetzlich geregelt ist ein solches nachvertragliches Wettbewerbsverbot für den Handlungsgehilfen in § 74 I HGB. Danach bedarf eine Vereinbarung zwischen dem Geschäftsherrn und dem Handlungsgehilfen, die den Gehilfen für die Zeit nach Beendigung des Dienstverhältnisses in seiner gewerblichen Tätigkeit einschränkt, der Schriftform und der Aushändigung einer vom Geschäftsherrn unterzeichneten, die vereinbarten Bestimmungen enthaltenden Urkunde an den Gehilfen. Das Wettbewerbsverbot ist nur dann rechtmäßig, wenn der Geschäftsherr sich gegenüber dem Handlungsgehilfen verpflichtet, für die Dauer des Wettbewerbsverbots mindestens die Hälfte der vertragsmäßig vereinbarten Vergütung an den Handlungsgehilfen zu entrichten. Das Bundesarbeitsgericht geht davon aus, dass auf ein Wettbewerbsverbot, welches zwischen einem Arbeitgeber und einem Arbeitnehmer in einem Arbeitsvertrag vereinbart wurde, die §§ 74 ff. HGB analog anwendbar sind.[178] Voraussetzung ist, dass das Wettbewerbsverbot den Arbeitgeber schützt, der Arbeitnehmer am Ende eines jeden Monats die vereinbarte Entschädigung für den Zeitraum erhält, in dem er keine Tätigkeit ausübt und das Wettbewerbsverbot nicht länger als für einen Zeitraum von insgesamt zwei Jahren ab Beendigung des Arbeitsverhältnisses besteht.

g) **Weiterbildungsgebot.** In einer Gesellschaft, in der lebenslanges Lernen mittlerweile unerlässlich ist, ist der Arbeitnehmer verpflichtet, sich weiterzubilden, um somit den Anforderungen seines Arbeitsplatzes gerecht zu werden. Der Arbeitnehmer hat selbstständig passende Weiterbildungsangebote zu suchen und zu prüfen, Informationen darüber zu beschaffen und diese dem Arbeitgeber zur Entscheidung vorzulegen. Dabei ist zu unterscheiden, ob die Weiterbildung innerhalb oder außerhalb der Arbeitszeit stattzufinden hat. Des Weiteren ist zu prüfen, wer für eventuelle Kosten der Weiterbildung aufzukommen hat. Handelt es sich um eine akademische Weiterbildung, z. B. die Absolvierung eines Masterprogramms während der Berufstätigkeit durch E-Learning, bedeutet dies eine spezielle Weiterbildungsmaßnahme des Arbeitnehmers, welche der Arbeitgeber finanziell nicht zu unterstützen braucht, aber freiwillig kann. Intention des Arbeitnehmers ist neben einer Erweiterung der fachlichen Kompetenzen auch die Förderung der eigenen Karriere. Eine solche Weiterbildungsmaßnahme darf aber nicht die betriebliche Arbeit in Mitleidenschaft ziehen.

---

176 Baumbach/Hopt/Roth, § 60, Rn. 1
177 Vgl. BAG NZA 1991, 141, 143
178 Siehe BAGE 64, 1, 4 = NZA 1990, 519

191 Andere Weiterbildungsmaßnahmen können sich konkret auf das Arbeitsverhältnis beziehen. Der Arbeitgeber empfiehlt dem Arbeitnehmer z. B. einen Sprachkurs, um Vertragsverhandlungen mit ausländischen Geschäftspartnern qualifiziert führen zu können. Andererseits schlägt der Arbeitgeber einem Arbeitnehmer vor, seine Kenntnisse in der Informationstechnologie, z. B. bei der Anwendung von Excel oder PowerPoint zu verbessern. Derartige Weiterbildungsmaßnahmen sind von Arbeitgeberseite gewollt, für den Betrieb und seine Abläufe notwendig und üblicherweise durch den Arbeitgeber zu bezahlen. Der Arbeitgeber kann verlangen, dass der Arbeitnehmer, um die Leistungsfähigkeit des Betriebs zu erhöhen oder zu erhalten, sich diesen Weiterbildungsmaßnahmen stellt. Üblicherweise finden diese Weiterbildungsmaßnahmen auch nicht während der normalen Arbeitszeit statt. Übernimmt der Arbeitgeber aufgrund einer Vereinbarung im Arbeitsvertrag die Kosten für eine Weiterbildung, ist der Arbeitnehmer im Einzelfall verpflichtet, diese Kosten zurückzuerstatten, wenn der Arbeitnehmer das Arbeitsverhältnis innerhalb eines bestimmten Zeitraumes kündigt.

III. Pflichten des Arbeitgebers

192 Der zwischen Arbeitgeber und Arbeitnehmer geschlossene Arbeitsvertrag verpflichtet den Arbeitgeber ebenfalls zu Haupt- und Nebenleistungspflichten. Während Hauptleistungspflichten die Vergütung nach § 611a II BGB und die Beschäftigung des Arbeitnehmers sind, obliegen dem Arbeitgeber gegenüber dem Arbeitnehmer als Nebenpflichten besondere Schutzpflichten nach §§ 241 II, 242 BGB.

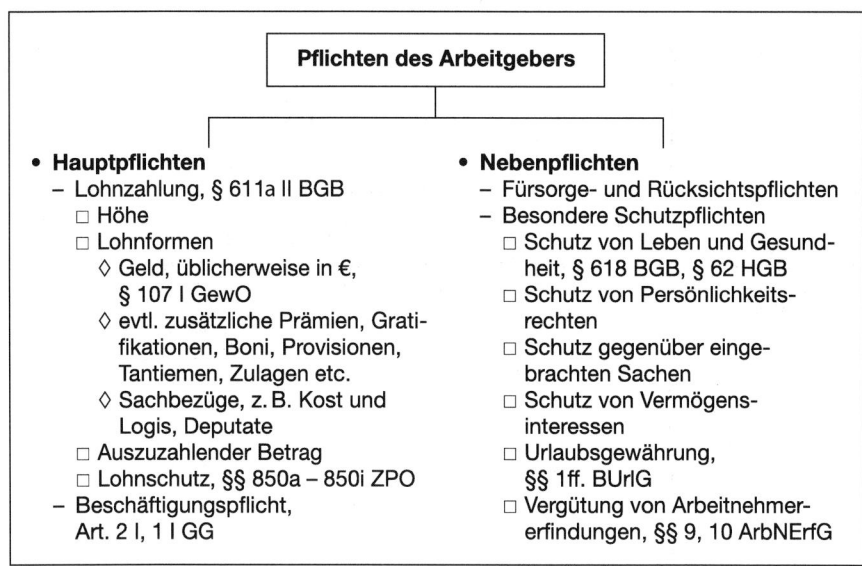

Abb. 9: Pflichten des Arbeitgebers

1. Hauptpflichten: Lohnzahlung und Beschäftigung

193 a) **Vergütungspflicht.** Die Vergütungspflicht ist eine der Hauptpflichten des Arbeitgebers nach § 611a II BGB. Bei der Vergütung wurde früher sprachlich unterschieden zwischen Lohn und Gehalt. Arbeiter erhielten Lohn, Angestellte Gehalt. Während kaum noch eine Unterscheidung zwischen dem Arbeiter und dem Angestellten getroffen wird, ist auch der sprachliche Unterschied für die Vergütung weitestgehend entfallen; die Vergütung wird heute als Lohn oder als Arbeitsentgelt bezeichnet, so z. B. in §§ 1 ff. EFZG. Gemäß § 614 S. 1 BGB, der eine gesetzliche Regelung über die Fälligkeit der Arbeitsvergütung beinhaltet, ist die Vergütung nach der Leistung der Arbeitsdienste zu entrichten. § 614 BGB stellt damit eine Abweichung von der Fälligkeitsregel des § 271 BGB dar und ist lex specialis.

194 Der Arbeitsvertrag legt grds. die Höhe des Arbeitsentgelts für den Arbeitnehmer fest. Daneben sind der arbeitsrechtliche Gleichbehandlungsgrundsatz, aber auch Vereinbarungen in Tarifverträgen für den Arbeitgeber bindend. Allerdings muss der Arbeitgeber nach § 3 I TVG Mitglied der Tarifvertragspartei sein. Ist der Arbeitgeber tarifgebunden i. S. v. § 3 TVG, darf er nach § 4 III TVG kein niedrigeres Entgelt, als im Tarifvertrag vorgesehen, vereinbaren; eine Abweichung ist allerdings dann zulässig, soweit sie durch den Tarifvertrag entweder gestattet ist oder der Arbeitgeber ein höheres Arbeitsentgelt bezahlt, als tariflich vereinbart. Da sich immer mehr Arbeitgeber aus den Arbeitgeberverbänden zurückziehen, sind Tarifverträge auf diese Arbeitgeber mangels Tarifpartei nicht anwendbar. In derartigen Fällen kommt es – immer häufiger – auf das vereinbarte Arbeitsentgelt zwischen Arbeitgeber und Arbeitnehmer an. Allerdings kann, wenn für den Arbeitgeber keine Tarifgebundenheit besteht, die Vergütung im Rahmen einer Betriebsvereinbarung mit dem Betriebsrat in der Höhe festgelegt werden. Haben die Vertragsparteien eines Arbeitsverhältnisses die Vergütung an sich und ihre Höhe nicht vereinbart, gilt § 612 BGB: eine Vergütung gilt als stillschweigend vereinbart, wenn die Dienstleistung den Umständen nach nur gegen eine Vergütung zu erwarten ist. Ist die Höhe der Vergütung nicht vereinbart, so ist bei dem Bestehen einer Taxe die taxmäßige Vergütung, in Ermangelung einer Taxe die übliche Vergütung als vereinbart anzusehen.

195 In Deutschland besteht, wie auch in anderen Mitgliedstaaten in der Europäischen Union, ein gesetzlicher Mindestlohn.. Am 16.8.2014 ist das Mindestlohngesetz (MiLoG) in Kraft getreten. Es ist als zentraler Bestandteil des sog. Tarifautonomiestärkungsgesetzes in dessen Art. 1 geregelt. Mit dem MiLoG wurde erstmals in Deutschland ab dem 1.1.2015 ein flächendeckender gesetzlicher Mindestlohn für Arbeitnehmer eingeführt. Im Zeitpunkt seiner Einführung am 1.1.2015 betrug der gesetzliche Mindestlohn für Arbeitnehmer 8,50 € brutto pro Zeitstunde. Die Bundesregierung hat eine sog. Mindestlohnkommission eingerichtet, die über die Anpassung der Höhe des Mindestlohns entscheidet. Im Jahre 2020 betrug der Mindestlohn bereits 9,35 Euro, im Jahre 2021 beträgt er bis zum 30.6.2021 9,50 Euro und vom 1.7.2021-31.12.2021 9,60 Euro. Er steigt dann in weiteren Schritten zum 1.1.2022 auf 9,82 Euro und zum 1.7.2022 auf 10,45 Euro.

196 Gemäß §§ 3, 4 I Nr. 1 AentG gelten die Rechtsnormen eines für allgemeinverbindlich erklärten Tarifvertrags des Bauhauptgewerbes oder des Baunebengewerbes i. S. d. §§ 1, 2 BaubetriebeVO, die zum einen die Mindestentgeltsätze einschließlich der Überstundensätze sowie die Dauer des Erholungsurlaubs, das Urlaubsentgelt oder ein zusätzliches Urlaubsgeld zum Gegenstand haben, auch auf ein Arbeitsverhältnis zwischen einem Arbeitgeber mit Sitz im Ausland und seinem im räumlichen Geltungsbereich des Tarifvertrags beschäftigten Arbeitnehmer zwingend Anwendung, wenn der Betrieb oder die selbstständige Betriebsabteilung i. S. d. fachlichen Geltungsbereichs des Tarifvertrags überwiegend Bauleistungen erbringt und auch inländische Arbeitgeber ihren im räumlichen Geltungsbereich des Tarifvertrags beschäftigten Arbeitnehmern mindestens die am Arbeitsort geltenden tarifvertraglichen Arbeitsbedingungen gewähren müssen. Diese gesetzliche Regelung gilt gemäß § 4 I Nr. 2–9 auch für weitere Tarifverträge, wie des Gebäudereinigerhandwerks, für Tarifverträge über Briefdienstleistungen etc.

197 **aa) Lohnformen.** Nach § 107 I GewO ist das Arbeitsentgelt in Euro zu berechnen und auszuzahlen. Üblich ist die Arbeitsentgeltzahlung durch den Arbeitgeber per Überweisung. In seltenen Fällen ist auch Barzahlung oder Zahlung mittels Scheck denkbar.

Möglich ist auch die Vergütung an den Arbeitnehmer zum Teil in Sachbezügen, wenn dies dem Interesse des Arbeitnehmers oder der Eigenart des Arbeitsverhältnisses entspricht. In der heutigen Zeit kommen Sachbezüge als Teil des Entgelts nur noch in wenigen Branchen vor; denkbar sind sie in der Land- und Forstwirtschaft bzw. der Gastronomie, wenn z. B. Kost und Logis oder Kleidung dem Arbeitnehmer durch den Arbeitgeber zur Verfügung gestellt werden. Der Arbeitgeber hat nach § 107 II 5 GewO zu beachten, dass der Wert der vereinbarten Sachbezüge oder die Anrechnung der überlassenen Waren auf das Arbeitsentgelt die Höhe des pfändbaren Teils des Arbeitsentgelts nicht übersteigen darf. Daneben sind im Brauerei- oder sonstigen Lebensmittelproduktionsgewerbe sog. Deputate als Sachbezüge möglich, in der Automobilbranche Vergünstigungen bei der Anschaffung von Kraftfahrzeugen, welche als sog. Jahreswagen zum Vorteil des Arbeitnehmers von diesem weiterveräußert werden dürfen.[179]

198 Unterschieden wird zwischen dem monatlichen festen Arbeitsentgelt, d. h. dem typischen Zeitlohn und dem Akkordlohn. Beim Akkordlohn wird zwischen dem Geldakkordlohn und dem Zeitakkordlohn unterschieden. Beim Geldakkordlohn spielt die Menge der tatsächlich gefertigten Produkte eine Rolle, nach der die Vergütung festgelegt wird. Dagegen hat der Arbeitnehmer bei der Vereinbarung eines Zeitakkordlohns innerhalb eines von ihm und dem Arbeitgeber festgelegten Zeitrahmens eine bestimmte Arbeitsleistung zu erbringen. Folge ist, dass der Arbeitnehmer ein höheres Arbeitsentgelt erhält, wenn er innerhalb des vorgegebenen Zeitrahmens mit derselben Genauigkeit schneller arbeitet, d. h. eine größere Anzahl von Produkten fertigstellt. Beide Vergütungsarbeiten, Geldakkord und Zeitakkord, führen mit unterschiedlichen Berechnungsmethoden zum selben Ergebnis. Der Stückpreis beim Geldakkord entspricht dem Produkt und Geldfaktor beim Zeitakkord.[180]

199 Neben einer Grundvergütung kann eine Tarifvereinbarung weitere Lohnzuschläge für den Arbeitnehmer vorsehen. Lohnzuschläge sind z. B. Prämien, Gratifikationen, Provisionen, Tantiemen oder Zulagen.[181] Während Prämien vom Arbeitgeber bezahlt werden, wenn der Arbeitnehmer eine bestimmte Arbeitsleistung weit überdurchschnittlich erbringt, z. B. eine Qualitätsprämie, wird der Arbeitgeber dem Arbeitnehmer eine Sonderzuwendung in Form einer Gratifikation zukommen lassen, wenn er die Arbeitsleistung des Arbeitnehmers insgesamt belohnen möchte, z. B. eine zehn- oder zwanzigjährige Mitarbeit im Betrieb oder ein dreizehntes Monatsgehalt. Derartige Gratifikationen sollen gegenüber dem Arbeitnehmer eine besondere Wertschätzung zum Ausdruck bringen. Voraussetzung ist allerdings eine Rechtsgrundlage. Eine solche kann durch eine individuelle Vereinbarung im Arbeitsvertrag bestehen; weitere Möglichkeiten sind Vereinbarungen in Tarifverträgen, in Betriebsvereinbarungen, im Rahmen einer betrieblichen Übung oder vor dem Hintergrund des arbeitsrechtlichen Gleichbehandlungsgrundsatzes.

200 Provisionszahlungen kommen dann in Betracht, wenn Arbeitgeber und Arbeitnehmer eine erfolgsorientierte Vergütungskomponente vereinbart haben. Danach zahlt der Arbeitgeber dem Arbeitnehmer pro Monat im Rahmen des Zeitlohns eine Grundvergütung; die Höhe der Provision ergibt sich daraus, mit welchem Erfolg der Arbeitnehmer Geschäfte für den Arbeitgeber vermittelt oder Produkte und Dienstleistungen an Kunden verkauft. Rechtsgrundlage ist § 65 HGB. Daneben können leitenden Angestellten, Geschäftsführern und Vorständen sog. Tantiemen bezahlt werden. Die Höhe der Tantiemen richtet sich nach dem erfolgreichen Geschäftsjahr des Unternehmens, z. B. nach der Höhe des erzielten Gewinns. Freiwillige Zulagen werden vom Arbeitgeber gewährt, wenn sich die Lebensverhältnisse des Arbeitnehmers in Teilbereichen ändern, z. B. bei

---

179 Vgl. Brox/Rüthers/Henssler, Rn. 274
180 Vgl. Wörlen/Kokemoor, Rn. 196
181 Zur Personalvergütung lesenswert Treier, 4.2.5, S. 189 ff.

der Geburt eines Kindes bzw., wenn der Arbeitnehmer Erschwernisse oder Gefährdungen bei der Ausübung seiner Tätigkeit hinnehmen muss.

bb) Auszuzahlender Betrag. Der Arbeitgeber hat dem Arbeitnehmer den Nettolohn auf dessen Konto zu überweisen. Dieser wird ermittelt, indem vom Bruttolohn abgezogen werden: die Lohn- und ggf. die Kirchensteuer, der Solidaritätszuschlag, die Sozialversicherungsbeiträge sowie etwaige Abzüge, die auf privatem Recht (z. B. Abreden über die Einbehaltung von Lohn im Rahmen einer zukünftigen Altersversorgung) beruhen.[182] Der Arbeitnehmer erhält das Arbeitsentgelt üblicherweise am Monatsende nach geleisteter Arbeit; denkbar ist aber auch, wie z. B. im Bankgewerbe, die Zahlung des Arbeitsentgelts zur Monatsmitte. Üblicherweise besteht über den Zahlungszeitpunkt des Arbeitsentgelts eine tarifvertragliche Vereinbarung, wobei der Betriebsrat nach § 87 I Nr. 4 BetrVG ein Mitbestimmungsrecht über Ort, Zeit und Art der Auszahlung der Arbeitsentgelte hat. Zahlungsort ist üblicherweise die Bankverbindung, speziell das Konto des Arbeitnehmers (= Schickschuld des Arbeitgebers). Zahlungsart ist bis auf die bereits erwähnten abweichenden seltenen Möglichkeiten die Vergütung in Geld. Nach § 108 I GewO hat der Arbeitnehmer einen Anspruch auf eine Arbeitsentgeltabrechnung in Textform, welche zumindest Angaben über Abrechnungszeitraum und Zusammensetzung des Arbeitsentgelts enthalten muss. Dabei sind insbesondere Angaben über Art und Höhe der Zuschläge, Zulagen, sonstige Vergütungen, Art und Höhe der Abzüge sowie Abschlagszahlungen und Vorschüsse erforderlich.

cc) Ausschlussfristen. Besondere Bedeutung im Arbeitsrecht haben individuell vereinbarte oder tarifvertraglich vereinbarte Ausschlussfristen für den Anspruch auf Arbeitsentgelt oder sonstige Ansprüche aus dem Arbeitsverhältnis. Dabei wird zwischen einstufigen und zweistufigen Ausschlussfristen unterschieden. Bei einer einstufigen Ausschlussfrist ist der Anspruch i. d. R. schriftlich innerhalb einer bestimmten Frist geltend zu machen; bei einer zweistufigen Ausschlussfrist wird darüber hinaus verlangt, dass der Anspruch binnen einer weiteren Frist dann außerdem bei Gericht rechtshängig gemacht wird.[183] Erforderlich ist, dass auch der Arbeitnehmer vom Schutz der Ausschlussfristen umfasst wird; einseitige Regelungen zugunsten des Arbeitgebers sind nach § 307 I 1 BGB unwirksam. Erst bei einer zweistufigen Ausschlussfrist lässt es die Rechtsprechung zu, dass die zweite, unwirksame Stufe im Rahmen eines „Blue-Pencil-Test" mit einem blauen Stift gestrichen wird und die erste wirksame Vereinbarung über eine Ausschlussfrist ihre Gültigkeit nicht verliert.[184] Grds. gestattet die Rechtsprechung auch Ausschlussfristen in Tarifverträgen, selbst wenn diese erheblich kürzer sind als die gesetzlichen Verjährungsfristen.[185]

dd) Lohnschutz. Der Lohnschutz bildet eine elementare Grundlage für den Arbeitnehmer, damit seine wirtschaftliche Existenz nicht gefährdet ist. Denn das monatliche Arbeitsentgelt ist notwendige Voraussetzung dafür, dass er finanzielle Mittel für seinen Lebensunterhalt hat. Dazu dienen zum einen die Schutzvorschriften aus der ZPO gegen eine übermäßige Pfändung des Arbeitseinkommens des Arbeitnehmers, denn nach § 850 I ZPO ist Arbeitseinkommen, welches in Geld zahlbar ist, nur nach Maßgabe der §§ 850a–850i ZPO pfändbar. Insbesondere sind für den Gläubiger der Pfändung nach § 850c ZPO die Pfändungsgrenzen für Arbeitseinkommen zu beachten, wobei nach § 850a ZPO bestimmte Bezüge entweder unpfändbar oder nach § 850b ZPO nur bedingt pfändbar sind. Die Berechnung des pfändbaren Arbeitseinkommens ist nach den Voraussetzungen des § 850e ZPO vorzunehmen.

---

182 Vgl. ErfK/Preis, § 611a BGB, Rn. 474
183 Vgl. Junker, Rn. 245
184 BAG NZA 2008, 699, 700
185 Vgl. BAGE 100, 225, 236 = BAG AP Nr. 5 zu § 2 NachwG = NZA 2002, 800

204 Zum anderen bestehen im Bürgerlichen Gesetzbuch (BGB), in der Gewerbeordnung (GewO), aber auch in der Insolvenzordnung (InsO) weitere Schutzvorschriften gegenüber dem Arbeitsentgelt des Arbeitnehmers. So gilt gegenüber dem Arbeitgeber nach § 394 BGB ein Aufrechnungsverbot des Arbeitgebers gegenüber dem Arbeitnehmer bei unpfändbaren Lohnansprüchen. Außerdem kann nach § 400 BGB eine Lohnforderung nicht abgetreten werden, soweit sie der Pfändung nicht unterworfen ist. Und soweit diese Forderung nicht abgetreten werden kann, ist eine Verpfändung i. S. v. § 1274 II BGB ebenfalls ausgeschlossen. Wird das Arbeitseinkommen des Arbeitnehmers gepfändet, regelt § 107 II 5 GewO, dass der Teil des Arbeitsentgelts, welcher nicht der Pfändung unterliegt, vom Arbeitgeber als Geldlohn zu bezahlen ist. Muss der Arbeitgeber Insolvenz anmelden, sind bis zum Zeitpunkt der Insolvenz entstandene Lohnforderungen, welche durch den Arbeitgeber bisher nicht beglichen wurden, typische Insolvenzforderungen gemäß §§ 38, 87, 174 InsO. Lohnansprüche des Arbeitnehmers, die nach Eröffnung des Insolvenzverfahren bis zum Ablauf der Kündigungsfrist im Fall der Kündigung durch den Insolvenzverwalter nach § 113 I InsO entstanden sind, sind sog. Masseverbindlichkeiten nach §§ 53, 55 I Nr. 2 InsO und aus der Insolvenzmasse vorweg zu befriedigen.[186] Nach § 123 II 1 InsO sind Ansprüche aus einem Sozialplan ebenfalls Masseverbindlichkeiten.

205 **b) Beschäftigungspflicht.** Auch die Beschäftigungspflicht des Arbeitnehmers ist eine Hauptpflicht des Arbeitgebers. Haben Arbeitgeber und Arbeitnehmer einen wirksamen Arbeitsvertrag geschlossen, besteht für den Arbeitgeber neben der Pflicht zur Lohnzahlung auch die Pflicht zur Beschäftigung des Arbeitnehmers.[187] Diese zweite Hauptpflicht des Arbeitgebers folgt aus dem Recht der freien Entfaltung der Persönlichkeit und aus der personalen Würde des Arbeitnehmers gem. Art. 2 GG i. V. m. Art. 1 I GG.[188] Somit besteht für den Arbeitgeber praktisch eine „Abnahmepflicht".[189] Der Arbeitnehmer ist daher vom Arbeitgeber nicht nur zu entlohnen; er hat ihn folglich auch zu beschäftigen. Bei Nichtbeschäftigung gerät der Arbeitgeber also nicht nur in Annahmeverzug mit der Folge der Lohnzahlungspflicht aus § 615 BGB, sondern er verletzt zugleich den Anspruch des Arbeitnehmers auf Beschäftigung.[190]

206 Eine Nichtbeschäftigung, eine Unterbeschäftigung bzw. eine nicht nach den Fähigkeiten und Kenntnissen erfolgte Beschäftigung des Arbeitnehmers kann gegen die Beschäftigungspflicht des Arbeitgebers im Allgemeinen, im Einzelnen sogar gegen das Benachteiligungsverbot des AGG verstoßen. Dann steht dem Arbeitnehmer das Recht auf Klage gegen den Arbeitgeber zu, ihn entsprechend seiner Kenntnisse und Erfahrungen zu beschäftigen. Das Recht auf Beschäftigung kann der Arbeitnehmer verwirken, wenn es dem Arbeitgeber nicht mehr zumutbar ist, ihn zu beschäftigen. So kann z. B. ein Diebstahlsverdacht dazu führen, dass das Arbeitsverhältnis bis zur Aufklärung ruht. Dagegen können z. B. Wirtschaftskrisen mit einhergehenden Auftragsrückgängen grds. nicht dazu führen, dass der Arbeitgeber seiner Beschäftigungspflicht nicht mehr gerecht werden kann.

2. Nebenpflichten

207 Aus dem mit dem Arbeitnehmer geschlossenen Arbeitsvertrag ergeben sich für den Arbeitgeber vielfältige Nebenpflichten. Denn der Arbeitnehmer verbringt einen Großteil seines Lebens im Umfeld des Betriebs seines Arbeitgebers, bisher meistens sogar in

---

186 Wörlen/Kokemoor, Rn. 201
187 Vgl. BAG AP Nr. 2 ff. zu § 611 BGB, Beschäftigungspflicht; BAG (GS) AP Nr. 14 zu § 611 BGB, Beschäftigungspflicht = NZA 1985, 702
188 Vgl. Waltermann, Rn. 211 f.
189 Otto/Bieder, Rn. 573
190 Dütz/Thüsing, Rn. 185

dessen Betrieb. Die Nebenpflichten sind zum überwiegenden Teil Schutzpflichten; dazu treten Pflichten, die zwar ebenfalls dem Schutz bestimmter Interessen des Arbeitnehmers dienen, die aber ihrer Funktion nach über den bloßen Schutz weit hinausgreifen im Sinn echter Förderung.[191]

a) Fürsorge- und Rücksichtspflichten. § 617 BGB regelt die Fürsorge des Arbeitgebers gegenüber seinem Arbeitnehmer. Bei der Fürsorgepflicht handelt es sich um die Treuepflicht des Arbeitgebers gegenüber seinem Arbeitnehmer. Als Nebenpflicht ergibt sich ihre Rechtsgrundlage aus dem Arbeitsvertrag i. V. m. §§ 241 II, 242 BGB. Des Weiteren besteht für den Arbeitgeber auch die Pflicht zur Rücksichtnahme; er hat innerhalb des Arbeitsverhältnisses die Rechte, Rechtsgüter und Interessen des Arbeitnehmers zu wahren.

b) Besondere Schutzpflichten. – aa) Schutz von Leben und Gesundheit. Die Pflicht zum Schutz von Leben und Gesundheit des Arbeitnehmers ist in § 618 I BGB, § 62 I HGB geregelt. Danach ist der Arbeitgeber verpflichtet, die Geschäftsräume und die für den Geschäftsbetrieb bestimmten Vorrichtungen und Gerätschaften so zu gestalten sowie den Geschäftsbetrieb und die Arbeitszeit so zu regeln, dass der Arbeitnehmer gegen eine Gefährdung seiner Gesundheit, soweit es die Natur des Betriebs gestattet, geschützt und die Aufrechterhaltung des Anstands und der guten Sitten gesichert ist.

Besondere Bedeutung kommt in diesem Zusammenhang dem Arbeitsschutzgesetz zu. Nach § 1 I 1 ArbSchG dient das Arbeitsschutzgesetz dazu, Sicherheit und Gesundheitsschutz der Beschäftigten bei der Arbeit durch Maßnahmen des Arbeitsschutzes zu sichern und zu verbessern. Insbesondere ist der Arbeitgeber verpflichtet, erforderliche Maßnahmen des Arbeitsschutzes unter Berücksichtigung der Umstände zu treffen, die Sicherheit und Gesundheit der Beschäftigten bei der Arbeit beeinflussen. Außerdem hat er die getroffenen Maßnahmen auf ihre Wirksamkeit zu überprüfen und, falls erforderlich, diese den geänderten Gegebenheiten anzupassen. Des Weiteren hat der Arbeitgeber die Arbeit so zu gestalten, dass eine Gefährdung für Leben und Gesundheit möglichst vermieden und die verbleibende Gefährdung möglichst geringgehalten wird. Für bestimmte Arbeitnehmer, z. B. werdende Mütter oder Jugendliche, gelten zusätzliche Schutzpflichten für den Arbeitgeber, welche in besonderen Schutzgesetzen wie z. B. dem Mutterschutzgesetz (MuSchG) oder dem Jugendarbeitsschutzgesetz (JArbSchG) geregelt sind.

bb) Schutz von Persönlichkeitsrechten. Der Arbeitgeber ist verpflichtet, den Arbeitnehmer auch in seinen Persönlichkeitsrechten zu schützen. So hat der Arbeitgeber den Arbeitnehmer gegen ungerechte Behandlung durch Vorgesetzte, gegen Mobbing von Arbeitskollegen oder gegen unberechtigte Vorwürfe Dritter im Zusammenhang mit seiner Arbeitstätigkeit in Schutz zu nehmen.[192] Den Arbeitgeber trifft insbesondere die Pflicht, die Arbeit für seine Arbeitnehmer menschengerecht zu gestalten. Dabei hat der Arbeitgeber sein Hauptaugenmerk auf das Wohlbefinden des Arbeitnehmers im Betrieb zu lenken und somit auf die Gesamtheit der den Menschen an seinem Arbeitsplatz beeinflussenden Bedingungen.[193]

Zum Schutz der Persönlichkeit des Arbeitnehmers gehört auch die Pflicht des Arbeitgebers, den Arbeitnehmer nach § 2 I BeschäftigtenschutzG vor sexueller Belästigung am Arbeitsplatz zu schützen. Auch der Beschäftigtendatenschutz ist unbedingt zu beachten.

---

191 Waltermann, Rn. 201
192 Waltermann, Rn. 202; lesenswert dazu Stangel-Meseke/Hohoff, Mobbing am Arbeitsplatz: Entstehung, Folgen für Betroffene und Handlungsempfehlungen zur Bekämpfung, in: Stelzer-Rothe (Hrsg.), Personalmanagement für den Mittelstand, 2002, S. 289 ff., insbesondere S. 318 ff.
193 Siehe dazu Zöllner, Arbeitsrecht und menschengerechte Arbeitsgestaltung, RdA 1973, 212, 213

Gemäß § 26 Abs. 1 S. 1 BDSG dürfen personenbezogene Daten von Beschäftigten für Zwecke des Beschäftigungsverhältnisses verarbeitet werden, wenn dies für die Entscheidung über die Begründung eines Beschäftigungsverhältnisses oder nach Begründung des Beschäftigungsverhältnisses für dessen Durchführung oder Beendigung oder zur Ausübung oder Erfüllung der sich aus einem Gesetz oder einem Tarifvertrag, einer Betriebs- oder Dienstvereinbarung (Kollektivvereinbarung) ergebenden Rechte und Pflichten der Interessenvertretung der Beschäftigten erforderlich ist.

Wer als Beschäftigter im Sinne des BDSG anzusehen ist, regelt § 26 Abs. 8 Nr. 1–7 BDSG. Während die DSGVO gemäß Art. 2 DSGVO nur die elektronische und manuelle Verarbeitung von personenbezogenen Daten umfasst, erfasst § 26 BDSG auch Verarbeitungen ohne Bezug zu einem Dateisystem. In diesem Zusammenhang hat der Arbeitgeber insbesondere Daten über den Arbeitnehmer, welche er in einer Personalakte sammelt, vor Zugriffen Dritter zu schützen. Nach § 83 BetrVG steht dem Arbeitnehmer das Recht zu, in die über ihn geführten Personalakten Einsicht zu nehmen. Mit Erlaubnis des Arbeitnehmers steht eine solche Einsichtnahme auch einem Mitglied des Betriebsrats zu. Die Pflicht zum Schutz des Persönlichkeitsrechts des Arbeitnehmers umfasst auch die Verschwiegenheitspflicht des Arbeitgebers, so dass der Arbeitgeber nur im Ausnahmefall Informationen über den Arbeitnehmer an Dritte weitergeben darf.

213 cc) **Schutz gegenüber eingebrachten Sachen.** Während seiner Arbeitstätigkeit kann sich der Arbeitnehmer grds. nicht um die in den Betrieb eingebrachten Wertgegenstände kümmern, welche er notwendigerweise bis zur Erreichung des Arbeitsplatzes mit sich führt, so z. B. Kfz- und Wohnungsschlüssel, Portemonnaie, evtl. Uhr und sonstiger Schmuck, welcher die Arbeitstätigkeit beeinträchtigen bzw. für den während der Arbeitszeit die Gefahr der Beschädigung bestehen kann. Der Arbeitgeber ist verpflichtet, seinen Arbeitnehmern zumutbare Sicherheitseinrichtungen zur Verfügung zu stellen, z. B. abschließbare Schränke oder evtl. bewachte Parkplätze, um seiner Pflicht zum Schutz eingebrachter Sachen durch den Arbeitnehmer zu genügen. Vernachlässigt der Arbeitgeber diese Pflicht und entsteht dem Arbeitnehmer dadurch ein Schaden an den von ihm eingebrachten Sachen, steht dem Arbeitnehmer ein Anspruch nach § 670 BGB analog zu.

214 dd) **Schutz von Vermögensinteressen.** Der Arbeitgeber ist verpflichtet, die Vermögensinteressen des Arbeitnehmers im Zusammenhang mit seinem Arbeitsverhältnis zu wahren. Nach § 28e I SGB IV ist der Arbeitgeber verpflichtet, vom Bruttoarbeitsentgelt die Beiträge zur Kranken-, Renten-, Pflege- und Arbeitslosenversicherung an die Krankenkasse als Einzugsstelle für alle Sozialversicherungsträger gemäß §§ 28d, 28h SGB IV abzuführen. Ist der Arbeitnehmer verpflichtet, Teile der Beiträge an die genannten Versicherungen selbst abzuführen, hat der Arbeitgeber die Organisationspflicht, diesen Arbeitnehmeranteil zu berücksichtigen. Des Weiteren hat der Arbeitgeber bei Änderungs- oder Aufhebungsverträgen gegenüber dem Arbeitnehmer eine Hinweispflicht, falls sich versorgungsrechtliche oder steuerliche Nachteile für den Arbeitnehmer ergeben können.[194] Dies gilt nur, soweit die Nachteile dem Arbeitgeber bekannt sind und diese Nachteile auf den Entscheidungsprozess des Arbeitnehmers Auswirkungen haben können. Dagegen besteht für den Arbeitgeber keine Verpflichtung, den Arbeitnehmer darauf hinzuweisen, dass sein Arbeitsentgelt bei Pfändung nach §§ 850 ff. ZPO in bestimmter Höhe vor der Pfändung geschützt ist.

215 c) **Pflicht zur Urlaubsgewährung.** Der Arbeitgeber ist verpflichtet, dem Arbeitnehmer den im Bundesurlaubsgesetz festgelegten Mindesturlaub nach §§ 1 ff. BurlG zu gewähren. Bei der zeitlichen Festlegung des Urlaubs sind die Wünsche des Arbeitnehmers

---

194 Vgl. BAG AP Nr. 2 zu § 1 BetrVG, Auskunft; BAG AP Nr. 99 zu § 611 BGB, Fürsorgepflicht

vom Arbeitgeber zu berücksichtigen, es sei denn, dass ihrer Berücksichtigung dringende betriebliche Belange oder Urlaubswünsche anderer Arbeitnehmer, die unter sozialen Gesichtspunkten den Vorrang verdienen, gem. § 7 I 1 BurlG entgegenstehen.

d) Pflicht zur Vergütung von Arbeitnehmererfindungen. Arbeitnehmererfindungen werden durch das Arbeitnehmererfindungsgesetz (ArbNErfG) geregelt. Nach § 4 ArbNErfG kann es sich dabei um gebundene oder freie Erfindungen handeln. Gebundene Erfindungen, sog. Diensterfindungen, kann der Arbeitgeber nach § 6 ArbNErfG unbeschränkt oder beschränkt in Anspruch nehmen, wobei die Inanspruchnahme durch schriftliche Erklärung gegenüber dem Arbeitnehmer erfolgt. Für freie Erfindungen gelten §§ 18, 19 ArbNErfG. Bei Nutzung der Erfindung hat der Arbeitgeber dem Arbeitnehmer nach § 9 ArbNErfG eine angemessene Vergütung für seine Erfindung zu zahlen, ebenso bei der Umsetzung von technischen Verbesserungsvorschlägen nach § 20 ArbNErfG.[195]

216

e) Pflicht zur betrieblichen Altersversorgung. Grundsätzlich besteht für den Arbeitgeber keine gesetzliche Pflicht zur Leistung einer betrieblichen Altersversorgung. Folglich erhält die Mehrzahl aller Arbeitnehmer im Rentenalter, bei Erwerbs- oder Berufsunfähigkeit nur eine Rente aus der gesetzlichen Rentenversicherung nach Sozialgesetzbuch VI. Der Arbeitgeber kann allerdings einerseits einzelvertraglich mit dem Arbeitnehmer ein sog. Ruhegeld vereinbaren; andererseits kann dieses Ruhegeld auch auf Grundlage einer Tarifvereinbarung, einer Pensionszusage oder einer Gesamtzusage, welche eine arbeitsrechtliche Einheitsregelung darstellt, vereinbart werden. Der einzige gesetzliche Anspruch auf eine betriebliche Altersversorgung ist in § 1a BetrAVG geregelt. Der Arbeitnehmer hat danach das Recht, dass vom Arbeitgeber bis zu einer Höhe von 4 % der jeweiligen Beitragsbemessungsgrenze in der Rentenversicherung der Arbeiter und Angestellten seine künftigen Entgeltansprüche durch Entgeltumwandlung für seine betriebliche Altersversorgung verwendet werden.

217

f) Pflichten bei Beendigung des Arbeitsverhältnisses. Endet ein befristetes Arbeitsverhältnis oder kündigt eine Vertragspartei den Arbeitsvertrag, so ist der Arbeitgeber nach § 629 BGB verpflichtet, dem Arbeitnehmer auf Verlangen angemessene Zeit zum Aufsuchen eines anderen Dienstverhältnisses, folglich eines neuen Arbeitsplatzes zu gewähren. Der Arbeitgeber hat somit dem Arbeitnehmer Zeit für Vorstellungsgespräche bei potentiellen neuen Arbeitgebern oder für Gespräche bei der Bundesagentur für Arbeit zur Verfügung zu stellen. Für den Vergütungsanspruch in der Zeit, in der der Arbeitnehmer nicht im Betrieb des Arbeitgebers tätig ist, gilt § 616 BGB.

218

Nach § 630 BGB, § 109 I GewO hat der Arbeitnehmer bei Beendigung eines Arbeitsverhältnisses Anspruch auf ein schriftliches Zeugnis. Unterschieden wird zwischen dem einfachen Zeugnis und dem qualifizierten Zeugnis. Während der Arbeitgeber bei einem einfachen Zeugnis nur Angaben zu Art und Dauer der Tätigkeit des Arbeitnehmers machen muss, sieht ein qualifiziertes Zeugnis zusätzliche Angaben zur Leistung und zum Verhalten des Arbeitnehmers im Arbeitsverhältnis vor. Nach § 109 I 3 GewO hat der Arbeitnehmer Anspruch auf ein qualifiziertes Zeugnis. § 109 II GewO schreibt vor, dass das Zeugnis klar und verständlich formuliert sein muss und keine Merkmale oder Formulierungen enthalten darf, die den Zweck haben, eine andere als die aus der äußeren Form oder aus dem Wortlaut ersichtliche Aussage über den Arbeitnehmer zu treffen. Der Arbeitgeber hat das Zeugnis schriftlich abzufassen auf Originalbriefpapier des Unternehmens mit Originalunterschriften, entweder des Inhabers oder Geschäftsführers; in großen Unternehmen genügen die Unterschriften von einem Vorstand bzw. Geschäftsführer und einem leitenden Angestellten in der Personalabteilung, welche im

219

---

[195] Schade, Rn. 608

Rahmen einer Vollmacht, mindestens mit Prokura nach §§ 48 f. HGB, nach außen vertretungsberechtigt sind.[196] Ist das Zeugnis unrichtig, so kann der Arbeitnehmer die Erstellung eines richtigen Zeugnisses verlangen und diese notfalls mit einer Erfüllungsklage durchsetzen.[197] Die Erteilung eines Zeugnisses in elektronischer Form ist nach § 630 S. 3 BGB, § 109 III GewO ausgeschlossen.

220 g) Pflicht zum Aufwendungsersatz. Viele Arbeitnehmer sind aufgrund der Art ihres Beschäftigungsverhältnisses für den Arbeitgeber oft beruflich unterwegs. Deshalb sind zusätzliche Aufwendungen nötig, z. B. Kosten für Reisetransportmittel wie Bahnreisen oder Flugreisen sowie Übernachtungskosten. Derartige Aufwendungen, welche in direktem Bezug zur beruflichen Tätigkeit des Arbeitnehmers stehen und vom Arbeitgeber gewollt sind, sind für den Arbeitgeber ersatzpflichtig. Die Anspruchsgrundlage für den Arbeitnehmer ist § 670 BGB. Voraussetzung ist, dass der Arbeitnehmer im Rahmen seines Beschäftigungsverhältnisses Aufwendungen macht, die der Arbeitgeber selbst billigt oder die objektiv erforderlich waren bzw. die der Arbeitnehmer für erforderlich hielt.[198]

§ 5 Grundsatz der Gleichbehandlung

Schrifttum: *Adomeit/Mohr*, Kommentar zum AGG, 2007; *dies.*, Benachteiligung von Bewerbern (Beschäftigten) nach dem AGG als Anspruchsgrundlage für Entschädigung und Schadensersatz, NZA 2007, 179; *Armbrüster/Wollenberg*, Grundfälle zum AGG, JuS 2020, 400; *Blomeyer*, Die zulässige Ungleichbehandlung im Arbeitsrecht, FS G. Müller, 1981, S. 51; *Böttcher*, Der Anspruch auf Gleichbehandlung im Arbeitsrecht, RdA 1953, 161; *Däubler*, Was bedeutet Diskriminierung nach neuem Recht?, ZfA 2006, 479; *Dzida/Groh*, Diskriminierung nach dem AGG beim Einsatz von Algorithmen im Bewerbungsverfahren, NJW 2018, 1917; *Freyler*, Robot-Recruiting, Künstliche Intelligenz und das Antidiskriminierungsrecht, NZA 2020, 284; *Fuchs*, Das Gleichbehandlungsgebot in der Leiharbeit nach der neuen Leiharbeitsrichtlinie, NZA 2009, 57; *Hanau*, Der arbeitsrechtliche Gleichbehandlungsgrundsatz zwischen Privatautonomie und Kontrahierungszwang, FS Konzen, 2006, 233; *Hromadka/Schmidt-Rolfes*, Entgeltausgleich und Gleichbehandlung – Besprechung der BAG-Entscheidungen vom 1.4.2009 und 15.7.2009, DB 2010, 224; *G. Hueck*, Der Grundsatz der gleichmäßigen Behandlung im Privatrecht, 1958; *Kamanabrou*, Die arbeitsrechtlichen Vorschriften des Allgemeinen Gleichbehandlungsgesetzes, RdA 2006, 321; *Kania/Merten*, Auswahl und Einstellung von Arbeitnehmern unter Geltung des AGG, ZIP 2007, 8; *Körner*, Diskriminierung von älteren Arbeitnehmern, NZA 2008, 497; *Löwisch*, Kollektivverträge und Allgemeines Gleichbehandlungsgesetz, DB 2006, 1729; *ders.*, Kündigen unter dem AGG, BB 2006, 2189; *Nicolai*, Das Allgemeine Gleichbehandlungsgesetz in der anwaltlichen Praxis, 2006; *Reichold*, Diskriminierungsschutz und Verfassungsrecht, ZfA 2006, 257; *Richardi*, Neues und Altes – Ein Ariadnefaden durch das Labyrinth des AGG, NZG 2006, 881; *Rupp*, Die unmittelbare Benachteiligung nach § 3 Abs. 1 AGG, RdA 2009, 307; *Schleusener/Suckow/Voigt*, Kommentar zum Allgemeinen Gleichbehandlungsgesetz, 2007; *Steinmeyer*, Das allgemeine Gleichbehandlungsgesetz und die betriebliche Altersversorgung, ZfA 2007, 27; *Straube*, Ist das AGG international zwingendes (Arbeits-)Recht? NZA 2007, 184; *Thüsing*, Arbeitsrechtlicher Diskriminierungsschutz, 2007; *ders.*, Das künftige Antidiskriminierungsrecht als Herausforderung für Wissenschaft und Praxis, ZfA 2006, 241; *Waltermann*, Abhängige Beschäftigung in der digitalisierten Arbeitswelt, NZA 2021, 297; *Weber/Ehrich*, Der Gleichbehandlungsgrundsatz bei freiwilligen Leistungen des Arbeitgebers, ZIP 1997, 1681; *Wiedemann*, Die Gleichbehandlungsgebote im Arbeitsrecht, 2001; *Wisskirchen*, Der Umgang mit dem AGG – ein „Kochrezept" für Arbeitgeber, DB 2007, 1491; *Wisskirchen/Bissel*, Das Fragerecht des Arbeitgebers bei Einstellung unter Berücksichtigung des AGG, NZA 2007, 169.

---

196 Zur Zeugnissprache ausführlich Bieler, Die dienstliche Beurteilung, 4. Aufl., 2004; außerdem detailliert Wörlen/Kokemoor, Rn. 222 ff.; Schleßmann, Das Arbeitszeugnis, BB 1988, 1325 ff.; Wenester, Zeugnisgestaltung und Zeugnissprache zwischen Informationsfunktion und Werbefunktion, BB 1992, 58 ff.
197 Vgl. BAG AP Nr. 28 zu § 630 BGB = NZA 2004, 842
198 Vgl. BAG DB 1963, 698

I. Inhalt und Rechtswirkungen des Gleichbehandlungsgrundsatzes

Der Grundsatz der Gleichbehandlung aller Arbeitnehmer in einem Betrieb, zumindest aber einzelner Arbeitnehmergruppen, ist im Arbeitsrecht seit langer Zeit manifestiert und gewohnheitsrechtlich anerkannt. Rechtsliteratur und Rechtsprechung stellen fest, dass sich der Grundsatz der Gleichbehandlung nicht aus dem Gleichheitsgebot des Art. 3 I, II GG unmittelbar herleiten lässt, da die später entstandenen grundrechtlichen Garantien des Art. 3 GG, also der allgemeine Gleichheitssatz des Art. 3 I GG, der Gleichberechtigungssatz des Art. 3 II GG und das Benachteiligungsverbot des Art. 3 III GG, unmittelbar nur die staatlichen Gewalten sowie die Tarifpartner binden.[199] Die Rechtsliteratur geht davon aus, dass der Grundsatz der Gleichbehandlung sich im Gebot der Verwirklichung austeilender Gerechtigkeit herleiten lässt, dessen Geltung überall da anzunehmen ist, wo die Rechtsordnung einem Machtträger Befugnisse von Vor- und Nachteilen innerhalb einer durch Gemeinschaftsbande verbundenen Personengruppe einräumt.[200]

221

Zu berücksichtigen ist in diesem Zusammenhang allerdings der Grundsatz der Privatautonomie. Die Rechtsprechung hat eine individuelle Bevorzugung einzelner Arbeitnehmer bei der Höhe des Arbeitsentgelts bzw. zusätzlichen Vergütungsbestandteilen, z. B. Dienstwagennutzung durch einen leitenden Angestellten, als zulässig erachtet.[201] Denn der Grundsatz der Vertragsfreiheit geht dem Grundsatz der Gleichbehandlung aller Arbeitnehmer im Betrieb weiterhin vor. Anzunehmen ist ein Verstoß gegen den allgemeinen Gleichbehandlungsgrundsatz im Arbeitsrecht, wenn er im Rahmen einer kollektiven Vereinbarung, z. B. einer Vereinbarung zur Zahlung von Weihnachts- oder von Urlaubsgeld, einzelne Arbeitnehmer bzw. Arbeitnehmergruppen bevorzugt oder benachteiligt. Der allgemeine Gleichbehandlungsgrundsatz führt somit zu einem Willkürverbot des Arbeitgebers. Die Abgrenzung zwischen einer individuellen oder einer kollektiven Vereinbarung fällt allerdings nicht immer leicht. Bei der Verwendung von Formularverträgen oder bei einer Bezugnahme auf allgemeine Arbeitsbedingungen im schriftlichen Arbeitsvertrag handelt es sich regelmäßig um Vereinbarungen mit kollektivem Charakter.[202]

222

Der allgemeine Gleichbehandlungsgrundsatz gilt aber nicht nur für den Abschluss von Arbeitsverträgen oder Betriebsvereinbarungen. Auch das Weisungsrecht des Arbeitgebers wird durch den Grundsatz der Gleichbehandlung erfasst. Denn üblicherweise erteilt der Arbeitgeber nicht nur individuell einem Arbeitnehmer eine Weisung; die Weisung betrifft i. d. R. eine Personengruppe, so z. B. die im Betrieb beschäftigten Arbeitnehmer, die etwa im Vertrieb, im Einkauf, in der Herstellung eines Produkts oder in der Montage am Fließband tätig sind. Nach § 106 S. 1 GewO hat der Arbeitgeber sein Weisungsrecht nach billigem Ermessen, d. h. nach sachlichen und betriebsspezifischen Erwägungen auszuüben. Außerdem darf er nach § 612a BGB einen Arbeitnehmer bei einer Vereinbarung oder einer Maßnahme nicht benachteiligen, weil der Arbeitnehmer in zulässiger Weise seine Rechte ausübt. Eine Ungleichbehandlung liegt allerdings nur dann vor, wenn der einzelne Arbeitnehmer oder die Arbeitnehmergruppe in ein und demselben Unternehmen beschäftigt ist; in einem Konzern mit verschiedenen Tochtergesellschaften, welche eventuell sogar in verschiedenen Staaten ihren Sitz haben, ist nicht von einer Ungleichbehandlung auszugehen, wenn Arbeitnehmer einer Tochtergesellschaft in einem Staat anders behandelt werden als die Arbeitnehmer einer Tochtergesellschaft in einem anderen Staat.

223

---

199 Vgl. Dütz/Thüsing, Rn. 58; dazu BAG NZA 1998, 715, 716; 2003, 147, 149
200 Zöllner/Loritz/Hergenröder, § 18 I
201 Siehe dazu BAG NZA 2000, 1050, 1051; BAG NZA 2003, 215, 216
202 Brox/Rüthers/Henssler, Rn. 324

224 Verstößt der Arbeitgeber gegen den allgemeinen Grundsatz der Gleichbehandlung, sind mehrere Rechtsfolgen denkbar. Wurde in der Vergangenheit eine ganze Gruppe von Arbeitnehmern durch eine Regelung des Arbeitgebers benachteiligt, z. B. bei der Vorenthaltung von Vergünstigungen wie Weihnachts- oder Urlaubsgeld, kann diese vorenthaltene Vergünstigung grds. nur geltend gemacht werden, wenn es sich nicht um eine unverhältnismäßig hohe Belastung des Arbeitgebers handelt.[203] Sind nur einzelne Arbeitnehmer von dieser Vergünstigung ausgenommen worden, ist nur bei einer verhältnismäßigen Belastung des Arbeitgebers die Beseitigung der Benachteiligung auch für die Vergangenheit denkbar. In diesem Zusammenhang hat das Bundesarbeitsgericht entschieden, dass der Vergünstigungsanspruch des einzelnen Arbeitnehmers kein Schadensersatzanspruch sondern lediglich ein Erfüllungsanspruch ist, welcher daher bei einer Benachteiligung nur für die Zukunft geltend gemacht werden kann.[204] Für die Zukunft wird eine Regelung des Arbeitgebers bei Benachteiligung einzelner Arbeitnehmer oder Arbeitnehmergruppen allerdings als nichtig nach § 134 BGB angesehen. Außerdem regelt § 139 BGB, dass die Teilnichtigkeit eines Rechtsgeschäfts grundsätzlich zur Gesamtnichtigkeit führt, so dass der Arbeitgeber für die Zukunft eine völlig neue Regelung zu treffen hat, welche die Benachteiligung einzelner Arbeitnehmer bzw. Arbeitnehmergruppen ausschließt. Das bedeutet nicht zwingend, dass der Arbeitgeber nunmehr allen Arbeitnehmern i. S.e. Anpassung die bislang nur den privilegierten Arbeitnehmern gewährten Leistungen anbieten muss; er muss jedoch zumindest dasjenige Volumen, das er bislang zur Verfügung gestellt hat, unter Berücksichtigung des Gleichbehandlungsgebots neu auf alle Arbeitnehmer verteilen.[205]

II. Benachteiligungsverbot nach dem Allgemeinen Gleichbehandlungsgesetz

225 Art. 157 AEUV betrifft die Geschlechtergleichbehandlung und verlangt die Lohngleichheit. Darüber hinaus ist aber im AEUV auch weitergehend die Kompetenz zum Erlass sekundärrechtlicher Vorschriften in Bezug auf „Arbeits- und Beschäftigungsfragen" (Art. 157 III AEUV), also auf sonstige Arbeitsbedingungen angelegt. Der bundesdeutsche Gesetzgeber hat mit dem Erlass des Allgemeinen Gleichbehandlungsgesetzes (AGG) die Richtlinien der Europäischen Union
- 2000/43/EG zur Anwendung des Gleichbehandlungsgrundsatzes ohne Unterschied der Rasse oder der ethnischen Herkunft;
- 2000/78/EG zur Festlegung eines allgemeinen Rahmens für die Verwirklichung der Gleichbehandlung in Beschäftigung und Beruf;
- 2002/73/EG zur Verwirklichung des Grundsatzes der Gleichbehandlung von Männern und Frauen hinsichtlich des Zugangs zur Beschäftigung, zur Berufsbildung und zum beruflichen Aufstieg sowie in Bezug auf die Arbeitsbedingungen;
- 2004/113/EG zur Verwirklichung des Grundsatzes der Gleichbehandlung von Männern und Frauen beim Zugang zu und bei der Versorgung mit Gütern und Dienstleistungen

umgesetzt. Dabei spielt der Schutz vor Diskriminierung im Beruf und während einer Beschäftigung die wichtigste Rolle.

226 Das Allgemeine Gleichbehandlungsgesetz (AGG) erweitert den Schutz vor Ungleichbehandlung um die Kriterien Alter, Behinderung, Rasse bzw. ethnische Herkunft, Religion oder Weltanschauung und sexuelle Identität (vgl. § 1 AGG). Das Gleichbehandlungsgebot oder – umgekehrt formuliert – Benachteiligungsverbot (Allgemeines Diskriminie-

---

[203] Vgl. BAG NZA 1997, 101, 102 f.; so auch Dütz/Thüsing, Rn. 59
[204] Vgl. BAG NZA 1993, 215, 219
[205] Vgl. BAG NZA 2009, 196; siehe dazu auch BAG NZA 1992, 749, 751

rungsverbot) ist damit als allgemeiner Schutz vor unsachlicher und im Hinblick auf die ordnungsgemäße Vertragserfüllung nicht gerechtfertigter Differenzierung etabliert. Ziel ist es nach § 1 AGG, welcher auf Art. 19 AEUV Bezug nimmt, Benachteiligungen aus Gründen der Rasse oder wegen der ethnischen Herkunft, des Geschlechts, der Religion oder der Weltanschauung, einer Behinderung, des Alters oder der sexuellen Identität zu verhindern oder zu beseitigen. Die enumerative Aufzählung der Merkmale ist abschließend. Der deutsche Gesetzgeber hat diese Aufzählung gegenüber den in der Europäischen Union verabschiedeten Richtlinien sogar noch erweitert. Für die Anwendung im Arbeitsrecht ist § 2 AGG besonders zu beachten. Danach sind Benachteiligungen unzulässig in Bezug auf

Nr. 1 die Bedingungen, einschließlich Auswahlkriterien und Einstellungsbedingungen für den Zugang zu unselbstständiger und selbstständiger Erwerbstätigkeit, unabhängig vom Tätigkeitfeld und beruflicher Position sowie für den beruflichen Aufstieg,

Nr. 2 die Beschäftigungs- und Arbeitsbedingungen einschließlich Arbeitsentgelt und Entlassungsbedingungen, insbesondere in individual- und kollektivrechtlichen Vereinbarungen und Maßnahmen bei der Durchführung und Beendigung eines Beschäftigungsverhältnisses sowie beim beruflichen Aufstieg,

Nr. 3 den Zugang zu allen Formen und allen Ebenen der Berufsberatung, der Berufsbildung einschließlich der Berufsausbildung, der beruflichen Weiterbildung und der Umschulung sowie der praktischen Berufserfahrung,

Nr. 4 die Mitgliedschaft und Mitwirkung in einer Beschäftigten- oder einer Arbeitgebervereinigung oder einer Vereinigung, deren Mitglieder einer bestimmten Berufsgruppe angehören, einschließlich der Inanspruchnahme der Leistungen solcher Vereinigungen,

Nr. 5 den Sozialschutz einschließlich der sozialen Sicherheit und der Gesundheitsdienste,

Nr. 6 die sozialen Vergünstigungen,

Nr. 7 die Bildung,

Nr. 8 den Zugang zu und die Versorgung mit Dienstleistungen und Gütern, die der Öffentlichkeit zur Verfügung stehen, einschließlich von Wohnraum.

Das Allgemeine Gleichbehandlungsgesetz gilt nicht nur nach § 6 I 1 Nr. 1 AGG für Arbeitnehmerinnen und Arbeitnehmer, sondern auch für Auszubildende oder für arbeitnehmerähnliche Personen wie z. B. in Heimarbeit Beschäftigte. In § 7 AGG ist das Benachteiligungsverbot manifestiert. Danach dürfen Beschäftigte nicht wegen eines in § 1 AGG genannten Grundes benachteiligt werden. Das AGG unterscheidet zwischen einer unmittelbaren und einer mittelbaren Benachteiligung. Eine unmittelbare Benachteiligung besteht nach § 3 I 1 AGG, wenn eine Person wegen eines in § 1 AGG genannten Grundes eine weniger günstige Behandlung als eine andere Person in einer vergleichbaren Situation erfährt, erfahren hat oder erfahren würde. Eine mittelbare Benachteiligung liegt nach § 3 II AGG vor, wenn dem Anschein nach neutrale Vorschriften, Kriterien oder Verfahren Personen wegen eines in § 1 AGG genannten Grundes gegenüber anderen Personen in besonderer Weise benachteiligen können, es sei denn, die betreffenden Vorschriften, Kriterien oder Verfahren sind durch ein rechtmäßiges Ziel sachlich gerechtfertigt, und die Mittel sind zur Erreichung dieses Ziels angemessen und erforderlich. So kann z. B. das Verlangen nach „akzentfreiem Deutsch" Personen wegen der ethnischen Herkunft benachteiligen, deren Muttersprache nicht Deutsch ist.[206] Zulässige unterschiedliche Behandlungen von Arbeitnehmern sind in § 8 AGG wegen beruflicher Anforderungen, in § 9 AGG wegen der Religion oder Weltanschauung sowie nach § 10 AGG wegen des Alters normiert.

---

206 Senne, D III 1a)

228 §§ 11, 12 AGG regeln die Organisationspflichten des Arbeitgebers. Zum einen darf der Arbeitgeber einen freien Arbeitsplatz nicht unter Verstoß gegen § 7 I AGG ausschreiben. So muss ein freier Arbeitsplatz grds. geschlechtsneutral angeboten werden; der Hinweis auf eine Differenzierung im Stellenangebot ist nur dann rechtmäßig, wenn die Differenzierung, z. B. bei notwendigen Qualifikationen, etwa bei der Zulassung zu bestimmten Berufen (Staatsexamen, Approbation) bzw. das Alter oder eine bestimmte Konfession rechtmäßig ist. Differenzierende Merkmale des Anforderungsprofils dürfen folglich nur genannt werden, wenn dafür einschlägige, eine Differenzierung rechtfertigende sachliche Gründe bestehen.[207]

229 § 12 AGG erweitert die Pflichten des Arbeitgebers, den Arbeitnehmer vor Benachteiligungen zu schützen. Denn § 12 II, III, IV AGG normieren, dass für den Arbeitgeber auch die Pflicht besteht, seinen Arbeitnehmer vor Benachteiligungen aus dem Mitarbeiterkreis bzw. von dritten Personen zu schützen. Eingeschränkt wird dieser weiträumige Schutz vor Benachteiligung durch § 12 II 1 AGG sowie durch den Grundsatz der Verhältnismäßigkeit. Danach kann der Arbeitgeber in geeigneter Art und Weise, insbesondere im Rahmen der beruflichen Aus- und Fortbildung, auf die Unzulässigkeit solcher Benachteiligungen hinweisen und darauf hinwirken, dass diese unterbleiben und seine Beschäftigten in geeigneter Weise zum Zwecke der Verhinderung von Benachteiligungen schulen. Dies gilt nach § 12 II 2, 2. Hs. AGG als Erfüllung seiner Nebenpflichten. Zum anderen darf die Organisationspflicht des Arbeitgebers i. S. d. Verhältnismäßigkeitsgrundsatzes nicht in einem krassen Missverhältnis gegenüber dem Schutz vor Benachteiligungen stehen.

230 Verstößt der Arbeitgeber gegen Vorschriften des Allgemeinen Gleichbehandlungsgesetzes, stehen dem Arbeitnehmer folgende Rechte zu:
– Beschwerderecht nach § 13 AGG;
– Leistungsverweigerungsrecht nach § 14 AGG;
– Materieller Schadensersatz nach § 15 I AGG;
– Immaterieller Schadensersatz nach § 15 II AGG.

231 § 15 II AGG lässt einen immateriellen Schadensersatz bei einer unangemessenen Nichtbeförderung oder bei einer Nichteinstellung zu. Die Entschädigung darf bei einer Nichteinstellung drei Monatsgehälter nicht übersteigen, wenn der oder die Beschäftigte auch bei benachteiligungsfreier Auswahl nicht eingestellt worden wäre. Lässt sich nachweisen, dass der Bewerber bei einem benachteiligungsfreien Auswahlprozess eingestellt worden wäre, kann die Entschädigung bei einer Nichteinstellung höher als drei Monatsgehälter sein.[208] Die Ansprüche aus § 15 I, II AGG müssen nach § 15 IV AGG innerhalb einer Frist von zwei Monaten schriftlich geltend gemacht werden, es sei denn, die Tarifvertragsparteien haben etwas anderes vereinbart. Die Frist beginnt im Fall einer Bewerbung oder eines beruflichen Aufstiegs mit dem Zugang der Ablehnung und in sonstigen Fällen einer Benachteiligung zu dem Zeitpunkt, in dem der oder die Beschäftigte von der Benachteiligung Kenntnis erlangt. Einen besonderen Hinweis verdient außerdem das Maßregelungsverbot nach § 16 AGG. Danach darf ein Arbeitgeber Mitarbeiter nicht wegen der Inanspruchnahme von Rechten wie dem Beschwerde- oder dem Leistungsverweigerungsrecht bzw. dem Recht auf Entschädigung und Schadensersatz oder wegen der Weigerung, eine rechtswidrige Anweisung des Arbeitgebers nicht auszuführen, benachteiligen. Dieses Maßregelungsverbot ist, kürzer formuliert, auch in § 612a BGB normiert.

---

207 Vgl. Däubler/Bertzbach/Buschmann, § 11 Rn. 8; Bauer/Krieger/Günther, § 8 Rn. 6 ff.
208 Vgl. ErfK/Schlachter, § 15 AGG Rn. 10 ff.

III. Sonstige Benachteiligungsverbote

232 Für besondere Arbeitsverhältnisse, so z. B. für befristete Arbeitsverhältnisse und für Leiharbeitsverhältnisse, sehen das Teilzeit- und Befristungsgesetz sowie das Arbeitnehmerüberlassungsgesetz weitere Benachteiligungsverbote vor. Nach § 4 TzBfG darf ein teilzeitbeschäftigter Arbeitnehmer wegen der Teilzeitarbeit nicht schlechter behandelt werden als ein vergleichbarer vollzeitbeschäftigter Arbeitnehmer, es sei denn, dass sachliche Gründe eine unterschiedliche Behandlung rechtfertigen. Einem teilzeitbeschäftigten Arbeitnehmer ist Arbeitsentgelt oder eine andere geldwerte Teilleistung mindestens in dem Umfang zu gewähren, der dem Anteil seiner Arbeitszeit an der Arbeitszeit eines vergleichbaren vollzeitbeschäftigen Arbeitnehmers entspricht. Nach § 4 II TzBfG gelten diese Verbote auch für befristet beschäftigte Arbeitnehmer. Da es der Zielsetzung von Gesetzgeber und Gesellschaft entspricht, Teilzeitarbeit zu fördern, dürfen sich aus der vertraglichen Absprache zur Teilzeitarbeit keine Benachteiligungen für den in Teilzeit oder befristet Beschäftigten ergeben. Zulässig erachtet wird eine unterschiedliche Behandlung bei der Beschränkung von Überstundenzulagen auf Mehrarbeit, da nur bei Vollzeitbeschäftigten die üblicherweise durch Tarifvertrag vereinbarte Wochenarbeitszeit überschritten wird.[209]

233 Im Rahmen der Arbeitnehmerüberlassung ist gemäß § 8 I AÜG der Verleiher verpflichtet, dem Leiharbeitnehmer für die Zeit der Überlassung an den Entleiher die im Betrieb des Entleihers für einen vergleichbaren Arbeitnehmer des Entleihers geltenden wesentlichen Arbeitsbedingungen einschließlich des Arbeitsentgelts zu gewähren (Gleichstellungsgrundsatz).

§ 6 Leistungsstörungen im Arbeitsverhältnis

Schrifttum: *Bengelsdorf*, Schadensersatz bei Nichtantritt der Arbeit, BB 1989, 2390; *Beuthien*, Lohnminderung bei Schlechtarbeit und Arbeitsverlust, ZfA 1972, 73; *Dornbusch/Ahner*, Urlaubsanspruch und Urlaubsabgeltung bei fortdauernder Arbeitsunfähigkeit des Arbeitnehmers, NZA 2009, 180; *Düwell*, Urlaubsansprüche in der Insolvenz, NZA 2008, 786; *ders.*, Elternschaft und Arbeitsrecht – Neue Entwicklungen, NZA 2009, 759; *Fabricius*, Leistungsstörungen im Arbeitsverhältnis, 1970; *Fuhlrott/Oltmanns*, Social Media im Arbeitsrecht – Der schmale Grat zwischen Meinungsfreiheit und Pflichtverletzung, NZA 2016, 785; *Kleinebrink*, Arbeitsrechtliche Sanktionen bei einem Verstoß eines Arbeitnehmers gegen Corona-Schutzvorschriften, NZA 2020, 1361; *Löwisch*, Ersatz vergeblicher Aufwendungen bei Verletzung arbeitsvertraglicher Pflichten, FS Wissmann, 2005; *Motzer*, Die positive Vertragsverletzung des Arbeitnehmers, 1982; *Richardi*, Leistungsstörung und Haftung im Arbeitsverhältnis, NZA 2002, 1004; *Scholl*, Die Unzumutbarkeit der Arbeitsleistung nach § 275 Abs. 3 BGB, JURA 2006, 283; *Schwab*, Haftung im Arbeitsverhältnis – 1. Teil: Die Haftung des Arbeitnehmers, NZA-RR 2016, 173; *Schwab*, Haftung im Arbeitsverhältnis – 2. Teil: Die Haftung des Arbeitgebers, NZA-RR 2016, 230; *Servatius*, Die Haftung des Arbeitnehmers für Nicht- und Schlechtleistung, Jura 2005, 838; *Söllner*, „Ohne Arbeit kein Lohn", AcP 167 (1967), 132; *von Stebut*, Leistungsstörungen im Arbeitsverhältnis, RdA 1985, 66; *Steinau-Steinrück/Jöris*, Corona – Das Spannungsverhältnis zwischen Arbeitsschutz und Lohnrisiko, NZA 2020, 1368; *Wilhelm*, Die Arbeitnehmerhaftung im Homeoffice, NZA 2021, 15.

I. Grundlagen

234 Der in § 611a BGB normierte Arbeitsvertrag ist ein zweiseitiges Schuldverhältnis, auf den die §§ 320 ff. BGB Anwendung finden. Somit sind die im Allgemeinen Teil des Schuldrechts des Bürgerlichen Gesetzbuches normierten Tatbestände der Leistungsstörungen wie z. B. Unmöglichkeit, Verzug oder Schlechterfüllung auch auf den Arbeitsver-

---

209 Vgl. BAG AP Nr. 1 zu § 1 TVG; vgl. zu sachlichen Gründen Laux/Schlachter/Laux, § 4 Rn. 59 ff.

trag anwendbar. Folglich sind die Situationen einer denkbaren Unmöglichkeit der Arbeitsleistung, einer möglichen Verspätung der Arbeitsleistung sowie einer mangelhaften Arbeitsleistung rechtlich genauer zu würdigen. Allerdings gehen viele spezialgesetzliche Regelungen, entweder aus dem BGB selbst, hier z. B. die §§ 614 ff. BGB, oder arbeitsrechtliche Spezialregelungen wie das Bundesurlaubsgesetz oder das Entgeltfortzahlungsgesetz den allgemeinen schuldrechtlichen Vorschriften des Bürgerlichen Gesetzbuches vor. Auch können evtl. gesetzliche Regelungen des Schuldrechts auf den Arbeitsvertrag als Dauerschuldverhältnis nicht anwendbar sein. Meist sehen arbeitsrechtliche Spezialregelungen dann Ausnahmen vom allgemeinen Leistungsstörungsrecht vor.

II. Pflichtverletzungen des Arbeitnehmers

235 Wenn der Arbeitnehmer seine Pflichten (Hauptpflicht oder Nebenpflichten) verletzt, kommt eine Reihe von Reaktionsmöglichkeiten des Arbeitgebers in Betracht:
- Klage auf Erfüllung;
- Verweigerung der Entgeltzahlung;
- Schadensersatzforderung;
- Vertragsstrafe;
- Verhängung einer Betriebsbuße;
- Erteilung einer Abmahnung;
- Ausspruch einer Kündigung.[210]

```
                    Leistungsstörungen im Arbeitsverhältnis
                    ┌──────────────────┴──────────────────┐
        • Pflichtverletzungen des            • Pflichtverletzungen des
          Arbeitnehmers                        Arbeitgebers
          – Nichterbringung der Arbeitsleistung – Keine Lohnzahlung
          – Schlechterfüllung der Arbeits-      – Keine Beschäftigung
            leistung                            – Verletzung von Nebenpflichten
          – Verletzung von Nebenpflichten         □ Fürsorgepflicht
          – Rechtsfolgen                          □ Spezielle Schutzpflichten, z. B.
            □ Klage auf Erfüllung                   nach ArbZG, JArbSchG oder
            □ Verlust des Lohns                     MuSchG
            □ Schadensersatz                      □ Förderungspflichten
            □ Mankohaftung                        □ Gleichbehandlungspflicht
            □ Betriebsbuße                        □ Gewährung von Erholungsurlaub
            □ Abmahnung                           □ Rechtsfolgen
            □ Kündigung                             ◇ Lohnzahlungsklage
                                                    ◇ Zurückbehaltungsrecht der
                                                      Arbeitsleistung
                                                    ◇ Schadensersatzansprüche
```

Abb. 10: Leistungsstörungen im Arbeitsverhältnis

236 Hauptpflicht des Arbeitnehmers ist die im Arbeitsvertrag mit dem Arbeitgeber vereinbarte Tätigkeit. Erbringt der Arbeitnehmer diese Tätigkeit überhaupt nicht oder

---

210 Vgl. Thüsing, Rn. 198 ff.

schlecht, kann er gegenüber dem Arbeitgeber eine Pflichtverletzung begehen. Auch das Außerachtlassen von Nebenpflichten kann zu einer Pflichtverletzung führen.

1. Nichterbringung der Arbeit

Kommt der Arbeitnehmer seiner vertraglichen Verpflichtung zu arbeiten nicht nach, könnte man grds. davon ausgehen, dass der Arbeitnehmer die nicht geleistete Arbeit zu einem späteren Zeitpunkt nachholen muss. Schuldrechtlich käme der Arbeitnehmer nach § 286 BGB somit in Verzug mit seiner Arbeitsleistung. Der Arbeitgeber ist allerdings darauf angewiesen, dass der Arbeitnehmer, wie vertraglich vereinbart, die bestimmte Tätigkeit zu einer bestimmten Zeit an einem bestimmten Ort mit einer bestimmten Qualität erbringt. Der Arbeitnehmer hat seine Leistung gemäß § 613 BGB persönlich zu erbringen. Somit liegt eine objektive Unmöglichkeit vor, wenn er seine Arbeitsleistung tatsächlich nicht erbringen kann.[211] Bei allen zeit- und betriebsgebundenen Arbeitsleistungen ist die Erbringung zum vereinbarten Zeitpunkt so wesentlich, dass die Verzögerung der Unmöglichkeit gleichzusetzen ist.[212] **237**

Die Erbringung der Arbeitsleistung zu einem bestimmten Zeitpunkt ist ein absolutes Fixgeschäft, so dass eine nicht erbrachte Arbeitsleistung nicht mehr nachgeholt werden kann. Ein solcher absoluter Fixcharakter der Arbeit ist nicht nur dort gegeben, wo sich aus den Gesamtumständen zwingend ergibt, dass eine Nachholung der nicht geleisteten Arbeit nicht in Betracht kommt, sondern auch überall da, wo die Nichtnachholbarkeit Vertragsinhalt, und zwar auch stillschweigender ist.[213] Das gilt auch, wenn Arbeitgeber und Arbeitnehmer im Rahmen einer Betriebsvereinbarung eine gleitende Arbeitszeit vereinbart haben, für die Kernarbeitszeit, in der die Arbeitnehmer zwingend ihre Arbeitsleistungen zu erbringen haben. Gültig ist das ebenfalls für die von den Vertragsparteien vereinbarten Arbeitszeitkonten, insbesondere bei Nacht- und Schichtarbeit: auch hier haben die Vertragsparteien feste Arbeitszeiten vereinbart, in denen der Arbeitnehmer seine Arbeitsleistung zu erbringen hat. Nichtleisten der Arbeit bedeutet somit Verwirklichung des Tatbestands der Unmöglichkeit nach § 275 BGB. **238**

Ist es dem Arbeitnehmer unmöglich oder unzumutbar, seine Arbeitsleistung zu erbringen, ist nach § 275 I-III BGB der Anspruch des Arbeitgebers auf Leistung ausgeschlossen. Der Grundsatz im Arbeitsrecht „Ohne Arbeit keinen Lohn" kommt in einer solchen Situation zur Geltung. Denn nach § 326 I 1 BGB entfällt der Anspruch auf die Gegenleistung, wenn der Schuldner nach § 275 I-III BGB nicht zu leisten braucht. Für das Arbeitsverhältnis bedeutet dies, dass der Arbeitgeber von seiner Pflicht zur Zahlung eines Arbeitsentgelts grds. vermindert für den Zeitraum befreit wird, in dem es dem Arbeitnehmer unmöglich ist, seine Arbeitsleistung zu erbringen. Ausnahmen dazu bilden § 326 II BGB, wenn der Arbeitgeber allein oder weit überwiegend für den Grund der Nichtleistung des Arbeitnehmers verantwortlich ist, §§ 615 S. 1, 326 II BGB, wenn sich der Arbeitgeber im Annahmeverzug mit der Arbeitsleistung befindet oder wenn der Arbeitgeber i. S. v. § 616 BGB trotz einer vorübergehenden Verhinderung des Arbeitnehmers das Arbeitsentgelt weiter in voller Höhe zu bezahlen hat. Es kommt also grds. darauf an, welche Vertragspartei bei einem Arbeitsverhältnis die Unmöglichkeit zu vertreten hat. **239**

---

211 Wörlen/Kokemoor, Rn. 110
212 Siehe auch Beuthien, Das Nachleisten versäumter Arbeit, RdA 1972, 20, 22; Stoffels, Der Vertragsbruch des Arbeitnehmers, S. 107 ff.; dagegen von Stebut, Leistungsstörungen im Arbeitsverhältnis, RdA 1985, 66, 68
213 ErfK/Preis, § 611a BGB, Rn. 675 ff.

2. Schlechterfüllung der Arbeit

240 Im Gegensatz zum Kaufvertrags- und Werksvertragsrecht, bei denen für die Schlechterfüllung die §§ 434, 435 BGB bzw. § 633 BGB maßgeblich sind, fehlen derartige gesetzliche Regelungen beim Dienstvertrag. Grund ist, dass ein Dienstvertrag nach § 611 BGB, somit auch der Arbeitsvertrag, nicht an einen bestimmten Erfolg geknüpft ist. Eine unterdurchschnittliche Arbeitsleistung zieht somit grds. keine rechtlichen Konsequenzen nach sich, es sei denn, dem Arbeitnehmer unterlaufen nicht unwesentliche Fehler, wie z. B. bei der Falschberatung von Bankkunden über Finanzdienstleistungsprodukte, die unsachgemäße Reparatur eine Heizungsanlage in Wohn- oder Betriebsgebäuden oder falsche Arbeitsentgeltabrechnungen für die Mitarbeiter aufgrund eines fehlerhaften Rechnungswesens im Unternehmen. Zwar schuldet der Arbeitnehmer keine erfolgreiche Tätigkeit, er schuldet aber eine Tätigkeit mit höchster Sorgfalt. Insofern handelt es sich bei der Schlechterfüllung der Arbeitsleistung ebenfalls um eine Pflichtverletzung des Arbeitnehmers i. S. v. § 280 I BGB, aus der sich für den Arbeitgeber somit ein Schadensersatzanspruch ergeben kann.

3. Verletzung von Nebenpflichten

241 Auch bei der Verletzung von Nebenpflichten erfüllt der Arbeitnehmer den Tatbestand der Pflichtverletzung nach § 280 BGB. Dabei kann es sich um leistungsbezogene Nebenpflichten handeln, deren Erfüllung nur im Zusammenhang mit der Arbeitsleistung möglich sind, z. B. die während der Arbeitszeit vorzunehmende Dokumentation der Modalitäten des Arbeitsvorgangs, deren Erfüllung mit der Nichtvornahme unmöglich wird.[214] Pflichtverletzungen von Nebenpflichten umfassen aber insbesondere auch Schutz- und Rücksichtnahmepflichten aus § 241 II BGB. Voraussetzung ist, dass der Arbeitnehmer die Pflichtverletzung zu vertreten hat.

4. Rechtsfolgen bei Pflichtverletzungen des Arbeitnehmers

242 Die Rechtsfolgen für die Nichterbringung der Arbeitsleistung, für die Schlechterfüllung der Arbeit oder die Nichterfüllung von Nebenpflichten sind sehr unterschiedlich. Grundvoraussetzung für etwaige Ansprüche des Arbeitgebers ist, dass der Arbeitnehmer sein Verhalten i. S. d. § 276 BGB zu vertreten hat.

243 **a) Klage auf Erfüllung der Arbeitsleistung.** Nach §§ 2 I Nr. 3a, V, 46 ff. ArbGG i. V. m. § 13 GVG besteht für den Arbeitgeber die Möglichkeit, den Arbeitnehmer auf Erfüllung seiner Arbeitspflicht vor dem Arbeitsgericht zu verklagen. Da es sich bei der Arbeitsleistung i. S. v. § 613 BGB um eine unvertretbare Handlung des Arbeitnehmers handelt, ist eine Zwangsvollstreckung nach § 888 III ZPO nicht möglich. Eine Klage auf Erbringung einer unvertretbaren Arbeitsleistung ist jedoch zulässig, da § 888 III ZPO eine hierauf ergehende Verurteilung voraussetzt, die den Arbeitnehmer klärend und nachdrücklich auf seine Arbeitspflicht hinweist.[215] Einstweiliger Rechtsschutz wird dem Arbeitgeber über § 62 II ArbGG i. V. m. §§ 935 ff. ZPO in arbeitsrechtlichen Rechtsstreitigkeiten gewährt. Als Ergebnis kann eine sog. Leistungsverfügung gegenüber dem Arbeitnehmer mit der Aufforderung erlassen werden, unverzüglich seine Arbeitstätigkeit zu erbringen.

244 **b) Verlust des Anspruchs auf Arbeitsentgelt.** Erbringt der Arbeitnehmer seine Arbeitsleistung nicht, wird der Arbeitgeber grds. nach § 326 I BGB von der Zahlung des Arbeitsentgelts für die Dauer der Nichtleistung befreit. Ob der Arbeitnehmer die Nichtleistung zu vertreten hat oder nicht, ist unbedeutend. Er verliert grds. seinen Vergütungsanspruch, ob er nun wegen Unlust einen Tag nicht zu Arbeit erscheint, sich wegen eines Getriebeschadens an seinem PKW verspätet, wegen eines Unwetters, z. B.

---

214 Vgl. zu § 280 I BGB: MH1/Reichold, § 43 Rn. 65
215 Dütz/Thüsing, Rn. 188a; Waltermann, Rn. 178

Eisglätte oder Windbruch, den Weg zur Arbeit nicht antreten kann oder durch einen rechtmäßigen Streik an seiner Arbeitsleistung gehindert wird. Nur wenn der Arbeitgeber i. S. d. §§ 615 S. 1, 326 II BGB allein oder weit überwiegend für die Nichtleistung des Arbeitnehmers verantwortlich ist, steht dem Arbeitnehmer der Vergütungsanspruch weiterhin in vollem Umfang zu.

c) **Schadensersatz.** Begeht der Arbeitnehmer im Rahmen des Arbeitsverhältnisses eine Pflichtverletzung, welche er zu vertreten hat, und entsteht daraus ein Schaden für den Arbeitgeber, kann der Arbeitnehmer zum Schadensersatz verpflichtet sein. Die Beweislast, dass der Arbeitnehmer die Pflichtverletzung zu vertreten hat, obliegt nach § 619a BGB dem Arbeitgeber. § 619a BGB ist daher als lex specialis gegenüber § 280 I 2 BGB anzusehen. Insofern steht dem Arbeitgeber ein Anspruch auf Schadensersatz gegenüber dem Arbeitnehmer bei Nichterbringung der Arbeitsleistung nach § 280 I BGB nur dann zu, wenn der Arbeitnehmer die Nichtleistung zu vertreten hat. Den Maßstab für den Umfang des Schadensersatzanspruchs bilden §§ 249 ff. BGB. Die Nichtleistung des Arbeitnehmers kann zur Folge haben, dass der Arbeitgeber mit Arbeitskollegen Mehrarbeit vereinbart, welche dann höhere Überstundenvergütungen bezahlt werden müssen. Auch Kosten für eine Ersatzkraft, so z. B. bei der Verwendung von Personal eines Zeitarbeitsunternehmens, kann zu Mehrkosten führen, welche der Arbeitgeber auf den nicht leistenden und daher zum Schadenersatz verpflichteten Arbeitnehmer abwälzen möchte. **245**

Wird die Tätigkeit des vertragsbrüchigen Arbeitnehmers hingegen vom Arbeitgeber selbst oder von anderen Arbeitnehmern während der normalen Arbeitszeit erledigt, könnte man die Meinung vertreten, dass ein wirklicher Schaden nicht eingetreten sei; es wäre jedoch unbillig, wenn der Arbeitgeber keinen Ersatzanspruch hätte, obwohl er mehr getan hat, als § 254 II BGB voraussetzt.[216] Das Bundesarbeitsgericht geht in einem solchen Fall davon aus, dass dem Arbeitgeber eine angemessene Vergütung für seine eigene Arbeitsleistung bzw. den anteiligen Lohn der aushelfenden Arbeitnehmer als Schaden gegenüber dem vertragsbrüchigen Arbeitnehmer zusteht; in Anrechnung zu bringen ist allerdings die Ersparnis durch den Entfall der Arbeitsentgeltzahlung an den Arbeitnehmer, der seine Arbeitsleistung nicht erbracht hat.[217] **246**

Auch eine Schlechterfüllung der Arbeitsleistung ist vom Arbeitgeber nach § 619a BGB zu beweisen. Bei der Schlechterfüllung handelt es sich wiederum um eine Pflichtverletzung des Arbeitnehmers,[218] so dass sich Schadensersatzansprüche des Arbeitgebers gegenüber dem Arbeitnehmer aus § 280 I BGB ergeben können, wenn er seine Arbeitsleistung mangelhaft erbringt. Daneben können auch Schadensersatzansprüche aus Delikt nach §§ 823 ff. BGB vorliegen, wenn der Arbeitnehmer, z. B. aufgrund mangelnder Sorgfalt, das Eigentum des Arbeitgebers beschädigt. Verletzt der Arbeitnehmer eine Nebenpflicht, kann der Arbeitgeber Schadensersatzansprüche aus §§ 280 I, III, 283 BGB geltend machen. Nach § 619a BGB obliegt auch hier dem Arbeitgeber die Beweislast, dass der Arbeitnehmer die Nebenpflichtverletzung zu vertreten hat. Daneben können Schadensersatzansprüche aus § 823 BGB in Idealkonkurrenz bestehen. **247**

Neben eventuellen Schadensersatzansprüchen kann dem Arbeitgeber zusätzlich das Recht auf Kündigung entweder nach §§ 620 II, 626 BGB oder sogar aus § 326 V BGB zustehen. Zwar steht dem Gläubiger nach § 326 V BGB wortwörtlich nur ein Rücktrittsrecht zu, wenn der Arbeitnehmer nach § 275 I–III BGB nicht zu leisten braucht. Für Dauerschuldverhältnisse wird ein solches Rücktrittsrecht aber als Kündigungsrecht an- **248**

---

216 Dütz/Thüsing, Rn. 194
217 Vgl. BAG DB 1970, 1645, 1646
218 Vgl. Schade, Rn. 255

gesehen, das § 313 III 2 BGB bei der Störung der Geschäftsgrundlage im Rahmen von Dauerschuldverhältnissen zum Ausdruck bringt: an die Stelle des Rücktrittsrechts tritt für Dauerschuldverhältnisse das Recht zur Kündigung. Untermauert wird dies auch durch § 314 II 2 BGB. Zwar ist die Kündigung wegen einer Pflichtverletzung erst nach erfolglosem Ablauf einer zur Abhilfe bestimmten Frist oder nach erfolgloser Abmahnung zulässig; § 314 II 2 BGB verweist allerdings auf § 323 II BGB, nach dem eine Fristsetzung entbehrlich ist, wenn z. B. der Schuldner die Leistung zu einem im Vertrag bestimmten Termin oder innerhalb einer bestimmten Frist nicht bewirkt.

249 **d) Mankohaftung.** Mankohaftung bedeutet, dass der Arbeitnehmer für Fehlbestände, z. B. bei Kassenbeständen oder Warenlagern, aufzukommen hat. Rechtsgrundlage kann der Arbeitsvertrag sein, in dem Arbeitgeber und Arbeitnehmer eine Mankoabrede vereinbart haben. Eine solche Mankoabrede umfasst Vereinbarungen über den Haftungsmaßstab sowie Beweislastbestimmungen.[219] Nach § 619a BGB gilt auch bei der Mankohaftung grds. die Beweislast des Arbeitgebers. Handelt es sich allerdings um einen Arbeitsbereich, den der Arbeitnehmer weitestgehend selbst kontrolliert, ist er zur Aufklärung verpflichtet, ob er z. B. den Fehlbetrag in der Kasse nach der abendlichen Abrechnung zu vertreten hat oder nicht. Das Bundesarbeitsgericht hält eine Mankoabrede nur dann für zulässig, wenn sie Arbeitsbereiche betrifft, die der Arbeitnehmer kontrollieren kann und eine angemessene Gegenleistung in Form eines Mankogeldes oder eines erhöhten Gehalts vorsehen.[220] Nach Ansicht des Bundesarbeitsgerichts ist eine Mankoabrede somit nur dann wirksam, wenn der Arbeitnehmer ein zusätzliches Mankoentgelt erhält und die Haftung auf die Summe der in einem bestimmten Zeitraum gezahlten Mankogelder beschränkt ist.[221]

250 **e) Betriebsbuße.** Die Betriebsbuße ist ein übliches und probates Mittel für den Arbeitgeber, Verstöße gegen die betriebliche Ordnung zu sanktionieren. Bei den Verfehlungen des Arbeitnehmers handelt es sich eher um leichtere Pflichtverletzungen. Folglich wäre die Geltendmachung von Schadensersatzansprüchen, insbesondere die Durchsetzung auf dem Klageweg, völlig unverhältnismäßig. Die Betriebsbuße soll dazu führen, dass sich der Arbeitnehmer vertragsgemäß verhält. Rechtsgrundlage bildet eine vom Arbeitgeber mit Zustimmung des Betriebsrats eingeführte Betriebsbußen-Ordnung, welche zur Anwendung kommt, wenn der Arbeitnehmer gegen die Betriebsordnung des Betriebs verstößt. Die Verhängung von Betriebsbußen erfolgt meist in einem gerichtsähnlichen Verfahren, das rechtsstaatlichen Anforderungen (rechtliches Gehör, Zulassung einer Vertretung) genügen muss, wobei das Mitbestimmungsrecht des Betriebsrats auch die Verhängung der Buße im Einzelfall umfasst.[222] Unwirksam ist eine Betriebsbuße, die ein Arbeitgeber ohne die Mitwirkung des Betriebsrats erlässt.[223]

251 **f) Abmahnung.** Die Abmahnung kommt in der Praxis häufig vor. In einer Abmahnung bringt der Arbeitgeber seine Missbilligung für ein vertragswidriges Verhalten des Arbeitnehmers zum Ausdruck; zugleich droht er Rechtsfolgen für die Zukunft an, sofern das missbilligte Verhalten nicht geändert wird.[224] Sie wird auch als Gläubigerrecht des Arbeitgebers, den Arbeitnehmer zu vertragsgerechtem Verhalten anzuhalten, angesehen.[225] Der Abmahnung liegen folgende Funktionen zugrunde:
– Hinweisfunktion auf die Verfehlungen des Arbeitnehmers;

---

219 Vgl. Dütz/Thüsing, Rn. 202
220 Vgl. BAG AP Nr. 3 zu § 611 BGB, Mankohaftung; dazu Wörlen/Kokemoor, Rn. 174
221 Vgl. BAG NZA 2000, 715, 716; vgl. Henssler/Krause, § 619a BGB Rn. 52
222 Vgl. Dütz/Thüsing, Rn. 210
223 Vgl. BAG NZA 1990, 193, 194
224 Vgl. Dütz/Thüsing, Rn. 213; siehe dazu BAG NZA 1985, 124, 125
225 Vgl. ErfK/Niemann, § 626 BGB, Rn. 29a

- Ermahnungsfunktion zu pflichtgemäßem Verhalten in der Zukunft;
- Androhungs- bzw. Warnfunktion, dass für den Wiederholungsfall mit einer Kündigung zu rechnen ist;
- Dokumentationsfunktion, dass das fehlerhafte Verhalten des Arbeitnehmers festgehalten wird.[226]

Bereits an die formale Voraussetzung einer Abmahnung werden hohe Anforderungen gestellt.[227] Die Abmahnung hat zwar nicht die ausdrückliche Androhung der Kündigung zu enthalten; sie muss aber doch erkennen lassen, dass weitere Pflichtverletzungen den Inhalt oder den Bestand des Arbeitsverhältnisses gefährden (sog. Warnfunktion).[228] Mit der Abmahnung muss der Arbeitgeber den Arbeitnehmer deutlich und ernsthaft ermahnen und auffordern, ein genau bezeichnetes Fehlverhalten zu ändern bzw. aufzugeben. Dies wird als sog. Rügefunktion der Abmahnung bezeichnet.[229] Eine Mitwirkungspflicht des Betriebsrats zur Abgabe der Abmahnung an den Arbeitnehmer besteht nicht.[230] Außerdem wird die Androhungs- bzw. Warnfunktion der Abmahnung durch den Arbeitgeber aufgehoben, wenn der Arbeitgeber nach Androhung der Kündigung „keine Taten folgen lässt", d. h. die Kündigung nicht in die Tat umsetzt; somit handelt es sich um eine sog. leere Drohung, eine „entwertete" Abmahnung.[231] Abmahnungsgründe können das unentschuldigte Fernbleiben vom Arbeitsplatz, der mehrfach verspätete Beginn der Arbeitstätigkeit, das verspätete Einreichen eines ärztlichen Attests bei Krankheit oder eine Verletzungshandlung gegenüber einem Mitarbeiter sein.

252

Eine Abmahnung reicht für eine verhaltensbedingte Kündigung grds. aus. Das hat zur Folge, dass eine verhaltensbedingte Kündigung i. S. v. § 1 II 1 KSchG ohne eine vorherige Abmahnung unwirksam ist; sie wird als sozial ungerechtfertigt angesehen. Nicht nur dem Arbeitgeber gegenüber dem Arbeitnehmer, auch dem Arbeitnehmer steht das Recht der Abmahnung gegenüber dem Arbeitgeber zu.[232] Sie ist z. B. für den Arbeitnehmer vor einer außerordentlichen Kündigung dann verpflichtend auszusprechen, wenn er etwa unzumutbare Bedingungen am Arbeitsplatz darlegt.[233] Sowie der Arbeitnehmer nach einer erhaltenen Abmahnung sein Verhalten im Betrieb zu ändern hat, so soll die vom Arbeitnehmer ausgesprochene Abmahnung dem Arbeitgeber die Möglichkeit verschaffen, Missstände im Betrieb zu beseitigen, bevor dem Arbeitnehmer Rechte zustehen, die den Betrieb noch negativer beeinflussen.

253

III. Pflichtverletzungen des Arbeitgebers

Aus dem Arbeitsvertrag ergeben sich für den Arbeitgeber Hauptpflichten und Nebenpflichten. Hauptpflichten sind die Pflicht zur Entgeltzahlung sowie zur Beschäftigung; Nebenpflichten können z. B. Förderungspflichten sein.

254

1. Verletzung von Hauptpflichten

a) **Lohnzahlungspflicht.** Zahlt der Arbeitgeber an den Arbeitnehmer keinen Lohn, erfüllt der Arbeitgeber eine Hauptpflicht aus dem Arbeitsvertrag gegenüber dem Arbeitnehmer nach § 611a II BGB nicht. Die Fälligkeit der Vergütung regelt grds. § 614 BGB;

255

---

226 Siehe dazu ausführlich Dütz/Thüsing, Rn. 213
227 Lieb/Jacobs, Rn. 359; Bedenken dagegen äußert Walker, Fehlentwicklungen bei der Abmahnung im Arbeitsrecht, NZA 1995, 601, 605
228 Wörlen/Kokemoor, Rn. 176
229 Wörlen/Kokemoor, Rn. 176; Ascheid/Dörner, § 1 KSchG Rn. 430b
230 Vgl. BAG NZA 1990, 193, 194
231 Vgl. BAG NZA 2005, 459, 461
232 Vgl. Schaub/Linck, § 132 Rn. 8
233 Vgl. Wörlen/Kokemoor, Rn. 178

üblicherweise finden sich Regelungen entweder im Arbeitsvertrag selbst, im Tarifvertrag oder in einer Betriebsvereinbarung. Zahlt der Arbeitgeber das Arbeitsentgelt nicht fristgemäß, befindet er sich nach § 286 BGB im Verzug. Einer Mahnung des Arbeitnehmers gegenüber dem Arbeitgeber auf Entgeltzahlung bedarf es nach § 286 II Nr. 1 BGB nicht, da der Arbeitgeber die Zahlung üblicherweise zu einem festen Termin bewirken muss. Dem Arbeitnehmer steht dann ein Schadensersatzanspruch aus §§ 280 I, II, 286 BGB zu. Allerdings kann ein Arbeitnehmer nicht die Verzugspauschale in Höhe von 40,- Euro des § 288 V 1 BGB geltend machen, da § 12a ArbGG die Erstattung sowohl prozessualer als auch materiell-rechtlicher Kostenerstattungsansprüche ausschließt.[234] Der Arbeitnehmer kann aber nach §§ 2 I Nr. 3a, V, 46 ff. ArbGG, §§ 495, 253 ff. ZPO eine Lohnzahlungsklage gegen den Arbeitgeber anstrengen.

256 b) **Beschäftigungspflicht.** Zweite Hauptpflicht des Arbeitgebers gegenüber dem Arbeitnehmer ist die Beschäftigungspflicht. Die tatsächliche Nichtbeschäftigung des Arbeitnehmers stellt daher eine Arbeitsvertragsverletzung dar, weil dem Arbeitgeber keine einseitige Gestaltungsmacht zur bezahlten Freistellung des Arbeitnehmers zusteht.[235] Nach der Rechtsprechung des Bundesarbeitsgericht reicht es für den Arbeitnehmer nicht aus, dass dieser vom Arbeitgeber zwar das Arbeitsentgelt erhält, eine Beschäftigung des Arbeitnehmers in der im Arbeitsvertrag vereinbarten Art und Weise aber nicht stattfindet.[236] Der Arbeitnehmer soll dadurch nicht nur in die Lage versetzt werden, sich seine Fertigkeiten zu erhalten und eventuell neue hinzuzuerwerben; er soll auch die in der Arbeit liegende, mitunter einzige wesentliche Möglichkeit der Persönlichkeitsverwirklichung nützen können.[237] Der Anspruch auf Beschäftigung geht allerdings dann unter, wenn der Betrieb bzw. Betriebsteile stillgelegt werden, Auftragseingänge aufgrund einer Wirtschaftsschwäche ausbleiben, welche den Grund für einen Beschäftigungsmangel darstellen, oder durch strafbare Handlungen des Arbeitnehmers, wie z. B. Diebstahl oder Körperverletzung, welche ebenfalls zu einer Beschäftigungslosigkeit des Arbeitnehmers führen. Daneben ist der Arbeitgeber nach § 629 BGB verpflichtet, dem Arbeitnehmer nach der Kündigung eines dauernden Arbeitsverhältnisses auf Verlangen eine angemessene Zeit zum Aufsuchen eines anderen Arbeitsverhältnisses zu gewähren.

2. Verletzung von Nebenpflichten

257 Für den Arbeitgeber ergeben sich gegenüber dem Arbeitnehmer bedeutende arbeitsvertragliche Nebenpflichten. Dabei handelt es sich insbesondere um Schutz- und Förderungspflichten sowie um Fürsorgepflichten im Gegensatz zu den Treuepflichten des Arbeitnehmers. Dazu kommen Nebenpflichten zur Gewährung von Erholungsurlaub, Bildungsurlaub oder Elternzeit sowie evtl. zwischen Arbeitgeber und Arbeitnehmer besonders vereinbarte Nebenpflichten.

258 a) **Fürsorgepflicht.** Die Fürsorgepflicht des Arbeitgebers gegenüber seinem Arbeitnehmer entspricht der Treuepflicht des Arbeitnehmers gegenüber seinem Arbeitgeber. Der Arbeitnehmer vertraut sein Schicksal, insbesondere seine wirtschaftliche Existenz, dem Arbeitgeber zu einem Zeitpunkt an, zu dem er den Arbeitsvertrag mit dem Arbeitgeber abschließt. Dieses uneingeschränkte Vertrauen gegenüber dem Arbeitgeber hat dieser durch eine umfassende Fürsorgepflicht gegenüber seinem Arbeitnehmer zu erwidern. Unter die Fürsorgepflicht des Arbeitgebers fallen zum einen die Schutz- und Förderungspflichten; zum anderen geht die Fürsorgepflicht des Arbeitgebers über Schutz- und Förderungspflichten weiter hinaus. Ein fürsorglicher Arbeitgeber hat nicht nur den

---

234 BAG NJW 2019, 2193
235 Vgl. Dütz/Thüsing, Rn. 182
236 Vgl. BAG AP Nr. 2 zu § 1 BetrAVG, Auskunft; BAG AP Nr. 99 zu § 611 BGB, Fürsorgepflicht; BAG AP Nr. 2 zu § 2 SGB III
237 Dauner-Lieb/Langen/Klappstein, § 611a BGB, Rn. 80

Arbeitnehmer selbst, sondern eventuell auch dessen Familie im Blick, z. B., wenn der Arbeitgeber seinen Arbeitnehmer und dessen Familie finanziell durch ein Arbeitgeberdarlehen zu günstigeren Konditionen als durch eine Darlehensaufnahme bei einem Kreditinstitut fördert. Des Weiteren hat der Arbeitgeber einen Arbeitnehmer zu unterstützen, der sich im Betrieb dem sog. Mobbing von anderen Arbeitnehmern ausgesetzt sieht. Eine weitere Möglichkeit ist die Zurverfügungstellung evtl. vorhandener Werkswohnungen an Arbeitnehmer mit kinderreichen Familien zu einem besonders günstigen Mietzins.

b) Schutzpflichten. Nach § 618 I BGB, § 62 I HGB hat der Arbeitgeber Betrieb, Arbeitsmittel und Arbeitsablauf so zu gestalten, dass der Arbeitnehmer vor Gefahren für Leben und Gesundheit sowie nach den Umständen und insbesondere nach der Art der Arbeitsleistung möglichst geschützt ist. In verschiedenen Arbeitsschutzgesetzen, so z. B. im Arbeitszeitgesetz, im Jugendarbeitsschutzgesetz oder im Mutterschutzgesetz werden die Schutzpflichten des Arbeitgebers zusätzlich konkretisiert. Neben einer vertraglichen Haftung des Arbeitgebers gegenüber seinem Arbeitnehmer aus § 280 I BGB besteht gemäß § 618 III BGB auch eine deliktische Haftung des Arbeitgebers gegenüber dem Arbeitnehmer. Neben der Pflicht des Arbeitgebers zum Schutz von Leben und Gesundheit des Arbeitnehmers besteht nach § 83 I BetrVG außerdem ein Anspruch des Arbeitnehmers auf Schutz von persönlichen Belangen, so z. B. die Sicherheit von personenbezogenen Daten gegen Missbrauch, ebenso die Pflicht zur Sorge für eingebrachte Sachen und das Vermögen des Arbeitnehmers. Der Arbeitgeber hat gegenüber dem Arbeitnehmer dafür zu sorgen, dass die Vermögensgegenstände, die der Arbeitnehmer notwendigerweise in den Betrieb mitzubringen hat, dort unter Verschluss verwahrt werden können.[238] Des Weiteren hat der Arbeitgeber die ordnungsmäßige Anmeldung des Arbeitnehmers zur Sozialversicherung und Steuer durchzuführen sowie für die Abführung der Beiträge zu sorgen.[239] **259**

c) Förderungspflichten. Aus dem Arbeitsverhältnis ergeben sich Förderungspflichten für den Arbeitgeber gegenüber seinem Arbeitnehmer. **260**

Zu den Förderungspflichten des Arbeitgebers gehören zum einen die Erteilung eines schriftlichen Zeugnisses nach § 109 GewO. Zu unterscheiden sind das einfache Zeugnis nach § 109 I 2 GewO sowie das qualifizierte Zeugnis nach § 109 I 3 GewO, welches auf Verlangen des Arbeitnehmers vom Arbeitgeber auszustellen ist.[240] Zum anderen kann für den Arbeitgeber die Notwendigkeit bestehen, einen Arbeitnehmer trotz eines beendeten Arbeitsverhältnisses wieder einzustellen, insbesondere dann, wenn die Kündigung gegenüber dem Arbeitnehmer unrechtmäßig war und die Weiterbeschäftigung den Arbeitnehmer rehabilitiert,[241] bzw., wenn dem Arbeitnehmer wirksam aus betrieblichen Gründen gekündigt worden war, der Grund für die betriebsbedingte Kündigung nachträglich aber noch vor Beendigung des Arbeitsverhältnisses entfallen war.[242] **261**

d) Gleichbehandlungspflicht. Der Arbeitgeber hat seine Arbeitnehmer grds. gleich zu behandeln. Es besteht somit ein Diskriminierungsverbot gegenüber einzelnen Arbeitnehmern. Artt. 19, 157 AEUV haben auf supranationaler Ebene Kriterien aufgestellt, nach denen eine Diskriminierung der Arbeitnehmer im Betrieb untersagt ist. Daneben regelt das Grundgesetz in Art. 9 III 2 GG, dass die Einschränkung oder Behinderung **262**

---

238 Dütz/Thüsing, Rn. 181
239 Vgl. Wörlen/Kokemoor, Rn. 205
240 Siehe dazu Rn. 219
241 Vgl. dazu BAG AP Nr. 3 zu § 611 BGB, Fürsorgepflicht; BAG, AP Nr. 4 zu § 611 BGB, Fürsorgepflicht; m. Anm. Lorenz
242 Befürwortend LAG Hamburg DB 1991, 1180; ebenso vom Stein, Wiedereinstellungsanspruch des Arbeitnehmers bei Fehlprognose des Arbeitgebers? RdA 1991, 85, 87 u. 90

des Rechts zur Wahrung und Förderung der Arbeits- und Wirtschaftsbedingungen Vereinigungen zu bilden, z. B. Gewerkschaften, nichtig sind und die Zugehörigkeit zu einer Gewerkschaft nicht zu einer Diskriminierung führen darf. Dieser Grundsatz wird durch § 612a BGB unterstrichen. Danach darf der Arbeitgeber einen Arbeitnehmer bei einer Vereinbarung oder Maßnahme nicht beeinträchtigen, weil der Arbeitnehmer in zulässiger Weise seine Rechte ausübt.

263 Besondere Bedeutung hat das Diskriminierungsverbot durch die Einführung des Allgemeinen Gleichbehandlungsgesetzes (AGG) erfahren. Nach § 1 AGG ist es Ziel des Gesetzes, Benachteiligungen aus Gründen der Rasse oder der ethnischen Herkunft, des Geschlechts, der Religion oder der Weltanschauung, einer Behinderung, des Alters oder der sexuellen Identität zu verhindern oder zu beseitigen. § 7 AGG regelt, dass Beschäftigte nicht wegen eines in § 1 AGG genannten Grundes benachteiligt werden dürfen. Nach § 7 II, III AGG sind einerseits Bestimmungen in Vereinbarungen, die gegen das Benachteiligungsverbot verstoßen, unwirksam; andererseits führt eine Benachteiligung durch Arbeitgeber oder Beschäftigte zu einer Verletzung vertraglicher Pflichten. Eine Benachteiligung i. S. d. AGG liegt z. B. vor bei einer Schlechterbehandlung von Frauen gegenüber Männern[243] bzw. auch umgekehrt, bei einer Ungleichbehandlung von Teilzeitbeschäftigten gegenüber Vollzeitbeschäftigten, bei Arbeitnehmern mit Behinderung gegenüber gesunden Arbeitnehmern oder bei einer Diskriminierung aufgrund der Staatsangehörigkeit, der Rasse oder der ethnischen Herkunft. Ansprüche des durch die Diskriminierung benachteiligten Arbeitnehmers können sich aus §§ 15, 21 AGG ergeben.

264 Ergänzt wird das Benachteiligungsverbot des AGG durch den allgemeinen arbeitsrechtlichen Gleichbehandlungsgrundsatz. Die Pflicht des Arbeitgebers, die Arbeitnehmer eines Betriebs gleich zu behandeln, verbietet eine unsachliche Benachteiligung einzelner oder mehrerer Arbeitnehmer.[244] Ebenfalls verstößt eine sachfremde Gruppenbildung gegen den Gleichbehandlungsgrundsatz.[245] Dabei gilt der Gleichbehandlungsgrundsatz nicht nur dann, wenn es sich um eine Maßnahme des Arbeitgebers handelt, die sich günstig für den Arbeitnehmer auswirkt; auch ungünstige Maßnahmen müssen im Rahmen des allgemeinen Gleichbehandlungsgrundsatzes für alle Arbeitnehmer eines Betriebs bestimmt sein. Beispiele können z. B. die Anordnung von Kurzarbeit, die Kürzung des Weihnachtsgeldes oder die Streichung von Zulagen sein; positiv auswirken können sich Gehaltserhöhungen bzw. zusätzliche Urlaubstage. Zu beachten hat der Arbeitgeber den allgemeinen arbeitsrechtlichen Gleichbehandlungsgrundsatz auch im Rahmen seines Weisungsrechts nach § 106 GewO. Zwar kann der Arbeitgeber Inhalt, Ort und Zeit der Arbeitsleistung nach billigem Ermessen näher bestimmen, soweit diese Arbeitsbedingungen nicht durch den Arbeitsvertrag, Bestimmungen einer Betriebsvereinbarung, eines anwendbaren Tarifvertrages oder durch gesetzliche Vorschriften festgelegt sind. Das billige Ermessen darf aber nicht dazu führen, dass die Weisung einzelne Arbeitnehmer bzw. Arbeitnehmergruppen ungleich behandelt.

265 Werden Arbeitnehmer bzw. Arbeitnehmergruppen ungleich behandelt und führt dies zu einem Verstoß gegen den allgemeinen arbeitsrechtlichen Gleichbehandlungsgrundsatz, so ist zu unterscheiden, ob die Ungleichbehandlung in der Vergangenheit stattgefunden hat bzw. in der Zukunft stattfinden wird. Grundsätzlich wird davon ausgegangen, dass eine Ungleichbehandlung in der Vergangenheit nicht mehr geheilt werden

---

243 Dazu lesenswert: Stangel-Meseke/Staudt, Genderfaire Personalauswahl: Modellprojekt zur Verbesserung der Chancengleichheit von Frau und Mann in der Personalauswahl, in: Grenkova/Abele (Hrsg.), Lernen und Entwicklung im globalen Kontext, 2008, S. 17 ff.
244 Vgl. ErfK/Preis, § 611a BGB, Rn. 574 ff.
245 Vgl. BAG NZA 2007, 221, 222

kann, weil den Arbeitnehmern, die im Gegensatz zu anderen Arbeitnehmern desselben Betriebs begünstigt wurden, diese Vergünstigungen nicht mehr entzogen werden können. Werden dagegen nur einzelne Arbeitnehmer benachteiligt, sollen nach älterer Rechtsprechung des Europäischen Gerichtshofs diese einen nachträglichen Anspruch auf die vorenthaltene Vergünstigung haben; insofern soll ihnen eine „Anpassung nach oben" zustehen.[246] Allerdings hat der Europäische Gerichtshof sodann darauf verwiesen, dass es auch dem Grundsatz der Gleichbehandlung entspricht, die Vergünstigungen für ein Geschlecht auf das Niveau des benachteiligten Geschlechts abzusenken.[247] Weiterhin lässt der Europäische Gerichtshof eine Unterscheidung zwischen Arbeitsgruppen und einzelnen Arbeitnehmern bei der unterschiedlichen Behandlung von nachträglichen Vergünstigungen nicht zu; er hält bei diskriminierenden Anspruchsausschlüssen, z. B. zusätzliche Anspruchsvoraussetzungen für Witwenpensionen, den Ausschluss für unanwendbar.[248]

266 Verstößt die vom Arbeitgeber aufgestellte Regelung in der Zukunft gegen den allgemeinen arbeitsrechtlichen Gleichbehandlungsgrundsatz, so ist diese nach § 134 BGB nichtig. Der Arbeitgeber hat somit eine neue, diskriminierungsfreie Regelung unter Beachtung der Gleichbehandlung aller Arbeitnehmer zu treffen. Er muss dann bei einer geldlichen Vergünstigung dasjenige Volumen, das er bislang zur Verfügung gestellt hat, unter Berücksichtigung des Gleichbehandlungsgebotes nach der sog. „Topftheorie" neu verteilen.[249]

267 Zur Durchsetzung des Gebots der gleichen Entlohnung für Frauen und Männer ist auch am 6.7.2017 das Entgelttransparenzgesetz in Kraft getreten. Gemäß § 3 I EntgTranspG ist bei gleicher oder gleichwertiger Arbeit eine unmittelbare oder mittelbare Benachteiligung wegen des Geschlechts im Hinblick auf sämtliche Entgeltbestandteile und Entgeltbedingungen verboten. § 3 II bzw. III EntgTranspG definieren, wann eine unmittelbare bzw. mittelbare Benachteiligung vorliegt. Gemäß § 10 I EntgTranspG haben Beschäftigte in Betrieben mit in der Regel mehr als 200 Arbeitnehmern zur Überprüfung der Einhaltung des Entgeltgleichheitsgebots einen Auskunftsanspruch nach Maßgabe der §§ 11–16 EntgTranspG. Des Weiteren existiert die Möglichkeit eines betrieblichen Prüfverfahrens gemäß §§ 17 ff. EntgTranspG bzw. auch die Verpflichtung für nach §§ 264, 289 HGB berichtspflichtige Arbeitgeber, in regelmäßigen Abständen einen Bericht zur Gleichstellung und Entgeltgleichheit zu erstellen (vgl. § 21 f. EntgTranspG). Auch arbeitnehmerähnliche Beschäftigte wie freie Mitarbeiter und Mitarbeiterinnen können dabei in den Anwendungsbereich des EntgTranspG fallen.[250] Soweit der Arbeitgeber die Auskunftsansprüche der Arbeitnehmer beantwortet, steht dem Betriebsrat kein Einsichts- und Auswerterecht gemäß § 13 II 1 EntgTranspG zu.[251]

268 e) **Gewährung von Erholungsurlaub.** Nach § 1 BUrlG hat jeder Arbeitnehmer in jedem Kalenderjahr Anspruch auf bezahlten Erholungsurlaub. Der Urlaub beträgt nach § 3 I BUrlG jährlich mindestens 24 Werktage. Keine Werktage sind ausschließlich Sonn- und gesetzliche Feiertage. Urlaub bedeutet Freistellung von der Arbeit.[252] Jugendliche erhalten nach § 19 JArbSchG und Schwerbehinderte gem. § 208 SGB IX eine höhere Anzahl von Urlaubstagen.

---

246 Vgl. Grabitz/Hilf/Nettesheim/Langenfeld, § 141, Rn. 72
247 EuGH NJW 1995, 123
248 Vgl. EuGH NZA 1990, 771, 772
249 Vgl. zu den Rechtsfolgen: ErfK/Preis, § 611a BGB, Rn. 606
250 BAG MDR 2021, 175
251 BAG NJW 2020, 3130
252 Vgl. BAG AP Nr. 11, 14 zu § 3 BUrlG, Rechtsmissbrauch; BAG AP Nr. 80 zu § 7 BUrlG, Abgeltung

269 **f) Sonstige Nebenpflichten.** Sonstige Nebenpflichten des Arbeitgebers gegenüber dem Arbeitnehmer können sich z. B. aus dem Bundeselterngeld- und Elternzeitgesetz (BEEG) ergeben, wenn Eltern ein Kind für die Dauer bis zu drei Jahren selbst erziehen und betreuen wollen und daher eine volle oder teilweise Freistellung von der Arbeit verlangen. Zu den sonstigen Nebenpflichten des Arbeitgebers gehört auch die unbezahlte Freistellung nach Absprache mit dem Arbeitnehmer, wenn das Arbeitsverhältnis ohne Leistung einer Vergütung aufrecht erhalten bleiben soll. Ansonsten können sich Nebenpflichten für den Arbeitgeber aus dem Arbeitsvertrag ergeben, so z. B. die Übernahme der Kosten für eine Weiterbildung oder die Nutzung eines Dienstwagens durch den Arbeitnehmer.

3. Rechtsfolgen bei Pflichtverletzungen des Arbeitgebers

270 Nach § 611a II BGB ist die Vergütungspflicht eine der beiden Hauptpflichten des Arbeitgebers. Pflichtverletzungen des Arbeitgebers betreffen in den meisten Fällen die Vergütungspflicht. Dagegen kann der Arbeitnehmer mit der Lohnzahlungsklage nach §§ 2 I Nr. 3a, V, 46 ff. ArbGG, §§ 495, 253 ff. ZPO vorgehen. Da bei einer verspäteten oder entfallenen Lohnzahlung ein zivilrechtlicher Schadensersatzanspruch des Arbeitnehmers entstehen kann, sind die Vorschriften des Bürgerlichen Gesetzbuches anwendbar. Anspruchsgrundlage ist grds. § 280 I BGB. Kommt der Arbeitgeber mit der Zahlung der Vergütung in Verzug, sind Anspruchsgrundlage §§ 280 I, II, 286 BGB. Kann der Arbeitgeber die Vergütung aufgrund einer dauernden Zahlungsunfähigkeit (subjektive Unmöglichkeit gemäß § 275 I 1. Alt. BGB) nicht erbringen, haftet der Arbeitgeber nach §§ 280 I, III, 283 BGB auf Schadensersatz statt der Leistung. Die Durchsetzbarkeit dieses Schadensersatzanspruchs ist bei einer dauernden Zahlungsunfähigkeit des Arbeitgebers – zumindest in voller Höhe – aber äußerst gering. Eine Lohnzahlungsklage richtet sich nach Ansicht des Bundesarbeitsgerichts auf den Bruttobetrag nebst Verzugszinsen, da der Arbeitnehmer einen Anspruch auf Auszahlung des Bruttobetrags hat.[253] Erfüllt der Arbeitgeber seine Vergütungspflicht gegenüber dem Arbeitnehmer nicht, kann dieser ein Zurückbehaltungsrecht seiner Arbeitsleistung nach § 320 BGB geltend machen, wobei für das Bundesarbeitsgericht § 273 BGB die anzuwendende Rechtsnorm darstellt.[254] Das Zurückbehaltungsrecht nach § 273 BGB ist für den Arbeitnehmer auch dann anwendbar, wenn der Arbeitgeber bestimmte Nebenpflichten, z. B. die Nichtbeachtung von Arbeitnehmerschutzvorschriften, unterlässt.

271 Der Anspruch auf Beschäftigung ergibt sich für den Arbeitnehmer aus dem Arbeitsvertrag nach § 611a I BGB i. V. m. seinem Persönlichkeitsrecht nach Art. 1, 2 I GG. Der Arbeitnehmer kann diesen Beschäftigungsanspruch ebenfalls einklagen. Die Urteilsvollstreckung erfolgt hier gem. § 888 I ZPO; einstweilige Verfügungen sind möglich nach § 62 II ArbGG i. V. m. §§ 935, 940 ZPO.[255]

272 Für den Arbeitnehmer können neben dem vertraglichen Schadensersatzanspruch aus § 280 I BGB auch Schadenersatzansprüche aus unerlaubter Handlung nach §§ 823 ff. BGB vorliegen. Außerdem steht dem Arbeitnehmer insbesondere bei der Verletzung der Lohnzahlungs- oder Beschäftigungspflicht des Arbeitgebers ein außerordentliches Kündigungsrecht nach § 626 I BGB zu.

---

253 Vgl. BAG (GS) NZA 2001, 1195, 1197
254 Vgl. BAG NJW 1997, 274, 276; dagegen Heiderhoff, Zurückbehaltungsrecht an der Arbeitskraft und fristlose Kündigung – BAG NJW 1997, 274, in: JuS 1998, 1087, 1089
255 Dütz/Thüsing, Rn. 220

IV. Einschränkung der Haftung des Arbeitnehmers

Schrifttum: *Blomeyer*, Beschränkung der Arbeitnehmerhaftung bei nicht gefahrgeneigter Arbeit – BAG (GS) NJW 1993, 1732, in: JuS 1993, 903; *Canaris*, Risikohaftung bei schadensgeneigter Tätigkeit in fremdem Interesse, RdA 1966, 41; *Deutsch*, Das Verschulden als Merkmal der Arbeitnehmerhaftung, RdA 1996, 1; *Gamillscheg/Hanau*, Die Haftung des Arbeitnehmers, 2. Aufl., 1974; *Gitter*, Schadensausgleich im Arbeitsunfallrecht, 1969; *Hanau*, Rückwirkungen der Haftpflichtversicherung auf die Haftung?, FS Lorenz, 2004, S. 283; *Krause*, Geklärte und ungeklärte Fragen der Arbeitnehmerhaftung, NZA 2003, 577; *Oetker*, Neues zur Arbeitnehmerhaftung durch § 619a BGB?, BB 2002, 43; *Schulte/Tisch*, Beweiswert der Arbeitsunfähigkeitsbescheinigung im digitalen Umbruch, NZA 2020, 761; *Schwab*, Die Mankohaftung des Arbeitnehmers, NZA-RR 2017, 7; *Volk*, Entgeltfortzahlung bei Arbeitsverhinderung, ARP 2021, 64; *Walker*, Entwicklungen bei der eingeschränkten Arbeitnehmerhaftung, ZfA 2015, 515.

Die Verletzung der Hauptpflicht aus dem Arbeitsvertrag (Arbeitspflicht) stellt ebenso wie die Verletzung von Nebenpflichten durch den Arbeitnehmer eine Pflichtverletzung dar, die unter den allgemeinen Voraussetzungen (§§ 280 ff. BGB) zur Schadensersatzpflicht des Arbeitnehmers führt. Ein Schuldner hat grds. nach §§ 280 I, 823 BGB Schadensersatz zu leisten hat, wenn er den Schaden nach § 276 I BGB zu vertreten hat. Das gilt für Vorsatz wie für fahrlässiges Handeln. Der Schadensausgleich gilt grds. auch dann, wenn der Schuldner die schadensherbeiführende Handlung leicht fahrlässig begangen hat. Im Arbeitsrecht wird dies aber als unbillig angesehen. Denn es ist im Verlauf eines Arbeitsverhältnisses angesichts der menschlichen Unzulänglichkeit unvermeidbar, dass selbst dem sorgfältigen und gewissenhaften Arbeitnehmer gelegentlich Fehler unterlaufen, mag der einzelne Fehler auch für sich betrachtet konkret vermeidbar gewesen, also fahrlässig verursacht sein.[256] Die Rechtsprechung des Bundesarbeitsgerichts und die Rechtsliteratur haben zugunsten des Arbeitnehmers Grundsätze der Haftungsbeschränkung entwickelt. Das Bundesarbeitsgericht verweist in einer Entscheidung aus dem Jahr 1957 darauf, ob die Arbeit so gefahrgeneigt ist, dass auch dem sorgfältigen Arbeitnehmer gelegentlich ein Fehler unterlaufen kann.[257] Das Bundesarbeitsgericht hat später eine Einschränkung dahingehend vorgenommen, dass eine im Allgemeinen als gefahrgeneigt anzusehende Tätigkeit nicht als gefahrgeneigt gilt, wenn die konkreten Umstände des Einzelfalls zu einer abweichenden Beurteilung führen.[258] Diese Entscheidung des Bundesarbeitsgerichts war deshalb problematisch, weil nunmehr im Einzelfall geprüft werden musste, ob es sich um eine gefahrgeneigte oder um eine nicht gefahrgeneigte Arbeit handelte und welcher Haftungsmaßstab sich für den Arbeitnehmer aus dieser Prüfung ergab. War die gefahrgeneigte Arbeit festgestellt, war zusätzlich erforderlich, den Grad des Vertretenmüssens, d. h. des Verschuldens zu prüfen:
- Vorsätzliches oder grob fahrlässiges Verhalten des Arbeitnehmers führt zur vollen Haftung, es sei denn, es liegt nach § 254 BGB ein Mitverschulden des Arbeitgebers vor;
- Aufteilung des Schadens zwischen Arbeitgeber und Arbeitnehmer bei normaler oder einfacher Fahrlässigkeit i. S. v. § 276 II BGB. Eine Beachtung des Mitverschuldens nach § 254 BGB ist wiederum erforderlich;
- Keine Haftung bei nur leichter bzw. leichtester Fahrlässigkeit.[259]

Im Jahre 1983 erging sodann eine Entscheidung des 7. Senat[260], in der davon ausgegangen wurde, dass in Fällen gefahrgeneigter Arbeit alle Fälle, in denen weder eine vorsätzliche noch eine grob fahrlässige Schadensverursachung durch den Arbeitnehmer vorliegt,

---

256 Dütz/Thüsing, Rn. 198
257 BAG (GS) BB 1957, 1000; vgl. auch: BAG NJW 1959, 1796
258 BAG NZA 1990, 95, 96
259 Siehe dazu ausführlich Wörlen/Kokemoor, Rn. 156
260 BAG NJW 1983, 1693

zum Betriebs- und damit Haftungsrisiko des Arbeitgebers zu rechnen seien. Mit dieser Entscheidung schränkte das BAG die Haftung des Arbeitnehmers im Rahmen der sog. gefahrgeneigten Arbeit ein, weil auch in Fällen mittlerer Fahrlässigkeit regelmäßig keine Schadensersatzansprüche des Arbeitgebers begründet waren. Bereits im selben Jahr machte sich das BAG dann in einem obiter dictum[261] wiederum Gedanken über eine weitergehende Haftungseinschränkung, indem es ansprach, ob nicht gar die Grundsätze über eine Haftungsbeschränkung des Arbeitnehmers über die Fallkonstellationen gefahrgeneigter Arbeit hinaus auf alle Fälle von Arbeitstätigkeiten auszudehnen seien. Schließlich wechselte innerhalb des BAG die Zuständigkeit für Fragen der Arbeitnehmerhaftung vom 7. Senat auf den 8. Senat, der mit seinem Urteil vom 24.11.1987[262] in den Fällen gefahrgeneigter Arbeit wieder zu der ursprünglichen Rechtsprechung des BAG („Dreiteilung des Verschuldens") zurückkehrte und damit auch in den Fällen nicht grob fahrlässiger Schadensverursachung durch den Arbeitnehmer, also bei mittlerer und einfacher Fahrlässigkeit, differenzierend auf den Einzelfall abstellte und hierbei § 254 BGB berücksichtigte, was letztlich einer gewissen Haftungsausdehnung gleichkam. Seit dem Jahr 1992 haben Bundesarbeitsgericht wie Bundesgerichtshof durch Beschluss des Gemeinsamen Senates bestimmt, dass die Gefahrgeneigtheit der Tätigkeit des Arbeitnehmers nicht mehr zur Grundlagen der Beschränkung einer Haftung gemacht werden soll.[263] Es reicht nunmehr aus, wenn Schäden durch eine betriebsbedingte Tätigkeit verursacht worden sind. Folglich genügt für eine Haftungsbeschränkung des Arbeitnehmers eine betriebliche Tätigkeit, welche der Arbeitnehmer im Interesse des Arbeitgebers verrichtet. Weiterhin bleibt als Verschuldensgrad der Maßstab für die Haftung des Arbeitnehmers erhalten. Begründet wird diese Haftungseinschränkung damit, dass im Rahmen der Haftung des Arbeitnehmers gegenüber dem Arbeitgeber für Schlechtleistungen aus dem Arbeitsvertrag eine analoge Anwendung von § 254 BGB zu erfolgen habe, und zwar dann, wenn den Geschädigten (Arbeitgeber) zwar kein Verschulden hinsichtlich des Schadenseintritts treffe, er aber für den entstandenen Schaden aufgrund einer von ihm zu verantwortenden Sach- oder Betriebsgefahr eine gewisse „Mitverantwortung" trage, er also, wenn auch schuldlos, so doch bei Eintritt des Schadens „mitgewirkt" habe. Somit haftet der Arbeitnehmer bei vorsätzlich verursachten Schäden in vollem Umfang. Bei grober Fahrlässigkeit geht die Rechtsprechung des Bundesarbeitsgerichts weiterhin von einer vollen Haftung des Arbeitnehmers aus; eine Haftungserleichterung ist letztendlich unter Abwägung des Einzelfalls denkbar, wenn der Arbeitnehmer einen äußerst hohen Schaden zu begleichen hat und dabei seine Existenz bedroht ist.[264] Bei normaler Fahrlässigkeit ist der Arbeitnehmer verpflichtet, den Schaden anteilig zu begleichen. Nur bei leichter (leichtester) Fahrlässigkeit ist der Arbeitnehmer von der Haftung befreit. Das von der Rechtsprechung entwickelte Konzept der Haftungsbeschränkung ist als Arbeitnehmerschutzrecht einseitig zwingend und kann somit nicht zum Nachteil des Arbeitnehmers abgeschwächt werden.[265]

V. Unverschuldeter Arbeitsausfall

275 Die Hauptleistungspflicht des Arbeitnehmers ist nach § 611a I BGB die Pflicht, die vereinbarte Arbeitsleistung zu erbringen. Die Nichtleistung stellt daher grds. eine Pflichtverletzung dar, aus der der Arbeitgeber nach § 280 I BGB einen Schadensersatzanspruch ableiten kann.

---

261 BAG NJW 1984, 2488
262 BAG NJW 1988, 2816
263 Vgl. BAG NZA 1993, 547, 548; vgl. auch: BAG NZA 1994, 1083
264 Vgl. BAG AP Nr. 122 zu § 611 BGB, Haftung des Arbeitnehmers
265 Vgl. Waltermann, Rn. 239, 240; siehe BAG AP Nr. 126 zu § 611 BGB, Haftung des Arbeitnehmers

1. Grundsatz „Ohne Arbeit keinen Lohn"

276 Ohne Erfüllung seiner Hauptpflicht, d. h. die Erbringung der Arbeitsleistung für den Arbeitgeber, erhält der Arbeitnehmer keinen Lohn. Das gilt insbesondere dann, wenn es dem Arbeitnehmer nach § 275 I-III BGB unmöglich ist, seine Arbeitsleistung zu erbringen. Bei der Arbeitsleistung handelt es sich um eine absolute Fixschuld. Da die versäumte Arbeitsleistung nicht nachholbar ist, liegt somit Unmöglichkeit nach § 275 BGB vor. Folge ist, dass der Arbeitgeber nach § 326 I BGB von seiner Verpflichtung befreit wird, den Lohn an den Arbeitnehmer zu bezahlen. § 326 I BGB ist damit der dogmatische Anknüpfungspunkt des Prinzips „Ohne Arbeit keinen Lohn".[266]

277 Das Tätigwerden des Arbeitnehmers betrifft die Ebene der Leistungsgefahr, die Vergütungspflicht des Arbeitgebers die Ebene der Gegenleistungs- oder Preisgefahr. In einzelnen, meist gesetzlich geregelten Fällen kann der Arbeitnehmer trotz Unmöglichkeit den Anspruch auf die Gegenleistung, d. h. die Lohnzahlung gegenüber dem Arbeitgeber geltend machen, so z. B., wenn der Arbeitgeber nach § 326 II BGB für die Unmöglichkeit der Arbeitsleistung verantwortlich ist, der Arbeitgeber sich nach §§ 615 S. 1, 326 II BGB im Annahmeverzug befindet oder Normen wie z. B. § 616 BGB dem Arbeitnehmer die Vergütung trotz Nichtleistung seiner Arbeit zubilligen.

2. Ausnahmen vom Grundsatz „Ohne Arbeit keinen Lohn"

278 Einzelne gesetzlich normierte Tatbestände wie Krankheit, vorübergehende Verhinderung, Urlaub, Annahmeverzug des Arbeitgebers oder Mutterschutz sowie der allgemeine Grundsatz der Lehre vom Betriebsrisiko sind von Gesetzgeber, Rechtsprechung und Rechtsliteratur verankert und entwickelt worden, welche bei Zutreffen dem Arbeitgeber die Vergütungspflicht aufbürden, ohne dass der Arbeitnehmer seiner Hauptpflicht, der Erbringung seiner Arbeitsleistung, nachkommen muss.

Annahmen vom Grundsatz „Ohne Arbeit keinen Lohn"

- Entgeltfortzahlung an Feiertagen und im Krankheitsfall, §§ 1ff. EFZG
- Vorübergehende Verhinderung, § 616 BGB
- Urlaub, § 1 BUrlG
- Mutterschutz, § 1 MuSchG
- Elternzeit und Elterngeld, § 1 BEEG
- Pflegezeit, § 1 PflegeZG
- freiwilliger Wehrdienst, § 1 ArbPlSchG
- Annahmeverzug des Arbeitgebers, § 615 S. 1 BGB
- Betriebsrisiko, § 615 S. 3 BGB
- Arbeitskampfrisiko

Abb. 11: Ausnahmen vom Grundsatz „Ohne Arbeit keinen Lohn"

279 **a) Entgeltfortzahlung an Feiertagen und im Krankheitsfall. – aa) Entgeltfortzahlung an Feiertagen.** Nach § 1 EFZG regelt das Entgeltfortzahlungsgesetz die Zahlung des Arbeitsentgelts an gesetzlichen Feiertagen und die Fortzahlung des Arbeitsentgelts im Krankheitsfall an Arbeitnehmer sowie die wirtschaftliche Sicherung im Bereich der Heimarbeit für gesetzliche Feiertage und im Krankheitsfall. Das Entgeltfortzahlungsgesetz gilt für Arbeiter und Angestellte sowie für die zu ihrer Berufsbildung Beschäftigen.

---

[266] Dütz/Thüsing, Rn. 190

280 Nach § 2 EFZG hat der Arbeitgeber dem Arbeitnehmer für Arbeitszeit, die in Folge eines gesetzlichen Feiertags ausfällt, das Arbeitsentgelt zu zahlen, das er ohne den Arbeitsausfall erhalten hätte. §§ 9 ff. ArbZG regeln, dass Arbeitnehmer an Sonn- und gesetzlichen Feiertagen grds. nicht beschäftigt werden dürfen. Zusätzliche Regelungen, insbesondere abweichende Feiertage, finden sich in den gesetzlichen Feiertagsregelungen der einzelnen Bundesländer. Ausnahmen zu diesem Grundsatz sind in § 10 ArbZG normiert. Arbeitet ein Arbeitnehmer an Sonn- oder Feiertagen, dürfen die im Arbeitszeitgesetz bestimmten Höchstarbeitszeiten nach §§ 3, 6 II, 7, 21a IV ArbZG und festgelegte Ausgleichszeiträume nicht überschritten werden. Ausgleichsansprüche für die Beschäftigung an Sonn- und Feiertagen ergeben sich aus § 11 III ArbZG. Mindestens 15 Sonntage im Jahr müssen beschäftigungsfrei bleiben. Arbeitnehmer, die am letzten Arbeitstag vor oder am ersten Arbeitstag nach Feiertagen unentschuldigt der Arbeit fernbleiben, haben nach § 2 III EFZG keinen Anspruch auf Bezahlung für diese Feiertage.

281 bb) **Entgeltfortzahlung im Krankheitsfall.** Im Krankheitsfall ergibt sich der Anspruch auf Entgeltfortzahlung für den Arbeitnehmer aus § 3 I 1 EFZG. Danach hat der Arbeitnehmer einen Anspruch auf Entgeltfortzahlung im Krankheitsfall durch den Arbeitgeber für die Zeit der Arbeitsunfähigkeit bis zur Dauer von sechs Wochen, wenn ein Arbeitnehmer durch Arbeitsunfähigkeit in Folge von Krankheit an seiner Arbeitsleistung verhindert wird, ohne dass ihn ein Verschulden trifft. Denkbar ist die objektive Unmöglichkeit nach § 275 I BGB, wonach weder der Arbeitnehmer, noch eine sonstige Person die Arbeitsleistung erbringen kann. Die persönliche Unmöglichkeit nach § 275 III BGB aufgrund einer eigenen Krankheit führt ebenfalls zum Anspruch auf Entgeltfortzahlung nach § 3 I 1 EFZG; in dieser Situation kann allerdings der Arbeitnehmer die Entscheidung fällen, trotz seiner Krankheit, z. B. eines gebrochenen linken Arms, seine Arbeitsleistung zu erbringen. Das Entgeltfortzahlungsgesetz stellt einen Forderungskatalog auf, nach dem folgende Voraussetzungen vorliegen müssen, damit ein Entgeltfortzahlungsanspruch gegenüber dem Arbeitgeber entsteht:
- das Bestehen eines Arbeitsverhältnisses i. S. v. § 1 EFZG;
- welches mindestens vier Wochen ununterbrochen bestanden hat, § 3 III EFZG;
- der Grund der Arbeitsunfähigkeit ist eine Krankheit und
- der Arbeitnehmer darf die Krankheit nicht verschuldet haben.

282 Nur bei einem bestehenden Arbeits- oder Ausbildungsverhältnis bzw. für die wirtschaftliche Sicherung von Heimarbeitern besteht im Krankheitsfall eine Vergütungspflicht des Arbeitgebers für die genannten Personengruppen. Nach § 3 III EFZG entsteht ein Anspruch auf Entgeltfortzahlung erst nach vierwöchiger ununterbrochener Dauer des Arbeitsverhältnisses. Innerhalb des Vierwochenzeitraums bezahlt die Krankenkasse an den Arbeitnehmer Krankengeld. Die Arbeitsunfähigkeit muss dazu geführt haben, dass der Arbeitnehmer nicht arbeiten kann. Krankheit im medizinischen Sinne ist jeder regelwidrige körperliche oder geistige Zustand, welcher der Heilbehandlung bedarf.[267] Zur Arbeitsunfähigkeit führt die Erkrankung, wenn der Arbeitnehmer durch sie gehindert ist, die vertraglich geschuldete Arbeitsleistung zu erbringen, oder wenn er nur unter der Gefahr der Verschlimmerung seines Zustands arbeiten kann.[268] Ist der Arbeitnehmer krank, ist er zu Teilleistungen nicht verpflichtet, insbesondere auch dann nicht, wenn es sich nur um eine leichte Erkrankung, wie z. B. erhöhte Temperatur, Husten oder Heiserkeit handelt. Auch der vermindert Arbeitsfähige ist arbeitsunfähig krank, weil er seine vertraglich vereinbarte Arbeitsleistung nicht voll erbringen kann.[269]

---

267 Vgl. Schmitt, § 3 EFZG, Rn. 44; dazu auch BAG AP Nr. 52 zu § 1 LohnFG
268 Dütz/Thüsing, Rn. 224a
269 BAG NZA 1992, 643, 644

V. Unverschuldeter Arbeitsausfall

(1) Unverschuldete Krankheit. Der Anspruch auf Entgeltfortzahlung im Krankheitsfall besteht für den Arbeitnehmer nur dann, wenn er unverschuldet krank geworden ist. Der Verschuldensmaßstab ergibt sich grds. aus § 276 BGB. Vorsätzliches oder fahrlässiges Handeln, welches eine Krankheit zur Folge hat, würde somit dazu führen, dass der Arbeitnehmer den Entgeltfortzahlungsanspruch verliert. Eine krankheitsbedingte Arbeitsunfähigkeit ist vom Arbeitnehmer aber nur dann verschuldet, wenn die der Krankheit vorausgehende Handlung äußerst grob gegen das von einem verständigen Menschen im eigenen Interesse zu erwartende Verhalten verstößt.[270] Vom Arbeitnehmer kann indessen nicht erwartet werden, dass er sich – noch dazu in seinem Privatleben – keinen gesundheitlichen Gefahren aussetzt.[271] Der Verschuldensmaßstab beim Hervorrufen einer Krankheit bedeutet i. S. d. Entgeltfortzahlungsgesetzes, dass der Arbeitnehmer vorsätzlich oder grob fahrlässig gegen sich selbst gehandelt hat und dadurch eine Krankheit entstanden ist.[272]

283

Das gilt für Krankheiten, welche durch Sportunfälle hervorgerufen werden, nur dann, wenn es sich um besonders gefährliche Sportarten handelt. So hat die Rechtsprechung eine besonders gefährliche Sportart nur dann angenommen, wenn das Verletzungsrisiko bei objektiver Betrachtung so groß ist, dass auch einem ausgebildeten Sportler bei Beachtung der vorhandenen Sicherheitsregeln so große Gefahren drohen, dass er diese nicht oder kaum vermeiden kann.[273] Sportunfälle bei der Ausübung typischer Sportarten, wie z. B. Skifahren, Bergsteigen, Boxen, Surfen, Kite-Surfen, Fußballspielen oder Rennradfahren sind zwar nicht ungefährlich; Unfälle bei diesen Sportarten werden von der Rechtsprechung aber als unverschuldet angesehen.[274] Das gilt auch für die Ausübung von Sportarten wie z. B. Drachenfliegen, Fallschirmspringen, Moto-Cross-Rennen, Motorradrennen, Skispringen oder Kick-Boxen.[275] Nach § 3 II EFZG gilt auch als unverschuldete Arbeitsunfähigkeit, wenn eine Arbeitsverhinderung in Folge einer nicht rechtswidrigen Sterilisation oder eines nicht rechtswidrigen Schwangerschaftsabbruchs eintritt.

284

(2) Verschuldete Krankheit. Das Verschulden einer Krankheit wird z. B. dann bejaht, wenn der Arbeitnehmer als Verkehrsteilnehmer in Folge von übermäßigem Alkoholgenuss, durch Nichtanlegen eines Sicherheitsgurts, durch Fahren mit überhöhter Geschwindigkeit bei schlechter Sicht bzw. mit Sommerreifen bei winterlichen Wetterbedingungen einen Verkehrsunfall verursacht. Bei Trunkenheit am Steuer ist es allerdings erforderlich, dass der Alkoholmissbrauch den Unfall bzw. die daraus folgende Krankheit verursacht hat. Sie darf nicht durch andere Umstände bedingt sein, die dem Arbeitnehmer nicht zugerechnet werden können.[276] Bei einem Selbsttötungsversuch bzw. einer Alkohol- oder Drogenabhängigkeit geht das Bundesarbeitsgericht allerdings grds. davon aus, dass beim Arbeitnehmer eine unverschuldete Krankheit eintritt.[277] Das Nichtverschulden einer durch den Selbsttötungsversuch entstandenen Krankheit ist insbesondere dann anzunehmen, wenn bei Selbsttötungshandlungen die freie Willensbestimmung gemindert oder erheblich beeinträchtigt ist.[278]

285

Nach § 9 I 1 EFZG gilt die Entgeltfortzahlung für eine Arbeitsverhinderung in Folge einer Maßnahme der medizinischen Vorsorge oder Rehabilitation, die ein Träger der

286

---

270 Vgl. BAG DB 1987, 1495; 1988, 402
271 Otto/Bieder, Rn. 537
272 Vgl. BAG AP Nr. 8 zu § 1 LohnFG; Treber, Rn. 42
273 Vgl. BAG DB 1982, 706
274 Vgl. Schaub/Linck, § 98 Rn. 41
275 Vgl. Wörlen/Kokemoor, Rn. 121
276 Vgl. BAG DB 1982, 707, 708
277 BAG BB 1981, 1770; BAG DB 1983, 2420, 2422; 1987, 2156, 2157
278 Vgl. ErfK/Reinhard, § 3 EFZG Rn. 30; vgl. BAG AP Nr. 44 zu § 1 LohnFG

gesetzlichen Renten-, Kranken- oder Unfallversicherung oder ein sonstiger Sozialleistungsträger bewilligt hat und die in einer Einrichtung der medizinischen Vorsorge oder Rehabilitation durchgeführt wird. Hat ein Dritter die krankheitsbedingte Arbeitsunfähigkeit des Arbeitnehmers verschuldet und kann der Arbeitnehmer aufgrund gesetzlicher Vorschriften Schadensersatz wegen des Verdienstausfalls beanspruchen, der ihm durch die Arbeitsunfähigkeit entstanden ist, so geht nach § 6 I EFZG dieser Anspruch insoweit auf den Arbeitgeber über, als dieser dem Arbeitnehmer nach diesem Gesetz Arbeitsentgelt fortgezahlt und darauf entfallende, vom Arbeitgeber zu tragende Beiträge zur Bundesagentur für Arbeit, Arbeitgeberanteile an Beiträgen zur Sozialversicherung und zur Pflegeversicherung sowie zu Einrichtungen der zusätzlichen Alters- und Hinterbliebenenversorgung abgeführt hat. Der Arbeitnehmer hat dem Arbeitgeber unverzüglich die zur Geltendmachung des Schadensersatzanspruchs erforderlichen Angaben zu machen.

287 **(3) Mitteilungspflicht.** Nach § 5 I 1 EFZG ist der Arbeitnehmer verpflichtet, dem Arbeitgeber die Arbeitsunfähigkeit und deren voraussichtliche Dauer unverzüglich mitzuteilen. Dauert die Arbeitsunfähigkeit länger als drei Kalendertage, hat der Arbeitnehmer eine ärztliche Bescheinigung über die bestehende Arbeitsunfähigkeit sowie deren voraussichtliche Dauer spätestens an dem darauffolgenden Arbeitstag vorzulegen. Dauert die Arbeitsunfähigkeit länger als in der Bescheinigung angegeben, ist der Arbeitnehmer verpflichtet, eine neue ärztliche Bescheinigung vorzulegen. Der Arbeitgeber ist nach § 5 I 3 EFZG berechtigt, die Vorlage der ärztlichen Bescheinigung früher zu verlangen. Hält sich der Arbeitnehmer bei Beginn der Arbeitsunfähigkeit im Ausland auf, so ist er nach § 5 II 1 EFZG verpflichtet, dem Arbeitgeber die Arbeitsunfähigkeit, deren voraussichtliche Dauer und die Adresse am Aufenthaltsort in der schnellstmöglichen Art der Übermittlung mitzuteilen.

288 Das mögliche Krankfeiern, ohne wirklich krank zu sein, ist für die Arbeitgeber oft sehr ärgerlich. Daher regelt § 5 I 5 EFZG, dass die ärztliche Bescheinigung des Arbeitnehmers, der Mitglied einer gesetzlichen Krankenkasse ist, einen Vermerk des behandelnden Arztes darüber enthalten muss, dass der Krankenkasse unverzüglich eine Bescheinigung über die Arbeitsunfähigkeit mit Angaben über den Befund und die voraussichtliche Dauer der Arbeitsunfähigkeit übersandt wird. § 275 SGB V regelt umfangreiche Kontrollmöglichkeiten der Krankenkassen bei Zweifeln an der Erkrankung des Arbeitnehmers. Schon bei einfachen Zweifeln haben die Krankenkassen das Recht, eine gutachterliche Stellungnahme des Medizinischen Dienstes einzufordern. Nach § 275 Ia 1a SGB V sind Zweifel an der Arbeitsunfähigkeit des Arbeitnehmers insbesondere dann anzunehmen, wenn Versicherte auffällig häufig oder auffällig häufig nur für kurze Dauer arbeitsunfähig sind bzw. der Beginn der Arbeitsunfähigkeit häufig auf einen Arbeitstag am Beginn oder am Ende einer Woche fällt oder die Arbeitsunfähigkeit von einem Arzt festgestellt worden ist, der durch die Häufigkeit der von ihm ausgestellten Bescheinigungen über Arbeitsunfähigkeiten auffällig geworden ist.

289 **(4) Höhe der Entgeltfortzahlung.** Rechtsfolge einer unverschuldeten und rechtzeitig bekannt gemachten Krankheit gegenüber dem Arbeitgeber unter Vorlage einer ärztlichen Bescheinigung ist, dass nach § 4 I EFZG dem Arbeitnehmer gegenüber seinem Arbeitgeber der Vergütungsanspruch über seinen vollen Lohn zusteht. Nicht dazu zählen nach § 4 Ia 1 EFZG das zusätzlich für Überstunden gezahlte Entgelt und Leistungen für Aufwendungen des Arbeitnehmers, soweit der Anspruch auf sie im Fall der Arbeitsfähigkeit davon abhängig ist, dass dem Arbeitnehmer entsprechende Aufwendungen tatsächlich entstanden sind und dem Arbeitnehmer solche Aufwendungen während der Arbeitsunfähigkeit nicht entstehen. Fortzuzahlen dagegen sind Zuschläge für Nacht-,

Sonntags- und Feiertagsarbeit, sofern diese regelmäßig anfallen.[279] Sondervergütungen wie z. B. Tantiemen, Zulagen oder Gratifikationen können nach § 4a EFZG für Zeiten der Arbeitsunfähigkeit in Folge von Krankheit gekürzt werden.

Bei einer sog. Fortsetzungserkrankung gilt § 3 I 2 EFZG. Danach verliert der Arbeitnehmer, der in Folge derselben Krankheit erneut arbeitsunfähig wird, wegen dieser erneuten Arbeitsunfähigkeit den Anspruch auf Entgeltzahlung für einen weiteren Zeitraum von höchstens 6 Wochen nicht, wenn er vor der erneuten Arbeitsunfähigkeit mindestens sechs Monate nicht in Folge derselben Krankheit arbeitsunfähig war oder seit Beginn der ersten Arbeitsunfähigkeit in Folge derselben Krankheit eine Frist von zwölf Monaten abgelaufen ist. Wird der Arbeitnehmer aufgrund einer anderen Krankheit arbeitsunfähig, hat er grundsätzlich einen erneuten Anspruch auf Entgeltfortzahlung für weitere sechs Wochen, es sei denn, die weitere Krankheit tritt während der Dauer der ersten Arbeitsunfähigkeit auf (Prinzip der Einheit des Verhinderungsfalls).[280] **290**

Arbeitgeber wie Arbeitnehmer können die Regelungen des Entgeltfortzahlungsgesetzes durch vertragliche Vereinbarungen im Arbeitsvertrag nicht verändern; sie sind unabdingbar. Allerdings kann nach § 4 IV 1 EFZG durch Tarifvertrag eine von § 4 I, Ia, III EFZG abweichende Bemessungsgrundlage des fortzuzahlenden Arbeitsentgelts durch die Tarifpartner festgelegt werden. Der Anspruch auf Fortzahlung des Arbeitsentgelts im Krankheitsfall wird nach § 8 I 1 EFZG nicht dadurch berührt, dass der Arbeitgeber das Arbeitsverhältnis aus Anlass der Arbeitsunfähigkeit kündigt. Endet allerdings das Arbeitsverhältnis vor Ablauf der in § 3 I EFZG festgelegten Zeit von sechs Wochen nach dem Beginn der Arbeitsunfähigkeit, ohne dass es einer Kündigung bedarf oder in Folge einer Kündigung aus anderen als den in § 8 I EFZG bezeichneten Gründen, so entfällt der Anspruch mit dem Ende des Arbeitsverhältnisses, z. B. bei Beendigung des Arbeitsverhältnisses durch Zeitablauf. **291**

(5) Schadensersatzansprüche des Arbeitgebers gegenüber Dritten. Wird die Krankheit des Arbeitnehmers durch einen Dritten rechtswidrig verschuldet, kann der Arbeitgeber entweder vertragliche Schadensersatzansprüche nach § 280 I BGB gegenüber einem Arbeitskollegen des Arbeitnehmers oder gegenüber einem externen Dritten deliktische Ansprüche aus §§ 823 ff. BGB geltend machen. Hat der Arbeitnehmer aufgrund gesetzlicher Vorschriften das Recht, von einem Dritten Schadenersatz wegen des Verdienstausfalls zu beanspruchen, der ihm durch die Arbeitsunfähigkeit entstanden ist, so geht nach § 6 I EFZG der Anspruch insoweit auf den Arbeitgeber über, als dieser dem Arbeitnehmer nach dem Entgeltfortzahlungsgesetz das Arbeitsentgelt fortgezahlt und darauf entfallende, vom Arbeitgeber zu zahlende Beiträge zur Bundesagentur zur Arbeit, Arbeitgeberanteile an Beiträgen zur Sozialversicherung und zur Pflegeversicherung sowie zu Einrichtungen der zusätzlichen Alters- und Hinterbliebenenversorgung abgeführt hat. Nach § 7 EFZG ist der Arbeitgeber berechtigt, die Fortzahlung des Arbeitsentgelts zu verweigern, wenn der Arbeitnehmer den Übergang des Schadensersatzanspruchs gegenüber einem Dritten auf den Arbeitgeber verhindert. Ein gesetzlicher Forderungsübergang i. S. v. § 6 EFZG ergibt sich auch aus § 116 SGB X. Dieser gesetzliche Forderungsübergang steht den Krankenkassen dann zu, wenn sie Leistungen für Krankheiten erbracht haben, welche auf Fremdverschulden zurück zu führen sind. **292**

b) Vorübergehende Verhinderung. § 616 BGB regelt die Lohnfortzahlung für den Arbeitnehmer bei vorübergehender Verhinderung. Danach entfällt für den Arbeitnehmer der Lohnzahlungsanspruch dann nicht, wenn er für eine verhältnismäßig nicht erhebliche Zeit durch einen in seiner Person liegenden Grund ohne sein Verschulden an der **293**

---

279 Vgl. Löwisch, Der arbeitsrechtliche Teil des sogenannten Korrekturgesetzes, BB 1999, 102, 105
280 Vgl. BAG AP Nr. 55 zu § 1 LohnFG; dazu Dütz/Thüsing, Rn. 225

Arbeitsleistung verhindert wird. Dasselbe gilt in einer spezialgesetzlichen Regelung für Auszubildende nach § 19 I Nr. 2b BBiG.

294 Erforderlich ist ein subjektiver Verhinderungsgrund des Arbeitnehmers. Für eine persönliche Verhinderung muss kein Unvermögen i. S. v. § 275 I, 1. Alt. BGB vorliegen, sondern es genügt, wenn dem Arbeitnehmer die Arbeitsleistung unter Abwägung mit dem Arbeitgeberinteresse unzumutbar ist, § 275 III BGB; dabei ist die Treuepflicht des Arbeitnehmers zu berücksichtigen.[281] Objektive Verhinderungsgründe wie z. B. widrige Wetterbedingungen, ein Verkehrsstau oder eine Naturkatastrophe fallen nicht unter die Regelung des § 616 BGB.[282] Demzufolge sind nur individuelle persönliche Verhinderungsgründe maßgeblich für die Anwendung des § 616 BGB. Begründung ist, dass den Arbeitgeber die einzelne subjektive Verhinderung nicht in dem Maße wirtschaftlich trifft, wie z. B. den Ausfall einer Frühschicht, zu der die Arbeitnehmer aus witterungsbedingten Gründen, etwa bei hoher Glatteisgefahr, den Betrieb nicht erreichen können. Subjektive Verhinderungsgründe können bedeutende Familienangelegenheiten wie die eigene Hochzeit, die Hochzeit von Kindern oder die Goldene Hochzeit der Eltern, aber auch der Todesfall oder die Beerdigung engster Angehöriger sowie die Geburt eigener Kinder sein. Ebenso behördliche oder gerichtliche Vorladungen, z. B. der Scheidungstermin, sind subjektive Verhinderungsgründe.

295 Zur Erhaltung der Fortzahlung des Arbeitslohns ist erforderlich, dass der Arbeitnehmer die persönliche Verhinderung nicht verschuldet hat. Grundsätzlich ergibt sich der Verschuldensmaßstab aus § 276 BGB. Wie bereits bei der Entgeltfortzahlung im Krankheitsfall erörtert, geht es beim Verschuldensmaßstab von § 616 wiederum nicht um ein Vertretenmüssen i. S. v. § 276 BGB gegenüber dem Arbeitgeber sondern erneut um ein Verschulden gegen sich selbst.[283] Daher entfällt ein Vergütungsanspruch des Arbeitnehmers in Folge Verschuldens, z. B. bei der Begehung einer Straftat, nicht zwingend jedoch bei Sportunfällen.[284]

296 Dritte Voraussetzung für die Entgeltfortzahlung bei subjektiver Verhinderung nach § 616 BGB ist, dass der Arbeitnehmer für eine verhältnismäßig nicht erhebliche Zeit an seiner Arbeitstätigkeit verhindert ist. Abzustellen ist hier jeweils auf die einzelne Verhinderung. Maßgeblich für die Bestimmung der Erheblichkeit bzw. der Unerheblichkeit der Arbeitsverhinderung sind die Umstände des konkreten Einzelfalls, insbesondere die für den Verhinderungsgrund objektiv notwendige Zeit und das Verhältnis der Verhinderungsdauer zu der voraussichtlichen Gesamtdauer des Arbeitsverhältnisses.[285] Dabei spielt keine Rolle, ob die nicht erbrachte Arbeit dringend notwendig, unter finanziellen Aufwendungen mit einer Ersatzkraft zu erledigen gewesen wäre oder der Arbeitgeber durch die Nichterbringung der Arbeitsleistung z. B. nach § 286 BGB gegenüber seinem Vertragspartner in Verzug kommt und daraus evtl. Schadensersatzansprüche gegenüber dem Arbeitgeber entstehen. Der Arbeitgeber hat im Rahmen der betrieblichen Organisation dafür zu sorgen, dass die subjektive Verhinderung eines Arbeitnehmers nicht zum Leistungsengpass innerhalb des gesamten Betriebs führt. Als Zeitrahmen für eine verhältnismäßig nicht erhebliche Zeit bei einer vorübergehenden Verhinderung hat das Bundesarbeitsgericht nur wenige Tage als verhältnismäßig angesehen.[286]

297 c) **Urlaub. – aa) Grundlagen.** Jeder Arbeitnehmer hat nach § 1 BurlG in jedem Kalenderjahr Anspruch auf bezahlten Erholungsurlaub. Insofern besteht für den Arbeitgeber

---

281 Dütz/Thüsing, Rn. 232
282 Vgl. BAG AP Nr. 58, 59 zu § 616 BGB
283 Vgl. BAG AP Nr. 28 zu § 63 HGB
284 Waltermann, Rn. 222
285 Michalski/Westerhoff, Rn. 501
286 Vgl. BAG VersR 1977, 1115, 1116

die Pflicht, während der urlaubsbedingten Abwesenheit des Arbeitnehmers die Lohnzahlung weiterhin vorzunehmen.[287] Urlaub bedeutet, dass ein Arbeitnehmer vom Arbeitgeber freie Zeit für Erholung und Regeneration unter Beibehaltung seines Lohnanspruchs während des Arbeitsverhältnisses zur Verfügung gestellt bekommt. Die Dauer des Urlaubs beträgt nach § 3 I BUrlG jährlich mindestens 24 Werktage. Als Werktage gelten alle Kalendertage, die nicht Sonn- oder gesetzliche Feiertage sind. Der Urlaubsanspruch ist grundsätzlich höchstpersönlicher Natur, so dass er nicht abgetreten (§ 399 BGB) oder mit bzw. gegen ihn aufgerechnet (§ 394 BGB) werden kann. Auch eine Pfändung (§ 851 I ZPO) ist nicht möglich.[288] Endet das Arbeitsverhältnis durch den Tod des Arbeitnehmers, so ist der Resturlaub allerdings abzugelten.[289] Beträgt die Arbeitswoche nur fünf Tage, sind zwanzig Urlaubstage pro Jahr zu gewähren.[290] Nach § 19 JArbSchG haben Jugendliche und gem. § 208 SGB IX auch Schwerbehinderte einen Anspruch auf zusätzliche Urlaubstage. Erkrankt ein Arbeitnehmer während des Urlaubs, so werden nach § 9 BUrlG die durch ärztliches Zeugnis nachgewiesenen Tage der Arbeitsunfähigkeit auf den Jahresurlaub nicht angerechnet. Dies gilt ebenso nach § 10 BUrlG für Maßnahmen der medizinischen Vorsorge oder Rehabilitation, soweit ein Anspruch auf Fortzahlung des Arbeitsentgelts nach den gesetzlichen Vorschriften über die Entgeltfortzahlung im Krankheitsfall besteht.

Nach § 4 BurlG wird der volle Urlaubsanspruch erstmalig nach sechsmonatigem Bestehen des Arbeitsverhältnisses erworben. Ist die sechsmonatige Wartezeit nicht erfüllt, hat der Arbeitnehmer nach § 5 BUrlG Anspruch auf einen teilweisen Urlaub und zwar auf ein Zwölftel des Jahresurlaubs für jeden vollen Monat des Bestehens des Arbeitsverhältnisses, z. B., wenn der Arbeitnehmer vor erfüllter Wartezeit aus dem Arbeitsverhältnis ausscheidet bzw., wenn er nach der Wartezeit in der ersten Hälfte eines Kalenderjahres aus dem Arbeitsverhältnis ausscheidet. Voraussetzung ist somit i. S. v. §§ 188 II, 187 I BGB nicht der Kalendermonat selbst, sondern der volle Monat, in dem der Arbeitnehmer beim Arbeitgeber beschäftigt ist. Bruchteile von Urlaubstagen, die mindestens einen halben Tag ergeben, sind nach § 5 II BUrlG auf volle Urlaubstage aufzurunden.

298

Während des Urlaubs darf der Arbeitnehmer nach § 8 BUrlG keine dem Urlaubszweck widersprechende Erwerbstätigkeit leisten. Der Arbeitnehmer soll somit seine Arbeitskraft während seines Erholungsurlaubs nicht anderweitig vermarkten.[291] Auf die Urlaubsgestaltung des Arbeitsnehmers hat der Arbeitgeber grds. keinen Einfluss. Daraus folgt, dass der Arbeitnehmer den Urlaub, obwohl sinnvoll, nicht nur zu Erholungszwecken zu verwenden braucht. Zwar sieht § 8 BUrlG vor, dass der Arbeitnehmer während des Urlaubs keine dem Urlaubszweck widersprechende Erwerbstätigkeit leisten darf. Allerdings ist § 8 BUrlG zugunsten des Arbeitnehmers abdingbar: der Arbeitgeber hat dem Arbeitnehmer eine andere Erwerbstätigkeit während der Urlaubszeit zu gestatten, so z. B. die Vorlesungstätigkeit an einer Hochschule oder die Reiseleitertätigkeit auf einem Kreuzfahrtschiff.

299

bb) Urlaubszeitpunkt und Urlaubszeitraum. Dem Arbeitgeber steht aufgrund seines Weisungsrechts nach § 106 GewO das Recht zu, sowohl den Urlaubszeitpunkt als auch den Urlaubszeitraum festzulegen. Der Arbeitnehmer hat somit nicht das Recht, seine Urlaubstage selbst festzulegen.[292] Nach § 7 I 1 BUrlG sind bei der zeitlichen Festlegung

300

---

287 Vgl. BAG NZA 1993, 750
288 Wörlen/Kokemoor, Rn. 128
289 EuGH Urt. v. 6.11.2018, C-684/16; BAG NJW 2019, 2046
290 So BAG NZA 1984, 160
291 Hirdina, 6.14
292 BAG NZA 1994, 548, 550; vgl. Hohmeister/Goretzki/Oppermann, § 7 Rn. 1; Neumann/Fenski/Kühn, Rn. 6

des Urlaubs die Urlaubswünsche des Arbeitnehmers aber zu berücksichtigen, es sei denn, dass ihrer Berücksichtigung dringende betriebliche Belange oder Urlaubswünsche anderer Arbeitnehmer, die unter sozialen Gesichtspunkten den Vorrang verdienen, entgegenstehen. Dann kann der Urlaub nach § 7 III 2, 3 BUrlG in die ersten drei Monate des folgenden Kalenderjahres übertragen werden. Verfallen können Urlaubsansprüche allerdings nur dann automatisch, wenn der Arbeitnehmer tatsächlich in der Lage war, seinen Jahresurlaub zu nehmen. Erforderlich ist, dass der Arbeitgeber den Arbeitnehmer ausdrücklich unter Hinweis auf den möglichen Verfall der Urlaubstage am Ende des zulässigen Übertragungszeitraums bzw. des Arbeitsverhältnisses auffordert, Urlaub zu nehmen.[293] Heutzutage übt der Arbeitgeber, zumindest in der Dienstleistungsbranche, sein Weisungsrecht zur Bestimmung des Urlaubszeitpunkts eher selten aus; üblicherweise nimmt der Arbeitnehmer in Absprache mit dem Arbeitgeber und seinen Arbeitskollegen Urlaub im gesamten Einvernehmen.[294]

301 Ist ein Betriebsrat errichtet, hat dieser, soweit eine gesetzliche oder tarifliche Regelung nicht besteht, bei der Aufstellung allgemeiner Urlaubsgrundsätze und eines Urlaubsplans sowie der Festsetzung der zeitlichen Lage des Urlaubs für einzelne Arbeitnehmer nach § 87 I Nr. 5 BetrVG mitzubestimmen, wenn zwischen dem Arbeitgeber und den beteiligten Arbeitnehmern kein Einverständnis erzielt wird. Billigt der Arbeitgeber dem Arbeitnehmer keinen Urlaubsanspruch zu, besteht für den Arbeitnehmer die Möglichkeit, den Urlaubsanspruch einzuklagen bzw. eine einstweilige Verfügung gegenüber dem Arbeitgeber zu bewirken.[295] Vereinbaren Arbeitgeber und Arbeitnehmer bei einer Kündigung des Arbeitsverhältnisses die sofortige Freistellung des Arbeitnehmers von der Arbeitsleistung, so ist vom Arbeitgeber eine Regelung in die Vereinbarung aufzunehmen, dass durch die Freistellung auch eventuelle Urlaubsansprüche mit abgegolten werden. Ansonsten bleibt der Urlaubsanspruch des Arbeitnehmers trotz Freistellung grundsätzlich bestehen. Dies gilt auch für ruhende Arbeitsverhältnisse, wie z. B. in der Elternzeit. Allerdings ist zu beachten, dass wenn wegen eines vertraglich vereinbarten Sonderurlaubs in einem Kalenderjahr durchgehend nicht gearbeitet wird, in diesem Zeitraum auch kein Anspruch auf Erholungsurlaub besteht.[296]

302 cc) **Vergütungsanspruch während des Urlaubs.** Die Inanspruchnahme des Urlaubs darf nicht dazu führen, dass der Arbeitnehmer keinen Lohn erhält. In einem solchen Fall würde der Arbeitnehmer in wirtschaftliche Schwierigkeiten geraten. Konsequenz wäre, dass er zumindest auf einen größeren Teil seines Urlaubsanspruchs verzichten würde. Dazu kommt, dass Urlauber aus verschiedenen Gründen mehr Geld ausgeben, als sie im urlaubsbedingten Abwesenheitszeitraum verdienen. In manchen Tarifverträgen ist für die Arbeitnehmer daher neben dem normalen Lohn ein zusätzliches Urlaubsgeld vereinbart.[297] Das Urlaubsentgelt bemisst sich nach § 11 I 1 BUrlG nach dem durchschnittlichen Arbeitsverdienst, den der Arbeitnehmer in den letzten dreizehn Wochen vor Beginn des Urlaubs erhalten hat, mit Ausnahme des zusätzlich für Überstunden gezahlten Arbeitsverdienstes. Anspruchsgrundlage für das Urlaubsentgelt ist § 611a II BGB i. V. m. § 1 BUrlG. Ist ein zusätzliches Urlaubsgeld im Tarifvertrag, einer Betriebsvereinbarung oder im Arbeitsvertrag festgelegt, so haben auch Teilzeitbeschäftigte nach § 4 I 2 TzBfG einen anteiligen Anspruch auf das Urlaubsgeld. Bei einer pauschalen Vereinbarung von Urlaubsgeld zwischen Arbeitgeber und Arbeitnehmern steht den Teilzeitbeschäftigten sogar die gesamte Pauschale zu.

---

293 EuGH NJW 2019, 495; BAG NZA 2019, 982
294 Siehe Neumann/Fenski/Kühn, Rn. 10
295 Vgl. Hohmeister/Goretzki, § 7 Rn. 69–73
296 BAG ZIP 2019, 2176
297 Siehe dazu ausführlich Clasen, 2,7 % mehr Lohn, BArbBl. 1990, Heft 3, S. 5, 11

V. Unverschuldeter Arbeitsausfall

303 Der Urlaubsgeldanspruch ist im Gegensatz zum Urlaubsanspruch innerhalb der gesetzlichen Grenzen nach §§ 850 ff. ZPO wie die Lohnzahlung pfändbar, abtretbar und aufrechenbar.[298] Eine Urlaubsentgeltzahlung entfällt, wenn der Arbeitnehmer Sonderurlaub, z. B. für die Wahrnehmung eines unaufschiebbaren privaten Termins nach vollständiger Inanspruchnahme des Urlaubsanspruchs, mit dem Arbeitgeber vereinbart. Der Arbeitgeber ist berechtigt, den Anspruch des Arbeitnehmers auf Sonderurlaub abzulehnen. Dagegen ergeben sich evtl. konkrete Ansprüche auf Sonderurlaub durch tarifvertragliche Vereinbarungen oder durch Gesetz nach Art. 48 I GG bzw. § 26 I ArbGG.

304 Auch die Abwesenheit des Arbeitnehmers wegen Bildungsurlaubs lässt den Anspruch auf Lohnfortzahlung unberührt. Der Anspruch kann sich aus tarifvertraglichen Vereinbarungen, aus Landesgesetzen sowie für Betriebsratsmitglieder speziell aus § 37 VI, VII BetrVG ergeben. Die Freistellung des Arbeitnehmers von der Arbeit bei gleichzeitiger Teilnahme an einem Bildungsurlaub unter Beibehaltung des Lohnzahlungsanspruchs hat das Bundesverfassungsgericht als rechtmäßig angesehen.[299] Der Bildungsurlaub liegt aber nur dann vor, wenn sich der Arbeitnehmer in diesem Zeitraum wirklich weiterbildet.

305 **d) Mutterschutz.** Der berufstätigen Frau gewährt das Mutterschutzgesetz (MuSchG) während der Schwangerschaft bzw. nach der Geburt besondere Rechte. Dabei werden nach § 1 II Nr. 1–8 MuSchG auch Frauen in besonderen Beschäftigungssituationen, wie z. B. in Heimarbeit gemäß § 1 II Nr. 6 MuSchG oder auch Schülerinnen und Studentinnen nach § 1 II Nr. 8 MuSchG erfasst. Die werdende oder stillende Mutter soll am Arbeits-, Ausbildungs- und Studienplatz geschützt werden. Aus diesem Grund legen die §§ 9–15 MuSchG detailliert die Gestaltung und Beurteilung der Arbeitsbedingungen sowie die unzulässigen Tätigkeiten und Arbeitsbedingungen für schwangere und stillende Frauen fest.

306 Ein sehr bedeutendes Schutzrecht für werdende oder stillende Mütter sind unterschiedliche gesetzliche Beschäftigungsverbote. Nach § 16 I MuSchG dürfen werdende Mütter nicht beschäftigt werden, soweit nach ärztlichem Zeugnis Leben oder Gesundheit von Mutter oder Kind bei Fortdauer der Beschäftigung gefährdet sind. Nach § 3 I 1 MuSchG dürfen werdende Mütter in den letzten sechs Wochen vor der Entbindung nicht beschäftigt werden, es sei denn, dass sie sich zur Arbeitsleistung ausdrücklich bereit erklären. Eine solche Erklärung darf aber weder durch finanzielle Anreize, noch durch Druck wie den Verlust tariflicher Ansprüche vom Arbeitgeber beeinflusst werden.[300] Die Erklärung kann von der werdenden Mutter jederzeit widerrufen werden. Weitere Beschäftigungsverbote ergeben sich aus § 11 MuSchG. Danach dürfen werdende Mütter nicht mit schweren körperlichen Arbeiten und nicht mit Arbeiten beschäftigt werden, bei denen sie schädlichen Einwirkungen von gesundheitsgefährdenden Stoffen oder Strahlen, von Staub, Gasen, Dämpfen, von Hitze, Kälte oder Nässe, von Erschütterungen oder Lärm ausgesetzt sind. Des Weiteren sind Akkordarbeit und Fließarbeit mit vorgeschriebenem Arbeitstempo für werdende Mütter verboten. Genauso wenig ist es nach §§ 5, 6 I MuSchG erlaubt, werdende und stillende Mütter mit Mehrarbeit in der Nacht zwischen 20.00 Uhr und 6.00 Uhr sowie an Sonn- und Feiertagen zu beschäftigen. Nach der Entbindung dürfen Mütter nach § 6 MuSchG bis zum Ablauf von acht Wochen, bei Früh- und Mehrlingsgeburten bis zum Ablauf von zwölf Wochen nach der Entbindung, nicht beschäftigt werden.

---

298 Vgl. Wörlen/Kokemoor, Rn. 133
299 Siehe BVerfGE 77, 308, 332; lesenswert Hopfner/Auktor, Die Rechtsprechung zum Bildungsurlaub seit 1996 – Keine Besserung in Sicht, NZA-RR 2002, 113 ff.
300 Vgl. Rancke/Pepping, § 3 MuSchG Rn. 18; siehe dazu auch BAG NZA 2003, 333, 334

307 Für werdende Mütter besteht nach § 15 I 1 MuSchG die Mitteilungspflicht, dem Arbeitgeber ihre Schwangerschaft und den mutmaßlichen Tag der Entbindung mitzuteilen, sobald ihnen ihr Zustand bekannt ist. Der Arbeitgeber hat nach § 15 II MuSchG das Recht auf ein Zeugnis einer Hebamme oder eines Entbindungspflegers, welches die Informationen der werdenden Mutter bestätigt. Zwar handelt es sich bei der Pflicht zur Vorlage des Zeugnisses um eine Soll-Vorschrift, deren Erfüllung nicht erzwungen werden kann; bei Nichtvorlage kann aber u. U. die Realisierung des Mutterschutzes gefährdet sein.[301] Grundsätzlich erhalten Frauen nach § 19 I MuSchG, die Mitglied einer gesetzlichen Krankenkasse sind, für die Zeit der Schutzfristen sowie für den Entbindungstag Mutterschaftsgeld nach den Vorschriften des SGB V oder des Zweiten Gesetzes über die Krankenversicherung der Landwirte. Eine Frau, die nicht Mitglied einer gesetzlichen Krankenkasse ist, erhält gemäß § 19 II MuSchG für die Zeit der Schutzfristen vor und nach der Entbindung sowie für den Entbindungstag Mutterschaftsgeld zu Lasten des Bundes in entsprechender Anwendung der Vorschriften des SGB V über das Mutterschaftsgeld, jedoch insgesamt höchstens 210 Euro.

308 § 17 MuSchG regelt ein ganz besonders wichtiges Schutzrecht für werdende oder stillende Mütter. Nach § 17 I 1 MuSchG ist eine Kündigung gegenüber einer Frau während der Schwangerschaft und bis zum Ablauf von vier Monaten nach der Entbindung unzulässig, wenn dem Arbeitgeber zur Zeit der Kündigung die Schwangerschaft oder Entbindung bekannt war oder innerhalb von zwei Wochen nach Zugang der Kündigung mitgeteilt wird. Das Überschreiten der Frist ist unschädlich, wenn es auf einem von der Frau nicht zu vertretenden Grund beruht und die Mitteilung unverzüglich nachgeholt wird.

309 e) **Elternzeit und Elterngeld.** Eng verbunden mit dem Mutterschutz sind Elternzeit und Elterngeld. Regelungen dazu finden sich im Bundeselterngeld- und Elternzeitgesetz (BEEG). Wer ein Kind, welches mit ihm zusammen in einem Haushalt lebt, selbst betreut und erzieht, hat Anspruch auf Elternzeit. Dabei handelt es sich nicht nur um die Mutter oder den Vater des Kindes, die als Arbeitnehmer tätig sind; auch Arbeitnehmerinnen und Arbeitnehmer, die in einem Betreuungsverhältnis zu einem Kind stehen und die Voraussetzungen des § 15 I 1 BEEG erfüllen, haben ebenfalls Anspruch auf Elternzeit. Nach § 15 II 1 BEEG besteht der Anspruch auf Elternzeit bis zur Vollendung des dritten Lebensjahrs eines Kindes. Die Zeit der Mutterschutzfrist nach § 3 II, III MuSchG wird auf die Begrenzung angerechnet. Ein solcher Anspruch besteht einzeln für jedes Kind. Selbst wenn sich die Zeiträume bei mehreren Kindern überschneiden, gilt, dass dem Anspruchsteller für jedes Kind jeweils die volle Elternzeit zusteht. Die Elternzeit kann, auch anteilig, von einem Elternteil allein oder von beiden Elternteilen gemeinsam genommen werden. Denn die Eltern genießen Wahlfreiheit für die Elternzeit, insbesondere auch für deren Beginn.[302]

310 Wer Elternzeit beantragt und bewilligt bekommen hat, dem steht der Anspruch auf Freistellung von seinem Arbeitsverhältnis zu. Im Gegenzug wird der Arbeitgeber von der Lohnzahlung befreit. Stattdessen hat der Arbeitnehmer einen Anspruch auf Elterngeld nach § 1 BEEG. Elterngeld wird nach § 2 1 1 BEEG in Höhe von 67 % des in den zwölf Kalendermonaten vor dem Monat der Geburt des Kindes durchschnittlich erzielten monatlichen Einkommens aus Erwerbstätigkeit bis zu einem Höchstbetrag von 1800,00 € monatlich für volle Monate gezahlt, in denen die berechtigte Person kein Einkommen aus Erwerbstätigkeit erzielt. Elterngeld kann nach § 4 I 1 BEEG in der Zeit von dem Tag der Geburt bis zur Vollendung des 14. Lebensmonats des Kindes bezogen werden. Auch für adoptierte oder betreute Kinder, welche der Arbeitnehmer selbst betreut und erzieht und die in seinem Haushalt leben, hat der Arbeitnehmer gemäß § 4 I

---

301 Buchner/Becker, § 5 MuSchG Rn. 86 f.
302 Rancke/Rancke, § 15 BEEG Rn. 39

3 BEEG ab Aufnahme des Kindes für die Dauer von bis zu 14 Monaten, längstens bis zur Vollendung des achten Lebensjahres des Kindes, Anspruch auf Elterngeld.[303] Beantragen Arbeitnehmer Elternzeit, so genießen sie nach § 18 I 1 BEEG, vergleichbar zu werdenden oder stillenden Mutter nach § 17 I MuSchG, unbedingten Kündigungsschutz.

f) Pflegezeit. Das Pflegezeitgesetz (PflegeZG) ermöglicht Arbeitnehmern nach § 1 PflegeZG, nahe Angehörige in häuslicher Umgebung zu pflegen. Damit soll die Vereinbarkeit von Beruf und familiärer Pflege verbessert werden. Bis zu einem Zeitraum von sechs Monaten kann ein Arbeitnehmer Pflegezeit für einen nahen Angehörigen in Anspruch nehmen, wenn die Pflege in der häuslichen Umgebung des Arbeitnehmers i. S. v. §§ 3 I, 4 I PflegeZG erfolgt. Der Arbeitgeber hat dem Arbeitnehmer, wie beim Anspruch auf Elternzeit, die Freistellung von der Arbeit für maximal ein halbes Jahr zu gewähren, ebenfalls ohne Lohnfortzahlung. Anders als beim Bundeselterngeld- und Elternzeitgesetz sieht das Pflegezeitgesetz einen Anspruch des Arbeitnehmers, welcher die Pflege übernommen hat, auf eine staatliche Lohnersatzzahlung nicht vor. Je nach Pflegestufe erhält der Pflegebedürftige aus der gesetzlichen Pflegeversicherung ein in der Höhe unterschiedliches monatliches Pflegegeld. Diese Summe kann er dem Angehörigen, der ihn pflegt, evtl. für die häusliche Pflege überlassen. § 2 I PflegeZG gewährt dem Arbeitnehmer bei einer akuten Pflegesituation eines Angehörigen den Anspruch, bis zu zehn Tagen ohne Lohnfortzahlung aus dem Arbeitsverhältnis freigestellt zu werden. Dieser Zeitraum soll dazu dienen, eine notwendige Pflege zu organisieren und bis dahin eine solche Pflege persönlich sicherzustellen.

g) Annahmeverzug des Arbeitgebers. Kommt der Arbeitgeber nach § 615 S. 1 BGB mit der Annahme der Arbeitsleistung in Verzug, so kann der Arbeitnehmer für die in Folge des Verzugs nicht geleisteten Dienste die vereinbarte Vergütung verlangen, ohne jemals zur Nachleistung verpflichtet zu sein. Zwar wäre es naheliegend, § 615 BGB entsprechend der allgemeinen rechtlichen Abgrenzung von Unmöglichkeit und Verzug nur anzuwenden, wenn die Arbeitsleistung nachholbar ist, bei Nichtnachholbarkeit hingegen, je nach Verschulden, den Entgeltanspruch gem. § 326 I BGB oder § 326 II BGB zu bestimmen.[304] § 615 BGB soll aber auch dann anwendbar sein, wenn der Arbeitgeber die tatsächlich angebotene Arbeitsleistung des Arbeitnehmers nicht annimmt und diese Arbeitsleistung, die nicht mehr nachholbar ist, durch die Nichtannahme unmöglich wird.[305] Findet § 615 S. 1 BGB Anwendung, sind die Voraussetzungen der §§ 293 ff. BGB zu prüfen. Annahmeverzug des Arbeitgebers liegt vor, wenn er die ordnungsgemäß angebotene Arbeitsleistung des Arbeitnehmers nicht annimmt, §§ 293, 294 BGB, d. h. wenn er den Arbeitnehmer nicht beschäftigt, z. B. weil er ihn am Betreten des Betriebs hindert, ihm keine Arbeit zuweist oder ihm keine Geräte bzw. kein Material zur Verfügung stellt.[306]

Der Arbeitnehmer muss dem Arbeitgeber seine Arbeitsleistung so, wie sie zu bewirken ist, tatsächlich anbieten und zwar zur rechten Zeit, am rechten Ort und in der rechten Weise. Dabei genügt ein wörtliches Angebot des Arbeitnehmers, wenn der Arbeitgeber ihm erklärt, dass er dessen Leistung nicht annehmen wird, so z. B. nicht in der Lage ist, die Arbeitsräume bzw. Produktionsmittel wie Maschinen oder Arbeitsgeräte zur Verfügung zu stellen. Fehlt ein wörtliches Angebot i. S. d. § 295 BGB, so gerät der Arbeitgeber unter den weiteren Voraussetzungen der §§ 293 ff. BGB, explizit nach § 296 BGB in Annahmeverzug, wenn der Arbeitnehmer die Arbeitsleistung nur erbringen kann,

---

303 Rancke/Lenz, § 4 Rn. 4
304 Dütz/Thüsing, Rn. 248
305 Vgl. Dütz/Thüsing, Rn. 248; vgl. BAG AP Nr. 28 zu § 615 BGB, Betriebsrisiko = DB 1973, 187
306 Waltermann, Rn. 230

falls der Arbeitgeber einen funktionsfähigen Arbeitsplatz bereit hält und dem Arbeitnehmer Arbeit zuweist; darin liegt eine notwendige Mitwirkungshandlung des Arbeitgebers, deren Zeit nach dem Kalender bestimmt ist, so dass es keines Angebots mehr bedarf.[307] Nach § 297 BGB kommt der Arbeitgeber nicht in Verzug, wenn der Schuldner zur Zeit der Abgabe seines tatsächlichen Angebots oder im Fall des § 296 BGB zu der für die Handlung des Arbeitgebers bestimmten Zeit außerstande ist, die Arbeitsleistung zu bewirken, so z. B., wenn der Arbeitnehmer krank ist oder witterungsbedingt durch eine Schneelawine trotz Ende seines Urlaubs an seinem Urlaubsort festsitzt.

314 Nach § 299 BGB ist für den Annahmeverzug des Arbeitgebers kein Verschulden erforderlich. Ist die Leistungszeit nicht bestimmt oder ist der Arbeitnehmer berechtigt, vor der bestimmten Zeit seine Tätigkeit zu erbringen, so kommt der Arbeitgeber aber nicht dadurch in Verzug, dass er vorübergehend an der Annahme der angebotenen Leistung verhindert ist, es sei denn, dass der Arbeitnehmer eine angemessene Zeit vorher angekündigt hat. Ob der Arbeitgeber unwillig ist, die Leistung anzunehmen oder es ihm unmöglich ist, sie anzunehmen, ist unerheblich.[308]

315 Befindet sich der Arbeitgeber im Annahmeverzug, hat der Arbeitnehmer Anspruch auf Lohnfortzahlung. Der Arbeitnehmer muss sich nach § 615 S. 2 BGB aber auf seinen Vergütungsanspruch das anrechnen lassen, was er aufgrund der unterbliebenen Arbeitsleistung, z. B. Fahrtkosten, oder durch böswilliges Unterlassen einer möglichen anderweitigen Arbeitstätigkeit im Zeitraum des Annahmeverzugs des Arbeitgebers unterlässt.[309] Das gilt z. B., wenn sich der Arbeitnehmer nach einer Kündigung des Arbeitsvertrags nicht gem. § 37b SGB III unverzüglich als Arbeitssuchender bei der Bundesagentur für Arbeit meldet.[310] Diesbezüglich kann dem Arbeitgeber gegen den Arbeitnehmer ein Auskunftsanspruch zustehen, um das böswillige Unterlassen anderweitigen Erwerbs beurteilen und im Streitfall auch beweisen zu können.[311]

316 h) **Betriebsrisiko.** Ist das Unterbleiben der Arbeitsleistung von keinem Teil zu vertreten und greifen keine besonderen Lohnfortzahlungsregelungen ein, so hängt der Lohnanspruch des Arbeitnehmers grundsätzlich davon ab, ob das Unterbleiben der Arbeitsleistung auf einem Annahmeverzug des Arbeitgebers beruht – dann § 615 BGB – oder sich sonst als Unmöglichkeit der Arbeitsleistung darstellt – dann gilt § 326 I BGB.[312] Annahmeverzug und Unmöglichkeit reichen aber als Argument nicht aus, um neben den gesetzlichen Lohnfortzahlungsansprüchen auch das unternehmerische Risiko des Arbeitgebers abzudecken, welches insbesondere Auswirkungen auf das Betriebsrisiko hat. Rechtsprechung und Rechtsliteratur haben daher die Lehre vom Betriebsrisiko entwickelt, die mittlerweile vom Gesetzgeber in § 615 S. 3 BGB normiert ist. Die Lehre vom Betriebsrisiko ist anzuwenden, falls aus beiderseits unverschuldeten betrieblich-technischen oder zwingenden rechtlichen Gründen die Erbringung der Arbeitsleistung unmöglich ist.[313] Gelangt die Betriebsstörung zur Unfähigkeit des Arbeitgebers, die Arbeitsleistung des Arbeitnehmers abzurufen, so besteht kein Annahmeverzug, sondern eine Unmöglichkeit.[314] Der Arbeitnehmer hat somit dann unter Betriebsrisikogesichts-

---

307 Vgl. BAG NZA 1985, 119, 120; 1993, 550, 551
308 MK-BGB/Henssler, § 615 Rn. 8
309 Siehe dazu insbesondere Schirge, Böswilliges Unterlassen anderweitigen Erwerbs nach § 615 S. 2 BGB im gekündigten Arbeitsverhältnis, DB 2000, 1278, 1279; außerdem Spirolke, Der böswillig unterlassene andersweitige Erwerb, NZA 2001, 707, 709
310 Vgl. Tschöpe, Weiterbeschäftigung während des Kündigungsrechtsstreits: Neue Trends beim Annahmeverzug des Arbeitgebers, DB 2004, 434, 435 f.
311 BAG NZA 2020, 1113
312 Vgl. Waltermann, Rn. 232
313 Dütz/Thüsing, Rn. 249
314 Vgl. BAG AP Nr. 2, 3 zu § 615, Betriebsrisiko

punkten einen Lohnzahlungsanspruch, wenn ein Arbeitsvertrag besteht, weder der Arbeitnehmer noch der Arbeitgeber eine vorliegende Betriebsstörung zu vertreten haben und kein Ausschluss der Anwendbarkeit der Lehre vom Betriebsrisiko zwischen Arbeitgeber und Arbeitnehmer vertraglich vereinbart ist, z. B. aufgrund der Bezahlung von Schlechtwettergeld im Baugewerbe durch den Arbeitgeber.

Die Übernahme des wirtschaftlichen Risikos bei einer Betriebsstörung durch den Arbeitgeber gilt als angemessen. Der Arbeitgeber hat vielfach die Möglichkeit, durch technische oder personelle Vorsichtsmaßnahmen betriebliche Risiken zu minimieren. Außerdem besteht für den Arbeitgeber die Möglichkeit, Betriebsrisiken, z. B. Brand-, Hagel- oder Wasserschäden, sowie eine Betriebsstörung wegen Naturkatastrophen zu versichern. Demgegenüber ist das Risiko der Lohnzahlungspflicht gegenüber dem Arbeitnehmer gering. Gefährdet allerdings die Lohnzahlung an die Arbeitnehmer die Existenz des Unternehmens, kann der Arbeitnehmer sich nicht mehr auf den Anspruch auf Lohnzahlung nach § 611a II BGB berufen. Ein solches wirtschaftliches Risiko des Arbeitgebers führt dazu, dass der Lohnanspruch des Arbeitnehmers nach § 242 BGB vollständig oder zumindest teilweise entfällt.[315]

317

i) **Arbeitskampfrisiko.** Als Sonderfall der Lehre vom Betriebs- und Wirtschaftsrisiko ist das sog. Arbeitskampfrisiko anzusehen. Die Rechtsprechung ging früher davon aus, dass nach der Lehre der fairen Theorie eine Störung des Betriebs durch Streik der Arbeitnehmerseite angelastet wurde: danach fiel ein Streik stets in die Risikosphäre der Arbeitnehmer, und es wurde auch nicht unterschieden, ob der Streik im eigenen Betrieb oder in einem anderen Betrieb stattfand; da der Streik nun einmal in der Sphäre der Arbeitnehmer liege, müsse die gesamte Arbeiterschaft die sich daraus ergebenden Lasten, z. B. den Ausfall der Lohnzahlungen, tragen.[316] Heutzutage stellen Rechtsprechung und h. M. der Rechtsliteratur auf den Grundsatz der Arbeitskampfparität ab.[317] Quintessenz ist, dass ein Arbeitgeber, dessen Betrieb – wenn auch rechtmäßig – bestreikt wird und sich dadurch eine Betriebsstörung ergibt, das Lohnzahlungsrisiko nicht mehr aufgebürdet werden kann. Deshalb führt ein rechtmäßiger Streik auf Arbeitgeberseite oft zu einer Stilllegung des gesamten Betriebs. Denn es macht für ihn wirtschaftlich keinen Sinn, für wenige arbeitswillige Arbeitnehmer den Betrieb weiterlaufen zu lassen. Nach dem Grundsatz der Parität im Arbeitskampf wäre es außerdem unbillig, dem Arbeitgeber die Last der Lohnzahlung weiter aufzubürden, obwohl die streikenden Arbeitnehmer keine Arbeitsleistung erbringen. Eine solche ungleiche Parität würde zu einer erhöhten Streikbereitschaft der Arbeitnehmer führen und den Arbeitgeber benachteiligen. Zwar ist bei einem rechtmäßigen Streik der Arbeitnehmer nicht verpflichtet zu arbeiten. Denn das Arbeitsverhältnis zwischen Arbeitgeber und Arbeitnehmer ruht. Der Arbeitnehmer hat aber dann keinen Anspruch auf Lohnzahlung innerhalb des Zeitraums eines rechtmäßigen Streiks. Dasselbe gilt, wenn durch einen Streik in einem anderen Betrieb (Schwerpunktstreik) die Beschäftigung von Arbeitnehmern in einem nicht bestreikten Betrieb unmöglich oder wirtschaftlich sinnlos wäre; allerdings entfallen die Lohnansprüche der durch den Streik nur mittelbar betroffenen Arbeitnehmer in Drittbetrieben nur, soweit die Möglichkeit besteht, dass Fernwirkungen dieses Streiks das Kräfteverhältnis der Arbeitskampf führenden Parteien beeinflussen.[318]

318

---

315 Vgl. BAG AP Nr. 28 zu § 615, Betriebsrisiko = DB 1973, 187
316 Vgl. RGZ 106, 272; dazu aber RAG ARW 3, 116, 120
317 Siehe BAG AP Nr. 2, 3, 4 zu § 615, Betriebsrisiko; BAG AP Nr. 70, 71, 130, 135, 137–139 zu Art. 9 GG, Arbeitskampf v
318 Vgl. Wörlen/Kokemoor, Rn. 346

VI. Arbeitsunfall

1. Grundlagen

319 Der Arbeitsunfall und seine rechtlichen Folgen sind, wie auch die Berufskrankheit, im Sozialgesetzbuch VII geregelt. Nach § 8 I 1 SGB VII sind Arbeitsunfälle von Versicherten in Folge einer den Versicherungsschutz nach §§ 2, 3, 6 SGB VII begründeten Tätigkeit (versicherte Tätigkeit).[319] Das Sozialgesetzbuch VII regelt die gesetzliche Unfallversicherung. Unfälle sind zeitlich begrenzte, von außen auf den Körper einwirkende Ereignisse, die zu einem Gesundheitsschaden oder zum Tod führen.[320] Als Gesundheitsschaden gilt auch der Verlust oder die Beschädigung eines Hilfsmittels, z. B. einer Beinprothese. Die Beiträge für die gesetzliche Unfallversicherung werden alleine durch die Arbeitgeber aufgebracht, während Beschäftigte keine Beiträge zu entrichten haben.[321]

320 Versicherte Tätigkeiten sind nach § 8 II SGB VII neben der Arbeitsleistung des Arbeitnehmers im Betrieb des Arbeitgebers auch

Nr. 1 das Zurücklegen des mit der versicherten Tätigkeit zusammenhängenden Weges nach und von dem Ort der Tätigkeit,

Nr. 2 das Zurücklegen von einem unmittelbaren Weg nach und von dem Ort der Tätigkeit abweichenden Weges, um
   a) Kinder von Versicherten, die mit ihnen in einem gemeinsamen Haushalt leben, wegen ihrer, ihrer Ehegatten oder ihrer Lebenspartner beruflichen Tätigkeit fremder Obhut anzuvertrauen oder
   b) mit anderen Berufstätigen oder Versicherten gemeinsam ein Fahrzeug zu benutzen,

Nr. 3 das Zurücklegen des von einem unmittelbaren Weg nach und von dem Ort der Tätigkeit abweichenden Weges der Kinder von Personen, die mit ihnen in einem gemeinsamen Haushalt leben, wenn die Abweichung darauf beruht, dass die Kinder wegen der beruflichen Tätigkeit dieser Personen oder deren Ehegatten oder deren Lebenspartner fremder Obhut anvertraut werden,

Nr. 4 das Zurücklegen des mit der versicherten Tätigkeit zusammenhängenden Weges von und nach der ständigen Familienwohnung, wenn die Versicherten wegen der Entfernung ihrer Familienwohnung von dem Ort der Tätigkeit an diesem oder in dessen Nähe eine Unterkunft haben,

Nr. 5 das mit einer versicherten Tätigkeit zusammenhängende Verwahren, Befördern, Instandhalten und Erneuern eines Arbeitsgeräts oder einer Schutzausrüstung sowie deren Erstbeschaffung, wenn dies auf Veranlassung des Unternehmers erfolgt.

321 Versichert sind alle Arbeitnehmer und Arbeitnehmerinnen eines Betriebs, allerdings nur gegen Unfallrisiken, welche sich direkt aus dem Arbeitsverhältnis ergeben. Nach § 7 II SGB VII schließt selbst verbotswidriges Handeln des Arbeitnehmers einen Versicherungsfall nicht aus. Dieses verbotswidrige Handeln betrifft allerdings nur den Verschuldensgrad der Fahrlässigkeit. Gem. § 26 I SGB VII haben Versicherte nach Eintritt des Arbeitsunfalls Anspruch auf Heilbehandlung einschließlich Leistungen zur medizinischen Rehabilitation, auf Leistungen zur Teilhabe am Arbeitsleben und am Leben in der Gemeinschaft, auf ergänzende Leistungen, auf Leistungen bei Pflegebedürftigkeit sowie auf Geldleistungen, z. B. eine Hinterbliebenenrente.

322 Zum Ausgleich von Schäden, die der Arbeitnehmer durch einen Arbeitsunfall an seinem Arbeitsplatz erlitten hat, wurde die gesetzliche Unfallversicherung gegründet. Verantwortlich für die Schadensregulierung ist die jeweils zuständige Berufsgenossenschaft;

---

319 Siehe Kokemoor, Rn. 253
320 Vgl. BSG NZS 2006, 214, 215
321 Vgl. Kokemoor, Rn. 242

dabei kommt es auf die Branche des Arbeitgebers an. Die zuständige Berufsgenossenschaft ist Trägerin der gesetzlichen Unfallversicherung. Das Unfallversicherungsrecht dient einerseits dem sozialen Schutz des Arbeitnehmers und seiner Familie, in dem es einen vom Verschulden unabhängigen Entschädigungsanspruch gegen eine leistungsfähige Gemeinschaft der Unternehmer einräumt; zum anderen will es die Schadensersatzpflicht des Arbeitgebers gegenüber seinem Arbeitnehmer ablösen, um eine betriebliche Konfliktsituation zu vermeiden. Die Beitragszahlung für die gesetzliche Unfallversicherung an die jeweilige Berufsgenossenschaft ist allerdings eine unabdingbare Pflicht des Arbeitgebers.[322] Deshalb richtet sich der Anspruch eines durch einen Arbeitsunfall geschädigten Arbeitnehmers primär nicht gegen seinen Arbeitgeber oder einen anderen im Betrieb beschäftigten Arbeitnehmer; Ansprüche wegen eines Arbeitsunfalls sind gegen die gesetzliche Unfallversicherung geltend zu machen. Insofern kann von einer Haftungsverlagerung auf die jeweilige Berufsgenossenschaft gesprochen werden.

2. Haftungsbeschränkung des Arbeitgebers

323 Nach § 104 I 1 SGB VII sind Unternehmer den Versicherten, die für ihre Unternehmen tätig sind oder zu ihren Unternehmen in einer sonstigen, die Versicherung begründenden Beziehung stehen, sowie deren Angehörigen und Hinterbliebenen nach anderen gesetzlichen Vorschriften zum Ersatz des Personenschadens, den ein Versicherungsfall verursacht hat, nur verpflichtet, wenn sie den Versicherungsfall vorsätzlich oder auf einem nach § 8 II Nr. 1–4 SGB VII versicherten Weg herbeigeführt haben. Dies gilt ebenso für noch ungeborene Kinder im Leib der werdenden Mutter. Die jeweilige Berufsgenossenschaft als Träger der gesetzlichen Unfallversicherung übernimmt den Schadensausgleich demzufolge nur unter folgenden Voraussetzungen:
- Der Arbeitgeber muss den Arbeitnehmer bei der gesetzlichen Unfallversicherung versichert haben.
- Es muss ein Arbeitsunfall vorliegen, aus dem der Arbeitnehmer einen Schaden erlitten hat.
- Es darf kein Grund für eine Haftungsbeschränkung der gesetzlichen Unfallversicherung vorliegen, z. B.:
  - Vorsätzliches Handeln des Arbeitgebers, das zum Arbeitsunfall des Arbeitnehmers führt oder
  - Herbeiführen des Personenschadens auf einem nach § 8 II Nr. 1–4 SGB VII versicherten Weg.

324 Die gesetzliche Unfallversicherung reguliert nur Körperschäden des Arbeitnehmers, welche vom einfachen Gesundheitsschaden bis zum Todeseintritt reichen können. Notwendig ist eine Kausalität zwischen dem eingetretenen Schaden beim Arbeitnehmer und dem Unfall am Arbeitsplatz bzw. auf dem mit der versicherten Tätigkeit zusammenhängenden unmittelbaren Weg hin und von dem Ort der Tätigkeit. Verursacht der Arbeitgeber den Personenschaden vorsätzlich, übernimmt die gesetzliche Unfallversicherung den Schadensausgleich nicht; der Arbeitgeber haftet als Schädiger dann selbst gegenüber seinem Arbeitnehmer auf Schadensersatz. Vorsätzlich handelt der Arbeitgeber, wenn er den Unfall bewusst und gewollt verursacht, diesen zumindest für möglich gehalten und billigend in Kauf genommen hat.[323] Der Vorsatz braucht aber nicht den Eintritt des Schadens bzw. dessen Umfang mitzuumfassen.[324]

325 Die Haftungsverlagerung aus einem Personenschaden auf die gesetzliche Unfallversicherung, den ein Arbeitnehmer erlitten hat, greift für den Arbeitgeber außerdem nur dann

---
322 Vgl. zu den pflichtversicherten Personen: Dütz/Thüsing, Rn. 254
323 Vgl. Henssler/Krause, § 619a BGB, Rn. 29;
324 Vgl. Palandt/Weidenkaff, § 276 Rn. 10

nach § 104 I 1 SGB VII ein, wenn er nicht selbst den Schaden auf einem nach § 8 II Nr. 1–4 SGB VII versicherten Weg herbeigeführt hat. Hierbei ist zwischen einem wegebezogenen Unfall und einem betriebsbezogenen Unfall zu unterscheiden. Bei einem wegebezogenen Unfall auf dem der eigentlichen Tätigkeit vor- oder nachgelagerten Weg zur oder von der Arbeit bleibt die zivilrechtliche Haftung des Arbeitgebers bestehen. Denn wenn der Arbeitgeber den Arbeitnehmer auf dessen Weg vom Betrieb nach Hause in einen Unfall verwickelt und einen Personenschaden hervorruft, stehen dem Arbeitnehmer gegenüber dem Arbeitgeber die allgemeinen Haftungsansprüche nach §§ 280 I, 823 I BGB zu. Zwar gelten nach § 8 II Nr. 1–4 SGB VII auch wegebezogene Unfälle als Arbeitsunfälle, für die, falls ein Personenschaden gegenüber einem Arbeitnehmer entstanden ist, die jeweilige Berufsgenossenschaft als gesetzliche Unfallversicherung aufzukommen hat. Die Haftungsbeschränkung des Arbeitgebers und die daraus erfolgende Haftungsverlagerung gilt allerdings nur dann, wenn der wegebezogene Unfall in direkter Beziehung zur Arbeitstätigkeit des Arbeitnehmers steht. Dagegen scheidet eine Haftung des Arbeitgebers bzw. des Arbeitnehmers aus, wenn es sich um eine betriebsbezogene Fahrt, wie z. B. dem Verkehr auf dem Werksgelände[325] bzw. bei Dienst- und Geschäftsreisen handelt. Das Zurücklegen derartiger Wege und dabei entstandene Personenschäden sind durch den Versicherungsschutz des § 8 I SGB VII abgedeckt.[326] Der Haftungsausschluss greift somit ein, sobald sich der Versicherte in die betriebliche Sphäre begibt, die der Organisation des Unternehmers und dessen Ordnungsgewalt unterliegt.[327] Insofern zählt auch eine betriebsbezogene Dienstfahrt zur Arbeitstätigkeit des Arbeitnehmers, so dass dann die Haftungsbeschränkung des Arbeitgebers durch die gesetzliche Unfallversicherung nach § 104 I SGB VII angemessen ist.

326 Da die gesetzliche Unfallversicherung nur bei konkreten Körperschäden Schadensersatz leistet, kann der verletzte Arbeitnehmer kein Schmerzensgeld nach § 253 II BGB geltend machen. Weder gegenüber der gesetzlichen Unfallversicherung, noch gegenüber dem Arbeitgeber besteht somit ein immaterieller Schadensersatzanspruch. Dieser für den Arbeitnehmer nachteiligen Regelung stehen jedoch Vorteile der sozialversicherungsrechtlichen Regelung gegenüber: zum einen hat der Arbeitnehmer sonstige Ansprüche gegen die Berufsgenossenschaft auch dann, wenn der Arbeitsunfall vom Arbeitgeber nicht verschuldet wurde; zum anderen mindert eigenes Verschulden des Arbeitnehmers entgegen § 254 BGB nicht dessen sozialversicherungsrechtlichen Anspruch.[328] Des Weiteren ist nicht zu unterschätzen, dass es sich bei der gesetzlichen Unfallversicherung im Rahmen der Haftungsverlagerung um einen zahlungskräftigen Ersatzschuldner handelt.

3. Haftungsbeschränkung des Arbeitnehmers

327 Verletzt ein Arbeitnehmer einen Arbeitskollegen, steht dem Arbeitskollegen grundsätzlich ein Schadensersatzanspruch aus § 823 I BGB zu. Dieser umfasst üblicherweise auch einen Anspruch auf Schmerzensgeld nach § 253 II BGB. Nach § 105 I 1 SGB VII gilt eine Haftungsbeschränkung auch für Arbeitnehmer, welche ihren Arbeitskollegen im selben Betrieb einen Personenschaden zufügen. Danach sind Arbeitnehmer, die durch eine betriebliche Tätigkeit einen Versicherungsfall von Versicherten desselben Betriebs verursachen, diesen sowie deren Angehörigen und Hinterbliebenen nach anderen gesetzlichen Vorschriften zum Ersatz des Personenschadens nur verpflichtet, wenn sie den Versicherungsfall vorsätzlich oder auf einem nach § 8 II Nr. 1–4 SGB VII versicherten Weg herbeigeführt haben. Der Arbeitnehmer, der den Personenschaden bei einem Arbeitskollegen verursacht hat, ist somit weiter für den Schaden verantwortlich, wenn er

---

325   Vgl. BSG NZA 1989, 533, 534
326   Vgl. BGHZ 157, 159, 166; BAG AP Nr. 2 zu § 104 SGB VII
327   Wörlen/Kokemoor, Rn. 187
328   Dütz/Thüsing, Rn. 257

ihn vorsätzlich herbeigeführt hat bzw., wenn ein wegebezogener Unfall z. B. dann vorliegt, falls er einen Arbeitskollegen im Rahmen einer Fahrgemeinschaft mit zur Arbeitsstelle nimmt und auf dem Weg dorthin mit überhöhter Geschwindigkeit einen Verkehrsunfall verursacht. In einem solchen Fall bestehen für den verletzten Arbeitskollegen auch allgemeine zivilrechtliche Schadensersatzansprüche gegenüber seinem Arbeitskollegen, der das Kfz. gefahren hat.

Tritt die Haftungsbeschränkung des Arbeitnehmers nach § 105 I 1 SGB VII umfassend ein, findet erneut eine Haftungsverlagerung auf die gesetzliche Unfallversicherung statt. Immaterielle Schäden, Vermögensschäden oder Beerdigungskosten werden von der gesetzlichen Unfallversicherung nicht beglichen. Die höchstrichterliche Rechtsprechung hat dies mit dem Grundgesetz als vereinbar anerkannt, weil der Arbeitgeber die Last der Zahlung von Versicherungsprämien an die jeweilige Berufsgenossenschaft alleine übernimmt und die Versicherungsleistungen für den Arbeitnehmer insgesamt vorteilhafter sein können als die Nachteile durch den Wegfall zivilrechtlicher Schadensersatzansprüche.[329] Wird ein Dritter durch den Arbeitnehmer in Ausübung seiner Arbeitstätigkeit geschädigt, haftet der Arbeitnehmer dem Dritten gegenüber nach allgemeinen zivilrechtlichen Vorschriften. Zu prüfen ist dann eine mögliche Freistellung von der Haftung bzw. eine Einschränkung der Haftung i. S. d. Haftungsbeschränkung.[330]

328

4. Haftung Dritter

Erleidet der Arbeitnehmer einen Personen- oder Sachschaden im Betrieb durch einen betriebsfremden Dritten, z. B. einen Lieferanten, sind grds. die gesetzlichen Schadensersatzansprüche nach §§ 823 ff. BGB anwendbar. Hat die Berufsgenossenschaft den Personenschaden des Arbeitnehmers finanziell ausgeglichen, steht ihr ein Ersatzanspruch gegenüber dem Dritten nach § 116 I SGB X zu. Denkbar ist auch, dass der Arbeitgeber und ein betriebsfremder Dritter den Personenschaden beim Arbeitnehmer gemeinsam verursacht haben. In diesem Fall gilt wiederum grds. die Haftungsbeschränkung des Arbeitgebers nach § 104 I 1 SGB VII. Die gesetzliche Unfallversicherung übernimmt dann den Schadensanteil, den der Arbeitgeber gegenüber dem Arbeitnehmer verursacht hat. Daher ist der betriebsfremde Dritte somit als Gesamtschuldner nach § 421 BGB ausnahmsweise nur anteilig für den von ihm zu vertretenden Teil des entstandenen Personenschadens verantwortlich.

329

§ 7 Beendigung des Arbeitsverhältnisses

Schrifttum: *Annuß*, Betriebsbedingte Kündigungen und vertragliche Bindung, 2004; *Bender*, Verzicht auf Kündigungsschutz, AuR 2008, 216; *Brors*, Soll man das Kriterium „Alter" in § 1 Abs. 3 KSchG wegen Europarechtswidrigkeit streichen?, AuR 2008, 288; *Busemann/Schäfer*, Kündigung und Kündigungsschutz im Arbeitsverhältnis, 5. Aufl., 2006; *Deinert*, Die Druckkündigung im Lichte der Diskriminierungsverbote, RdA 2007, 275; *Dörner*, Neues aus dem Befristungsrecht, NZA 2007, 57; *Eylert/Friedrichs*, Die Anhörung des Arbeitnehmers zur Verdachtskündigung, DB 2007, 2203; *Ferme/Lipinski*, Neues Recht der Massenentlassung nach §§ 17, 18 KSchG?, ZIP 2005, 593; *Franzen*, Massenentlassung und Betriebsänderung unter dem Einfluss des europäischen Gemeinschaftsrechts, ZfA 2006, 437; *Fromm*, Die arbeitnehmerbedingten Kündigungsgründe, 1995; *Fröhlich/Mirwald*, Besonderer Kündigungsschutz – Ein Überblick, ArbRB 2006, 339; *Gamillscheg*, Die Beendigung des Arbeitsverhältnisses, 2001; *Herbert/Oberrath*, Die soziale Rechtfertigung der betriebsbedingten Änderungskündigung, NJW 2008, 3177; *Hinrichs*, Kündigungsschutz und Arbeitnehmerbeteiligung bei Massenentlassungen, 2001; *Hromadka*, Unternehmerische Freiheit – ein Problem der betriebsbedingten Kündigung?, ZfA 2002, 383; *Hülsemann/Osso*, Die Kündigung des

---

329 Siehe dazu BVerfGE 34, 118, 132; BVerfG NJW 1995, 1607; empfehlenswert Kokemoor, Rn. 242 ff.
330 Siehe dazu Rn. 272 f.

Arbeitsverhältnisses durch den Arbeitnehmer – eine sichere Beendigung des Arbeitsverhältnisses? (Teil 1), ArbRAktuell 2020, 336; *Hülsemann/Osso*, Die Kündigung des Arbeitsverhältnisses durch den Arbeitnehmer – eine sichere Beendigung des Arbeitsverhältnisses? (Teil 2), ArbRAktuell 2020, 375; *Kamanabrou*, Europarechtskonformer Schutz vor Benachteiligungen bei Kündigungen, RdA 2007, 199; *Kania/Kramer*, Unkündbarkeitsvereinbarungen in Arbeitsverträgen, Betriebsvereinbarungen und Tarifverträgen, RdA 1995, 287; *Klinkhammer*, Anhörung des Arbeitnehmers vor Ausspruch von Verdachtskündigungen, ArbAktuell 2020, 7; *Kock/Fandel*, Unwiderrufliche Freistellung bis zum Ende des Arbeitsverhältnisses, DB 2009, 2321; *Kraft*, Bestandsschutz des Arbeitsverhältnisses; Lohn ohne Arbeit – Überlegungen zur Reduzierung der Regelungsdichte des Arbeitsrechts und zur Wiederherstellung der Äquivalenz im Arbeitsverhältnis, ZfA 1994, 463; *Krois*, Die Änderungskündigung zum Zweck der Entgeltsicherung, ZfA 2009, 575; *Lansnicker*, Außerordentliche Verdachtskündigung und Kündigungserklärungsfrist, BB 2009, 672; *Lützen*, Darf der Betriebsrat seinen Widerspruch gegen eine Kündigung dem Arbeitnehmer direkt zuleiten?, NZA 2019, 1254; *Mohr*, Beschäftigungsförderung durch Kündigungsförderung, ZfA 2006, 547; *Oberhofer*, Der Wiedereinstellungsanspruch, RdA 2006, 92; *Oetker*, Arbeitsrechtlicher Kündigungsschutz und Tarifautonomie, ZfA 2001, 287; *Preis*, Prinzipien des Kündigungsrechts bei Arbeitsverhältnissen, 1987; *Ramrath*, Die Kündigung von Arbeitsverträgen, 2006; *Rebhahn*, Der Kündigungsschutz des Arbeitnehmers in den Staaten der EU, ZfA 2003, 163; *Reuter*, Reichweite und Grenzen der Legitimität des Bestandsschutzes von Arbeitsverhältnissen, Ordo Bd. 33, 1982, S. 165; *Rüthers/Henssler*, Die Kündigung bei kumulativ vorliegenden und gemischten Kündigungssachverhalten, ZfA 1988, 31; *Shipton*, Außerordentliche Kündigung – Ingangsetzen der Kündigungserklärungsfrist des § 626 Abs. 2 BGB, BB 2009, 280; *von Stebut*, Der soziale Schutz als Regelungsproblem des Vertragsrechts, 1982; *Tödtmann/von Erdmann*, Keine Pflicht zur Selbstbelastung für den Arbeitnehmer?, NZA 2020, 1577; *Tödtmann/Schauer*, Die Kündigung des Arbeitsverhältnisses. Ein Überblick über die Rechtslage in Deutschland, anderen europäischen Ländern und den USA, NZA 2003, 1187; *Tschöpe*, Krankheitsbedingte Kündigung und betriebliches Eingliederungsmanagement, NZA 2008, 398; *Walker*, Die freie Unternehmerentscheidung im Arbeitsrecht, ZfA 2004, 501; *Wensing/Hesse*, Die Vereinbarung längerer Kündigungsfristen im Arbeitsvertrag, NZA 2009, 1309; *Wetzling/Habel*, Die Beanstandung der Arbeitsleistung und die leistungsbedingte Kündigung, BB 2009, 1638; *Wiedemann*, Subjektives Recht und sozialer Besitzstand nach dem KSchG, RdA 1961, 1; *Wilhelm*, Die Zusammenhänge zwischen Sonderkündigungsschutz und dem Kündigungsschutzgesetz, NZA 1988, Beil. 3, S. 18 ff.

I. Grundlagen

330 Die Beendigung des Arbeitsverhältnisses ist für den Arbeitnehmer ein bedeutender Schritt, denn ein Arbeitsverhältnis sorgt grds. für seine wirtschaftliche Existenz. Auch beruflich stellt die Beendigung eines Arbeitsverhältnisses für den Arbeitnehmer ein bedeutendes Ereignis dar, insbesondere dann, wenn die Beendigung weder auf eigenen Wunsch, noch durch Erreichen der Altersgrenze erfolgt. Die Beendigungsgründe für ein Arbeitsverhältnis, die vielschichtig und vielfältig sein können, sind entweder aus der Sphäre des Arbeitgebers oder aus der Sphäre des Arbeitnehmers abzuleiten. Eine derartige Unterscheidung ist deshalb besonders wichtig, weil sich, je nach Situation, unterschiedliche Rechte und Pflichten für die jeweiligen Vertragsparteien ergeben.

```
┌─────────────────────────────────────────────────────────────┐
│              Beendigungsgründe für ein Arbeitsverhältnis     │
└─────────────────────────────────────────────────────────────┘
```

- Nichtigkeit des Arbeitsvertrags
  - Gesetzliches Verbot, § 134 BGB
  - Sittenwidrigkeit, § 138 BGB
- Ordentliche Kündigung, § 620 II BGB
  - Kündigungserklärung
  - Kündigungsgrund nicht erforderlich
  - Kündigungsfrist, § 622 BGB
  - Anhörung von Betriebsrat oder Sprecherausschuss, § 102 I BetrVG, § 31 I, II SprAuG
  - Keine Unwirksamkeit, z. B. § 125 S. 1 BGB
- Außerordentliche Kündigung, § 626 BGB
  - Kündigungserklärung
  - <u>Wichtiger</u> Kündigungsgrund, § 626 I, II 3 BGB
  - Kündigungsfrist
  - Umdeutung, § 140 BGB
  - Sonderfälle
- Anfechtung, §§ 119 II, 123 I 1. Alt. BGB
- Aufhebung, § 311 I BGB
- Befristung, § 3 I TzBfG
- Erreichung der Altersgrenze
- Gerichtliche Entscheidung, § 9 KSchG
- Tod des Arbeitnehmers, arg. e § 613 BGB

Abb. 12: Beendigungsgründe für ein Arbeitsverhältnis

II. Beendigungsgründe

1. Nichtigkeit des Arbeitsvertrags

331 Ein Arbeitsvertrag kann von Anfang an nichtig sein. Verstößt ein Arbeitsvertrag gegen ein gesetzliches Verbot nach § 134 BGB, z. B. grds. bei der Beschäftigung Minderjähriger im Betrieb, so ist der Arbeitsvertrag von Anfang an nichtig. Ist das Arbeitsverhältnis allerdings bereits in Gang gesetzt worden, so kann dieses fehlerhafte Arbeitsverhältnis nur zum aktuellen Zeitpunkt mit Wirkung für die Zukunft beendet werden. Nichtigkeitsgründe können nach § 105 BGB die Geschäftsunfähigkeit eines Arbeitnehmers, eine sittenwidrige Tätigkeit nach § 138 BGB sowie gesetzliche Verbote z. B. nach § 5 JArbSchG i. V. m. § 134 BGB sein.

2. Ordentliche Kündigung

332 Arbeitsverhältnisse können vom Arbeitgeber wie vom Arbeitnehmer gekündigt werden. Die Kündigung selbst ist eine einseitige, empfangsbedürftige Willenserklärung, die eine Rechtsfolge dahingehend auslöst, dass das Arbeitsverhältnis mit Ablauf einer bestimmten Frist beendet wird. Die ordentliche Kündigung nach § 620 II BGB ist der Normalfall zur Beendigung eines Arbeitsverhältnisses. Die überwiegende Zahl der Arbeitsverhältnisse ist vertraglich auf unbestimmte Zeit geschlossen worden. Nach Ablauf einer Frist ist das Arbeitsverhältnis nach wirksamer Kündigung beendet; die Hauptleistungspflichten von Arbeitgeber und Arbeitnehmer, einerseits Lohnzahlungs- und Beschäftigungspflicht und andererseits Tätigkeitspflicht, bestehen dann nicht mehr. Nebenpflichten können für beide Seiten aber auch nach Beendigung des Arbeitsvertrags noch existieren.

333 Dem Arbeitnehmer steht ein uneingeschränktes Kündigungsrecht zu; dagegen entspricht es dem Schutzgedanken des Arbeitsrechts zugunsten des Arbeitnehmers, dass der Arbeitgeber dem Arbeitnehmer nur eingeschränkt unter besonderen Voraussetzungen kündigen darf. Dieser Schutzgedanke ist deshalb so bedeutend, weil der Arbeitnehmer sein berufliches Fortkommen und seine wirtschaftliche Existenz seinem Arbeitgeber anvertraut. So gilt z. B. zum Schutz des Arbeitnehmers unter bestimmten Voraussetzungen das Kündigungsschutzgesetz (KSchG), welches die Kündigung des Arbeitgebers gegenüber dem Arbeitnehmer u. U. als unwirksam ansieht. Dann hat der Arbeitgeber das Arbeitsverhältnis mit dem Arbeitnehmer fortzusetzen. Insbesondere hat der Arbeitgeber nach § 102 I BetrVG den Betriebsrat, sofern dieser im Betrieb errichtet ist, vor jeder Kündigung anzuhören. Der Arbeitgeber hat dem Betriebsrat die Gründe der Kündigung mitzuteilen. Eine ohne Anhörung des Betriebsrats ausgesprochene Kündigung gegenüber dem Arbeitnehmer ist unwirksam.

334 a) **Wirksame Kündigungserklärung.** Die wirksame Kündigungserklärung ist eine einseitige Willenserklärung. Auf sie finden die Rechtsnormen des Allgemeinen Teils des Bürgerlichen Gesetzbuches (§§ 104 ff., 130 ff., 164 ff. BGB) Anwendung. Im Gegensatz zum Abschluss eines Arbeitsvertrags selbst hat die ordentliche Kündigung eines solchen nach §§ 620 II, 622 BGB zwingend schriftlich gem. § 623 BGB zu erfolgen. Die Kündigungserklärung in elektronischer Form ist ausgeschlossen. Das Schriftformerfordernis erfasst jedoch nur die Kündigungserklärung selbst, nicht aber die Angabe von Kündigungsgründen, die Mitteilung der Kündigungsfrist oder die Benennung als ordentliche Kündigung.[331] Weiterhin ist erforderlich, dass die Kündigungserklärung den Beendigungswillen des Arbeitnehmers erkennen lässt. Folglich muss der Arbeitnehmer nicht ausdrücklich das Wort „Kündigung" in seiner schriftlichen Erklärung verwenden. Es genügt z. B., dass der Arbeitnehmer von einer Beendigung des Arbeitsverhältnisses spricht, seine Arbeitspapiere einschließlich Arbeitszeugnis verlangt oder durch die Verweigerung der Arbeitsleistung die Beendigung des Arbeitsverhältnisses zum Ausdruck bringt.[332]

335 Die Kündigung wird erst wirksam, wenn sie dem Arbeitgeber zugeht, d. h. so in den Machtbereich des Empfängers gelangt, dass er unter normalen Umständen mit der Kenntnisnahme rechnet, § 130 I 1 BGB.[333] Der Zugang kann auch unter Inanspruchnahme eines Empfangsboten erfolgen; in diesem Fall wird die Kündigungserklärung wirksam in dem Augenblick, in welchem sie dem Empfangsboten ausgehändigt wird.[334]

336 b) **Kündigungsgrund.** Einen Kündigungsgrund braucht der Arbeitnehmer nicht vorzugeben; die Kündigung wird auch ohne detaillierte Begründung wirksam, es sei denn, im Tarifvertrag, in einer Betriebsvereinbarung oder im Arbeitsvertrag ist festgelegt, dass die ordentliche Kündigung eine Begründung enthalten muss. Eine gesetzliche Ausnahme findet sich dazu in § 22 III BBiG. Ist allerdings das Kündigungsschutzgesetz anwendbar, hat der Arbeitnehmer in analoger Anwendung des § 626 II 3 BGB, der für die außerordentliche Kündigung gilt, einen neuen Anspruch auf schriftliche Mitteilung des Kündigungsgrundes.[335]

---

331 Dütz/Thüsing, Rn. 284; vgl. Preis/Gotthardt, Schriftformerfordernis für Kündigungen, Aufhebungsverträge und Befristungen nach § 623 BGB, NZA 2000, 348, 350
332 Vgl. Schaub/Linck, § 123 Rn. 2; ErfK/Müller-Glöge, § 620 BGB Rn. 18; Dütz/Thüsing, Rn. 283
333 Vgl. Schade, Rn. 56
334 Vgl. Dütz/Thüsing, Rn. 355; Waltermann, Rn. 319; a. A. BAG AP Nr. 18 zu § 130 BGB = NZA 1993, 259
335 Waltermann, Rn. 322

c) Kündigungsfrist. Unter dem Begriff „Kündigungsfrist" ist der Zeitraum zu verstehen, welcher mit dem Zugang der Kündigungserklärung beginnt und der mit der tatsächlichen Beendigung des Arbeitsverhältnisses endet. Normalerweise wird zwischen Arbeitgeber und Arbeitnehmer im Arbeitsvertrag eine Kündigungsfrist mit einem Beendigungszeitpunkt des Arbeitsverhältnisses vereinbart, so z. B. zu einem Monats-, Quartals- oder Halbjahresende. Haben Arbeitgeber und Arbeitnehmer im Arbeitsvertrag keine Kündigungsfrist zur Beendigung des Arbeitsverhältnisses vereinbart, ist § 622 BGB anwendbar. Nach § 622 I BGB kann das Arbeitsverhältnis eines Arbeiters oder Angestellten (Arbeitnehmers) mit einer Frist von vier Wochen zum Fünfzehnten oder zum Ende eines Kalendermonats gekündigt werden. Besteht das Arbeitsverhältnis länger als zwei Jahre, sieht § 622 II 1 Nr. 1–7 BGB je nach Dauer des Arbeitsverhältnisses unterschiedlich lange Kündigungsfristen vor. **337**

Nach altem Recht existierte die Regelung des § 622 II 2 BGB, wonach bei der Berechnung der Beschäftigungsdauer Zeiten des Arbeitsverhältnisses, die vor Vollendung des 25. Lebensjahres des Arbeitnehmers liegen, nicht berücksichtigt werden sollten. Diese Regelung wurde bereits im Jahre 2010 vom EuGH[336] für mit europäischem (Primär)recht unvereinbar erklärt, so dass die Regelung nicht mehr angewendet werden durfte. Mit Wirkung zum 1.1.2019 wurde sie vom Gesetzgeber daraufhin ersatzlos gestrichen. Andere Kündigungsfristen ergeben sich für Arbeitsverhältnisse bei einer vereinbarten Probezeit nach § 622 III BGB, für Berufsausbildungsverhältnisse nach § 22 I, II BBiG sowie für Schwerbehinderte nach § 169 SGB IX. Auf die gesetzlichen Kündigungsfristen nach § 622 I, II BGB sind die gesetzlichen Regelungen zur Bestimmung von Fristen und Terminen nach §§ 186 ff. BGB anwendbar. Nichtanwendbar ist § 193 BGB, weil dadurch die Kündigungsfristen gegenüber dem Arbeitnehmer unzulässig verkürzt würden.[337] **338**

Abweichende Regelungen zu den gesetzlichen Kündigungsfristen in § 622 I-III BGB können nach § 622 IV 1 BGB durch Tarifvertrag vereinbart werden. Sie gelten dann auch für nichttarifgebundene Arbeitnehmer, wenn diese Fristen vertraglich vereinbart wurden. Eine Fristverkürzung durch eine Betriebsvereinbarung sieht § 622 BGB nicht vor. Nach § 622 V 3 BGB kann zwischen dem Arbeitgeber und dem Arbeitnehmer aber eine längere Kündigungsfrist vereinbart werden. **339**

Hält eine Arbeitspartei die gesetzliche bzw. die vertraglich vereinbarte Kündigungsfrist nicht ein, ist die Kündigung unwirksam. Durch Auslegung i. S. v. § 133 BGB ist dann zu ermitteln, ob die Kündigung hilfsweise für den nächstmöglichen Termin ausgesprochen sein soll oder ob sie gänzlich unwirksam ist.[338] Üblicherweise ist die Kündigung dann zum nächstmöglichen Kündigungstermin wirksam. **340**

d) Anhörung des Betriebsrats bzw. des Sprecherausschusses. Ist in Betrieben ein Betriebsrat errichtet, ist der Betriebsrat nach § 102 I 1 BetrVG vor jeder Kündigung zu hören. Die Pflicht zur Anhörung bedeutet aber nicht, dass der Betriebsrat einer Kündigung auch zustimmen muss. Allerdings hat der Arbeitgeber dem Betriebsrat die Gründe für die Kündigung mitzuteilen. Hat der Arbeitgeber den Betriebsrat vor einer Kündigung nicht angehört, so ist die Kündigung gegenüber dem Arbeitnehmer unwirksam. In größeren Betrieben mit mindestens zehn leitenden Angestellten können auch sog. Sprecherausschüsse errichtet werden. Nach § 25 I 1 SprAuG vertritt der Sprecherausschuss die Belange der leitenden Angestellten des Betriebs. Spricht der Arbeitgeber eine **341**

---

336 EuGH NZA 2010, 85 ff.
337 Vgl. BAG DB 1970, 1134, 1135
338 Vgl. Dütz/Thüsing, Rn. 317

Kündigung gegenüber einem leitenden Mitarbeiter aus, so ist auch der Sprecherausschuss gem. § 31 I, II SprAuG vorab über die Kündigung zu informieren und zu hören.

342 **e) Keine Unwirksamkeit der Kündigung.** Die Kündigungserklärung des Arbeitgebers darf nicht dadurch unwirksam sein, weil sie gegen die gesetzlich vorgeschriebene Form oder ein gesetzliches Kündigungsverbot verstößt.

343 **aa) Formmangel.** § 623 BGB regelt, dass die Beendigung von Arbeitsverhältnissen durch Kündigung und Auflösungsvertrag zu ihrer Wirksamkeit der Schriftform bedarf. Für die Einhaltung der Schriftform gemäß § 126 BGB gelten strenge Maßstäbe. Das Schriftstück muss schriftlich mit handschriftlicher Unterschrift versehen werden und im Original vorliegen. Die Unterschrift gewährleistet hierbei die Echtheit und ermöglicht die Zurechnung des Inhalts der Erklärung. Eine Kündigung per Fax, oder per Mail ist hierbei nicht ausreichend. Die Unterschrift des Erklärungsempfängers wird hier, wie bei einer Kopie, nur reproduziert. Dementsprechend genügt die Textform gemäß § 126b BGB nicht aus. Ein Verstoß gegen dieses Schriftformerfordernis führt gemäß § 125 S. 1 BGB zur Nichtigkeit. Weitere Formerfordernisse können sich aus Tarifvertrag, Betriebsvereinbarung oder Arbeitsvertrag ergeben. So kann rechtmäßig vereinbart sein, obwohl grds. nicht erforderlich, dass der Kündigungserklärung ein Grund hinzugefügt werden muss, weshalb die Kündigung ausgesprochen wird. Enthalten derartige rechtsgeschäftliche Formerfordernisse eine konstitutive Wirkung, d. h. wirken sie rechtsbegründend, so liegt ein Formverstoß vor, wenn der Kündigung eine Begründung nicht beigefügt wird.[339]

344 **bb) Ordnungsgemäße Vertretung.** Neben den allgemeinen Regeln des BGB zum Zugang von Willenserklärungen gelten auch die allgemeinen Regeln der Stellvertretung. Hierbei ist § 174 S. 1 BGB zu beachten. Hiernach ist eine Kündigung, die ein Bevollmächtigter einem anderen gegenüber vornimmt, unwirksam, wenn der Bevollmächtigte eine Vollmachtsurkunde nicht vorlegt und der andere die Kündigung aus diesem Grunde unverzüglich zurückweist.

345 **cc) Verstoß gegen ein gesetzliches Verbot. – (1) Kündigungsschutz bei Betriebsübergang.** Die Kündigung ist unwirksam, wenn sie gegen ein gesetzliches Verbot verstößt. Ein solcher Verstoß liegt z. B. nach § 613a BGB vor, wenn ein Betrieb oder ein Betriebsteil durch Rechtsgeschäft auf einen anderen Inhaber übergeht und eine Kündigung des Arbeitsverhältnisses einem Arbeitnehmer durch den bisherigen Arbeitgeber oder durch den neuen Inhaber wegen des Übergangs mitgeteilt wird. Eine solche Kündigung ist nach § 613a IV 1 BGB unwirksam. Das Recht zur Kündigung des Arbeitsverhältnisses aus anderen Gründen bleibt allerdings unberührt. Dabei kann es sich z. B. um eine Betriebsverkleinerung aufgrund einer Rationalisierungsmaßnahme handeln.[340] Das Kündigungsverbot des § 613a IV 1 BGB gilt nicht für den Arbeitnehmer. Denn der Arbeitnehmer muss die Chance haben, selbst sein Arbeitsverhältnis bei Betriebsübergang kündigen zu können, wenn er z. B. große Bedenken gegenüber dem neuen Inhaber hat.

346 **(2) Kündigungsschutz bei Wechsel in ein Teilzeit- oder Vollzeitarbeitsverhältnis.** Auch im Teilzeit- und Befristungsgesetz (TzBfG) ist in § 11 S. 1 TzBfG die Unwirksamkeit einer Kündigung gesetzlich normiert. Danach darf der Arbeitgeber das Arbeitsverhältnis wegen der Weigerung des Arbeitnehmers, von einem Vollzeit- in ein Teilzeitarbeitsverhältnis oder umgekehrt zu wechseln, nicht kündigen. Das gilt i. S. v. § 6 TzBfG auch für leitende Angestellte. Nach § 11 S. 2 TzBfG hat der Arbeitgeber allerdings das

---

339 Vgl. Michalski/Westerhoff, Rn. 278; dazu BAG BB 1980, 369
340 Vgl. BGA NZA 1997, 148, 149

Recht, das Arbeitsverhältnis zu kündigen, wenn ein anderer Grund für die Kündigung ursächlich ist.

(3) **Kündigungsschutz für Mitglieder des Betriebsrats bzw. einer Jugend- und Auszubildendenvertretung.** In § 15 I-III KSchG sind mehrere Gründe aufgeführt, wann eine Kündigung eines Arbeitgebers unwirksam ist. Grundsätzlich ist nach § 15 I 1 KSchG z. B. die Kündigung eines Mitglieds eines Betriebsrats oder einer Jugend- und Auszubilden-Vertretung unzulässig. Besteht allerdings ein wichtiger Grund für die Kündigung, kann der Arbeitgeber die Kündigung auch gegenüber einem Arbeitnehmer aus diesem Personenkreis ohne Einhalten einer Kündigungsfrist aussprechen; erforderlich ist aber nach § 103 I BetrVG die Zustimmung und nicht nur die Anhörung des Betriebsrats zur außerordentlichen Kündigung. Verweigert der Betriebsrat seine Zustimmung, so kann nach § 103 II 1 BetrVG das Arbeitsgericht diese Zustimmung auf Antrag des Arbeitgebers ersetzen, wenn die außerordentliche Kündigung unter Berücksichtigung aller Umstände gerechtfertigt ist. Gemäß § 103 IIa BetrVG gilt § 103 II BetrVG entsprechend, wenn im Betrieb kein Betriebsrat besteht. Ebenso unwirksam sind grds. die Kündigungen des Arbeitgebers nach § 15 II, III KSchG gegenüber einem Mitglied einer Personalvertretung oder eines Wahlvorstands vom Zeitpunkt seiner Bestellung an bzw. eines Wahlbewerbers zum Zeitpunkt der Aufstellung des Wahlvorschlags bis zur Bekanntgabe des Wahlergebnisses. Gemäß § 15 IIIb KSchG gilt dies auch für die Kündigung eines Arbeitnehmers, der Vorbereitungshandlungen zur Errichtung eines Betriebsrats unternimmt und eine öffentlich beglaubigte Erklärung mit dem Inhalt abgegeben hat, dass er die Absicht hat, einen Betriebsrat zu gründen. Die Möglichkeit des Arbeitgebers auf eine fristlose Kündigung unter Beachtung von § 103 I BetrVG bleibt davon unberührt. Die Zustimmung des Betriebsrats zu einer fristlosen Kündigung eines Betriebsratsmitglieds erfodert einen Betriebsratsbeschluss, bei dem das betroffene Mitglied des Betriebsrats nicht mitwirken darf.[341] Die Ersetzung der Zustimmung des Betriebsrats nach § 103 II 1 BetrVG kann der Arbeitgeber nur unter sehr engen Voraussetzungen in Anspruch nehmen. Diese Möglichkeit besteht dann, wenn ein Betriebsrat nicht vorhanden oder funktionsunfähig ist bzw. er die Zustimmung ausdrücklich oder analog gem. § 102 II 2, 3 BetrVG durch Schweigen verweigert hat.[342]

(4) **Kündigungsschutz für Frauen während der Schwangerschaft und nach der Entbindung.** Die Kündigung des Arbeitgebers gegenüber einer werdenden oder stillenden Mutter ist nach den Kriterien des § 17 I MuSchG unwirksam, wenn sie gegen das Kündigungsverbot verstößt. Danach ist die Kündigung einer Frau während der Schwangerschaft und bis zum Ablauf von vier Monaten nach der Entbindung unzulässig, wenn dem Arbeitgeber zur Zeit der Kündigung die Schwangerschaft oder die Entbindung bekannt war oder innerhalb von zwei Wochen nach der Kündigung mitgeteilt wird; das Überschreiten dieser Frist ist unschädlich, wenn es auf einem von der Frau nicht zu vertretenden Grund beruht und die Mitteilung unverzüglich nachgeholt wird. Voraussetzung ist allerdings, dass ein wirksames Arbeits- bzw. Berufsausbildungsverhältnis besteht. Das Kündigungsverbot gilt nicht für ein fehlerhaftes Arbeitsverhältnis. Die Bestimmung des Beginns der Schwangerschaft erfolgt in der Weise, dass vom ärztlich festgestellten voraussichtlichen Termin der Niederkunft um 280 Tage zurückzurechnen ist.[343] Damit das Kündigungsverbot nach § 17 I MuSchG für die schwangere Frau wirksam wird, ist erforderlich, dass die Arbeitnehmerin die Schwangerschaft dem Arbeitgeber nach Kenntnisnahme unverzüglich bzw. innerhalb von zwei Wochen nach Erhalt der Kündigung anzeigt. Wird über die Schwangerschaft nach Erhalt der Kündigung

---

341 Vgl. BAG NJW 1985, 1976; NZA 1985, 254, 256
342 Michalski/Westerhoff, Rn. 284; dazu BAG DB 1983, 1049; BAG NZA 1997, 371, 372; LAG Düsseldorf DB 1975, 745
343 BAG NZA 1986, 613

informiert, so muss die Schwangerschaft schon bei Zugang der Kündigungserklärung bestehen.[344] Das Kündigungsverbot des § 17 I 1 MuSchG bezweckt den Schutz von schwangeren und stillenden Müttern vor einem nicht gewollten Arbeitsplatzverlust und erstreckt sich auf alle Kündigungen des Arbeitgebers.[345] Eine solche Kündigung ist nach § 134 BGB nichtig.

349 **(5) Kündigungsschutz vor und während der Elternzeit.** Eine Kündigung des Arbeitgebers ist ebenfalls unwirksam, wenn sie nach § 18 I 1 BEEG im Zeitraum von acht Wochen vor Beginn der Elternzeit und während der gesamten Elternzeit ausgesprochen wird. Notwendig für dieses spezielle Kündigungsschutzverbot ist, dass der Arbeitnehmer zum Zeitpunkt des Empfangs der Kündigungserklärung durch den Arbeitgeber bereits i. S. v. § 16 I 1 BEEG die Elternzeit schriftlich verlangt und gleichzeitig erklärt hat, für welche Zeiten innerhalb von zwei Jahren Elternzeit genommen und diese spätestens in sieben Wochen nehmen wird. Auch beim Kündigungsverbot nach § 18 BEEG handelt es sich um ein absolutes Kündigungsverbot. Eine Kündigung des Arbeitnehmers im Zeitraum der Elternzeit bleibt davon unberührt.

350 **(6) Kündigungsschutz für schwerbehinderte Personen.** Ebenso ist eine Kündigung unwirksam, die gegenüber einem schwerbehinderten Arbeitnehmer ausgesprochen wird, ohne dass das zuständige Integrationsamt der Kündigung zugestimmt hat, § 168 SGB IX. Die Zustimmung zur Kündigung hat der Arbeitgeber bei dem für den Sitz des Betriebs oder der Dienststelle zuständigen Integrationsamt schriftlich zu beantragen. Bei dieser Art des Kündigungsschutzes für schwerbehinderte Personen handelt es sich nicht um ein generelles Kündigungsverbot sondern um eine sog. Kündigungssperre. Erforderlich ist wiederum ein wirksames Arbeits- oder Berufsausbildungsverhältnis. Die Kündigungssperre gilt somit nicht für ein fehlerhaftes Arbeitsverhältnis. Sie ist außerdem nach § 173 I Nr. 1, 3a SGB IX wirksam, wenn das Arbeitsverhältnis zwischen dem Arbeitgeber und dem schwerbehinderten Arbeitnehmer zum Zeitpunkt des Zugangs der Kündigungserklärung ohne Unterbrechung mindestens sechs Monate besteht, der schwerbehinderte Arbeitnehmer das 58. Lebensjahr noch nicht vollendet hat und ihm kein Anspruch auf eine Abfindung, Entschädigung oder ähnliche Leistung aufgrund eines Sozialplans zusteht. Voraussetzung für die wirksame Kündigung eines schwerbehinderten Arbeitnehmers ist nach § 168 SGB IX die Zustimmung des Integrationsamts zur Kündigung. Vor der Zustimmung zur Kündigung holt das Integrationsamt nach § 170 II SGB IX eine Stellungnahme des Betriebsrats oder Personalrats sowie der Schwerbehindertenvertretung ein und hört den schwerbehinderten Arbeitnehmer an.

351 dd) **Kündigungsschutz bei Verstoß gegen § 138 BGB.** Letztlich kann eine Kündigungserklärung eines Arbeitgebers gegenüber einem Arbeitnehmer unwirksam sein, wenn diese nach § 138 I BGB gegen die guten Sitten verstößt.

3. Außerordentliche Kündigung

352 Im Einzelfall kann der Arbeitsvertrag vom Arbeitgeber oder vom Arbeitnehmer ohne Einhaltung einer Kündigungsfrist gekündigt werden. Diese Kündigung wird auch als außerordentliche bzw. fristlose Kündigung bezeichnet. Erforderlich ist nach § 626 I BGB, dass das Arbeitsverhältnis aus wichtigem Grund gekündigt wird, wenn Tatsachen vorliegen, weshalb dem Kündigenden unter Berücksichtigung aller Umstände des Einzelfalls und unter Abwägung der Interessen beider Vertragsteile die Fortsetzung des Dienstverhältnisses bis zum Ablauf der Kündigungsfrist oder bis zu der vereinbarten Beendigung des Arbeitsverhältnisses nicht zugemutet werden kann.

---

344 Vgl. BAG NZA 1991, 669, 670
345 Vgl. Michalski/Westerhoff, Rn. 286

II. Beendigungsgründe

a) Wirksame Kündigungserklärung. Wie bei der ordentlichen Kündigung ist auch bei der außerordentlichen Kündigung eine wirksame Kündigungserklärung erforderlich, die dem zu Kündigenden zugehen muss. Der Kündigende muss unmissverständlich zu erkennen geben, dass er fristlos kündigen will.[346] Zwar sieht § 626 BGB vor, dass eine fristlose Kündigung nur bei Bestehen eines wichtigen Grundes erfolgen kann. Dieser Grund ist in der fristlosen Kündigungserklärung aber nicht notwendigerweise anzugeben; ohne das Aufführen dieses wichtigen Grundes wird die fristlose Kündigung nicht unwirksam. Der Kündigende muss dem Vertragspartner aber nach § 626 II 3 BGB auf Verlangen den Kündigungsgrund unverzüglich schriftlich mitteilen. Wirksam wird die außerordentliche Kündigung dann, wenn der Gekündigte gegen die Kündigung keine fristgerechte Kündigungsschutzklage nach §§ 13 I 2, 4 S. 1 KSchG einreicht. Lässt der Gekündigte den Zeitraum von drei Wochen für die Erhebung der Kündigungsschutzklage verstreichen, wird die Rechtmäßigkeit der außerordentlichen Kündigung gemäß § 13 I 1 KSchG, §§ 7, 4 KSchG fingiert.

353

Wie bei der ordentlichen Kündigung dürfen für eine außerordentliche Kündigung gegenüber dem Arbeitnehmer keine Gründe vorliegen, die zur Unwirksamkeit der Kündigung führen. Des Weiteren ist bei Bestehen eines Betriebsrats bzw. eines Sprecherausschusses die vorherige Anhörung nach § 102 I BetrVG bzw. § 31 II SprAuG erforderlich. Die außerordentliche Kündigung von Mitgliedern des Betriebsrats oder der Jugend- und Auszubildenden-Vertretung, des Wahlvorstands sowie von Wahlbewerbern bedarf der Zustimmung des Betriebsrats nach § 103 I BetrVG.

354

b) Wichtiger Kündigungsgrund. Für die Rechtmäßigkeit der außerordentlichen Kündigung ist erforderlich, dass ein wichtiger Grund Anlass für die außerordentliche Kündigung ist. Liegt ein wichtiger Grund nicht vor, ist die außerordentliche Kündigung unwirksam. Auf Verlangen des Gekündigten muss diesem nach § 626 II 3 BGB der wichtige Kündigungsgrund unverzüglich schriftlich mitgeteilt werden. Die Abwägung, wann ein wichtiger Grund für eine rechtmäßige außerordentliche Kündigung besteht oder nicht, ist oft nicht leicht zu treffen. Kann ein wichtiger Grund nicht klar und deutlich festgestellt werden, z. B. der Diebstahl von Eigentum des Arbeitgebers aus dessen Betrieb, so ist im Einzelfall zu ermitteln, ob ein wichtiger Grund vorliegt. Diese Prüfung erfolgt in zwei Schritten: erstens, ob sich ein Sachverhalt so ereignet, dass ein wichtiger Grund für eine fristlose Kündigung vorliegt (Geeignetheit) und zweitens, ob danach der Arbeitgeber im Rahmen einer sachlichen Interessenabwägung geprüft hat, dass die fristlose Kündigung erforderlich war.

355

Für den wichtigen Grund, der zu einer fristlosen Kündigung führen kann, reicht es aus, wenn der Arbeitnehmer eine Pflichtverletzung begangen hat. Ein Verschulden des Arbeitnehmers i. S. d. § 276 BGB ist nicht erforderlich. Bei einem befristeten Arbeitsverhältnis ist im Rahmen einer fristlosen Kündigung zu berücksichtigen, ob dem Arbeitgeber die Fortsetzung des Arbeitsverhältnisses bis zum Fristablauf weiter zuzumuten ist; bei einem unbefristeten Arbeitsverhältnis hat die Abwägung dahingehend zu erfolgen, ob die fristlose Kündigung i. S. v. § 140 BGB in eine ordentliche Kündigung umgedeutet werden kann.[347] Damit der Arbeitnehmer nicht schlechter steht, als wenn die ordentliche Kündigung nicht ausgeschlossen wäre, ist eine fristlose Kündigung nur zulässig, wenn dem Arbeitgeber die Weiterbeschäftigung bis zum Ablauf eines vergleichbaren, ordentlich kündbaren Arbeitnehmers (fiktive Kündigungsfrist) unzumutbar wäre, wenn also auch einem ordentlich kündbaren Arbeitnehmer außerordentlich fristlos gekündigt werden könnte.[348] Dabei handelt es sich um eine außerordentliche Kündigung mit sozi-

356

---

346 Dütz/Thüsing, Rn. 375
347 Vgl. BAG NZA 2003, 44
348 Vgl. Dütz/Thüsing, Rn. 388

aler Auslauffrist. So sind z. B. Arbeitnehmer, die im Betriebsrat eines Betriebs mitwirken, vor einer ordentlichen Kündigung geschützt. Eine außerordentliche Kündigung des Arbeitgebers gegenüber Betriebsratsmitgliedern ist bei Vorliegen eines wichtigen Grundes aber weiterhin möglich.

357 Wichtige Gründe auf Arbeitnehmerseite können strafbare Handlungen wie z. B. Diebstahl, Sachbeschädigung, Körperverletzung, aber auch schon grobe Beleidigung gegenüber Vorgesetzten sein; auf Arbeitgeberseite die Nichtbeachtung des Arbeitsplatzschutzes wie z. B. Lärm- oder Geruchsbelästigungen, aber auch eine immer wieder vorkommende Verweigerung der Lohnzahlung. Dabei handelt es sich um sog. objektive wichtige Kündigungsgründe. Gesetzliche, absolute Kündigungsgründe gibt es bis auf § 64 I SeemG nicht. Auch geringfügige Verfehlungen wie z. B. das Verzehren von übrig gebliebenen Speisen im bzw. das Entwenden solcher Speisen aus dem Betrieb des Arbeitgebers sowie das Entwenden von zurückgegebenen Pfandflaschen mit einem Pfandwert von 0,50 € können eine außerordentliche Kündigung rechtfertigen.[349] Allerdings gelten auch im Zusammenhang mit strafbaren Handlungen des Arbeitnehmers keine absoluten Kündigungsgründe, so dass es stets einer umfassenden, auf den Einzelfall bezogenen Prüfung und Interessenabwägung dahingehend bedarf, ob dem Kündigenden die Fortsetzung des Arbeitsverhältnisses trotz der eingetretenen Vertrauensstörung, zumindest bis zum Ablauf der Kündigungsfrist, zumutbar ist oder nicht.[350]

358 Steht der wichtige Grund fest, hat der Kündigende – Arbeitgeber oder Arbeitnehmer – eine sachliche Interessenabwägung durchzuführen. Der Kündigende hat somit darüber zu befinden, ob die Erfüllung eines befristeten Arbeitsverhältnisses bis zum Ende der Frist bzw. bei einem unbefristeten Arbeitsverhältnis die Kündigungsfrist bei einer ordentlichen Kündigung nicht eher sachgemäß und somit insbesondere auch zumutbar ist. Insofern sind die Gesamtumstände des Arbeitsverhältnisses zu berücksichtigen. Dabei hat der Arbeitgeber z. B. Gewicht und Intensität der Vertragsverletzung, den Grad des Verschuldens, die Störung des Betriebsablaufs, Einmaligkeit oder Wiederholungsgefahr, Ausnutzen einer besonderen Vertrauensstellung, Länge der Kündigungsfrist oder die wirtschaftliche Lage des Unternehmens zu berücksichtigen; der Arbeitnehmer hingegen hat die Interessenabwägung unter Berücksichtigung der Dauer des ungestörten Bestands des Arbeitsverhältnisses, seines Alters, bisher erworbener Verdienste, seiner sozialen Lage aber auch des Verlusts von Ruhegeldansprüchen durchzuführen.[351] Die Prüfung der Interessenabwägung führt folglich immer zu einer Prüfung des Einzelfalls.

359 Abzuwägen ist weiterhin, ob die außerordentliche Kündigung verhältnismäßig war. Sie war es nicht, wenn es ein milderes Mittel zur „Bestrafung" des Gekündigten gegeben hätte, so z. B. aus Sicht des Arbeitgebers die Weiterbeschäftigung des Arbeitnehmers zu schlechteren Vertragsbestimmungen (Änderungskündigung) oder das Aussprechen einer Abmahnung; aus Arbeitnehmersicht z. B. die Benachrichtigung des Gewerbeaufsichtsamts zur Überprüfung der Schutzbedingungen im Betrieb.

360 c) **Umdeutung.** Nach § 140 BGB ist es möglich, eine fristlose Kündigung i. S. v. § 626 BGB, welche unberechtigt ist, in einer ordentliche Kündigung i. S. v. § 620 II BGB zum nächstmöglichen Termin umzudeuten.[352] Die Umdeutung einer fristlosen in eine ordentliche Kündigung kommt aber nur dann in Betracht, wenn sich aus der Erklärung des Kündigenden als wirtschaftlich gewollte Folge ergibt, das Arbeitsverhältnis auf jeden

---

349 Vgl. dazu BAG AP Nr. 14 zu § 626 BGB
350 BAGE 134, 349
351 Vgl. Waltermann, Rn. 345
352 Vgl. Schade, Rn. 74; BGH NJW 1982, 2603 f.; BAG AP Nr. 13 zu § 140 BGB; BAG NJW 1979, 76, 77 f.

Fall zu beenden und wenn dies für den Gekündigten auch erkennbar war.[353] Erforderlich ist, dass Kündigender und Gekündigter sich zum Zeitpunkt des Zugangs der Kündigung als empfangsbedürftiger einseitiger Willenserklärung bewusst sind, dass das Arbeitsverhältnis zum nächstmöglichen Zeitpunkt beendet werden soll. Wirksamkeitsvoraussetzung für die Umdeutung ist, dass in einem Betrieb, in dem ein Betriebsrat existiert, dieser nach § 102 BetrVG auch bei der umgedeuteten ordentlichen Kündigung angehört worden ist. Der Arbeitgeber hat dann insbesondere die längere Anhörungsfrist des Betriebsrats nach § 102 II 1 BetrVG zu beachten. Diese beträgt bei einer ordentlichen Kündigung eine Woche im Gegensatz zu einer außerordentlichen Kündigung, bei der die Anhörungsfrist nach § 102 II 3 BetrVG nur drei Tage umfasst.

4. Sonderfälle der Kündigung

Die Verdachtskündigung, die Druckkündigung und die Änderungskündigung werden als Sonderfälle der Kündigung betrachtet. **361**

a) Verdachtskündigung. Nicht nur die nachgewiesene Vertragsverletzung sondern bereits der Verdacht einer strafbaren Handlung oder einer sonstigen schweren Verfehlung kann die Kündigung rechtfertigen, wenn schon durch den Tatverdacht die Eignung des Arbeitnehmers für die vertraglich geschuldete Tätigkeit entfällt.[354] Das Bundesarbeitsgericht hat für eine solche Verdachtskündigung strenge Voraussetzungen geschaffen, nach denen eine derartige Kündigung rechtmäßig ist: **362**
- Es muss ein sehr starker Verdacht für eine strafbare oder vertragswidrige Handlung bestehen;
- Die vermeintliche Handlung, welche den Verdacht ausgelöst hat, muss äußerst schwerwiegend sein;
- Objektive Tatsachen müssen den Verdacht begründet haben;
- Würde das Fehlverhalten über den reinen Verdacht hinausgehen, läge ein Kündigungsgrund vor;
- Durch den Verdacht wird das Vertrauensverhältnis der Vertragsparteien zur Fortsetzung des Arbeitsverhältnisses zerstört;
- Der Arbeitgeber hat vor Aussprechen der Verdachtskündigung nach objektivem Maßstab das Erforderliche unternommen, um den Verdacht aufzuklären.[355]

Häufig macht der gekündigte Arbeitnehmer bei einer Verdachtskündigung vor Gericht den Anspruch auf Wiedereinstellung geltend. In der ersten Instanz wie auch in der Berufungsinstanz können Arbeitgeber und Arbeitnehmer als Parteien des Gerichtsverfahrens Tatsachen vorbringen, die den Verdacht erhärten bzw. entkräften. **363**

b) Druckkündigung. Die Druckkündigung ist ebenfalls grds. eine außerordentliche Kündigung. Sie wird i.d.R. vom Arbeitgeber gegenüber einem Arbeitnehmer dann ausgesprochen, wenn z.B. Kunden, andere Arbeitnehmer des Betriebs oder z.B. die Gewerkschaft dem Arbeitgeber eine solche Kündigung unter Druck nahelegen. Ein solcher Druck kann etwa durch den Verlust von Aufträgen, Eigenkündigungen von Belegschaftsmitgliedern etc. entstehen. Zu unterscheiden ist die echte Druckkündigung von einer unechten Druckkündigung. Von einer echten Druckkündigung ist auszugehen, wenn gegenüber dem Arbeitnehmer zwar kein offensichtlicher Grund für eine Kündigung vorliegt, die etwaigen Nachteile für den Arbeitgeber aber so groß erscheinen, dass er sich einer solchen Kündigung nicht widersetzen kann. Eine echte Druckkündigung wird als sog. betriebsbedingte Kündigung angesehen, an die insbesondere im Hinblick **364**

---

353 Vgl. BAG NZA 1988, 129
354 Vgl. Junker, Rn. 411.
355 Vgl. dazu detailliert Junker, Rn. 412; siehe auch BAG AP Nr. 79 zu § 1 KSchG 1969 = NZA 2005, 1056; dazu ebenfalls ausführlich Ascheid/Dörner, § 626 BGB Rn. 345–377

auf die Sozialwidrigkeit, besonders an die Kündigung als ultima ratio, enge Grenzen gesetzt sind. Dagegen liegt eine unechte Druckkündigung vor, wenn das Kündigungsverlangen nur der äußere Anlass für eine nach § 626 I BGB begründete personen- oder verhaltensbedingte Kündigung ist; ihre Rechtmäßigkeit ist nach den allgemeinen Grundsätzen für personen- oder verhaltensbedingte außerordentliche Kündigungen zu prüfen.[356]

365 c) **Änderungskündigung.** Der Arbeitgeber spricht gegenüber dem Arbeitnehmer eine Änderungskündigung aus, wenn er den Arbeitsvertrag mit dem Arbeitnehmer in einzelnen Punkten verändern, das Arbeitsverhältnis im Übrigen aber mit dem Arbeitnehmer fortsetzen will. Wenn der Arbeitnehmer mit den sich in der Änderungskündigung erfolgten Änderungen in seinem Arbeitsvertrag nicht einverstanden ist, kommt es zur Beendigung des Arbeitsverhältnisses. Die Änderungskündigung kann im Wege der ordentlichen oder der fristlosen Kündigung erklärt werden.[357] Die Änderungskündigung kann einerseits unter der Bedingung erfolgen, dass der Vertragspartner der vorgeschlagenen Änderung des Vertrags nicht zustimmt (§ 158 BGB), oder aber andererseits als unbedingte Kündigung, verbunden mit dem Angebot eines Vertragsschlusses zu den abgeänderten Bedingungen.[358] Die h. M. in der Rechtsliteratur geht davon aus, dass es sich bei der Änderungskündigung in den überwiegenden Fällen um eine Kündigung unter einer Bedingung handelt; dem Arbeitgeber kommt es nicht darauf an, das Arbeitsverhältnis mit seinem Arbeitnehmer zu unterbrechen sondern unter veränderten Bedingungen fortzusetzen.[359] Die Änderungskündigung enthält zwei Willenserklärungen, die Kündigung des Arbeitsverhältnisses unter den aktuell vereinbarten vertraglichen Regeln sowie ein Angebot, das Arbeitsverhältnis unter geänderten Bedingungen fortzusetzen. Nach § 2 S. 1 KSchG muss das Angebot für die Änderung der Arbeitsbedingungen i. S. v. § 1 II 1–3, III 1, 2 KSchG sozial gerechtfertigt sein.

366 Der Arbeitnehmer kann auf eine Änderungskündigung des Arbeitgebers unterschiedlich reagieren. Nimmt er das Änderungsangebot des Arbeitgebers vorbehaltlos an, erlischt die Kündigungsabsicht des Arbeitgebers; beide Vertragsparteien setzen das Vertragsverhältnis unter den veränderten Vertragsbedingungen fort. Lehnt der Arbeitnehmer die Fortsetzung des Arbeitsverhältnisses unter den vom Arbeitgeber angebotenen vertraglichen Änderungen ab, endet das Arbeitsverhältnis, wenn die Kündigung durch Untätigkeit des Arbeitnehmers bei nicht rechtzeitiger Klageerhebung gegen die Kündigung nach § 7 KSchG durch Fiktion wirksam wird. Das Arbeitsverhältnis endet dann nicht, wenn der Arbeitnehmer gem. § 4 S. 1 KSchG Kündigungsschutzklage, d. h. Feststellungsklage auf Weiterbestehen des Arbeitsverhältnisses, erhebt.

367 Denkbar ist auch die Annahme des Änderungsangebots vom Arbeitgeber durch den Arbeitnehmer unter Vorbehalt. Das hat für den Arbeitnehmer den Vorteil, dass das Arbeitsverhältnis weiterbesteht; andererseits gewinnt der Arbeitnehmer Zeit, im Rahmen der §§ 2, 1 KSchG zu prüfen, ob die Änderung der Arbeitsbedingungen nicht sozial ungerechtfertigt ist. Erforderlich ist, dass der Arbeitnehmer dem Arbeitgeber diesen Vorbehalt nach § 2 S. 2 KSchG innerhalb der Kündigungsfrist, spätestens jedoch innerhalb von drei Wochen nach Zugang der Kündigung mitteilt.

368 Besteht ein Betriebsrat, ist dieser nach § 102 I 1 BetrVG wiederum vor Ausspruch der Änderungskündigung zu hören. Soll mit der Änderungskündigung eine Versetzung des Arbeitnehmers erfolgen, ist der Betriebsrat nach § 99 I 1 BetrVG darüber zu unterrich-

---

356 Junker, Rn. 412
357 Vgl. BAG DB 1996, 990, 991
358 Dütz/Thüsing, Rn. 490
359 Vgl. Dütz/Thüsing, Rn. 408; ErfK/Oetker, § 2 KSchG Rn. 11; Ascheid/Künzl, § 2 KSchG Rn. 11

ten. Versetzung i. S. d. Betriebsverfassungsgesetzes bedeutet nach § 95 III 1 BetrVG die Zuweisung eines anderen Arbeitsbereichs, die voraussichtlich die Dauer von einem Monat überschreitet oder die mit einer erheblichen Änderung der Umstände verbunden ist, unter denen die Arbeit zu leisten ist. Nach § 99 I 1 BetrVG hat der Betriebsrat einer solchen Versetzung zuzustimmen. Verweigert der Betriebsrat seine Zustimmung, ist die geplante Versetzung des Arbeitnehmers unwirksam.

III. Sonstige Beendigungsgründe

Weitere Gründe können dazu führen, dass das Arbeitsverhältnis zwischen Arbeitgeber und Arbeitnehmer beendet wird. Dazu zählen insbesondere die Anfechtung des Arbeitsvertrags, die einvernehmliche Aufhebung eines Arbeitsvertrags, die Beendigung aufgrund einer kalendermäßigen Befristung bzw. einer Zweckbefristung, aufgrund einer auflösenden Bedingung eines Arbeitsverhältnisses, aber auch eine gerichtliche Entscheidung sowie der Tod des Arbeitnehmers.

1. Anfechtung des Arbeitsvertrags

Der Arbeitsvertrag kann vom Arbeitgeber rechtswirksam angefochten werden, wenn ein wirksamer Anfechtungsgrund vorliegt und der Anfechtende innerhalb einer gesetzlichen Anfechtungsfrist eine Anfechtungserklärung gegenüber dem Arbeitnehmer abgegeben hat. Anfechtungsgründe können nach § 119 II BGB der Irrtum über eine verkehrswesentliche Eigenschaft in der Person des Arbeitnehmers oder nach § 123 I 1 Alt. BGB eine arglistige Täuschung sein.

Wesentliche Eigenschaften i. S. v. § 119 II BGB sind bei einem Arbeitnehmer dessen Berufsausbildung und Weiterbildung, seine beruflichen Fähigkeiten und sein Gesundheitszustand. Auch Zuverlässigkeit und Vertrauenswürdigkeit sind wesentliche Eigenschaften eines Arbeitnehmers. Erheblich ist die Eigenschaft aber nur, wenn sie in unmittelbarer Beziehung zum Inhalt des Arbeitsvertrags steht (z. B. die HIV-Infektion im Krankenhausbereich).[360] Eine arglistige Täuschung i. S. v. § 123 I 1. Alt. BGB setzt eine Täuschungshandlung des Arbeitnehmers voraus, die beim Arbeitgeber eine Fehlvorstellung hervorruft, welche z. B. zum Abschluss eines Arbeitsvertrags führt. Die Täuschungshandlung kann der Arbeitnehmer durch aktives Tun oder durch Unterlassen begehen.[361] Beispiele für eine aktive Täuschungshandlung sind das Einreichen von gefälschten Berufsausbildungs- und Arbeitszeugnissen bzw. die absichtliche Falschbeantwortung von rechtmäßigen Fragen des Arbeitgebers. Der Arbeitnehmer begeht gegenüber dem Arbeitgeber eine Täuschungshandlung durch Unterlassen, wenn er z. B. Vorstrafen, die im direkten Verhältnis zur Arbeitstätigkeit bestehen, chronische Krankheiten bzw. eine Sucht verschweigt.

Weitere Voraussetzung ist, dass die Täuschung widerrechtlich erfolgt. Keine Widerrechtlichkeit liegt vor, wenn der Arbeitnehmer unzulässige Fragen des Arbeitgebers durch eine Lüge falsch beantwortet. Dagegen ist Rechtswidrigkeit der Täuschungshandlung anzunehmen, wenn der Arbeitnehmer absichtlich zulässige Fragen des Arbeitgebers im Bewerbungsgespräch falsch beantwortet oder wesentliche Tatsachen im Rahmen seiner Informationspflicht gegenüber dem Arbeitgeber verschweigt und dadurch der Arbeitsvertrag zum Abschluss kommt.

Der Arbeitgeber hat nach § 143 I BGB die Anfechtung gegenüber dem Arbeitnehmer zu erklären. Liegt ein Anfechtungsgrund über eine verkehrswesentliche Eigenschaft des

---
360 Löwisch/Casper/Klumpp, Rn. 592
361 Vgl. Schade, Rn. 90

Arbeitnehmers nach § 119 II BGB vor, so hat die Anfechtungserklärung des Arbeitgebers nach § 121 BGB unverzüglich zu erfolgen, nachdem der Arbeitgeber von dem Anfechtungsgrund Kenntnis erlangt hat. Hat der Arbeitnehmer i. S. v. § 123 I 1. Alt. BGB eine Täuschungshandlung begangen, muss die Anfechtungserklärung des Arbeitgebers nach § 124 I BGB innerhalb eines Jahres erfolgen. Rechtsfolge der wirksamen Anfechtung eines Arbeitsvertrags ist, dass das Arbeitsverhältnis, wie andere Dauerschuldverhältnisse auch, ausnahmsweise ex nunc nichtig ist. Insofern besteht, auf die Vergangenheit bezogen, ein fehlerhaftes Arbeitsverhältnis, welches ab dem Zeitpunkt des Zugangs der Anfechtungserklärung – Wirksamkeit der Anfechtung vorausgesetzt – nicht mehr besteht.

2. Aufhebungsvertrag

374 Der Aufhebungsvertrag stellt eine verbreitete Möglichkeit dar, ein Arbeitsverhältnis zu beenden. Der Aufhebungsvertrag ist im BGB ausdrücklich nicht normiert; anzuwenden ist § 311 I BGB.[362] Ein Aufhebungsvertrag kann insbesondere für den Arbeitnehmer positive wie negative Folgen haben. Einigen sich Arbeitgeber und Arbeitnehmer einvernehmlich auf die Aufhebung eines Arbeitsvertrags, vereinbaren beide Parteien üblicherweise eine Abfindungszahlung. Diese Abfindungszahlung ermöglicht es dem Arbeitnehmer, ohne wirtschaftliche Existenzangst mit Bedacht einen anderen Arbeitsplatz zu suchen. Zum anderen kann ein einvernehmlicher Aufhebungsvertrag für den Arbeitnehmer dann positiv sein, wenn er mit dem Angebot der Aufhebung des Arbeitsvertrags an den Arbeitgeber einer eventuellen Kündigung aus verhaltensbedingten Gründen zuvorkommen möchte.

375 Ein Aufhebungsvertrag birgt allerdings den Nachteil, dass der Bezug von Arbeitslosengeld nach § 159 I 1 SGB III für die Dauer einer Sperrzeit, sofern sich der Arbeitnehmer versicherungswidrig verhalten hat, bei späterer Arbeitslosigkeit nicht bezahlt wird. Versicherungswidriges Verhalten liegt in den Fällen des § 159 I 2 Nr. 1–9 SGB III z. B. auch dann vor, wenn der Arbeitslose das frühere Beschäftigungsverhältnis selbst gelöst hat.

376 Wirksam wird der Aufhebungsvertrag, wenn sich Arbeitgeber und Arbeitnehmer schriftlich i. S. v. § 623 BGB einigen. Kommt ein Aufhebungsvertrag insbesondere auf Initiative des Arbeitgebers zustande, bejaht die Rechtsprechung unter bestimmten Voraussetzungen Hinweis- und Aufklärungspflichten des Arbeitgebers.[363] Aufklärungspflichten ergeben sich für den Arbeitgeber insbesondere dann, wenn der Arbeitnehmer durch die Aufhebung Einbußen bei der betrieblichen Altersversorgung hinnehmen muss.[364]

3. Befristung von Arbeitsverhältnissen

377 § 620 III BGB normiert, dass für Arbeitsverträge, die auf bestimmte Zeit abgeschlossen werden, das Teilzeit- und Befristungsgesetz (TzBfG) gilt. Befristet beschäftigt ist nach § 3 I 1 TzBfG ein Arbeitnehmer mit einem auf bestimmte Zeit geschlossenen Arbeitsvertrag. Ein solcher befristeter Arbeitsvertrag liegt vor, wenn seine Dauer kalendermäßig bestimmt ist (kalendermäßig befristeter Arbeitsvertrag) oder sich aus Art, Zweck oder Beschaffenheit der Arbeitsleistung ergibt (zweckbefristeter Arbeitsvertrag). Darüber hinaus regelt das Teilzeit- und Befristungsgesetz in § 21 TzBfG zusätzlich auflösend bedingte Arbeitsverträge. Da es sich beim Teilzeit- und Befristungsgesetz wiederum um ein Schutzgesetz zugunsten des Arbeitnehmers handelt, kann nach § 22 TzBfG, von wenigen Ausnahmen abgesehen, von den Vorschriften des Teilzeit- und Befristungsgesetzes nicht zu Ungunsten des Arbeitnehmers abgewichen werden.

---

362 Vgl. Schade, Rn. 274
363 Vgl. BAG NZA 2001, 206, 208
364 Vgl. Waltermann, Rn. 289 ff.

III. Sonstige Beendigungsgründe

a) Kalendermäßig befristeter Arbeitsvertrag. Ein Arbeitsvertrag, der vom Arbeitgeber und Arbeitnehmer unter einer kalendermäßigen Befristung i. S. v. § 3 I 2 1. Alt. TzBfG abgeschlossen worden ist, endet mit Ablauf des Zeitraums, den beide Vertragsparteien bei Abschluss vereinbart haben. Zwar kann ein Arbeitsvertrag grds. formfrei abgeschlossen werden; die Vereinbarung einer Befristung, welche theoretisch auch losgelöst vom Arbeitsvertrag erfolgen kann, bedarf aber nach § 14 IV TzBfG zu ihrer Wirksamkeit der Schriftform. Üblicherweise wird aufgrund dieses Schriftformerfordernisses ein befristeter Arbeitsvertrag insgesamt schriftlich abgeschlossen.

378

Nach § 14 I 1 TzBfG ist die Befristung eines Arbeitsvertrags nur zulässig, wenn sie durch einen sachlichen Grund gerechtfertigt ist. Ein sachlicher Grund liegt insbesondere vor, wenn nach § 14 I 2 TzBfG:

379

Nr. 1 der betriebliche Bedarf an der Arbeitsleistung nur vorübergehend besteht;
Nr. 2 die Befristung im Anschluss an eine Ausbildung oder ein Studium erfolgt, um den Übergang des Arbeitnehmers in eine Anschlussbeschäftigung zu erleichtern;
Nr. 3 der Arbeitnehmer zur Vertretung eines anderen Arbeitnehmers beschäftigt wird;
Nr. 4 die Eigenart der Arbeitsleistung die Befristung rechtfertigt;
Nr. 5 die Befristung zur Erprobung erfolgt;
Nr. 6 in der Person des Arbeitnehmers liegende Gründe die Befristung rechtfertigen;
Nr. 7 der Arbeitnehmer aus Haushaltsmitteln vergütet wird, die haushaltsrechtlich für eine befristete Beschäftigung bestimmt sind und er entsprechend beschäftigt wird oder
Nr. 8 die Befristung auf einem gerichtlichen Vergleich beruht.

Die in § 14 I 2 TzBfG aufgeführten sachlichen Gründe sind nicht abschließend. Das Bundesarbeitsgericht nimmt darüber hinaus einen sachlichen Grund an, wenn verständige und verantwortungsbewusste Vertragsparteien unter den im Einzelfall gegebenen Umständen anstelle des unbefristeten einen befristeten Arbeitsvertrag geschlossen hätten.[365] Die Anforderungen an einen Sachgrund steigen daher mit zunehmender Dauer der Beschäftigung bei demselben Arbeitgeber.[366] Die kalendermäßige Befristung eines Arbeitsverhältnisses ohne Vorliegen eines sachlichen Grundes ist bis zur Dauer von zwei Jahren gem. § 14 II 1 TzBfG zulässig; innerhalb dieser Gesamtdauer ist auch die höchstens dreimalige Verlängerung eines kalendermäßig befristeten Arbeitsvertrages zulässig. Allerdings ist eine derartige Befristung ohne Vorliegen eines sachlichen Grundes gemäß § 14 II 2 TzBfG nicht zulässig, wenn mit demselben Arbeitnehmer bereits zuvor ein befristetes oder unbefristetes Arbeitsverhältnis bestanden hat. Dies gilt auch für zurückliegende Vorbeschäftigungen. So ist nach Ansicht der Rechtsprechung eine sachgrundlose Befristung gemäß § 14 II 2 TzBfG nicht zulässig, wenn bereits acht Jahre zuvor zwischen Arbeitnehmer und Arbeitgeber ein Arbeitsverhältnis mit einer vergleichbaren Arbeitsaufgabe bestanden hat.[367] Erfolgt die erneute Einstellung sehr lange nach der Beendigung des ersten Arbeitsverhältnisses[368], war sie von sehr kurzer Dauer, oder war die Arbeitsaufgabe eine andere, so bleibt eine sachgrundlose Befristung möglich.

380

Für den Gründer eines Unternehmens besteht nach § 14 IIa 1 TzBfG in den ersten vier Jahren nach Gründung des Unternehmens die Möglichkeit, einen kalendermäßig befristeten Arbeitsvertrag ohne Vorliegen eines sachlichen Grundes bis zur Dauer von vier Jahren abzuschließen. Innerhalb dieser Gesamtdauer von vier Jahren ist auch die mehrfache Verlängerung eines kalendermäßig befristeten Arbeitsvertrags zulässig. Dies

381

---

365 Vgl. BAG DB 1989, 1677, 1678
366 Vgl. BAG NZA 1992, 883, 885
367 BAG NZA 2019, 700
368 So BAG NZA 2020, 40 für ein 22 Jahre zurückliegendes erstes Arbeitsverhältnis

gilt allerdings nicht für Neugründungen im Zusammenhang mit der rechtlichen Umstrukturierung von Unternehmen und Konzernen. Letztlich ist nach § 14 III 1 TzBfG die kalendermäßige Befristung eines Arbeitsvertrags ohne Vorliegen eines sachlichen Grundes bis zu einer Dauer von fünf Jahren zulässig, wenn ein Arbeitnehmer bei Beginn des befristeten Arbeitsverhältnisses das 52. Lebensjahr vollendet hat und unmittelbar vor Beginn des befristeten Arbeitsverhältnisses mindestens vier Monate beschäftigungslos i. S. d. § 138 I Nr. 1 SGB III gewesen ist, Transferkurzarbeitergeld bezogen oder in einer öffentlich geförderten Beschäftigungsmaßnahme nach dem Zweiten oder Dritten Buch des Sozialgesetzbuches teilgenommen hat. Bis zu der Gesamtdauer von fünf Jahren ist auch die mehrfache Verlängerung des Arbeitsvertrags zulässig.

382 Es bestehen somit nur die in § 14 II, IIa, III TzBfG normierten Ausnahmen, wonach kalendermäßig befristete Arbeitsverträge ohne einen sachlichen Grund vereinbart werden können. Ist die Befristung nach § 16 S. 1 TzBfG rechtsunwirksam, z. B. bei Fehlen eines sachlichen Grundes, gilt der befristete Arbeitsvertrag als auf unbestimmte Zeit geschlossen. Ein solcher Arbeitsvertrag kann vom Arbeitgeber frühestens zum vereinbarten Ende im Rahmen einer ordentlichen Kündigung beendet werden, sofern nicht nach § 15 III TzBfG die ordentliche Kündigung zu einem früheren Zeitpunkt möglich ist. Wichtig ist weiterhin die Vorschrift des § 17 TzBfG, der eine Klagefrist vorsieht, die der Rechtsklarheit dienen soll, ähnlich wie dies bei der Klagefrist des § 4 KSchG der Fall ist. Will der Arbeitnehmer geltend machen, dass die Befristung eines Arbeitsvertrages rechtsunwirksam sei, muss er innerhalb einer Frist von drei Wochen nach dem vereinbarten Ende des befristeten Arbeitsvertrages beim Arbeitsgericht Klage auf Feststellung erheben, dass das Arbeitsverhältnis aufgrund der Befristung nicht beendet ist. Nach fruchtlosem Ablauf der dreiwöchigen Klagefrist des § 17 TzBfG kann der Arbeitnehmer nicht mehr geltend machen, die Befristungsabrede sei unwirksam. Selbst wenn die Befristung des Arbeitsvertrages tatsächlich unwirksam war, steht nach Fristablauf aufgrund einer gesetzlichen Fiktion die Wirksamkeit der Befristung irreparabel fest. In Ausnahmefällen besteht allenfalls die Möglichkeit nach § 17 S. 2 TzBfG iVm. § 5 KSchG, einen Antrag beim Arbeitsgericht zu stellen, die Feststellungsklage nachträglich zuzulassen, nämlich dann, wenn der Arbeitnehmer trotz Aufwendung aller ihm nach Lage des Einzelfalls zuzumutenden Sorgfalt verhindert gewesen ist, die Klagefrist einzuhalten.

383 **b) Zweckbefristeter Arbeitsvertrag.** Nach § 15 II TzBfG endet ein zweckbefristeter Arbeitsvertrag mit Erreichen des Zwecks, frühestens jedoch zwei Wochen nach Zugang der schriftlichen Unterrichtung des Arbeitnehmers durch den Arbeitgeber über den Zeitpunkt der Zweckerreichung. Auch für einen Arbeitsvertrag, der nach Erreichen eines bestimmten Zwecks enden soll, gilt für die Wirksamkeit der Zweckbestimmung die Schriftform nach § 14 IV TzBfG. Auch die Zweckbefristung des Arbeitsverhältnisses muss i. S. v. § 14 I 1 TzBfG sachlich begründet sein. Ist die Zweckbefristung unwirksam, gelten wie beim kalendermäßig befristeten Arbeitsvertrag die §§ 16, 17 TzBfG.

384 **c) Auflösend bedingter Arbeitsvertrag.** Arbeitsverträge können auch unter einer auflösenden Bedingung abgeschlossen werden. Nach § 158 II BGB endet mit dem Eintritt der Bedingung die Wirkung des Rechtsgeschäfts, wenn ein solches unter einer auflösenden Bedingung vorgenommen wird. Mit diesem Zeitpunkt tritt dann der frühere Rechtszustand wieder ein. Hat der Arbeitgeber mit dem Arbeitnehmer einen Arbeitsvertrag unter einer auflösenden Bedingung abgeschlossen, verlangt § 14 IV TzBfG wiederum die Schriftform für die besondere Vereinbarung der auflösenden Bedingung; üblicherweise wird ein solcher Arbeitsvertrag dann insgesamt schriftlich von den Vertragsparteien abgeschlossen. Der unter einer auflösenden Bedingung abgeschlossene Arbeitsvertrag endet i. S. v. § 15 II TzBfG mit Erreichen der Bedingung, frühestens jedoch zwei Wochen nach Zugang der schriftlichen Unterrichtung des Arbeitnehmers durch den Arbeitgeber über den Eintritt der auflösenden Bedingung. Ohne einen sachlichen Grund i. S. v. § 14

§ 1 TzBfG kann ein wirksamer Arbeitsvertrag unter einer auflösenden Bedingung nicht geschlossen werden. Ist die auflösende Bedingung unwirksam, gelten wiederum §§ 16, 17 TzBfG.

4. Erreichen der Altersgrenze

385 Hat ein Arbeitnehmer eine bestimmte Altersgrenze, z. B. das 67. Lebensjahr erreicht, hat er, sofern er Versicherter der gesetzlichen Rentenversicherung ist, nach § 35 S. 1 SGB VI grundsätzlich einen Anspruch auf Regelaltersrente. Allerdings ist ein solcher Anspruch des Versicherten auf eine Rente wegen Alters nach § 41 S. 1 SGB VI nicht als ein Grund anzusehen, der die Kündigung eines Arbeitsverhältnisses durch den Arbeitgeber nach dem Kündigungsschutzgesetz bedingen kann. Demzufolge ist es durchaus denkbar, dass ein Arbeitnehmer trotz Erreichen der Regelaltersgrenze mit Vollendung des 67. Lebensjahres und dem Anspruch auf eine Rente das Arbeitsverhältnis mit dem Arbeitgeber trotzdem fortsetzen möchte. Überwiegend allerdings wollen Arbeitnehmer spätestens bei Erreichen der Altersgrenze von 67 Jahren aus dem aktiven Arbeitsleben ausscheiden.

386 Altersgrenzen, die zum Teil unterschiedlich festgesetzt werden, berühren in hohem Maß die jeweiligen Interessen von Arbeitgeber und Arbeitnehmer. Während der Arbeitgeber ein Interesse an einer ausgewogenen Personalstruktur hat und somit durch klare und berechenbare Altersgrenzen eine Überalterung seiner Belegschaft verhindern möchte, mag der Arbeitnehmer ein grds. Interesse daran haben, sein Arbeitsverhältnis nicht allein wegen des Erreichens einer bestimmten Altersgrenze aufgeben zu müssen, zumal das Lebensalter als solches vielfach kaum etwas über die individuelle Leistungsfähigkeit des einzelnen Arbeitnehmers aussagt.[369] Eine Vereinbarung, dass das Arbeitsverhältnis mit dem Erreichen einer bestimmten Altersgrenze enden soll, findet sich üblicherweise in Tarifverträgen oder Betriebsvereinbarungen, insbesondere aber in Arbeitsverträgen.[370] Bei einer solchen Vereinbarung handelt es sich grds. um eine auflösende Bedingung i. S. v. § 158 II BGB. Daher muss das Ausscheiden aus dem Arbeitsverhältnis aufgrund des Erreichens einer Altersgrenze i. S. v. § 14 I TzBfG sachlich begründet sein. Die Rechtsprechung sowie die h. M. in der Rechtsliteratur gehen allerdings davon aus, dass die Vollendung des 67. Lebensjahres grds. als sachlicher Grund dann ausreicht, wenn zwischen dem Arbeitgeber und dem Arbeitnehmer eine Vereinbarung besteht, die die Beendigung des Arbeitsverhältnisses ohne Kündigung zu einem Zeitpunkt vorsieht, zu dem der Arbeitnehmer die Regelaltersrente beantragen kann.[371]

387 Denkbar und für manche Berufe notwendig ist die Vereinbarung einer Altersgrenze zur Beendigung des Beschäftigungsverhältnisses. Erforderlich ist wiederum nach § 14 I TzBfG ein sachlicher Grund. Die Erreichung der Altersgrenze von 60 Jahren kann z. B. dann wirksam sein, wenn äußerst hohe Anforderungen an den Gesundheitszustand eines Arbeitnehmers zu stellen sind, z. B. bei Piloten, Fluglotsen oder Astronauten, deren Tätigkeit mit besonders hoher Verantwortung für Mitmenschen verbunden ist. Der Schutz der Öffentlichkeit vor schwerwiegenden Gefahren rechtfertigt dann die Beendigung des Arbeitsverhältnisses aufgrund einer Altersgrenze, welche niedriger als bei Vollendung des 67. Lebensjahres liegt.[372]

---

369 Vgl. Waltermann, Rn. 295
370 Junker, Rn. 446
371 Vgl. BAGE 109, 6, 10 f.; 115, 265; BAG AP Nr. 3 zu § 17 TzBfG = NZA 2004, 1336; BAG AP Nr. 9 zu § 620 BGB, Beendigung; BAG AP Nr. 19 zu § 611 BGB, Beschäftigungspflicht; BAG AP Nr. 27 zu § 620 BGB, Altersgrenze = NZA 2006, 37; vgl. Junker, Rn. 446; Schmidt/Senne, Das gemeinschaftsrechtliche Verbot der Altersdiskriminierung und seine Bedeutung für das deutsche Arbeitsrecht, RdA 2002, 80, 87
372 Siehe EuGH NZA 2007, 1219, 1221 f. = RIW 2007, 941; dazu Junker/Zöltsch, Europäisches Arbeitsrecht 2006/2007, RIW 2007, 881, 884

5. Gerichtliche Entscheidung

388 Auch durch eine gerichtliche Entscheidung kann ein Arbeitsverhältnis beendet werden. Aus § 9 I KSchG ergibt sich dafür eine gesetzliche Möglichkeit. Stellt das Gericht fest, dass das Arbeitsverhältnis durch die Kündigung nicht aufgelöst ist, ist jedoch dem Arbeitnehmer die Fortsetzung des Arbeitsverhältnisses nicht zuzumuten, so hat das Gericht auf Antrag des Arbeitnehmers das Arbeitsverhältnis aufzulösen und den Arbeitgeber zur Zahlung einer angemessenen Abfindung zu verurteilen. Die gleiche Entscheidung hat das Gericht auf Antrag des Arbeitgebers zu treffen, wenn Gründe vorliegen, die eine den Betriebszwecken dienliche weitere Zusammenarbeit zwischen Arbeitgeber und Arbeitnehmer nicht erwarten lassen.

6. Tod des Arbeitnehmers

389 Nach § 613 BGB hat der zur Dienstleistung Verpflichtete die Dienste im Zweifel in Person zu leisten. Das gilt sowohl für diejenige Person, die selbstständig die Dienste erbringt, so z. B. ein Arzt, ein Steuerberater oder ein Rechtsanwalt. Dies gilt ebenso für den Arbeitnehmer und seine Arbeitsleistung im Betrieb des Arbeitgebers. Bei Abschluss eines Dienstvertrags mit einem selbstständigen Dienstverpflichteten ist es allerdings üblich, dass der Dienstverpflichtete auch Erfüllungsgehilfen i. S. v. § 278 BGB zur Erbringung der vereinbarten Dienste verpflichten kann. Anders verhält es sich beim Arbeitnehmer: dieser hat die Arbeitsleistung höchstpersönlich zu erbringen.

390 Im Ausnahmefall und unter der Voraussetzung einer besonderen vertraglichen Vereinbarung mag der Arbeitnehmer seine eigentliche höchstpersönliche Arbeitsleistung auf eine andere Person übertragen, so z. B. das Halten von Vorlesungen anstatt durch den Hochschullehrer durch seinen Assistenten oder die Durchführung der Wiederholungs- und Vertiefungsübung im Arbeitsrecht anstelle des Hochschullehrers durch dessen Freund, welcher als Rechtsanwalt und Fachanwalt für Arbeitsrecht tätig ist. Erforderlich ist auf jeden Fall immer zwischen Arbeitgeber und Arbeitnehmer eine vertragliche Vereinbarung zur Übertragung der Hauptpflicht des Arbeitnehmers, seiner Tätigkeit, auf eine dritte Person. Stirbt der Arbeitnehmer, erlischt das Arbeitsverhältnis. Gleiches gilt für den Beauftragten nach § 673 BGB bzw. nach § 675 I BGB für die Person, die sich persönlich für die Besorgung von Geschäften vertraglich verpflichtet hat.

IV. Keine Beendigungsgründe

Schrifttum: *Altenburg/Leister*, Der Widerspruch des Arbeitnehmers beim umwandlungsbedingten Betriebsübergang und seine Folgen, NZA 2005, 15; *Boecken*, Unternehmensumwandlungen und Arbeitsrecht, 1996; *Däubler*, Tarifliche Betriebsverfassung und Betriebsübergang, DB 2005, 666; *Hauck*, Neueste Entwicklung der Rechtsprechung zu § 613a BGB, NZA 2004, Beil. 18, S. 17; *Joussen*, Kirchliche Arbeitsvertragsinhalte beim Betriebsübergang, NJW 2006, 1850; *Junker*, Betriebsrat und Betriebsvereinbarung bei der Umstrukturierung von Unternehmen, in: Hromadka (Hrsg.), Recht und Praxis der Betriebsverfassung, 1996, S. 101; *ders.*, Der identitätswahrende Übergang einer wirtschaftlichen Einheit als Voraussetzung des Betriebsübergangs, EuZA 2019, 45; *Leinhas/Wörlen*, Unterrichtungspflicht des Arbeitnehmers beim Betriebsübergang, JA 2005, 216; *Löwisch*, Bewältigung eines nach Beendigung des Arbeitsverhältnisses beim Betriebserwerber erhobenen Widerspruchs mit allgemeinen zivilrechtlichen Gestaltungsmitteln, BB 2009, 326; *Lunk*, Unterrichtungspflicht bei einem Betriebsübergang, RdA 2009, 48; *Meyer*, Betriebsübergang 4.0, NZA 2020, 1273; *Moll*, Betriebsübergang und Betriebsänderung, RdA 2003, 129; Rieble, Betriebsführungsvertrag und Betriebsübergang, NZA 2018, 1302; *Schielke*, Ordnungsgemäße Unterrichtung über den Betriebsübergang, BB 2009, 670; *Seiter*, Betriebsinhaberwechsel, 1980; *Simon/Weninger*, Betriebsübergang und Gesamtrechtsnachfolge: Kein Widerspruch – keine Unterrichtung?, BB 2010, 117; *Steinau-Steinrück*, Haftungsrechtlicher Arbeitnehmerschutz bei der Betriebsaufspaltung, 1996; *Waas*, Die Konsolidierung des Betriebsbegriffs in der Rechtsprechung von EuGH und BAG zum Betriebsübergang, ZfA 2001, 377.

IV. Keine Beendigungsgründe

391 Im Zeitverlauf treten für ein Unternehmen bedeutende Einschnitte auf, die sich auf das Arbeitsverhältnis zwischen Arbeitgeber und Arbeitnehmer auswirken können. Sie führen aber grds. nicht zu einer Beendigung des Arbeitsverhältnisses. Ereignisse können etwa der Betriebsübergang, die Betriebsstilllegung, die Insolvenz des Arbeitgebers oder der Tod des Unternehmers sein.

1. Betriebsübergang

392 a) **Grundlagen.** Nach einem gewissen Zeitraum ist es üblich, dass ein Betrieb in seiner Gesamtheit vom alten Inhaber auf einen neuen Inhaber übergeht. Beim alten Inhaber kann es sich einerseits um eine Person des Privatrechts, z. B. den Einzelunternehmer, eine Personengesellschaft oder eine Kapitalgesellschaft handeln; andererseits kann auch ein öffentlicher Rechtsträger, z. B. eine Kommune oder ein Bundesland, einen ihm gehörenden Betrieb an einen neuen Inhaber übergeben. Fraglich ist dann, welche Auswirkungen der Betriebsübergang auf die Arbeitsverhältnisse hat. Denkbar wäre, dass der Betriebsinhaber, der seinen Betrieb an einen neuen Inhaber übergibt, zum Zeitpunkt des Betriebsübergangs seine Arbeitnehmer aus betriebsbedingten Gründen nach § 1 II 1 KSchG kündigen kann, weil es ihm nicht mehr möglich ist, die Arbeitnehmer mangels Betrieb zu beschäftigen. Andererseits verfügt der neue Inhaber nach Betriebsübergang zwar über die Gesamtheit des Betriebs, d. h. über die materiellen und immateriellen Rechte des Unternehmens; eine rechtsgeschäftliche Übernahme der Arbeitsverhältnisse hängt nach allgemeinen Grundsätzen aber von der Zustimmung des Betriebserwerbers ab. Eine Kündigung des Arbeitsverhältnisses ist allerdings gemäß § 613a IV S. 1 BGB unwirksam.[373]

393 Auf Tarifverträge oder Betriebsvereinbarungen kann ein Betriebsübergang erhebliche Auswirkungen haben. Werden nach § 613a I 2 BGB die Rechte und Pflichten bei einem Betriebsübergang für die Arbeitsverhältnisse durch Rechtsnormen eines Tarifvertrags oder durch eine Betriebsvereinbarung geregelt, so werden sie Inhalt des Arbeitsverhältnisses zwischen dem neuen Inhaber und dem Arbeitnehmer und dürfen nicht vor Ablauf eines Jahres nach dem Zeitpunkt des Übergangs zum Nachteil des Arbeitnehmers geändert werden. Das gilt allerdings nicht, wenn die Rechte und Pflichten bei dem neuen Arbeitgeber durch Rechtsnormen eines anderen Tarifvertrags oder durch eine andere Betriebsvereinbarung geregelt werden. Vor Ablauf eines Jahres können die Rechte und Pflichten des neuen Inhabers geändert werden, wenn der Tarifvertrag oder die Betriebsvereinbarung nicht mehr gilt oder bei fehlender beiderseitiger Tarifgebundenheit im Geltungsbereich eines anderen Tarifvertrags dessen Anwendung zwischen dem neuen Inhaber und dem Arbeitnehmer vereinbart wird.

394 b) **Betriebsübergang durch Rechtsgeschäft.** Nach § 613a BGB tritt ein neuer Inhaber in die Rechte und Pflichten der im Zeitpunkt des Übergangs bestehenden Arbeitsverhältnisse ein, wenn ein Betrieb oder ein Betriebsteil durch Rechtsgeschäft auf einen anderen Inhaber übergeht. § 613a BGB ist somit typisches Arbeitnehmerschutzrecht. Der neue Inhaber des Betriebs ist gesetzlich verpflichtet, die mit dem alten Inhaber begründeten Arbeitsverhältnisse fortzusetzen. Grundlage für § 613a BGB bildet die in der Europäischen Union erlassene Richtlinie 2001/23/EG. In dieser Richtlinie sind für alle EU-Mitgliedstaaten die arbeitsrechtlichen Grundlagen für einen Betriebsübergang normiert. Weder die EU-Richtlinie, noch § 613a BGB legen gesetzlich fest, wie der Betrieb selbst oder ein Betriebsteil rechtsgeschäftlich auf den neuen Inhaber übertragen wird. Hier sind die allgemeinen Regeln des Privatrechts, insbesondere des BGB zu beachten, wenn deutsches Recht anwendbar ist.

---

[373] Waltermann, Rn. 415

395 Ist § 613a BGB anwendbar, muss ein Betrieb oder ein Betriebsteil durch Rechtsgeschäft auf einen neuen Inhaber übergehen. Die Bedeutung der Begriffe „Betrieb" „Betriebsteil" erläutert die EU-Richtlinie 2001/23/EG. Nach Art. 1 I b der Richtlinie muss der Übergang einer ihre Identität bewahrenden wirtschaftlichen Einheit i. S.e. organisierten Zusammenfassung von Ressourcen (Hilfsmitteln) zur Verfolgung einer wirtschaftlichen Haupt- oder Nebentätigkeit vorliegen. Unbeachtlich ist dabei, ob es sich dabei um ein privates oder ein öffentlich-rechtliches Unternehmen handelt.[374] Der Europäische Gerichtshof hat in einer wegweisenden Entscheidung schon vor Verabschiedung der EU-Richtlinie 2001/23/EG einen Kriterienkatalog aufgestellt, nach dem ein Betrieb bzw. ein Betriebsteil auf einen neuen Inhaber übergeht:
- Art des betreffenden Unternehmens oder Betriebs;
- etwaiger Übergang der materiellen Betriebsmittel, z. B. Maschinen;
- Wert immaterieller Aktiva, z. B. einer Marke;
- etwaige Übernahme der Hauptbelegschaft;
- etwaiger Übergang der Kundschaft;
- Ähnlichkeit der vorher und nachher verrichteten Tätigkeiten;
- Dauer einer eventuellen Unterbrechung der Tätigkeit.[375]

396 Bei Tätigkeiten, die durch den Einsatz menschlicher Arbeitskraft geprägt sind, kann die Übernahme einer organisierten Gesamtheit von Arbeitnehmern ein entscheidendes Indiz für einen Betriebs- oder Betriebsteilübergang darstellen.[376] Dagegen ist von einem reinen betriebsmittelgeprägten Betriebsübergang oder Betriebsteilübergang auszugehen, wenn der Übergang der Betriebsmittel, d. h. der einzelnen beweglichen oder unbeweglichen Gegenstände wie z. B. Hotel- oder Gaststätteninventar, auf den neuen Inhaber übergeht und diese Übergabe auch ohne eine Personalübernahme möglich ist. Der Europäische Gerichtshof hat z. B. bei der Übernahme eines Betriebs zu Herstellung von Speisen in einem Krankenhaus, d. h. bei der Übernahme einer Krankenhausküche, nicht darauf abgestellt, dass die Tätigkeit der Arbeitnehmer zur Herstellung der Speisen bedeutsam sei; erheblich bedeutsamer sei die Übernahme des Inventars, um den Betrieb fortsetzen zu können, denn bereits die Übernahme der Räumlichkeiten und des vom Krankenhaus zur Verfügung gestellten Kücheninventars begründen den Übergang einer wirtschaftlichen Einheit.[377] Problematisch ist die Beurteilung von sog. Mischbetrieben, deren Identität sowohl durch sachliche Betriebsmittel als auch durch den Einsatz menschlicher Arbeitskraft geprägt ist. Hier ist eine umfassende Gesamtbetrachtung des vorgenannten Sieben-Punkte-Katalogs erforderlich. In diesem Rahmen hat das BAG[378] für einen Rettungsdienst festgestellt, dass diese wirtschaftliche Einheit gleichermaßen durch Personal und Betriebsmittel geprägt ist und für einen Betriebsübergang auch beide betrieblichen Ressourcen übergehen müssten. Demgegenüber hat der EuGH[379] allerdings in einer neueren Entscheidung dargelegt, dass bei sog. Mischbetrieben ein Betriebsübergang auch dann vorliegen kann, wenn die prägenden Betriebsmittel nicht, allerdings die Gesamtheit der Arbeitnehmer übernommen werden.

397 Der Betriebsübergang als wirtschaftliche Einheit muss i. S. v. § 613a BGB an einen neuen Inhaber übergehen. Hierbei geht es im Kern um die Übertragung der betrieblichen Leitungskompetenz auf einen neuen Rechtsträger sowie die zumindest vorübergehende

---

374 Vgl. Junker, Rn. 135
375 Siehe EuGH Rs. C – 13/95, Slg. 1997, I – 1259 – Ayse/Süzen; EuGH Rs. C – 340/01, Slg. 2003, I – 14023 – Abler/Sodexho; dazu ausführlich Junker, Rn. 135
376 Vgl. BAG AP Nr. 190 zu § 613a BGB, Hausmeisterservice = NZA 1999, 869
377 Vgl. EuGH Rs. C – 340/01, Slg. 2003, I – 14023 – Abler/Sodexho
378 BAG NZA 2017, 599
379 EuGH NZA 2020, 443

IV. Keine Beendigungsgründe

Aufrechterhaltung der bisherigen Organisationsstrukturen.[380] Es reicht für einen Betriebsübergang demzufolge nicht aus, wenn der Betrieb bereits vom ehemaligen Betriebsinhaber stillgelegt worden ist und danach übertragen wird.[381] Legt der neue Betriebsinhaber den Betrieb nach Übernahme still, hat ein Betriebsübergang stattgefunden. Auch besteht die Möglichkeit, dass ein Arbeitsverhältnis im Rahmen eines Betriebsübergangs gleichzeitig auf mehrere Bewerber übergeht.[382]

§ 613a I 1 BGB normiert, dass ein Betrieb oder Betriebsteil durch Rechtsgeschäft auf einen anderen Inhaber überzugehen hat. Mit einem Rechtsgeschäft strebt eine einzelne Person an, ihren Willen dahingehend zu äußern, dass eine Rechtsfolge eintreten soll.[383] Geht ein Betrieb aufgrund eines Rechtsgeschäfts auf einen neuen Inhaber über, handelt es sich bei dem Rechtsgeschäft üblicherweise um einen Vertrag, d. h. um ein zweiseitiges Schuldverhältnis. Ist der Betriebsübergang rechtsgeschäftlich zwischen den Vertragsparteien vollzogen, gehen die vertraglichen Verpflichtungen aus den Arbeitsverhältnissen auf den neuen Inhaber über. Davon sind alle Arbeitsverhältnisse betroffen. Keine Ausschlusskriterien sind die Dauer der Betriebszugehörigkeit eines einzelnen Arbeitnehmers zum Betrieb bzw. die Betriebsgröße eines Unternehmens. Zu beachten ist allerdings, welche Arbeitnehmer bei der Veräußerung eines Betriebsteils an den neuen Inhaber übergehen. Es hat, insbesondere unter Mitwirkung des Betriebsrats, z. B. vor Übergang eines Betriebsteils, eine Zuordnung der Arbeitnehmer zu erfolgen, deren Arbeitsverhältnisse auf den neuen Arbeitgeber übergehen.

398

c) **Betriebsübergang per Gesetz oder Hoheitsakt.** Abzugrenzen vom rechtsgeschäftlichen Übergang des Betriebs bzw. Betriebsteils ist die Übertragung kraft Gesetzes oder kraft Hoheitsakt. Diese Möglichkeiten des Betriebsübergangs liegen dann vor, wenn z. B. die Stadt als öffentlicher Rechtsträger Funktionsteile wie z. B. die Stadtwerke privatisiert. Ebenso führt die Gesamtrechtsnachfolge, typischerweise beim Erbfall, nicht zu einem Betriebsübergang i. S. v. § 613a BGB. Auch wenn der Arbeitnehmerschutz aus § 613a BGB bei einem Betriebsübergang durch Gesamtrechtsnachfolge ausscheidet, bleibt der Arbeitnehmer nicht schutzlos. Denn § 1922 BGB regelt bei der Gesamtrechtsnachfolge im Erbfall, dass der Erbe in die Rechte und die Pflichten des Erblassers beim Vermögensübergang einzutreten hat. Davon sind beim Übergang des Betriebs auf den Erben auch die Arbeitsverhältnisse betroffen. Das Bundesarbeitsgericht geht außerdem davon aus, dass eine unmittelbare Rechtsbeziehung zwischen dem früheren Inhaber und dem zukünftigen Inhaber des Betriebs oder Betriebsteils nicht beim Betriebsübergang bestehen muss; es genügt, wenn der neue Betriebsinhaber die Befugnis zur Betriebsführung aus einem Rechtsgeschäft mit einem Dritten begründet.[384]

399

d) **Informations- und Widerspruchsrecht des Arbeitnehmers.** Nach § 613a V BGB hat entweder der bisherige Arbeitgeber oder der neue Inhaber die von einem Übergang betroffenen Arbeitnehmer vor dem Übergang zumindest in Textform über den Zeitpunkt oder den geplanten Zeitpunkt des Übergangs, den Grund für den Übergang, die rechtlichen, wirtschaftlichen und sozialen Folgen des Übergangs für die Arbeitnehmer und die hinsichtlich der Arbeitnehmer in Aussicht genommenen Maßnahmen zu unterrichten. Diese Informationspflicht des bisherigen Arbeitgebers oder des neuen Inhabers gilt auch für Betriebe, in denen ein Betriebsrat nicht errichtet worden ist.

400

Dieses Informationsrecht der Arbeitnehmer ist Voraussetzung für die in § 613a VI BGB verankerte Möglichkeit, dass der Arbeitnehmer dem Übergang des Arbeitsverhältnisses

401

---

380 Waltermann, Rn. 407 f.
381 Vgl. BGA NZA 2003, 93, 95
382 EuGH NZA 2020, 503
383 Schade, Rn. 45
384 Vgl. Junker, Rn. 141; aus Sicht der Rechtsprechung BAG NZA 1989, 799, 800

innerhalb eines Monats nach Zugang der Unterrichtung schriftlich widersprechen kann. Ein solcher Widerspruch ist fristgemäß entweder gegenüber dem alten Inhaber oder dem neuen Inhaber zu erklären. Widerspricht ein einzelner Arbeitnehmer oder eine Mehrzahl von Arbeitnehmern dem Übergang des Arbeitsverhältnisses, besteht das Arbeitsverhältnis mit dem bisherigen Inhaber fort.[385] Ist der Betrieb als Sachgesamtheit bzw. ein Betriebsteil durch Rechtsgeschäft auf den neuen Inhaber übergegangen, besteht für den ehemaligen Inhaber keine Möglichkeit mehr, den bzw. die widersprechenden Arbeitnehmer weiter zu beschäftigen. In einem solchen Fall steht dem ehemaligen Inhaber des Betriebs die Möglichkeit offen, nach § 1 II 1 KSchG die Arbeitnehmer betriebsbedingt zu kündigen. Zwar normiert § 613a IV BGB, dass die Kündigung des Arbeitsverhältnisses eines Arbeitnehmers durch den bisherigen Arbeitgeber oder durch den neuen Inhaber wegen des Übergangs eines Betriebs oder eines Betriebsteils unwirksam ist. Eine betriebsbedingte Kündigung des ehemaligen Inhabers, dessen Betrieb durch Rechtsgeschäft bereits an den neuen Inhaber übergegangen ist, wird dadurch aber nicht ausgeschlossen.

402 Hat der ehemalige Betriebsinhaber nur einen Betriebsteil an den neuen Inhaber veräußert und verfügt der ehemalige Inhaber in seinem Restbetrieb über freie Arbeitsplätze, kann der Widerspruch des Arbeitnehmers auf Übergang des Arbeitsverhältnisses auf den neuen Inhaber dazu führen, dass der ehemalige Inhaber den widersprechenden Arbeitnehmer in seinem Restbetrieb an einem freien Arbeitsplatz zu beschäftigen hat.[386] Voraussetzung ist allerdings, dass der freie Arbeitsplatz aufgrund der Ausbildung, Erfahrung und Kompetenz mit dem widersprechenden Arbeitnehmer besetzt werden kann.

403 e) **Haftung bei Betriebsübergang.** Widerspricht der Arbeitnehmer dem Übergang des Arbeitsverhältnisses nicht, tritt der neue Inhaber in die Rechte und Pflichten aus den im Zeitpunkt des Übergangs bestehenden Arbeitsverhältnissen ein. Nach § 613a II BGB haftet der bisherige Arbeitgeber neben dem neuen Inhaber für Verpflichtungen, soweit sie vor dem Zeitpunkt des Übergangs entstanden sind und vor Ablauf von einem Jahr nach dem Zeitpunkt des Übergangs fällig werden, als Gesamtschuldner nach § 421 BGB. Der Grund für die Weiterhaftung des Veräußerers liegt darin, dass der Veräußerungserlös den Gegenwert für den Wert des Betriebs darstellt, der auch durch die Arbeitsleistung der Belegschaft erwirtschaftet wurde.[387] Werden Ansprüche aus dem Arbeitsverhältnis, die vor dem Betriebsübergang zwar entstanden sind, erst nach dem Betriebsübergang fällig, so haftet der bisherige Arbeitgeber für sie nur in dem Umfang, der dem im Zeitpunkt des Betriebsübergangs abgelaufenen Teil ihres Bemessungszeitraums entspricht.[388] § 613a III BGB bildet dagegen eine Ausnahme für die Weiterhaftung des ehemaligen Arbeitgebers.

2. Betriebsstilllegung

404 Eine Betriebsstilllegung liegt vor, wenn der gesamte Betrieb seine Tätigkeit einstellt. Produktion oder Dienstleistungen finden nicht mehr statt. Zwar stellt die Einstellung oder Auflösung des Betriebs keinen automatisch wirkenden Beendigungsgrund dar; jedoch kann, je nach Sachlage, der Arbeitgeber berechtigt sein, das Arbeitsverhältnis fristlos oder fristgemäß zu kündigen.[389] Diese Kündigungsmöglichkeiten sollen für den Arbeitgeber aber dann entfallen, wenn er nach einer vermeintlichen Betriebsstilllegung den Betrieb an einen neuen Inhaber später noch veräußert. Dann besteht das in § 613a

---

385 Dütz/Thüing, Rn. 520
386 Dazu BAG AP Nr. 241 zu § 613a BGB; ErfK/Preis, § 613a BGB Rn. 106
387 Junker, Rn. 143
388 Hirdina, 11.8
389 Vgl. ErfK/Oetker, § 1 KSchG, Rn. 265

IV 1 BGB normierte Kündigungsverbot. Aus Sicht des Bundesarbeitsgerichts ist es entscheidend, ob ein Betriebsübergang beim Ausspruch der Kündigungen des Arbeitgebers gegenüber seinen Arbeitnehmern bereits geplant war, schon greifbare Formen angenommen hat und der Arbeitgeber das Arbeitsverhältnis deshalb gekündigt hat, um einen geplanten Betriebsübergang vorzubereiten und zu ermöglichen.[390] Es kommt also darauf an, dass eine echte Betriebsunterbrechung stattgefunden hat. Je länger die Betriebsunterbrechung dauert, je eher geht das Bundesarbeitsgericht von einer Betriebsstilllegung aus.[391]

3. Insolvenz des Arbeitgebers

Eine Insolvenz des Arbeitgebers führt nicht zu einer Beendigung des Arbeitsverhältnisses. Allerdings steht dem Insolvenzverwalter nach § 113 InsO ein besonderes Kündigungsrecht gegenüber den Arbeitnehmern zu. Danach können der Insolvenzverwalter, aber auch der Arbeitnehmer, ohne Rücksicht auf eine vereinbarte Vertragsdauer oder einen vereinbarten Ausschluss des Rechts zur ordentlichen Kündigung das Arbeitsverhältnis kündigen. Die Kündigungsfrist beträgt drei Monate zum Monatsende, wenn nicht eine kürzere Frist, z. B. für Arbeitsverhältnisse in der Probezeit, maßgeblich ist. Hat der Betrieb keinen Betriebsrat oder kommt aus anderen Gründen innerhalb von drei Wochen nach Verhandlungsbeginn oder schriftlicher Aufforderung zur Aufnahme von Verhandlungen ein Interessenausgleich nach § 125 I InsO nicht zustande, obwohl der Insolvenzverwalter den Betriebsrat rechtzeitig und umfassend unterrichtet hat, so kann der Insolvenzverwalter nach § 126 I 1 InsO beim Arbeitsgericht beantragen festzustellen, dass die Kündigung der Arbeitsverhältnisse bestimmter, im Antrag bezeichneter Arbeitnehmer durch dringende betriebliche Erfordernisse bedingt und sozial gerechtfertigt ist. Die soziale Auswahl der Arbeitnehmer kann nur im Hinblick auf die Dauer der Betriebszugehörigkeit, das Lebensalter und die Unterhaltspflichten nachgeprüft werden.

405

4. Tod des Arbeitgebers

Der Tod des Arbeitgebers führt grds. nicht zur Beendigung des Arbeitsverhältnisses mit seinem Arbeitnehmer. Nach §§ 1922, 1967 BGB treten die Erben im Rahmen der Gesamtrechtsnachfolge in die Rechte und Pflichten des verstorbenen Arbeitgebers, also des Erblassers ein, somit auch bei Arbeitsverhältnissen. Zweifelhaft ist, inwieweit dies auch für Arbeitsleistungen gilt, die spezifisch auf die Person des Arbeitgebers zugeschnitten sind (Privatsekretärin, Privatlehrer, Privatchauffeur, angestellter Leibarzt, private Krankenpflegerin).[392] Das auf den Verstorbenen speziell zugeschnittene Arbeitsverhältnis und das besondere persönliche Vertrauensverhältnis führen dazu, dass dann das Arbeitsverhältnis ab dem Todeszeitpunkt des ehemaligen Arbeitgebers beendet ist; ansonsten ist durch Auslegung zu ermitteln, ob das Arbeitsverhältnis fortdauert und dann von den Erben zu kündigen ist.

406

V. Pflichten bei Beendigung des Arbeitsverhältnisses

Soll das Arbeitsverhältnis beendet werden, ergeben sich für den Arbeitgeber wie für den Arbeitnehmer besondere Pflichten vor und nach Beendigung des Arbeitsverhältnisses. Dabei handelt es sich um Nebenpflichten der Vertragsparteien. Eine Verletzung dieser Nebenpflichten kann zu Schadensersatzansprüchen aus §§ 280 I, 611a, 241 II BGB führen.

407

---

390 Vgl. BAG NZA 1989, 461, 463; 1997, 251, 252
391 So BAGE 90, 163, 169 = NZA 1999, 310
392 MH2/Wank, § 141 Rn. 7 f

1. Pflichten des Arbeitgebers

408 Wichtigste Nebenpflichten des Arbeitgebers aus Anlass der Beendigung des Arbeitsverhältnisses sind zum einen die Gewährung von Freizeit zur Stellungssuche, zum anderen die Zeugniserteilung sowie die Herausgabe von Arbeitspapieren.

409 a) **Angemessene Freizeit zur Arbeitssuche.** Nach der Kündigung des Arbeitsvertrags hat der Arbeitgeber i. S. v. § 629 BGB dem Arbeitnehmer auf Verlangen angemessene Zeit zur Suche eines neuen Arbeitsverhältnisses zu gewähren. Für den Arbeitgeber besteht somit gegenüber dem Arbeitnehmer eine Förderungspflicht, die Arbeitssuche zu erleichtern. Der Arbeitgeber erfüllt diese Pflicht insbesondere durch Freistellen seines Arbeitnehmers von der Arbeit; dabei ist unerheblich, welcher Vertragspartner die wirksame Kündigung erklärt hat. Hat der Arbeitgeber dem Arbeitnehmer i. S. v. § 629 BGB eine angemessene Zeit zur Suche eines neuen Arbeitsverhältnisses gewährt, bleibt für den Arbeitnehmer trotzdem der Lohnanspruch für die vorübergehende Freistellung von der Arbeit nach § 616 BGB bestehen. Denn der Arbeitnehmer verliert bei einer vorübergehenden Verhinderung seinen Lohnanspruch gegenüber dem Arbeitgeber dann nicht, wenn er für eine verhältnismäßig nicht erhebliche Zeit durch einen in seiner Person liegenden Grund ohne sein Verschulden an der Arbeitstätigkeit verhindert ist. Ob hier der Arbeitgeber oder der Arbeitnehmer kündigt, spielt keine Rolle; der Grund für die angemessen zu gewährende Freizeit vom Arbeitgeber gegenüber dem Arbeitnehmer zur Arbeitsplatzsuche liegt beim Arbeitnehmer, der eine neue wirtschaftliche Existenz finden muss. Ein Verschulden liegt bei einer Kündigung, sofern sie rechtmäßig ist, weder dann vor, wenn der Arbeitgeber, noch der Arbeitnehmer gekündigt hat. Denn die Kündigung ist grds. ein rechtswirksames Mittel, um ein Vertragsverhältnis einseitig zu beenden.

410 b) **Herausgabe von Arbeitspapieren.** Spätestens zu dem Zeitpunkt, an dem der Arbeitnehmer den Betrieb verlässt, hat er Anspruch gegenüber dem Arbeitgeber auf Herausgabe der Arbeitspapiere, z. B. einer Arbeitsbescheinigung nach § 312 SGB III, einem Ausdruck der elektronischen Lohnsteuerbescheinigung, einer Entgeltbescheinigung, einer Urlaubsbescheinigung nach § 6 II BUrlG sowie insbesondere eines Zeugnisses nach § 109 GewO. Dabei handelt es sich für den Arbeitnehmer nach § 269 I BGB um eine Holschuld. Denkbar ist aber auch eine Zusendung der Arbeitspapiere an den Wohnsitz des Arbeitnehmers, wenn das Arbeitsverhältnis bereits beendet ist. Der Arbeitgeber darf die Herausgabe der Arbeitspapiere nicht verweigern, anderenfalls haftet er für ggf. entstehende Verzugsschäden oder Schäden aufgrund der verweigerten Herausgabe.

411 c) **Zeugniserteilung.** Nach § 109 I GewO hat ein Arbeitnehmer bei Beendigung eines Arbeitsverhältnisses Anspruch auf ein schriftliches Zeugnis. Das Zeugnis muss mindestens Angaben zur Art und Dauer der Tätigkeit enthalten; dann handelt es sich um ein einfaches Zeugnis. Der Arbeitnehmer kann darüber hinaus verlangen, dass sich die Angaben zusätzlich auf Leistung und Verhalten im Arbeitsverhältnis erstrecken; dann liegt ein qualifiziertes Zeugnis vor. Das Zeugnis muss klar und verständlich formuliert sein und es darf keine Merkmale und Formulierungen enthalten, die den Zweck haben, eine andere als aus der äußeren Form oder aus dem Wortlaut ersichtliche Aussage über den Arbeitnehmer zu treffen. Zu beachten ist, dass die Erteilung des Zeugnisses in elektronischer Form ausgeschlossen ist.

412 Das Formerfordernis der Schriftform bei der Erteilung eines Zeugnisses ist für den Arbeitgeber sehr weitreichend: das Zeugnis ist auf einem Originalunternehmensbriefbogen mit dem vollen Namen des Betriebs, der Rechtsform, unter der der Betrieb im Geschäftsverkehr auftritt, der Anschrift, dem Namen des oder der Geschäftsführer, eventuell dem Vorsitzenden des Aufsichtsrats, sowie der Handelsregister- und Steuernummer des Unternehmens auszudrucken und durch den Unternehmensinhaber bzw. eine oder mehrere vertretungsberechtigte Personen des Unternehmens handschriftlich zu unterzeichnen. Besonders wichtig ist das Ausstellungsdatum, das der Wahrheit entsprechen muss. Eine Vor- oder Rückdatierung auf dem Originalzeugnis ist nicht zulässig, da sie – ebenso wie Radierungen oder ähnliche Änderungen – auf eine Fälschung schließen lassen.[393]

Der Arbeitgeber hat im Zeugnis die Art der Tätigkeit des Arbeitnehmers ausführlich zu erläutern. Handelt es sich um einen leitenden Angestellten – z. B. auch den Geschäftsführer oder Vorstand einer Kapitalgesellschaft – ist das Zeugnis detaillierter und somit umfangreicher zu formulieren als bei anderen Mitarbeitern. Des Weiteren ist der exakte Zeitraum aufzuführen, wie lange das Arbeitsverhältnis bestanden hat. Arbeitsverhinderungen, auch aufgrund einer längeren Krankheit, sind als Arbeitsunterbrechungen nicht aufzuführen.

413

Bei einem qualifizierten Zeugnis nach § 109 I 3 GewO ist der Arbeitgeber verpflichtet, das Verhalten und auch die Leistung des Arbeitnehmers zu beurteilen. Dabei muss das Zeugnis wahr sein; es darf den Arbeitnehmer nicht unberechtigt hochloben; andererseits müssen kritische Äußerungen über Leistungen oder Führung des Arbeitnehmers maßvoll abgefasst werden, da unter Umständen schon aus bloßen Andeutungen negative Schlüsse gezogen werden.[394] Zwar besteht bei der Erteilung eines qualifizierten Zeugnisses der Grundsatz des Wohlwollens bei der Beurteilung von Leistung und Verhalten des Arbeitnehmers; allerdings ist es dem Arbeitgeber u. U. gestattet, auch eine ungünstige Beurteilung des Arbeitnehmers im Zeugnis zu erwähnen, wenn diese notwendig für eine Gesamtbeurteilung ist. Als Beispiele gelten eine lange Unterbrechung der Arbeitstätigkeit durch Krankheit, wenn diese mehr als die Hälfte des gesamten Arbeitsverhältnisses umfasst,[395] oder ein falsches Verhalten aufgrund einer zu geringen Sozialkompetenz gegenüber Vorgesetzten oder Arbeitskollegen.

414

Fordert der Arbeitnehmer ein qualifiziertes Zeugnis, dann muss er sich auch eine wahrheitsgemäße ungünstige Beurteilung gefallen lassen.[396] Die Beurteilung des Verhaltens erstreckt sich nur auf das Verhalten des Arbeitnehmers am Arbeitsplatz. Negatives Verhalten im Freizeitbereich, so z. B. übermäßiger Alkoholgenuss oder Drogenkonsum, dürfen nur dann im Arbeitszeugnis erwähnt werden, wenn dieses besondere (negative) Verhalten Auswirkungen auf das Arbeitsverhältnis hat.[397] Die Beurteilung der Leistung dagegen beinhaltet grundsätzlich verschiedene Aussagen, beispielsweise über die körperliche und geistige Leistungsvermögen, über Fachkenntnisse und Fähigkeiten, Arbeitsweise sowie Arbeitsgüte, Arbeits- und Verantwortungsbereitschaft, Verhandlungsgeschick sowie Entscheidungsfähigkeit und Entscheidungsfreudigkeit.[398]

415

Nach § 109 II GewO muss das Zeugnis klar und verständlich formuliert sein. Darüber hinaus ist eine wohlwollende Ausdruckweise zu wählen; Standardfloskeln sind weitestgehend zu unterlassen. Beendet wird das Zeugnis mit einer sog. Beendigungsformel, welche ebenfalls wohlwollend zu formulieren ist. Auf eine bestimmte Beendigungsformel im Zeugnis hat der Arbeitnehmer zwar keinen besonderen Anspruch.[399] Positive Schlusssätze können aber nach allgemeinem Sprachverständnis als Dank für die gute

416

---

393 Wörlen/Kokemoor, Rn. 215
394 Waltermann, Rn. 307
395 Dazu BAG AP Nr. 30 zu § 630 BGB = NZA 2004, 842; vgl. Schleßmann, Das Arbeitszeugnis, BB 1988, 1320, 1325
396 Vgl. Burkhard-Pötter, Das Arbeitszeugnis, NJW-Spezial 2013, 50
397 Vgl. Schleßmann, Das Arbeitszeugnis, BB 1988, 1320, 1323
398 Wörlen/Kokemoor, Rn. 220
399 Vgl. BAG NZA 2001, 843, 844

Zusammenarbeit und als gute Wünsche für die Zukunft empfunden werden; sie machen die Wertschätzung des Arbeitnehmers und seiner Leistung deutlich.[400]

417 Des Weiteren sind die Rechtsfolgen bei einem unrichtigen Zeugnis zu klären. Ein unrichtiges Zeugnis liegt vor, wenn der Arbeitgeber entgegen der Wahrheit dem Arbeitnehmer ein zu gutes Zeugnis ausstellt; andererseits ist das Zeugnis unrichtig, wenn der Arbeitgeber den Arbeitnehmer absichtlich zu negativ beurteilt. Hat der Arbeitgeber den Arbeitnehmer zu gut beurteilt, kann der nächste Arbeitgeber gegenüber dem vorherigen Arbeitgeber einen Schadensersatzanspruch aus § 826 BGB evtl. dann geltend machen, wenn der ehemalige Arbeitgeber negative Tatsachen, die sich auf ein Arbeitsverhältnis auswirken (z. B. Körperverletzung gegenüber anderen Arbeitnehmern im Betrieb, Beleidigung und Nötigung) verschwiegen hat und die bei einer Wiederholungstat gleichfalls zu einem Schaden beim neuen Arbeitgeber führen können.

418 Hält der Arbeitnehmer dagegen das vom Arbeitgeber ausgestellte Zeugnis für unrichtig, kann er für den Erhalt eines aus seiner Sicht richtigen Zeugnisses nach ergebnislosen Gesprächen mit dem Arbeitgeber auch Klage erheben. Dabei kommt es darauf an, ob die Bewertung für den Arbeitnehmer durchschnittlich oder unterdurchschnittlich ausgefallen ist. Handelt es sich um eine durchschnittliche Bewertung seiner Leistung und seines Verhaltens, ist der Arbeitnehmer in der Pflicht zu beweisen, dass seine Leistung und sein Verhalten besser waren, als im Zeugnis formuliert. Handelt es sich dagegen um eine unterdurchschnittliche Beurteilung, steht der Arbeitgeber in der Pflicht darzulegen, dass die unterdurchschnittliche Beurteilung den Tatsachen entspricht.[401]

419 Auch der gesetzliche Anspruch auf Erteilung eines Zeugnisses nach § 109 GewO unterliegt, wie jeder schuldrechtliche Anspruch, der Verwirkung, wenn der Arbeitnehmer längere Zeit untätig abwartet, seinen Anspruch nicht geltend macht und dadurch zeigt, dass er dem Zeugnis keine weitere Bedeutung zumisst und somit auf seinen Anspruch verzichtet.[402] Schadenersatzansprüche bestehen für den Arbeitnehmer bei schuldhaft unrichtiger Zeugniserteilung aus §§ 280 I, 241 II, 611a BGB oder gem. § 823 I BGB aufgrund einer Verletzung des allgemeinen Persönlichkeitsrechts.

420 **d) Auskunftserteilung über den ehemaligen Arbeitnehmer.** Es kommt vor, dass ein neuer Arbeitgeber den Arbeitnehmer bittet, neben dem Zeugnis weitere mündliche Auskünfte vom ehemaligen Arbeitgeber zu erhalten. Dies kann auch im Interesse des Arbeitnehmers sein. Auf Grund einer nachvertraglichen Nebenpflicht – culpa post contrahendum[403] – ist der frühere Arbeitgeber verpflichtet, dem neuen Arbeitgeber zusätzliche Auskünfte in klarer und verständlicher Form auf Nachfrage zu geben. Nach Meinung des Bundesarbeitsgerichts umfasst das Auskunftsrecht des ehemaligen Arbeitgebers auch die Möglichkeit, gegen den Willen des Arbeitnehmers dem Dritten gegenüber ungünstige, auf Tatsachen beruhende Informationen mitzuteilen, soweit für den neuen Arbeitgeber ein berechtigtes Interesse an diesen Informationen besteht.[404] Die h. M. in der Rechtsliteratur lehnt ein solches nachträgliches Auskunftsrecht des Arbeitgebers entweder ab oder stimmt nur mit Einschränkungen zu: ein derart umfangreiches nachträgliches Auskunftsrecht würde in vielen Fällen gegen das allgemeine Persönlichkeitsrecht aus Artt. 1, 2 GG verstoßen,[405] es sei denn, dass das Zeugnis Anlass zu

---

400 Vgl. BAG NZA 2001, 843, 845
401 So BAG NZA 2004, 842, 845
402 Vgl. Löw, Aktuelle Rechtsfragen zum Arbeitszeugnis, NJW 2005, 3605, 3608
403 Siehe dazu grds. Schade, Rn. 265
404 Vgl. BAG AP Nr. 10 zu § 630 BGB
405 Vgl. MK-BGB/Henssler, § 630, Rn. 80; Scholz, Zur Auskunftserteilung unter Arbeitgebern über Arbeitnehmer, NZA 1990, 717, 719; vgl. auch Preis/Temming, § 70 I

Missverständnissen gibt, die nur vom alten Arbeitgeber auszuräumen sind.[406] Dagegen geht die Rechtsprechung des Bundesarbeitsgerichts sogar soweit, dass ein ehemaliger Arbeitgeber den neuen Arbeitgeber, der um Auskunft gebeten hat, auch über ungünstige Tatsachen des ehemaligen Arbeitsverhältnisses informieren soll, soweit der neue Arbeitgeber ein berechtigtes Interesse daran hat.[407] Erteilt allerdings der frühere Arbeitgeber eine unrichtige Auskunft, kann, wie bei einem unrichtigen Zeugnis, für den Arbeitnehmer ein Schadensersatzanspruch gegenüber seinem ehemaligen Arbeitgeber entstehen.

2. Pflichten des Arbeitnehmers

Auch für den Arbeitnehmer bestehen nach Beendigung des Arbeitsverhältnisses noch nachvertragliche Nebenpflichten. Dabei kann es sich um Herausgabe- und Rückzahlungspflichten, um die Pflicht zur Verschwiegenheit bzw. die Einhaltung von Wettbewerbsverboten oder um den Anspruch des Arbeitgebers auf Unterzeichnung einer Ausgleichsquittung handeln.

421

a) **Herausgabe- und Rückzahlungspflichten.** Gemäß §§ 611, 675, 667 BGB ist der Arbeitnehmer nach Beendigung des Arbeitsverhältnisses verpflichtet, alle ihm während des Arbeitsverhältnisses zur Verfügung gestellten Vermögenswerte wie Firmenfahrzeug, Mobiltelefon, Laptop oder Notebook, Werkzeug oder Geschäftsunterlagen zurückzugeben. Daneben kann die Rückzahlung vom Arbeitgeber für eine Aus- oder Weiterbildung verlangt werden, wenn sie zwischen Arbeitgeber und Arbeitnehmer vertraglich vereinbart wurde. Grenze für die Rückzahlung können entweder die Sittenwidrigkeit nach § 138 BGB oder die Zumutbarkeit für den Arbeitnehmer sein. Klauseln, wonach der Arbeitnehmer zur Rückzahlung verpflichtet ist, wenn er das Arbeitsverhältnis vor Ablauf bestimmter Fristen beendet, oder auch Klauseln über eine unbedingte Kostenbeteiligung unterliegen einer Güter- und Interessenabwägung unter Zumutbarkeitsgesichtspunkten im Einzelfall; die Rückzahlungspflicht bzw. unbedingte Kostenbeteiligung muss einem begründeten und billigenswerten Interesse des Arbeitgebers entsprechen, der Arbeitnehmer muss mit der Aus- bzw. Fortbildungsmaßnahme eine angemessene Gegenleistung erhalten haben und ihm muss die Kostenbeteiligung zumutbar sein.[408]

422

b) **Verschwiegenheitspflicht.** Auch über die Beendigung des Arbeitsverhältnisses hinaus ist der Arbeitnehmer grds. verpflichtet, Verschwiegenheit über Betriebs- und Geschäftsgeheimnisse zu wahren. Eine derartige Verschwiegenheitspflicht wird üblicherweise im Arbeitsvertrag vereinbart. Auch in einem Tarifvertrag, so z. B. im Bankgewerbe, können Vereinbarungen über die Verschwiegenheitspflicht der Arbeitnehmer getroffen werden. Das Geschäftsgeheimnisgesetz schützt hierbei Unternehmen vor dem Missbrauch ihrer Geschäftsgeheimnisse. Ein Geschäftsgeheimnis ist gemäß § 2 Nr. 1 GeschGehG eine Information, die weder insgesamt noch in der genauen Anordnung und Zusammensetzung ihrer Bestandteile den Personen in den Kreisen, die üblicherweise mit dieser Art von Informationen umgehen, allgemein bekannt oder ohne Weiteres zugänglich ist und daher von wirtschaftlichem Wert ist und die Gegenstand von den Umständen nach angemessenen Geheimhaltungsmaßnahmen durch ihren rechtmäßigen Inhaber ist und bei der ein berechtigtes Interesse an der Geheimhaltung besteht. Hierunter fallen sowohl kaufmännische als auch technische Informationen. Rechtsverletzer kann nach § 2 Nr. 3 GeschGehG jede natürliche oder juristische Person sein, die ein Geschäftsgeheimnis rechtswidrig erlangt, nutzt oder offenlegt, also auch ein Arbeitnehmer. § 4 GeschGehG sieht diesbezüglich konkrete Handlungsverbote, § 3

423

---

406 Vgl. MK-BGB/Henssler, § 630 Rn. 81; Palandt/Weidenkaff, § 630 Rn. 11
407 Vgl. BAGE 115, 195, 201; Mengel, Alte arbeitsrechtliche Realitäten im Umgang mit der neuen virtuellen Welt, NZA 2005, 752, 753 f.
408 Vgl. BAG NZA 1995, 305, 307; 2004, 1035, 1036; vgl. Dütz/Thüsing, Rn. 418

GeschGehG erlaubte Handlungen sowie § 5 GeschGehG Ausnahmen vor. Die Verletzung der Handlungsverbote ist gemäß § 23 GeschGehG strafbar.

424 c) **Nachvertragliches Wettbewerbsverbot.** Ist das Arbeitsverhältnis beendet, besteht für den Arbeitnehmer direkt im Anschluss daran die Möglichkeit, eine neue Arbeitstätigkeit aufzunehmen. Allerdings können Arbeitgeber und Arbeitnehmer direkt nach Beendigung des Arbeitsverhältnisses ein Wettbewerbsverbot vereinbaren. Nach §§ 110, 6 II GewO können Arbeitgeber und Arbeitnehmer die berufliche Tätigkeit des Arbeitnehmers für die Zeit nach Beendigung des Arbeitsverhältnisses durch Vereinbarung beschränken. Dann sind die §§ 74–75f HGB analog anzuwenden. Nach § 74 I HGB bedarf eine Vereinbarung zwischen dem Arbeitgeber und dem Arbeitnehmer über ein Wettbewerbsverbot der Schriftform und der Aushändigung einer vom Arbeitgeber unterzeichneten, die vereinbarten Bestimmungen enthaltenden eigenständigen Urkunde an den Arbeitnehmer. Außerdem ist das Wettbewerbsverbot nur verbindlich, wenn der Arbeitgeber sich verpflichtet, für die Dauer des Wettbewerbsverbots eine Karenzentschädigung zu zahlen, die für den Zeitraum des Wettbewerbsverbots mindesten die Hälfte des Arbeitsentgelts beträgt, welches dem Arbeitnehmer zusteht. Nach § 74a HGB darf sich das Wettbewerbsverbot nur auf einen Zeitraum von insgesamt zwei Jahren ab Beendigung des Arbeitsverhältnisses erstrecken. Hat der Arbeitgeber mit minderjährigen Arbeitnehmern oder Auszubildenden ein Wettbewerbsverbot im Arbeitsvertrag vereinbart, so sind diese Wettbewerbsverbote nach § 110 GewO, § 74a II 1 HGB, § 12 I 1 BBiG nichtig. Auch das GeschGehG gestattet es nicht, den Arbeitnehmer in der Verwertung von Erfahrungen und Fähigkeiten, die sie im Verlauf ihrer Tätigkeit ehrlich erworben haben, zu beschränken und sie in ihrer Mobilität einzuschränken.[409]

425 d) **Ausgleichsquittung.** Bei Beendigung des Arbeitsverhältnisses ist eine Ausgleichsquittung, die der ehemalige Arbeitnehmer unterzeichnet, sehr verbreitet. Dabei handelt es sich um eine Quittung i. S. v. § 368 BGB, welche ein negatives Schuldanerkenntnis nach § 397 II BGB beinhaltet. Ausgleichsquittungen sind i. d. R. als formularmäßige Verzichtserklärung ausgestaltet; als solche unterliegen sie der Inhaltskontrolle nach §§ 305 ff. BGB.[410] Der Ausgleichsquittung liegt die Erklärung des Arbeitnehmers zugrunde, dass er nach Beendigung des Arbeitsverhältnisses keine Ansprüche mehr gegenüber dem ehemaligen Arbeitgeber hat. Eine solche Ausgleichsquittung ist nur wirksam, wenn sie zum einen nicht gegen gesetzliche Vorschriften wie z. B. § 4 IV 1 TVG oder §§ 7 IV, 13 I, III BUrlG verstößt, zum anderen, wenn der Arbeitgeber den Arbeitnehmer nicht, z. B. unter Inaussichtstellen eines guten Zeugnisses, zur Vereinbarung einer Ausgleichsquittung sittenwidrig i. S. v. § 138 BGB nötigt. Irrt sich der Arbeitnehmer über den Inhalt und die Tragweite der Ausgleichsquittung und liegt demzufolge ein Inhaltsirrtum nach § 119 I 1. Alt. BGB vor oder begeht der Arbeitgeber zum Erhalt einer Ausgleichsquittung gegenüber dem Arbeitnehmer eine widerrechtliche Drohung i. S. v. § 123 I 2. Alt. BGB, kann der Arbeitnehmer seine Erklärung anfechten. Eine nur allgemein formulierte Ausgleichsquittung führt im Regelfall nicht dazu, dass der Arbeitnehmer keine Kündigungsschutzklage erheben, keine Ruhegehaltsansprüche oder Entgeltfortzahlungsansprüche im Krankheitsfall geltend machen darf.[411]

---

409 Art. 1 Abs. 3 RL 2016/943/EU.
410 Vgl. auch Preis/Temming, § 70 II
411 Vgl. Schaub/Koch, Ausgleichsquittung

§ 8 Allgemeiner Kündigungsschutz

I. Grundlagen

Die Kündigung im Bürgerlichen Recht erfolgt grds. ohne Rechtfertigung. Die einseitige Willenserklärung führt nach Zugang bei dem Empfänger dazu, dass das Vertragsverhältnis, so z. B. ein Mietvertrag, nach Ablauf einer Frist beendet ist. Für das Arbeitsrecht war es zwingend, insbesondere für den Arbeitnehmer, aber auch für den Arbeitgeber rechtliche Grundlagen zu schaffen, nach denen eine Beendigung des Arbeitsverhältnisses durch Kündigung nur dann möglich ist, wenn eine Begründung dafür vorliegt. Das entspricht insbesondere dem Interesse des Arbeitnehmers, welcher sich im Verhältnis zum Arbeitgeber in einem wirtschaftlichen Abhängigkeitsverhältnis befindet.

426

Kündigungsschutz

- Anwendbarkeit des Kündigungsschutzgesetzes
  - Ordentliche Kündigung, § 620 II BGB
  - Voraussetzungen des § 1 I, II KSchG
  - Geltungsbereich, § 23 KSchG
  - Sechsmonatiges Arbeitsverhältnis, § 1 I KSchG
- Grundsatz der sozialen Rechtfertigung
  - Objektive Kündigungsgründe
    - ☐ personenbedingt
    - ☐ verhaltensbedingt
    - ☐ betriebsbedingt
- Sozialwidrigkeit einer Kündigung, § 1 III 1 KSchG
  - Prognoseprinzip
  - Ultima-ratio-Prinzip
  - Interessenabwägung bzw. Sozialauswahl
- Kündigungsschutzklage
  - Klageart, § 56 I ZPO
  - Klageerhebung, § 4 S. 1 KSchG
  - Prozessuale Voraussetzungen, § 46 II ArbGG
  - Weiterbeschäftigungsanspruch
  - Wiedereinstellungsanspruch

Abb. 13: Kündigungsschutz

Insbesondere das Kündigungsschutzgesetz (KSchG), erlassen im Jahr 1951 und aktuell gültig in der Fassung von 1969 mit vielfachen Änderungen, hat den Schutz von Arbeitnehmern gegen eine willkürliche Kündigung erheblich verstärkt. Das Kündigungsschutzgesetz wird als der zentrale Schutz für den Arbeitnehmer angesehen, weil es dem Arbeitgeber absichtlich erschwert, eine Kündigung gegenüber einem Arbeitnehmer wirksam auszusprechen.[412] Auch wenn viele Kündigungsschutzprozesse vor den Arbeitsgerichten mit einem Vergleich dahingehend enden, dass Arbeitgeber und Arbeitnehmer die erfolgte Kündigung als wirksam ansehen und der Arbeitgeber aus dem Vergleich verpflichtet wird, dem dann ehemaligen Arbeitnehmer eine Abfindung zu zahlen, kommt dem Kündigungsschutzrecht gerade kein Abfindungscharakter zu, auch wenn

427

---
412 Vgl. Thüsing/Thüsing, Einl. Rn. 1

§ 1a KSchG einen Abfindungsanspruch des Arbeitnehmers bei betriebsbedingter Kündigung explizit vorsieht. Das Kündigungsschutzgesetz ist einseitig zwingendes Arbeitnehmerschutzrecht, von dessen Vorschriften zwar zugunsten, nicht aber zu Lasten des Arbeitnehmers abgewichen werden kann.[413] Nach §§ 1, 4 KSchG besteht für den Arbeitnehmer die Möglichkeit, Klage gegen die Kündigung seines Arbeitsverhältnisses zu erheben, wenn das Arbeitsverhältnis in demselben Betrieb oder Unternehmen länger als sechs Monate bestanden hat und wenn die Kündigung sozial ungerechtfertigt ist. Allerdings müssen die in § 23 KSchG normierten Voraussetzungen zur Anwendbarkeit des Kündigungsschutzgesetzes vorliegen.

II. Anwendbarkeit des Kündigungsschutzgesetzes

428 Die Anwendbarkeit des Kündigungsschutzgesetzes ist eingeschränkt. Dieses Gesetz ist nur anwendbar und dient somit dem Arbeitnehmer nur als Schutz bei einer ordentlichen Kündigung des Arbeitgebers. Weder bei der außerordentlichen Kündigung, noch bei einer Beendigung nach § 620 I BGB durch Zeitablauf, bei einem befristeten Arbeitsverhältnis oder bei einer Anfechtung nach §§ 119 II, 123 BGB gilt der im Kündigungsschutzgesetz verankerte Schutz für den Arbeitnehmer. Ist der Arbeitnehmer mit der Aufhebung seines Arbeitsvertrags einverstanden, i. d. R. durch die Zahlung einer Abfindung vom Arbeitgeber, erlischt ebenfalls der besondere Kündigungsschutz.

429 Die wichtigsten Voraussetzungen für die Anwendbarkeit des Kündigungsschutzes sind in den §§ 1, 23 KSchG geregelt. Insbesondere ist eine Kündigung nach § 1 I KSchG unwirksam, wenn sie sozial ungerechtfertigt ist. Nach § 1 II 1 KSchG ist die Kündigung sozial ungerechtfertigt, wenn sie nicht durch Gründe, die in der Person oder in dem Verhalten des Arbeitnehmers liegen oder durch dringende betriebliche Erfordernisse, die einer Weiterbeschäftigung des Arbeitnehmers entgegenstehen, bedingt ist. Der Geltungsbereich des § 23 KSchG umfasst die Betriebe und Verwaltungen des privaten und des öffentlichen Rechts. Insbesondere aber sind die verschiedenen Schwellenwerte zu beachten, d. h. die Anzahl der in einem Betrieb beschäftigten Arbeitnehmer ausschließlich der Auszubildenden, welche die Voraussetzung für die Anwendbarkeit des Kündigungsschutzgesetzes bilden.

430 Nach § 23 I 2 KSchG erstreckt sich der Kündigungsschutz nur für Arbeitnehmer in Betrieben und Verwaltungen, in denen in der Regel mehr als fünf Arbeitnehmer ohne Berücksichtigung von Auszubildenden beschäftigt werden. Die Schwelle, nach der der Kündigungsschutz erst beginnen soll, wenn der Arbeitgeber mindesten fünfeinviertel Arbeitnehmer beschäftigt hat, hatte insbesondere bei Kleinstbetrieben dazu geführt, auf Neueinstellungen zu verzichten, um diese bedeutende Schwelle nicht zu überschreiten. Dem hat der Gesetzgeber im Jahr 2003 dahingehend Rechnung getragen, indem § 23 I 3 KSchG wie folgt formuliert wurde: in Betrieben und Verwaltungen, in denen in der Regel zehn oder weniger Arbeitnehmer ausschließlich der zu ihrer Berufsbildung Beschäftigten beschäftigt werden, gelten die Vorschriften mit Ausnahme der §§ 4–7, 13 I 1, II KSchG nicht für Arbeitnehmer, deren Arbeitsverhältnis nach dem 31. Dezember 2003 begonnen hat. Diese Arbeitnehmer sind bei der Feststellung der Zahl der beschäftigten Arbeitnehmer nach § 23 I 2 KSchG bis zur Beschäftigung von in der Regel zehn Arbeitnehmern nicht zu berücksichtigen. Bei der Feststellung der Zahl der beschäftigten Arbeitnehmer i. S. v. § 23 I 2, 3 KSchG sind teilzeitbeschäftigte Arbeitnehmer mit einer regelmäßigen wöchentlichen Arbeitszeit von nicht mehr als zwanzig Stunden mit 0,5 und mit nicht mehr als dreißig Stunden mit 0,75 zu berücksichtigen.

---

[413] Löwisch/Caspers/Klumpp, Rn. 687

Die Lockerung des Kündigungsschutzes für Kleinstbetriebe bringt diesen wichtige Vorteile, weil sie zum einen insbesondere aufgrund ihrer geringeren finanziellen Stärke bei negativen wirtschaftlichen Auswirkungen flexibler mit Kündigungen reagieren können, zum anderen einen langwierigen Kündigungsschutzprozess nicht durchstehen brauchen.[414] Die gesetzlichen neuen Regelungen haben daher dazu geführt, Kleinstbetriebe zu ermutigen, in guten wirtschaftlichen Phasen einzelne neue Arbeitnehmer einzustellen. § 14 I KSchG regelt, dass der allgemeine Kündigungsschutz weder in Betrieben einer juristischen Person für die Mitglieder des Organs, das zur gesetzlichen Vertretung der juristischen Person berufen ist, noch in Betrieben einer Personengesamtheit für die durch Gesetz, Satzung oder Gesellschaftsvertrag zur Vertretung der Personengesamtheit berufenen Personen anwendbar ist. Dies gilt nach § 14 II KSchG auch für Geschäftsführer, Betriebsleiter und ähnliche leitende Angestellte, soweit diese zur selbstständigen Einstellung oder Entlassung von Arbeitnehmern berechtigt sind, mit Ausnahme von § 3 KSchG. Ist das Vertrauensverhältnis zwischen Arbeitgeber und einem leitenden Angestellten nicht mehr gegeben, besteht für den Arbeitgeber eine Erleichterung für die Auflösung des Arbeitsvertrags nach §§ 14 II 2, 9 I 2 KSchG.

431

§ 1 I KSchG regelt, dass das Arbeitsverhältnis mindestens sechs Monate bestehen muss, bevor das im Kündigungsschutzgesetz normierte Arbeitnehmerschutzrecht zur Anwendung kommt. Dabei handelt es sich um eine gesetzliche Probezeit. Folge ist, dass der Arbeitgeber das Arbeitsverhältnis mit dem Arbeitnehmer innerhalb der ersten sechs Monate ohne einen Rechtfertigungsgrund kündigen kann. Das bedeutet allerdings nicht, dass ein Arbeitnehmer während der ersten sechs Monate des bestehenden Arbeitsverhältnisses dem Arbeitgeber schutzlos vor einer Kündigung ausgeliefert ist. Denn zum einen kann eine Kündigung auch während der Probezeit gegen ein gesetzliches Verbot, § 134 BGB, oder gegen die guten Sitten, § 138 BGB, verstoßen. Dann ist eine solche Kündigungserklärung von Anfang an nichtig. Zum anderen gelten auch während der Probezeit spezielle Kündigungsfristen. Außerdem ist der Betriebsrat nach § 102 BetrVG auch bei Kündigungen während der Probezeit auf jeden Fall vorher zu hören; ansonsten ist die Kündigung unwirksam.

432

Zwischen Abschluss des Arbeitsvertrags und der Aufnahme der Tätigkeit durch den Arbeitnehmer besteht üblicherweise ein gewisser Zeitraum. Es kommt öfter vor, dass schon in diesem Zeitraum eine der beiden Vertragsparteien das zukünftige Arbeitsverhältnis kündigt, bevor es überhaupt begonnen hat. Im Normalfall soll die Arbeitstätigkeit dann gar nicht erst aufgenommen werden; laut Bundesarbeitsgericht ist aber evtl. zu ermitteln, ob das Einhalten der Kündigungsfrist von der Partei, der gekündigt wurde, überhaupt verlangt wird und wenn ja, ob die Kündigungsfrist mit Zugang der Kündigung beim Erklärungsempfänger beginnt oder erst mit Beginn der Arbeitstätigkeit.[415]

433

III. Grundsatz der sozialen Rechtfertigung

Im Rahmen des Kündigungsschutzes für den Arbeitnehmer gilt der Grundsatz der sozialen Rechtfertigung. Denn nach § 1 I KSchG ist die Kündigung des Arbeitsverhältnisses gegenüber einem Arbeitnehmer rechtsunwirksam, wenn sie sozial ungerechtfertigt ist. Der Grundsatz der sozialen Rechtfertigung besteht deshalb, weil eine Kündigung des Arbeitsverhältnisses für den Arbeitnehmer zu erheblichen finanziellen und sozialen Einschränkungen bzw. Einschnitten führen kann. Deshalb knüpft das Kündigungsschutzgesetz an das Bestehen einer rechtmäßigen Kündigung hohe Anforderungen, die durch

434

---

414 Siehe Kittner/Deinert, § 23 KSchG Rn. 27a ff.
415 Vgl. BAG NZA 2006, 791, 793 f.

das Bundesarbeitsgericht näher bestimmt wurden und die Grundlage für die Überprüfung einer rechtmäßigen bzw. einer rechtswidrigen Kündigung darstellen:[416]
- Objektives Bestehen eines Kündigungsgrundes;
  - Personenbedingte Kündigungsgründe;
  - Verhaltensbedingte Kündigungsgründe;
  - Betriebsbedingte Kündigungsgründe;
- Sozialwidrigkeit der Kündigung für den einzelnen Arbeitnehmer;
  - Prognoseprinzip;
  - Ultima-ratio-Prinzip;
  - Interessenabwägung und Sozialauswahl.

435 § 1 II 1 KSchG normiert, dass ein objektiver Kündigungsanlass vorliegen muss, aus dem sich die Rechtmäßigkeit der Kündigung ergibt. Denn ansonsten ist die Kündigung sozial ungerechtfertigt, wenn sie gerade nicht durch Gründe bedingt ist, die in der Person oder in dem Verhalten des Arbeitnehmers liegen oder durch dringende betriebliche Erfordernisse, die einer Weiterbeschäftigung des Arbeitnehmers in diesem Betrieb entgegenstehen.

1. Personenbedingte Kündigungsgründe

436 Personenbedingte Gründe, welche sich aus der Sphäre des Arbeitnehmers ergeben, können Gründe für eine Kündigung des Arbeitnehmers sein. Beispiele sind die mangelnde körperliche oder geistige Eignung (etwa mangelnde Vorbildung), eine der Entlohnung nicht entsprechende, objektiv unterdurchschnittliche Leistungsfähigkeit, Ungeschicklichkeit, krankheits- oder altersbedingter Leistungsabfall, nicht aber das Erlangen des Anspruchs auf Altersrente nach § 41 S. 1 SGB VI oder die Inanspruchnahme von Altersteilzeitarbeit nach § 8 I AltersteilzeitG.[417] Insbesondere die personenbedingte Kündigung erfordert vom Arbeitgeber eine intensive Abwägung darüber, ob das Interesse des Arbeitnehmers, seinen Arbeitsplatz zu behalten, höher wiegt als das Interesse des Arbeitgebers, das Arbeitsverhältnis mit dem Arbeitnehmer zu beenden.

437 Zu berücksichtigen ist bei der Abwägung die Situation, dass durch einen personenbedingten Grund nicht nur das Arbeitsverhältnis zwischen Arbeitgeber und Arbeitnehmer beeinträchtigt sondern betriebliche Abläufe so erheblich gestört werden, dass diese gegenüber dem Arbeitgeber zu einer erheblichen wirtschaftlichen Belastung führen.[418] Das Bundesarbeitsgericht hat eine erhebliche Beeinträchtigung der betrieblichen Interessen dann angenommen, wenn der Arbeitnehmer aufgrund einer Krankheit dauernd arbeitsunfähig ist oder wenn die Krankheit eine mindestens vierundzwanzigmonatige Arbeitsunfähigkeit hervorruft und eine Wiederherstellung der Gesundheit nicht absehbar ist.[419] Es kommt demzufolge auf die ärztliche Prognose an. Zu bedenken ist im Rahmen der Verhältnismäßigkeitsprüfung, ob ein erkrankter Arbeitnehmer trotz der Erkrankung bei der Versetzung an einen anderen Arbeitsplatz eine zufriedenstellende Arbeitsleistung erbringt.

2. Verhaltensbedinge Kündigungsgründe

438 Auch verhaltensbedingte Gründe in der Person des Arbeitnehmers können eine ordentliche Kündigung rechtfertigen. Die nicht immer einfache Abgrenzung zur personenbedingten Kündigung besteht darin, dass es bei der verhaltensbedingten Kündigung um steuerbares Verhalten geht, so dass der Arbeitnehmer seine arbeitsvertragliche geschul-

---

416 Vgl. BAG NZA 1987, 776, 777; vgl. Kittner/Deinert, § 1 KSchG Rn. 45, 46; von Hoyningen-Huene/Linck, § 1 Rn. 174 ff.
417 Vgl. Dütz/Thüsing, Rn. 332
418 Vgl. BAG NZA 1994, 67, 68
419 BAG NZA 2007, 1041, 1042; 2008, 593, 594

dete Leistung eigentlich erbringen kann.[420] Üblicherweise führt ein negatives Verhalten des Arbeitnehmers im Betrieb zu einer Pflichtverletzung von entweder Haupt- oder Nebenpflichten, wobei erforderlich ist, dass der Arbeitnehmer die Pflichtverletzung nach § 276 BGB zu vertreten hat. Beispiele können sein: häufige Schlechtleistung der Arbeit, wiederholte Unpünktlichkeit, Störung des Betriebsfriedens, wiederholte Arbeitsverweigerung, Nichtbeachtung von Rauch- und/oder Alkoholverboten am Arbeitsplatz, Empfang und Versendung privater E-Mails sowie Surfen im Internet[421] trotz eines eindeutigen entgegenstehenden Verbots oder intensive Privatnutzung des Internets auch ohne ausdrückliches Verbot.[422]

439 Der verhaltensbedingten Kündigung muss ein Fehlverhalten des Arbeitnehmers im Betrieb vorausgehen. Dabei ist die Schwere des Fehlverhaltens zu berücksichtigen. Stellt das Fehlverhalten sogar einen wichtigen Grund dar, so hat der Arbeitgeber das Recht zu einer fristlosen Kündigung. Ansonsten ist es für den Arbeitgeber erforderlich, bei einem Fehlverhalten des Arbeitnehmers vor einer ordentlichen Kündigung eine Abmahnung auszusprechen. Abmahnung sowie die darauffolgende ordentliche Kündigung müssen ausdrücklich dasselbe Fehlverhalten des Arbeitnehmers umfassen. Bei der Abmahnung handelt es sich um eine kündigungsrechtliche Warnfunktion,[423] welche zum Schutz des Arbeitnehmers deshalb vorgesehen ist, damit er zukünftig dieses Fehlverhalten unterbindet. Eine wenn auch nur einmalige Abmahnung ist deshalb erforderlich, damit der Arbeitgeber bei Fehlverhalten des Arbeitnehmers im Wiederholungsfall rechtswirksam kündigen kann.[424] Mehrere Abmahnungen zum wiederholt gleichen Fehlverhalten können die Warnfunktion reduzieren; erforderlich ist dann, dass die letzte Mahnung verstärkt auf eine drohende Kündigung hinzielt, diese also besonders eindringlich gestaltet ist.[425] Stellt das Verhalten des Arbeitnehmers eine schwere Pflichtverletzung dar, deren Rechtswidrigkeit vom Arbeitnehmer erkennbar war und die der Arbeitgeber nicht hinnehmen musste, ist eine Abmahnung nicht erforderlich.[426]

440 Der Arbeitgeber kann auch aufgrund seines allgemeinen Weisungsrechts nach § 106 GewO Verhaltensweisen seiner Arbeitnehmer vorschreiben. So kann er z. B. durch ein absolutes Alkoholverbot den Genuss von Alkohol in den Betriebsräumen untersagen oder die private Nutzung des Internets während der Arbeitszeit, aber auch am Arbeitsplatz insgesamt verbieten. Der Arbeitgeber kann auch ein allgemeines Rauchverbot aussprechen;[427] nach § 5 I ArbStättV hat der Arbeitgeber die erforderlichen Maßnahmen zu treffen, damit die nichtrauchenden Beschäftigten in Arbeitsstätten wirksam vor den Gesundheitsgefahren durch Tabakrauch geschützt sind. Soweit erforderlich, hat der Arbeitgeber ein allgemeines oder auf einzelne Arbeitsbereiche der Arbeitsstätte beschränktes Rauchverbot zu erlassen.[428]

3. Betriebsbedingte Kündigungsgründe

441 Die Mehrzahl der Kündigungen im Arbeitsrecht aus Arbeitgebersicht bilden die betriebsbedingten Kündigungen. Der Arbeitgeber wird dann eine betriebsbedingte Kündi-

---

420 Thüsing/Liebscher, § 1 KSchG Rn. 288
421 Vgl. BAGE 115, 195, 203; insbesondere zur Internetnutzung am Arbeitsplatz Fischer, Erlaubte und verbotene Privatnutzung des Internets am Arbeitsplatz, AuR 2005, 91, 92 sowie Mengel, Alte arbeitsrechtliche Realitäten im Umgang mit der neuen virtuellen Welt, NZA 2005, 752, 753 f.
422 Vgl. BAG NJW 2007, 2653 bzgl. des Zugriffs auf pornographische Inhalte
423 Kittner/Däubler, § 1 KSchG Rn. 158
424 Vgl. Junker, § 6, Rn. 369
425 Vgl. BAG NZA 2002, 968, 970
426 Vgl. BAG NZA 1999, 708, 710; 2006, 917, 918
427 Vgl. BAG NZA 1995, 517, 519; dazu Uhl/Polloczek, Die Auswirkungen des neuen Passivrauchschutzgesetzes auf das Rauchen im Betrieb, BB 2008, 1114, 1115
428 Vgl. dazu aber BAG AP Nr. 28 zu § 87 BetrVG, Ordnung des Betriebs

gung aussprechen, wenn er aufgrund einer abgewogenen unternehmerischen Entscheidung davon ausgeht, dass z. B. betriebliche Umstrukturierungen, notwendige Straffungen von Produktionsabläufen oder die Aufgabe ganzer oder teilweiser Produktionsstätten die wirtschaftliche Grundlage des Betriebs sichert und es somit zum Wegfall von Arbeitsplätzen kommt.[429] Gründe können innerbetriebliche oder außerbetriebliche Ursachen sein. Ob dringende betriebliche Erfordernisse den Wegfall des Arbeitsplatzes und die damit verbundene Kündigung unumgänglich machen, richtet sich nach den objektiven Verhältnissen zum Zeitpunkt des Zugangs der Kündigungserklärung i. S. v. § 130 I 1 BGB.[430] Innerbetriebliche Ursachen können z. B. die Produktionseinschränkung oder die Rationalisierung im Betrieb sein; außerbetriebliche Ursachen sind z. B. Absatzschwierigkeiten aufgrund einer Wirtschaftskrise, aber auch das Ausbleiben von Aufträgen bzw. die Einschränkung der Banken bei der Kreditvergabe durch eine Finanzkrise.[431] Derartige innerbetriebliche oder außerbetriebliche Ursachen müssen so schwerwiegend sein, dass dem Arbeitgeber das Festhalten am Gesamtbestand seiner Arbeitnehmer nicht mehr zumutbar ist. Nicht erforderlich ist, dass gerade der Arbeitsplatz des gekündigten Arbeitnehmers wegfällt; vielmehr soll es ausreichen, wenn aufgrund bestimmter Umstände ein Überhang an Arbeitskräften entstanden ist.[432]

IV. Sozialwidrigkeit einer Kündigung

442 Führt die Prüfung zum Ergebnis, dass die Kündigung grds. sozial gerechtfertigt ist, d. h. einer der in § 1 II KSchG aufgeführten Kündigungsgründe, die in der Person bzw. in dem Verhalten des Arbeitnehmers liegen oder durch betriebsbedingte Gründe bestehen, zutrifft und die Kündigung somit zulässig ist, hat im zweiten Schritt der Arbeitgeber zu klären, ob die Kündigung beim einzelnen Arbeitnehmer auch unter sozialen Gesichtspunkten vertretbar ist. Es stellt sich somit die Frage, ob der an sich geeignete und rechtfertigende Kündigungsgrund durch eine eventuelle Sozialwidrigkeit aufgehoben wird.[433]

1. Prognoseprinzip

443 Bei der Überprüfung einer eventuellen Sozialwidrigkeit der Kündigung eines Arbeitnehmers im Einzelfall stützen sich die oberste Rechtsprechung und die herrschende Meinung in der Literatur auf das sog. Prognoseprinzip.[434] Die Kündigung muss sich auf zukunftsbezogene Gründe beziehen, deren Ursachen in der Vergangenheit oder in der Gegenwart liegen. Das Prognoseprinzip kann somit aus Sicht des Arbeitgebers nur zur Anwendung kommen, wenn sich die Prognose zukunftsbezogen als negativ darstellt. Eine wirksame Kündigung setzt die – im Zeitpunkt des Zugangs der Kündigungserklärung zu stellende – Prognose voraus, dass die Störung des Arbeitsverhältnisses (bei der personen- und der verhaltensbedingten Kündigung) oder der Wegfall der Beschäftigungsmöglichkeit (bei der betriebsbedingten Kündigung) auch zukünftig gegeben sein wird.[435]

2. Ultima-ratio-Prinzip

444 Neben einer negativen Prognose für den Fortbestand des Arbeitsplatzes ist es erforderlich, dass die Kündigung des Arbeitgebers gegenüber dem Arbeitnehmer verhältnismä-

---

429 Vgl. dazu Kittner/Deinert, § 1 KSchG Rn. 250 ff.; ausführlich mit vielen Beispielen von Hoyningen-Huene/Linck, § 1 Rn. 686 ff.
430 Vgl. Wörlen/Kokemoor, Rn. 274
431 Vgl. BAG NZA 1990, 65, 66
432 Vgl. BAG NZA 1986, 155
433 Vgl. Junker, § 6, Rn. 361
434 Vgl. für viele z. B. Waltermann, Rn. 360; ErfK/Oetker, § 1 KSchG, Rn. 78 ff.
435 Junker, Rn. 363; dazu Preis, Prinzipien des Kündigungsrechts bei Arbeitsverhältnissen, 1987, S. 322 ff.

ßig ist. Zum einen ist zu prüfen, ob angesichts aller Umstände des konkreten Einzelfalls der für den Arbeitnehmer schwerwiegende Eingriff der Kündigung die geeignete und erforderliche Reaktion des Arbeitgebers darstellt.[436] Zum anderen darf die Kündigung nur das letzte mögliche Mittel sein, da die Entlassung eines Arbeitnehmers aus dessen Sicht wirtschaftlich und sozial gesehen eine einschneidende Maßnahme im Arbeitsleben darstellt. Das Ultima-ratio-Prinzip hat seine Grundlage in § 2 II 2 Nr. 2 SGB III. Danach haben Arbeitgeber bei ihren Entscheidungen verantwortungsvoll deren Auswirkungen auf die Beschäftigung der Arbeitnehmer und von Arbeitslosen und damit die Inanspruchnahme von Leistungen der Arbeitsförderung miteinzubeziehen und insbesondere vorrangig durch betriebliche Maßnahmen die Inanspruchnahme von Leistungen der Arbeitsförderung sowie Entlassungen von Arbeitnehmern zu vermeiden. Derartige betriebliche Maßnahmen des Arbeitgebers können eine Änderungskündigung mit dem Ergebnis der Fortsetzung des Arbeitsverhältnisses, eine Versetzung des Arbeitnehmers, aber auch die Beantragung von Kurzarbeit bei der Bundesagentur für Arbeit zur Überbrückung eines Arbeitsausfalls bzw. eines Auftragsrückgangs durch eine Wirtschaftskrise sein.

3. Interessenabwägung

445 Liegen die Voraussetzungen des Kündigungsgrundes vor, ist die Kündigung also an sich betriebsbedingt, kann die Interessenabwägung nur ausnahmsweise bei besonderer Schutzbedürftigkeit des Arbeitnehmers zur Sozialwidrigkeit der Kündigung führen.[437] Zum einen müssen den berechtigten Interessen des Arbeitgebers zur Beendigung des Arbeitsverhältnisses die Auswirkungen des Arbeitsplatzverlustes gegenübergestellt werden; zum anderen ist auf Arbeitnehmerseite vor allem die Dauer der Beschäftigung und ihr störungsfreier Verlauf in der Vergangenheit von Bedeutung.[438] Für die betriebsbedingte Kündigung ist eine Interessenabwägung allerdings nicht erforderlich. Denn eine Interessenabwägung zugunsten des Arbeitnehmers könnte zu einem unhaltbaren Ergebnis für den Arbeitgeber führen, der den Arbeitnehmer weiter zu beschäftigen hat, obwohl er z. B. die Produktion, in der der Arbeitnehmer tätig ist, stilllegt. An Stelle einer umfassenden Interessenabwägung tritt dann bei der betriebsbedingten Kündigung eine weitreichende Prüfung der Sozialauswahl.

4. Sozialauswahl

446 Nach § 1 III 1 KSchG hat der Arbeitgeber bei einer rechtmäßigen betriebsbedingten Kündigung umfassend soziale Belange seiner Arbeitnehmer zu berücksichtigen. Denn die Kündigung ist trotzdem sozial ungerechtfertigt, wenn der Arbeitgeber bei der Auswahl der Arbeitnehmer, die er aus betriebsbedingten Gründen kündigen will, die Dauer der Betriebszugehörigkeit, das Lebensalter, die Unterhaltspflichten und die Schwerbehinderung des Arbeitnehmers nicht oder nicht ausreichend berücksichtigt hat. Insofern hat der Arbeitgeber vor der Kündigung gegenüber einzelnen Arbeitnehmern aus betriebsbedingten Gründen einen Vergleich anzustellen zwischen den Arbeitnehmern, denen er kündigen möchte und den Arbeitnehmern, mit denen er das Arbeitsverhältnis fortsetzen will. In die soziale Auswahl sind allerdings Arbeitnehmer nach § 1 III 2 KSchG nicht miteinzubeziehen, deren Weiterbeschäftigung, insbesondere wegen ihrer Fähigkeiten, Kenntnisse und Leistungen oder zur Sicherung einer ausgewogenen Personalstruktur des Betriebs, im berechtigten betrieblichen Interesse liegt.

447 Hat der Arbeitgeber eine Vergleichsgruppe mit den Arbeitnehmern gebildet, die zum einen der Sparte des Betriebs angehören, welche z. B. aufgegeben werden soll, mit den

---

436 Vgl. Wörlen/Kokemoor, Rn. 278
437 Dütz/Thüsing, Rn. 338; dazu BAG NZA 1987, 776, 777
438 Vgl. Wörlen/Kokemoor, Rn. 279

Arbeitnehmern des Betriebs, deren Tätigkeit auch von den Mitarbeitern, deren Arbeitsplatz wegfallen soll, übernommen werden kann, hat der Arbeitgeber unter Abwägung aller Gesichtspunkte aus § 1 III 1 KSchG eine sozial angemessene Auswahl zu treffen. Ist gemäß § 1 IV KSchG in einem Tarifvertrag, in einer Betriebsvereinbarung nach § 95 BetrVG oder in einer entsprechenden Richtlinie nach den Personalvertretungsgesetzen festgelegt, wie die sozialen Gesichtspunkte nach § 1 III 1 KSchG im Verhältnis zueinander zu bewerten sind, so kann die Bewertung nur auf grobe Fehlerhaftigkeit überprüft werden.

V. Wiedereinstellungsanspruch bei betriebsbedingter Kündigung

448 Beruht eine betriebsbedingte Kündigung auf der begründeten Prognose des Arbeitgebers, bei Ablauf der Kündigungsfrist könne er den Arbeitnehmer nicht mehr weiterbeschäftigen, und erweist sich die Prognose noch während des Laufs der Kündigungsfrist überraschend als falsch, hat der Arbeitnehmer einen Anspruch auf Wiedereinstellung, wenn der Arbeitgeber mit Rücksicht auf die Wirksamkeit der Kündigung noch keine Disposition getroffen hat und ihm die unveränderte Fortsetzung des Arbeitsverhältnisses zumutbar ist.[439] Die betriebsbedingte Kündigung bleibt zwar wirksam; dem gekündigten Arbeitnehmer kann aber ein Wiedereinstellungsanspruch zustehen. Diesen Wiedereinstellungsanspruch hat das Bundesarbeitsgericht insbesondere dann bekräftigt, wenn eine Möglichkeit zur Weiterbeschäftigung vor Ablauf einer Kündigungsfrist entsteht, z. B. bei einer Versetzung des Arbeitnehmers auf einen frei gewordenen Arbeitsplatz oder durch eine aktuelle Unternehmensentscheidung, nach mehreren Auftragseingängen eine beabsichtigte stillzulegende Produktion vorerst weiter laufen zu lassen.[440]

449 Das Bundesarbeitsgericht geht davon aus, das es sich bei dem Wiedereinstellungsanspruch des Arbeitnehmers i. S. v. §§ 611a, 241 II, 242 BGB um eine vertragliche Nebenpflicht des Arbeitgebers aus dem noch fortbestehenden Arbeitsverhältnis gegenüber dem Arbeitnehmer handelt.[441] Eine solche vertragliche Nebenpflicht entsteht aber nach Ablauf der Kündigungsfrist nicht; die nachwirkende Fürsorgepflicht gegenüber einem Arbeitnehmer reicht aber nicht soweit, dass der Arbeitnehmer nach vollständiger Beendigung des Arbeitsverhältnisses und demzufolge dem Ausscheiden aus dem Betrieb des Arbeitgebers, z. B. nach dem Ende einer Wirtschaftskrise, einen späteren Wiedereinstellungsanspruch hat.[442] Insbesondere wäre schwer zu entscheiden, in welchem Zeitraum der Arbeitnehmer sein Begehren auf Wiedereinstellung nach Beendigung des Arbeitsverhältnisses geltend machen könnte.

VI. Kündigungsschutz und Allgemeines Gleichbehandlungsgesetz

450 § 2 IV AGG regelt, dass für Kündigungen ausschließlich die Bestimmungen zum allgemeinen und besonderen Kündigungsschutz gelten, somit die §§ 1–14 KSchG bzw. spezialgesetzliche Kündigungsbestimmungen wie § 17 MuSchG, § 18 BEEG, § 22 II BBiG oder § 168 SGB IX. Auch wenn § 2 IV AGG missverständlich ausgedrückt ist, so gilt ein Diskriminierungsschutz auch bei Kündigungen. Verstößt eine Kündigung gegen die Ziele des Allgemeinen Gleichbehandlungsgesetzes, Benachteiligungen aus Gründen der Rasse oder wegen der ethnischen Herkunft oder des Geschlechts, der Religion oder der Weltanschauung, einer Behinderung, des Alters oder der sexuellen Identität zu verhin-

---

439 Hanau/Adomeit, Rn. 963
440 Vgl. BAG, EzA Nr. 5 zu § 1 KSchG, Wiedereinstellungsanspruch; lesenswert dazu Elz, Der Wiedereinstellungsanspruch des Arbeitnehmers nach Wegfall des Kündigungsgrundes, 2002
441 S. BAG NZA 2000, 1097, 1099
442 Vgl. BAG NZA 2000, 1097, 1100; vgl. Junker, Rn. 372 f.

dern oder zu beseitigen (§ 1 AGG), ist eine derartige Kündigung grds. wegen ihrer Sittenwidrigkeit nach § 138 BGB oder wegen des Verstoßes gegen das Maßregelungsverbot nach § 612a BGB unwirksam. § 138 BGB ist in Betracht zu ziehen, wenn der Arbeitgeber aufgrund einer bestimmten Eigenschaft des Arbeitnehmers, z. B. dessen Homosexualität, die Kündigung ausspricht; § 612a BGB greift, wenn nur wegen eines Verhaltens, das durch eines der in § 1 AGG genannten Merkmale bestimmt ist, gekündigt wird.[443] Daneben bietet § 1 KSchG einen wirksamen Schutz vor diskriminierenden Kündigungen. Für Kleinbetriebe gilt § 242 BGB.[444]

VII. Schutz vor Massenentlassungen

451 Im 3. Abschnitt des Kündigungsschutzgesetzes werden anzeigepflichtige Entlassungen geregelt. Mit diesen Normen hat der deutsche Gesetzgeber die EU-Richtlinie 1998/59/EG in deutsches Recht transformiert. §§ 17–22 KSchG sollen Arbeitnehmer vor Massenentlassungen schützen. In § 17 KSchG werden für verschiedene Betriebsgrößen Schwellenwerte aufgeführt, nach denen der Arbeitgeber gegenüber der Bundesagentur für Arbeit anzeigepflichtig ist, bevor er in einem Zeitraum von dreißig Tagen Massenentlassungen vornehmen will. § 18 KSchG normiert eine Entlassungssperre. Danach sind Entlassungen, die nach § 17 KSchG anzuzeigen sind, vor Ablauf eines Monats nach Eingang der Anzeige bei der Agentur für Arbeit nur mit deren Zustimmung wirksam; die Zustimmung kann auch rückwirkend bis zum Tag der Antragstellung erteilt werden. Im Einzelfall kann die Agentur für Arbeit bestimmen, dass die Entlassungen nicht vor Ablauf von längstens zwei Monaten nach Eingang der Anzeige wirksam werden. Ist im Betrieb des Arbeitgebers ein Betriebsrat errichtet, ist die anzeigepflichtige Erklärung über Entlassungen gegenüber der Bundesagentur für Arbeit nur wirksam, wenn der Betriebsrat an dem Vorgang beteiligt wurde. Entlassung i. S. v. § 17 KSchG bedeutet begrifflich wirksame Kündigungserklärung.[445] Unterlässt der Arbeitgeber die Anzeige auf Entlassungen bei der Agentur für Arbeit, verstößt er gegen das Kündigungsschutzgesetz; Folge ist die Unwirksamkeit der Kündigung gegenüber den Arbeitnehmern.[446]

VIII. Kündigungsschutzklage

452 Ist ein Arbeitnehmer der Meinung, dass eine ihm gegenüber ausgesprochene ordentliche oder außerordentliche Kündigung unwirksam ist, kann er vor dem zuständigen Arbeitsgericht Kündigungsschutzklage erheben.

1. Klageart

453 Die Kündigungsschutzklage des Arbeitnehmers hat das Ziel, feststellen zu lassen, ob eine Kündigung wirksam oder unwirksam ist. Dabei handelt es sich um eine Feststellungsklage, welche in § 56 I ZPO geregelt ist. Danach ist die Klage auf Feststellung des Bestehens oder Nichtbestehens eines Rechtsverhältnisses oder der Echtheit einer Urkunde gerichtet. Feststellungsfähig ist die Beendigung oder Nichtbeendigung eines Arbeitsverhältnisses, die Rechtsnatur eines Vertrags (Arbeitsvertrag, arbeitnehmerähnliches Verhältnis), der Bestand eines Arbeitsverhältnisses als befristetes, der Eintritt in ein Arbeitsverhältnis nach § 613a BGB, die Vergütung aus einer bestimmten Vergütungs-

---

443 Vgl LAG Rheinland-Pfalz, BeckRS 2018, 29923
444 Vgl. Kamanabrou, Die arbeitsrechtlichen Vorschriften des Allgemeinen Gleichbehandlungsgesetzes, RdA 2006, 321, 323
445 Vgl. BAG NZA 2006, 971, 972; 2007, 1101, 1102
446 Vgl. BAG NZA 1991, 891, 894; 2007, 25, 28

gruppe oder die Anwendbarkeit eines Tarifvertrags.[447] Gemäß § 256 II ZPO ist es möglich, während der laufenden Kündigungsschutzklage eine Zwischenfeststellungsklage zu erheben.

2. Klageerhebung

454 Nach § 4 S. 1 KSchG hat der Arbeitnehmer, der geltend machen will, dass eine Kündigung sozial ungerechtfertigt oder aus anderen Gründen rechtsunwirksam ist, innerhalb von drei Wochen nach Zugang der schriftlichen Kündigung Klage beim Arbeitsgericht auf Feststellung zu erheben, dass das Arbeitsverhältnis durch die Kündigung nicht aufgelöst ist. Damit verhindert der Arbeitnehmer eine fiktive Wirksamkeit der ausgesprochenen Kündigung i. S. v. § 7 KSchG für ordentliche Kündigungen bzw. nach §§ 7, 13 KSchG für außerordentliche oder sittenwidrige Kündigungen. Folge für den Arbeitnehmer ist, dass die unwirksame Kündigung dann geheilt wird, wenn er nicht rechtzeitig Kündigungsschutzklage erhebt. Hat der Arbeitgeber allerdings einen Formfehler begangen und die Kündigung gegenüber dem Arbeitnehmer nicht schriftlich i. S. v. § 4 KSchG erklärt, beginnt die dreiwöchige Frist zur Kündigungsschutzklageerhebung erst, wenn der Arbeitgeber den nach §§ 623, 126 BGB begangenen Formmangel heilt und die Kündigung dem Arbeitnehmer schriftlich überreicht.

455 Auch ein teilzeitbeschäftigter Arbeitnehmer kann nach § 4 KSchG Kündigungsschutzklage erheben, wenn ihn der Arbeitgeber während der Befristung kündigt. Eine zusätzliche Möglichkeit des teilzeitbeschäftigten Arbeitnehmers zur Erhebung einer Feststellungsklage ergibt sich aus § 17 TzBfG. Danach kann ein Arbeitnehmer Klage gegen eine Befristung erheben, wenn die Befristung aus seiner Sicht unwirksam ist. Dasselbe gilt nach §§ 21, 17 TzBfG, wenn der Arbeitnehmer bei einem auflösend bedingten Arbeitsvertrag die auflösende Bedingung ebenfalls für unwirksam hält.

3. Prozessuale Voraussetzungen

456 Die Kündigungsschutzklage erhebt der Arbeitnehmer vor dem Arbeitsgericht. Nach § 46 II ArbGG gelten die Vorschriften der Zivilprozessordnung (ZPO). Die Klageerhebung erfolgt nach §§ 253 I, 496 ZPO entweder durch Einreichen einer Klageschrift, ansonsten mündlich im Wege der Niederschrift bei der zuständigen Geschäftsstelle des Arbeitsgerichts. Im Gerichtstermin beginnt nach § 54 I 1 ArbGG zwischen Arbeitgeber und Arbeitnehmer eine Güteverhandlung. Zweck ist eine gütliche Einigung der Prozessbeteiligten. Die Güteverhandlung kann mit einem Vergleich enden; dann ist der Rechtsstreit beigelegt. Können sich die beiden Prozessparteien nicht auf einen Vergleich einigen, einem weiteren Güteverhandlungstermin aber zustimmen, ist ein solcher nach § 54 I 5 ArbGG unverzüglich anzuberaumen. Erst, wenn sich die Parteien insgesamt nicht gütlich einigen können, wird der Prozess vor einer Kammer des Arbeitsgerichts mit Beisitzern i. S. v. §§ 54 IV, 58 ArbGG fortgesetzt. Auch die Kammer soll dann noch eine gütliche Einigung zwischen den Prozessparteien herbeiführen. Ansonsten endet der Prozess nach § 60 ArbGG durch Urteil, welches vollstreckt werden kann, wenn keine Rechtsmittel eingelegt werden.

457 Als Rechtsmittel ist z. B. die Berufung vor dem Landesarbeitsgericht nach § 64 II a)–d) ArbGG möglich. Die Berufung kann nur eingelegt werden,
– wenn sie in dem Urteil des Arbeitsgerichts zugelassen worden ist,
– wenn der Wert des Beschwerdegegenstandes 600 € überschreitet,
– in Rechtsstreitigkeiten über das Bestehen, das Nichtbestehen oder die Kündigung eines Arbeitsverhältnisses oder

---

447 Michalski/Westerhoff, Rn. 1359

VIII. Kündigungsschutzklage

– wenn es sich um ein Versäumnisurteil handelt, gegen das der Einspruch an sich nicht statthaft ist, wenn die Berufung oder die Anschlussberufung darauf gestützt wird, dass der Fall der schuldhaften Versäumung nicht vorgelegen habe.

458 Das erstinstanzliche Urteil des Arbeitsgerichts bildet somit die Grundlage dafür, ob von der beim Arbeitsgericht unterlegenen Partei überhaupt ein Berufungsverfahren angestrebt werden kann. Nach § 66 I 1 ArbGG beträgt die Frist für die Einlegung der Berufung einen Monat, die Frist für die Begründung der Berufung zwei Monate. Beide Fristen beginnen mit der Zustellung des in vollständiger Form abgefassten Urteils, spätestens aber mit Ablauf von fünf Monaten nach der Verkündung, § 66 I 2 ArbGG. Erforderlich ist nach § 66 I 3 ArbGG außerdem, dass die Berufung mit einer Frist von einem Monat nach Zustellung der Berufungsbegründung beantwortet werden muss. Für Berufungsverfahren vor den Landesarbeitsgerichten gelten, soweit das Arbeitsgerichtsgesetz nichts anderes bestimmt, nach § 64 VI ArbGG die Vorschriften der Zivilprozessordnung über die Berufung entsprechend.

459 Gegen das Endurteil eines Landesarbeitsgerichts findet nach § 72 I 1 ArbGG die Revision an das Bundesarbeitsgericht statt, wenn sie in dem Urteil des Landesarbeitsgerichts oder in dem Beschluss des Bundesarbeitsgerichts nach § 72a V 2 ArbGG zugelassen worden ist. Die Revision ist gem. § 72 II ArbGG zuzulassen, wenn
Nr. 1 eine entscheidungserhebliche Rechtsfrage grundsätzliche Bedeutung hat;
Nr. 2 das Urteil von einer Entscheidung des Bundesverfassungsgerichts, von einer Entscheidung des Gemeinsamen Senats der obersten Gerichtshöfe des Bundes, von einer Entscheidung des Bundesarbeitsgerichts oder, solange eine Entscheidung des Bundesarbeitsgerichts in der Rechtsfrage nicht ergangen ist, von einer Entscheidung einer anderen Kammer desselben Landesarbeitsgerichts oder eines anderen Landesarbeitsgerichts abweicht und die Entscheidung auf dieser Abweichung beruht oder
Nr. 3 ein absoluter Revisionsgrund gemäß § 547 Nr. 1–5 ZPO oder eine entscheidungserhebliche Verletzung des Anspruchs auf rechtliches Gehör geltend gemacht wird und vorliegt.

460 Ausnahmsweise kann schon nach § 76 I ArbGG gegen ein Urteil eines Arbeitsgerichts unter Übergehung der Berufungsinstanz unmittelbar die Revision eingelegt werden (Sprungrevision), wenn der Gegner schriftlich zustimmt und wenn sie vom Arbeitsgericht auf Antrag im Urteil oder nachträglich durch Beschluss zugelassen wird.

461 Nach § 74 I 1 ArbGG beträgt die Frist für die Einlegung der Revision einen Monat, die Frist für die Begründung der Revision zwei Monate. Beide Fristen beginnen mit der Zustellung des in vollständiger Form abgefassten Urteils, spätestens aber mit dem Ablauf von fünf Monaten nach der Verkündung. Die Frist zur Begründung der Revision kann einmal bis zu einem weiteren Monat verlängert werden. Bei der Sprungrevision nach § 76 ArbGG ist der Antrag innerhalb einer Notfrist von einem Monat nach Zustellung des in vollständiger Form abgefassten Urteils schriftlich an das Bundesarbeitsgericht zu stellen. Für das Verfahren vor dem Bundesarbeitsgericht gelten nach § 72 V ArbGG, soweit nichts anderes bestimmt ist, die Vorschriften der Zivilprozessordnung über die Revision mit Ausnahme des § 566 ZPO entsprechend.

462 Im Gegensatz zur Klageerhebung kann auch nach §§ 81, 97 ArbGG ein Beschlussverfahren vor dem Arbeitsgericht angestrengt werden.[448] Das Gericht entscheidet nach § 84 ArbGG aus einer freien, aus dem Gesamtergebnis des Verfahrens gewonnenen Überzeugung per Beschluss. Gegen die das Verfahren beendenden Beschlüsse der Arbeitsgerichte

---

448   Siehe dazu ausführlich Rn. 814 ff.

findet nach § 87 ArbGG die Beschwerde an das Landesarbeitsgericht statt. Erlässt ein Landesarbeitsgericht einen Beschluss, findet die Rechtsbeschwerde nach § 92 I 1 ArbGG an das Bundesarbeitsgericht statt.

4. Weiterbeschäftigungsanspruch

463 Nach § 102 V BetrVG besteht für den Arbeitnehmer während des Kündigungsschutzprozesses einen Anspruch auf Weiterbeschäftigung. Hat der Betriebsrat einer ordentlichen Kündigung frist- und ordnungsgemäß widersprochen und erhebt der Arbeitnehmer nach dem Kündigungsschutzgesetz Klage auf Feststellung, dass das Arbeitsverhältnis durch die Kündigung nicht aufgehoben ist, so muss der Arbeitgeber auf Verlangen des Arbeitnehmers diesen nach Ablauf der Kündigungsfrist bis zum rechtskräftigen Abschluss des Rechtsstreits bei unveränderten Arbeitsbedingungen weiterbeschäftigen. Umstritten ist, ob ein Weiterbeschäftigungsanspruch des gekündigten Arbeitnehmers während des Kündigungsschutzprozesses auch in Betracht kommt, wenn die Voraussetzungen des § 102 V BetrVG nicht erfüllt sind, z. B. weil kein Betriebsrat besteht oder kein ordnungsgemäßer Betriebsratswiderspruch erfolgt ist.[449] Es ist davon auszugehen, dass das Recht für den Arbeitnehmer auf Weiterbeschäftigung dann besteht, wenn die Kündigung offensichtlich unwirksam ist. Ansonsten überwiegt das Interesse des Arbeitgebers, das Arbeitsverhältnis mit dem Arbeitnehmer zu beenden und die Entscheidung des Arbeitsgerichts im Kündigungsschutzprozess abzuwarten. Stellt das Arbeitsgericht fest, dass die Kündigung des Arbeitgebers gegenüber dem Arbeitnehmer unwirksam war, besteht für den Arbeitnehmer ein Weiterbeschäftigungsanspruch, selbst wenn der Arbeitgeber ein Berufungs- oder Revisionsverfahren vor der nächsten Gerichtsinstanz anstrengt. Während des gesamten Kündigungsschutzprozesses besteht ein sog. Arbeitsverhältnis kraft Gesetzes.[450]

464 Entscheidet das Gericht dagegen, dass die Kündigung des Arbeitgebers wirksam war, und hat der Arbeitnehmer im Betrieb des Arbeitgebers sein Arbeitsverhältnis fortgesetzt, gelten seit der wirksamen Kündigung zwischen Arbeitgeber und Arbeitnehmer die Grundsätze des fehlerhaften Arbeitsverhältnisses,[451] wenn beide Parteien die weitere Beschäftigung des Arbeitnehmers während der Kündigungsschutzklage befürwortet hatten. War der Arbeitgeber andererseits mit der Weiterbeschäftigung des Arbeitnehmers in seinem Betrieb nicht einverstanden, aber aufgrund eines Urteils des Arbeitsgerichts zur Weiterbeschäftigung verpflichtet, bevor das Landgericht in der Berufungsverhandlung die Wirksamkeit der Kündigung festgestellt hat, ist die Lehre des fehlerhaften Arbeitsverhältnisses auf eine solche Situation nicht anwendbar. Dann kann der Arbeitnehmer z. B. finanzielle Ansprüche für seine erbrachte Arbeitstätigkeit nur nach den gesetzlichen Regelungen über eine ungerechtfertigte Bereicherung gem. § 812 I 1, 1. Alt. BGB geltend machen.[452]

5. Wiedereinstellungsanspruch

465 Hat das Gericht die Kündigung des Arbeitgebers gegenüber seinem Arbeitnehmer als wirksam festgestellt, scheidet der Arbeitnehmer spätestens dann aus dem Betrieb des Arbeitgebers aus. Denkbar ist z. B. bei einer Verdachtskündigung, dass selbst nach Beendigung eines Kündigungsschutzprozesses die Verdachtsmomente gegenüber dem gekündigten Arbeitnehmer noch durch neue Hinweise und Informationen entfallen. Dann ergibt sich für den gekündigten Arbeitnehmer, der den Betrieb bereits verlassen hat,

---

[449] Dütz/Thüsing, Rn. 372; dazu GK-KR/Etzel, § 102 BetrVG, Rn. 269 ff.
[450] Siehe BAG NZA 1986, 424
[451] Siehe Rn. 99 f.
[452] Vgl. BAG NZA 1993, 177, 178; a. A. Dütz/Thüsing, Vollstreckungsverhältnis als Arbeitsverhältnis, AuR 1987, 317, 323 f.

VIII. Kündigungsschutzklage **465**

aus einer nachwirkenden Fürsorgepflicht i. S. v. §§ 241 I, 242 BGB ein Wiedereinstellungsanspruch gegenüber seinem ehemaligen Arbeitgeber.[453]

---

453 Vgl. Ascheid/Preis/Schmidt/Kiel, § 1 KSchG, Rn. 758

Dritter Teil: Besonderes Arbeitsschutzrecht

Schrifttum: *Anzinger,* Neues Arbeitszeitgesetz in Kraft getreten, BB 1994, 1492; *ders.*, Die aktuelle Entwicklung im Arbeitszeitrecht, RdA 1994, 11; *Anzinger/Koberski,* Kommentar zum Arbeitszeitgesetz, 2. Aufl., 2005; *Aufhauser/Brunhöber/Igl,* Arbeitssicherheitsgesetz, 3. Aufl., 2004; *Baeck/Deutsch,* Arbeitszeitgesetz, 2. Aufl., 2004; *Bauer/Günther,* Ungelöste Probleme bei Einführung von Kurzarbeit, BB 2009, 662; *Brors,* Reform des Arbeitszeitgesetzes, NZA 2020, 1685; *Däubler,* Arbeitsschutz schafft neues Arbeitsrecht, NZA 2021, 86; *Diller,* Fortschritt oder Rückschritt? – Das neue Arbeitszeitrecht, NJW 1994, 2726; *Erasmy,* Ausgewählte Rechtsfragen zum neuen Arbeitszeitrecht, NZA 1994, 1105 und NZA 1995, 97; *Gast,* Der Faktor Zeit und das Arbeitsrecht, FS Wiese, 1998, 121; *Heilmann/Aufhauser,* Arbeitsschutzgesetz, 2. Aufl., 2005; *Herschel,* Vom Arbeitsschutz zum Arbeitsrecht, FS zum 100jährigen Bestehen des DJT, Bd. 1, 1960, S. 305; *Kittner/Pieper,* Arbeitsschutzrecht, 3. Aufl., 2006; *Linnenkohl,* Begriff und Bedeutung der „Arbeitszeitflexibilisierung", BB 1985, 1920; *Linnenkohl/Rauschenberg,* Arbeitszeitgesetz, 2. Aufl., 2004; *Maschmann,* Die Zukunft des Arbeitsschutzrechts, BB 1995, 146; *Schubert,* Europäisches Arbeitsschutzrecht und betriebliche Mitbestimmung, 2005;*Steinau-Steinrück, von/Joris,* Arbeitsschutz bei Corona – Versuch einer Entwirrung, NJW-Spezial 2020, 370; *Stöhr/Stolzenberg,* Dienstreisen: Arbeitszeitrechtliche Behandlung und Vergütung, NZA 2019, 505; *Tietje,* Grundfragen des Arbeitszeitrechts, 2001; *Weichert,* Datenschutz-Grundverordnung – arbeitsrechtlich spezifiziert, NZA 2020, 1597; *Wlotzke,* Das betriebliche Arbeitsschutzrecht: Ist-Zustand und künftige Aufgaben, NZA 2000, 19; *ders.*, Technischer Arbeitsschutz im Spannungsverhältnis von Arbeits- und Wirtschaftsrecht, RdA 1992, 85; *Wriedt,* Zur Theorie und Praxis einer Humanisierung der Arbeit, BB 1988, 2025.

§ 1 Grundlagen

466 Alle Gesetze, die Auswirkungen auf das Arbeitsrecht haben, dienen dem Schutz des Arbeitnehmers oder des Arbeitgebers. Insbesondere sind das Mutterschutzgesetz, das Jugendarbeitsschutzgesetz oder die verschiedenen Sozialgesetzbücher als Beispiele zu erwähnen. Auch sie schützen Arbeitnehmer bzw. Arbeitgeber und werden als besondere Arbeitsschutzrechte bezeichnet, weil sie spezielle Arbeitnehmergruppen schützen.[454]

I. Abgrenzung Öffentliches Recht/Privatrecht

467 Bis zur ersten Hälfte des 20. Jahrhunderts war das Arbeitsrecht vom allgemeinen Verständnis her nur Öffentliches Recht, d. h., das Arbeitsrecht regelte somit nur das Verhältnis zwischen Staat und Arbeitgeber. Die veränderte Sichtweise auf das Verhältnis zwischen Arbeitgeber und Arbeitnehmer und die Vielzahl zum Schutz des Arbeitnehmers erlassenen Gesetze, welche privatrechtlicher Natur sind, haben aus dem Arbeitsrecht mit seiner Zuordnung zum Öffentlichen Recht mittlerweile dazu geführt, dass das Arbeitsrecht heutzutage überwiegend dem Privatrecht zuzuordnen ist. Der Schwerpunkt des Arbeitsschutzes liegt daher bei denjenigen materiell-rechtlichen Regelungen, die darauf gerichtet sind, die Rechtsposition des Arbeitnehmers gegenüber dem Arbeitgeber zu stärken. Der überwiegende Teil dieser materiell-rechtlichen Arbeitsschutzbestimmungen ist eine Ergänzung bzw. Ausgestaltung des Arbeitsvertragsrechts und damit zivilrechtlich ausgestaltet. Demgegenüber dient der technische Arbeitsschutz dem Schutz des Arbeitnehmers vor Gefahren für Leben und Gesundheit am Arbeitsplatz. Regelungen betreffen z. B. die Sicherheit der Arbeitsstätten, Produktionsanlagen, Maschinen und Geräte sowie der Arbeitsmaterialien, Unfallverhütung und Unfallversicherung. Da

---

[454] Vgl. Junker, Rn. 3

es hier um die öffentliche Sicherheit und Ordnung geht, sind die einschlägigen Vorschriften zumeist dem öffentlichen Recht zuzuordnen.

Die öffentlich-rechtlichen Regelungen, die auf das Arbeitsrecht einwirken, so z. B. Normen zum Arbeitsplatz- oder Betriebsschutz, führen dazu, dass der Arbeitgeber, der es entgegen der behördlichen Auflage unterlässt, zum Gesundheitsschutz des Arbeitnehmers z. b. umfassenden Gehörschutz anzubieten, gegenüber dem Arbeitnehmer eine Nebenpflicht aus dem Arbeitsvertrag nach §§ 241 II, 611a BGB verletzt. Denn Gefahren können u. a. entstehen durch Maschinen und andere technische Anlagen, die der Arbeitnehmer bedienen muss, durch den Umgang mit gesundheitsschädlichen, feuergefährlichen oder explosiven Stoffen, durch Strahlen, Lärm und Zugluft, durch schlecht gelüftete oder staubige Arbeitsräume und durch übermäßige Ausdehnung der Arbeitszeit.[455] Außerdem können sich besondere Gefahren für einzelne Personengruppen ergeben, z. B. für Jugendliche im minderjährigen Alter, für werdende oder stillende Mütter, für Schwerbehinderte oder kranke Arbeitnehmer.

468

II. Rechtsfolgen aus der Verletzung von Arbeitsschutzrechten

Es kommt also darauf an, ob durch die Verletzung von Arbeitsschutzrechten des Arbeitnehmers Rechtsfolgen aus dem Bereich des Öffentlichen Rechts oder des Privatrechts eintreten. Handelt es sich um die Verletzung öffentlich-rechtlicher Rechtsnormen, kann der Arbeitgeber entweder einem Ordnungswidrigkeitsverfahren oder einem Strafverfahren, z. B. nach §§ 25, 26 ArbSchG bzw. nach § 32, 33 MuSchG ausgesetzt sein. Als staatliche Aufsichtsbehörde hat die Gewerbeaufsicht weitreichende Befugnisse. Sie kann Arbeitsstätten besichtigen, vom Arbeitgeber Auskünfte und die Vorlage von Unterlagen verlangen, technische Prüfungen vornehmen und Sachverständige hinzuziehen (vgl. § 139b GewO). Verletzt der Arbeitgeber gegenüber dem Arbeitnehmer eine Pflicht aus dem Arbeitsschutz, hat der Arbeitnehmer die Möglichkeit, seine Hauptleistungspflicht, die Arbeitsleistung, i. S. v. § 273 BGB zurückzuhalten. Trotzdem billigen ihm Rechtsprechung und Rechtsliteratur nach §§ 615 III, 326 II BGB den Anspruch auf Lohnzahlung zu.[456] Daneben kann der Arbeitnehmer bei einer Pflichtverletzung des Arbeitsvertrags bzw. einer Rechtsgutsverletzung und einem darauf folgend eingetretenen Schaden evtl. Schadensersatzansprüche nach §§ 280 I, 823 I, II BGB geltend machen. Zu beachten ist allerdings, dass bei Unfällen am Arbeitsplatz die gesetzliche Unfallversicherung nach §§ 104 ff. SGB VII den Schaden übernimmt, wenn weder der Arbeitgeber noch der Arbeitnehmer vorsätzlich gehandelt haben.

469

§ 2 Verantwortung für den Arbeitsschutz

I. Durchführung im Betrieb

Im Betrieb sind verschiedene Personen bzw. Personengruppen für die Einhaltung des Arbeitsschutzes verantwortlich. Das können der Arbeitgeber oder der einzelne Arbeitnehmer sein, ebenso ein Betriebs- oder ein Personalrat. Auch externe Dritte mit besonderem Sachverstand sind oft in die Durchführung des Arbeitsschutzes im jeweiligen Betrieb miteinzubeziehen. Grundlage für die Verantwortlichkeit bei der Durchführung

470

---

455 Michalski/Westerhoff, Rn. 1211
456 Vgl. BAG AP Nr. 23 zu § 618 BGB; Söllner, Das Zurückbehaltungsrecht des Arbeitnehmers, ZfA 1973, 1, 10; Söllner, Zum Leistungsverweigerungsrecht des Arbeitnehmers, AuR 1985, 323, 325; Hensslzer, Das Leistungsverweigerungsrecht des Arbeitnehmers bei Pflichten- und Rechtsgüterkollisionen, AcP 190 (1990), 538, 567

des Arbeitsschutzes bildet für Arbeitgeber und Arbeitnehmer das Arbeitsschutzgesetz (ArbSchG).

Abb. 14: Verantwortung für den Arbeitsschutz

471 Ziel des Arbeitsschutzgesetzes ist es nach § 1 I 1 ArbSchG, Sicherheit und Gesundheitsschutz der Beschäftigten bei der Arbeit durch Maßnahmen des Arbeitsschutzes zu sichern und zu verbessern. Das gilt für alle Tätigkeitsbereiche im Betrieb. Weitere Pflichten, die der Arbeitgeber zur Gewährleistung von Sicherheit und Gesundheitsschutz bei der Arbeit nach sonstigen Rechtsvorschriften hat, bleiben unberührt. Pflichten aus der Verantwortung für den Arbeitsschutz ergeben sich für folgende Personen:
– Arbeitgeber nach §§ 3–14 ArbSchG;
– Arbeitnehmer nach §§ 15, 16, 17 ArbSchG;
– Betriebsrat nach §§ 80 I Nr. 1, 89 BetrVG;
– Sicherheitsbeauftragte in Betrieben mit mehr als 20 Beschäftigten nach § 22 I 1 SGB VII;
– Externe Sicherheitsingenieure bzw. -techniker und -meister nach § 5 ASiG;
– Betriebsärzte nach § 2 ASiG;
– Datenschutzbeauftragte nach § 38 BDSG;
– Gewerbeaufsichtsamt bzw. Staatliches Amt für Arbeitsschutz nach § 21 ArbSchG;
– Inklusionsbeauftragte nach § 181 SGB IX;
– Immissionsschutzbeauftrage nach §§ 53, 58a BImSchG;
– Berufsgenossenschaften nach §§ 17 ff. SGB VII.

II. Direkte Verantwortung

1. Arbeitgeber

In einem Betrieb kann somit eine Vielzahl von Verantwortlichen in die Überwachung des Arbeitsschutzes eingebunden sein. Hauptverantwortlicher ist der Arbeitgeber, welcher die Durchführung des Arbeitsschutzes entweder selbst oder durch Erfüllungsgehilfen, z. B. Fachkräfte für Arbeitssicherheit als externe Dritte i. S. v. § 278 BGB vorzunehmen hat. § 3 ArbSchG regelt die Grundpflichten des Arbeitgebers. Hiernach ist der Arbeitgeber verpflichtet, die erforderlichen Maßnahmen des Arbeitsschutzes unter Berücksichtigung der Umstände zu treffen, die die Sicherheit und Gesundheit der Beschäftigten bei der Arbeit beeinflussen. Er hat die Maßnahmen auf ihre Wirksamkeit zu überprüfen und erforderlichenfalls sich ändernden Gegebenheiten anzupassen. Dabei hat er eine Verbesserung von Sicherheit und Gesundheitsschutz der Beschäftigten anzustreben.

§ 4 ArbSchG legt allgemeine Grundsätze fest, die der Arbeitgeber bei seinen Maßnahmen berücksichtigen muss. Hiernach hat der Arbeitgeber bei Maßnahmen des Arbeitsschutzes von folgenden allgemeinen Grundsätzen auszugehen:

Nr. 1 Die Arbeit ist so zu gestalten, dass eine Gefährdung für Leben und Gesundheit möglichst vermieden und die verbleibende Gefährdung möglichst geringgehalten wird;

Nr. 2 Gefahren sind an ihrer Quelle zu bekämpfen;

Nr. 3 Bei den Maßnahmen sind der Stand von Technik, Arbeitsmedizin und Hygiene sowie sonstige gesicherte arbeitswissenschaftliche Erkenntnisse zu berücksichtigen;

Nr. 4 Maßnahmen sind mit dem Ziel zu planen, Technik, Arbeitsorganisation, sonstige Arbeitsbedingungen, soziale Beziehungen und Einfluss der Umwelt auf den Arbeitsplatz sachgerecht zu verknüpfen;

Nr. 5 Individuelle Schutzmaßnahmen sind nachrangig zu anderen Maßnahmen;

Nr. 6 Spezielle Gefahren für besonders schutzbedürftige Beschäftigungsgruppen sind zu berücksichtigen;

Nr. 7 Den Beschäftigten sind geeignete Anweisungen zu erteilen;

Nr. 8 Mittelbar oder unmittelbar geschlechtsspezifisch wirkende Regelungen sind nur zulässig, wenn dies aus biologischen Gründen zwingend erforderlich ist.

Der Arbeitgeber hat nach § 5 I ArbSchG die Gefährdung des einzelnen Arbeitnehmers an seinem Arbeitsplatz zu ermitteln und je nach Art der Tätigkeit eine ausführliche Dokumentation zu erstellen, aus der das Ergebnis der Gefährdungsbeurteilung, die von ihm festgelegten Maßnahmen des Arbeitsschutzes und das Ergebnis ihrer Überprüfung ersichtlich ist. Nach § 12 I 1 ArbSchG ist der Arbeitgeber verpflichtet, die Beschäftigten über Sicherheit und Gesundheitsschutz bei der Arbeit während ihrer Arbeitszeit ausreichend und angemessen zu unterweisen. Das gilt insbesondere für Beschäftigte, die Zugang zu besonders gefährlichen Arbeitsbereichen haben; diese Arbeitnehmer müssen vorher vom Arbeitgeber geeignete und besonders ausführliche Anweisungen erhalten.

Nach § 10 I 1 ArbSchG hat der Arbeitgeber entsprechend der Art der Arbeitsstätte und der Tätigkeiten sowie der Zahl der Beschäftigten die Maßnahmen zu treffen, die zur Ersten Hilfe, Brandbekämpfung und Evakuierung der Beschäftigten erforderlich sind. Er hat auch dafür zu sorgen, dass im Notfall die erforderlichen Verbindungen zu außerbetrieblichen Stellen, insbesondere in Bereichen der Ersten Hilfe, der medizinischen Notversorgung, der Bergung und der Brandbekämpfung eingerichtet sind.

Ebenso ist der Arbeitgeber nach § 11 ArbSchG gegenüber seinen Arbeitnehmern verpflichtet, diesen auf ihren Wunsch unbeschadet der Pflichten aus anderen Rechtsvorschriften zu ermöglichen, sich je nach den Gefahren für ihre Sicherheit und Gesundheit bei der Arbeit regelmäßig arbeitsmedizinisch untersuchen zu lassen. Diese Möglichkeit besteht nur dann nicht, wenn aufgrund der Beurteilung der Arbeitsbedingungen und der getroffenen

Schutzmaßnahmen nicht mit einem Gesundheitsschaden des Arbeitnehmers zu rechnen ist. Neben der Verantwortlichkeit des Arbeitgebers können nach § 13 I ArbSchG z. B. auch dessen gesetzlicher Vertreter oder ein vertretungsberechtigtes Organ einer juristischen Person verantwortlich für die Erfüllung der Pflichten des Arbeitgebers sein.

2. Arbeitnehmer

477 Auch die Arbeitnehmer eines Betriebs tragen Verantwortung für den Arbeitsschutz. Zum einen sind die Beschäftigten nach § 15 I 1 ArbSchG verpflichtet, nach ihren Möglichkeiten sowie gemäß der Unterweisung und Weisung des Arbeitgebers für ihre Sicherheit und Gesundheit bei der Arbeit Sorge zu tragen. Des Weiteren sind die Arbeitnehmer nach § 16 I ArbSchG verpflichtet, dem Arbeitgeber oder dem zuständigen Vorgesetzten jede von ihnen festgestellte unmittelbare erhebliche Gefahr für die Sicherheit und Gesundheit sowie jeden an den Schutzsystemen festgestellten Defekt unverzüglich zu melden. Außerdem haben die Arbeitnehmer gemeinsam mit dem Betriebsarzt und der Fachkraft für Arbeitssicherheit den Arbeitgeber darin zu unterstützen, die Sicherheit und den Gesundheitsschutz der Beschäftigten bei der Arbeit zu gewährleisten und seine Pflichten entsprechend den behördlichen Auflagen zu erfüllen. Nach § 17 ArbSchG sind die Arbeitnehmer berechtigt, dem Arbeitgeber Vorschläge zu allen Fragen der Sicherheit und des Gesundheitsschutzes bei der Arbeit zu machen. Sind sie der Auffassung, dass die vom Arbeitgeber getroffenen Maßnahmen und bereitgestellten Mittel nicht ausreichen, um die Sicherheit und den Gesundheitsschutz bei der Arbeit zu gewährleisten, und hilft der Arbeitgeber darauf gerichteten berechtigten Beschwerden von Beschäftigten nicht ab, können sich diese an die zuständige Behörde wenden.

3. Betriebsrat

478 Besteht im Betrieb ein Betriebsrat, hat dieser nach § 80 I Nr. 1 BetrVG darüber zu wachen, dass die zugunsten der Arbeitnehmer geltenden Gesetze, Verordnungen, Unfallverhütungsvorschriften, Tarifverträge und Betriebsvereinbarungen durchgeführt werden. Außerdem hat sich der Betriebsrat nach § 89 I 1 BetrVG dafür einzusetzen, dass die Vorschriften über den Arbeitsschutz und die Unfallverhütung im Betrieb sowie über den betrieblichen Umweltschutz durchgeführt werden. Er hat bei der Bekämpfung von Unfall- und Gesundheitsgefahren die für den Arbeitsschutz zuständigen Behörden, die Träger der gesetzlichen Unfallversicherung und die sonstigen in Betracht kommenden Stellen durch Anregung, Beratung und Auskunft zu unterstützen. Im Gegenzug ist der Arbeitgeber verpflichtet, den Betriebsrat oder die von ihm bestimmten Mitglieder des Betriebsrats bei allen im Zusammenhang mit dem Arbeitsschutz oder der Unfallverhütung stehenden Besichtigungen und Fragen und bei Unfalluntersuchungen hinzuzuziehen. Dem Betriebsrat steht nach § 87 I Nr. 7 BetrVG ein Mitbestimmungsrecht bei Regelungen über die Verhütung von Arbeitsunfällen und Berufskrankheiten sowie über den Gesundheitsschutz im Rahmen der gesetzlichen Vorschriften oder der Unfallverhütungsvorschriften zu.

4. Sicherheitsbeauftragte

479 In Betrieben mit regelmäßig mehr als 20 Beschäftigten hat der Unternehmer nach § 22 I 1 SGB VII unter Beteiligung des Betriebsrats oder des Personalrats Sicherheitsbeauftragte unter Berücksichtigung der im Unternehmen für die Beschäftigten bestehenden Unfall- und Gesundheitsgefahren und der Zahl der Beschäftigten zu bestellen. Bei den Sicherheitsbeauftragten handelt es sich um ausgewählte Arbeitnehmer aus der Arbeitnehmerschaft. Diese Sicherheitsbeauftragten haben den Arbeitgeber bei der Durchführung der Maßnahmen zur Verhütung von Arbeitsunfällen und Berufskrankheiten zu unterstützen, insbesondere sich von dem Vorhandensein und der ordnungsgemäßen Benutzung der vorgeschriebenen Schutzeinrichtungen und persönlichen Schutzausrüstungen zu überzeugen und auf Unfall- und Gesundheitsgefahren für die Versicherten aufmerksam zu machen. Die Unfallversicherungsträger haben nach § 23 I 1 SGB VII für die erforderliche Aus- und Fortbildung der Personen in den Unternehmen zu sorgen, die mit der Durchführung der Maßnahmen zur Verhütung von Arbeitsunfällen, Berufskrankheiten und arbeitsbedingten Gesundheitsgefahren sowie mit der Ersten Hilfe betraut sind.

5. Externe Verantwortliche

Auch externe Dritten, z. B. Betriebsärzte außerhalb des Betriebs oder Fachkräfte für Arbeitssicherheit, z. B. Sicherheitsingenieure oder -techniker, tragen eine hohe Verantwortung für den Arbeitsschutz im Betrieb. Nach § 2 ASiG bestellt der Arbeitgeber einen oder mehrere Betriebsärzte je nach Betriebsgröße. Der Betriebsarzt ist verpflichtet, den Gesundheitszustand der Arbeitnehmer regelmäßig zu überprüfen, insbesondere bei besonders gefährlichen Arbeitsbereichen mit denkbarer Gesundheitsbeeinträchtigung. Des Weiteren obliegt es dem Betriebsarzt, an der Verbesserung des Gesundheitsschutzes im Betrieb aus seiner medizinischen Sicht mitzuwirken. Nach § 5 ASiG hat der Arbeitgeber außerdem Fachkräfte für Arbeitssicherheit zu bestellen. Der Betriebsrat ist gem. § 9 III 1 ASiG an der Bestellung dieser Fachkräfte zu beteiligen. Nach § 6 ASiG sind die Fachkräfte für Arbeitssicherheit verpflichtet, den Arbeitgeber beim Arbeitsschutz und bei der Unfallverhütung in allen Fragen der Arbeitssicherheit einschließlich einer menschengerechten Gestaltung der Arbeit zu unterstützen. Nach § 19 ASiG besteht für den Arbeitgeber die Möglichkeit, anstelle von Betriebsärzten oder Fachkräften für Arbeitssicherheit überbetriebliche Einrichtungen in Anspruch zu nehmen.

6. Datenschutzbeauftragte

Zusätzliche Verantwortung für die Sicherung des Arbeitsschutzes übernehmen sog. Beauftragte, z. B. ein Datenschutzbeauftragter oder ein Beauftragter für Schwerbehinderte. Für die Überwachung des Datenschutzes im Unternehmen ist neben dem Betriebsrat auch ein betrieblicher Datenschutzbeauftragter zuständig, der von jeder öffentlichen oder nicht öffentlichen Stelle, die personenbezogene Daten automatisiert erhebt, unter den Voraussetzungen der Art. 37 BDSG, §§ 5, 38 BDSG bestellt werden muss. Gemäß Art. 37 Abs. 1 DSGVO ist ein Datenschutzbeauftragter zu benennen, wenn die Verarbeitung von einer Behörde oder öffentlichen Stelle durchgeführt wird, mit Ausnahme von Gerichten, soweit sie im Rahmen ihrer justiziellen Tätigkeit handeln, die Kerntätigkeit des Verantwortlichen oder des Auftragsverarbeiters in der Durchführung von Verarbeitungsvorgängen besteht, welche aufgrund ihrer Art, ihres Umfangs und/oder ihrer Zwecke eine umfangreiche regelmäßige und systematische Überwachung von betroffenen Personen erforderlich machen, oder die Kerntätigkeit des Verantwortlichen oder des Auftragsverarbeiters in der umfangreichen Verarbeitung besonderer Kategorien von Daten gemäß Artikel 9 oder von personenbezogenen Daten über strafrechtliche Verurteilungen und Straftaten gemäß Artikel 10 besteht. § 38 BDSG und § 5 BDSG ergänzen Art. 37 DSGVO für die Bestellung in nichtöffentlichen bzw. öffentlichen Stellen. Soweit in privatrechtlichen Unternehmen personenbezogene Daten automatisiert verarbeitet werden, ist gemäß § 38 Abs. 1 BDSG ein Beauftragter für den Datenschutz zu bestellen soweit in der Regel mindestens 20 Personen ständig mit der automatisierten Verarbeitung personenbezogener Daten beschäftigt sind. Zum Beauftragten für den Datenschutz darf nur bestellt werden, wer die zur Erfüllung seiner Aufgaben erforderliche Fachkunde und Zuverlässigkeit besitzt. Danach muss der Datenschutzbeauftragte über ein Mindestmaß an Rechtskenntnissen über das Bundesdatenschutzgesetz sowie über die bereichsspezifischen Datenschutzvorschriften verfügen, ferner über ein Mindestmaß an technischem Wissen über die eingesetzten Organisationsmittel wie Karteien, Erfassungsbelege, Art der Datenträger und Datenverarbeitungsanlagen sowie der Datensicherungstechniken und ferner Kenntnisse über die Organisation des Unternehmens, insbesondere der Personalführung, der Schulung von Mitarbeitern und deren Auswahl im Aufgabenbereich der Verarbeitung personenbezogener Daten.

Der betriebliche Datenschutzbeauftragte ist bei der Anwendung seiner Fachkunde auf dem Gebiet des Datenschutzes weisungsfrei und darf wegen der Erfüllung seines Amtes nicht benachteiligt werden. Er ist dem Betriebsinhaber, dem Vorstand, dem Geschäftsführer oder den sonstigen Leitern des Unternehmens unmittelbar zu unterstellen. Infolge möglicher Interessenkollisionen kommen deshalb Mitglieder der Geschäftsleitung, EDV-Leiter, Personalleiter, Marketingleiter, Sicherheitsingenieure und der Leiter der Revisionsabteilung als Datenschutzbeauftragte nicht in Betracht. Auf Grund seiner Stellung im Betrieb ist der Datenschutzbeauftragte nicht als leitender Angestellter einzustufen, da der Schutz und die Kontrolle bei der Verarbeitung personenbezogener Daten im Betrieb keine unternehmerische Tätigkeit sind.

7. Inklusionsbeauftragte

482 Nach § 181 SGB IX bestellt der Arbeitgeber einen Inklusionsbeauftragten, der ihn in Angelegenheiten schwerbehinderter Menschen verantwortlich vertritt; falls erforderlich, können mehrere Beauftragte bestellt werden. Bei dem Beauftragten soll es sich nach Möglichkeit selbst um einen schwerbehinderten Menschen handeln. Aufgabe des Beauftragten ist es insbesondere, dass der Arbeitgeber die sich aus dem Sozialgesetzbuch IX ergebenden besonderen Pflichten gegenüber schwerbehinderten Menschen erfüllt.

8. Staatliche Aufsicht

483 Auch staatliche Stellen tragen für den Arbeitsschutz eine hohe Verantwortung. Denn die Aufsicht über die Ausführung der Vorschriften von besonderen Arbeitsschutzgesetzen und der aufgrund solcher Gesetze erlassenen Vorschriften obliegt den nach Landesrecht zuständigen Aufsichtsbehörden, vgl. § 21 ArbSchG, § 51 JArbSchG oder § 29 MuSchG. Derartige Aufsichtsbehörden sind z. B. das Gewerbeaufsichtsamt oder sonstige staatliche Aufsichtsämter für den Arbeitsschutz.

9. Berufsgenossenschaften

484 Nach §§ 17 ff. SGB VII obliegt auch Berufsgenossenschaften eine besondere Aufsicht für den Unfallschutz und die Verhütung von Berufskrankheiten.

III. Durchsetzung des Arbeitsschutzes

485 So wichtig die Verantwortlichkeit für den Arbeitsschutz und seine Durchführung ist, so bedeutsam sind auch die Möglichkeiten, Arbeitsschutzmaßnahmen anordnen zu können, wenn sich der jeweilige Verantwortliche nicht zur Durchführung des Arbeitsschutzes bekennt. Im größten Umfang sind Arbeitgeber und Arbeitnehmer selbst für den Arbeitsschutz im Betrieb verantwortlich. Die staatliche Überwachung der Einhaltung der Arbeitsschutzgesetze in den Betrieben obliegt der Gewerbeaufsicht und anderen nach Landesrecht zuständigen Behörden. Die Aufgaben im Bereich des Unfallversicherungsrechts werden den Berufsgenossenschaften auferlegt, die von den Unternehmern für die jeweiligen Branchen gegründet wurden. Die Berufsgenossenschaften sind dabei auf den Gebieten der Unfallverhütung und der Unfallversicherung tätig. Die Aufgaben der staatlichen Gewerbeaufsicht und der gewerblichen Berufsgenossenschaften zur Überwachung der Arbeitssicherheit in den Betrieben überschneiden sich im Bereich des technischen Arbeitsschutzes. Sowohl der Staat als auch die Berufsgenossenschaften erlassen Vorschriften zum technischen Arbeitsschutz in ihrer jeweiligen Zuständigkeit. Folglich bestehen auch zwei Arten von Rechtsvorschriften, die staatlichen Vorschriften (= Gesetze und Verordnungen) und die Unfallverhütungsvorschriften der gewerblichen Berufsgenossenschaften.

Zur Durchsetzung des Arbeitsschutzes gegenüber dem Arbeitgeber sind grds. alle zur Durchführung berufenen Stellen heranzuziehen; Sanktions- oder Druckmittel stehen allerdings nur dem einzelnen Arbeitnehmer, dem Betriebsrat, der Gewerbeaufsicht und den Berufsgenossenschaften zu, so dass auch die sonstigen Beauftragten bei Zuwiderhandlungen des Arbeitgebers die Gewerbeaufsicht oder die zuständige Berufsgenossenschaft einzuschalten haben.[457] Kommt der Arbeitnehmer seiner Verantwortung für den Arbeitsschutz nicht nach, in dem er Regelungen für den Arbeitsschutz missachtet, kann ihn der Arbeitgeber nach vorheriger Abmahnung kündigen. Neben eventuellen Schadensersatzansprüchen des Arbeitgebers gegenüber dem Arbeitnehmer kann der Verstoß des Arbeitnehmers gegen eine Unfallverhütungsvorschrift nach § 209 SGB VII zu einer Ordnungswidrigkeit und demzufolge zu einem Bußgeld für den Arbeitnehmer führen. Hat der Arbeitgeber keine ausreichenden Regelungen zur Unfallverhütung im Betrieb erlassen, können Berufsgenossenschaften, insbesondere bei Gefahr im Verzug, nach § 19 I 2 SGB VII sofort vollziehbare Anordnungen erlassen. In einem solchen Fall kann auch gegenüber dem Arbeitgeber ein Ordnungswidrigkeitsverfahren durch die Berufsgenossenschaft nach §§ 209, 210 SGB VII eingeleitet werden. Die Verantwortlichkeit für den Arbeitsschutz betrifft, je nach Gruppe, welche die Verantwortung trägt, insbesondere auch Regelungen zur Prävention, d. h. zur Vermeidung von Gefahren für Leib, Leben, Gesundheit und Eigentum, insbesondere im Bereich der Unfallverhütung und des Gesundheitsschutzes.

§ 3 Gebiete des Arbeitsschutzes

Abb. 15: Gebiete des Arbeitsschutzes

---

457 Michalski/Westerhoff, Rn. 1231

I. Arbeitszeitschutz

486 Der Arbeitszeitschutz wird insbesondere durch das Arbeitszeitgesetz (ArbZG) geregelt. Europäische Rechtsgrundlage für den arbeitszeitlichen Gesundheitsschutz ist die Arbeitszeitrichtlinie 2003/88/EG. Insbesondere sind die werktägliche Arbeitszeit und arbeitsfreie Zeiten, die Sonn- und Feiertagsruhe sowie Ausnahmen dazu in besonderen Fällen normiert. Ziel des Arbeitszeitgesetzes ist es, die Sicherheit und den Gesundheitsschutz der Arbeitnehmer bei der Arbeitszeitgestaltung zu gewährleisten und die Rahmenbedingungen für flexible Arbeitszeiten zu verbessern sowie den Sonntag und die staatlich anerkannten Feiertage als Tage der Arbeitsruhe und zur freien Gestaltung zu schützen.

1. Arbeitszeit

487 § 2 ArbZG enthält Begriffsdefinitionen für den Anwendungsbereich des ArbZG. Es gilt grundsätzlich für alle erwachsenen Arbeitnehmer in Betrieben und Verwaltungen aller Art. Nach § 2 I 1 ArbZG ist Arbeitszeit i. S. d. Gesetzes die Zeit vom Beginn bis zum Ende der Arbeit ohne Ruhepausen; Arbeitszeiten bei mehreren Arbeitgebern sind zusammenzurechnen. Nachtzeit i. S. d. Arbeitszeitgesetzes ist nach § 2 III ArbZG die Zeit von 23.00 Uhr bis 6.00 Uhr, in Bäckereien und Konditoreien die Zeit von 22.00 Uhr bis 5.00 Uhr. Als Nachtarbeit wird angesehen jede Arbeit, die mehr als zwei Stunden der Nachtzeit umfasst.

488 Neben dem Arbeitszeitgesetz finden sich Regelungen über die Arbeitszeit auch in anderen Gesetzen, so z. B. im Mutterschutzgesetz, im Ladenschlussgesetz oder im Jugendarbeitsschutzgesetz. Innerhalb des Betriebs ist der Arbeitgeber nach § 16 I ArbZG verpflichtet, einen Abdruck des Arbeitszeitgesetzes, der aufgrund dieses Gesetzes erlassenen, für den Betrieb geltenden Rechtsverordnungen und der für den Betrieb geltenden Tarifverträge und Betriebs- oder Dienstvereinbarungen an geeigneter Stelle im Betrieb zur Einsichtnahme auszulegen oder auszuhängen. Die Einhaltung des Arbeitszeitgesetzes im jeweiligen Betrieb wird nach § 17 I ArbZG von den nach Landesrecht zuständigen Behörden (Aufsichtsbehörden) überwacht.

2. Anwendbarkeit des Arbeitszeitgesetzes

489 Grundsätzlich gilt das Arbeitszeigesetz für alle Arbeitnehmer einschließlich der zu ihrer Berufsausbildung Beschäftigen. Keine Anwendung findet das Arbeitszeitgesetz nach § 18 ArbZG für leitende Angestellte, Chefärzte, Leiter von Öffentlichen Dienststellen und deren Vertreter sowie Arbeitnehmer im Öffentlichen Dienst, die zur selbstständigen Entscheidung in Personalangelegenheiten befugt sind, für Arbeitnehmer, die in häuslicher Gemeinschaft mit den ihnen anvertrauten Personen zusammenleben und sie eigenverantwortlich erziehen, pflegen oder betreuen und schließlich für Personen im liturgischen Bereich der Kirchen und der Religionsgemeinschaften. Das Arbeitszeitgesetz ist eines der bedeutendsten Gesetze zum Schutz der Arbeitnehmer. Hält der Arbeitgeber die im Arbeitszeitgesetz vorgeschriebenen Arbeitszeiten und Ruhepausen nicht ein, begeht er entweder eine Ordnungswidrigkeit oder sogar eine Straftat, welche nach §§ 22, 23 ArbZG geahndet werden.

3. Umfang der Arbeitszeit

490 Nach § 3 S. 1 ArbZG darf die werktägliche Arbeitszeit der Arbeitnehmer acht Stunden nicht überschreiten. Werktage in diesem Sinne sind alle Tage, die nicht Sonn- bzw. Feiertage sind. Samstage sind daher im arbeitsrechtlichen Sinne auch Werktage. Sie kann ausnahmsweise auf bis zu zehn Stunden nur verlängert werden, wenn innerhalb von sechs Kalendermonaten oder innerhalb von 24 Wochen im Durchschnitt acht Stunden werktäglich nicht überschritten werden. § 3 S. 2 ArbZG lässt also eine Ausnahme

I. Arbeitszeitschutz

von der maximalen Arbeitszeit von acht Stunden pro Tag zu. Dasselbe gilt nach § 7 I ArbZG über Abweichungen, die in einem Tarifvertrag oder aufgrund eines Tarifvertrags in einer Betriebs- oder Dienstvereinbarung zugelassen worden ist. Insbesondere im Gesundheitswesen, z. B. in Krankenhäusern, aber auch bei Berufen, die einer besonderen Gefahrenabwehr dienen, etwa bei der Feuerwehr, können in Tarifverträgen Arbeitsbereitschaft oder Bereitschaftsdienste vereinbart sein. Unter dem Begriff „Arbeitsbereitschaft" wird die wache Achtsamkeit im Zustand der Entspannung erfasst, die dann vorliegt, wenn die Art der vom Arbeitnehmer verrichteten Arbeit einen Wechsel zwischen voller und geringerer Beanspruchung beinhaltet.[458] Dagegen besteht ein Bereitschaftsdienst, wenn sich der Arbeitnehmer an einer vom Arbeitgeber zu bestimmenden Stelle innerhalb oder außerhalb des Betriebs aufhalten muss, um ggf. seine Arbeitstätigkeit unverzüglich aufnehmen zu können.[459] Bei der Arbeitsbereitschaft und beim Bereitschaftsdienst handelt es sich um Arbeitszeit. Arbeitsbereitschaft und Bereitschaftsdienst müssen in erheblichem Umfang bestehen.[460] Dagegen ist bei der Rufbereitschaft, bei der man sich für einen Eventualfall an einem nicht eingeschränkten Ort, allerdings in einem bestimmten Umkreis des Arbeitsplatzes für einen Einsatz zur Verfügung zu halten hat, nur die Zeit, die für die tatsächliche Erbringung von Leistungen aufgewandt wird, als Arbeitszeit anzusehen.[461]

4. Festlegung der Arbeitszeit

Einerseits kann die Festlegung der Arbeitszeit durch den Arbeitgeber aufgrund seines Direktionsrechts nach § 106 GewO erfolgen. Andererseits steht dem Betriebsrat nach § 87 I Nr. 2 BetrVG ein Mitbestimmungsrecht für Beginn und Ende der Arbeitszeit einschließlich der Pausen sowie die Verteilung der Arbeitszeit auf die Wochentage zu. Seit vielen Jahren gelten in verschiedenen Betrieben in den meisten Fällen, wenn tarifvertraglich vereinbart, insbesondere im Bereich der Verwaltung, die sog. Gleit- und Kernarbeitszeit. Bei der Kernarbeitszeit handelt es sich üblicherweise um die Arbeitszeit, in der jeder Arbeitnehmer seine Arbeitstätigkeit für den Arbeitgeber im Betrieb oder außerhalb zu erbringen hat. Die Kernarbeitszeit beginnt üblicherweise um 9.00 Uhr und endet um 15.00 Uhr. Die Gleitzeit ermöglicht es den Arbeitnehmern, vor 9.00 Uhr zu beginnen, z. B. schon um 7.00 Uhr bzw. später als 15.00 Uhr die Arbeit an einem Arbeitstag zu beenden. Wo sinnvoll, hat die Gleitzeit zu einer erheblichen Flexibilisierung der täglichen Arbeitszeit und dadurch zum Wohlbefinden der Arbeitnehmer beigetragen. Die Verteilung der Arbeitszeit wird häufig durch Betriebsvereinbarungen geregelt, insbesondere bei der Festlegung gleitender Arbeitszeiten oder bedarfsabhängiger variabler Arbeitszeiten.

Auch Tarifverträge enthalten oftmals Regelungen zur Arbeitszeit. Ein Tarifvertrag darf aber nicht gegen zwingende gesetzliche Vorschriften verstoßen. Aufgrund des Rangprinzips der verschiedenen Rechtsquellen müssen die Arbeitszeitregelungen in Tarifverträgen auf ihre Vereinbarkeit mit den Arbeitszeitgesetzen überprüft werden. Im Verhältnis des Tarifvertrags zu einer Betriebsvereinbarung gilt die Sperrwirkung des Tarifrechts. Gemäß § 77 III 1 BetrVG können Arbeitsbedingungen, die durch Tarifvertrag geregelt sind oder üblicherweise geregelt werden, nicht Gegenstand einer Betriebsvereinbarung sein. Tarifverträge regeln üblicherweise nur den Umfang der Wochenarbeitszeit. Innerhalb des gesetzlich vorgegebenen Rahmens sind eine Vielzahl von Arbeitszeitmodellen entstanden, die auf die jeweiligen betrieblichen Bedürfnisse individuell abgestimmt wurden.

---

458 Michalski/Westerhoff, Rn. 1269
459 Michalski/Westerhoff, Rn. 1269
460 ErfK/Wank, § 7 ArbZG Rn. 6
461 Vgl. Schaub/Vogelsang, § 156 Rn. 20; siehe dazu auch BAG AP Nr. 1 zu § 9 TVAL II; BAG NZA 2002, 351 (LS)

Dem Arbeitgeber obliegen Aushang-, Dokumentations- und Aufbewahrungspflichten, welche die Überwachung durch die Aufsichtsbehörden erleichtern (§§ 16, 17 ArbZG). Gemäß § 16 II S. 1 ArbZG ist er verpflichtet, die über die werktägliche Arbeitszeit hinausgehende Arbeitszeit der Arbeitnehmer zu erfassen. Hierunter fallen neben der Sonn- und Feiertagsarbeit auch Überstunden und Mehrarbeit. Der EuGH hatte mit Urteil vom 14.5.2019 entschieden, dass die Mitgliedsstaaten Arbeitgeber verpflichten müssen, ein System zu installieren, welches es ermöglicht, die tägliche Arbeitszeit der jeweiligen Mitarbeiter objektiv und verlässlich zu erfassen. Begründet wurde dies mit dem Gesundheitsschutz der Arbeitnehmer, der durch die Arbeitszeitrichtlinie und die EU-Grundrechtecharta garantiert werden soll.[462] Eine unmittelbare Geltung zwischen Arbeitnehmer und Arbeitgeber besteht aufgrund des Urteils jedoch nicht, vielmehr werden durch das Urteil die Mitgliedsstaaten zur Anpassung ihrer Arbeitszeitregelungen verpflichtet.[463]

5. Ruhepausen

492 Nach § 4 ArbZG ist die Arbeit durch im Voraus feststehende Ruhepausen von mindestens 30 Minuten bei einer Arbeitszeit von mehr als sechs bis zu neun Stunden und 45 Minuten bei einer Arbeitszeit von mehr als neun Stunden insgesamt zu unterbrechen. Länger als sechs Stunden hintereinander dürfen Arbeitnehmer nicht ohne Ruhepause beschäftigt werden. Denn die Einhaltung von Ruhepausen während der täglichen Arbeitszeit ist für den Arbeitnehmer sehr wichtig. Nicht nur gesundheitliche Gründe sind ein bedeutendes Argument für Ruhepausen während der täglichen Arbeitszeit, wobei die tägliche Gesamtzeit der Ruhepausen nach § 4 S. 2 ArbZG auch aufgeteilt werden kann. Ein weiterer wichtiger Grund für eine Ruhepause besteht darin, dass die Unfallhäufigkeit im Betrieb durch Nachlassen der Konzentrationsfähigkeit des Arbeitnehmers bei Erbringung seiner täglichen Arbeitsleistung ohne Ruhepause sprunghaft steigt. Abweichende Regelungen zu den in § 4 ArbZG geregelten Ruhepausen können sich nach § 7 ArbZG in einem Tarifvertrag oder aufgrund eines Tarifvertrags in einer Betriebs- oder Dienstvereinbarung ergeben.

6. Ruhezeit

493 In § 5 ArbZG ist die Ruhezeit normiert. Unter dem Begriff „Ruhezeit" ist eine lange Unterbrechung der Arbeitszeit zur Regeneration zu verstehen. Nach § 5 I ArbZG müssen die Arbeitnehmer nach Beendigung der täglichen Arbeitszeit eine ununterbrochene Ruhezeit von mindestens elf Stunden haben. Die Dauer der Ruhezeit kann in Krankenhäusern und anderen Einrichtungen zur Behandlung, Pflege und Betreuung von Personen, in Gaststätten und anderen Einrichtungen zur Bewirtung und Beherbergung, in Verkehrsbetrieben, beim Rundfunk sowie in der Landwirtschaft und in der Tierhaltung um bis zu eine Stunde verkürzt werden, wenn jede Verkürzung der Ruhezeit innerhalb eines Kalendermonats oder innerhalb von vier Wochen durch Verlängerung einer anderen Ruhezeit auf mindestens zwölf Stunden ausgeglichen wird. Die Ruhezeit beträgt für Auszubildende nach § 13 JArbSchG mindestens zwölf Stunden.

7. Nacht- und Schichtarbeit

494 § 6 ArbZG regelt die Nacht- und Schichtarbeit. Die Nachtzeit umfasst die Zeit von 23.00 Uhr bis 6.00 Uhr morgens; abweichend gilt die Nachtzeit für Bäckereien und Konditoreien von 22.00 Uhr bis 5.00 Uhr morgens. Nachtarbeit i. S. d. Arbeitszeitgeset-

---

462 EuGH NJW 2019, 1861
463 Siehe aber auch: AG Emden, Urt. v. 20.2.2020 – 2 Ca 94/19; Urt. v. 24.9.2021 – 2 Ca 144/20, das aus Art. 31 II Grundrechtecharta bzw. einer europarechtskonformen Auslegung der §§ 241 II, 242, 315, 618 I BGB eine unmittelbare Pflicht des Arbeitgebers zur Einführung eines objektiven, verlässlichen und zugänglichen Systems zur Arbeitszeiterfassung ableitet.

I. Arbeitszeitschutz

zes ist nach § 2 IV ArbZG jede Arbeit, die mehr als zwei Stunden der Nachtzeit umfasst. Nach § 6 II 1 ArbZG darf die werktägliche Arbeitszeit der Nachtarbeitnehmer acht Stunden nicht überschreiten. Sie kann auf bis zu zehn Stunden nur verlängert werden, wenn abweichend von § 3 ArbZG innerhalb von einem Kalendermonat oder innerhalb von vier Wochen im Durchschnitt acht Stunden werktäglich nicht überschritten werden. Nach § 6 III ArbZG sind Nachtarbeiter berechtigt, sich vor Beginn der Beschäftigung und danach in regelmäßigen Zeitabständen von nicht weniger als drei Jahren nach Vollendung des fünfzigsten Lebensjahres in Zeitabständen von einem Jahr regelmäßig arbeitsmedizinisch untersuchen zu lassen.

495 Sofern nicht dringende betriebliche Erfordernisse entgegenstehen, hat der Arbeitgeber nach § 6 IV ArbZG den Nachtarbeitnehmer auf dessen Verlangen auf einen für ihn geeigneten Tagesarbeitsplatz umzusetzen, wenn entweder nach arbeitsmedizinischer Feststellung die weitere Verrichtung von Nachtarbeit den Arbeitnehmer in seiner Gesundheit gefährdet oder im Haushalt des Arbeitnehmers ein Kind unter zwölf Jahren lebt, das nicht von einer anderen im Haushalt lebenden Person betreut werden kann. Gleiches gilt, wenn der Arbeitnehmer einen schwer pflegebedürftigen Angehörigen zu versorgen hat, der nicht von einem anderen im Haushalt lebenden Angehörigen versorgt werden kann.

496 Insgesamt hat der Arbeitgeber die Arbeitszeit der Nacht- und Schichtarbeitnehmer nach den gesicherten arbeitswissenschaftlichen Erkenntnissen über die menschengerechte Gestaltung der Arbeit festzulegen. Neben der Nachtarbeit gilt dieses auch für die Schichtarbeit. Eine Definition für den Begriff „Schichtarbeit" findet sich im Arbeitszeitgesetz nicht. Kennzeichnend für die Schichtarbeit ist, dass entsprechend einem feststehenden Plan (Schichtplan) immer nur ein Teil der Belegschaft an einer bestimmten Aufgabe arbeitet, während andere Teile, welche mit derselben Tätigkeit an derselben Stelle betreut sind, zum Zeitpunkt, in dem das andere Schichtpersonal arbeitet, arbeitsfreie Zeit haben.[464] Insbesondere im Gesundheitswesen wird ein gesamter Tag in drei Schichten mit jeweils acht Arbeitsstunden unterteilt. So können z. B. drei Pflegekräfte pro Tag zu der jeweils geplanten Arbeitszeit an einem Arbeitsplatz tätig sein, um kranke Menschen zu versorgen. Allerdings muss der jeweils abgelöste Arbeitsplatz bei der Schichtarbeit nicht identisch sein, sondern nur eine übereinstimmende Arbeitsaufgabe von untereinander austauschbaren Arbeitnehmern erfüllt werden.[465] Zur Nacht- und Schichtarbeit sind gleichsam Männer wie Frauen berechtigt bzw. nach Vereinbarung verpflichtet.

497 Das Mitbestimmungsrecht des Betriebsrats nach § 87 I Nr. 2 BetrVG umfasst sowohl die Frage, ob im Betrieb, in dem ein Betriebsrat besteht, überhaupt in mehreren Schichten gearbeitet werden soll, als auch die Frage der Änderung der Schichten.[466]

498 Ebenfalls betrifft das Mitbestimmungsrecht den Beginn und das Ende der jeweiligen Schicht.

8. Sonn- und Feiertagsruhe

499 Nach § 9 I ArbZG dürfen Arbeitnehmer an Sonn- und gesetzlichen Feiertagen nicht beschäftigt werden. Das bedeutet, dass insgesamt 24 Stunden nicht gearbeitet werden darf. In mehrschichtigen Betrieben mit regelmäßiger Tag- und Nachtschicht kann nach § 9 II ArbZG Beginn oder Ende der Sonn- und Feiertagsruhe um bis zu sechs Stunden vor- oder zurückverlegt werden, wenn für die auf den Beginn der Ruhezeit folgenden

---

464 Vgl. Dütz/Thüsing, Rn. 149
465 Vgl. BAG NZA 1991, 23
466 Vgl. ErfK/Wank, § 7 ArbZG Rn. 19; dazu BAG AP Nr. 19, 43 zu § 87 BetrVG 1972, Arbeitszeit

24 Stunden der Betrieb ruht. Für Kraftfahrer und Beifahrer kann der Beginn der 24stündigen Sonn- und Feiertagsruhe um bis zu zwei Stunden vorverlegt werden.

500 Ausnahmen vom Verbot der Sonn- und Feiertagsbeschäftigung finden sich in § 10 ArbZG. So können insbesondere Arbeitnehmer in Not- und Rettungsdiensten zur Aufrechterhaltung der öffentlichen Sicherheit und Ordnung, in Krankenhäusern und anderen Einrichtungen zur Behandlung, Pflege und Betreuung von Personen oder in Gaststätten und anderen Einrichtungen zur Bewirtung und Beherbergung sowie im Haushalt an Sonn- und Feiertagen arbeiten. Außerdem ist das restriktive Sonntagsarbeitsverbot durch Ausnahmen in Tarifverträgen oder durch behördliche Genehmigungen ausgehöhlt worden, so dass heutzutage immer mehr Menschen auch an Sonn- und Feiertagen zu arbeiten haben. Allerdings müssen nach § 11 I ArbZG mindestens 15 Sonntage im Jahr beschäftigungsfrei bleiben. Regelungen über Ersatzruhetage bei einer Beschäftigung an einem Sonn- oder Feiertag ergeben sich aus § 11 III ArbZG.

501 Bei außergewöhnlichen Fällen, z.B. in Notfällen und in außergewöhnlichen Fällen, die unabhängig vom Willen der Betroffenen eintreten und deren Folgen nicht auf andere Weise zu beseitigen sind, besonders, wenn Rohstoffe oder Lebensmittel zu verderben oder Arbeitsergebnisse zu misslingen drohen, darf nach § 14 ArbZG vom Verbot der Sonn- und Feiertagsbeschäftigung abgewichen werden. Dasselbe gilt, wenn nur eine verhältnismäßig geringe Zahl von Arbeitnehmern vorübergehend mit Arbeiten beschäftigt wird, deren Nichterledigung das Ergebnis der Arbeiten gefährden oder einen unverhältnismäßigen Schaden zur Folge haben würde, ebenso bei Forschung und Lehre, bei unaufschiebbaren Vor- und Abschlussarbeiten sowie bei unaufschiebbaren Arbeiten zur Behandlung, Pflege und Betreuung von Personen oder zur Behandlung und Pflege von Tieren an einzelnen Tagen, wenn dem Arbeitgeber andere Vorkehrungen nicht zugemutet werden können. Allerdings darf die Arbeitszeit 48 Stunden wöchentlich im Durchschnitt von sechs Kalendermonaten oder 24 Wochen nicht überschreiten.

II. Schutz vor Lebens- und Gesundheitsgefahren

502 Nach § 618 I BGB ist der Arbeitgeber verpflichtet, seinen Betrieb, insbesondere seine Räume, Vorrichtungen oder Geräte, die für die Arbeitstätigkeit notwendig sind, so einzurichten und zu unterhalten, dass der Arbeitnehmer soweit wie möglich gegenüber Gefahren für seine Gesundheit und sein Leben geschützt ist. Bei derartigem Gefahren- oder Betriebsschutz handelt es sich um typischen technischen oder medizinischen Arbeitsschutz.[467] Dieser gilt mit Rücksicht auf die Gesundheit, Sittlichkeit und die Religion des Arbeitnehmers insbesondere auch dann, wenn dieser in die häusliche Gemeinschaft aufgenommen worden ist, vgl. § 618 II BGB. Spezialgesetzliche Regelungen zum Gefahren- und Betriebsschutz bestehen z.B. in den §§ 3 ff. ArbSchG oder §§ 28, 29 JArbSchG sowie in Verordnungen, wie z.B. der Arbeitsstättenverordnung, welche in den §§ 4 ff. ArbStättV besondere Anforderungen an das Betreiben von Arbeitsstätten, den Nichtraucherschutz sowie Mindestvoraussetzungen für das Betreiben von Arbeits-, Sanitär-, Pausen- und Bereitschaftsräume sowie Erste-Hilfe-Räume und Unterkünfte regelt.[468] Die Verordnung über Gefahrstoffe, über die Nutzung gefährlicher Arbeitsstoffe oder die Verordnung über Bildschirmarbeit konkretisieren ebenfalls einen Gefahrenschutz. Auch das Gentechnikgesetz (GenTG) sowie das Chemikaliengesetz (ChemG) sehen spezialgesetzliche Schutzvorschriften zugunsten der Arbeitnehmer vor.

---

467 Vgl. Dütz/Thüsing, Rn. 448
468 Siehe dazu ausführlich Kollmer, §§ 4–6 ArbStättVO

III. Frauenarbeitsschutz

Der in Art. 3 GG normierte grundgesetzliche Schutz, dass alle Menschen vor dem Gesetz gleich sind, insbesondere aber auch das Inkrafttreten des Allgemeinen Gleichbehandlungsgesetzes (AGG) im Jahr 2006 mit seinem Benachteiligungsverbot nach § 7 AGG, haben bewirkt, dass Frauen, gerade auch in der Arbeitswelt, nicht schlechter gestellt werden dürfen als ihre männlichen Arbeitskollegen.[469] Das bedeutet aber nicht, dass Frauen in speziellen Arbeitsverhältnissen einzelner Branchen keinen höheren Arbeitsschutz genießen als Männer. So sind für Frauen nach § 166 II 2 SGB IX bei der Personalplanung besondere Regelungen zur Beschäftigung eines angemessenen Anteils von schwerbehinderten Frauen vorzusehen. Des Weiteren sind Verbote und Beschränkungen bei der Beschäftigung von Frauen in der Seeschifffahrt aus Gründen des Gesundheitsschutzes nach §§ 92, 143 I Nr. 8 SeemG von den einzelnen Arbeitgebern zu beachten.

IV. Mutterschutz

Für werdende oder stillende Mütter gilt das Mutterschutzgesetz (MuSchG). Das Gesetz gilt nach § 1 MuSchG für Frauen, die in einem Arbeits-, Ausbildungsverhältnis stehen, studieren oder für weibliche in Heimarbeit Beschäftigte. Der Mutterschutz kann sich gegenüber dem Arbeitgeber in verschiedener Weise auswirken. Zum einen gelten unabdingbare Beschäftigungsverbote nach §§ 11, 12 MuSchG. So dürfen z. B. werdende bzw. stillende Mütter nicht beschäftigt werden, bei denen regelmäßig Lasten von mehr als fünf Kilogramm Gewicht oder gelegentlich Lasten von mehr als zehn Kilogramm Gewicht ohne mechanische Hilfsmittel von Hand gehoben, bewegt oder befördert werden. Ein weiteres Beschäftigungsverbot beginnt bei einer dauernd stehenden Tätigkeit einer werdenden Mutter nach Ablauf des fünften Monats der Schwangerschaft, wenn eine solche Arbeitstätigkeit mehr als vier Stunden der täglichen Arbeitszeit umfasst. Ein zusätzliches Beschäftigungsverbot normiert § 3 I MuSchG, nach dem Mütter in den letzten sechs Wochen vor der Entbindung und bis zum Ablauf von acht Wochen, bei Früh- und Mehrlingsgeburten bis zum Ablauf von zwölf Wochen nach der Entbindung nicht beschäftigt werden dürfen. Auch Mehr- sowie Nachtarbeit zwischen 20.00 Uhr und 6.00 Uhr und eine Beschäftigung an Sonn- und Feiertagen für werdende und stillende Mütter ist verboten.

Vom umfangreichen Mutterschutz sind z. T. auch Väter umfasst. Dazu zählt z. B. die Elternzeit. Betreuen Arbeitnehmerinnen und Arbeitnehmer selbst ein Kind, mit dem sie im Haushalt leben, so haben sie Anspruch auf Elternzeit. Die Elternzeit kann nach § 15 III 1 BEEG auch von jedem Elternteil allein oder anteilig von beiden Elternteilen gemeinsam genommen werden. Nach § 17 I 1 MuSchG besteht gegenüber einer Frau während der Schwangerschaft bis zum Ablauf von vier Monaten nach der Entbindung ein absolutes Kündigungsverbot. Ein solches absolutes Kündigungsverbot gilt nach § 18 I 1 BEEG für Eltern ab dem Zeitpunkt, von dem an Elternzeit verlangt worden ist, höchstens jedoch acht Wochen vor Beginn der Elternzeit und während der Elternzeit. Einen besonderen Lohnschutz für werdende oder stillende Mütter sieht § 18 MuSchG vor. Nach §§ 29 MuSchG haben die zuständigen Aufsichtsbehörden der einzelnen Bundesländer das Recht, den umfassenden Mutterschutz gegenüber dem Arbeitgeber zu überprüfen.

---

469 Siehe dazu Nentwich/Stangel-Meseke, Von „Frauen in Führungspositionen" zu „doing gender at work"? Konzeptionalisierungen von Geschlecht in der deutschsprachigen Arbeits- und Organisationspsychologie, in: Steins (Hrsg.), Handbuch Psychologie und Geschlechterforschung, 2010, S. 327 ff.

V. Jugendarbeitsschutz

506 Die gesundheitlichen Gefahren der Eingliederung in den Arbeitsprozess sind naturgemäß im Stadium der körperlichen und seelischen Entwicklung des Menschen besonders groß; Jugendliche bedürfen daher eines besonderen Schutzes.[470] Das Gesetz zum Schutz der arbeitenden Jugend (JArbSchG) hat diese besonderen Umstände in seinen Regelungen berücksichtigt. Das Jugendarbeitsschutzgesetz gilt nach § 1 JArbSchG für die Beschäftigung von Personen, die noch nicht 18 Jahre alt sind. Dabei spielt es keine Rolle, ob sich diese Jugendlichen in einer Berufsausbildung, in einem der Berufsausbildung ähnlichen Ausbildungsverhältnis befinden bzw. mit sonstigen Dienstleistungen, die der Arbeitsleistung von Arbeitnehmern oder Heimarbeitern ähnlich sind, betraut sind oder als Arbeitnehmer oder Heimarbeiter arbeiten. Nach § 5 I JArbSchG ist die Beschäftigung von Kindern in einem Arbeitsverhältnis verboten. Ausnahmen sieht das Jugendarbeitsschutzgesetz in den §§ 5 II, 6, 7 JArbSchG vor. Insbesondere Kinder, die der Vollzeitschulpflicht nicht mehr unterliegen, dürfen in Berufsausbildungsverhältnissen oder außerhalb von Berufsausbildungsverhältnissen mit leichten und für sie geeigneten Tätigkeiten bis zu sieben Stunden täglich und 35 Stunden wöchentlich beschäftigt werden.

507 Nach § 8 I JArbSchG dürfen Jugendliche nicht mehr als acht Stunden täglich und nicht mehr als 40 Stunden wöchentlich beschäftigt werden. Zu beachten sind für den Arbeitgeber bei Arbeitsverhältnissen mit Jugendlichen zusätzlich die längeren Ruhepausen, die längere Nachtruhe, eine 5-Tage-Woche, sowie das Verbot der Beschäftigung an Samstagen, Sonntagen und an Feiertagen. Außerdem steht Jugendlichen, welche noch nicht 18 Jahre alt sind, nach § 19 JArbSchG ein gesetzlich höherer Urlaubsanspruch zu. Umfangreiche Beschäftigungsverbote und -beschränkungen ergeben sich für Jugendliche aus §§ 22–25 JArbSchG. Die gesundheitliche Betreuung von Jugendlichen regeln §§ 32–46 JArbSchG. Danach darf ein Jugendlicher nur beschäftigt werden, wenn er innerhalb der letzten vierzehn Monate von einem Arzt untersucht worden ist (Erstuntersuchung) und dem Arbeitgeber eine von diesem Arzt ausgestellte Bescheinigung vorliegt. Ein Jahr nach Aufnahme der ersten Beschäftigung hat sich der Arbeitgeber die Bescheinigung eines Arztes darüber vorlegen zu lassen, dass der Jugendliche nachuntersucht worden ist (Erste Nachuntersuchung). Der Jugendarbeitsschutz unterliegt der Aufsicht der nach Landesrecht zuständigen Aufsichtsbehörde gemäß § 51 I 1 JArbSchG.

VI. Schwerbehindertenschutz

1. Grundlagen

508 Das Sozialgesetzbuch IX regelt die Rehabilitation und Teilhabe behinderter Menschen. Es ist in drei Hauptteile untergliedert. Im ersten Teil finden sich Regelungen für behinderte und von Behinderung bedrohte Menschen, im zweiten Teil finden sich besondere Leistungen zur selbstbestimmten Lebensführung für Menschen mit Behinderungen. Besondere Regelungen zur Teilhabe schwerbehinderter Menschen, das sog. Schwerbehindertenrecht, ist in Teil 3 des Gesetzes normiert.

509 Nach § 2 I SGB IX sind Personen behindert, wenn ihre körperliche Funktion, geistige Fähigkeit oder seelische Gesundheit mit hoher Wahrscheinlichkeit länger als sechs Monate von dem für das Lebensalter typischen Zustand abweichen und daher ihre Teilhabe am Leben in der Gesellschaft beeinträchtigt ist. Sie sind von Behinderung bedroht, wenn die Beeinträchtigung zu erwarten ist. Gem. Teil 1 des Sozialgesetzbuchs IX sind Personen nach § 2 II SGB IX schwerbehindert, wenn bei ihnen ein Grad der Behinderung von wenigsten 50 % vorliegt und sie ihren Wohnsitz, ihren gewöhnlichen Aufent-

---

470 Küttner/Poeche, Jugendarbeitsschutz Rn. 1

halt oder ihre Beschäftigung auf einem Arbeitsplatz i. S. d. § 73 SGB IX rechtmäßig im Geltungsbereich dieses Gesetzbuches haben. § 1 SGB IX sieht vor, dass behinderte oder von Behinderung bedrohte Menschen Leistungen nach dem Sozialgesetzbuch IX und den für die Rehabilitationsträger geltenden Leistungsgesetze erhalten, um ihre Selbstbestimmung und gleichberechtigte Teilhabe am Leben in der Gesellschaft zu fördern, Benachteiligungen zu vermeiden oder ihnen entgegenzuwirken. Dabei wird den besonderen Bedürfnissen behinderter und von Behinderung bedrohter Frauen und Kinder Rechnung getragen.

Nach § 2 III SGB IX sollen schwerbehinderten Menschen gleichgestellt werden behinderte Menschen mit einem Grad der Behinderung von weniger als 50 %, aber wenigstens 30 %, bei denen die übrigen Voraussetzungen des § 2 II SGB IX vorliegen, wenn sie infolge ihrer Behinderung ohne die Gleichstellung einen geeigneten Arbeitsplatz i. S. d. § 156 SGB IX nicht erlangen oder nicht behalten können. Nach § 152 SGB IX stellt auf Antrag des behinderten Menschen die für die Durchführung des Bundesversorgungsgesetzes zuständige Behörde das Vorliegen einer Behinderung und den Grad der Behinderung fest.

2. Beschäftigungspflicht des Arbeitgebers

Aus § 154 I SGB IX leitet sich die Pflicht der Arbeitgeber zur Beschäftigung schwerbehinderter Menschen ab. Danach sind private und öffentliche Arbeitgeber mit jahresdurchschnittlich monatlich mindestens zwanzig Arbeitsplätzen i. S. d. § 156 SGB IX verpflichtet, mindestens 5 % der Arbeitsplätze schwerbehinderten Arbeitnehmern zur Verfügung zu stellen. Dabei sind schwerbehinderte Frauen besonders zu berücksichtigen. Nach § 162 SGB IX kann diese Pflichtquote nach dem jeweiligen Bedarf an Arbeitsplätzen für schwerbehinderte Menschen auf höchstens 10 % erhöht oder bis auf 4 % herabgesetzt werden. Im Rahmen der Erfüllung der Beschäftigungspflicht haben Arbeitgeber in angemessenem Umfang nach § 155 I Nr. 2 SGB IX schwerbehinderte Menschen zu beschäftigen, die das 50. Lebensjahr vollendet haben. Solange Arbeitgeber die vorgeschriebene Zahl schwerbehinderter Menschen nicht beschäftigen, haben sie für jeden unbesetzten Pflichtarbeitsplatz für schwerbehinderte Menschen eine Ausgleichsabgabe zu entrichten. Allerdings kann sich der Arbeitgeber durch die Ausgleichsabgabe nicht davon „freikaufen", keine schwerbehinderten Menschen mehr zu beschäftigen. Denn nach § 160 I 2 SGB IX hebt die Zahlung der Ausgleichsabgabe die Pflicht zur Beschäftigung schwerbehinderter Menschen nicht auf. Die Höhe der Ausgleichsabgabe richtet sich nach der jahresdurchschnittlichen Beschäftigungsquote. Die Verwendungsmöglichkeiten für die Ausgleichsabgabe sind in den §§ 160 V–VII, 161 SGB IX geregelt.

3. Sonstige Pflichten des Arbeitgebers

§ 164 SGB IX regelt weitere Pflichten des Arbeitgebers gegenüber schwerbehinderten Menschen. Einerseits sind die Arbeitgeber verpflichtet zu prüfen, ob freie Arbeitsplätze mit schwerbehinderten Menschen, insbesondere mit bei der Agentur für Arbeit als arbeitslos oder arbeitsuchend gemeldeten schwerbehinderten Menschen, besetzt werden können. Zum anderen normiert § 164 II 1 SGB IX ein spezialgesetzliches Diskriminierungsverbot für schwerbehinderte Beschäftigte. Nach § 164 II 2 SGB IX gelten im Einzelnen die Regelungen des Allgemeinen Gleichbehandlungsgesetzes, insbesondere das Benachteiligungsverbot nach § 7 AGG. Ein solches Benachteiligungsverbot besteht insbesondere bei der Begründung von Arbeitsverhältnissen, beim beruflichen Aufstieg, bei einer Weisung oder bei einer Kündigung; das Benachteiligungsverbot ist auch von Betriebs- und Tarifpartnern zu beachten.[471] Eine unterschiedliche Behandlung wegen der Behinderung ist jedoch dann zulässig, soweit eine Vereinbarung oder eine Maß-

---

471 Vgl. BAG NZA 2004, 544, 547

nahme die Art der von dem schwerbehinderten Beschäftigten auszuübenden Tätigkeit zum Gegenstand hat und eine bestimmte körperliche Funktion, geistige Fähigkeit oder seelische Gesundheit wesentliche und entscheidende berufliche Anforderung für diese Tätigkeit ist.[472] Ein Verstoß gegen das Benachteiligungsverbot kann zu Schadensersatzansprüchen des Schwerbehinderten führen.

4. Besondere Rechte schwerbehinderter Menschen

513 In § 164 SGB IX sind auch besondere Rechte schwerbehinderter Menschen geregelt. Nach § 81 IV 1 SGB IX haben schwerbehinderte Menschen gegenüber ihren Arbeitgebern Anspruch auf Beschäftigung, bei der sie ihre Fähigkeiten und Kenntnisse möglichst voll verwerten und weiterentwickeln können, sowie bevorzugte Berücksichtigung bei innerbetrieblichen Maßnahmen der beruflichen Bildung zur Förderung ihres beruflichen Fortkommens. Außerdem haben sie Anspruch auf Erleichterungen im zumutbaren Umfang zur Teilnahme an außerbetrieblichen Maßnahmen der beruflichen Bildung. Der Arbeitgeber ist des Weiteren verpflichtet, den Arbeitsplatz für schwerbehinderte Menschen mit den erforderlichen technischen Arbeitshilfen unter Berücksichtigung der Behinderung auszustatten sowie für behindertengerechte Einrichtungen und Unterhaltung der Arbeitsstätten einschließlich der Betriebsanlagen, Maschinen und Geräte sowie der Gestaltung der Arbeitsplätze des Arbeitsumfelds, der Arbeitsorganisation und der Arbeitszeit unter besonderer Berücksichtigung der Unfallgefahr zu sorgen. Nach § 166 I 1 SGB IX treffen die Arbeitgeber mit der Schwerbehindertenvertretung und den in § 176 SGB IX genannten Vertretungen, z. B. Betriebs- oder Personalräten, in Zusammenarbeit mit dem Inklusionsbeauftragten des Arbeitgebers, eine verbindliche Integrationsvereinbarung. Dabei soll nach § 181 S. 2 SGB IX der Beauftragte des Arbeitgebers nach Möglichkeit selbst ein schwerbehinderter Mensch sein. Aufgabe dieses Beauftragten ist insbesondere, dass der Arbeitgeber seine gegenüber den schwerbehinderten Beschäftigten obliegenden Verpflichtungen erfüllt.

5. Besonderer Kündigungsschutz

514 Besondere Kündigungsschutzregelungen für schwerbehinderte Personen sind in den §§ 168–175 SGB IX geregelt. Ein Anspruch auf zusätzliche Urlaubstage für schwerbehinderte Menschen ist in § 208 SGB IX normiert. Außerdem besteht nach § 207 SGB IX für schwerbehinderte Menschen der Anspruch, von Mehrarbeit freigestellt zu werden. Die Verantwortlichkeit für die Aufsicht bzw. der gleichberechtigten Teilhabe von schwerbehinderten Menschen am Leben in der Gesellschaft und die Förderung von Beschäftigungsverhältnissen schwerbehinderter Personen liegt bei den jeweiligen Integrationsämtern und der Bundesagentur für Arbeit, welche von sog. beratenden Ausschüssen i. S. v. §§ 184 ff. SGB IX unterstützt werden. In Betrieben und Dienststellen, in denen mindestens fünf schwerbehinderte Menschen nicht nur vorübergehend beschäftigt sind, werden nach § 177 I 1 SGB IX eine Vertrauensperson und wenigstens ein stellvertretendes Mitglied als Schwerbehindertenvertretung gewählt. Ihre Aufgabe ist es, die Eingliederung schwerbehinderter Menschen in den Betrieb zu fördern, deren Interessen im Betrieb zu vertreten und den schwerbehinderten Beschäftigten beratend und helfend zur Seite zu stehen.

VII. Schutz für Teilzeit- und befristet Beschäftigte

515 Teilzeitbeschäftigte und befristet beschäftigte Arbeitnehmer sind durch das Teilzeit- und Befristungsgesetz (TzBfG) besonders geschützt. Nach § 4 TzBfG besteht grds. das Verbot der Diskriminierung. Danach darf ein in Teilzeit beschäftigter Arbeitnehmer wegen der

---

472 Vgl. zu den zulässigen Differenzierungskriterien: ErfK/Schlachter, § 3 AGG, Rn. 14

Teilzeitarbeit nicht schlechter behandelt werden als ein vergleichbarer Vollzeitbeschäftigter, es sei denn, dass sachliche Gründe eine unterschiedliche Behandlung rechtfertigen. Insbesondere ist einem teilzeitbeschäftigten Arbeitnehmer mindestens in dem Umfang Arbeitsentgelt oder eine andere teilbare geldwerte Leistung zu gewähren, die dem Anteil seiner Arbeitszeit an der Arbeitszeit eines vergleichbaren vollzeitbeschäftigten Arbeitnehmers entspricht.

Das Verbot der Diskriminierung besteht nach § 4 II TzBfG auch für befristet beschäftigte Arbeitnehmer. Ein befristet beschäftigter Arbeitnehmer darf somit wegen der Befristung des Arbeitsvertrags nicht schlechter behandelt werden als ein vergleichbarer unbefristet beschäftigter Arbeitnehmer, es sei denn, dass sachliche Gründe eine unterschiedliche Behandlung rechtfertigen. Auch einem befristet beschäftigten Arbeitnehmer ist Arbeitsentgelt oder eine andere teilbare geldwerte Leistung, die für einen bestimmten Bemessungszeitraum gewährt wird, mindestens in dem Umfang zu gewähren, der dem Anteil seiner Beschäftigungsdauer am Bemessungszeitraum entspricht. Es besteht daher für teilzeitbeschäftigte und befristet beschäftigte Arbeitnehmer ein grds. Gleichbehandlungsgebot gegenüber ihren vollzeitbeschäftigten Kollegen. Nur ausnahmsweise kann eine Schlechterstellung von teilzeitbeschäftigten oder befristet beschäftigten Arbeitnehmern gegenüber vollzeitbeschäftigten Arbeitnehmern sachlich gerechtfertigt sein. Dann müssen Gründe bestehen, welche unternehmensspezifisch sind, z. B. im Bergbau, und die für die Erreichung einer solchen unternehmensspezifischen Situation geeignet und erforderlich sind.[473] **516**

Für teilzeit- und befristet beschäftigte Arbeitnehmer besteht darüber hinaus nach § 5 TzBfG ein Benachteiligungsverbot. Der Arbeitgeber darf einen Arbeitnehmer nicht wegen der Inanspruchnahme von Rechten nach diesem Gesetz benachteiligen. Denn Zielsetzung des Teilzeit- und Befristungsgesetzes ist es nach § 1 TzBfG, Teilzeitarbeit zu fördern, die Voraussetzungen für die Zulässigkeit befristeter Arbeitsverträge festzulegen und die Diskriminierung von teilzeitbeschäftigten und befristet beschäftigten Arbeitnehmern zu verhindern. Gibt somit ein Arbeitnehmer gegenüber dem Arbeitgeber seinen Wunsch zum Ausdruck, seine Vollzeitbeschäftigung in eine Teilzeitbeschäftigung umzuwandeln, darf der Arbeitnehmer vom Arbeitgeber dadurch nicht benachteiligt werden. Insbesondere besteht nach § 11 TzBfG ein Kündigungsverbot, nach dem die Kündigung eines Arbeitsverhältnisses wegen der Weigerung eines Arbeitnehmers, von einem Vollzeit- in ein Teilzeitarbeitsverhältnis oder umgekehrt zu wechseln, unwirksam ist. **517**

VIII. Heimarbeitsschutz

Nach § 1 I HAG sind in Heimarbeit Beschäftigte die Heimarbeiter und die Hausgewerbetreibenden. Heimarbeiter ist nach § 2 I HAG, wer in selbstgewählter Arbeitsstätte (eigener Wohnung oder selbstgewählter Betriebsstätte) allein oder mit seinen Familienangehörigen im Auftrag von Gewerbetreibenden erwerbsmäßig arbeitet und die Verwertung der Arbeitsergebnisse dem unmittelbar oder mittelbar auftraggebenden Gewerbetreibenden überlässt. Ein Hausgewerbetreibender ist nach § 2 II HAG, wer in eigener Arbeitsstätte mit nicht mehr als zwei fremden Hilfskräften oder Heimarbeitern im Auftrag von Gewerbetreibenden Waren herstellt, bearbeitet oder verpackt, wobei er selbst wesentlich am Stück mitarbeitet, jedoch die Verwertung der Arbeitsergebnisse dem unmittelbar oder mittelbar auftraggebenden Gewerbetreibenden überlässt. **518**

---

473   Vgl. EuGH NZA 2001, 883, 886 f. zu Art. 157 AEU (ex Art. 141 EGV 2005, ex Art. 119 EGV 1997)

519 Heimarbeiter oder Hausgewerbetreibende sind besonders schutzbedürftig, da sie von dem unmittelbar oder mittelbar auftraggebenden Gewerbetreibenden in einem wirtschaftlichen Abhängigkeitsverhältnis stehen.[474] Für die Feststellung der Schutzbedürftigkeit ist nach § 1 II 2 HAG das Ausmaß der wirtschaftlichen Abhängigkeit maßgebend. Dabei sind insbesondere die Zahl der fremden Hilfskräfte, die Abhängigkeit von einem oder mehreren Auftraggebern, die Möglichkeiten des unmittelbaren Zugangs zum Absatzmarkt, die Höhe und die Art der Eigeninvestitionen sowie der Umsatz zu berücksichtigen.

520 Besondere Entgeltschutzvorschriften sind in §§ 17 ff. HAG normiert. So gelten als Tarifverträge nach § 17 I HAG auch schriftliche Vereinbarungen zwischen Gewerkschaften einerseits und Auftraggebern oder deren Vereinigungen andererseits über Inhalt, Abschluss oder Beendigung von Vertragsverhältnissen der in Heimarbeit Beschäftigten oder Gleichgestellten mit ihren Auftraggebern. Ein sog. Heimarbeitsausschuss hat auf dem Gebiet der Entgeltregelung z. B. auf das Zustandekommen von Tarifverträgen hinzuwirken. Um vor einer Benachteiligung bei Entgeltzahlungen geschützt zu sein, gilt nach § 23 I HAG, dass die oberste Arbeitsbehörde des Landes für eine wirksame Überwachung der Entgelte und sonstigen Vertragsbedingungen durch Entgeltprüfer zu sorgen hat. Insbesondere hat die oberste Arbeitsbehörde nach § 24 S. 1 HAG das Recht, einen Auftraggeber, welcher einen in Heimarbeit Beschäftigten oder einem Gleichgestellten ein Entgelt gezahlt hat, das niedriger als in einer Entgeltregelung nach §§ 17 ff. HAG festgesetzt worden war, aufzufordern, innerhalb einer festzusetzenden Frist den Minderbetrag nachzuzahlen und den Zahlungsnachweis vorzulegen. Außerdem haben Heimarbeiter und die ihnen Gleichgestellten zum einen Anspruch auf Urlaub nach §§ 1, 2 S. 2 BUrlG. Zum anderen gilt für diese Beschäftigten nach § 10 EFZG ein Anspruch auf Zahlung eines Zuschlags zum Arbeitsentgelt als Schutz für die wirtschaftliche Sicherung für den Krankheitsfall im Bereich der Heimarbeit. Des Weiteren steht den in Heimarbeit Beschäftigten nach § 11 EFZG ein Anspruch auf Feiertagsbezahlung zu.

IX. Arbeitszeitschutz durch das Ladenschlussgesetz

521 Das Ladenschlussgesetz (LadSchLG) regelt verbindlich in § 3 LadSchLG die allgemeinen Ladenschlusszeiten für Verkaufsstellen. Nach § 1 LadSchlG sind Verkaufsstellen u. a. Ladengeschäfte aller Art, Apotheken, Tankstellen und Bahnhofsverkaufsstellen, aber auch sonstige Verkaufsstände und -Buden, Kioske, Basare etc. Besondere Bestimmungen ergeben sich nach § 19 LadSchlG für den Marktverkehr.

522 Ein besonderer Schutz für Arbeitnehmer ergibt sich aus § 17 LadSchlG. Dort sind die Arbeitszeiten an Sonn- und Feiertagen in nur während der ausnahmsweise zugelassenen Öffnungszeiten geregelt, deren Dauer acht Stunden nicht überschreiten darf. Für die Erledigung von Vorbereitungs- und Abschlussarbeiten ist eine weitere Beschäftigung von 30 Minuten zulässig. Arbeiten Beschäftigte länger als drei Stunden an einem Sonn- oder Feiertag, sind diese Arbeitnehmer vom Arbeitgeber an einem Werktag derselben Woche nach § 17 III 1 LadSchlG ab 13.00 Uhr und wenn die Beschäftigung länger als sechs Stunden dauert, an einem ganzen Werktag derselben Woche von der Arbeit freizustellen. Mindestens jeder dritte Sonntag muss beschäftigungsfrei bleiben.

---

[474] Vgl. Schmidt/Koberski/Tiemann/Wascher, § 1 Rn. 34 ff.

X. Datenschutz

Auch dem Datenschutzrecht kommt eine wichtige Aufgabe im Arbeitsschutzrecht mit grundgesetzlicher Verankerung zuteil. So hatte das BVerfG[475] bereits im Jahre 1983 im Wege einer Fortführung bisheriger Rechtsgrundsätze das Datenschutzrecht als einen Bestandteil des allgemeinen Persönlichkeitsrechts gemäß Art. 2 I GG anerkannt. Der Datenschutz ist öffentlich-rechtlich in der Datenschutzgrundverordnung (DSGVO), im Bundesdatenschutzgesetz (BDSG) und in den Landesdatenschutzgesetzen geregelt. Der Anwendungsbereich der Datenschutzgesetze betrifft insbesondere die Verarbeitung personenbezogener Daten, zu denen auch die Arbeitnehmerdaten gehören, die im betrieblichen Personalwesen verwaltet werden. In vielen Lebensbereichen bestehen Sonderregeln des Datenschutzes und der Datensicherung, etwa das Bankgeheimnis, das wettbewerbs-rechtliche Betriebsgeheimnis, das Brief-, Post- und Fernmeldegeheimnis, das Steuergeheimnis, das Sozialgeheimnis, das Statistikgeheimnis etc. Zum Schutz des Persönlichkeitsrechts bei der Erhebung, Speicherung und Übermittlung von Arbeitnehmer- und Sozialdaten sind Spezialvorschriften und Verhaltensregeln des Arbeits- und Sozialrechts vorrangig vor den allgemeinen Datenschutzgesetzen zu berücksichtigen. Die Datenschutzgrundverordnung (DSGVO) ist eine EU-Verordnung. Sie ist anzuwenden seit dem 25.5.2018 und dient der Schaffung eines einheitlichen Rechtsrahmens innerhalb der EU. Das deutsche Bundesdatenschutzgesetz (BDSG) dient der Wahrung des informationellen Selbstbestimmungsrechts als Bestandteil des allgemeinen Persönlichkeitsrechts des Einzelnen gemäß Art. 2 I GG. Grundsätzlich hat die DSGVO gegenüber nationalen Gesetzen einen Anwendungsvorrang. Hinsichtlich des Beschäftigtendatenschutzes ist allerdings Art. 88 DSGVO zu beachten. Gemäß Art. 88 I DSGVO können die Mitgliedsstaaten durch Rechtsvorschriften oder durch Kollektivvereinbarungen spezifischere Vorschriften zur Gewährleistung des Schutzes der Rechte und Freiheiten hinsichtlich der Verarbeitung personenbezogener Beschäftigtendaten im Beschäftigungskontext, insbesondere für Zwecke der Einstellung, der Erfüllung des Arbeitsvertrags einschließlich der Erfüllung von durch Rechtsvorschriften o-der durch Kollektivvereinbarungen festgelegten Pflichten, des Managements, der Planung und der Organisation der Arbeit, der Gleichheit und Diversität am Arbeitsplatz, der Gesundheit und Sicherheit am Arbeitsplatz, des Schutzes des Eigentums der Arbeitgeber oder der Kunden sowie für Zwecke der Inanspruchnahme der mit der Beschäftigung zusammenhängenden individuellen oder kollektiven Rechte und Leistungen und für Zwecke der Beendigung des Beschäftigungsverhältnisses vorsehen. Damit sind nationale Regelungen zulässig, die den Beschäftigtendatenschutz spezieller regeln, dabei aber das Schutzniveau der DSGVO nicht unterschreiten. Der deutsche Gesetzgeber hat in § 26 BDSG eine solche Regelung geschaffen.

Gemäß § 26 I 1 BDSG dürfen personenbezogene Daten von Beschäftigten für Zwecke des Beschäftigungsverhältnisses verarbeitet werden, wenn dies für die Entscheidung über die Begründung eines Beschäftigungsverhältnisses oder nach Begründung des Beschäftigungsverhältnisses für dessen Durchführung oder Beendigung oder zur Ausübung oder Erfüllung der sich aus einem Gesetz oder einem Tarifvertrag, einer Betriebs- oder Dienstvereinbarung (Kollektivvereinbarung) ergebenden Rechte und Pflichten der Interessenvertretung der Beschäftigten erforderlich ist. Wer als Beschäftigter im Sinne des BDSG anzusehen ist, regelt § 26 Abs. 8 Nr. 1–7 BDSG. § 26 I 2 BDSG formuliert die Voraussetzungen für die Erhebung und Verwendung personenbezogener Daten eines Beschäftigten zur Aufdeckung von Straftaten, die im Beschäftigungsverhältnis begangen worden sind. § 26 II BDSG normiert sodann neben der DSGVO zusätzliche Anforderungen an die Zulässigkeit einer Einwilligung im Beschäftigungskontext. Grundsätzlich muss nach

---

[475] BVerfGE 65, 1 ff.

der DSGVO eine Einwilligung für einen bestimmten Fall für festgelegte Zwecke, in informierter Weise, durch eine eindeutig bestätigende Handlung, in Kenntnis der jederzeitigen Widerrufbarkeit für die Zukunft, sowie freiwillig erteilt werden. Bezüglich der Beurteilung der Freiwilligkeit sieht § 26 II BDSG nun vor, dass insbesondere die im Beschäftigungsverhältnis bestehende Abhängigkeit der beschäftigten Person sowie die Umstände, unter denen die Einwilligung erteilt worden ist, zu berücksichtigen ist. Freiwilligkeit kann insbesondere dann vorliegen, wenn für die beschäftigte Person ein rechtlicher oder wirtschaftlicher Vorteil erreicht wird oder Arbeitgeber und beschäftigte Person gleich gelagerte Interessen verfolgen. Darüber hinaus hat die Einwilligung schriftlich oder elektronisch zu erfolgen und der Arbeitnehmer ist vom Arbeitgeber über den Zweck der Datenverarbeitung und über sein Widerrufsrecht aufzuklären (vgl. § 26 II 3, 4 BDSG). Nach § 26 IV BDSG bleiben die Beteiligungsrechte der Interessenvertretungen der Beschäftigten unberührt. Für die Überwachung des Datenschutzes im Unternehmen ist neben dem Betriebsrat auch ein betrieblicher Datenschutzbeauftragter zuständig, der von jeder öffentlichen oder nicht öffentlichen Stelle, die personenbezogene Daten automatisiert erhebt, unter den Voraussetzungen der Art. 37 BDSG, §§ 5, 38 BDSG bestellt werden muss.

XI. Schutz bei Mehrarbeit und Kurzarbeit

525 Mehrarbeit und Kurzarbeit können im Betrieb des Arbeitgebers vorkommen, bei der entweder die wirtschaftliche Gesamtsituation gut und dadurch der Auftragseingang hervorragend ist, oder bei einer wirtschaftlich schwierigen Lage, mit der ein starker Auftragsrückgang einhergeht. Der Schutz vor übermäßiger Mehrarbeit ergibt sich aus dem Arbeitszeitgesetz. Nach § 3 S. 1 ArbZG darf die werktägliche Arbeitszeit der Arbeitnehmer acht Stunden nicht überschreiten. Ist Mehrarbeit notwendig, kann die Arbeitszeit auf bis zu zehn Stunden nur verlängert werden, wenn innerhalb von sechs Kalendermonaten oder innerhalb von 24 Wochen im Durchschnitt acht Stunden werktäglich nicht überschritten werden. Ausnahmen dazu, insbesondere im Rahmen von Tarifverträgen oder Betriebs- bzw. Dienstvereinbarungen, sind in § 7 ArbZG geregelt. Weitere Ausnahmen in besonderen Fällen sehen die §§ 14, 15 ArbZG vor.

526 Von Kurzarbeit spricht man, wenn ein Arbeitgeber vorübergehende wirtschaftliche Schwierigkeiten überbrücken und Kosten senken muss, indem er zwischenzeitlich die vereinbarte Arbeitszeit herabsetzt und die Arbeitnehmer zwar Lohneinbußen hinnehmen müssen, aber möglicherweise von betriebsbedingten Kündigungen verschont bleiben.[476] Regelungen zur Kurzarbeit finden sich insbesondere in Tarifverträgen aber auch in Betriebsvereinbarungen. Haben Tarifvertragsparteien Klauseln für die Anordnung von Kurzarbeit in den Tarifvertrag aufgenommen, kann der Arbeitgeber aufgrund seines Weisungsrechts nach § 106 GewO Kurzarbeit anordnen.[477] Dasselbe gilt, wenn eine Betriebsvereinbarung Regelungen für die Möglichkeit zur Einführung von Kurzarbeit vorsieht. Denkbar ist auch, dass Arbeitgeber wie Arbeitnehmerseite im Rahmen einer einzelvertraglichen Absprache Voraussetzungen für die Einführung von Kurzarbeit in wirtschaftlich schwierigen Zeiten schaffen. Allen drei Möglichkeiten zur Regelung von Kurzarbeit, durch Tarifvertrag, Betriebsvereinbarung oder einzelvertragliche Absprache, ist gemein, dass eine Anordnung selbst nur rechtmäßig ist, wenn nach § 87 I Nr. 3 BetrVG der Betriebsrat einer vorübergehenden Verkürzung oder Verlängerung der betriebsüblichen Arbeitszeit zugestimmt hat. Eine vorübergehende Verkürzung oder Verlängerung der betriebsüblichen Arbeitszeit liegt allerdings nur dann vor, wenn der Zeit-

---

476 Vgl. Junker, Rn. 739
477 Vgl. Henssler/Lembke, § 106 GewO Rn. 36

XI. Schutz bei Mehrarbeit und Kurzarbeit

raum für die Arbeitszeitänderung grds. überschaubar ist.[478] Nicht erforderlich ist schon ein genauer Zeitpunkt für das Ende der Arbeitszeitänderung.

Die Bundesagentur für Arbeit kann innerhalb der gesetzlichen oder behördlichen Wirksamkeitssperre für die Entlassung die Einführung von Kurzarbeit zulassen, wenn der Arbeitgeber nicht in der Lage ist, die Arbeitnehmer während dieser Zeit voll zu beschäftigen.[479] So kann i.S.d. § 19 I KSchG auch auf gesetzlicher Grundlage Kurzarbeit in Betrieben eingeführt werden, insbesondere bei einem stärkeren Konjunkturrückgang. Nach § 19 II KSchG ist der Arbeitgeber im Fall der Kurzarbeit berechtigt, Lohn oder Gehalt der mit verkürzter Arbeit beschäftigten Arbeitnehmer entsprechend zu verringern; die Kürzung des Arbeitsentgelts wird jedoch erst von dem Zeitpunkt an wirksam, in dem das Arbeitsverhältnis nach den allgemeinen gesetzlichen oder den vereinbarten Bestimmungen enden würde. § 19 III KSchG normiert allerdings, dass tarifvertragliche Bestimmungen über die Einführung, das Ausmaß und die Bezahlung von Kurzarbeit der gesetzlichen Zulässigkeit von Kurzarbeit vorgehen. Den Lohneinbußen für die Arbeitnehmer aufgrund der Kürzung des Gehalts durch den Arbeitgeber bei Kurzarbeit steht ein Ausgleich nach §§ 95 ff. SGB III bei einem erheblichen Arbeitsausfall zu.

527

In den Jahren 2020 und 2021 gab es im Zuge der Covid-19-Pandemie Sonderregelungen zur Kurzarbeit. Im Jahr 2020 traten das Gesetz zur Beschäftigungssicherung infolge der Covid-19-Pandemie (Beschäftigungssicherungsgesetz) zusammen mit der Ersten Verordnung zur Änderung der Kurzarbeitergeldverordnung sowie der Zweiten Verordnung über die Bezugsdauer für das Kurzarbeitergeld in Kraft. Im Jahre 2021 folgte die Zweite Verordnung zur Änderung der Kurzarbeitergeldverordnung. Gemäß § 95 S. 1 SGB III besteht grundsätzlich ein Anspruch auf Kurzarbeitergeld, wenn kumulativ ein erheblicher Arbeitsausfall mit Entgeltausfall vorliegt, die betrieblichen Voraussetzungen erfüllt sind, die persönlichen Voraussetzungen erfüllt sind und der Arbeitsausfall der Agentur für Arbeit angezeigt worden ist. Diese Voraussetzungen sind in den §§ 96–99 SGB III näher definiert. So liegt ein erheblicher Arbeitsausfall gemäß § 96 I 1 Nr. 1–4 SGB III vor, wenn er auf wirtschaftlichen Gründen oder einem unabwendbaren Ereignis beruht, er vorübergehend ist, er nicht vermeidbar ist und im jeweiligen Kalendermonat (Anspruchszeitraum) mindestens ein Drittel der in dem Betrieb beschäftigten Arbeitnehmerinnen und Arbeitnehmer von einem Entgeltausfall von jeweils mehr als 10 % ihres monatlichen Bruttoentgelts betroffen ist; der Entgeltausfall kann auch jeweils 100 % des monatlichen Bruttoentgelts betragen. Durch die gesetzlichen Sonderregelungen im Zuge der Covid-19-Pandemie gilt ein erleichterter Zugang zum Kurzarbeitergeld, um Insolvenzen und damit verbundenen Arbeitsplatzverlust zu verhindern. Hierzu wurde das Quorum der im Betrieb Beschäftigten, von denen Arbeitsausfall betroffen sein müssen, auf bis zu 10 % abgesenkt. Weiterhin ist es nicht erforderlich, dass zur Vermeidung von Kurzarbeit negative Arbeitszeitsalden aufgebaut werden müssen (vgl. zur grundsätzlichen Rechtslage § 96 IV 2 Nr. 3 SGB III). Der Bezug von Kurzarbeitergeld wird auch für Leiharbeitnehmer ermöglicht und die Sozialversicherungsbeiträge werden gegenüber dem Arbeitgeber vollständig durch die Bundesagentur für Arbeit erstattet. Durch die Zweite Verordnung zur Änderung der Kurzarbeitergeldverordnung wurden die o.g. Zugangserleichterungen für Betriebe, die bis zum 30.6.2021 Kurzarbeit eingeführt haben, bis zum 31.12.2021 verlängert. Auch die Regelungen hinsichtlich der Leiharbeitnehmer wurden bis zum 31.12.2021 verlängert. Vom 1.7.2021–31.12.2021 gilt darüber hinaus eine 50 %-ige Erstattung der Sozialversicherungsbeiträge (unter bestimmten Voraussetzungen auch 100 %), wenn mit der Kurzarbeit bis zum 30.6.2021 begonnen

528

---

478   Vgl. dazu BAG AP Nr. 2 zu § 87 BetrVG 1972, Arbeitszeit; BAG NZA 2003, 1155, 1157; 1209, 1210; BAG DB 2007, 1475, 1476
479   Zöllner/Loritz/Hergenröder, § 25 I 4

wurde. Auch die Höhe des Kurzarbeitergeldes, das grundsätzlich 60 bzw. 67 % der Nettoentgeltdifferenz beträgt, wurde vorübergehend bis zum 31.12.2021 gestaffelt auf bis zu 80 bzw. 87 % erhöht. Die Bezugsdauer wurde von 12 auf 24 Monate verlängert.

Vierter Teil: Kollektives Arbeitsrecht

Das kollektive Arbeitsrecht hat sich in den vergangenen Jahrzehnten zu einem bedeutenden Bestandteil zum Schutz des Arbeitnehmers entwickelt. Das Recht, von Arbeitnehmer- wie von Arbeitgeberseite Koalitionen zu bilden – Gewerkschaften und Arbeitgeberverbände – das Tarifvertragsrecht, das Arbeitskampf- und Schlichtungsrecht, aber insbesondere auch das Mitbestimmungsrecht bilden die Schwerpunkte des kollektiven Arbeitsrechts.

529

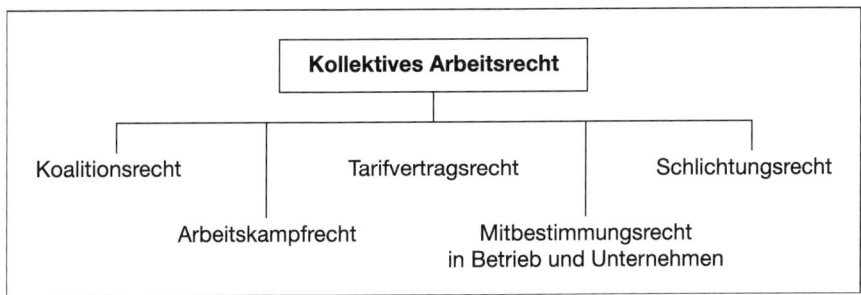

Abb. 16: Kollektives Arbeitsrecht

§ 1 Koalitionsrecht

Schrifttum: *Badura*, Das Recht der Koalitionen, ArbRGeg, Bd. 15 (1978), 17; *Dütz/Thüsing*, Koalitionsautonome Regelung der Arbeits- und Wirtschaftsbedingungen, JA 1987, 405; *Gröbing*, Das Koalitionsrecht der Arbeitnehmer in der Krise, AuR 1986, 297; *Höpfner*, Schuldrechtliche Koalitionsvereinbarungen, RdA 2020, 129; *Kemper*, Die Bestimmung des Schutzbereichs der Koalitionsfreiheit, 1990; *Mosler/Bernhard* (Hrsg.), Die Koalitionsfreiheit des Arbeitnehmers, Rechtsvergleichung und Völkerrecht, 2 Bände, 1980; *Richardi*, Grundprobleme der kollektiven Koalitionsfreiheit, ZfA 1970, 85; *Rudkowski*, Abnehmender Organisationsgrad der Arbeitnehmer als Herausforderung für den Gesetzgeber – oder die Gewerkschaften?, NZA 2021, 315; *Schaub*, Tarifautonomie in der Rechtsprechung, RdA 1995, 65; *Scholz*, Koalitionsfreiheit, in: Isensee/Kirchhof, Hdb. des Staatsrechts, Bd. VI, 2. Aufl. 2001; *Waldhoff/Thüsing*, Koalitionsfreiheit und Arbeitskampfrecht, ZfA 2011, 329; *Wiedemann*, Der nicht organisierte Arbeitnehmer im kollektiven Arbeitsrecht, RdA 2007, 65.

I. Begriff und Bedeutung

Nach Art. 9 I GG haben alle Deutschen das Recht, Vereine und Gesellschaften zu gründen. Für ausländische Mitbürger und Einwohner gilt in der Bundesrepublik Deutschland dies grds. über Art. 2 I GG. Das Koalitionsrecht ist begründet aus Art. 9 III 1, 2 GG, indem für jedermann und für alle Berufe das Recht gewährleistet ist, zur Wahrung und Förderung der Arbeits- und Wirtschaftsbedingungen Vereinigungen zu bilden. Die vom Grundgesetz genannten Vereinigungen nennt man auch Koalitionen. Art. 9 III GG ist hierbei eine Sonderform der in Art. 9 I GG garantierten Vereinsfreiheit. Den arbeitsrechtlichen Koalitionen, Gewerkschaften und Arbeitgeberverbänden, kommen im Arbeits- und Wirtschaftsleben große Bedeutung zu. Sie tragen für die Soziale Marktwirtschaft der Bundesrepublik Deutschland eine hohe Verantwortung, weil sie neben

530

dem Gesetzgeber und der arbeitsgerichtlichen Rechtsprechung in besonderem Maß Arbeitsbedingungen beeinflussen.

531 Im Arbeitsrecht versteht man unter dem Begriff „Koalition" einen Zusammenschluss von Arbeitgebern einerseits oder Arbeitnehmern andererseits zur Wahrung und Förderung ihrer Interessen bei der Gestaltung von Arbeits- und Wirtschaftsbedingungen.[480] Rechtsprechung und Rechtsliteratur haben detaillierte Voraussetzungen aufgestellt, wann eine arbeitsrechtliche Koalition rechtswirksam entstanden ist:
- Freiwilliger Zusammenschluss von Arbeitgebern oder Arbeitnehmern auf privatrechtlicher Grundlage;
- Auf Dauer angelegte Koalition nach körperschaftlicher Struktur errichtet;
- Wahrung und Förderung der Arbeits- und Wirtschaftsbedingungen als Hauptzweck der Koalition;
- Gewährleistung von Gegnerfreiheit und Gegnerunabhängigkeit in personeller, finanzieller und organisatorischer Hinsicht;
- Unabhängigkeit der jeweiligen Koalition;
- Demokratische Willensbildung notwendig.[481]

532 Somit gelten nur privatrechtliche Vereinigungen, welche geschlossen wurden, als arbeitsrechtliche Koalitionen. Verbände, z. B. Apotheker- und Ärztekammern, Industrie- und Handelskammern oder Handwerkskammern, sind als öffentlich-rechtliche Verbände mit Mitgliedszwang keine arbeitsrechtlichen Koalitionen.[482]

533 Einzelne Koalitionen müssen auf Dauer angelegt sein; ihre Rechtsfähigkeit ist dafür keine notwendige Voraussetzung. Grund für die Notwendigkeit einer auf Dauer angelegten Koalition ist, dass – ob Gewerkschaft oder Arbeitgeberverband – derartige Koalitionen über einen großen Einfluss auf das Arbeitsrecht verfügen, so z. B. aufgrund ihrer Normsetzung in Tarifverträgen. Die besondere Machtfülle der arbeitsrechtlichen Koalitionen schlägt sich nieder in der Wahrung und Förderung von Arbeits- und Wirtschaftsbedingungen. Gewerkschaften wie Arbeitgeberverbände haben die besondere Aufgabe, die verschiedenen Anliegen von Arbeitnehmern und Arbeitgebern in Verhandlungen, z. B. in Tarifverhandlungen, zu erarbeiten und dadurch die Ordnung des Arbeitslebens positiv zu beeinflussen sowie den Anspruch des Arbeitnehmers auf eine wirtschaftliche und soziale Absicherung zu erfüllen.[483]

534 Mit den Begriffen „Gegnerfreiheit und Gegnerunabhängigkeit" ist gemeint, dass sich die jeweiligen Koalitionen losgelöst von einander gründen, sich eine organisatorische Struktur geben sowie durch einen intensiven Meinungsaustausch und Verhandlungen zum Wohl von Arbeitnehmern und Arbeitgebern streiten. Nicht gewollt i. S. v. Art. 9 III 1 GG ist ein „Harmonieverband", in welchem sich Arbeitgeber und Arbeitnehmer zusammenschließen würden; es entstünde keine Koalition, weil eine solche weder die Interessen der Arbeitnehmer, noch die Interessen der Arbeitgeber mit Nachdruck vertreten könnte.[484]

535 Koalitionen dürfen des Weiteren nicht weisungsabhängig sein. Unabhängigkeit, insbesondere beim Prozess der Willensbildung der jeweiligen Koalition und gerade gegen-

---

480 Wörlen/Kokemoor, Rn. 292
481 Vgl. BVerfG AP Nr. 117 zu Art. 9 GG, Arbeitskampf = NZA 1991, 809; BAG AP Nr. 4 zu § 2 TVG, Tariffähigkeit = NZA 2006, 1112; siehe dazu Henssler/Hergenröder, Art. 9 GG Rn. 31 ff.; Schaub/Treber, § 189 f. Rn. 1
482 Vgl. Junker, Rn. 457
483 Vgl. MH3/Rieble, § 222 Rn. 42 ff.; dazu auch Säcker/Oetker, Grundlagen und Grenzen der Tarifautonomie, 1992, S. 33 u. 72
484 Vgl. Junker, Rn. 462

über dem Staat oder politischen Parteien, ist eine Grundvoraussetzung für eine Koalition. Nur durch diese notwendige Unabhängigkeit kann innerhalb einer Koalition eine freie Willensbildung erfolgen, welche öffentlich geäußert und durchgesetzt werden kann. Daraus lässt sich auch das bedeutende Argument der demokratischen Willensbildung ableiten. Insofern ist Art. 21 I 3 GG, welcher normiert, dass die innere Ordnung einer Partei demokratischen Grundsätzen entsprechen muss, analog auch auf arbeitsrechtliche Koalitionen anzuwenden.

Keine Voraussetzung i. S. v. Art. 9 III GG ist eine sog. soziale Mächtigkeit der Koalitionspartner. Darunter ist eine soziale Macht dahingehend zu verstehen, dass aufgrund einer solchen Macht der einzelnen Koalition ein besonderes Durchsetzungsvermögen ihrer Ziele ermöglicht wird. Diese Voraussetzung ist aber nur bedeutsam bei der Frage der Tariffähigkeit einer Organisation; eine derartige auch zur Begründung der Koalitionseigenschaft zu fordern, wäre aber nur begründet, wenn jeder Koalition die Fähigkeit zum Abschluss von Tarifverträgen immanent wäre.[485]

536

II. Aufgaben

Arbeitgeberverbände wie Gewerkschaften haben im Arbeitsleben bedeutende Aufgaben zu erfüllen, Zum einen sind sie Parteien in Tarifverträgen oder in Schlichtungsverfahren, zum anderen wirken sie intensiv bei der Meinungsbildung vor dem Erlass neuer oder der Änderung bestehender Arbeitsgesetze und Verordnungen mit. Außerdem haben beide Koalitionen die Möglichkeit, z. B. Persönlichkeiten aus ihrem persönlichen Umfeld als ehrenamtliche Richter an die verschiedenen Arbeits- und Sozialgerichte zu benennen oder derartige Persönlichkeiten auch in Ausschüsse oder Verwaltungsräte der vom Staat bzw. Regierung installierten Gremien oder Körperschaften der sozialen Selbstverwaltung, z. B. der Bundesagentur für Arbeit, zu entsenden.

537

III. Koalitionsfreiheit

Art. 9 III 1 GG normiert, dass das Recht zur Wahrung und Förderung der Arbeits- und Wirtschaftsbedingungen Vereinigungen zu bilden, für jedermann und für alle Berufe gewährleistet ist. Die Verwendung des Wortes „jedermann" weist darauf hin, dass es sich bei Art. 9 III 1 GG auf jeden Fall um ein Individualgrundrecht handelt. Jede einzelne Person kann dieses Grundrecht geltend machen. Die Rechtsprechung hat schon sehr früh Art. 9 III 1 GG auch als kollektives Grundrecht anerkannt,[486] welches eigenständig neben dem Individualgrundrecht steht.[487] Die in Art. 9 III 1 GG verankerte Koalitionsfreiheit steht direkt den deutschen, aber auch den ausländischen Mitbürgern und Einwohnern, z. B. den Beamten, den Angestellten im öffentlichen Dienst sowie den zur Ausbildung Beschäftigten zu. Alle in der Bundesrepublik Deutschland lebenden Personen sowie alle Branchen und Wirkungsstätten werden von diesem Grundrecht umfasst.

538

1. Individuelle Koalitionsfreiheit

Im Rahmen der individuellen Koalitionsfreiheit wird zwischen einer sog. positiven Koalitionsfreiheit und einer sog. negativen Koalitionsfreiheit unterschieden. Im positiven Sinne hat der einzelne das Recht, eine Koalition zu gründen, einer Koalition beizutreten oder sogar in einer derartigen Koalition mitzuwirken. Verfassungsrechtlich geschützt ist somit die Förderung einer arbeitsrechtlichen Koalition in unterschiedlicher Ausprä-

539

---

485 Vgl. Michalski/Westerhoff, Rn. 784
486 Siehe BVerfGE NJW 1954, 1881, 1882
487 Vgl. BVerfG AP Nr. 1 zu Art. 9 GG; BAG DB 1979, 1089

gung.[488] Dagegen bedeutet die negative Koalitionsfreiheit, dass eine Person, die an einer Koalition mitwirkt, vor negativen Auswirkungen einer solchen Koalition, z. B. Beitrittszwang, Mitarbeitspflicht, aber auch Repressalien durch den Arbeitgeber wie z. B. Nichteinstellung aufgrund einer Gewerkschaftszugehörigkeit, zu schützen ist. Auch die negative Koalitionsfreiheit wird von Art. 9 III GG umfasst. So hat der Einzelne das Recht, einer Koalition fernzubleiben oder aus ihr auszutreten; außerdem darf niemand durch staatlichen oder sozialen Druck genötigt werden, eine Koalition mit seiner Mitgliedschaft zu unterstützen.[489]

2. Kollektive Koalitionsfreiheit

540 Genauso wichtig wie die individuelle Koalitionsfreiheit ist die kollektive Koalitionsfreiheit. Denn nur der grundrechtliche Bestandschutz einer Koalition kann dazu führen, dass der einzelne, dem das Grundrecht nach Art. 9 III 1 GG zugebilligt wird, an einer Koalition mitzuwirken, nicht dadurch gefährdet wird, dass der Staat Bestand und Ausübungsrechte der Koalition, z. B. einer Gewerkschaft oder eines Arbeitgeberverbands, einschränkt. Aus diesem Grund haben höchstrichterliche Rechtsprechung – Bundesverfassungsgericht und Bundesarbeitsgericht – sowie die Rechtsliteratur schon frühzeitig darauf hingewiesen, dass für eine arbeitsrechtliche Koalition einerseits eine Bestandsgarantie, andererseits eine Betätigungsgarantie sowie drittens eine Koalitonsmittelgarantie bestehen muss.[490]

541 a) **Bestandsgarantie.** Die Bestandsgarantie einer arbeitsrechtlichen Koalition ergibt sich aus Art. 9 III 2 GG. Eine arbeitsrechtliche Koalition, z. B. eine Gewerkschaft, kann nur durch Mitgliederwerbung und Mitgliederaufnahme entstehen. Allein durch Mitglieder wird eine Gründung wirksam; der Fortbestand einer Gewerkschaft kann nur dadurch gesichert werden, dass bei Ausscheiden unzufriedener Mitglieder im Gegenzug neue Mitglieder geworben werden können. Die Mitgliederwerbung kann so weit gehen, dass Gewerkschaften vor Wahlen zum Betriebs- oder Personalrat außerhalb der Arbeitszeit im Betrieb des Arbeitgebers Werbung für die Wahl machen dürfen. Das gilt insbesondere auch für betriebsfremde Beauftragte der Gewerkschaft.[491]

542 Für das Wesen einer Koalition ist des Weiteren erforderlich, dass das Recht zur freien Koalitionsbildung besteht. Darunter ist zu verstehen, dass es jedem Arbeitnehmer ermöglicht werden muss, in einer Koalition mitzuwirken. Das Verlangen eines Arbeitgebers, ein Bewerber müsse vor der Einstellung aus der Gewerkschaft austreten, ist somit verfassungswidrig und begründet gem. § 1004 I 2 BGB analog i. V. m. § 823 I BGB, Art. 9 III 2 GG einen Unterlassungsanspruch der Gewerkschaft.[492] Außerdem besteht für die arbeitsrechtliche Koalition das Recht auf Fortbestand in Konkurrenz zu anderen arbeitsrechtlichen Koalitionen, insbesondere aus denselben Branchen. Typisches Beispiel sind im Eisenbahnverkehr die TransNet Gewerkschaft GdED, die Verkehrsgewerkschaft GDBA sowie die Gewerkschaft Deutscher Lokomotivführer (GDL). In allen dieser Gewerkschaften sind Lokomotivführer als Mitglieder gewerkschaftlich organisiert. Das Bundesverfassungsgericht hat allerdings in einem Urteil entschieden, dass der Fortbestand einer Gewerkschaft auch dadurch gesichert wird, dass sich eine Gewerkschaft im Rahmen der garantierten kollektiven Koalitionsfreiheit nach Art. 9 III 1, 2 GG gegen

---

488 Vgl. BVerfG DB 1966, 229, 230; BAG NZA 1987, 164, 165
489 Vgl. Michalski/Westerhoff, Rn. 788
490 Vgl. für die Rechtsprechung z. B. BVerfGE 17, 319, 333; 18, 18, 26; 84, 212, 224 ff.; 88, 103, 114 f.; BVerfG AP Nr. 1 zu Art. 81 Nr. 1 PersVG Bayern; BAG DB 1981, 374, 376; 1983, 717, 718; für die Rechtsliteratur z. B. Hanau/Adomeit, Rn. 185; Lieb/Jacobs, Rn. 430 ff.
491 Vgl. BAG NZA 2006, 798, 800 f.
492 Vgl. BAG NZA 1988, 64, 65; Dütz/Thüsing, Rn. 477

unlautere Abwerbeversuche von Mitgliedern hin zu anderen Gewerkschaften erwehren kann.[493]

b) Betätigungsgarantie. Erforderlich für den Grundrechtsschutz von Koalitionen ist in dem Bereich der kollektiven Koalitionsfreiheit die Möglichkeit der freien Betätigung. Zwar ist der Umfang von Betätigungen für Koalitionen noch nicht abschließend geklärt. Das Bundesverfassungsgericht geht aber davon aus, dass der Grundrechtsschutz von Art. 9 III GG für alle koalitionsspezifischen Verhaltensweisen gilt.[494] Darunter fallen Betätigungen wie Tarifverhandlungen, das Durchführen von Arbeitskämpfen[495] sowie Schlichtungen nach erfolglosen Tarifvereinbarungen.[496] Jedoch gewährleistet das Grundgesetz die Betätigungsfreiheit von Koalitionen nicht schrankenlos; vielmehr lässt es eine gesetzliche Ausgestaltung zu, denn anderenfalls könnte der Gesetzgeber seinem Gestaltungsauftrag zur näheren Regelung der Koalitionsautonomie nicht nachkommen.[497] Außerdem beschränken andere Grundrechte die Betätigungsgarantie von Koalitionen, und derartige Einschränkungen sind z. B. dann zulässig, wenn sie zum Schutz anderer Rechtsgüter von der Sache her geboten sind.[498]

c) Koalitionsmittelgarantie. Auch die Koalitionsmittelgarantie fällt unter den Grundrechtsschutz von Art. 9 III 1, 2 GG. Darunter sind Mittel zu verstehen, welche es einer Koalition ermöglichen, ihren – allerdings legalen – Forderungen eine höhere Durchschlagskraft zu verleihen. Insbesondere Arbeitskampfmaßnahmen, welche ausdrücklich in Art. 9 III 3 GG erwähnt werden, sind grundgesetzlich geschützt, um den Forderungen einer Gewerkschaft im Rahmen von Tarifvereinbarungen Nachdruck zu verleihen. Streik ist als Koalitionsmittel garantiert.[499] Das Grundrecht des Art. 9 III 1 GG umfasst als Schutz auch die Aussperrung als Koalitionsmittel für die Koalition von Arbeitgebern. Daneben sind weitere Angriffs- und Verteidigungsmittel, welche in Arbeitskämpfen eingesetzt werden, grundrechtlich geschützt.

3. Einschränkungen der Koalitionsfreiheit

Zwar ist in Art. 9 III GG kein Gesetzesvorbehalt normiert, der das Grundrecht einschränken könnte. Allerdings können sich Einschränkungen aufgrund anderer Grundrechte, die mit Art. 9 III GG kollidieren, ergeben. Des Weiteren liegt ein Grundrechtsverstoß des Art. 9 III GG dann vor, wenn die in Art. 9 III 3 GG explizite Förderung der Arbeits- und Wirtschaftsbedingungen durch Vereinbarungen und Maßnahmen beeinträchtigt werden. Dabei handelt es sich um eine immanente Grundrechtsschranke. Der Staat hat außerdem die Möglichkeit, Arbeits- und Wirtschaftsbedingungen zur Verwirklichung von Gemeinwohlinteressen durch Gesetz zu regeln, auch wenn er dabei die Tarifautonomie beeinträchtigt.[500] Fühlt sich eine Koalition in ihrem Grundrecht aus Art. 9 III GG, z. B. im Rahmen ihrer Bestandsgarantie, eingeschränkt, so kann sie Unterlassungsklage erheben. Der Grundrechtsschutz richtet sich nach Art. 9 III 2 GG auch gegen privatrechtliche Beschränkungen und hat somit unmittelbare Drittwirkung.[501]

---

493 Vgl. BVerfGE 28, 295, 308 = JZ 1970, 722 m. Anm. Säcker
494 Vgl. BVerfG NZA 1996, 381, 382; 1999, 992, 993
495 BVerfG v. 26.6.1991 – 1 BVL 779/85
496 Vgl. BVerfG NZA 1991, 809, 811; 1995, 754, 755 f.
497 Vgl. Dütz/Thüsing, Rn. 480; siehe dazu BVerfG NZA 1996, 381, 382
498 Siehe dazu insbesondere Dütz/Thüsing, Rn. 480 mit bedeutenden Verweisen auf die höchstrichterliche Rechtsprechung zu den Sachgebieten der Unternehmensmitbestimmung, BVerfG DB 1979, 593, NZA 1996, 381; zur sozialen Mächtigkeit als Voraussetzung der Tariffähigkeit, BVerfG DB 1982, 231; sowie zur Koppelung von staatlichen Zuschüssen an Lohnabstandsklauseln, BVerfG NZA 1999, 992
499 Vgl. BVerfGE 84, 212, 224 f.; 88, 103; für die Rechtsliteratur schon frühzeitig Rüthers, S. 17
500 Vgl. Henssler, Tarifautonomie und Gesetzgebung, ZfA 1998, 1, 15 f.
501 Vgl. Höfling/Burkiczak, Die unmittelbare Drittwirkung gemäß Art. 9 Abs. 2 Satz 2 GG, RdA 2004, 263–273

IV. Arbeitgeberverbände und Gewerkschaften als Koalitionen

546 Gewerkschaften einerseits als Interessenverbände der Arbeitnehmer und Arbeitgeberverbände andererseits als Interessenverbände der Arbeitgeber bilden die beiden Arten arbeitsrechtlicher Koalitionen. Sie gestalten als marktmächtige Vereinigungen maßgeblich die grundlegenden Arbeitsbedingungen und sind damit als Sozialpartner verantwortlich für die Wahrung und Förderung der Arbeits- und Wirtschaftsbedingungen. Ihre Organisation und rechtliche Struktur unterliegen keinem gesonderten Verbandrecht, sondern in der Regel dem Vereinsrecht der §§ 21 ff. BGB. Damit sie von der Koalitionsfreiheit Gebrauch machen können, müssen sie die vorgenannten Voraussetzungen erfüllen. Eine eigene Rechtsfähigkeit ist nicht erforderlich. Darüber hinaus haftet für die Verbindlichkeit einer solchen Vereinigung nur ihr Vermögen selbst, nicht aber die Mitglieder persönlich. Rechtsträger des Vermögens ist gemäß §§ 54 S. 1, 718 BGB, wie bei einem nichtrechtsfähigen Verein, die Mitglieder als Gesamthand. Der Beitritt zu einer solchen Vereinigung, wie auch die Mitgliedschaft und der Austritt richten sich ebenfalls nach dem Vereinsrecht der §§ 21 ff. BGB. Gemäß § 10 ArbGG sind Koalitionen sowohl aktiv als auch passiv parteifähig.

1. Arbeitgeberverbände

547 Arbeitgeber haben sich entsprechend ihrer jeweiligen Branchen in verschiedenen Arbeitgeberverbänden zusammengeschlossen. Dabei bildet die jeweilige Branche einen bestimmten Industrieverband. Eine Untergliederung erfolgt auf Ortsebene, Bezirksebene, auf Landesebene und Bundesebene. Arbeitgeberverbände sind somit nach dem sog. Industrieverbandsprinzip organisiert. Oft schließen sich Orts- und Landesebenen von regionalen Fachverbänden zu einem Bundesverband von Arbeitgebern zusammen, so z. B. zu „Gesamtmetall – die Arbeitgeberverbände der Metall- und Elektroindustrie".

548 Neben dem Industrieverbandsprinzip besteht zum anderen ein sog. Landes- oder Regionalprinzip, z. B. die Vereinigung der Arbeitgeberverbände in Bayern. Einzelne Arbeitgeber werden in derartigen Landesverbänden Mitglied, wenn sie unabhängig von Industriezweig bzw. Branche einem Arbeitgeberverband beitreten wollen. Alle Arbeitgeberverbände sind Mitglieder der Bundesvereinigung der Deutschen Arbeitgeberverbände e.V. (BDA). Industrieverbände wie Landesverbände sind Mitglieder der BDA. Eine weitere Interessenvereinigung von Arbeitgebern bildet der Bundesverband der Deutschen Industrie (BDI). BDA wie auch BDI vertreten gegenüber der Politik und gegenüber den Gewerkschaften wirtschaftliche Interessen ihrer Mitglieder. Zum Abschluss von Tarifverträgen sind allerdings nur die Industrieverbände, üblicherweise auf Landes- oder Bundesebene, zuständig und berechtigt.

549 Möglich ist auf Arbeitgeberseite neben einem Arbeitgeberverband auch ein einzelner Arbeitgeber, üblicherweise ein großes und bedeutendes Unternehmen (Konzern), welches einen eigenen Haustarifvertrag mit einer Gewerkschaft abschließt, so z. B. die Volkswagen AG mit der IG Metall. Für einen einzelnen Arbeitgeber gilt i. S. d. negativen Koalitionsfreiheit das Recht zum Einzelabschluss eines Tarifvertrags nach Art. 9 III GG.[502]

2. Gewerkschaften

550 In Gewerkschaften schließen sich, je nach Branche, Arbeitnehmer zusammen. Ziel einer Gewerkschaft ist es, den wirtschaftlich in seiner Existenz abhängigen Arbeitnehmer als stärkere Einheit, z. B. bei Tarifverhandlungen, wirksam zu vertreten. Weiteres Ziel ist es, die Bedingungen am Arbeitsplatz und das Arbeitsverhältnis an sich für den Arbeitnehmer weiter zu verbessern. Auch Gewerkschaften sind üblicherweise nach dem Industrieverbandsprinzip organisiert; es kommt somit auf den einzelnen Betrieb und die Branche

---

502 Vgl. dazu Wiedemann/Thüsing, § 1 Rn. 196

an, wo der Arbeitnehmer tätig ist. Ist ein Arbeitnehmer z. B. in der Automobilzuliefererbranche tätig und gewerkschaftlich organisiert, ist er Mitglied der Industriegewerkschaft Metall. Die IG Metall gehört wiederum dem Dachverband des Deutschen Gewerkschaftbundes (DGB) an. Im DGB sind neben der IG Metall elf weitere Gewerkschaften zusammengeschlossen. Der DGB bildet somit die Spitzenorganisation einzelner Gewerkschaften. Gleiches gilt für den Christlichen Gewerkschaftsbund, dem christliche Gewerkschaften angehören, sowie für den Deutschen Beamtenbund als Spitzenorganisation der Gewerkschaften für Beamte und Arbeitnehmer im öffentlichen Dienst und im privaten Dienstleistungssektor. Vereinzelt sind Verbände auch nach dem sog. Sachverbandsprinzip errichtet, so z. B. der Marburger Bund für die angestellten Ärzte in Krankenhäusern und sonstigen medizinischen Einrichtungen.

In der Vergangenheit wurden Gewerkschaften als nichtrechtsfähige Vereine errichtet. Zwar regelt § 54 S. 1 BGB, dass auf Vereine, die nichtrechtsfähig sind, die Vorschriften über die Gesellschaft bürgerlichen Rechts Anwendung finden. Heutzutage werden die Gewerkschaften als nichtrechtsfähige Vereine den rechtsfähigen Vereinen aber weitestgehend gleichgestellt.[503] Ihnen wird i. S. v. § 50 I, II ZPO eine aktive Parteifähigkeit im Zivilprozess zugesprochen und eine solche in § 10 S. 1 ArbGG für das arbeitsgerichtliche Verfahren sogar ausdrücklich normiert.[504] Des Weiteren erfolgt die Deliktsfähigkeit für Vorstände einer Gewerkschaft nach § 31 BGB analog auf dieselbe Weise ohne Exkulpationsmöglichkeit nach § 831 BGB, wie das auch für den eingetragenen Verein und seine Vorstandsmitglieder gilt. Mitglied einer Gewerkschaft wird eine natürliche Person durch Beitritt. Durch freiwilliges Ausscheiden bzw. Ausschluss verliert der Arbeitnehmer seine Mitgliedschaft.

551

§ 2 Tarifvertragsrecht

Schrifttum: *Bayreuther*, Tarifautonomie als kollektiv ausgeübte Privatautonomie, 2006; *Biedenkopf*, Grenzen der Tarifautonomie, 1964; *Boemke*, Bindung der Tarifvertragsparteien an die Grundrechte, FS 50 Jahre BAG, 2004, S. 613; *Dütz/Thüsing*, Rechtsgrenzen für koalitionsautonome Arbeitszeitregelungen im Pressebereich, insbesondere zur tariflichen Einschränkung von Wochenendarbeit, AfP 1989, 605; *Ehmann/Schmidt*, Grenzen des Tarifvertrags, NZA 1995, 193; *Etzel*, Tarifordnung und Arbeitsvertrag, NZA 1987, Beil. 1, S. 19; *Fuchs/Reichold*, Tarifvertragsrecht, 2. Aufl., 2006; *Henssler*, Flexibilisierung der Arbeitsmarktordnung, ZfA 1994, 487; *ders.*, Stärkung der Tarifbindung durch den Gesetzgeber?, RdA 2021, 1; *Jacobs*, Tarifpluralität statt Tarifeinheit, NZA 2008, 325; *Junker*, Europa und das deutsche Tarifrecht – Was bewirkt der EuGH?, ZfA 2009, 281; *Klebeck*, Grenzen staatlicher Mindestlohntariferstreckung, NZA 2008, 446; *Konzen*, Die Tarifautonomie zwischen Akzeptanz und Kritik, NZA 1995, 913; *Löwisch/Kurs*, Tarifverträge über mobile Arbeit, BB 2020, 2804; *Michel*, Tarifpluralität und die Frage nach der Zugehörigkeit zu einer Gewerkschaft, AuR 2020, 11; *Oetker/Krause/Jacobs*, Tarifvertragsrecht, 2007; *Richardi*, Kollektivgewalt und Individualwille bei der Gestaltung des Arbeitsverhältnisses, 1968; *Rieble*, Beschäftigungspolitik durch Tarifvertrag, ZTR 1993, 54; *ders.*, Relativität der Tariffähigkeit, FS Wiedemann 2002, 519; *Rieken*, Autonomie und tarifliche Rechtsetzung, 2006; *Schilling*, Der Einigungsprozess bei Tarifverhandlungen, 1984; *Söllner*, Grenzen des Tarifvertrags, NZA 1995, 193; *Stiller*, Gestaltung der Arbeitswelt und Regelung der Arbeitsbeziehungen durch Tarifverträge, NZA-Beilage 2017, 62; *Stöhr*, Einführung in das Tarifvertragsrecht, Jura 2016, 168; *Waltermann*, Zu den Grundlagen der Rechtsetzung durch Tarifvertrag, FS Söllner 2000, 1251; *ders.*, Zuständigkeiten und Regelungsbefugnisse im Spannungsfeld von Tarifautonomie und Betriebsautonomie, RdA 1996, 129; *Zachert*, Neue Entwicklungen zur Tarifautonomie und betrieblichen Mitbestimmung, NZA 1988, 185; *Zöllner*, Die Zulässigkeit einzelvertraglicher Verlängerung der tariflichen Wochenarbeitszeit, DB 1989, 2121.

---

503 Vgl. Jauernig/Mansel, § 54, Rn. 3; BGH NZA 2020, 134, Rn. 16
504 Ebenfalls für den nichtrechtsfähigen Verein jetzt BGH NJW 2008, 69, 74

I. Begriff und Bedeutung eines Tarifvertrags

552 Das Tarifvertragsrecht ist im Tarifvertragsgesetz (TVG) normiert. Nach § 1 I TVG regelt der Tarifvertrag die Rechte und Pflichten der Tarifvertragsparteien und enthält Rechtsnormen, die den Inhalt, den Abschluss und die Beendigung von Arbeitsverhältnissen sowie betriebliche und betriebsverfassungsrechtliche Fragen ordnen können. Tarifverträge bedürfen zu ihrer Gültigkeit der Schriftform. Nach § 2 I TVG sind Tarifvertragsparteien Gewerkschaften, einzelne Arbeitgeber sowie Vereinigungen von Arbeitgebern. Besonderheit des Tarifvertrags ist, dass er einerseits, wie bei Vertragsparteien üblich, die schuldrechtlichen Verpflichtungen beider Parteien regelt; zum anderen aber eine gewisse Art von Gesetzeskraft aufweist, da die Vertragsparteien ausnahmsweise (!) Rechtsnormen erlassen können, die sich über den Tarifvertrag auf Arbeitsverhältnisse auswirken.

Tarifvertragsrecht

- Tarifvertrag, § 1 TVG
  - Begriff und Bedeutung
  - Inhalt
    - ☐ Schuldrechtlicher Teil
    - ☐ Normativer Teil
- Tariffähigkeit, § 2 I TVG
  - Recht zum Abschluss von Tarifverträgen
  - Wille und Mächtigkeit
- Tarifzuständigkeit, § 2 II, III TVG
  - Satzung der jeweiligen Organisation
  - Zusammenschluss gleichartiger Koalitionen und Abschlussvollmacht
- Grenzen der Tarifautonomie
  - Höherrangiges Recht
  - Rechte von Arbeitnehmern
  - Rechte des Gemeinwohls
- Wirkungen tarifvertraglicher Regelungen
  - Wirksamer Tarifvertrag
  - Tarifgebundenheit der Tarifparteien, § 3 I TVG
  - Geltungsbereich
  - Friedenspflicht
  - Tarifkonkurrenz
  - Tarifpluralität
  - Beendigung des Tarifvertrags

Abb. 17: Tarifvertragsrecht

---

553 Nach § 4 I 1 TVG gelten die Rechtsnormen des Tarifvertrags, die den Inhalt, den Abschluss oder die Beendigung von Arbeitsverhältnissen ordnen, unmittelbar und zwingend zwischen den beiderseits Tarifgebundenen, die unter den Geltungsbereich des Tarifvertrags fallen. Folglich sind auf der Arbeitgeberseite alle Arbeitgeber, die dem Arbeitgeberverband angehören, welcher den Tarifvertrag ausgehandelt hat, sowie alle Arbeitnehmer aus der Branche, für die die Gewerkschaft auf der anderen Seite den Tarifvertrag vereinbart hat, zur Erfüllung der vertraglichen Verpflichtungen einerseits sowie zur Beachtung der gemeinsam gesetzten Rechtsnormen andererseits verpflichtet. Die normative Wirkung von Tarifverträgen ergibt sich nach h. M. aus einer Delegation

II. Tariffähigkeit und Tarifzuständigkeit

der Rechtsetzungsmacht vom parlamentarischen Gesetzgeber auf die Tarifvertragsparteien; danach ist das Tarifvertragsgesetz als Ausführungsgesetz zu Art. 9 III GG zu verstehen.[505] Auch die Tarifautonomie ist daher durch Art. 9 III GG garantiert.

II. Tariffähigkeit und Tarifzuständigkeit

1. Tariffähigkeit

Die Vertragsparteien eines Tarifvertrags müssen einerseits tariffähig sein, d. h. das Recht haben, Tarifverträge abzuschließen; andererseits müssen die Tarifparteien zum Abschluss eines Tarifvertrags überhaupt zuständig sein. Die Tariffähigkeit ergibt sich aus § 2 TVG. Zum einen sind Tarifvertragsparteien Gewerkschaften, einzelne Arbeitgeber sowie Vereinigungen von Arbeitgebern. Aber auch Zusammenschlüsse von Gewerkschaften und von Vereinigungen von Arbeitgebern (Spitzenorganisationen) können im Namen der ihnen angeschlossenen Verbände Tarifverträge abschließen, wenn sie eine entsprechende Vollmacht haben.[506] Außerdem können Spitzenorganisationen selbst Parteien eines Tarifvertrags sein, wenn der Abschluss von Tarifverträgen zu ihren satzungsgemäßen Aufgaben gehört.

Das Tarifvertragsgesetz zählt in § 2 TVG zwar einzelne Organisationen auf, die tarifvertragsfähig sind. Gemäß § 2 I TVG sind Gewerkschaften, einzelne Arbeitgeber sowie Vereinigungen von Arbeitgebern tariffähig. Weitere Voraussetzungen werden aber nicht ausdrücklich erwähnt. Jedoch ist allgemein anerkannt, dass es sich bei Vereinigungen als Koalitionen i. S. d. Art. 9 III GG um freiwillige, gegnerunabhängige und überbetriebliche Vereinigungen mit organisierter Willensbildung und demokratischer Struktur handeln müssen, die die Wahrung und Förderung der Arbeits- und Wirtschaftsbedingungen zum Ziel haben.[507] Neben der Fähigkeit, Tarifverträge abschließen zu können, besteht außerdem die Voraussetzung, dass man auch den Willen und die Mächtigkeit dazu hat. Zum einen sind in den Satzungen von Gewerkschaft und Arbeitgeberverband ausdrücklich Regelungen enthalten, nach denen eine Tarifzuständigkeit besteht und diese Tarifzuständigkeit auch ausgeübt werden soll; zum anderen verlangt das Bundesarbeitsgericht bei einer Gewerkschaft eine gewisse generelle Mächtigkeit, um die angestrebten Ziele, welche z. B. durch einen neuen Tarifvertrag zugunsten der Arbeitnehmer umgesetzt werden sollen, mit Nachdruck vertreten zu können.[508]

Diese Macht zur Durchsetzungsfähigkeit ist deshalb von besonderer Bedeutung, weil zum einen eine Gewerkschaft als Tarifvertragspartei mit einer nur geringen Mitgliederzahl weder mit Nachdruck auf die Durchsetzung ihrer Ziele in Tarifverhandlungen pochen kann; zum anderen wäre sie kaum in der Lage, einen längeren Arbeitskampf zu führen und zu bezahlen, um ihre Vertragsziele durchzusetzen. Es muss daher erwartet werden, dass der Arbeitnehmerverband vom Gegner ernst genommen wird, so dass die Regelung der Arbeitsbedingungen nicht einem Diktat der anderen Seite entspringt.[509] Deshalb verlangt die Rechtsprechung ein bestimmtes Maß an Durchsetzungskraft gegenüber der anderen Tarifvertragspartei, die sicherstellen soll, dass der Arbeitnehmerverband so stark sein muss, dass er in der Lage ist, einen Konflikt mit der Arbeitgeberseite aufzunehmen.[510]

---

505 Dütz/Thüsing, Rn. 490
506 Siehe Wiedemann/Thüsing, § 1 Rn. 189
507 Vgl. Michalski/Westerhoff, Rn. 810
508 Vgl. BAG AP Nr. 32, 38, 39 zu § 2 TVG
509 Richardi/Bayreuther, § 3, Rn. 4
510 Vgl. BVerfGE 58, 233, 235 = AP Nr. 31 zu § 2 TVG; BAG AP Nr. 25, 30, 32, 34, 38, 39, 55 zu § 2 TVG, Tarifzuständigkeit

2. Tarifzuständigkeit

557 Neben der Tariffähigkeit ist auch die Tarifzuständigkeit erforderlich, damit ein wirksamer Tarifvertrag abgeschlossen werden kann. Zum einen ergibt sich die Tarifzuständigkeit aus der Satzung der Organisation, welche als Tarifvertragspartei in Tarifverhandlungen eintritt.[511] Zum anderen kann nach § 2 II TVG auch ein Zusammenschluss gleichartiger Koalitionen im Namen der ihm angehörenden Verbände Tarifverträge abschließen, wenn er durch Vollmacht dazu legitimiert ist. Insbesondere durch das bei den DGB-Gewerkschaften geltende Industrieverbandsprinzip werden Kompetenzstreitigkeiten und Tarifkonkurrenzen verhindert; außerdem ergibt sich daraus, dass für ein Unternehmen zumindest nur eine DGB-Gewerkschaft zuständig ist. Folgen Gewerkschaften allerdings dem Berufsverbandsprinzip, so z. B. im Personen- und Güterbeförderungsbereich auf der Schiene die Gewerkschaften EVG (Eisenbahn- und Verkehrsgewerkschaft), und GDL, können unterschiedliche Tarifverhandlungen für die jeweiligen Gewerkschaftsmitglieder derselben Berufssparte nötig sein.

558 Tariffähigkeit und Tarifzuständigkeit sind unabdingbare Voraussetzungen für die Wirksamkeit eines Tarifvertrags. Fehlt eines der beiden Merkmale, so hat das die Nichtigkeit des Tarifvertrags zur Folge. Nach §§ 2a I Nr. 4, 97 I ArbGG kann das Arbeitsgericht über die Tariffähigkeit und die Tarifzuständigkeit einer Vereinigung entscheiden.

III. Arten und Inhalt von Tarifverträgen

1. Arten von Tarifverträgen

559 Bei Tarifverträgen können zwei Arten unterschieden werden; dabei kommt es zum einen auf die Parteien des Tarifvertrags, zum anderen auf den Gegenstand an. Bei den Parteien unterscheidet man zwischen einem Verbandstarifvertrag und einem Firmentarifvertrag. Beim Verbandstarifvertrag schließen Gewerkschaft auf der einen Seite und Arbeitgeberverband auf der anderen Seite den Tarifvertrag ab; ein Firmentarifvertrag dagegen kommt zwischen einer Gewerkschaft und einem einzelnen Arbeitgeber nach § 2 I TVG zustande.

560 Auch der Inhalt von Tarifverträgen lässt auf eine Tarifvertragsart schließen. So handelt es sich um einen Lohn- oder Gehaltstarifvertrag, wenn insbesondere die Vergütung die Hauptrolle beim Abschluss des Tarifvertrags bildet. Dagegen wird ein Rahmen- oder Manteltarifvertrag abgeschlossen, wenn in einem solchen Tarifvertrag, insbesondere für einen längeren Zeitraum, Regelungen über eine Erhöhung von Urlaubstagen, kürzere Wochenarbeitszeit sowie zur Schicht- und Nachtarbeit vereinbart werden.

2. Inhalt von Tarifverträgen

561 **a) Schuldrechtlicher Teil.** Der Inhalt von Tarifverträgen ist zwischen einem schuldrechtlichen und einem normativen Teil zu differenzieren. Der schuldrechtliche Teil des Tarifvertrags löst bei dem zweiseitigen Schuldverhältnis Pflichten für die jeweilige Vertragspartei aus. Zwar werden aus dem Tarifvertrag grds. nur die Tarifvertragsparteien verpflichtet; denn zumindest ein Vertrag zu Lasten Dritter ist nach allgemeiner Ansicht unzulässig.[512] Dagegen regelt § 328 I BGB den zulässigen Vertrag zugunsten Dritter: durch Vertrag kann eine Leistung an einen Dritten dahingehend bewirkt werden, dass der Dritte unmittelbar das Recht erwirbt, die Leistung zu fordern. Es gilt das Relativitätsprinzip des allgemeinen Schuldrechts: Die Regelungen des schuldrechtlichen Teils eines Tarifvertrags verpflichten gemäß dem Grundsatz der Relativität von Schuldverhält-

---

511 Vgl. Däubler/Peter, § 2 Rn. 165; Henssler/Henssler, § 2 TVG Rn. 38
512 Vgl. z. B. Schade, Rn. 154; Junker, Rn. 502

nissen nur die Tarifvertragsparteien, nicht etwa auch deren Mitglieder, insbesondere den einzelnen Arbeitnehmer. Jede andere Annahme liefe ansonsten auf einen unzulässigen Vertrag zu Lasten Dritter hinaus.

Aus dem schuldrechtlichen Teil des Tarifvertrags ergibt sich für die Tarifparteien als Nebenpflicht die sog. Durchführungs- oder Einwirkungspflicht.[513] Die jeweiligen Koalitionen, Gewerkschaft und Arbeitgeberverband, haben dafür zu sorgen, dass die vereinbarten Regelungen von den jeweiligen Mitgliedern, Arbeitnehmern und Arbeitgebern, akzeptiert und umgesetzt werden.[514] Eine weitere schuldrechtliche Verpflichtung ergibt sich für die Tarifvertragsparteien, nach Abschluss eines Tarifvertrags für die vereinbarte Laufzeit eine absolute Friedenspflicht zu wahren. Folglich sind nicht nur Arbeitskämpfe rechtswidrig während der absoluten Friedenspflicht, die sich auf im Nachhinein von einer Vertragspartei als ungünstig empfundene Vereinbarung beziehen, sondern auch Regelungen, die im Tarifvertrag nicht vereinbart wurden.[515]

Zum einen können Tarifvertragsparteien die Durchführungs- bzw. Einwirkungspflicht der anderen Tarifvertragspartei einklagen; dagegen kann zum anderen z. B. der Verstoß gegen die Friedenspflicht durch eine Unterlassungsklage unterbunden werden. Eine evtl. notwendige Vollstreckung der Urteile ergibt sich aus §§ 887 ff. ZPO. Denkbar sind Schadensersatzansprüche der Tarifvertragspartei, welche entweder erfolgreich durch eine Leistungsklage die Durchführung- bzw. Einwirkungspflicht der anderen Tarifvertragspartei erstritten oder durch eine Unterlassungsklage gegen den Verstoß der absoluten Friedenspflicht zur Wiederherstellung der Friedenspflicht mit positivem Ergebnis angestrengt hat.

b) **Normativer Teil.** Nach § 1 I TVG enthält der Tarifvertrag außerdem Rechtsnormen, die den Inhalt, den Abschluss und die Beendigung von Arbeitsverhältnissen sowie betriebliche und betriebsverfassungsrechtliche Fragen ordnen können. Derartige Rechtsnormen gelten nach § 4 I 1 TVG unmittelbar und zwingend für die Mitglieder der einzelnen Tarifvertragsparteien. Diese zwingende Wirkung wird durch zwei Einschränkungen aufgehoben. Nach § 4 III TVG können abweichende Abmachungen zwischen der Gewerkschaft und einem einzelnen Arbeitgeber, der als Mitglied dem Arbeitgeberverband angehört, welcher als Tarifvertragspartei den Tarifvertrag vereinbart hat, zugunsten des Arbeitnehmers ändern, in dem z. B. ein höherer Urlaubsanspruch von zwei zusätzlichen Urlaubstagen geregelt wird. Im Rahmen des sog. Günstigkeitsprinzips zum Vorteil des Arbeitnehmers sind Abänderungen des Tarifvertrags möglich. Des Weiteren kann i. S. v. § 4 III TVG durch eine sog. Öffnungsklausel eine abweichende Vereinbarung getroffen werden, soweit sie durch den Tarifvertrag gestattet ist. Allerdings darf nicht der ganze Tarifvertrag dispositiv ausgestaltet sein, weil er sonst seine Ordnungsfunktion nicht erfüllt.[516] Nach Ablauf des Tarifvertrags werden gem. § 4 V TVG alle tariflichen Normen dispositiv; sie gelten nur solange weiter, bis sie durch andere Vereinbarungen, d. h. neue Rechtsnormen, ersetzt werden.

Nach dem Inhalt von Tarifnormen unterscheidet man Entgelttarifverträge (Lohn- oder Gehaltstarifverträge), welche die Vergütung des Arbeitnehmers festsetzen und i. d. R. eine kürzere Laufzeit haben, sowie Manteltarifverträge (Rahmentarifverträge), die sonstige Arbeitsbedingungen regeln (Arbeitszeit, Urlaub, Probezeit, etc.) und i. d. R. für eine längere Laufzeit gelten.[517] Die Arten von Rechtsnormen in Tarifverträgen ergeben sich

---

513 Vgl. Richardi/Bayreuther, § 4, Rn. 3
514 Vgl. Wörlen/Kokemoor, Rn. 311
515 Vgl. Löwisch/Rieble, § 1 Rn. 378
516 Dütz/Thüsing, Rn. 501
517 Junker, Rn. 504 f.

aus § 1 I TVG. Danach werden unterschieden sog. Individualnormen, welche den Inhalt, den Abschluss und die Beendigung von Arbeitsverhältnissen regeln, sowie betriebliche Normen und betriebsverfassungsrechtliche Normen. Während Individualnormen, z. B. Inhalts-, Abschluss- und Beendigungsnormen, gem. §§ 4 I 1, 3 I TVG nur dann gelten, wenn beide Tarifparteien diese Normen vereinbart haben, genügt nach §§ 4 I 2, 3 II TVG für Betriebsnormen und betriebsverfassungsrechtliche Normen die einseitige Verpflichtung durch den Arbeitgeberverband als Tarifpartei bzw. den einzelnen Arbeitgeber. Die Arten der Normen lassen sich wie folgt kennzeichnen:[518]

- Inhaltsnormen, z. B. Regelungen über Haupt-, Neben- und Schutzpflichten der Arbeitsvertragsparteien wie Entgelt, Zulagen, Weihnachtsgeld, Arbeitszeit, Urlaub und Urlaubsgeld;
- Abschlussnormen, z. B. Formvorschriften für den Abschluss des Arbeitsvertrags, Abschlussverbote (z. B. darf die Zahl der Auszubildenden nur einen bestimmten Prozentsatz aller Beschäftigen ausmachen), Abschlussgebote für ältere Arbeitnehmer oder Auszubildende;
- Beendigungsnormen, z. B. das Ende des Arbeitsverhältnisses bei Erreichen eines bestimmten Alters, über § 623 BGB hinausgehende Form- oder Begründungserfordernisse, Einschränkung des Rechts zur ordentlichen Kündigung, verlängerte Kündigungsfristen;
- Betriebsnormen, die Fragen des Betriebs behandeln, wie z. B. die Organisation und Gestaltung des Betriebs, also der Betriebsmittel und der Belegschaft;
- Betriebsverfassungsrechtliche Normen, die die Rechtsstellung der Arbeitnehmerschaft im Betrieb und deren Organe behandeln;
- Normen über gemeinsamen Einrichtungen der Tarifvertragsparteien, z. B. Lohnausgleichs-, Urlaubs- oder Versorgungskassen bzw. Fortbildungsstätten.

IV. Grenzen der Tarifautonomie

566 Eine umfassende Tarifautonomie zwischen den Tarifvertragsparteien kann es nicht geben. Zwar wird die Tarifautonomie aus Art. 9 III GG hergeleitet. Einschränkungen ergeben sich aber durch höherrangiges Recht, durch Rechte von Arbeitnehmern, die nicht gewerkschaftlich organisiert sind und somit als sog. Außenseiter gelten, sowie durch das Gemeinwohl. Vorrangiges Recht können z. B. das Grundgesetz oder das Bürgerliche Gesetzbuch sein. So liegt z. B. ein Verstoß gegen Art. 3 GG vor, wenn durch einen Tarifvertrag ältere Arbeitnehmer einen niedrigeren Lohn für dieselbe Tätigkeit erhalten als jüngere Arbeitnehmer und folglich ungleich behandelt werden mit der Begründung, der körperliche Gesundheitszustand rechtfertige diese ungleiche Behandlung. Des Weiteren dürfen die Tarifvertragsparteien die Berufsfreiheit nach Art. 12 GG des einzelnen Arbeitnehmers nicht rechtswidrig einschränken, indem sie z. B. übermäßig lange Kündigungsfristen zu Lasten des Arbeitnehmers vereinbaren. Auch das Bürgerliche Gesetzbuch stellt z. B. vorrangiges Recht dar. Wird zwischen einem Arbeitgeber und einem Arbeitnehmer nach § 624 BGB ein Arbeitsverhältnis für die gesamte Lebenszeit oder für eine längere Zeit als fünf Jahre vereinbart, so kann es von dem Verpflichteten nach dem Ablauf von fünf Jahren gekündigt werden. Die Kündigungsfrist beträgt sechs Monate. Auch dieses Beispiel zeigt, dass eine Tarifvereinbarung mit einer längeren Kündigungsfrist gegen § 624 BGB verstößt und somit unwirksam ist.

567 Regelungen in Tarifverträgen haben aus Arbeitnehmerseite nicht nur Auswirkungen auf die in der Gewerkschaft organisierten Arbeitnehmer. Sie können sich, insbesondere im Rahmen des Günstigkeitsprinzips, auch auf Arbeitnehmer erstrecken, welche als sog.

---

518 Dazu umfassend: Richardi/Bayreuther, § 5, Rn. 14–29

Außenseiter nicht gewerkschaftlich organisiert sind. Dabei ist einerseits zu beachten, dass sich die Rechtssetzungsbefugnis der Verbände grds. nur auf ihre Mitglieder erstreckt; andererseits sind Tarifklauseln, die versuchen, gewisse Vorteile für Koalitionsmitglieder zu sichern, daraufhin zu untersuchen, ob sie der negativen Koalitionsfreiheit der Außenseiter gerecht werden.[519] Zu prüfen ist insbesondere, ob betriebliche oder betriebsverfassungsrechtliche Ordnungsnormen für Außenseiter gelten, welche durch derartige Normen in ihrem Arbeitsverhältnis belastet werden. Denn § 3 II TVG regelt, dass eine alleinige Bindung des Arbeitgebers bei der Rechtsetzung solcher Normen ausreicht. Zu prüfen ist demzufolge, ob das Recht des einzelnen Arbeitnehmers auf eine negative Koalitionsfreiheit durch derartige Normen eingeschränkt ist. Das ist im Rahmen einer Verhältnismäßigkeitsprüfung zu klären.

Nach Art. 9 III 3 GG sind die Tarifparteien verpflichtet, die Wahrung und Förderung der Arbeits- und Wirtschaftsbedingungen zu beachten. In diesem Sinn sollen die Koalitionen unter Berücksichtigung des Gemeinwohlinteresses ihre Forderungen selbst, aber auch die Durchsetzungsmöglichkeiten ihrer Forderungen, z. B. Streik, ausrichten.[520] Insofern haben Regelungen in Tarifverträgen (Höhe des Lohnabschlusses, Arbeitszeitvereinbarungen, Urlaubstageregelungen) einen bedeutenden Einfluss auf die Arbeits- und Wirtschaftsbedingungen des Staates und auf das Gemeinwohl. Die h. M. in der Rechtsliteratur vertritt den Standpunkt, dass das Verhältnismäßigkeitsprinzip keinesfalls zu einer Inhalts- und Angemessenheitskontrolle i. S. v. § 310 IV 1 BGB von konkreten Tarifforderungen bzw. -inhalten führen darf, weil eine staatliche und auch arbeitsrichterliche Tarifzensur mit Art. 9 III GG unvereinbar wäre.[521] Zwar fehlen rechtliche Kriterien zur Prüfung einer Gemeinwohlverträglichkeit von Tarifverträgen. Die Gemeinwohlbindung stellt aber ein Gemeinwohl- und Drittinteressen zusammenfassendes Orientierungsgebot dar.[522] Unberührt dagegen bleibt die Nichtigkeit eines Tarifvertrags aufgrund eines Verstoßes gegen die guten Sitten nach § 138 BGB.

V. Wirkungen der tarifvertraglichen Regelungen

1. Wirksamer Tarifvertrag

Grundvoraussetzung für die Wirkung eines Tarifvertrags ist seine Wirksamkeit. Ein Tarifvertrag kommt zwischen den beiden Tarifvertragsparteien nach den im Bürgerlichen Gesetzbuch normierten Regelungen über den Vertragsabschluss nach §§ 145 ff. BGB zustande. Außerdem bedarf der Tarifvertrag nach § 1 II TVG der Schriftform; ansonsten ist der Tarifvertrag nach § 125 BGB nichtig. Weitere Voraussetzung ist, dass die Tarifvertragsparteien zum einen tariffähig und zum anderen tarifzuständig sind. Zu beachten ist hier die Tarifpluralität. Eine Tarifpluralität liegt dann vor, wenn der Betrieb des Arbeitgebers vom Geltungsbereich verschiedener Tarifverträge erfasst wird, an die der Arbeitgeber gebunden ist, während auf die einzelnen Arbeitnehmer je nach Tarifbindung nur einer der Tarifverträge anzuwenden ist.[523] Beispiele für eine Tarifpluralität sind einerseits die Vertretung der angestellten Ärzte in Krankenhäusern durch die Vereinte Dienstleistungsgewerkschaft ver.di und den Verband der angestellten und beamteten Ärztinnen und Ärzte Deutschlands e.V., Marburger Bund, andererseits für die Lokomotivführer die Gewerkschaften EVG und GDL. Auf Grund einer solchen Tarifpluralität

---

519 Michalski/Westerhoff, Rn. 847
520 Eher zustimmend Hanau/Adomeit, Rn. 235; eher ablehnend Michalski/Westerhoff, Rn. 855
521 So z. B. Dütz/Thüsing, Rn. 537; Rupp, Methodenkritische Bemerkungen zum Verhältnis von tarifvertraglicher Rechtsetzung und parlamentarischer Gesetzgebungskompetenz, JZ 1998, 919, 924 f.; a. A. Däubler/Däubler, Einleitung Rn. 134
522 Vgl. Wiedemann/Wiedemann, Einleitung Rn. 346
523 Richardi/Bayreuther, § 6, Rn. 82

kann es vorkommen, dass zwei verschiedene Tarifverträge für einzelne Arbeitnehmer abgeschlossen werden, welche in derselben Sparte eines Betriebs tätig sind, weil sie unterschiedlichen Arbeitnehmerorganisationen angehören. Gemäß § 4a TVG ist eine in einem Betrieb auftretende Tarifpluralität nach dem Mehrheitsprinzip aufzulösen.[524] Das bedeutet, dass in dem jeweiligen Betrieb die Rechtsnormen des Tarifvertrages der Gewerkschaft anwendbar sind, die die meisten in einem Arbeitsverhältnis stehenden Mitarbeiter hat. Abgestellt wird dabei auf den Zeitpunkt des Abschlusses des zuletzt geschlossenen kollidierenden Tarifvertrages.[525] Allerdings werden nach § 4a II 1 TVG nur solche Tarifpluralitäten erfasst, die dadurch entstehen, dass ein Arbeitgeber gemäß § 3 TVG an mehrere unterschiedliche Gewerkschaften gebunden ist. § 4a TVG ist dagegen bei einer Allgemeinverbindlichkeitserklärung nach § 5 TVG nicht anwendbar.

2. Tarifgebundenheit der Tarifparteien

570 Nach § 3 I TVG sind die Mitglieder der Tarifvertragsparteien und der Arbeitgeber, der selbst Partei des Tarifvertrages ist, an den Tarifvertrag gebunden. Auf Arbeitgeberseite sind entweder alle Arbeitgeber, die einem Arbeitgeberverband angehören, tarifgebunden, oder einzelne Arbeitgeber, welche zwar dem Arbeitgeberverband nicht angehören, das Verhandlungsergebnis aber übernehmen bzw. mit der Gewerkschaft einen Einzeltarifvertrag, z.B. die Daimler AG, abschließt. Üblicherweise sind beide Tarifvertragsparteien nach § 4 I 1 TVG an den Tarifvertrag gebunden. Scheidet ein Arbeitgeber aus dem Arbeitgeberverband während der Gültigkeit eines Tarifvertrags aus, gilt für den ausgeschiedenen Arbeitgeber eine sog. Nachbindung. Im Rahmen dieser Nachbindung gelten für den ausgeschiedenen Arbeitgeber die Vereinbarungen im Tarifvertrag weiterhin bis zu dessen Beendigung. Handelt es sich um betriebliche oder betriebsverfassungsrechtliche Rechtsnormen, gilt für den Arbeitgeber nach §§ 4 I 2, 3, II TVG eine einseitige Tarifbindung.

571 Trotz fehlender beiderseitiger oder einseitiger Tarifgebundenheit kann einem Tarifvertrag noch in zwei weiteren Fällen rechtliche Wirkung für Arbeitsverhältnisse zukommen, zum einen aufgrund eines Hoheitsakts, zum anderen aufgrund eines Rechtsgeschäfts.[526] Einerseits kann nach § 5 I 1 TVG das Bundesministerium für Arbeit und Soziales einen Tarifvertrag im Einvernehmen mit einem aus je drei Vertretern der Spitzenorganisationen der Arbeitgeber und der Arbeitnehmer bestehenden Ausschuss auf Antrag einer Tarifvertragspartei für allgemein verbindlich erklären, wenn die tarifgebundenen Arbeitgeber nicht weniger als 50 Prozent der unter dem Geltungsbereich des Tarifvertrages fallenden Arbeitnehmer beschäftigen und die Allgemeinverbindlichkeitserklärung im öffentlichen Interesse geboten scheint.

572 Eine andere Möglichkeit besteht, wenn ein Arbeitgeber mit einem Arbeitnehmer, der nicht in einem Verband organisiert ist, einem sog. Außenseiter, im Rahmen eines Arbeitsvertrags vereinbart, dass Regelungen des Tarifvertrags auch für diesen Arbeitnehmer gelten. Daneben können auch die Tarifvertragsparteien vereinbaren, dass die nichtorganisierten Arbeitnehmer den organisierten Arbeitnehmern gleichzustellen sind.[527] Gegenüber einem Außenseiter ist der Arbeitgeber demzufolge aber nur dann verpflichtet, eine im Lohn- und Gehaltstarifvertrag festgesetzte Lohnsteigerung zu gewähren, wenn im Arbeitsvertrag vereinbart wurde, dass Tarifvereinbarungen auch Auswirkungen auf Arbeitsverhältnisse von Außenseitern haben. Dadurch entsteht keine Tarifgebundenheit des Außenseiters; die schuldrechtlichen Verpflichtungen beider Vertragsparteien führen

---

524 Richardi/Bayreuther, § 6, Rn. 85
525 Richardi/Bayreuther, § 6, Rn. 91
526 Dütz/Thüsing, Rn. 520
527 Wiedemann/Oetker, § 3 Rn. 411

aber dazu, dass sich Arbeitgeber wie Arbeitnehmer zur Umsetzung der sich aus dem Tarifvertrag ergebenden Pflichten unterwerfen.

Die Tarifgebundenheit beginnt für die organisierten Mitglieder ab Eintritt in die jeweilige Organisation. Sie endet üblicherweise nach § 3 III TVG mit Beendigung des Tarifvertrags. Die Nachbindung führt dazu, dass z. B. ein Arbeitgeber, der während der Laufzeit eines Tarifvertrags aus dem Arbeitgeberverband austritt, noch bis zur Beendigung des Tarifvertrags an diesen gebunden ist. Tritt dagegen ein Arbeitnehmer als Außenseiter nach Abschluss des Tarifvertrags in eine Gewerkschaft ein, gilt der Tarifvertrag ab Eintrittszeitpunkt auch für den neu organisierten Arbeitnehmer. Ein Rückwirkungsanspruch hin zum Zeitpunkt des Tarifabschlusses besteht nicht.

3. Geltungsbereich des Tarifvertrags

Ein wirksamer Tarifvertrag berührt mehrere Geltungsbereiche: den räumlichen, den betriebs- und fachlichen, den persönlichen sowie den zeitlichen Geltungsbereich. Räumlich gilt ein Tarifvertrag nur dann, wenn die Tarifparteien den Tarifvertrag für einen Tarifbezirk, üblicherweise für ein Bundesland, abgeschlossen haben. Unter einer betriebs- und fachlichen Geltung ist zu verstehen, dass ein Tarifvertrag für eine bestimmte Wirtschaftsbranche gilt. Die fachliche Geltung kann z. B. zu einer Unterscheidung von Arbeitnehmern im technischen und kaufmännischen Bereich eines Unternehmens führen. Eine besondere persönliche Geltung eines Tarifvertrags entsteht, wenn nur einzelne Gruppen vor Arbeitnehmern durch tarifvertragliche Regelungen bedacht werden, so z. B. ältere Mitarbeiter mit einem höheren Urlaubszeitanspruch oder durch besondere Vergünstigungen aufgrund einer längeren Betriebszugehörigkeit. Hierbei sind allerdings immer Benachteiligungen i. S. d. Allgemeinen Gleichbehandlungsgesetzes (AGG) zu vermeiden.

Die zeitliche Geltung setzt den wirksamen Abschluss eines Tarifvertrags voraus. Die Wirksamkeit kann auch durch die Annahme eines Schlichterspruchs erfolgen. Denkbar ist auch, dass Regelungen im vereinbarten Tarifvertrag erst zu einem späteren oder rückwirkend zu einem früheren Zeitpunkt wirksam werden sollen. Die Tarifparteien können i. S. v. § 163 BGB einen befristeten Tarifvertrag abschließen, den Tarifvertrag ersatzlos aufheben, einen neuen Tarifvertrag schließen, der den bisherigen ablöst, § 311 I BGB, oder einen Tarifvertrag unter Einhaltung einer i. d. R. vereinbarten Frist ordentlich kündigen.[528] Nach Ablauf des Tarifvertrags gelten gemäß § 4 V TVG seine Rechtsnormen weiter, bis sie durch eine andere Abmachung ersetzt werden. Es besteht somit grds. eine tarifliche Nachwirkung, welche allerdings durch die Tarifvertragsparteien ausgeschlossen werden kann.[529]

4. Friedenspflicht

Während der Laufzeit eines Tarifvertrags gilt für beide Tarifvertragsparteien eine absolute Friedenspflicht. Stellt eine Vertragspartei während der Laufzeit eines Tarifvertrags fest, dass einzelne Regelungen für ihre Mitglieder unzumutbar geworden sind, darf sie während der absoluten Friedenspflicht nicht zu Arbeitskampfmaßnahmen aufrufen; dafür besteht die Möglichkeit, den Tarifvertrag nach § 314 I BGB zu kündigen. Ohne besondere Vereinbarung besteht nur eine relative Friedenspflicht: diese erstreckt sich alleine auf die im Tarifvertrag geregelten Arbeitsbedingungen, hindert die Tarifparteien aber nicht, bezüglich der nichtgeregelten Bereiche Forderungen an die Gegenseite zu stellen.[530]

---

528 Dütz/Thüsing, Rn. 531
529 Vgl. BAG NZA 1998, 492, 493
530 MH3/Ricken, § 272, Rn. 44 ff.

5. Tarifkonkurrenz und Tarifpluralität

577 Durch Tarifkonkurrenz und Tarifpluralität kann für den Arbeitgeber eine Tarifkollision in seinem Betrieb entstehen. Tarifkonkurrenz liegt vor, wenn für ein und dasselbe Arbeitsverhältnis mehrere Tarifverträge normativ gelten,[531] weil das einzelne Arbeitsverhältnis vom Geltungsbereich mehrerer Tarifverträge erfasst wird und beide Parteien gleichzeitig an mehrere von verschiedenen Tarifvertragsparteien abgeschlossene Tarifverträge gebunden sind.[532] Eine Tarifkonkurrenz tritt bisher nur selten auf. Sie entsteht, wenn

– bei Tarifbindung von Arbeitgeber und Arbeitnehmern ein anderer, nach seinem Geltungsbereich ebenfalls einschlägiger Tarifvertrag für allgemein verbindlich erklärt wird;[533]
– ohne Tarifbindung von Arbeitgeber und Arbeitnehmern mehrere Tarifverträge für allgemein verbindlich erklärt werden;[534]
– ein Arbeitgeber den Verband wechselt und man davon ausgeht, dass der alte Tarifvertrag i. S. v. § 3 III TVG eine Nachbindung entfaltet, obwohl der Arbeitgeber durch den Beitritt zu einem anderen Verband einem neuen Tarifvertrag unterliegt;
– ein verbandsangehöriger Arbeitgeber bei Bestehen eines Verbandstarifvertrags zugleich einen Firmentarifvertrag abschließt.[535]

578 Nach dem Grundsatz der Tarifeinheit können normalerweise nicht zwei oder mehrere Tarifverträge gegenüber einem Arbeitgeber Geltung erlangen. Wechselt der Arbeitgeber während eines bestehenden Tarifvertrags den Verband, soll nach h. M. der Rechtsliteratur,[536] im Gegensatz zur Rechtsprechung,[537] der Tarifvertrag ausschlaggebend sein, der für die Koalition Gültigkeit hat, in die er neu eingetreten ist. Die Nachbindung i. S. v. § 3 III TVG geht in einem solchen Fall somit unter. Auch ein Firmentarifvertrag verdrängt nach dem Grundsatz der Spezialität einen allgemeinen Tarifvertrag, obwohl der Arbeitgeber dem Arbeitgeberverband angehört, der den Tarifvertrag abgeschlossen hat. Das gilt allerdings nur dann, wenn der Firmentarifvertrag insbesondere aus betriebs- und fachspezifischen Gründen die Belange der Arbeitnehmer und des Arbeitgebers günstiger regelt.

579 Neben einer Tarifkonkurrenz kann auch Tarifpluralität vorliegen. Die Tarifpluralität betrifft den einzelnen Betrieb. Denkbar ist, dass aufgrund verschiedener Tarifverträge eine Normenkollision entsteht, weil Normen aus verschiedenen Tarifverträgen den Arbeitgeber gegenüber seinen Arbeitnehmern binden. Während die Rechtsprechung bisher davon ausgeht, dass für einen Betrieb grds. nur ein Tarifvertrag gilt und eine Normenkollision nach dem Grundsatz der Spezialität aufzulösen ist,[538] vertritt die h. M. in der Rechtsliteratur die Ansicht, dass Tarifpluralität insbesondere für die Beteiligung kleinerer Gewerkschaften an der Willensbildung zum Abschluss von Tarifverträgen möglich sein muss, um diese nicht einzuschränken.[539]

---

531 Dazu BAG AP Nr. 29 zu § 4 TVG
532 ErfK/Franzen, § 4a TVG, Rn. 29
533 Vgl. dazu BAG SAE 1977, 56, 59 m. Anm. Konzen; BAG AP Nr. 3 zu § 3 TVG, Verbandsaustritt
534 Vgl. BAG AP Nr. 3 zu § 3 TVG
535 Däubler/Zwanziger, § 4a TVG, Rn. 6
536 Siehe dazu Jacobs, Tarifeinheit und Tarifkonkurrenz, 1999, S. 314 f.; vgl. auch Preis/Greiner, § 101; Wiedemann/Wank, § 4 Rn. 298
537 Vgl. BVerfGE 44, 322, 352; 55, 7, 24; BAG AP Nr. 3 zu § 3 TVG; BAG NZA 2005, 1003, 1005
538 Vgl. BAG AP Nr. 126 zu § 1 TVG; BAG AP Nr. 16, 19, 30 zu § 4 TVG; BAG DB 1990, 129, 130; BAG NZA 2003, 632 (LS); anders BAG NZA 2010, 712, 716
539 Vgl. Dütz/Thüsing, Rn. 584; Hanau, Verbands-, Tarif- und Gerichtspluralismus NZA 2003, 128, 131 f.

6. Beendigung des Tarifvertrags

Der Tarifvertrag endet üblicherweise durch Zeitablauf. Er kann auch unter einer auflösenden Bedingung beendet werden. Denkbar, aber eher ungewöhnlich ist die Beendigung des Tarifvertrags durch einen Aufhebungsvertrag der Tarifvertragsparteien nach § 311 BGB. Möglich ist die Beendigung des Tarifvertrags durch eine ordentliche Kündigung, insbesondere, wenn der Tarifvertrag auf unbestimmte Zeit abgeschlossen worden ist. Des Weiteren besteht die Möglichkeit zur außerordentlichen Kündigung, allerdings nur dann, wenn ein wichtiger Grund vorliegt, der für eine außerordentliche Kündigung notwendig ist. Auch der Verlust der Tariffähigkeit einer Tarifvertragspartei kann zur Beendigung eines Tarifvertrags führen. Dagegen führen ein Verbandswechsel des Arbeitgebers sowie die Betriebsnachfolge i. S. v. § 613a BGB grds. nicht zur Beendigung eines Tarifvertrags. 580

§ 3 Schlichtungsrecht

I. Begriff und Arten

Die Schlichtung beinhaltet eine Hilfeleistung, um einen Regelungsstreit zwischen zwei Personen unter Hinzunahme eines neutralen Dritten zu lösen. Während Rechtsstreitigkeiten unter Anwendung bestimmter Rechtsnormen vor Gericht ausgetragen werden, bietet die Schlichtung die Möglichkeit, einen Regelungsstreit außergerichtlich beizulegen. Im Arbeitsrecht hat das Schlichtungsrecht eine große Bedeutung. So kann die Schlichtung z. B. zum Abschluss eines Tarifvertrags führen; sie kann im Rahmen einer Schlichtungsstelle nach § 76 VIII BetrVG Geltung erhalten. 581

Im Gegensatz zur Schlichtung steht das Schiedsverfahren. Nach § 101 I ArbGG können für bürgerliche Rechtsstreitigkeiten zwischen Tarifvertragsparteien aus Tarifverträgen oder über das Bestehen oder Nichtbestehen von Tarifverträgen die Parteien des Tarifvertrags die Arbeitsgerichtsbarkeit allgemein oder für den Einzelfall durch die ausdrückliche Vereinbarung ausschließen, so dass die Entscheidung durch ein Schiedsgericht erfolgen soll. Der Hilfeleistung bei der Schlichtung, wonach die Tarifvertragsparteien von einem durch beide Seiten gewählten neutralen Dritten einen Kompromissvorschlag erhalten und beide Parteien immer noch die Entscheidungsbefugnis, z. B. für den Abschluss eines Tarifvertrags, haben, steht die Entscheidung durch ein Schiedsgericht entgegen, wobei beide Parteien den nach § 108 ArbGG ergangenen Schiedsspruch grds. zu akzeptieren haben. Allerdings kann auf Aufhebung des Schiedsspruchs nach § 110 ArbGG vor dem Arbeitsgericht geklagt werden. 582

Neben der vertraglichen Schlichtung ist auch eine staatliche Schlichtung denkbar, welche im Kontrollratsgesetz Nr. 35 über die Ausgleichs- und Schiedsverfahren in Arbeitsstreitigkeiten des Jahres 1946 sowie in landesrechtlichen Schlichtungsregelungen festgelegt ist.[540] Gegenüber der vereinbarten Schlichtung ist das staatliche Schlichtungsverfahren subsidiär; es greift nur ein, wo ein vereinbartes Schlichtungsverfahren nicht besteht oder wo es erfolglos geblieben ist. Seine praktische Bedeutung ist gering.[541] Auch beim staatlichen Schlichtungsverfahren handelt es sich um eine freiwillige Schlichtung. Denn der Grundsatz der Tarifautonomie nach Art. 9 III GG verbietet Zwangsschlichtungen und somit den Eingriff in die Tarifhoheit von Gewerkschaften und Arbeitgebern. 583

---

540 Vgl. Lembke, Staatliche Schlichtung in Arbeitsstreitigkeiten nach dem Kontrollratsgesetz Nr. 35 – Relikt der Besatzungszeit oder Modell für Mediation im Arbeitsrecht?, RdA 2000, 223
541 Däubler/Ahrendt, § 1 TVG, Rn. 1303

II. Sinn und Verfahren

584 Können sich Tarifparteien nach langwierigen Verhandlungen auf einen neuen Tarifvertrag nicht einigen, droht ein Arbeitskampf. Haben die Tarifvertragsparteien im Tarifvertrag ein Schlichtungsverfahren im Rahmen neuer Tarifverhandlungen vereinbart, ist Sinn und Zweck einer solchen Schlichtung, einen Arbeitskampf durch die Hilfeleistung eines neutralen Dritten bei der Suche eines von beiden Parteien akzeptablen Kompromisses zu verhindern. Akzeptieren die Tarifvertragsparteien den Kompromissvorschlag des Schlichters, kommt ein neuer Tarifvertrag zustande.

585 Das Schlichtungsverfahren ist, je nach Branche und nach Koalition, unterschiedlich. Es kann nur dann in Gang kommen, wenn eine der Tarifvertragsparteien die Tarifverhandlungen für gescheitert erklärt. Auch bei der Abgabe der Erklärung bestehen je nach Branche Unterschiede. So genügt nach § 1 II der Schlichtungsregelung für die Chemische Industrie, dass eine Partei ausdrücklich das Scheitern der Tarifverhandlungen erklärt hat, während nach § 4 II der Schlichtungsvereinbarung für die Metallindustrie das Scheitern der Tarifverhandlungen in schriftlicher Form zu erklären ist.[542] Der sog. Schlichtungsstelle steht ein neutraler Vorsitzender vor, welcher von beiden Tarifparteien einvernehmlich zu bestimmen ist. Daneben sind von beiden Tarifparteien Beisitzer in selber Anzahl in die Schlichtungsstelle zu entsenden. Die Schlichtungsstelle berät dann über die bisher erzielten Ergebnisse der Tarifverhandlung, hört die jeweiligen Tarifparteien einzeln, kann zusätzlich Sachverständige zur Entwicklung eines für beide Seiten akzeptablen Kompromisses zu Rate ziehen und macht nach abschließenden Beratungen gegenüber den Tarifparteien einen Einigungsvorschlag.[543] Stimmen beide Tarifvertragsparteien dann einem vorgelegten Einigungsvorschlag der Schlichtungsstelle zu, entsteht ein Tarifvertrag.[544]

§ 4 Arbeitskampfrecht

Schrifttum: *Berg/Platow/Schoof*, Tarifvertragsgesetz und Arbeitskampfrecht, 2005; *Beuthien*, Der Arbeitskampf als Wirtschaftsstörung, 1990; *Berg*, Arbeitskampf(recht) vor neuen Herausforderungen?, RdA 2019, 110; *Boemke*, Folgen der Tarifpluralität für das Streikrecht, ZfA 2009, 131; *Buchner*, Das Arbeitskampfrecht unter den Anforderungen der Verhandlungsparität und der Staatsneutralität, RdA 1986, 7; *ders.*, Turbulenzen im Arbeitskampfrecht, BB 2008, 106; *Ehmann/Schnauder*, Das Lohnrisiko im Arbeitsfrieden und im Arbeitskampf, JURA 1983, 181; *Hanau*, Ordnung und Vielfalt von Tarifverträgen und Arbeitskämpfen im Betrieb, RdA 2008, 98; *Hayen*, Zulässigkeit von Unterstützungsstreiks, AuR 2008, 19; *Heinze*, Entwicklungslinien des Arbeitskampfrechts unter Zugrundelegung der Rechtsprechung des Bundesarbeitsgerichts, FS E. Stein, 1983, S. 83; *Hettlage*, Arbeitskämpfe im rechtlichen Niemandsland?, BB 1985, 2253; *Holthusen*, Die Betriebsstilllegung durch den Arbeitgeber im Arbeitskampf, RdA 2019, 216; *Kalb*, Die Entwicklung des Arbeitskampfrechts durch das Bundesarbeitsgericht, RdA 1994, 385; *Käppler*, Die Folgen rechtswidriger Maßnahmen bei Arbeitskämpfen, JuS 1990, 618; *Klein*, Neue Akzente in der verfassungsgerichtlichen Rechtsprechung zum Streikrecht, NJW 2020, 3069; *Krieger/Günther*, Streikrecht 2.0 – Erlaubt ist, was gefällt?, NZA 2010, 20; *Kreutz*, Der Grundsatz der Verhältnismäßigkeit im Arbeitskampfrecht, 1988; *Lieb*, Vermutungen, Beweislastverteilung und Klarstellungsobliegenheiten im Arbeitskampf, FS Herschel, 1982, S. 223; *Meyer*, Arbeitskampf im Wandel, NZA 2004, 145; *Peters*, Das Scheitern der Tarifverhandlungen als Rechtmäßigkeitsvoraussetzung für Arbeitskampfmaßnahmen, 1997; *Pieper*, Aspekte des gewerkschaftlichen Streikrechts, AuR 1987, 121; *Richardi*, Arbeitskampfbegriff und Arbeitskampfrecht, FS E. Wolf, 1985, S. 549; *ders.*, Die Grenzen der Zulässigkeit des Streiks, 1980; *Rieble*, Das neue Arbeitskampfrecht des BAG, BB 2008, 1506; *Rüthers*, Arbeitskampf in einer veränderten Wirtschafts- und Arbeitswelt, NZA 2010, 6; *Seiter*, Streikrecht und Aussperrungsrecht,

---

542 Vgl. Junker, Rn. 638
543 Däubler/Ahrendt, § 1 TVG, Rn. 1295
544 Vgl. dazu BAG AP Nr. 2 zu § 1 TVG, Tarifverträge Schuhindustrie

1975, S. 85; *Wank*, Aktuelle Probleme des Arbeitskampfrechts, RdA 2009, 1; *Willemsen/Mehrens*, Die Friedenspflicht im Zeitraum der Nachbindung, NZA 2009, 169.

I. Begriff und Grundlagen

Ein Arbeitskampf entsteht durch eine Regelungsstreitigkeit, die weder in Verhandlungen, noch durch eine Schlichtung gelöst wurde. Für die Erörterung des Arbeitskampfrechts[545] lässt sich folgender allgemeiner Begriff des Arbeitskampfs bilden: Arbeitskampf ist die von der Arbeitgeber- oder Arbeitnehmerseite zur Erreichung bestimmter Ziele mittels kollektiver Störungen der Arbeitsbeziehungen bewirkte Druckausübung.[546] Dabei hat eine der beiden Seiten, Arbeitgeber oder Arbeitnehmer, die Störung der Arbeitsbeziehung zu vertreten.

Erste Voraussetzung ist, dass es sich um eine kollektive Störung handelt. Denn ein Arbeitskampf kann von Arbeitnehmerseite nur geführt werden, wenn er kollektiv, d. h. durch eine Gewerkschaft organisiert und durchgeführt wird. Zweite Voraussetzung ist außerdem eine Druckausübung, welche zur Störung der Arbeitsbeziehung führt. Art und Mittel der Druckausübung sind dafür nicht von Bedeutung, wirtschaftliche wie psychologische Druckmittel sind möglich; erforderlich ist, dass die Störung der Arbeitsbeziehung eintritt.[547] Ohne eine Störung der Arbeitsbeziehungen entsteht kein Arbeitskampf. Das Arbeitskampfrecht ist, abgesehen von Notwehr, Notstand und Selbsthilfe nach §§ 227–231 BGB, der einzige Bereich, in welchem die Rechtsordnung Gewalt – allerdings ohne den Einsatz direkter körperlicher Gewalt – zur Durchsetzung eigener Interessen gestattet.[548] Das Arbeitskampfrecht ist mit dem Tarifvertragsrecht unlösbar verbunden. Denn die Mittel des Arbeitskampfrechts stellen für die Tarifparteien die letzte Möglichkeit dar, durch Druckausübung und die sich daraus ergebende Störung des Arbeitsverhältnisses ihren tarifvertraglichen Forderungen Nachdruck zu verleihen. Der Arbeitskampf wird auch als „Preiskampf am Arbeitsmarkt" bezeichnet.[549]

Der Arbeitskampf ist verfassungsrechtlich geschützt.[550] Der grundgesetzliche Schutz des Arbeitskampfs führt auch dazu, dass eine staatliche Zwangsschlichtung unzulässig ist. Daraus folgt, dass staatliche Einwirkungen auf rechtmäßig begonnene Arbeitskämpfe verboten sind, da selbst Art. 9 III 3 GG im Notfall kein staatliches Eingreifen gegen rechtmäßige Arbeitskämpfe zulässt.[551] Das gilt ebenso für Forderungen der Bundesregierung oder einzelner Bundesminister gegenüber den Tarifvertragsparteien, einen Lohn- und Gehaltstarifvertrag zu bestimmten Konditionen abschließen zu sollen. In zwei Grundsatzurteilen hat das Bundesverfassungsgericht klargestellt, dass das Arbeitskampfrecht nicht nur den Arbeitnehmern sondern auch den Arbeitgebern zusteht.[552]

Aus der notwendigen Verbindung zwischen Tarifvertragsrecht und Arbeitskampfrecht ergibt sich, dass die Parteien eines Arbeitskampfs, welcher kollektiv zu führen ist, auf der einen Seite die Gewerkschaften mit ihren Arbeitnehmern sind, zum anderen Arbeitgeberverbände bzw. einzelne Arbeitgeber. Während die Mittel eines Arbeitskampfs zu einer Störung des Arbeitsverhältnisses führen müssen, muss es das Ziel beim Einsatz derartiger kollektiver Kampfmittel sein, den in den Tarifverhandlungen nicht durchge-

---

545 Siehe zum Thema der Weiterentwicklung des Arbeitskampfrechts: Berg, RdA 2019, 110
546 Vgl. Otto, AKR § 1 Rn. 1
547 Vgl. Brox/Rüthers/Henssler, Rn. 745
548 Vgl. Junker, Rn. 591; Zur Anwendung von Gewalt beim Arbeitskampf detailliert Kissel, § 77 Rn. 4 ff.
549 Brox/Rüthers/Henssler, Rn. 736
550 Vgl. BVerfGE 84, 212, 225; 88, 103, 114
551 Richardi/Bayreuther, § 10, Rn. 13
552 Vgl. BVerfGE 88, 103, 115; 92, 365, 393

setzten Forderungen durch Ausübung von Druck doch noch Geltung zu verschaffen. Die wichtigsten Arten eines Arbeitskampfs sind der Streik und die Aussperrung.

Abb. 18: Arbeitskampfrecht

II. Rechtsgrundlagen

590 Das Recht des Arbeitskampfes ist gesetzlich nicht explizit geregelt. Wichtigste Rechtsgrundlage für einen rechtmäßigen Arbeitskampf ist Art. 9 III GG, der den Grundsatz der Tarifautonomie verfassungsrechtlich schützt. Hierbei geht man davon aus, dass der Arbeitskampf als sog. Konnexinstitut zur Tarifautonomie ebenfalls über Art. 9 III GG institutionell abgesichert ist. Die Tarifautonomie als die Befugnis der Koalitionen zur eigenverantwortlichen Regelung der Arbeitsbedingungen hat nämlich nur dann einen Sinn, wenn ihnen ein Instrumentarium für den Fall an die Hand gegeben wird, dass eine tarifvertragliche Einigung scheitert. Ohne das Bestehen geeigneter Druckmittel stellten Tarifverhandlungen lediglich ein „kollektives Betteln" dar. Dieses Instrumentarium ist der Arbeitskampf.⁵⁵³ Daneben wird der Begriff „Arbeitskampf" erwähnt, so z. B. in § 2 I Nr. 2 ArbGG oder in § 25 KSchG. Einzelne Arbeitskampfarten, Streik und Aussperrung, werden sogar in § 174 VI SGB IX angesprochen. Nichtsdestotrotz handelt es sich beim Arbeitskampfrecht im überwiegenden Maß um sog. Richterrecht, weil nur wenige gesetzliche Regelungen auf den Arbeitskampf Bezug nehmen. Ein spezielles Arbeitskampfgesetz gibt es nicht. Insofern bilden in den meisten Fällen die höchstrichterliche Rechtsprechung, aber auch die Arbeitsrechtsliteratur die Grundlagen zur Bewertung von Arbeitskämpfen einschließlich der zu überprüfenden Arbeitskampfmittel und -ziele.

Auch in verschiedenen Landesverfassungen wird die Rechtmäßigkeit des tarifbezogenen Arbeitskampfs erwähnt.⁵⁵⁴ Auf europäischer Ebene hat die Europäische Sozialcharta (ESC) das Recht für einen rechtmäßigen Arbeitskampf geregelt. Nach Art. 6 Nr. 4, Teil II ESC sind kollektive Maßnahmen wie Streik und Aussperrung zur Durchführung eines Arbeitskampfs für die jeweilige Koalition von Arbeitnehmern und Arbeitgebern bzw. einzelnen Arbeitgebern gestattet.

III. Arbeitskampfmaßnahmen der Arbeitnehmer

Arbeitnehmer haben, immer unter der Beachtung der kollektiven Ausübung, mehrere Möglichkeiten, einen Arbeitskampf gegen einen oder mehrere Arbeitgeber zu führen.

1. Streik

Der Streik ist das bedeutendste Arbeitskampfmittel der Arbeitnehmer. Streik ist die vorübergehende Arbeitsniederlegung durch eine größere Anzahl von Arbeitnehmern als Kollektivhandlung, nämlich planmäßig und gemeinsam, zur Erreichung eines bestimmten Zieles, das regelmäßig in einer Verbesserung der Lohn- und Arbeitsbedingungen besteht. Hauptgesichtspunkte sind zum einen die Erreichung eines Ziels, zum anderen die Wiederaufnahme der Arbeitstätigkeit nach zumindest teilweiser Zielerreichung.

Ein Streik kann von der Arbeitnehmerseite in unterschiedlicher Intensität geführt werden. Die mildeste Form ist der sog. Warnstreik. Bei einem Warnstreik kommt es üblicherweise während der Tarifverhandlungen zu zeitlich begrenzten Arbeitsniederlegungen der Arbeitnehmer, wodurch den Forderungen der Gewerkschaft als Tarifvertragspartei gegenüber der Arbeitgeberseite Nachdruck verliehen werden soll. Nach dem Scheitern der Tarifverhandlungen bilden Flächenstreik oder Schwerpunktstreiks gezielte Arbeitskampfmaßnahmen, um den Druck auf die Arbeitgeberseite zur Einigung über einen Tarifvertrag zu erhöhen. Während früher der Flächenstreik üblich war, der möglichst viele Arbeitnehmer im umkämpften Gebiet umfasste, setzen die Gewerkschaften heute immer stärker auf Schwerpunktstreiks, die aufgrund der bestehenden wirtschaftlichen Abhängigkeiten (Stichwort: „just-in-time"-Produktion) nicht weniger wirksam sind.⁵⁵⁵

Idealtypisch gehen dem Streik voraus: Beendigung eines Tarifvertrags durch Zeitablauf oder Kündigung, Verhandlungen über einen tariflichen Neuabschluss und deren Scheitern, ausdrückliche Erklärung des Scheiterns durch die Gewerkschaft, Schlichtungsver-

---

553 BAG AP Nr. 64, 65, 68, 124 zu Art. 9 GG, Arbeitskampf; BVerfGE 84, 212, 225 = AP Nr. 117 zu Art. 9 GG, Arbeitskampf; siehe Anm. Konzen zu BVerfGE SAE 1991, 329, nachfolgend S. 335, 338; Richardi, Der Beschluss des Bundesverfassungsgerichts zur Aussperrung und seine Folgen für das Arbeitskampfrecht, JZ 1992, 27, 28 f.
554 Siehe dazu Zöllner/Loritz/Hergenröder, § 42 II 4
555 Michalski/Westerhoff, Rn. 949

suche und deren Scheitern, Urabstimmung der Gewerkschaftsmitglieder über den Streik und gewerkschaftlicher Streikaufruf.[556]

596 An die Rechtmäßigkeit eines Streiks sind die folgenden Voraussetzungen zu stellen: Zunächst muss sich ein Streik innerhalb des Schutzbereichs des Art. 9 III GG befinden. Er muss dabei einem legitimen Ziel, wie der Durchsetzung von Tarifforderungen dienen. Politische Streiks sind unzulässig. Weiterhin muss ein Streik von einer tariffähigen Partei geführt werden. Auch dies ergibt sich unmittelbar aus Art. 9 III GG, da die Rechte aus Art. 9 III GG nur den hier vorgesehenen Personen bzw. Koalitionen zustehen. Dies ist vor dem Hintergrund wichtig, da auch nur die tariffähigen Parteien die Ergebnisse eines Streiks in einem Tarifvertrag festlegen können. Darüber hinaus darf kein Verstoß gegen die Friedenspflicht vorliegen. Das bedeutet, dass mit einem Streik nicht Forderungen durchgesetzt werden dürfen, die einem gültigen Tarifvertrag widersprechen. Möchte eine der Tarifvertragsparteien eine bestimmte Regelung einseitig ändern, so muss sie zunächst den Tarifvertrag kündigen und den Ablauf der Kündigungsfrist abwarten. Zuletzt muss ein Streik immer das letzte Mittel (ultima ratio) sein. Als ultima ratio müssen daher sowohl der Verhältnismäßigkeitsgrundsatz als auch das verfassungsrechtliche Übermaßverbot gewahrt sein bzw. dürfen nicht verletzt werden. Das bedeutet, dass alle anderen Maßnahmen zur Vermeidung oder Lösung des Konflikts ausgeschöpft sein müssen. Von der streikenden Partei ist zu beachten, dass ein Streik auf den inhaltlichen und räumlichen Geltungsbereich des umkämpften Tarifvertrags beschränkt bleiben muss und vor jedem Streik nach den einschlägigen Satzungen der Gewerkschaften eine Urabstimmung vorauszugehen.

2. Boykott

597 Der Boykott stellt aus Arbeitnehmersicht eine weitere Arbeitskampfmaßnahme dar. Beim Boykott ruft eine Gewerkschaft dazu auf, mit dem zu boykottierenden Arbeitgeber weder Geschäfte zu machen, noch Arbeitsverträge abzuschließen. Während ein Boykott über den Kauf von Waren oder Dienstleistungen eines Arbeitgebers äußerst selten stattfindet, kommt der Aufruf, keine Arbeitsverträge mit dem boykottierten Arbeitgeber abzuschließen, häufiger vor, insbesondere dann, wenn der Arbeitgeber versucht, während eines Streiks neue Arbeitnehmer einzustellen.

3. Abkehr

598 Die Abkehr ist die Gegenreaktion der Gewerkschaft auf eine Suspendierung des Arbeitsverhältnisses durch den Arbeitgeber im Rahmen einer Aussperrung. Die Abkehr führt zu einer kollektiven fristlosen Auflösung der jeweiligen Arbeitsverhältnisse. Wie bei der Kündigung genügt eine einseitige empfangsbedürftige Willenserklärung der Gewerkschaft als Arbeitskampfpartei für ihre Mitglieder. Den Außenseitern ermöglicht die fristlose Kündigung aus wichtigem Grund nach § 626 BGB die Möglichkeit, das Arbeitsverhältnis mit dem Arbeitgeber zu beenden.

IV. Arbeitskampfmaßnahmen der Arbeitgeber

599 Art. 9 III GG billigt auch der Arbeitgeberseite Arbeitskampfmaßnahmen zu. Arbeitskampfmittel können die Aussperrung, die Betriebsstilllegung oder eine Streikbruchprämie sein.

1. Aussperrung

600 Die Aussperrung ist das wichtigste Arbeitskampfmittel der Arbeitgeber. Sie liegt vor, wenn ein oder mehrere Arbeitgeber planmäßig eine Mehrzahl von Arbeitnehmern von

---

556 Dütz/Thüsing, Rn. 610

der Arbeitstätigkeit im Betrieb ausschließt und dieser Ausschluss die Verweigerung der Lohnzahlung beinhaltet. Unterschieden wird zwischen der Abwehraussperrung (Defensivaussperrung) und der Angriffsaussperrung. Das Recht der Arbeitgeber zu beiden Formen der Aussperrung ergibt sich hierbei ebenfalls aus Art. 9 III GG. Beginnt der Arbeitgeber den Arbeitskampf durch Aussperrung, handelt es sich um eine Angriffsaussperrung. Reagiert der Arbeitgeber dagegen durch Aussperrung auf den Beginn eines Streiks, liegt eine Abwehraussperrung vor. In beiden Fällen unterscheidet man weiter zwischen suspendierenden Aussperrungen, wodurch die Hauptpflichten des Arbeitsvertrags vorläufig bis zum Ende des Arbeitskampfs ausgesetzt werden, und lösenden Aussperrungen, die das Arbeitsverhältnis beenden.[557] Eine solche Unterscheidung ist deshalb notwendig, weil eine auflösende Aussperrung u. U. rechtswidrig sein kann. Bisher hat es eine Angriffsaussperrung durch die Arbeitgeber seit Bestehen der Bundesrepublik Deutschland nicht gegeben.

2. Betriebsstilllegung

601 Als weitere Arbeitskampfmaßnahme des Arbeitgebers kommt die Stilllegung des ganzen Betriebs in Betracht. Das Bundesarbeitsgericht hat in einem Urteil aus dem Jahr 1994 diese Möglichkeit der Arbeitskampfmaßnahme für den Arbeitgeber rechtlich anerkannt.[558] Dabei handelt es sich um eine defensive, aber sehr effektive Art, einen Arbeitskampf zu führen, welche in der Praxis die Abwehraussperrung weitgehend verdrängt hat.[559] Während eines Arbeitskampfs liegt es an der alleinigen Entscheidung des Arbeitgebers, ob im Betrieb weitergearbeitet wird oder eine Stilllegung wirtschaftlich angemessen ist.[560] Auf jeden Fall eröffnet sich für den Arbeitgeber, wenn sein Betrieb bestreikt wird, wie bei der Aussperrung, so auch bei der Betriebsstilllegung die Möglichkeit, die Vergütungs- und Beschäftigungspflicht bis zur Beendigung des Arbeitskampfs auszusetzen.[561]

3. Streikbruchprämie

602 Ein weiteres rechtmäßiges Arbeitskampfmittel des Arbeitgebers ist nach h. M. die sog. Streikbruchprämie.[562] Bei der Streikbruchprämie handelt es sich um die Gewährung eines Vermögensvorteils, einer finanziellen Zuwendung an diejenigen Arbeitnehmer, die dem Streikaufruf der Gewerkschaft nicht gefolgt sind, am Streik daher nicht teilnehmen und somit ihre Arbeitspflicht erfüllen. Fraglich ist allerdings, ob durch Streikbruchprämien ein Verstoß gegenüber dem Maßregelungsverbot nach § 612a BGB vorliegt.

V. Rechtmäßigkeitsvoraussetzungen für Arbeitskämpfe

1. Grundlagen

603 Ein Arbeitsverhältnis entsteht nach § 611a I BGB durch einen Arbeitsvertrag, den der Arbeitgeber mit dem Arbeitnehmer abschließt. Daraus ergibt sich die Hauptleistungspflicht für den Arbeitnehmer, für den Arbeitgeber zu arbeiten; der Arbeitgeber hat gegenüber dem Arbeitnehmer die beiden Hauptpflichten, gemäß § 611a II BGB den vereinbarten Lohn zu zahlen und ihn zu beschäftigen. Bei einem Arbeitskampf kommt

---

557 Dütz/Thüsing, Rn. 611b
558 Vgl. BAG NZA 1994, 1097, 1099; 1995, 958, 959
559 Vgl. Wörlen/Kokemoor, Rn. 334a
560 Vgl. BAG NZA 1996, 212, 214
561 Vgl. BAG NZA 1994, 1097, 1099
562 Vgl. von Hoyningen-Huene, Streikbedingte Sonderzuwendungen als Arbeitskampfmittel, DB 1989, 1466 f.; Rolfs, Zur Zulässigkeit von Streikbruchprämien im Arbeitskampf, DB 1994, 1237, 1241 f.; a. A. Otto, AKR § 12 Rn. 45

es dazu, dass zumindest eine Vertragspartei, ob Arbeitnehmerseite oder Arbeitgeberseite, ihre Hauptleistungspflicht, z. B. durch Streik oder Aussperrung, nicht mehr erfüllt und es zu einer Verletzung des Arbeitsvertrags kommt. Es ist somit eine Rechtsgrundlage notwendig, die eine Verletzung des Arbeitsverhältnisses durch Arbeitskampf rechtfertigt.

604 Dass ein Arbeitskampf überhaupt möglich ist, ergibt sich aus Art. 9 III GG. Denn Art. 9 III GG bildet die Rechtsgrundlage dafür, dass ein rechtmäßiger Arbeitskampf stattfinden kann. Allerdings ist das Problem der Rechtmäßigkeit von Arbeitskämpfen schwierig zu klären, weil bis auf Art. 9 III GG die Rechtsgrundlagen des Arbeitskampfs nur in Ansätzen und die Grenzen, von einigen Teilbereichen abgesehen, überhaupt nicht gesetzlich geregelt sind.[563] Für die Tarifvertragsparteien kommt es also darauf an, vor einem Arbeitskampf zu prüfen, ob ein zu führender Arbeitskampf überhaupt rechtmäßig ist. Rechtsprechung und Rechtsliteratur haben die Rechtmäßigkeit von Arbeitskämpfen intensiv erörtert und Grenzen für die Rechtmäßigkeit aufgezeigt.[564]

2. Tarifvertragsparteien

605 Nach § 2 I TVG können Tarifvertragsparteien nur Gewerkschaften, einzelne Arbeitgeber oder Vereinigungen von Arbeitgebern sein. Dies gilt entsprechend für die Durchführung von Arbeitskämpfen. Auch hier gilt auf Arbeitnehmerseite kollektives Handeln: der Arbeitskampf auf Arbeitnehmerseite muss durch eine Koalition von Arbeitnehmern, einer Gewerkschaft, durchgeführt werden. Auf Arbeitgeberseite können entweder ein einzelner Arbeitgeber oder ein Arbeitgeberverband Arbeitskampfmaßnahmen durchführen. Nicht erforderlich ist auf Arbeitnehmerseite, dass die streikenden Arbeitnehmer auch Mitglied der Gewerkschaft sein müssen. Im Gegensatz zum deutschen Recht setzt die Europäische Sozialcharta (ESC) die Tariffähigkeit der an einem Arbeitskampf beteiligten Parteien in Art. 6 Nr. 4 ESC nicht voraus. Daraus kann abgeleitet werden, dass Arbeitskampfmaßnahmen evtl. auch auf Arbeitnehmerseite nicht nur durch einen Verband durchzuführen sind, um rechtmäßig zu sein. In der Bundesrepublik Deutschland wird bisher eine solche Rechtsauffassung nicht vertreten, so dass nur tariffähige Parteien einen Arbeitskampf führen können.

3. Zulässige Tarifvertragsregelungen

606 Das Ziel des Arbeitskampfs, der Abschluss eines Tarifvertrags als Ganzes oder einzelner tarifvertraglicher Regelungen, muss rechtmäßig sein. Somit hat die Tarifvertragspartei, die einen Arbeitskampf durchführen will, ein tariflich regelbares Ziel anzustreben sowie den Arbeitskampf gegen den Adressaten zu richten, welcher die Forderungen, denen der Arbeitskampf Nachdruck verleihen soll, erfüllen kann.[565] Erforderlich ist also, dass durch den Arbeitskampf tarifvertragliche Ziele durchgesetzt werden sollen. Zum einen muss die erstrebte Regelung die Arbeits- und Wirtschaftsbedingungen i. S. v. Art. 9 III GG, § 1 I TVG betreffen und darf nicht gegen die Verfassung oder sonstiges zwingendes Gesetzesrecht verstoßen.[566] Zum anderen muss erkennbar sein, dass mit dem Arbeitskampf branchen- oder betriebsbezogene Forderungen durchgesetzt werden sollen. Des Weiteren ist erforderlich, dass der Adressat der Forderung und der Gegner bei einem zu führenden Arbeitskampf übereinstimmen. Führt etwa eine Gewerkschaft nach Ablauf des Tarifvertrags in einem Tarifgebiet, z. B. einem Bundesland, einen Arbeitskampf durch und schließt sich die Gewerkschaft eines anderen Tarifgebiets diesem Arbeits-

---

563 ErfK/Linsenmaier, Art. 9 GG, Rn. 102
564 Für die Rechtsprechung BVerfGE 84, 212, 228 ff. = AP Nr. 117 zu Art. 9 GG; BAG AP Nr. 37 zu Art. 9 GG, Arbeitskampf; für die Rechtsliteratur z. B. Seiter, die Aussperrung nach dem Grundgesetz, JZ 1978, 413; Reuter, Die Grenzen des Streikrechts, ZfA 1990, 535; Peters, Das Scheitern der Tarifverhandlungen als Rechtmäßigkeitsvoraussetzung für Arbeitskampfmaßnahmen, 1997
565 Vgl. BAG DB 1972, 143, 145
566 Vgl. Dütz/Thüsing, Rn. 618

kampf aus Sympathie an, hält das Bundesarbeitsgericht einen derartigen Arbeitskampf für rechtswidrig, insbesondere dann, wenn der Arbeitskampf aus Sympathie begonnen wird, bevor dort der Tarifvertrag endet.[567] Daraus folgt ebenfalls, dass ein Arbeitskampf nicht gegen die Friedenspflicht verstoßen darf.

Rechtswidrig ist ein Arbeitskampf z. B. unter folgenden Voraussetzungen: **607**
- „Wilder Streik", der von einzelnen Arbeitnehmern, nicht aber von der Gewerkschaft als Tarifvertragspartei durchgeführt wird;
- Verletzung der Friedenspflicht;
- Politischer Streik, der sich gegen den Staat richtet, um z. B. gesetzliche Regelungen zu erlassen oder zu ändern;
- Forderungen, die in einem Tarifvertrag nicht geregelt werden können;
- Forderungen für Regelungen in Tarifverträgen, die gegen höherrangiges Recht verstoßen;
- Rechtswidrigkeit der Kampfmittel wie Betriebsbesetzung oder Betriebsblockade, aber auch strafbare Handlungen wie z. B. Körperverletzung;
- Grundsätzliches Verbot für Arbeitskampfmaßnahmen nach öffentlichem Dienstrecht für Beamte, Richter und Soldaten.

Nur der Arbeitskampf auf Abschluss eines Tarifvertrags ist somit zulässig. **608**

4. Allgemeine Grundsätze des Arbeitskampfs

Die mangelnde gesetzliche Regelung von Arbeitskämpfen hat dazu geführt, dass Rechtsprechung und Rechtsliteratur allgemeine Grundsätze herausgearbeitet haben, unter welchen Voraussetzungen ein rechtmäßiger Arbeitskampf zu führen ist. Insbesondere die freie Wahl der Kampfmittel, das Gebot der Kampfparität sowie der Grundsatz der Verhältnismäßigkeit und eine faire Kampfführung spielen bei der Durchführung von Arbeitskämpfen eine große Rolle. **609**

a) **Freie Wahl der Kampfmittel.** Der Große Senat des Bundesarbeitsgerichts[568] und das Bundesverfassungsgericht[569] haben in verschiedenen Entscheidungen unzweifelhaft darauf hingewiesen, dass Arbeitskampfparteien die freie Wahl der Kampfmittel zustehen. Dabei handelt es sich nicht nur um die bisher existierenden freien Mittel, welche als rechtmäßig anerkannt sind; in unserer sich andauernd verändernden Arbeits- und Wirtschaftswelt können auch neue Kampfmittel zum Einsatz kommen unter dem Vorbehalt ihrer Rechtmäßigkeit.[570] **610**

b) **Verhandlungsparität.** Das Gebot der Verhandlungsparität soll zwischen den Tarifparteien ein hinreichendes Verhandlungs- und Kampfgleichgewicht gewährleisten.[571] Eine solche „Waffengleichheit" besteht aber nicht schon dann, wenn den Arbeitskampfparteien bestimmte freie rechtmäßige Arbeitskampfmittel zur Verfügung stehen. Zum einen soll es nach dem Bundesverfassungsgericht auf das tatsächliche Verhandlungsgleichgewicht bei Tarifauseinandersetzungen ankommen,[572] denn nur dann besteht für die eine wie die andere Arbeitskampfpartei die realistische Möglichkeit, ihre jeweiligen Forderungen beim Abschluss eines Tarifvertrags durchzusetzen. Zum anderen lässt es der grundrechtliche Schutz aus Art. 9 III GG nicht zu, dass der Staat oder eine ihm **611**

---

567 Vgl. dazu BAG NZA 1985, 504, 506; 1988, 474, 475
568 Vgl. BAG (GS) DB 1971, 1061
569 Vgl. BVerfG NZA 1991, 809, 810
570 Vgl. BVerfG NZA 1995, 754, 758
571 Vgl. Richardi/Bayreuther, § 10, Rn. 41
572 Siehe erneut BVerfG NZA 1991, 809, 810; 1995, 754, 756

unterstehende Körperschaft des öffentlichen Rechts den Arbeitskampf durch Aufgabe seiner Neutralität zugunsten einer Arbeitskampfpartei begünstigt.[573]

612 Unter die Kampfparität fällt auch der Einsatz der verschiedenen Arbeitskampfmittel. Art. 9 III GG billigt den Koalitionen die freie Wahl der Kampfmittel. Diese unterliegen lediglich einer Verhältnismäßigkeitskontrolle. Es existiert aber kein Numerus clausus der einzelnen Kampfmaßnahmen.[574]

613 c) **Gebot der Verhältnismäßigkeit.** Art. 9 III GG gewährleistet den grundrechtlichen Schutz zur Führung eines Arbeitskampfs. Die Möglichkeit des Arbeitskampfs unterfällt aber auch dem generellen Gebot, dadurch die Arbeits- und Wirtschaftsbedingungen zu wahren und zu fördern. Ein Arbeitskampf hat somit nicht nur Auswirkungen auf die Arbeitskampfparteien selbst. Auch Dritte, je nach Schwere des Arbeitskampfes auch der Staat, mögen direkt oder indirekt vom Arbeitskampf betroffen sein. Insofern gilt für den Arbeitskampf insbesondere der Grundsatz der Verhältnismäßigkeit im weiteren Sinn dahingehend, ob ein Arbeitskampf überhaupt erforderlich ist, im engeren Sinn, dass die Folgen bedacht werden, die sich aus einem Arbeitskampf ergeben.[575]

614 Der Arbeitskampf muss einerseits geeignet und erforderlich sein, um die in Tarifvertragsverhandlungen verfolgten Ziele tatsächlich zu erreichen. Erst nach Ausschöpfen aller Verhandlungsmöglichkeiten erkennt die Rechtsprechung einen Arbeitskampf als geeignet und erforderlich an.[576] Auch hier gilt das sog. Ultima-ratio-Prinzip. Vor einem Arbeitskampf müssen alle zulässigen Mittel für eine friedliche Einigung der Tarifvertragsparteien ausgeschöpft sein. Darunter fallen mittlerweile auch Warnstreiks, welche der Gewerkschaft als zusätzliches Druckmittel für die Durchsetzbarkeit ihrer Forderungen während der Tarifverhandlungen zur Verfügung steht.[577] Als Gegenkampfmittel ist auch eine Warnaussperrung möglich.[578]

615 Andererseits muss im Arbeitskampf die Verhältnismäßigkeit gewahrt werden. Das bedeutet, dass auch die Folgen eines Arbeitskampfs vor Beginn berücksichtigt werden müssen. In diesem Zusammenhang sind zum einen unverhältnismäßig eine beabsichtigte Existenzvernichtung des Gegners,[579] zum anderen die Aussperrung von Arbeitnehmern durch Arbeitgeber außerhalb des Tarifbezirks, in dem die Tarifverhandlungen geführt wurden und Arbeitskampfmaßnahmen stattfinden.[580]

616 d) **Gebot fairer Kampfführung.** Auch eine faire Kampfführung gilt als Voraussetzung für einen rechtmäßigen Arbeitskampf. Selbst wenn der Arbeitskampf als solcher rechtmäßig ist, können bestimmte Verhaltensweisen, die von einer Kampfpartei gefördert oder geduldet werden, rechtswidrig sein und Schadensersatzansprüche auslösen. Die Kampfparteien müssen das Gebot fairer Kampfführung beachten; es gilt für die gesamte Durchführung des Arbeitskampfs.[581] Eine unfaire Kampfführung liegt z. B. dann vor, wenn der Gegner nicht erkennen kann, ob die Partei, die den Arbeitskampf beginnen will, vorher über diese Maßnahme einen Beschluss, z. B. einen Streikbeschluss oder

---

573 Vgl. Dütz/Thüsing, Rn. 638
574 Vgl. BVerfG NZA 2014, 493; BAG NZA 2009, 1347
575 Siehe dazu Otto, AKR § 8 Rn. 3 ff.
576 Vgl. BAG (GS) DB 1971, 1061 f.
577 Vgl. BAG NZA 1984, 393, 398
578 So BAG NZA 1984, 846
579 Burkhard-Pötter, Warnstreiks – aktueller denn je, NJW-Spezial 2013, 370, 371 mit Verweis auf BAG NZA 1998, 846, 849; BAG NJW 1980, 1642
580 Siehe BAG NZA 1985, 537, 538
581 Junker, Rn. 618; Hromadka/Maschmann, Bd. 2, § 14 Rn. 67 ff.

einen Aussperrungsbeschluss, herbeigeführt hat.[582] Nach der Rechtsprechung muss ein solcher Beschluss für den Arbeitskampfgegner erkennbar sein.[583]

Zum anderen wird auch eine sog. verdeckte Kampfführung als unfair angesehen. Um eine verdeckte Kampfführung handelt es sich, wenn Arbeitnehmer bewusst das Arbeitstempo für ihre Arbeitsleistung reduzieren, sich in größerer Anzahl krankmelden, um auf diese Weise den Betriebsablauf zu stören oder bei vermehrten Betriebsunterbrechungen, durch die die Produktion und daraus folgend die rechtzeitige Warenauslieferung beeinträchtigt wird.[584]

Des Weiteren liegen Verstöße gegen eine faire Kampfführung dann vor, wenn z. B. die kampfführende Gewerkschaft Notstands- und Erhaltungsarbeiten während des Arbeitskampfs gegenüber dem Arbeitgeber ausschließt. Um Notstandsarbeiten handelt es sich bei Maßnahmen, welche im Rahmen einer Mindestversorgung zur Befriedigung elementarer persönlicher und staatlicher Bedürfnisse wie z. B. Gesundheit, Energie und Wasser, Feuerwehr und Müllbeseitigung sicherzustellen.[585] Ebenso notwendig sind Erhaltungsarbeiten während des Arbeitskampfs im Betrieb des bestreikten Arbeitgebers, damit nach Beendigung des Arbeitskampfs die Funktionsfähigkeit des Betriebs so schnell wie möglich wieder hergestellt sein wird.[586]

VI. Rechtsfolgen von Arbeitskämpfen

Die Rechtsfolgen eines Arbeitskampfs sind unterschiedlich: einerseits kommt es darauf an, ob ein Arbeitskampf entweder rechtmäßig oder rechtswidrig war; andererseits stellt sich die Frage, wen die Rechtsfolgen des Arbeitskampfs treffen.

1. Rechtmäßiger Arbeitskampf

Ein rechtmäßiger Arbeitskampf hat verschiedene Auswirkungen. Davon sind zum einen die Tarifvertragsparteien betroffen; zum anderen entstehen normalerweise Folgen für das einzelne Arbeitsverhältnis, d. h. den Arbeitgeber und den Arbeitnehmer. Auch für Dritte, am Arbeitskampf unbeteiligte Personen, können sich Auswirkungen ergeben.

a) **Rechtsfolgen für kämpfende Tarifvertragsparteien.** Handelt es sich um einen rechtmäßigen Arbeitskampf, z. B. einen Streik oder eine Aussperrung, sind die Tarifvertragsparteien, welche im Arbeitskampf als Gegner auftreten, gehalten, Organisations- und Einwirkungspflichten zu übernehmen. Die Organisationspflicht beinhaltet, etwa den bestreikten Betrieb durch Notstands- und Erhaltungsmaßnahmen dahingehend aufrechtzuerhalten, dass nach einem Ende des Arbeitskampfs die Aufnahme der Tätigkeit für die Arbeitnehmer ohne größere Anlaufschwierigkeiten erfolgen kann. Insofern besteht sogar eine Pflicht zur Organisation von Notstands- und Erhaltungsmaßnahmen, welche von Arbeitgeberseite und Arbeitnehmerseite gemeinsam übernommen werden muss.[587] Daneben existiert für beide Arbeitskampfgegner die Einwirkungspflicht auf ihre jeweiligen Mitglieder. So besteht eine Verantwortung der Kampfparteien dafür, dass auch ihre Mitglieder bei laufendem Tarifvertrag nicht kämpfen dürfen sowie später die Kampfgrenzen einhalten und auf sie in diesem Sinn, notfalls durch verbandsinterne Sanktionen, einwirken.[588] Werden die genannten Pflichten von einer Kampfpartei ver-

---

582 MH3/Ricken, § 272, Rn. 63
583 Vgl. BAG NZA 1996, 389; BAG NZA 2009, 1347 ff.
584 Dazu auch BGHZ 70, 277, 286
585 Vgl. Otto, AKR § 8 Rn. 26
586 Vgl. Junker, Rn. 618
587 Vgl. BAGE 38, 207, 213; BAG NZA 1995, 958, 959
588 Dütz/Thüsing, Rn. 668

letzt, kann sich daraus ein Schadensersatzanspruch aus § 280 I BGB für den Arbeitskampfgegner ergeben.

622 **b) Rechtsfolgen für kampfbeteiligte Arbeitsvertragsparteien.** Handelt es sich bei Streik oder Aussperrung um rechtmäßige Arbeitskampfmaßnahmen, ruht für den Arbeitgeber und den Arbeitnehmer das Arbeitsverhältnis. Die Hauptpflichten beider Vertragsparteien aus dem Arbeitsvertrag, die Arbeitstätigkeit einerseits sowie die Lohnzahlung und Beschäftigung andererseits, sind bis zum Ende des Arbeitskampfs nicht mehr zu erbringen. Die Suspendierungswirkung erklärt sich daraus, dass die Kampfparteien das Arbeitsverhältnis nicht beenden, sondern es während des Arbeitskampfs nur ruhen lassen wollen, um es nach Kampfende unter veränderten Bedingungen fortzusetzen.[589] Nach Beendigung des Arbeitskampfs sind die Hauptleistungspflichten von beiden Vertragsparteien ordnungsgemäß zu erfüllen. Das geschieht meistens durch eine einseitige konkludente Willenserklärung, in dem der Arbeitnehmer wieder seine Arbeitsleistung erbringt. Der Arbeitgeber ist dann folglich verpflichtet, die Lohnzahlung fortzusetzen und den Arbeitnehmer zu beschäftigen. Auswirkungen des Arbeitskampfs auf Nebenpflichten der Arbeitsvertragsparteien, z. B. das Stillschweigen des Arbeitgebers über persönliche Informationen des Arbeitnehmers in Ausbildungs- und Arbeitszeugnissen sowie beim Arbeitnehmer über Geschäftsgeheimnisse, hat der Arbeitskampf nicht. Dagegen entfallen durch einen rechtmäßigen Arbeitskampf beim Arbeitnehmer Zusatzansprüche, z. B. Teile von Sonderzahlungen, etwa beim Urlaubsgeld, aber auch durch Kürzung von Urlaubstagen, sogar selbst die Entgeltfortzahlung im Krankheitsfall, wenn aufgrund eines Arbeitskampfs nicht gearbeitet wird. Eine Kündigung des Arbeitsverhältnisses aufgrund eines Streiks ist dagegen unwirksam.

623 Der Arbeitgeber ist bei der Betriebsstilllegung berechtigt, die Lohnzahlung auch gegenüber den am Arbeitskampf nichtbeteiligten Arbeitnehmern auszusetzen. Das gilt auch, wenn sich der Arbeitgeber trotz Streik für die Weiterführung seines Betriebs entscheidet, allerdings nur dann, wenn er die arbeitswilligen Arbeitnehmer trotz Streik nicht mehr sinnvoll beschäftigen kann. Der Lohnfortzahlungsanspruch der arbeitswilligen Arbeitnehmer lässt sich auch nicht aus § 615 BGB herleiten, da ein Arbeitskampf nicht unter das Betriebsrisiko des Arbeitgebers fällt. Handelt es sich beim Streik um einen sog. Schwerpunktstreik, bei dem zwar nur ein Betrieb bestreikt, die Auswirkungen aber auch auf vom Arbeitskampf nicht erfasste Betriebe zu spüren sind, führen derartige Fernwirkungen dazu, dass nach dem Grundsatz der Kampfparität auch die Arbeitnehmer ihren Lohnanspruch mangels Beschäftigung verlieren, wenn es dem Arbeitgeber aufgrund der Fernwirkung nicht mehr möglich ist, seine Arbeitnehmer wirksam einzusetzen.[590] Die Möglichkeit der Fernwirkung lässt sich aus § 160 III 1 SGB III ableiten, welcher zum fünften Titel des Sozialgesetzbuchs III (Minderung des Arbeitslosengeldes, Zusammentreffen des Anspruchs mit sonstigem Einkommen und Ruhen des Anspruchs) gehört. In den §§ 155–160 SGB III werden z. B. die Minderung des Arbeitslosengeldes oder das Ruhen eines solchen Anspruchs geregelt. Gemäß § 160 III 1 SGB III ruht für einen Arbeitnehmer bei einem inländischen Arbeitskampf, an dem er nicht beteiligt ist, der Anspruch auf Arbeitslosengeld, falls er arbeitslos geworden ist, bis zur Beendigung des Arbeitskampfs. Allerdings muss der Betrieb, in dem der Arbeitslose zuletzt beschäftigt war, entweder dem räumlichen und fachlichen Geltungsbereich des umkämpften Tarifvertrags zuzuordnen sein oder nicht dem räumlichen, aber dem fachlichen Geltungsbereich des umkämpften Tarifvertrags zuzuordnen sein und im räumlichen Geltungsbereich des Tarifvertrags, dem der Betrieb zuzuordnen ist, entweder eine Forderung erhoben worden ist, die einer Hauptforderung des Arbeitskampfs nach Art

---

589 Dütz/Thüsing, Rn. 671
590 Vgl. BAG DB 1981, 321, 327; siehe dazu ausführlich Wörlen/Kokemoor, Rn. 337 ff.

und Umfang gleich ist, ohne mit ihr übereinstimmen zu müssen, und das Arbeitskampfergebnis aller Voraussicht nach in dem räumlichen Geltungsbereich des nicht umkämpften Tarifvertrags im Wesentlichen übernommen wird. Im Ergebnis haben somit bei einem Schwerpunktstreik mit Fernwirkung auch die Arbeitnehmer, welche nicht direkt an den Arbeitskampfmaßnahmen, z. B. Streik, beteiligt sind, keinen Anspruch auf Lohnzahlung, wenn sie nicht mehr sinnvoll beschäftigt werden können.

c) **Rechtsfolgen für unbeteiligte Dritte.** Auch unbeteiligte Dritte, insbesondere Unternehmen als Vertragspartner des durch Streik oder Aussperrung betroffenen Unternehmens, können die Auswirkungen eines Arbeitskampfs zu spüren bekommen. So können durch einen Arbeitskampf Abnahme- und Lieferverzögerungen, d. h. Verzug nach §§ 286 ff. BGB, eintreten; auch kann durch einen Arbeitskampf durch Abnahme- und Lieferungsausfall die Leistungsstörung der Unmöglichkeit nach § 275 BGB entstehen, z. B. wenn die Abnahme oder Lieferung leicht verderblicher Ware wie Lebensmittel unterbleibt. Daher sind für die Vertragspartei, welche am Arbeitskampf nicht beteiligt ist, Schadensersatzansprüche wegen Unmöglichkeit oder Verzug nach §§ 280 ff. BGB denkbar. Der Grundrechtsschutz des Art. 9 III GG erstreckt sich zwar nur auf den rechtmäßigen Arbeitskampf; er wirkt sich darüber hinaus aber auch auf die Folgen eines rechtmäßigen Arbeitskampfs aus. Denn es kann nicht sein, dass ein Arbeitgeber, dessen Betrieb rechtmäßig bestreikt wird, sich Schadensersatzforderungen seiner Abnehmer oder Lieferanten ausgesetzt sieht, weil es ihm entweder unmöglich oder nur unter Verzögerung möglich ist, seine vertragliche Pflicht zur Abnahme oder Lieferung zu erfüllen. Im Übrigen hat der Arbeitgeber die Leistungsstörung bei einem rechtmäßigen Arbeitskampf auch nicht nach § 276 BGB zu vertreten, da kein Verschulden seinerseits vorliegt. Denn wird nach der sog. Einheitstheorie der Arbeitskampf als rechtmäßig bewertet, so gilt das auch im Verhältnis einer jeden Arbeitskampfpartei zum Vertragspartner.[591] Kann ein bestreikter Betrieb wegen des Arbeitskampfs Waren oder Leistungen seines Vertragspartners nicht annehmen, so kann er nach §§ 293 ff. BGB in Gläubigerverzug geraten, weil ein Verschulden für den Gläubigerverzug nicht erforderlich ist.[592] Entscheidend ist insbesondere in einer solchen Situation der objektive Maßstab, wann ein Gläubigerverzug vorliegt.

2. Rechtswidriger Arbeitskampf

Im Gegensatz zum rechtmäßigen Arbeitskampf können sich aus einem rechtswidrigen Arbeitskampf erhebliche finanzielle Folgen für die jeweiligen Parteien, ob Tarifvertragsparteien, Parteien des einzelnen Arbeitsverhältnisses oder für Dritte ergeben.

a) **Rechtsfolgen für kämpfende Tarifvertragsparteien.** Denkbar sind bei einem rechtswidrigen Arbeitskampf Schadens- und Unterlassungsansprüche für die jeweilige Tarifvertragspartei. Rechtsgrundlage bildet der Tarifvertrag. Verletzt eine der Tarifvertragsparteien den Tarifvertrag, z. B. die dem Tarifvertrag innewohnende Friedenspflicht, so kann ein vertraglicher Schadenersatzanspruch aus § 280 I BGB entstehen. Liegt dagegen eine Rechtsgutsverletzung, z. B. die Verletzung eines sonstigen Rechts im Rahmen einer Betätigung als Koalition nach § 823 I BGB i. V. m. Art. 9 III GG vor, ist auch ein deliktischer Schadensersatzanspruch denkbar. Allerdings kommt es bei beiden Schadensersatzansprüchen darauf an, dass auch ein vermögenswirksamer Schaden i. S. v. §§ 249 ff. BGB entstanden ist. Üblicherweise entsteht ein solcher Schaden bei einer Tarifvertragspartei aber nicht. Wird ein rechtswidriger Arbeitskampf geführt, entweder von einer Tarifvertragspartei noch während der Friedenspflicht oder z. B. von einer Gewerkschaft in einem anderen Tarifbezirk als sog. Sympathiestreik, stehen dem Arbeitgeberverband oder dem

---

591 Vgl. Hanau/Adomeit, Rn. 319; MH3/Ricken, § 279 Rn. 41 ff.
592 Vgl. Schade, Rn. 250

einzelnen Arbeitgeber, der ebenfalls Tarifvertragspartei sein kann, auch das Recht auf Unterlassung nach § 1004 I BGB analog zu.

627 **b) Rechtsfolgen für kämpfende Tarifvertragsparteien im Verhältnis zu einzelnen Arbeitnehmern oder einzelnen Arbeitgebern.** Die Rechtsfolgen, welche sich aus einem rechtswidrigen Arbeitskampf ergeben können, sind im Verhältnis von Tarifvertragspartei zu einem einzelnen Arbeitnehmer bzw. einzelnen Arbeitgeber vielschichtig und daher differenziert zu betrachten. Vertragliche Pflichten lassen sich aus einem Tarifvertrag für einen einzelnen Arbeitnehmer nicht ableiten, weil ein Vertrag zu Lasten Dritter nach allgemeiner Meinung unwirksam ist. Ausnahme bildet hierzu evtl. ein Firmentarifvertrag, aus dem sich für den einzelnen Arbeitgeber Pflichten ergeben können. Schadensersatz- und Unterlassungsansprüche nach §§ 823, 1004 BGB können sich dann ergeben, wenn das Grundrecht nach Art. 9 III GG verletzt wird.

628 Aus § 1 I 1. Hs. TVG ergibt sich der schuldrechtliche Teil eines Tarifvertrags. Dieser Teil ist ein Vertragsteil auch zugunsten der Mitglieder von Tarifvertragsparteien, der dem einzelnen tarifgebundenen Arbeitgeber und dem Arbeitnehmer Ansprüche aus Tarifvertrag zubilligt, ohne dass diese selbst Vertragspartei sind.[593] Insofern wird der schuldrechtliche Teil des Tarifvertrags von der Rechtsprechung und der h. M. in der Rechtsliteratur als Vertrag mit Schutzwirkung zugunsten Dritter i. S. v. § 311 III BGB angesehen.[594] Mitglieder eines Verbands können daher gegenüber ihrer Organisation keine Ansprüche auf Unterlassung, z. B. das Einhalten der Friedenspflicht, geltend machen. Dagegen kann sich ein deliktischer Schadensersatzanspruch für den einzelnen Arbeitgeber oder Arbeitnehmer bei Nichteinhalten der Friedenspflicht ergeben. Der jeweilige Verband oder die Gewerkschaft können dann gegenüber ihren Mitgliedern zum Schadensersatz nach §§ 280 I, 311 III BGB verpflichtet sein, weil ein Tarifvertrag als Vertrag mit Schutzwirkung für Dritte – somit für die Mitglieder des jeweiligen Verbands – auch die Friedenspflicht beinhaltet, gegen die nicht verstoßen werden darf. Beginnt die Gewerkschaft einen rechtswidrigen Arbeitskampf, so steht dem bestreikten Arbeitgeber ein Schadensersatz- und Unterlassungsanspruch aus §§ 823 I, 1004 I BGB analog zu. Das Recht am eingerichteten und ausgeübten Gewerbebetrieb stellt als „sonstiges Recht" des § 823 I BGB ein absolutes Recht des Arbeitgebers dar, welches nicht rechtswidrig verletzt werden darf.[595] In der Rechtsliteratur umstritten ist, ob es sich auch beim Recht am Arbeitsplatz um ein absolutes Recht i. S. v. § 823 I BGB handelt.[596] Dies wird von der überwiegenden Meinung und auch von der Rechtsprechung aber abgelehnt, da es sich eher um ein Bündel schuldrechtlicher Beziehungen ohne Ausschlussfunktion gegenüber Dritten handelt.[597] Wird das Recht am Arbeitsplatz als absolutes Recht angesehen, kann eine rechtswidrige Aussperrung zur Verletzung dieses Rechtsguts führen.

629 **c) Rechtsfolgen für kampfbeteiligte Arbeitsvertragsparteien.** Ist entweder der Arbeitgeber oder der Arbeitnehmer an einem rechtswidrigen Arbeitskampf beteiligt, ergeben sich für die beiden Parteien des Arbeitsvertrags die nachstehenden Rechtsfolgen. Fördert der Arbeitnehmer einen rechtswidrigen Streik durch seine Teilnahme, entfällt dadurch aber nicht die Hauptpflicht seines Arbeitsvertrags, seine Arbeitsleistung. Zum einen scheidet für den Arbeitnehmer der Anspruch auf Lohnzahlung nach § 326 I 1 BGB aus, weil seine Arbeitsleistung in dem Zeitraum, in dem er nicht arbeitet, unmöglich wird.

---

593 Vgl. BAG DB 1959, 114, 116
594 Vgl. BAG DB 1959, 114, 116; 143, 144; vgl. Dütz/Thüsing, Rn. 703
595 Vgl. Schade, Rn. 397
596 So wohl Hanau/Adomeit, Rn. 103 ff.; Niperdey, FS Sitzler, 1956, 79, 92 ff.; a. A. MK-BGB/Wagner, § 823 Rn. 357
597 Vgl. BAG NZA 1998, 1113, 1115 f.; ErfK/Preis, § 619a BGB, Rn. 56

Zum anderen kann der Arbeitgeber Schadensersatzansprüche gegenüber dem Arbeitnehmer geltend machen, einerseits nach §§ 280 I, III, 283 BGB wegen einer Vertragsverletzung oder nach § 823 I BGB wegen der Verletzung des Rechts am eingerichteten und ausgeübten Gewerbebetrieb.[598] Ist der Streik rechtswidrig, kann der Arbeitgeber aufgrund des Verhaltens seines Arbeitnehmers einerseits eine ordentliche Kündigung nach § 620 II BGB i. V. m. § 1 II KSchG erklären. Vorab erforderlich ist aber eine Abmahnung. Aus wichtigem Grund kann der Arbeitgeber bei einem äußerst negativen Verhalten des Arbeitnehmers (z. B. schwere Körperverletzung bei einem rechtswidrigen Streik gegenüber arbeitswilligen Arbeitnehmern) andererseits nach § 626 I BGB fristlos kündigen.

630 Ist dagegen der Arbeitgeber für den rechtswidrigen Arbeitskampf verantwortlich, z. B. durch eine rechtswidrige Aussperrung, behält der Arbeitnehmer seinen Anspruch auf Lohnzahlung nach §§ 615 S. 1, 293 ff. BGB, weil sich der Arbeitgeber im Annahmeverzug der Arbeitsleistung vom Arbeitnehmer befindet. Im Fall einer rechtswidrigen Aussperrung besteht für den Arbeitnehmer das Recht zur fristlosen Kündigung nach § 626 I BGB. Ein solches Recht wird dann verneint, wenn es sich nur um eine kurzfristige rechtswidrige Aussperrung mit einem geringen Verschulden des Arbeitgebers handelt.[599]

631 d) **Rechtsfolgen für unbeteiligte Dritte.** Auch unbeteiligte Dritte können durch einen rechtswidrigen Arbeitskampf belastet sein, insbesondere Geschäftspartner des Arbeitgebers, die daran interessiert sind, z. B. Produkte zu liefern bzw. abzunehmen. Es kommt wiederum darauf an, wer den rechtswidrigen Arbeitskampf begonnen hat. Hat der Arbeitgeber eine rechtswidrige Aussperrung vorgenommen und verzögert sich dadurch die Lieferung oder die Abnahme von Produkten, entstehen für seine Vertragspartner vertragliche Schadensersatzansprüche nach §§ 280 I, 286 BGB. Befindet sich der Arbeitgeber einer rechtswidrigen Aussperrung im Gläubigerverzug nach §§ 293 ff. BGB, geht bei Nichtabnahme der Ware die Preisgefahr auf ihn über, so dass er nach § 326 II 1 BGB zur Kaufpreiszahlung verpflichtet ist. Beim Schuldnerverzug muss der Arbeitgeber die Verzögerung nach § 276 BGB zu vertreten haben. Nur bei einem rechtmäßigen Arbeitskampf wird der Arbeitgeber von seiner Leistungspflicht gegenüber seinen Geschäftspartnern frei. Beim einem rechtswidrigen Streik muss sich der Arbeitgeber das schuldhafte Verhalten seiner streikenden Arbeitnehmer allerdings nicht nach §§ 278, 831 BGB zurechnen lassen.[600]

632 Denkbar ist ebenfalls, dass Geschäftspartner des rechtswidrig bestreikten Arbeitgebers auch gegen die Gewerkschaft vorgehen, die den rechtswidrigen Streik durchgeführt hat. In Betracht kommt eine deliktische Haftung nach § 823 I BGB. Als absolutes Recht könnte das sog. Recht am eingerichteten und ausgeübten Gewerbebetrieb als sonstiges Recht i. S. v. § 823 I BGB verletzt sein. Eine solche Möglichkeit ist aber deswegen abzulehnen, weil es an der Unmittelbarkeit des Eingriffs am eingerichteten und ausgeübten Gewerbebetrieb bei den Geschäftspartnern fehlt.[601]

VII. Vorläufiger Rechtsschutz beim Arbeitskampf

633 Auch bei einem Arbeitskampf kann vorläufiger Rechtsschutz geboten sein, insbesondere dann, wenn es sich um einen rechtswidrigen Arbeitskampf handelt. Art. 9 III GG

---

598 Vgl. Junker, Rn. 625; Gamillscheg, § 26 I 5
599 So z. B. Otto, AKR § 15 Rn. 59;
600 Richardi/Bayreuther, § 11, Rn. 54
601 Vgl. Richardi/Bayreuther, § 11, Rn. 48 f.

schützt nur den rechtmäßigen Arbeitskampf. Entgegen verschiedener Meinungen in der Rechtsliteratur muss der Arbeitskampf auch nicht offensichtlich rechtswidrig sein bzw. nicht das stichhaltige Argument vorliegen, dass ein bestreikter Betrieb in seiner Existenz bedroht ist.[602] §§ 2 I Nr. 2, V, 62 II ArbGG, welche auf §§ 935 ff. ZPO verweisen, gewähren den Tarifparteien bzw. dem einzelnen Arbeitgeber die Möglichkeit einer einstweiligen Verfügung gegenüber dem Arbeitskampfgegner.

§ 5 Mitbestimmung in Betrieb und Unternehmen

I. Einführung

634 Die Mitbestimmung im Betrieb oder Unternehmen entspricht im Arbeitsleben einem gesellschaftspolitischen Grundprinzip, nach dem Arbeitgeber und Arbeitnehmer im Konsens bedeutende Entscheidungen für den Betrieb und das Unternehmen fällen sollen. Unter Mitbestimmung wird im Arbeitsrecht die gesetzlich vorgesehene Beteiligung der Arbeitnehmer an Entscheidungen im Betrieb und Unternehmen verstanden.[603] Folglich soll der Arbeitgeber besonders bedeutsame Entscheidungen nicht alleine sondern unter Mitwirkung der Arbeitnehmer treffen. Dabei beschränkt sich die Mitbestimmung nicht allein auf die Beziehungen zwischen Arbeitgebern und Arbeitnehmern der privaten Wirtschaft und des öffentlichen Dienstes, sondern erfolgt auch in anderen Bereichen wie z. B. Hochschulen, Schulen und Kirchen, wo sie in einem bestimmten Umfang institutionell ausgestaltet ist.[604]

635 Das Recht der Mitwirkung und Mitbestimmung der Arbeitnehmer in Betrieb und Unternehmen ergibt sich, ebenso wie das Koalitions- und Arbeitskampfrecht direkt aus dem Grundgesetz, nämlich aus dem Sozialstaatsgebot der Art. 20 I, 28 I GG.

636 Unterschieden wird zwischen der betrieblichen Mitbestimmung und der Mitbestimmung im Unternehmen. Die betriebliche Mitbestimmung ist als Arbeitnehmer-Mitbestimmung im Betriebsverfassungsgesetz (BetrVG) normiert; das Mitbestimmungsrecht der leitenden Angestellten ist im Sprecherausschutzgesetz (SprAuG) geregelt. Zur Ausübung ihrer Mitbestimmungsrechte können Betriebs- und Personalräte bzw. Sprecherausschüsse eingerichtet werden. Im Rahmen der Unternehmensmitbestimmung wirken Arbeitnehmer bei Kapitalgesellschaften in den gesetzlich vorgeschriebenen Organen, z. B. Vorstand und Aufsichtsrat einer Aktiengesellschaft, mit. Dafür bilden das Montanmitbestimmungsgesetz von 1951, das Mitbestimmungsgesetz von 1976 sowie das Betriebsverfassungsgesetz von 1952 die gesetzliche Grundlage.

637 Nicht zur Mitbestimmung im eigentlichen Sinn zählt die Beteiligung der Arbeitnehmer an der Gestaltung von Arbeits- und Wirtschaftsbedingungen, die über die Bereiche von Betrieb und Unternehmen hinausgeht.[605] Eine derart mögliche Einflussnahme für die Arbeitnehmer kann sich etwa bei Tarifverhandlungen durch die Gewerkschaft ergeben, welche die Arbeitnehmerseite vertritt. Gleiches gilt für das Arbeitskampfrecht.

II. Betriebsverfassungsrecht

Schrifttum: *Adomeit*, Betriebsräte – noch zeitgemäß?, NJW 2001, 1033; *Ehmann*, Zweck und Entwicklung des betrieblichen Mitbestimmungsverfassungsrechts, RdA 1993, 313; *Funke*, Die Arbeit-

---

602 Vgl. Richardi/Bayreuther, § 11, Rn. 42
603 Waltermann, Rn. 898
604 Vgl. zu den Bereichen der Mitbestimmung: Dütz/Thüsing, Rn. 805 ff.
605 Vgl. Dütz/Thüsing, Rn. 807

nehmerbeteiligung im Rahmen der Gründung einer SE, NZA 2009, 471; *ders.*, Die neue EU-Richtlinie über den Europäischen Betriebsrat, DB 2009, 564; *Giesen*, Materielles Betriebsverfassungsrecht und Digitalisierung, NZA 2020, 73; *Hagedorn*, Betriebsratssitzungen in Zeiten der COVID-19-Pandemie, NZA 2021, 158; *Hanau*, Probleme der Ausübung des Mitbestimmungsrechts des Betriebsrats, NZA 1985, Beil. 2, S. 3; *Heise/Fedder*, Beamte und Soldaten – Einsatz im Betriebsrat, NZA 2009, 1069; *von Hoyningen-Huene*, Streitschlichtung im Betrieb, NZA 1987, 577; *ders.*, Grundfragen der Betriebsverfassung: Mitbestimmung – Betriebsrat – Betrieb – Betriebszugehörigkeit, FS Stahlhacke, 1995, S. 173; *Klebe*, Betriebsverfassung digital?, NZA 2020, 996; *Kraft*, Betriebliche Mitbestimmung und unternehmerische Entscheidungsfreiheit in der Rechtsprechung des Bundesarbeitsgerichts, FS Rittner, 1991, S. 285; *Kreutz*, Die Errichtung eines Konzernbetriebsrats durch den einzigen Gesamtbetriebsrat (oder Betriebsrat) im Konzern, NZA 2008, 259; *Löwisch*, Beamte als Arbeitnehmer im Sinne des BetrVG, BB 2009, 2316; *Loritz*, Sinn und Aufgabe der Mitbestimmung heute, ZfA 1991, 1; *Lücke*, Die Betriebsverfassung in Zeiten der DS-GVO, NZA 2019, 658; *Maschmann*, Welchen Einfluss darf der Arbeitgeber auf die Betriebsratswahl nehmen?, BB 2010, 245; *Richardi*, Der Betrag des Bundesarbeitsgerichts zur Sicherung des Arbeitsvertrags in der Betriebsverfassung, FS 50 Jahre BAG 2004, 1041; *Rieble*, Die Akteure im kollektiven Arbeitsrecht, RdA 2004, 78; *Salamon*, Die Fortgeltung von Gesamtbetriebsvereinbarungen beim Betriebsübergang, RdA 2007, 103; *ders.*, Die Konzernbetriebsvereinbarung beim Betriebsübergang, NZA 2009, 471; *Schröder*, Die Unterrichtung des Wirtschaftsausschusses bei Unternehmensübernahmen nach Inkrafttreten des Risikobegrenzungsgesetzes, NZA 2008, 1097; *Schubert*, Die Mitbestimmung der Arbeitnehmer bei grenzüberschreitender Verschmelzung, RdA 2007, 9; *von Trilling*, Beteiligungsrechte beim Einsatz von Leiharbeitnehmern, BB 2009, 2422; *Walker*, Die freie Unternehmerentscheidung im Arbeitsrecht, ZfA 2004, 501; *Waltermann*, Gestaltung von Arbeitsbedingungen durch Vereinbarung mit dem Betriebsrat, NZA 1996, 357; *Weber*, Massenentlassung und Arbeitnehmerbeteiligung im deutschen und europäischen Mitbestimmungsrecht, AuR 2008, 365; *Werner*, Die Zuständigkeitsverteilung der Betriebsräte-Gremien, NZA-RR 2019, 1; *Winzer/Baeck/Hilgers*, Das Betriebsrätemodernisierungsgesetz – Der Regierungsentwurf als Update für das BetrVG?, NZA 2021, 620; *Wolmerath*, Praktische Betriebsratsarbeit in Home-Office-Zeiten, ArbRAktuell 2021, 240; *ders.*, Der Betriebsrat und Covid-19, ArbRAktuell 2020, 412.

1. Grundlagen

Gegenstand des Betriebsverfassungsrechts ist die innerbetriebliche Zusammenarbeit in einem Unternehmen, zwischen dem Arbeitgeber einerseits und seinen Arbeitnehmern auf der anderen Seite.[606] Diese innerbetriebliche Zusammenarbeit ist als Arbeitnehmerschutzrecht in besonderem Maß gesetzlich geschützt. Grundlage bildet das Betriebsverfassungsgesetz. Insbesondere aus § 2 BetrVG ergeben sich die Rechte der Arbeitnehmer für die betriebliche Mitbestimmung. Nach § 1 BetrVG arbeiten Arbeitgeber und Betriebsrat unter Beachtung der geltenden Tarifverträge vertrauensvoll und im Zusammenwirken mit den im Betrieb vertretenen Gewerkschaften und Arbeitgebervereinigungen zum Wohl der Arbeitnehmer und des Betriebs zusammen. Daraus lassen sich bedeutende Prinzipien des Betriebsverfassungsrechts ableiten. Zum einen sieht das Betriebsverfassungsrecht eine doppelte Mitwirkung zur Vertretung von Arbeitnehmerrechten gegenüber dem Arbeitgeber vor: so können entweder Betriebsrat und Arbeitgeber oder die Gewerkschaft und der Arbeitgeber zusammenarbeiten. Aus § 2 II BetrVG ergibt sich, dass zur Wahrnehmung der in diesem Gesetz genannten Aufgaben und Befugnisse der im Betrieb vertretenen Gewerkschaften nach Unterrichtung des Arbeitgebers oder seines Vertreters Zugang zum Betrieb zu gewähren ist. Zweites Prinzip ist das in § 2 I BetrVG verankerte vertrauensvolle Zusammenwirken von Arbeitgeber- und Arbeitnehmerseite im Betrieb zum Wohl der Arbeitnehmer und des Betriebs insgesamt. Das dritte Prinzip des Betriebsverfassungsrechts bilden die in §§ 99 ff. BetrVG erzwingbaren Mitbestimmungsrechte. Eine Stufenleiter von Beteiligungsrechten führt von der bloßen Unterrichtung (z. B. § 99 I BetrVG) über die Anhörung (z. B. § 102 I BetrVG), die Beratung (z. B. § 111 S. 1 BetrVG), das Widerspruchsrecht (z. B. § 102 III BetrVG) und das Zustim-

---

[606] *Wörlen/Kokemoor*, Rn. 352

639 mungsverweigerungsrecht (§ 99 III, IV BetrVG) bis zum Mitbestimmungsrecht des Betriebsrats (§ 87 BetrVG).[607]

639 Die doppelte Vertretung der Arbeitnehmerseite gegenüber dem Arbeitgeber durch Betriebsrat und Gewerkschaft ist durch die unterschiedliche Wahrnehmung von Interessen und Aufgaben der jeweiligen Arbeitnehmervertretungen begründet. Erster bedeutender Unterschied ist, dass die Interessenvertretung der Arbeitnehmer durch eine Gewerkschaft nur dann erfolgt, wenn der Arbeitnehmer durch seinen eigenen Entschluss Mitglied der Gewerkschaft wird. Dagegen ist die Interessenvertretung durch den Betriebsrat gesetzlich verfasst; sie ist Ausdruck des Gedankens, dass auch der Staat die Aufgabe hat, für eine kollektive Interessenvertretung der Arbeitnehmer zu sorgen.[608] Während der Arbeitnehmer somit die Möglichkeit hat, bei Unzufriedenheit aus der Gewerkschaft auszutreten, hat er die Entscheidungen des Betriebsrats, z. B. bei Betriebsvereinbarungen mit dem Arbeitgeber, solange zu akzeptieren und auszuführen, solange er dem Betrieb angehört. Dem Betriebsrat obliegt somit eine gesetzlich normierte Interessenvertretung der Arbeitnehmer.

Betriebsverfassungsrecht

- Regelungen für die innerbetriebliche Zusammenarbeit zwischen Arbeitgeber und Arbeitnehmer
- Geltungsbereich
  - räumlich
  - sachlich
  - persönlich
- Grundprinzipien der Betriebsverfassung
  - Vertrauensvolle Zusammenarbeit
  - Friedenspflicht
  - Behandlung von Betriebsangehörigen
- Organisation der Betriebsverfassung
  - Betrieb
  - Arbeitgeber und Arbeitnehmer
  - Betriebsrat, §§ 1ff. BetrVG
    - Einzelbetriebsrat
    - Gesamtbetriebsrat
    - Konzernbetriebsrat
    - Europäischer Betriebsrat
    - Betriebsrat einer Societas Europaea (SE)
  - Betriebsversammlung, §§ 42 ff. BetrVG
  - Jugend- und Auszubildendenvertretung, §§ 60 ff. BetrVG
  - Wirtschaftsausschuss, § 106 I BetrVG
  - Sprecherausschuss leitender Angestellter, § 1 SprAuG
  - Schwerbehindertenvertretung, § 32 BetrVG, § 177 SGB IX
  - Einigungsstelle, § 76 I BetrVG
- Mitbestimmungs- und Mitwirkungsrechte, § 87 BetrVG

Abb. 19: Betriebsverfassungsrecht

---

607 Junker, Rn. 646
608 Junker, Rn. 643

640 Das in § 2 I BetrVG normierte Prinzip der vertrauensvollen Zusammenarbeit zum Wohl des Betriebs ist im Zusammenhang zu sehen zu § 74 BetrVG. Dort sind die Grundsätze für die Zusammenarbeit zwischen Arbeitgeber und Betriebsrat geregelt. Danach sollen Arbeitgeber und Betriebsrat mindestens einmal im Monat zu einer Besprechung zusammenkommen, um über strittige Fragen mit dem ernsten Willen zur Einigung zu verhandeln, sowie Vorschläge für die Beilegung von Meinungsverschiedenheiten zu machen. Eine derartige vertrauensvolle Zusammenarbeit zum Wohl des Betriebs wird insbesondere durch § 74 II BetrVG gefördert. Danach sind zum einen Maßnahmen eines Arbeitskampfs zwischen Arbeitgeber und Betriebsrat unzulässig; zum anderen haben Arbeitgeber und Betriebsrat Betätigungen zu unterlassen, durch die der Arbeitsablauf oder der Frieden des Betriebs beeinträchtigt werden[609], insbesondere jede parteipolitische Betätigung im Betrieb zu unterlassen. Meinungsverschiedenheiten zwischen Arbeitgeber und Betriebsrat sollen bei Bedarf nach § 76 I 1 BetrVG durch eine Einigungsstelle beseitigt werden.

641 Die Normierung erzwingbarer Mitbestimmungsrechte ist notwendig, um eine Parität zwischen Arbeitgeber und Arbeitnehmer bei der betrieblichen Mitbestimmung herzustellen. Während die Unterrichtung die schwächste Form der Beteiligung der Arbeitnehmer im Rahmen ihres Mitbestimmungsrechts darstellt, sind die wichtigsten zwingend vorgegebenen Mitbestimmungsrechte in §§ 87, 112 BetrVG geregelt. Nach § 87 BetrVG hat der Betriebsrat, soweit eine gesetzliche oder tarifliche Regelung nicht besteht, insbesondere in sozialen Angelegenheiten, wie z. B. Fragen der Ordnung des Betriebs und des Verhaltens der Arbeitnehmer, dem Beginn und Ende der täglichen Arbeitszeit einschließlich der Pausen sowie der Verteilung der Arbeitszeit auf die einzelnen Wochentage, über eine vorübergehende Verkürzung oder Verlängerung der betriebsüblichen Arbeitszeit oder über Zeit, Ort und Art der Auszahlung der Arbeitsentgelte mitzubestimmen. Nach § 112 BetrVG hat der Betriebsrat ein zwingendes Mitwirkungsrecht beim Interessenausgleich über eine geplante Betriebsänderung, welche wesentliche Nachteile für die Belegschaft oder erhebliche Teile der Belegschaft zur Folge haben kann. Insbesondere ist der Betriebsrat am Interessensausgleich über die geplante Betriebsänderung oder die Einigung über einen Sozialplan zu beteiligen. Kommt nach § 87 II BetrVG eine Einigung über eine soziale Angelegenheit nach § 87 I BetrVG bzw. über den Sozialplan nach § 112 BetrVG nicht zustande, so entscheidet die Einigungsstelle. Der Spruch der Einigungsstelle ersetzt die Einigung zwischen Arbeitgeber und Betriebsrat.

2. Historische Entwicklung

642 Die Entwicklung des Betriebsverfassungsrechts ist eng verbunden mit der Entwicklung der Gewerkschaften in Deutschland. Bereits im Rahmen der Beratungen der verfassunggebenden Nationalversammlung über den Entwurf einer Gewerbeordnung, deren erste Fassung vom 21. Juni 1869 das älteste Gesetz ist, das sich mit dem Arbeitsverhältnis befasst, hatte es im Jahr 1848 u. a. Bestrebungen gegeben, paritätisch besetzte Fabrikvereine oder Arbeiterausschüsse zu bilden, um eine Mitbestimmung zu verwirklichen.[610] Im Jahr 1891 trat das erste Arbeitsschutzgesetz in Kraft. Dieses regelte u. a. freiwillige Arbeitsausschüsse, welche im Jahr 1916 durch Inkrafttreten des Gesetzes über den vaterländischen Hilfsdienst ab mindestens 50 Arbeitnehmern verpflichtend eingerichtet werden mussten. Das Betriebsrätegesetz aus dem Jahr 1920 war das erste Arbeitsschutzgesetz für personelle und soziale Mitbestimmung in den Betrieben, welches allerdings während der Zeit des Nationalsozialismus aufgehoben wurde. Nach dem 2. Weltkrieg re-

---

609 Vgl. BAG NZA 2019, 843
610 Richardi/Richardi, Einleitung Rn. 6

gelte das Kontrollratsgesetz Nr. 22 aus dem Jahr 1946 die Möglichkeit, Betriebsräte zu bilden.

643 Das Betriebsverfassungsgesetz von 1952 entstand nach langen Verhandlungen im Bundestag und Bundesrat auf Grundlage des Art. 74 I Nr. 12 GG, wonach sich die konkurrierende Gesetzgebung auch auf das Arbeitsrecht einschließlich der Betriebsverfassung, des Arbeitsschutzes und der Arbeitsvermittlung sowie die Sozialversicherung einschließlich der Arbeitslosenversicherung erstreckt. Das Betriebsverfassungsgesetz von 1952 ist ein Kompromiss, der durch die Unabhängigkeit des Betriebsrats von der Gewerkschaft, den Ausbau der betrieblichen Rechtssetzung durch Betriebsvereinbarungen, die Betonung der Friedenspflicht und die Forderung nach betrieblicher Partnerschaft gekennzeichnet ist.[611] Das Betriebsverfassungsgesetz aus dem Jahr 1972 hat das vorherige Betriebsverfassungsgesetz abgelöst. Bedeutender Unterschied der Gesetzesnovelle zum alten Betriebsverfassungsgesetz sind zum einen die weitere Ausdehnung der Mitbestimmung im personellen und sozialen Bereich des Betriebs, andererseits die Ausgliederung der Mitbestimmung im Unternehmen in ein eigenes im Jahr 1976 verabschiedetes Mitbestimmungsgesetz. Eine weitere Novellierung des Betriebsverfassungsgesetzes fand im Jahr 2001 statt.[612] Zuletzt erfolgte eine wesentliche Novellierung durch das Gesetz zur Förderung der Betriebsratswahlen und der Betriebsratsarbeit in einer digitalen Arbeitswelt (Betriebsrätemodernisierungsgesetz) im Jahre 2021. Ziel dieser Modernisierung ist die erleichterte Gründung von Betriebsräten und die Stärkung des Schutzes der beteiligten Arbeitnehmer. Weiterhin sollen die Mitbestimmungsrechte beim Einsatz künstlicher Intelligenz sowie bei der Ausgestaltung mobiler Arbeit gestärkt werden.

3. Geltungsbereich

644 a) **Räumlicher Geltungsbereich.** Das Betriebsverfassungsgesetz hat Gültigkeit für alle inländischen Betriebe. Nach dem Territorialitätsprinzip gehören dazu alle Betriebe, die von Inländern oder Ausländern in der Bundesrepublik Deutschland gegründet und geführt werden. Dazu zählen auch Niederlassungen ausländischer Unternehmer bzw. ausländischer Konzerne. Alle Unternehmen müssen Betriebe i. S. v. §§ 1, 4 BetrVG sein. Nicht unter das Betriebsverfassungsgesetz fallen ausländische Betriebe, die im Ausland von deutschen Unternehmern errichtet wurden. Allerdings behalten Arbeitnehmer, die vorübergehend in einem im Ausland gelegenen Betrieb eines deutschen Unternehmens arbeiten (z. B. Montagearbeiter), ihre betriebsverfassungsrechtlichen Rechte im Inlandsbetrieb.[613]

645 b) **Sachlicher Geltungsbereich.** Der sachliche Geltungsbereich des Betriebsverfassungsgesetzes ergibt sich aus § 1 BetrVG. Nach § 1 I 1 BetrVG gilt das Betriebsverfassungsgesetz immer, wenn in Betrieben in der Regel mindestens fünf ständige wahlberechtigte Arbeitnehmer arbeiten, von denen mindestens drei Arbeitnehmer als Betriebsräte wählbar sind. Dies gilt nach § 1 I 2 BetrVG auch für gemeinsame Betriebe mehrerer Unternehmen. Voraussetzung für die Anwendbarkeit des Betriebsverfassungsgesetzes ist somit ein bestehender privater Betrieb. Der Begriff „Betrieb" wird im Betriebsverfassungsgesetz nicht definiert. Nach Ansicht des Bundesarbeitsgerichts ist der Betrieb die organisatorische Einheit, innerhalb derer der Unternehmer allein oder zusammen mit seinen Mitarbeitern mit Hilfe sächlicher oder immaterieller Mittel einen arbeitstechnischen Zweck

---

611 Vgl. Junker, Rn. 648
612 Zur Novellierung lesenswert: Hanau, Denkschrift zu dem Regierungsentwurf eines Gesetzes zur Reform des Betriebsverfassungsgesetzes, RdA 2001, 65; Konzen, Der Regierungsentwurf des Betriebsverfassungsgesetzes, RdA 2001, 76; Richardi, Neues Betriebsverfassungsgesetz: Revolution oder strukturwahrende Reform? DB 2001, 41; Boemke, Reform des Betriebsverfassungsgesetzes, JuS 2002, 521
613 Dütz/Thüsing, Rn. 732

fortgesetzt verfolgt.⁶¹⁴ Es besteht für die in § 1 BetrVG genannten Betriebe keine Verpflichtung, einen Betriebsrat zu wählen. Zwar darf der Arbeitgeber die Wahl eines Betriebsrats in einem betriebsratfähigen Betrieb unter der Strafandrohung des § 119 BetrVG nicht verhindern, jedoch ist es allein Sache der Arbeitnehmer, ob ein Betriebsrat installiert werden soll oder nicht. Deshalb kommt es in der Praxis nicht selten vor, dass sogar in mittelständischen Betrieben kein Betriebsrat existiert.

646 Nach § 130 BetrVG findet das Betriebsverfassungsgesetz keine Anwendung auf Verwaltungen und Betriebe des Bundes, der Länder, der Gemeinden und sonstiger Körperschaften, Anstalten und Stiftungen des öffentlichen Rechts. Das gilt nach § 118 I 1, Nr. 1 BetrVG ebenso für Religionsgemeinschaften sowie ihre karitativen und erzieherischen Betriebe, so z. B. für Diakoniestationen, konfessionelle Kindergärten oder konfessionelle Schulen. Evangelische wie katholische Kirche haben eigene Mitarbeitervertretungsrechte erlassen.⁶¹⁵ Auch für sog. Tendenzbetriebe, z. B. Geschäftsstellen von Arbeitgeberverbänden und Gewerkschaften, private Schulen und private Hochschulen, Medienunternehmen wie Buch-, Zeitungs- und Zeitschriftenverlage sowie Betriebe des Roten Kreuzes, des Johanniter- und Malteserordens, ist nach § 118 I BetrVG die Anwendung des Betriebsverfassungsgesetzes eingeschränkt. Der Zweck der Einschränkung liegt darin, z. B. die verfassungsrechtlich gewährleisteten Grundrechte der Presse- und Meinungsfreiheit sowie der Freiheit der Kunst und Wissenschaft nicht durch die Mitbestimmung des Betriebsrats zu beeinflussen.⁶¹⁶

647 Nach § 118 I 2 BetrVG sind für Tendenzbetriebe und Religionsgemeinschaften zum einen die §§ 106–110 BetrVG über die Unterrichtung in wirtschaftlichen Angelegenheiten überhaupt nicht anwendbar, zum anderen die §§ 111–113 BetrVG über Regelungen von Betriebsänderungen nur insoweit anzuwenden, als sie den Ausgleich oder die Milderung wirtschaftlicher Nachteile für die Arbeitnehmer infolge einer Betriebsänderung regeln und ansonsten keine Anwendung finden, soweit die Eigenart des Unternehmens oder des Betriebs dem entgegensteht. Auf Nebenbetriebe, welche rechtlich selbstständig sind und welche die Aufgabe haben, für den Hauptbetrieb Vorleistungen zu erbringen, so z. B. den Automobilzulieferbetrieb, der Zierleisten oder Kühlergrille an den Automobilhersteller liefert, gilt als selbstständige organisatorische Einheit auch das Betriebsverfassungsgesetz. Allerdings muss § 1 BetrVG erfüllt sein. Ein reiner Betriebsteil, welcher untrennbar mit dem Hauptbetrieb verbunden ist, erfüllt nicht die Voraussetzungen des § 1 BetrVG, so dass das Betriebsverfassungsrecht auf einen Betriebsteil nicht anwendbar ist. Allerdings kann nach § 18 II BetrVG eine Entscheidung des Arbeitsgerichts auf Feststellung verlangt werden, wenn zweifelhaft ist, ob eine selbstständige Organisationseinheit vorliegt und demzufolge das Betriebsverfassungsrecht anwendbar ist oder nicht.

648 §§ 114–117 BetrVG enthalten besondere Bestimmungen des Betriebsverfassungsrechts für die Seeschifffahrt und die Luftfahrt. Die besonderen Bestimmungen gelten allerdings nicht für Landbetriebe von Seeschifffahrt und Luftfahrt; auf derartige Betriebe ist das Betriebsverfassungsgesetz grds. anwendbar. § 1 I 1 BetrVG regelt, dass das Betriebsverfassungsgesetz nur für Betriebe mit in der Regel mindestens fünf ständigen Arbeitnehmern, von denen mindestens drei für den Betriebsrat wählbar sind, gilt. Im Umkehrschluss bedeutet dies, dass das Betriebsverfassungsgesetz auf Kleinstbetriebe nicht anwendbar ist.

649 c) **Persönlicher Geltungsbereich.** Den persönlichen Geltungsbereich regelt § 5 BetrVG. Danach sind Arbeitnehmer i. S. d. Betriebsverfassungsgesetzes Arbeiter und Angestellte

---

614 BAGE 53, 119, 124
615 Vgl. Schaub/Koch, § 214 Rn. 1 ff.
616 Vgl. Michalski/Westerhoff, Rn. 995

einschließlich der zu ihrer Berufsausbildung Beschäftigten, unabhängig davon, ob sie im Betrieb, im Außendienst oder mit Telearbeit beschäftigt werden. Als Arbeitnehmer gelten auch die in Heimarbeit Beschäftigten, die in der Hauptsache für den Betrieb arbeiten. Als Arbeitnehmer i. S. d. Betriebsverfassungsgesetzes gelten nicht

Nr. 1 in Betrieben einer juristischen Person die Mitglieder des Organs, das zur gesetzlichen Vertretung der juristischen Person berufen ist;

Nr. 2 die Gesellschaften einer offenen Handelsgesellschaft oder die Mitglieder einer anderen Personengesamtheit, soweit sie durch Gesetz, Satzung oder Gesellschaftsvertrag zur Vertretung der Personengesamtheit oder zur Geschäftsführung berufen sind, in deren Betrieben;

Nr. 3 Personen, deren Beschäftigung nicht in erster Linie ihrem Erwerb dient, sondern vorwiegend durch Beweggründe karitativer oder religiöser Art bestimmt ist;

Nr. 4 Personen, deren Beschäftigung nicht in erster Linie ihrem Erwerb dient und die vorwiegend zu ihrer Heilung, Wiedereingewöhnung, sittlichen Besserung oder Erziehung beschäftigt werden;

Nr. 5 der Ehegatte, der Lebenspartner, Verwandte und Verschwägerte ersten Grades, die in häuslicher Gemeinschaft mit dem Arbeitgeber leben.

650 Auch auf leitende Angestellte findet nach § 5 III BetrVG das Betriebsverfassungsgesetz keine Anwendung, soweit im Gesetz nicht ausdrücklich etwas anderes bestimmt ist. Das ist nachvollziehbar, weil leitende Angestellte i. d. R. Arbeitgeberinteressen vertreten. Absehbar wäre z. B. ein Interessenkonflikt für den leitenden Angestellten, wenn er einerseits aufgrund seiner Stellung im Betrieb Arbeitgeberinteressen zu vertreten hätte, andererseits aufgrund seiner Tätigkeit im Betriebsrat Forderungen der Arbeitnehmerseite gegenüber dem Arbeitgeber durchsetzen müsste.[617]

651 Etwas anderes ist für leitende Angestellte ausdrücklich bestimmt in den §§ 105, 107 I 2 BetrVG. Danach ist einerseits eine beabsichtigte Einstellung oder personelle Veränderung eines leitenden Angestellten dem Betriebsrat rechtzeitig mitzuteilen. Diese Mitteilungspflicht des Arbeitgebers umfasst weder eine Anhörungs- noch eine Zustimmungspflicht. Andererseits können leitende Angestellte Mitglieder eines Wirtschaftsausschusses in einem Unternehmen sein. Nach § 106 I BetrVG ist in allen Unternehmen mit in der Regel mehr als 100 ständig beschäftigten Arbeitnehmern ein Wirtschaftsausschuss zu bilden, der die Aufgabe hat, wirtschaftliche Angelegenheiten mit dem Unternehmer zu beraten und den Betriebsrat zu unterrichten. Typische wirtschaftliche Angelegenheiten wie z. B. die wirtschaftliche und finanzielle Lage des Unternehmens, die Produktions- und Absatzlage, das Produktions- und Investitionsprogramm oder z. B. Rationalisierungsvorhaben sind enumerativ in § 106 III BetrVG aufgezählt. Nach § 108 I BetrVG soll der Wirtschaftsausschuss monatlich einmal zusammentreten. An seinen Sitzungen hat nach § 108 II BetrVG der Unternehmer oder sein Vertreter teilzunehmen. Er kann sachkundige Arbeitnehmer des Unternehmens einschließlich der leitenden Angestellten hinzuziehen.

652 Zwar werden leitende Angestellte durch den Betriebsrat gegenüber dem Arbeitgeber nicht vertreten; dafür kann nach dem Sprecherausschussgesetz (SprAuG) ein Sprecherausschuss gebildet werden, der die Rechte der leitenden Angestellten gegenüber dem Arbeitgeber geltend machen kann. Allerdings ist für die Errichtung eines Sprecherausschusses nach § 1 I SprAuG erforderlich, dass in einem Betrieb mindestens zehn leitende Angestellte tätig sind.

---

617 Vgl. ErfK/Koch, § 5 BetrVG, Rn. 17

4. Grundprinzipien der Betriebsverfassung

Das Betriebsverfassungsrecht hat starke Auswirkungen auf die inhaltliche Zusammenarbeit zwischen Arbeitgeber und Arbeitnehmer. Von der Arbeitgeber- wie der Arbeitnehmerseite sind folgende Grundprinzipien zu beachten: **653**
- Prinzip der vertrauensvollen Zusammenarbeit;
- Prinzip der Friedenspflicht;
- Prinzipien für die Behandlung von Betriebsangehörigen.

a) Prinzip der vertrauensvollen Zusammenarbeit. Das Prinzip der vertrauensvollen Zusammenarbeit zwischen Arbeitgeber und Arbeitnehmervertretung, ob Betriebsrat oder Gewerkschaft, ist in § 2 I BetrVG normiert. Danach haben Arbeitgeber und Betriebsrat unter Beachtung der geltenden Tarifverträge vertrauensvoll und im Zusammenwirken mit den im Betrieb vertretenen Gewerkschaften und Arbeitgebervereinigungen zum Wohl der Arbeitnehmer und des gesamten Betriebs zusammenzuarbeiten. Ein solches Gebot der vertrauensvollen Zusammenarbeit zwischen Arbeitgeber und Betriebsrat zum Wohl der Arbeitnehmer und des Betriebs spiegelt wider, das die Betriebsverfassung im Gegensatz zum Tarifvertragssystem von einem Kooperationsmodell ausgeht, also „primär auf den Gedanken des Zusammenwirkens" beruht.[618] Das bedeutet insbesondere für den Betriebsrat, dass er nicht nur einseitig Arbeitnehmerinteressen gegenüber dem Arbeitgeber zu vertreten hat. Der Betriebsrat ist verpflichtet, bei seinen Meinungsäußerungen, Forderungen und Vereinbarungen das Wohl des ganzen Betriebs im Auge zu behalten.[619] Das erfordert vom Betriebsrat, Argumenten sowie Vereinbarungsvorschlägen des Arbeitgebers grds. positiv gegenüberzustehen. Denn § 2 I BetrVG ist nicht ein mehr oder weniger ins Leere gehender Programmsatz, sondern unmittelbar geltendes Recht, aus dem sich Rechte und Pflichten des Arbeitgebers und Betriebsrats ergeben, so dass keine Seite gegen die andere arbeiten darf, um sie in ihrer Funktion innerhalb der Betriebsverfassung zu stören.[620] Das Grundprinzip der vertrauensvollen Zusammenarbeit zwischen Arbeitgeber- und Arbeitnehmerseite findet sich außerdem wieder in § 74 I BetrVG. Danach sollen Arbeitgeber und Betriebsrat mindestens einmal im Monat zu einer Besprechung zusammentreten, um über strittige Fragen mit dem ernsten Willen zur Einigung zu verhandeln und Vorschläge für die Beilegung von Meinungsverschiedenheiten zu machen. **654**

b) Friedenspflicht. Das Grundprinzip der betriebsverfassungsrechtlichen Friedenspflicht ist in § 74 II 1 BetrVG normiert. Danach sind Maßnahmen eines Arbeitskampfs zwischen Arbeitgeber und Betriebsrat unzulässig. Außerdem haben Arbeitgeber und Betriebsrat Betätigungen zu unterlassen, durch die der Arbeitsablauf oder der Frieden des Betriebs beeinträchtigt werden. Dazu gehört nach § 74 II 3 BetrVG auch, dass Arbeitgeber und Betriebsrat jede parteipolitische Betätigung im Betrieb zu unterlassen haben. Nicht davon berührt wird die Behandlung von Angelegenheiten tarifpolitischer, sozialpolitischer, umweltpolitischer und wirtschaftlicher Art, die den Betrieb oder seine Arbeitnehmer unmittelbar betreffen. **655**

Das Unterlassen jeder parteipolitischen Betätigung ist ein absolutes Verbot. Die vom Gesetz geforderte Enthaltsamkeit wird allerdings in vielfacher Weise in der Praxis missachtet, etwa beim Auftreten von Parteipolitikern in Betriebsversammlungen auf Einladung von Arbeitgeber oder Betriebsrat.[621] Außerhalb des Betriebs wird eine parteipolitische Betätigung des Arbeitnehmers vom Verbot des § 74 II 3 BetrVG nicht umfasst. **656**

---

618 Richardi/Richardi, § 2 Rn. 5; vgl. dazu BVerfGE 50, 290, 372 = AP Nr. 1 zu § 1 MitbestG
619 Siehe dazu Dütz/Thüsing, Rn. 742
620 Michalski/Westerhoff, Rn. 1003
621 ZVgl. dazu Löwisch, Betriebsauftritte von Politikern, DB 1976, 676 f.; ErfK/Kania, § 74 BetrVG, Rn. 25

657 c) **Grundprinzipien der Behandlung von Betriebsangehörigen.** Das Grundprinzip für die Behandlung der Betriebsangehörigen befindet sich in § 75 BetrVG. Danach haben Arbeitgeber und Betriebsrat darüber zu wachen, dass alle im Betrieb tätigen Personen nach den Grundsätzen von Recht und Billigkeit gleich behandelt werden, insbesondere, dass jede Benachteiligung von Personen aus Gründen ihrer Rasse oder wegen ihrer ethnischen Herkunft, ihrer Abstammung oder sonstigen Herkunft, ihrer Nationalität, ihrer Religion oder Weltanschauung, ihrer Behinderung, ihres Alters, ihrer politischen oder gewerkschaftlichen Betätigung oder Einstellung oder wegen ihres Geschlechts oder ihrer sexuellen Identität unterbleibt. Auch § 75 I BetrVG drückt wiederum ein Verbot aus, hier das Verbot der Ungleichbehandlung. Dieses Diskriminierungsverbot, welches sich auf die Formulierungen in §§ 1, 7 AGG bezieht, geht über den allgemeinen Gleichbehandlungsgrundsatz des Art. 3 GG noch hinaus. Auch Arbeitgeber und Betriebsrat selbst haben dieses Diskriminierungsverbot zu beachten. Außerdem haben Arbeitgeber und Betriebsrat nach § 75 II BetrVG die freie Entfaltung der Persönlichkeit der im Betrieb beschäftigten Arbeitnehmer zu schützen und zu fördern, ebenso die Selbständigkeit und Eigeninitiative der Arbeitnehmer und Arbeitsgruppen. Auch die Pflicht zum Schutz älterer Arbeitnehmer, die sich in dem allgemeinen Aufgabenkatalog für den Betriebsrat in § 80 I Nr. 6 BetrVG ebenso niederschlägt wie in dem Benachteiligungsverbot des § 75 I 2 BetrVG, ist nicht bloß ein Programmsatz, sondern eine Konkretisierung des Sozialstaatsgebots mit dem Rang rechtsverbindlicher Verpflichtung.[622]

5. Organisation der Betriebsverfassung

658 a) **Betrieb.** Als Betrieb i. S. d. Betriebsverfassungsrechts wird die organisatorische Einheit zur fortgesetzten Verfolgung eines oder mehrerer bestimmter arbeitstechnischer Zwecke angesehen.[623] Ein Betrieb kann, muss aber nicht deckungsgleich mit Unternehmen sein. Nicht erforderlich ist, dass der Betrieb räumlich nur an einer Stelle besteht; ein Betrieb kann auch an unterschiedlichen Orten, z. B. durch Niederlassungen, Arbeitstätigkeiten erbringen. Außerdem kommt es häufig vor, dass ein Betrieb verschiedenen Unternehmen gehört, so dass auch mehrere Arbeitgeber existieren. Für eine solche Situation fordert das Bundesarbeitsgericht die Schaffung eines einheitlichen Leitungsapparats zur Ausübung der Arbeitgeberfunktion.[624] Das Betriebsverfassungsgesetz bezieht sich i. d. R. immer auf den einzelnen Betrieb, dessen Arbeitgeber und dessen Belegschaft, den Betriebsrat und eventuell sonstige im Betriebsverfassungsgesetz aufgeführte Organe der Betriebsverfassung.

659 Besteht ein Betrieb aus mehreren Betriebsteilen, so stellt sich auch hier die Frage, inwieweit ein solcher Betriebsteil einen eigenen Betriebsrat wählen darf. Betriebsteile sind räumlich und organisatorisch unterscheidbare Betriebsbereiche, die wegen ihrer Eingliederung in den Hauptbetrieb nicht alleine bestehen können. Für die Abgrenzung von eigenständigem Betrieb und Betriebsteil ist der Grad der Verselbstständigung entscheidend, der im Umfang der Leitungsmacht zum Ausdruck kommt. Für das Vorliegen eines Betriebsteils genügt dabei ein Mindestmaß an organisatorischer Selbständigkeit gegenüber dem Hauptbetrieb. Dazu reicht es aus, dass in der organisatorischen Einheit überhaupt eine den Einsatz der Arbeitnehmer bestimmende Leitung institutionalisiert ist, die Weisungsrechte des Arbeitgebers ausübt.[625] In Betriebsteilen ist die Wahl eines eigenen Betriebsrats zulässig, wenn in dem Betriebsteil regelmäßig mindestens fünf wahlberechtigte und drei wählbare Arbeitnehmer beschäftigt sind und der Betriebsteil räumlich weit vom Hauptbetrieb entfernt ist oder wenn der Betriebsteil nach Aufgaben-

---

[622] Vgl. ErfK/Kania, § 75 BetrVG, Rn. 1, 8
[623] Vgl. BAG AP Nr. 3 zu § 4 BetrVG 1972
[624] Vgl. BAG AP Nr. 5, 6, 8, 9 zu § 1 BetrVG 1972; vgl. Fitting, § 1 Rn. 67 ff.
[625] BAG NZA-RR 2005, 671

bereich und Organisation eigenständig ist. Für die Frage der räumlich weiten Entfernung kommt es darauf an, ob die Entfernung eine ordnungsgemäße Betreuung der Arbeitnehmer durch den Betriebsrat noch zulässt.[626] Dies ist in der Regel eine Frage des konkreten Einzelfalls. Eine Eigenständigkeit der Organisation setzt voraus, dass vor Ort eine Leitung vorhanden ist, die in wesentlichen mitbestimmungsrechtlichen Belangen Entscheidungsbefugnisse hat.[627] Erfüllen die Betriebsteile die vorgenannten Voraussetzungen nicht, so kann die Bildung eines einheitlichen Betriebsrates mit dem Hauptbetrieb erfolgen. Auch bei Vorliegen der Voraussetzungen für die Wahl eines eigenen Betriebsrates können die Arbeitnehmer des Betriebsteils beschließen, an der Betriebsratswahl des Hauptbetriebs teilzunehmen.

b) Arbeitgeber und Arbeitnehmer. Der Arbeitgeber ist ein Organ der Betriebsverfassung. Er bildet die Gegenpartei zu Betriebsrat und Gewerkschaft. Er kann seinen Pflichten, z. B. nach § 43 II 3 BetrVG, durch die Entsendung eines Vertreters zu den Betriebs- und Abteilungsversammlungen sowie nach § 108 II 1 BetrVG zu den Sitzungen des Wirtschaftsausschusses erfüllen. Der in §§ 106 ff. BetrVG verwendete Begriff des Unternehmers ist nach der Rechtsprechung gleichbedeutend mit dem Begriff des Arbeitgebers.[628]

660

Die Arbeitnehmer, insbesondere ihre betriebsverfassungsrechtlichen Arbeitnehmervertretungen, sind die Gegenpartei zum Arbeitgeber. Die Arbeitnehmer bilden die Belegschaft eines Betriebs. Auch dem einzelnen Arbeitnehmer billigt das Betriebsverfassungsgesetz individuelle Rechte zu:
- Aktives und passives Wahlrecht nach §§ 7 ff. BetrVG;
- Einladungsrecht zu Betriebs- und Abteilungsversammlungen nach § 43 II BetrVG, welche der Informationspflicht des Arbeitnehmers über die wirtschaftliche Lage und Entwicklung des Betriebs, die Situation des Personal- und Sozialwesens einschließlich des Stands der Gleichstellung von Frauen und Männern sowie über den betrieblichen Umweltschutz nachkommt;
- Informationsrecht der Arbeitnehmer nach § 110 I BetrVG über die wirtschaftliche Lage und Entwicklung des Unternehmens in jedem Kalendervierteljahr bei in der Regel mehr als 1000 ständig beschäftigten Arbeitnehmern;
- Unterrichtungs- und Erörterungsrechte des Arbeitnehmers nach §§ 81 ff. BetrVG;
- Beschwerderecht nach § 84 BetrVG.

661

c) Betriebsrat. Gegenstand und Anliegen des Betriebsverfassungsrechts ist die Mitgestaltung der betrieblichen Ordnung durch die Arbeitnehmerseite und ihre Mitwirkung an betrieblichen Entscheidungen. Trotz einzelner normierter Rechte im Betriebsverfassungsgesetz für den einzelnen Arbeitnehmer ist das Betriebsverfassungsgesetz mit der Zielrichtung erlassen worden, die Solidarinteressen der gesamten Belegschaft eines Betriebs zu berücksichtigen.[629] Die im BetrVG geregelten Mitwirkungsrechte sind daher zum überwiegenden Teil kollektive Mitwirkungsrechte, die für die Belegschaft vom Betriebsrat wahrgenommen werden.

662

aa) Rechtsstellung. Der Betriebsrat wird als Interessenvertreter der Belegschaft gegenüber dem Arbeitgeber angesehen. Er ist somit Repräsentant der Belegschaft.[630] Der Betriebsrat wird auch als Organ der Betriebsverfassung bezeichnet.[631] Nicht vergleichbar

663

---

626 BAGE 41, 408; NJW 2002, 1300
627 BAG, Urt. v. 14.1.2004, – 7 ABR 26/03-
628 Vgl. BAG NZA 1991, 681, 682
629 Vgl. Richardi/Bayreuther, § 12 Rn. 1
630 Dütz/Thüsing, Rn. 840; Waltermann, Rn. 773, 774
631 Vgl. Richardi/Richardi, Einleitung Rn. 100; Fitting, § 1 Rn. 188; siehe dazu BAGE 2, 50, 54 = AP Nr. 1 zu § 20 BetrVG, Jugendvertreter

ist diese Art mit der Organstellung eines Vorstands oder eines Aufsichtsrats bei einer Kapitalgesellschaft. Beim Betriebsrat handelt es sich um keine rechts- oder vermögensfähige juristische Person.[632] Er ist auch nicht Stellvertreter der Arbeitnehmer eines Betriebs nach § 164 BGB, sondern handelt im eigenen Namen.

664 bb) **Wahl des Betriebsrats.** Nach § 1 I 1 BetrVG werden in Betrieben mit in der Regel mindestens fünf ständigen wahlberechtigten Arbeitnehmern, von denen drei wählbar sind, Betriebsräte gewählt. Dies gilt auch für gemeinsame Betriebe mehrerer Unternehmen. Ein Betriebsrat kann somit nur errichtet werden, wenn es sich um einen betriebsratsfähigen Betrieb handelt. Eine Verpflichtung für die Errichtung eines Betriebsrats in einem betriebsratsfähigen Betrieb besteht allerdings nicht.

665 Voraussetzung für eine ordnungsgemäße Wahl eines Betriebsrats ist die Bestellung eines Wahlvorstands. Besteht im Betrieb weder ein eigener Betriebsrat, noch bei größeren Unternehmen ein Gesamtbetriebsrat oder ein Konzernbetriebsrat, so wird nach § 17 I, II BetrVG in einer Betriebsversammlung von der Mehrheit der anwesenden Arbeitnehmer ein Wahlvorstand gewählt. Auf Grund der analogen Anwendung des § 16 I BetrVG auf die Situation, dass ein Betriebsrat zwar gewählt werden soll, vorher aber keiner bestanden hat, ist spätestens zehn Wochen vor Tätigkeitsbeginn des Betriebsrats der Wahlvorstand zu wählen. Zu der Betriebsversammlung, die aus dem Kreis der Arbeitnehmer einen Wahlvorstand wählen soll, können nach § 17 III BetrVG drei wahlberechtigte Arbeitnehmer des Betriebs oder eine im Betrieb vertretene Gewerkschaft einladen und Vorschläge für die Zusammensetzung des Wahlvorstands machen.

666 Besteht bereits ein Betriebsrat, gilt § 16 I BetrVG direkt. Danach bestellt der Betriebsrat spätestens zehn Wochen vor Ablauf seiner Amtszeit einen aus drei Wahlberechtigten bestehenden Wahlvorstand und einen von ihnen als Vorsitzenden. Der Betriebsrat kann die Zahl der Wahlvorstandsmitglieder erhöhen, wenn dies zur ordnungsgemäßen Durchführung der Wahl erforderlich ist. Der Wahlvorstand muss in jedem Fall aus einer ungeraden Zahl von Mitgliedern bestehen. Für jedes Mitglied des Wahlvorstands kann für den Fall seiner Verhinderung ein Ersatzmitglied bestellt werden. In Betrieben mit männlichen und weiblichen Arbeitnehmern sollen dem Wahlvorstand Frauen und Männer angehören. Damit sollen die jeweiligen Interessen der Geschlechter im Wahlvorstand ausgewogen wahrgenommen werden können.[633] Jede im Betrieb vertretene Gewerkschaft kann zusätzlich einen dem Betrieb angehörenden Beauftragten als nicht stimmberechtigtes Mitglied in den Wahlvorstand entsenden, sofern ihr nicht ein stimmberechtigtes Wahlvorstandsmitglied angehört.

667 Nach § 16 II BetrVG bestellt das Arbeitsgericht auf Antrag von mindestens drei Wahlberechtigten oder einer im Betrieb vertretenen Gewerkschaft einen Wahlvorstand, sofern ein solcher acht Wochen vor Ablauf der Amtszeit des Betriebsrats noch nicht besteht. In dem Antrag auf Bestellung eines Wahlvorstands für das Arbeitsgericht können Vorschläge für die Zusammensetzung des Wahlvorstands gemacht werden. Das Arbeitsgericht kann für Betriebe mit in der Regel mehr als zwanzig wahlberechtigten Arbeitnehmern auch Mitglieder einer im Betrieb vertretenen Gewerkschaft, die nicht Arbeitnehmer des Betriebs sind, zu Mitgliedern des Wahlvorstands bestellen, wenn dies zur ordnungsgemäßen Durchführung der Wahl erforderlich ist. Nach § 16 III BetrVG kann auch ein Konzernbetriebsrat den Wahlvorstand bestellen, wenn acht Wochen vor Ablauf der Amtszeit des Betriebsrats kein Wahlvorstand besteht.

668 cc) **Wahlberechtigung und Wählbarkeit.** Das aktive Wahlrecht, die Wahlberechtigung, ist in § 7 BetrVG geregelt. Danach sind alle Arbeitnehmer des Betriebs wahlberechtigt,

---

632 Vgl. BAG NZA 2005, 123, 124; Richardi/Richardi, Einleitung Rn. 100
633 GK-BetrVG/Kreutz, § 16 Rn. 3

die das 18. Lebensjahr vollendet haben. Außerdem müssen sie länger als drei Monate im Betrieb gearbeitet haben, insbesondere dann, wenn Arbeitnehmer eines anderen Arbeitgebers an den Betrieb zur Arbeitsleistung überlassen werden. Das passive Wahlrecht, die Wählbarkeit von Arbeitnehmern in den Betriebsrat, ist in § 8 BetrVG geregelt. Danach sind alle Wahlberechtigten wählbar, die sechs Monate dem Betrieb angehören oder als in Heimarbeit Beschäftigte in der Hauptsache für den Betrieb gearbeitet haben. Auf diese sechsmonatige Betriebszugehörigkeit werden Zeiten angerechnet, in denen der Arbeitnehmer unmittelbar vorher einem anderen Betrieb desselben Unternehmens oder Konzerns angehört hat. Nicht wählbar ist, wer infolge strafgerichtlicher Verurteilung die Fähigkeit, Rechte aus öffentlichen Wahlen zu erlangen, nicht besitzt. Leiharbeitnehmer können nicht in den Betriebsrat gewählt werden.

dd) Zahl der Betriebsratsmitglieder. Die Zahl der Betriebsratsmitglieder ist abhängig von der Stärke der gesamten Belegschaft eines Betriebes und folgt aus der Tabelle in § 9 BetrVG. Danach besteht der Betriebsrat in Betrieben mit in der Regel 5 bis 20 wahlberechtigten Arbeitnehmern aus einer Person, bei Betrieben ab 21 bis 50 wahlberechtigten Arbeitnehmern aus drei Mitglieder, ab 51 wahlberechtigten Arbeitnehmern bis 100 Arbeitnehmern in Betrieben aus fünf Mitgliedern sowie z. B. bei 101 wahlberechtigten Arbeitnehmern bis zu 200 Arbeitnehmern aus sieben Mitgliedern. § 9 S. 1 BetrVG zeigt an Hand einer umfassenden Tabelle auf, bei wievielen Arbeitnehmern welche Anzahl von Betriebsratsmitgliedern zur Vertretung der Arbeitnehmerinteressen gegenüber dem Arbeitgeber zu wählen sind. So besteht zum Beispiel der Betriebsrat bei sehr großen Betrieben aus 35 Mitgliedern, wenn mindestens 7001 bis 9000 Arbeitnehmer wahlberechtigt sind. In Betrieben mit mehr als 9000 Arbeitnehmern erhöht sich die Zahl der Mitglieder des Betriebsrats für je angefangene weitere 3000 Arbeitnehmer um zwei Mitglieder. Hat ein Betrieb nicht die ausreichende Zahl von wählbaren Arbeitnehmern, so ist nach § 11 BetrVG die Zahl der Betriebsratsmitglieder der nächst niedrigeren Betriebsgröße zugrunde zu legen.

669

ee) Amtszeit. § 13 BetrVG regelt die Amtszeit des gewählten Betriebsrats. Die regelmäßigen Betriebsratswahlen finden seit 1990 alle vier Jahre in der Zeit vom 1. März bis zum 31. Mai statt. Diesem Turnus folgend werden wieder im Jahre 2022 die regelmäßigen Betriebsratswahlen und folgend 2026, 2030 usw. stattfinden. Innerhalb der Amtszeit eines Betriebsrats ist dieser neu zu wählen, wenn nach:
Nr. 1 mit Ablauf von 24 Monaten, vom Tag der Wahl an gerechnet, die Zahl der regelmäßig beschäftigten Arbeitnehmer um die Hälfte, mindestens aber um 50, gestiegen oder gesunken ist;
Nr. 2 die Gesamtzahl der Betriebsratsmitglieder nach Eintreten sämtlicher Ersatzmitglieder unter die vorgeschriebene Zahl der Betriebsratsmitglieder gesunken ist;
Nr. 3 der Betriebsrat mit der Mehrheit seiner Mitglieder seinen Rücktritt beschlossen hat;
Nr. 4 die Betriebsratswahl mit Erfolg angefochten worden ist;
Nr. 5 der Betriebsrat durch eine gerichtliche Entscheidung aufgelöst ist;
Nr. 6 im Betrieb ein Betriebsrat nicht besteht.

670

Besteht in einem Unternehmen noch kein Betriebsrat, so ist es auch möglich, außerhalb des regelmäßigen Wahlturnus einen Betriebsrat zu wählen. Hat außerhalb des für die regelmäßigen Betriebsratswahlen festgelegten Zeitraums eine Betriebsratswahl stattgefunden, so ist der Betriebsrat nach § 13 III 1 BetrVG in dem auf die Wahl folgenden nächsten Zeitraum der regelmäßigen Betriebsratswahlen neu zu wählen. Hat die Amtszeit des Betriebsrats zu Beginn des für die regelmäßigen Betriebsratswahlen festgelegten Zeitraums allerdings noch nicht ein Jahr betragen, so ist der Betriebsrat gemäß § 13 III 2 BetrVG in dem übernächsten Zeitraum der regelmäßigen Betriebsratswahlen neu zu wählen.

671

672 ff) **Wahlverfahren.** §§ 14, 14a BetrVG enthalten Vorschriften über das Wahlverfahren für Betriebsräte. Nach § 14 I BetrVG wird der Betriebsrat in geheimer und unmittelbarer Wahl gewählt. Die Wahl erfolgt nach den Grundsätzen der Verhältniswahl. Sie erfolgt dann nach den Grundsätzen der Mehrheitswahl, wenn nur ein Wahlvorschlag eingereicht wird oder wenn der Betriebsrat im vereinfachten Wahlverfahren nach § 14a BetrVG zu wählen ist. Das vereinfachte Wahlverfahren kommt für Kleinbetriebe mit in der Regel 5 bis 100 wahlberechtigten Arbeitnehmern in Betracht. Danach wird der Betriebsrat in einem zweistufigen Verfahren gewählt. Auf einer ersten Wahlversammlung wird der Wahlvorstand nach § 17a Nr. 3 BetrVG, auf einer zweiten Wahlversammlung dann der Betriebsrat in geheimer und unmittelbarer Wahl gewählt. Diese Wahlversammlung findet eine Woche nach der Wahlversammlung zur Wahl des Wahlvorstands statt. Nach § 14a V BetrVG können auch der Wahlvorstand und der Arbeitgeber in Betrieben mit i. d. R. 101 bis 200 wahlberechtigten Arbeitnehmern die Anwendung des vereinfachten Wahlverfahrens vereinbaren. In der ersten Verordnung zur Durchführung des Betriebsverfassungsgesetzes vom 11.12.2001, die die Wahlordnung von Betriebsräten regelt, sind weitere detaillierte Vorschriften aufgeführt.[634] Die Wahlordnung enthält z. B. Regelungen für das Wahlsystem, den Wahlvorgang und auch die Auszählung der Stimmen. Nach § 20 I, II BetrVG i. V. m. § 119 I Nr. 1 BetrVG darf die Wahl des Betriebsrats weder behindert noch beeinflusst werden. Insbesondere darf kein Arbeitnehmer in der Ausübung des aktiven und passiven Wahlrechts beschränkt werden. Des Weiteren darf niemand die Wahl des Betriebsrats durch Zufügung oder Androhung von Nachteilen oder durch Gewährung bzw. durch Versprechen von Vorteilen manipulieren. Nach § 20 III BetrVG trägt der Arbeitgeber die Kosten der Wahl.

673 gg) **Anfechtung der Wahl.** Nach § 19 I BetrVG kann die Betriebsratswahl beim Arbeitsgericht angefochten werden, wenn gegen wesentliche Vorschriften über das Wahlrecht, die Wählbarkeit oder das Wahlverfahren verstoßen worden und eine Berichtigung nicht erfolgt ist, es sei denn, dass durch den Verstoß das Wahlergebnis nicht geändert oder beeinflusst werden konnte. Die Anfechtung der Wahl muss daher formell zulässig und materiell begründet sein. Zum einen sieht § 81 I ArbGG vor, dass ein Antrag auf Anfechtung der Wahl entweder beim Arbeitsgericht schriftlich einzureichen oder bei der Geschäftsstelle des Arbeitsgerichts mündlich zur Niederschrift erklärt werden muss. Zum anderen ergibt sich aus § 19 II 1 BetrVG, dass zur Anfechtung der Betriebsratswahl mindestens drei Wahlberechtigte, eine im Betrieb vertretene Gewerkschaft oder der Arbeitgeber des Betriebs berechtigt sind. Außerdem ist die Wahlanfechtung nur binnen einer Frist von zwei Wochen, vom Tag der Bekanntgabe des Wahlergebnisses an gerechnet, zulässig. Die Anfechtung der Wahl ist begründet, wenn gegen wesentliche Vorschriften nach §§ 7 ff. BetrVG, z. B. die Wahlberechtigung, die Wählbarkeit oder das Wahlverfahren, verstoßen worden ist.

674 Das Bundesarbeitsgericht ist von Wahlverstößen ausgegangen, wenn z. B. Nichtwahlberechtigte an der Betriebsratswahl teilgenommen haben oder Wahlberechtigte zur Betriebsratswahl nicht zugelassen wurden,[635] oder zur Betriebsratswahl nicht wählbare Arbeitnehmer als Kandidaten für den Betriebsrat aufgestellt wurden.[636] Erforderlich ist, dass der Verstoß ursächlich für eine erhebliche Beeinflussung des Wahlergebnisses sein muss. Denn nach § 19 I 2. Hs. BetrVG kommt eine Anfechtung der Betriebsratswahl nicht in Betracht, wenn durch den Verstoß das Wahlergebnis nicht geändert oder nicht beeinflusst werden konnte. Ebenso scheidet eine Wahlanfechtung nach § 19 BetrVG dann aus, wenn ein Verstoß gegen wesentliche Wahlvorschriften so rechtzeitig berichtigt

---

634 Siehe BGBl. 2001 I, S. 3494
635 Vgl. BAGE 16, 1, 6 f.
636 Vgl. BAG AP Nr. 2 zu § 8 BetrVG 1972

wird, dass das Wahlverfahren anschließend ordnungsgemäß durchgeführt werden kann.[637] Gemäß § 19 III 1 BetrVG ist die Anfechtung durch die Wahlberechtigten auch dann ausgeschlossen, wenn sie ohne vorherigen Einspruch darauf gestützt wird, dass die Wählerliste unrichtig ist. Die Anfechtung durch den Arbeitgeber ist gemäß § 19 III 3 BetrVG bei einem Verweis auf eine unrichtige Wählerliste dann ausgeschlossen, wenn die Unrichtigkeit auf seinen Angaben beruht.

hh) Nichtigkeit der Wahl. Eine Betriebsratswahl kann auch nichtig sein. Zwar enthält das Betriebsverfassungsgesetz keine Regelung darüber, wann eine Betriebsratswahl nichtig ist. Sind bei einer Betriebsratswahl aber so grobe und offensichtliche Verstöße gegen wesentliche Grundsätze der Wahl unterlaufen, dass man nicht einmal dem äußeren Anschein nach von einer ordnungsgemäßen Wahl sprechen kann, so ist eine Anfechtung nicht erforderlich, weil die Wahl dann von vorneherein nichtig ist.[638] Rechtsfolge ist, dass nicht nur die Betriebsratswahl selbst nichtig ist; ein nichtig gewählter Betriebsrat war nie existent, und die von ihm abgegebenen Willenserklärungen sind daher unwirksam. Wegen der Offensichtlichkeit des Nichtigkeitsgrundes besteht kein Vertrauensschutz im Hinblick auf Betriebsratsbeschlüsse und Rechtsstellungen seiner Mitglieder; diese genießen nicht den besonderen Kündigungsschutz der §§ 15 I KSchG, 103 BetrVG, wohl aber den des § 15 III KSchG.[639]

ii) Organisation des Betriebsrats. § 21 BetrVG regelt, dass die regelmäßige Amtszeit des Betriebsrats vier Jahre beträgt. Die Mitgliedschaft erlischt in einem Betriebsrat nach § 24 Nr. 1–6 BetrVG z. B. durch Ablauf der Amtszeit, Niederlegung des Betriebsratsamtes oder der Beendigung des Arbeitsverhältnisses. Scheidet ein Mitglied des Betriebsrats aus, so rückt nach § 25 I BetrVG ein Ersatzmitglied nach. In § 21a BetrVG ist das Übergangsmandat eines Betriebsrats geregelt. Wird ein Betrieb gespalten, so bleibt dessen Betriebsrat im Amt und führt die Geschäfte für die ihm bislang zugeordneten Betriebsteile weiter, soweit sie die Voraussetzungen des § 1 I 1 BetrVG erfüllen und nicht in einen Betrieb eingegliedert werden, in dem ein Betriebsrat besteht. Gemäß § 40 BetrVG trägt der Arbeitgeber die durch die Tätigkeit des Betriebsrats entstehenden Kosten. Für die Sitzungen, die Sprechstunden und die laufende Geschäftsführung hat der Arbeitgeber in erforderlichem Umfang Räume, sachliche Mittel, Informations- und Kommunikationstechnik sowie Büropersonal zur Verfügung zu stellen.

Nach § 37 I BetrVG führen die Mitglieder des Betriebsrats ihr Amt unentgeltlich als Ehrenamt. Soweit es nach Umfang und Arbeit des Betriebs zur ordnungsgemäßen Durchführung ihrer Aufgaben erforderlich ist, sind die Mitglieder des Betriebsrats gem. § 37 II BetrVG von ihrer beruflichen Tätigkeit ohne Minderung des Arbeitsentgelts zu befreien. Zum Ausgleich für Betriebsratstätigkeit, die aus betriebsbedingten Gründen außerhalb der Arbeitszeit durchzuführen ist, hat das Betriebsratsmitglied nach § 37 III BetrVG Anspruch auf entsprechende Arbeitsbefreiung unter Fortzahlung des Arbeitsentgelts. Solche betriebsbedingten Gründe bestehen auch, wenn die Betriebsratstätigkeit wegen der unterschiedlichen Arbeitszeiten der Betriebsratsmitglieder nicht innerhalb der persönlichen Arbeitszeit erfolgen kann. § 38 BetrVG regelt, ab welcher Arbeitnehmerzahl wie viele Betriebsratsmitglieder von ihrer beruflichen Tätigkeit unter Beibehaltung der Lohnzahlung vom Arbeitgeber freizustellen sind.

jj) Geschäftsführung des Betriebsrats. Die Geschäftsführung des Betriebsrats ist in den §§ 26 ff. BetrVG geregelt. Nach § 26 I BetrVG wählt der Betriebsrat einen Vorsitzenden und dessen Stellvertreter. Der Vorsitzende des Betriebsrats oder im Fall seiner Verhinde-

---

637 Vgl. Dütz/Thüsing, Rn. 771; Fitting, § 19 Rn. 23
638 Vgl. Michalski/Westerhoff, Rn. 1024; vgl. BAG NZA 2000, 1119
639 Dütz/Thüsing, Rn. 774

rung sein Stellvertreter vertritt den Betriebsrat im Rahmen der von ihm gefassten Beschlüsse. Zur Entgegennahme von Erklärungen, die dem Betriebsrat gegenüber abzugeben sind, ist der Vorsitzende des Betriebsrats, bei seiner Verhinderung dessen Stellvertreter berechtigt. Hat ein Betriebsrat neun oder mehr Mitglieder, so bildet er nach § 27 I 1 BetrVG eine Betriebsausschuss, der die laufenden Geschäfte des Betriebsrats führt. Der Betriebsausschuss besteht aus dem Vorsitzenden des Betriebsrats, dessen Stellvertreter und weiteren Ausschussmitgliedern, je nach Anzahl der Mitglieder des Betriebsrats. Betriebsräte mit weniger als neun Mitgliedern können nach § 27 III BetrVG die laufenden Geschäfte auf den Vorsitzenden des Betriebsrats oder andere Betriebsratsmitglieder übertragen. Sonstige Bestimmungen über die Geschäftsführung kann der Betriebsrat durch eine schriftliche Geschäftsordnung treffen, welche der Betriebsrat mit der Mehrheit der Stimmen seiner Mitglieder beschließt, § 36 BetrVG.

679 Nach § 30 I 1 BetrVG finden die Sitzungen des Betriebsrats i. d. R. während der Arbeitszeit als Präsenzsitzungen statt. Unter bestimmten in § 30 II BetrVG normierten Voraussetzungen kann die Teilnahme an einer Betriebsratssitzung allerdings auch mittels Video- und Telefonkonferenz erfolgen. Eine Aufzeichnung der Sitzung ist dabei unzulässig. Die Betriebsratssitzungen werden vom Vorsitzenden des Betriebsrats einberufen. Er setzt die Tagesordnung fest und leitet die Sitzung. Der Vorsitzende hat nach § 29 II 3 BetrVG die Mitglieder des Betriebsrats zu den Sitzungen rechtzeitig unter Mitteilung der Tagesordnung zu laden. Dies gilt auch für die Schwerbehindertenvertretung sowie für die Jugend- und Auszubildendenvertreter, soweit sie ein Recht auf Teilnahme an der Betriebsratssitzung haben. Sind Betriebsratsmitglieder oder Jugend- und Auszubildendenvertreter an der Betriebsratssitzung verhindert, hat der Vorsitzende für die verhinderten Mitglieder Ersatzmitglieder zu laden.

680 Nach § 28 I 1 BetrVG kann der Betriebsrat in Betrieben mit mehr als 100 Arbeitnehmern Ausschüsse bilden und ihnen bestimmte Aufgaben übertragen. Für die Wahl und Abberufung der Ausschussmitglieder gilt § 27 I 3–5 BetrVG analog. Der Betriebsrat kann einem Ausschuss Aufgaben zur selbstständigen Erledigung übertragen. Nach § 28a BetrVG kann der Betriebsrat in Betrieben mit mehr als 100 Arbeitnehmern mit der Mehrheit der Stimmen seiner Mitglieder bestimmte Aufgaben auch auf Arbeitsgruppen übertragen; dies erfolgt nach Maßgabe einer mit dem Arbeitgeber abzuschließenden Rahmenvereinbarung. Die Übertragung bedarf der Schriftform. Die Aufgaben müssen im Zusammenhang mit den von der Arbeitsgruppe zu erledigenden Tätigkeiten stehen.

681 Die Übertragung von Aufgaben auf Arbeitsgruppen geht soweit, dass diese im Rahmen der ihr übertragenen Aufgaben nach § 28a II BetrVG sogar Vereinbarungen mit dem Arbeitgeber schließen können. Eine solche Vereinbarung bedarf der Mehrheit der Stimmen der Gruppenmitglieder. Arbeitsgruppen i. S. d. § 28a BetrVG bestehen dann, wenn aufgrund ihrer Tätigkeit nur sie von bestimmten Fragen betroffen sind; dies folgt aus dem Normzweck, den betroffenen Arbeitnehmern die Möglichkeit zur Selbstbestimmung zu geben.[640] So kann eine Arbeitsgruppe z. B. mit dem Arbeitgeber die Gestaltung der Arbeitsabläufe, Änderungen bei der Arbeitsumgebung, Arbeitszeit- und Pausenregelungen sowie die Urlaubsplanung abstimmen.[641]

682 Entscheidungen trifft der Betriebsrat nach § 33 BetrVG durch Beschlüsse. Diese Beschlüsse des Betriebsrats werden grds. mit der Mehrheit der Stimmen der anwesenden Mitglieder gefasst. Gemäß § 33 I 2 BetrVG gelten auch Betriebsratsmitglieder, die über Video- oder Telefonkonferenz an der Beschlussfassung teilnehmen, als anwesend. Bei

---

[640] Vgl. Dütz/Thüsing, Rn. 775
[641] Vgl. Raab, Die Arbeitsgruppe als neue betriebsverfassungsrechtliche Beteiligungsebene – Der neue § 28a BetrVG, NZA 2002, 474, 478; siehe auch BT-Dr 14/5741, S. 46

Stimmengleichheit ist ein Antrag abgelehnt. § 33 II BetrVG setzt voraus, dass bei der Beschlussfassung mindestens die Hälfte der Betriebsratsmitglieder anwesend ist. Ansonsten ist der Betriebsrat beschlussunfähig. Stellvertretung durch Ersatzmitglieder ist zulässig. Nach § 34 BetrVG ist über jede Sitzung des Betriebsrats ein Protokoll anzufertigen, welches mindestens den Wortlaut der Beschlüsse und die Stimmenmehrheit, mit der sie gefasst sind, enthält. Das Protokoll ist vom Betriebsratsvorsitzenden und einem weiteren Mitglied des Betriebsrats zu unterzeichnen. Außerdem ist dem Protokoll eine Anwesenheitsliste beizufügen, in die sich jeder Teilnehmer eigenhändig einzutragen hat. Bei einer Teilnahme mittels Video- oder Telefonkonferenz muss das betreffende Betriebsratsmitglied gemäß § 34 I 4, 5 BetrVG seine Teilnahme gegenüber dem Vorsitzenden in Textform bestätigen. In seltenen Fällen kommt es vor, dass ein Betriebsratsmitglied selbst von einem Beschluss des Betriebsrats betroffen ist. Möglich ist dies z. B. im Fall einer außerordentlichen Kündigung nach § 103 BetrVG, der der Betriebsrat durch Beschluss zuzustimmen hat. In einem solchen Fall ist das betroffene Betriebsratsmitglied von der Beschlussfassung ausgeschlossen. Nach § 29 IV BetrVG nimmt der Arbeitgeber an Sitzungen des Betriebsrats, die auf sein Verlangen anberaumt sind, sowie an Sitzungen, zu denen er ausdrücklich eingeladen worden ist, teil. Zu diesen Sitzungen kann er einen Vertreter der Vereinigung der Arbeitgeber, der er angehört, hinzuziehen. Empfindet die Mehrheit der Jugend- und Auszubildendenvertretung oder die Schwerbehindertenvertretung einen Beschluss des Betriebsrats als eine erhebliche Beeinträchtigung wichtiger Interessen der durch sie vertretenen Arbeitnehmer, so ist nach § 35 I BetrVG auf ihren Antrag der Beschluss für die Dauer von einer Woche zum Zeitpunkt der Beschlussfassung an auszusetzen, damit in dieser Frist eine Verständigung, gegebenenfalls mit Hilfe der im Betrieb vertretenen Gewerkschaften, versucht werden kann. Nach Ablauf der Frist ist über die Angelegenheit neu zu beschließen.

Betriebsratsbeschlüsse können auch nichtig sein. Sie sind es z. B. dann, wenn sie gegen die Voraussetzungen der §§ 26 ff. BetrVG verstoßen. Beispiele können sein die zu späte Einberufung einer Betriebsratssitzung, die Einberufung einer Betriebsratssitzung ohne Tagesordnung, die Leitung der Betriebsratssitzung weder durch den Vorsitzenden, noch durch seinen Stellvertreter oder die Beschlussfassung des Betriebsrats, ohne dass mindestens die Hälfte der Betriebsratsmitglieder an der Beschlussfassung teilnimmt. Neben diesen Nichtigkeitsgründen aus formeller Sicht können Betriebsratsbeschlüsse auch materiell rechtswidrig sein, wenn sie z. B. gegen ein Gesetz, § 134 BGB, oder die guten Sitten, § 138 BGB, gegen das Benachteiligungsverbot nach §§ 1, 7 AGG oder einen Tarifvertrag verstoßen. Betriebsratsbeschlüsse können vor dem Arbeitsgericht im Rahmen eines eigenständigen arbeitsgerichtlichen Beschlussverfahrens nach §§ 2a, 80 ff. ArbGG oder als Vorfrage im Urteilsverfahren nach §§ 2, 46 ff. ArbGG auf ihre Rechtmäßigkeit und somit ihre Gültigkeit überprüft werden.

kk) **Aufgaben des Betriebsrats.** Eine Aufzählung von Aufgaben des Betriebsrats, die allerdings nicht abschließend ist, findet sich in § 80 I BetrVG. Dabei handelt es sich insbesondere um Aufgaben, bei denen auf den Betriebsrat als Repräsentant der Arbeitnehmer Überwachungsaufgaben, Durchsetzungsaufgaben, Eingliederungsaufgaben oder Förderaufgaben zukommen. So hat z. B. der Betriebsrat darüber zu wachen, dass die zugunsten der Arbeitnehmer geltenden Gesetze, Verordnungen, Unfallverhütungsvorschriften, Tarifverträge und Betriebsvereinbarungen angewendet werden. Er hat die Durchsetzung der tatsächlichen Gleichstellung von Frauen und Männern, insbesondere bei der Einstellung, Beschäftigung, Aus-, Fort- und Weiterbildung und den beruflichen Aufstieg zu fördern oder die Integration ausländischer Arbeitnehmer im Betrieb und das Verständnis zwischen ihnen und den deutschen Arbeitnehmern zu fördern sowie Maßnahmen zur Bekämpfung von Rassismus und Fremdenfeindlichkeit im Betrieb zu beantragen. Ansonsten finden sich vielfältige Aufgaben des Betriebsrats in weiteren Einzelgesetzen, in denen auch Mitwirkungs- und Mitbestimmungsrechte des Betriebsrats, insbesondere in sozialen, personellen und wirtschaftlichen Bereichen, normiert sind.

685 Zur Bewältigung seiner Aufgaben ist der Betriebsrat nach § 80 II BetrVG rechtzeitig und umfassend vom Arbeitgeber zu unterrichten. Die Unterrichtung erstreckt sich auch auf die Beschäftigung von Personen, die nicht in einem Arbeitsverhältnis zum Arbeitgeber stehen. Soweit es zur ordnungsgemäßen Erfüllung der Aufgaben des Betriebsrats erforderlich ist, hat der Arbeitgeber ihm gem. § 80 II 3 BetrVG sachkundige Arbeitnehmer als Auskunftspersonen zur Verfügung zu stellen. Außerdem kann der Betriebsrat bei der Durchführung seiner Aufgaben nach Vereinbarung mit dem Arbeitgeber außerbetriebliche Sachverständige hinzuziehen, soweit dies zur ordnungsgemäßen Erfüllung seiner Aufgaben erforderlich ist. Auch kann der Betriebsrat gemäß § 80 III 1 BetrVG Sachverständige hinzuziehen, soweit dies zur ordnungsgemäßen Erfüllung seiner Aufgaben erforderlich ist. Bei der Beurteilung künstlicher Intelligenz gilt die Hinzuziehung gemäß § 83 III 2 BetrVG als erforderlich.

686 **ll) Rechtsstellung und Schutz der Betriebsratsmitglieder. – (1) Tätigkeit und Ansprüche.** Der Betriebsrat ist der gesetzliche Repräsentant der Arbeitnehmer eines Betriebs. Allerdings ist er nicht ein gesetzlicher Vertreter der Arbeitnehmer, da er stets in eigenem, nicht im Namen der Belegschaft handelt, auch wenn er seine Beteiligungsrechte im Interesse der Belegschaft ausübt.[642] Der Betriebsrat hat nach § 2 I BetrVG mit den im Betrieb vertretenen Gewerkschaften zum Wohl der Arbeitnehmer und des Betriebs zusammenzuarbeiten. Betriebsratsmitglieder sind nach § 37 I BetrVG ehrenamtlich und somit unentgeltlich tätig. Da die Mitglieder des Betriebsrats während der Arbeitszeit tätig sind, erhalten sie weiterhin den mit dem Arbeitgeber vereinbarten Lohn. Nach § 37 II BetrVG sind Mitglieder des Betriebsrats von ihrer beruflichen Tätigkeit ohne Minderung des Arbeitsentgelts zu befreien, wenn und soweit es nach Umfang und Art des Betriebs zur ordnungsgemäßen Durchführung ihrer Aufgaben erforderlich ist. Dazu zählen z. B. Sprechstunden für Arbeitnehmer während der Arbeitszeit.

687 § 37 VI, VII BetrVG normiert Ansprüche von Betriebsratsmitgliedern an Schulungs- und Bildungsveranstaltungen, soweit diese Kenntnisse vermitteln, die für die Arbeit des Betriebsrats erforderlich sind, sowie zusätzlich Anspruch auf bezahlte Freistellung für insgesamt drei Wochen zur Teilnahme an Schulungs- und Bildungsveranstaltungen, die von der zuständigen obersten Arbeitsbehörde des Landes nach Beratung mit den Spitzenorganisationen der Gewerkschaften und der Arbeitgeberverbände als geeignet anerkannt sind. Eine betriebsratstätigkeitbezogene Schulungs- und Bildungsveranstaltung i. S. v. § 37 VI BetrVG ist nur dann erforderlich, wenn der Betriebsrat sie unter Berücksichtigung der konkreten betrieblichen Situation für die Wahrnehmung seiner Aufgaben benötigt; deshalb bedarf es zur Begründung der Erforderlichkeit grds. der Darlegung eines konkreten betriebs- oder betriebsratsbezogenen Anlasses für die Schulung.[643]

688 Außerdem setzt die Rechtsprechung die Erforderlichkeit insbesondere für das teilnehmende Betriebsratsmitglied bzw. die teilnehmenden Betriebsratsmitglieder voraus.[644] Eine derartige Erforderlichkeit ist dann nicht nötig, wenn erstmalig in einen Betriebsrat gewählten Mitgliedern Basiswissen im Allgemeinen Arbeitsrecht und im Betriebsverfassungsrecht vermittelt werden soll, die für eine qualifizierte Ausübung der Betriebsratstätigkeit notwendig ist.[645] Die in § 37 VII BetrVG geregelten Schulungs- und Bildungsveranstaltungen sind nicht näher bestimmt. Aus dem Wortlaut des § 37 VII 1 BetrVG ergibt

---

642 Wörlen/Kokemoor, Rn. 361
643 ErfK/Koch, § 37, Rn. 14
644 Vgl. BAG AP Nr. 106, 109 zu § 37 BetrVG 1972
645 Vgl. BAG AP Nr. 67, 109 zu § 37 BetrVG 1972

sich aber, dass diese von den Spitzenorganisationen der Gewerkschaften und der Arbeitgeberverbände zur Unterstützung der Betriebsratstätigkeit als geeignet anerkannt sein müssen. Das Bundesarbeitsgericht vertritt die Auffassung, dass solche Schulungs- und Bildungsveranstaltungen eng mit der Betriebsratstätigkeit der Teilnehmer verknüpft sein müssen.[646]

(2) Schutzrechte für die Ausübung der Betriebsratstätigkeit. Die ehrenamtliche Tätigkeit von Betriebsratsmitgliedern und ihr besonderer Einsatz für die sozialen, persönlichen und wirtschaftlichen Belange der Arbeitnehmer eines Betriebs führen zu einem besonderen Schutz ihrer Unabhängigkeit im Betrieb des Arbeitgebers. Nach § 15 I 1 KSchG genießen z. B. die Mitglieder eines Betriebsrats oder einer Jugend- und Auszubildendenvertretung einen besonderen Kündigungsschutz. Die Kündigung ist danach unzulässig während der Zeit der Betriebsratstätigkeit, es sei denn, dass Tatsachen vorliegen, die den Arbeitgeber zur Kündigung aus wichtigem Grund ohne Einhaltung einer Kündigungsfrist berechtigen. Allerdings ist nach § 103 I BetrVG für eine außerordentliche Kündigung von Mitgliedern des Betriebsrats oder der Jugend- und Auszubildendenvertretung die Zustimmung des Betriebsrats erforderlich. Bei Verweigerung der Zustimmung des Betriebsrats kann das Arbeitsgericht eine solche auf Antrag des Arbeitgebers ersetzen, wenn die außerordentliche Kündigung unter Berücksichtigung aller Umstände gerechtfertigt ist. **689**

Außerdem dürfen die Mitglieder eines Betriebsrats, der Jugend- und Auszubildendenvertretung sowie weitere Mitglieder anderer Arbeitnehmervertretungen nach § 78 S. 1 BetrVG in der Ausübung ihrer Tätigkeit nicht gestört oder behindert werden. Sie dürfen wegen ihrer Tätigkeit im Betriebsrat nicht benachteiligt, aber auch nicht begünstigt werden; dies gilt ebenso für ihre weitere berufliche Entwicklung. Auch die Kündigung eines Mitglieds einer Personalvertretung, einer Jugend- und Auszubildendenvertretung, eines Mitglieds eines Wahlvorstands bzw. eines Arbeitnehmers, der zu einer Betriebs- oder Wahlversammlung einlädt bzw. die Bestellung eines Wahlvorstands beantragt hat, ist nach § 15 II, III, IIIa KSchG unzulässig. Gemäß § 15 IIIb KSchG gilt dies auch für die Kündigung eines Arbeitnehmers, der Vorbereitungshandlungen zur Errichtung eines Betriebsrats unternimmt und eine öffentlich beglaubigte Erklärung mit dem Inhalt abgegeben hat, dass er die Absicht hat, einen Betriebsrat zu gründen. **690**

Nach Beendigung der Amtszeit ist die Kündigung eines Mitglieds eines Betriebsrats, eines Jugend- und Auszubildendenvertretung, einer Personalvertretung innerhalb eines Jahres, jeweils vom Zeitpunkt der Beendigung der Amtszeit an gerechnet, unzulässig, es sei denn, eine außerordentliche Kündigung ist mit Zustimmung des Betriebsrats rechtmäßig. Des Weiteren sind Mitglieder des Betriebsrats nach § 103 III 1 BetrVG vor einer willkürlichen Versetzung innerhalb des Betriebs, z. B. in eine ausländische Niederlassung, die zu einem Verlust der Betriebsratstätigkeit oder der Wählbarkeit in den Betriebsrat führen würde, ohne Zustimmung des Betriebsrats unwirksam. Dies gilt nicht, wenn der betroffene Arbeitnehmer mit der Versetzung einverstanden ist. **691**

Außerdem besteht Lohnschutz für die Mitglieder eines Betriebsrats. Nach § 37 IV BetrVG darf das Arbeitsentgelt von Mitgliedern des Betriebsrats einschließlich eines Zeitraums von einem Jahr nach Beendigung der Amtszeit nicht geringer bemessen werden als das Arbeitsentgelt vergleichbarer Arbeitnehmer mit betriebsüblicher beruflicher Entwicklung. **692**

(3) Sonstige Schutzrechte. Während eines Arbeitskampfs sind die Beteiligungsrechte des Betriebsrats eingeschränkt, da die Mitglieder berechtigt sind, am Streik teilzuneh- **693**

---

646   Vgl. BAG AP Nr. 92 zu § 37 BetrVG 1972

men; folglich können sie vom Arbeitgeber auch ausgesperrt werden.[647] Die Mitwirkungs- und Mitbestimmungsrechte ruhen, soweit ihre Ausübung geeignet ist, die Kampffähigkeit des Arbeitgebers zu beeinträchtigen.[648] Ist ein Auszubildender Mitglied eines Betriebsrats oder einer Jugend- und Auszubildendenvertretung, endet seine Tätigkeit üblicherweise für den Arbeitgeber mit dem erfolgreichen Abschluss der Ausbildung. Ein Auszubildender wird somit vom absoluten Kündigungsschutz der nicht mehr im Ausbildungsverhältnis stehenden Arbeitnehmer nicht geschützt. Zum Schutz des Auszubildenden regelt § 78a II 1 BetrVG, dass zwischen dem Auszubildenden und dem Arbeitgeber im Anschluss an das Berufsausbildungsverhältnis ein Arbeitsverhältnis auf unbestimmte Zeit begründet wird, wenn der Auszubildende, der Mitglied im Betriebsrat oder einer Jugend- oder Auszubildendenvertretung ist, innerhalb der letzten drei Monate vor Beendigung des Berufsausbildungsverhältnisses schriftlich vom Arbeitgeber die Weiterbeschäftigung verlangt.

694 **mm) Verschwiegenheitspflicht.** Nach § 79 I BetrVG sind die Mitglieder und Ersatzmitglieder des Betriebsrats verpflichtet, Betriebs- oder Geschäftsgeheimnisse, die ihnen wegen ihrer Zugehörigkeit zum Betriebsrat bekannt geworden und vom Arbeitgeber ausdrücklich als geheimhaltungsbedürftig bezeichnet worden sind, nicht zu offenbaren und nicht zu verwerten. Dies gilt auch nach dem Ausscheiden aus dem Betriebsrat. Diese Verpflichtung besteht allerdings nicht gegenüber anderen Mitgliedern des Betriebsrats sowie eines Gesamt- oder Konzernbetriebsrats. Die Verschwiegenheitspflicht gilt ebenfalls für Mitglieder und Ersatzmitglieder von Jugend- und Ausbildungsvertretungen oder des Wirtschaftsausschusses. Eine solche Verschwiegenheitspflicht soll auch dann eingreifen, wenn der Arbeitgeber die Informationen zwar nicht ausdrücklich als geheimhaltungsbedürftig bezeichnet hat, die Geheimhaltungsbedürftigkeit aber für das Betriebsratsmitglied klar erkennbar ist und das Betriebsratsmitglied weiß oder annehmen muss, dass der Arbeitgeber die ausdrückliche Bezeichnung als Geschäftsgeheimnis nur versehentlich unterlassen hat.[649] Ebenso sind die Mitglieder des Betriebsrats nach § 99 I 3 BetrVG zur Verschwiegenheit über die ihnen im Rahmen der personellen Maßnahmen bei Einstellung, Eingruppierung, Umgruppierung oder Versetzung eines Mitarbeiters bekannt gewordenen persönlichen Verhältnisse und Angelegenheiten, die ihrer Bedeutung oder ihrem Inhalt nach einer vertraulichen Behandlung bedürfen, verpflichtet. Die Rechtsprechung geht davon aus, dass diese Verschwiegenheitspflicht nicht nur bei personellen Einzelmaßnahmen sondern für alle vertraulichen Informationen gilt, die im Rahmen der Betriebsratstätigkeit dem Betriebsrat bekannt geworden sind.[650]

695 **nn) Datenschutz.** Gemäß § 79a BetrVG hat der Betriebsrat bei der Verarbeitung personenbezogener Daten die Vorschriften über den Datenschutz zu beachten. Der Arbeitgeber ist in diesem Rahmen der für die Verarbeitung Verantwortliche im Sinne der datenschutzrechtlichen Normen. Bei der Beachtung und Einhaltung der datenschutzrechtlichen Vorschriften haben Arbeitgeber und Betriebsrat sich gegenseitig zu unterstützen.

696 **oo) Haftung.** Eine Haftung des Betriebsrats als Organ im betriebsverfassungsrechtlichen Zusammenwirken zwischen Arbeitgeber und Arbeitnehmer ist im Betriebsverfassungsgesetz nicht normiert. Da es sich beim Betriebsrat um ein selbstständiges Organ mit Rechten und Pflichten als Vertretung einer Kapitalgesellschaft i. S. d. Aktien- oder GmbH-Rechts handelt und der Betriebsrat über kein eigenes Vermögen verfügt, scheidet eine eigenständige Haftung aus. Die Haftung einzelner Betriebsratsmitglieder aus Rechtsgeschäft oder Delikt bleibt davon unberührt. Eine Schadensverlagerung auf den

---

647 Vgl. BAG (GS) AP Nr. 1, 43 zu Art. 9 GG, Arbeitskampf
648 Richardi/Bayreuther, § 10, Rn. 21
649 Richardi/Thüsing, § 79 Rn. 7
650 Vgl. BAG DB 1987, 252

Arbeitgeber im Rahmen der von der Rechtsprechung entwickelten Grundsätze der Haftungsbeschränkung oder die Verlagerung der Schadensersatzpflicht auf einen Dritten ist unzulässig. Handelt es sich allerdings um Kosten, welche durch die Tätigkeit des Betriebsrats entstanden sind, hat der Arbeitgeber nach § 40 I BetrVG diese Kosten zu übernehmen.

d) Sonstige Organe der Betriebsverfassung. – aa) Betriebsversammlung. Wichtigstes sonstiges Organ der Betriebsverfassung ist die Betriebsversammlung. §§ 42 ff. BetrVG regeln die Betriebsversammlung aus betriebsverfassungsrechtlicher Sicht. Sie dient insbesondere dem Informationsaustausch zwischen dem Betriebsrat und der Belegschaft. Sie wird vom Vorsitzenden des Betriebsrats geleitet. Nach § 43 I 1 BetrVG hat der Betriebsrat einmal in jedem Kalendervierteljahr eine Betriebsversammlung einzuberufen und in dieser einen Tätigkeitsbericht zu erstatten. Zu der Betriebsversammlung ist auch der Arbeitgeber unter Mitteilung der Tagesordnung einzuladen. Er ist berechtigt, in der Betriebsversammlung zu sprechen. Mindestens einmal im Kalenderjahr hat der Arbeitgeber oder sein Vertreter die Belegschaft in einer Betriebsversammlung über das Personal- und das Sozialwesen einschließlich des Stands der Gleichstellung von Frauen und Männern im Betrieb sowie der Integration der im Betrieb beschäftigten ausländischen Arbeitnehmer, über die wirtschaftliche Lage und Entwicklung des Betriebs sowie über den betrieblichen Umweltschutz zu berichten. Informationen, welche Betriebs- oder Geschäftsgeheimnisse offenbaren würden, muss der Arbeitgeber nicht mitteilen. Nach § 43 III BetrVG ist der Betriebsrat berechtigt und auf Wunsch des Arbeitgebers oder von mindestens einem Viertel der wahlberechtigten Arbeitnehmer verpflichtet, eine Betriebsversammlung einzuberufen. Er hat den beantragten Beratungsgegenstand auf die Tagesordnung zu setzen. Auf Antrag einer im Betrieb vertretenen Gewerkschaft muss der Betriebsrat vor Ablauf von zwei Wochen nach Eingang des Antrags eine Betriebsversammlung einberufen, wenn im vorhergegangenen Kalenderhalbjahr keine Betriebsversammlung durchgeführt worden ist.

697

Hauptziel der Betriebsversammlung ist die Rechenschaft des Betriebsrats über seine Tätigkeit. Nach § 45 S. 2 BetrVG kann eine Betriebsversammlung dem Betriebsrat Anträge unterbreiten und zu seinen Beschlüssen Stellung nehmen. Die Betriebsversammlung kann Angelegenheiten einschließlich solcher tarifpolitischer, sozialpolitischer, umweltpolitischer und wirtschaftlicher Art sowie Fragen der Förderung der Gleichstellung von Frauen und Männern und der Vereinbarkeit von Familie und Erwerbsleben sowie der Integration der im Betrieb beschäftigten Arbeitnehmer behandeln, die den Betrieb und seine Arbeitnehmer unmittelbar betreffen. Die durch den Betriebsrat oder auf Wunsch des Arbeitgebers einberufene Betriebsversammlung findet während der Arbeitszeit statt, soweit nicht die Eigenart des Betriebs eine andere Regelung zwingend erfordert. Die Zeit der Teilnahme an der Betriebsversammlung einschließlich der zusätzlichen Wegezeiten ist den Arbeitnehmern wie Arbeitszeit zu vergüten. Dies gilt insbesondere auch dann, wenn die Versammlungen wegen der Eigenart des Betriebs außerhalb der Arbeitszeit stattfinden. Sonstige Betriebsversammlungen haben außerhalb der Arbeitszeit stattzufinden; hiervon kann im Einvernehmen mit dem Arbeitgeber abgewichen werden. Findet eine sonstige Betriebsversammlung im Einvernehmen mit dem Arbeitgeber während der Arbeitszeit statt, darf der Arbeitgeber das Arbeitsentgelt der Arbeitnehmer nach § 44 II 2 BetrVG nicht mindern.

698

bb) Gesamtbetriebsrat. Bestehen gem. § 47 BetrVG in einem Unternehmen mehrere Betriebsräte, so ist ein Gesamtbetriebsrat zu errichten. In den Gesamtbetriebsrat entsendet jeder Betriebsrat nach § 47 II BetrVG mit bis zu drei Mitgliedern eines seiner Mitglieder; jeder Betriebsrat mit mehr als drei Mitgliedern entsendet zwei seiner Mitglieder. Weitere Voraussetzungen für den Gesamtbetriebsrat ergeben sich aus § 47 III-IX BetrVG. Mindestens einmal in jedem Kalenderjahr hat der Gesamtbetriebsrat die Vorsitzenden

699

und die stellvertretenden Vorsitzenden der Betriebsräte sowie die weiteren Mitglieder der Betriebsausschüsse zu einer Versammlung nach § 53 I BetrVG einzuberufen. Die Betriebsräteversammlung ist vergleichbar mit der Betriebsversammlung. In der Betriebsräteversammlung hat der Gesamtbetriebsrat einen Tätigkeitsbericht sowie der Unternehmer einen Bericht über das Personal- und Sozialwesen einschließlich des Stands der Gleichstellung von Frauen und Männern im Unternehmen, der Integration der im Unternehmen beschäftigten ausländischen Arbeitnehmer, über die wirtschaftliche Lage und Entwicklung des Unternehmens sowie über Fragen des Umweltschutzes im Unternehmen zu erstatten.

700 cc) **Konzernbetriebsrat.** Für einen Konzern i. S. v. § 18 I AktG kann durch Beschlüsse der einzelnen Gesamtbetriebsräte nach § 54 I BetrVG ein Konzernbetriebsrat errichtet werden. Diese Errichtung erfordert die Zustimmung der Gesamtbetriebsräte der Konzernunternehmen, in denen insgesamt mehr als 50 % der Arbeitnehmer der Konzernunternehmen beschäftigt sind. Die Zuständigkeit des Konzernbetriebsrats ergibt sich aus § 58 BetrVG. Die Zusammensetzung des Konzernbetriebsrats, das Stimmengewicht und die Geschäftsführung regeln §§ 55, 59 BetrVG.

701 dd) **Europäischer Betriebsrat.** Für den Europäischen Betriebsrat gilt das Gesetz über europäische Betriebsräte (EBRG) von 1996. Es hat seine Grundlage in der Richtlinie 1994/45/EG des Rates vom 22.9.1994[651] über die Einsetzung eines Europäischen Betriebsrats und die Schaffung eines Verfahrens zur Unterrichtung und Anhörung der Arbeitnehmer in gemeinschaftsweit operierenden Unternehmen und Unternehmensgruppen. Eine Neufassung erfolgte im Jahre 2011.[652] Nach § 1 I EBRG werden zur Stärkung des Rechts auf grenzübergreifende Unterrichtung und Anhörung der Arbeitnehmer in gemeinschaftsweit tätigen Unternehmen und Unternehmensgruppen Europäische Betriebsräte oder Verfahren zur Unterrichtung und Anhörung der Arbeitnehmer vereinbart. Kommt es nicht zu einer Vereinbarung, wird ein Europäischer Betriebsrat kraft Gesetzes errichtet. Nach § 3 I EBRG ist ein Unternehmen gemeinschaftsweit tätig, wenn es mindestens 1000 Arbeitnehmer in den Mitgliedstaaten und davon jeweils mindestens 150 Arbeitnehmer in mindestens zwei Mitgliedstaaten beschäftigt. Die gemeinschaftsweite Tätigkeit gilt auch für Unternehmensgruppen. Eine Unternehmensgruppe ist nach § 3 II EBRG gemeinschaftsweit tätig, wenn sie mindestens 1000 Arbeitnehmer in den Mitgliedstaaten beschäftigt und ihr mindestens zwei Unternehmen mit Sitz in verschiedenen Mitgliedstaaten angehören, die jeweils mindestens je 150 Arbeitnehmer in verschiedenen Mitgliedstaaten beschäftigen.

702 Gehören einer gemeinschaftsweit tätigen Unternehmensgruppe ein oder mehrere gemeinschaftsweit tätige Unternehmen an, wird nach § 7 EBRG ein Europäischer Betriebsrat nur bei dem herrschenden Unternehmen errichtet, sofern nichts anderes vereinbart wird. Ein besonderes Verhandlungsgremium, welches nach § 9 EBRG von den Arbeitnehmern oder ihren Vertretern schriftlich bei der zentralen Leitung des Unternehmens zu beantragen ist oder auf Initiative der zentralen Leitung erfolgt, hat nach § 8 EBRG die Aufgabe, mit der zentralen Leitung eine Vereinbarung über eine grenzübergreifende Unterrichtung und Anhörung der Arbeitnehmer abzuschließen. Auch auf europäischer Ebene gilt zwischen der zentralen Leitung und dem besonderen Verhandlungsgremium eine vertrauensvolle Zusammenarbeit. Nach § 17 EBRG können die zentrale Leitung und das besondere Verhandlungsgremium frei vereinbaren, wie die grenzübergreifende Unterrichtung und Anhörung der Arbeitnehmer ausgestaltet wird. Die Errichtung des Europäischen Betriebsrats, seine Geschäftsführung sowie die Zuständigkeit und Mitwirkungsrechte ergeben sich aus §§ 21 ff. EBRG. Die Grundsätze der Zusammenarbeit so-

---

651 Siehe ABl. EG Nr. L 254/64
652 BGBl. 2011 I, S. 2651 ff.

wie die Schutzrechte für Mitglieder eines Europäischen Betriebsrats, die im Inland beschäftigt sind, sind in §§ 34 ff. EBRG normiert.

ee) Betriebsrat einer Europäischen Gesellschaft (SE). Seit Ende 2004 gilt in Deutschland das Gesetz zur Einführung der Europäischen Gesellschaft (SEBG). Grundlage bilden die Verordnung 2001/57/EG über das Statut der SE sowie die ergänzende Richtlinie 2001/86/EG über die Beteiligung der Arbeitnehmer, transformiert in das deutsche SE-Beteiligungsgesetz (SEBG). Die Europäische Gesellschaft ist eine Rechtsform für Unternehmen, die in mehreren Mitgliedstaaten der EU tätig sind oder zukünftig tätig sein wollen; sie ist Aktiengesellschaft, § 3 SEBG, auf die das Aktiengesetz (AktG) in bedeutendem Umfang anwendbar ist.[653] An Stelle eines Europäischen Betriebsrats wird bei einer Europäischen Aktiengesellschaft, welche entweder durch Verschmelzung von Aktiengesellschaften aus mindestens zwei Mitgliedstaaten, der Gründung einer Holding-SE durch Aktiengesellschaften oder Gesellschaften mit beschränkter Haftung aus mindestens zwei Mitgliedsstaaten, der Gründung einer gemeinsamen Tochtergesellschaft als SE durch Aktiengesellschaften oder Gesellschaften mit beschränkter Haftung aus mindestens zwei Mitgliedsstaaten oder durch Umwandlung einer nationalen Aktiengesellschaft in eine SE, wenn die AG seit mindestens zwei Jahren in einem anderen Mitgliedstaat eine Tochtergesellschaft unterhält,[654] nach § 47 I Nr. 2 SEBG ein Betriebsrat für die SE errichtet als Ersatz für einen Europäischen Betriebsrat. Nach § 13 I SEBG schließen die Leitung der SE und das besondere Verhandlungsgremium eine schriftliche Vereinbarung über die Beteiligung der Arbeitnehmer für die Mitbestimmung. Die §§ 22–33 SEBG normieren Bildung und Geschäftsführung, Aufgaben sowie Freistellung und Kosten des SE-Betriebsrats welche vergleichbar sind zu den gesetzlichen Regelungen über den Europäischen Betriebsrat nach §§ 31–35 EBRG. Die Regelungen über die Mitbestimmung des Betriebsrats einer SE finden sich in §§ 34 ff. SEBG.

ff) Jugend- und Auszubildendenvertretung. Die Regelungen über die Jugend- und Auszubildendenvertretung sind im Betriebsverfassungsgesetz in den §§ 60 ff. BetrVG geregelt. Nach § 60 I BetrVG werden in Betrieben mit in der Regel mindestens fünf Arbeitnehmern, die das 18. Lebensjahr noch nicht vollendet haben (jugendliche Arbeitnehmer) oder die zu ihrer Berufsausbildung beschäftigt sind, Jugend- und Auszubildendenvertretungen gewählt. Der Jugend- und Auszubildendenvertretung obliegt die Hauptaufgabe, gegenüber dem Arbeitgeber die Interessen der jugendlichen Arbeitnehmer, welche sich in der Berufsausbildung befinden zu vertreten. Die allgemeinen Aufgaben sind in § 70 BetrVG geregelt. Für die Geschäftsführung gelten überwiegend nach § 65 BetrVG die Regelungen über die Geschäftsführung des Betriebsrats. Wahlberechtigung und Wählbarkeit von Auszubildenden in die Jugend- und Auszubildendenvertretung, die Anzahl und die Zusammensetzung sowie Wahlvorschriften, der Zeitpunkt der Wahlen und die Amtszeit einer Jugend- und Auszubildendenvertretung ergeben sich aus den §§ 61–64 BetrVG.

Die Jugend- und Auszubildendenvertretung kann zu allen Betriebsratssitzungen einen Vertreter nach § 67 I 1 BetrVG entsenden. Außerdem hat der Betriebsrat nach § 68 BetrVG die Jugend- und Auszubildendenvertretung zu Besprechungen zwischen Arbeitgeber und Betriebsrat beizuziehen, wenn Angelegenheiten behandelt werden, die die jugendlichen Arbeitnehmer bzw. Auszubildenden bis zum 25. Lebensjahr betreffen. Des Weiteren kann nach § 71 S. 1 BetrVG vor oder nach jeder Betriebsversammlung im Einvernehmen mit dem Betriebsrat auf Wunsch der Jugend- und Auszubildendenvertretung eine betriebliche Jugend- und Auszubildendenversammlung einberufen werden, im Einvernehmen mit dem Betriebsrat auch zu einem anderen Zeitpunkt. Bestehen in

---

653 Schade, Rn. 583
654 Conrads/Schade, S. 223 f.

einem Unternehmen mehrere Jugend- und Auszubildendenvertretungen, so ist nach § 72 I BetrVG eine Gesamt-Jugend- und Auszubildendenvertretung zu errichten.

706 gg) **Wirtschaftsausschuss.** Nach § 106 I BetrVG ist in allen Unternehmen mit in der Regel mehr als 100 ständig beschäftigten Arbeitnehmern ein Wirtschaftsausschuss zu bilden. Der Wirtschaftsausschuss hat die Aufgabe, wirtschaftliche Angelegenheiten mit dem Unternehmer zu beraten und den Betriebsrat zu unterrichten. Zu den wirtschaftlichen Angelegenheiten, die der Wirtschaftsausschuss mit dem Unternehmer zu beraten und den Betriebsrat davon zu unterrichten hat, gehören nach § 106 III BetrVG:

Nr. 1   die wirtschaftliche und finanzielle Lage des Unternehmens;
Nr. 2   die Produktions- und Absatzlage;
Nr. 3   das Produktions- und Investitionsprogramm;
Nr. 4   Rationalisierungsvorhaben;
Nr. 5   Fabrikations- und Arbeitsmethoden, insbesondere die Einführung neuer Arbeitsmethoden;
Nr. 5a Fragen des betrieblichen Umweltschutzes;
Nr. 6   die Einschränkung oder Stilllegung von Betrieben oder von Betriebsteilen;
Nr. 7   die Verlegung von Betrieben oder Betriebsteilen;
Nr. 8   der Zusammenschluss oder die Spaltung von Unternehmen und Betrieben;
Nr. 9   die Änderung der Betriebsorganisation oder des Betriebszwecks;
Nr. 9a die Übernahme des Unternehmens, wenn hiermit der Erwerb der Kontrolle verbunden ist,
Nr. 10 sonstige Vorgänge und Vorhaben, welche die Interessen der Arbeitnehmer, des Unternehmens wesentlich berühren können.

707 Der Unternehmer hat den Wirtschaftsausschuss nach § 106 II BetrVG rechtzeitig und umfassend über die wirtschaftlichen Angelegenheiten des Unternehmens unter Vorlage der erforderlichen Unterlagen zu unterrichten, soweit dadurch nicht die Betriebs- und Geschäftsgeheimnisse des Unternehmens gefährdet werden. Außerdem hat der Unternehmer die sich daraus ergebenden Auswirkungen auf die Personalplanung darzustellen. Die wichtigste Funktion des Wirtschaftsausschusses ist die Informationsvermittlung zwischen Unternehmensleitung und Betriebsrat; der Betriebsrat soll dadurch in die Lage versetzt werden, betriebliche Folgerungen aus der wirtschaftlichen Entwicklung des Unternehmens und aus Unternehmensentscheidungen im Voraus zu überdenken und eigene Maßnahmen und Entscheidungen vorzubereiten.[655]

708 hh) **Sprecherausschuss der leitenden Angestellten.** Gemäß § 5 III BetrVG bestehen für die sog. leitenden Angestellten Sonderregelungen. Obwohl diese im allgemeinen Sinne Arbeitnehmer sind, werden sie nach dem BetrVG als Sondergruppe behandelt und haben eine eigene Interessenvertretung. Die betrieblichen Interessenvertretungen der leitenden Angestellten sind die sog. Sprecherausschüsse. Das Gesetz über Sprecherausschüsse der leitenden Angestellten (SprAuG) trat am 20. Dezember 1988 in Kraft. Nach § 1 I SprAuG werden in Betrieben mit in der Regel mindestens zehn leitenden Angestellten Sprecherausschüsse der leitenden Angestellten gewählt. Vergleichbar dem Betriebsrat soll auch der Sprecherausschuss nach § 2 I SprAuG mit dem Arbeitgeber vertrauensvoll unter Beachtung der geltenden Tarifverträge zum Wohl der leitenden Angestellten und des Betriebs zusammenarbeiten. Die Aufgaben des Sprecherausschusses unterscheiden sich von den Aufgaben des Betriebsrats dahingehend, dass dem Sprecherausschuss keine Mitbestimmungsrechte im Betrieb zustehen. Zwar vertritt der Sprecherausschuss nach § 25 I 1 SprAuG die Belange der leitenden Angestellten des Betriebs. Die Mitwirkungsrechte beschränken sich nach § 30 SprAuG auf Beratungs- und Unter-

---

[655] Richardi/Annuß, § 106, Rn. 19

richtungsrechte und zwar nach § 30 S. 1 Nr. 1 SprAuG über Änderungen der Gehaltsgestaltung und sonstiger allgemeiner Arbeitsbedingungen sowie nach § 30 S. 1 Nr. 2 SprAuG über die Einführung oder Änderung allgemeiner Beurteilungsgrundsätze. Der Unternehmer hat den Sprecherausschuss mindestens einmal im Kalenderhalbjahr nach § 32 I 1 SprAuG über die wirtschaftlichen Angelegenheiten des Betriebs und des Unternehmens i. S. d. § 106 III BetrVG zu unterrichten. Außerdem hat der Unternehmer eine beabsichtigte Einstellung oder personelle Veränderung eines leitenden Angestellten dem Sprecherausschuss nach § 31 SprAuG rechtzeitig mitzuteilen. Vor jeder Kündigung eines leitenden Angestellten ist der Sprecherausschuss zu hören. Der Arbeitgeber hat dem Sprecherausschuss die Gründe für die Kündigung mitzuteilen. Eine ohne Anhörung des Sprecherausschusses ausgesprochene Kündigung ist gem. § 31 II 3 SprAuG unwirksam.

ii) Schwerbehindertenvertretung. Nach § 32 BetrVG i. V. m. § 177 SGB IX kann die Schwerbehindertenvertretung an allen Sitzungen des Betriebsrats beratend teilnehmen. Wahl, Amtszeit und Aufgaben der Schwerbehindertenvertretung ergeben sich aus §§ 177, 178 SGB IX. Besteht nach § 180 SGB IX bei mehreren Betrieben ein Gesamtbetriebsrat, bei mehreren Unternehmen ein Konzernbetriebsrat oder im Geschäftsbereich mehrstufiger Verwaltungen ein Bezirks- oder Hauptpersonalrat, so werden, vergleichbar zu den jeweiligen Betriebsräten bzw. Personalräten jeweilige Schwerbehindertenvertretungen gewählt.

jj) Einigungsstelle. Zur Beilegung von Meinungsverschiedenheiten zwischen Arbeitgeber und Betriebsrat, Gesamtbetriebsrat oder Konzernbetriebsrat ist bei Bedarf nach § 76 I BetrVG eine Einigungsstelle zu bilden. Eine solche Einigungsstelle kann durch eine Betriebsvereinbarung ständig errichtet sein. Die Einigungsstelle besteht aus einer gleichen Anzahl von Beisitzern, die vom Arbeitgeber und Betriebsrat bestellt werden und einem unparteiischen Vorsitzenden, auf dessen Person sich beide Seiten einigen müssen. Können sich Arbeitgeber wie Arbeitnehmer nicht auf einen unparteiischen Vorsitzenden einigen, so wird dieser nach § 76 II 1 BetrVG vom Arbeitsgericht bestellt. Das Arbeitsgericht entscheidet auch, wenn kein Einverständnis über die Zahl der Beisitzer erzielt wird. Nach § 76 V BetrVG wird die Einigungsstelle auf Antrag einer Seite tätig in den Fällen, in denen der Spruch der Einigungsstelle die Einigung zwischen Arbeitgeber und Betriebsrat ersetzt.

Die Einigungsstelle fasst ihre Beschlüsse unter angemessener Berücksichtigung der Belange des Betriebs und der betroffenen Arbeitnehmer nach billigem Ermessen. Nach § 76 III BetrVG hat die Einigungsstelle nach Antrag unverzüglich tätig zu werden. Sie fasst ihre Beschlüsse nach mündlicher Beratung mit Stimmenmehrheit. Bei der Beschlussfassung hat sich der Vorsitzende zunächst der Stimme zu enthalten; kommt eine Stimmenmehrheit nicht zustande, so nimmt der Vorsitzende nach weiterer Beratung an der erneuten Beschlussfassung teil. Die Beschlüsse der Einigungsstelle sind schriftlich niederzulegen, vom Vorsitzenden zu unterschreiben oder in elektronischer Form niederzulegen sowie vom Vorsitzenden mit seiner qualifizierten elektronischen Signatur zu versehen und Arbeitgeber und Betriebsrat zuzuleiten. Benennt eine Seite keine Mitglieder für die Einigungsstelle oder bleiben die von einer Seite genannten Mitglieder trotz rechtzeitiger Einladung zur Sitzung der Einigungsstelle fern, so entscheiden der Vorsitzende und die erschienenen Mitglieder nach Maßgabe des § 76 III BetrVG alleine. Im Rahmen einer Betriebsvereinbarung können Arbeitgeber und Betriebsrat weitere Einzelheiten des Verfahrens vor der Einigungsstelle regeln.

6. Beteiligungsrechte des Betriebsrats

Die Beteiligungsrechte des Betriebsrats sind im Betriebsverfassungsgesetz vielfältig geregelt. Das Gesetz sieht verschiedene Möglichkeiten des Betriebsrats vor, sich durch seine Tätigkeit zum Wohl des Betriebs und der Arbeitnehmer zu beteiligen. Es werden zwei

Hauptgruppen von Beteiligungsrechten unterschieden: zum einen das Mitbestimmungsrecht, insbesondere in sozialen Angelegenheiten, und zum anderen schwächere Beteiligungsformen, die unter den Sammelbegriff der sonstigen Mitwirkungsrechte des Betriebsrats fallen.[656] Das Betriebsverfassungsgesetz enthält somit ein der Wirkung nach abgestuftes System von Beteiligungsrechten des Betriebsrats, wobei die Mitbestimmungsrechte gegenüber den Mitwirkungsrechten die stärkere Form der Beteiligung darstellen.[657]

713 a) **Mitbestimmungs- und Mitwirkungsrechte. – aa) Soziale und personelle Angelegenheiten.** Die bedeutendsten Möglichkeiten der Mitbestimmung im Betrieb sind für den Betriebsrat in § 87 BetrVG im Bereich sozialer Angelegenheiten geregelt. Die dort aufgeführten Regelungen bilden die stärkste Form der Beteiligung, weil sie eine echte, gleichberechtigte Mitbestimmung für den Betriebsrat darstellen.[658] Dieses Mitbestimmungsrecht bedeutet, dass der Arbeitgeber nicht einseitig eine Anweisung bzw. eine Entscheidung treffen kann; er muss sich vorher mit dem Betriebsrat geeinigt haben. Jede Maßnahme in sozialen Angelegenheiten bedarf der Zustimmung des Betriebsrats. Kommt eine Einigung über eine soziale Angelegenheit nach § 87 BetrVG nicht zustande, so entscheidet die Einigungsstelle. Der Spruch der Einigungsstelle ersetzt dann die Einigung zwischen Arbeitgeber und Betriebsrat.

714 Das Mitbestimmungsrecht steht dem Betriebsrat auch bei personellen Einzelmaßnahmen nach § 99 BetrVG zu. Dabei handelt es sich um eine beschränkte Mitbestimmung. Denn im Gegensatz zur vollen Mitbestimmung steht die Zustimmung des Betriebsrats bei der beschränkten Mitbestimmung nicht in dessen Ermessen; der Betriebsrat kann vielmehr nur aus bestimmten, im Gesetz explizit genannten Gründen seine Zustimmung verweigern.[659] Verweigert der Betriebsrat seine Zustimmung, so kann der Arbeitgeber nach § 99 IV BetrVG beim Arbeitsgericht beantragen, die Zustimmung durch eine Entscheidung zu ersetzen.

715 bb) **Mitwirkungsrechte im Betrieb.** Die schwächere Form der Beteiligung des Betriebsrats ist die Mitwirkung im Betrieb. Darunter fallen Widerspruchs-, Beratungs-, Anhörungs-, Informations- und Initiativrechte.

716 (1) **Widerspruchsrecht.** Die wichtigste Stufe der Mitwirkungsrechte bildet das Widerspruchsrecht des Betriebsrats. Das bedeutende Widerspruchsrecht findet sich in § 102 BetrVG. Danach kann der Betriebsrat innerhalb einer Frist von einer Woche schriftlich einer ordentlichen Kündigung widersprechen. Rechtsfolge ist nach § 102 V BetrVG, dass der Arbeitgeber den Arbeitnehmer nach einer Kündigung und nach Ablauf der Kündigungsfrist zu unveränderten Arbeitsbedingungen weiterbeschäftigen muss, wenn der Betriebsrat einer ordentlichen Kündigung frist- und ordnungsgemäß widersprochen hat und der Arbeitnehmer zusätzlich nach dem Kündigungsschutzgesetz Klage auf Feststellung erhoben hat, dass das Arbeitsverhältnis durch die Kündigung nicht aufgelöst ist.

717 (2) **Beratungs- und Anhörungsrecht.** Eine schwächere Form der Mitwirkungsrechte bilden für den Betriebsrat die sog. Beratungsrechte. Steht dem Betriebsrat ein Beratungsrecht zu, z. B. aus § 74 I BetrVG, der regelt, dass Arbeitgeber und Betriebsrat mindestens einmal im Monat zu einer Besprechung zusammentreten sollen, ist erforderlich, dass der Arbeitgeber die Angelegenheit mit dem Betriebsrat erörtert. Eine weitere, allerdings

---

656 Vgl. Junker, Rn. 698
657 Vgl. Dütz/Thüsing, Rn. 795; dazu ausführlich von Hoyningen-Huene, § 11 Rn. 3–9; Otto/Bieder, Rn. 829–839
658 Vgl. Michalski/Westerhoff, Rn. 1071
659 Vgl. Michalski/Westerhoff, Rn. 1075

noch geringere Form der Mitwirkung ist das Anhörungsrecht des Betriebsrats. Dabei kann es sich i. S. v. § 80 I BetrVG um ein allgemeines Anhörungsrecht des Betriebsrats handeln. Dagegen verwehren die entscheidungsbezogenen Anhörungsrechte es dem Arbeitgeber, eine Entscheidung vor vollzogener Anhörung durchzuführen; sie sollen sicherstellen, dass die Argumente des Betriebsrats auf die Entscheidung, z. B. bei einer ordentlichen Kündigung nach § 102 I 1 BetrVG, einwirken können.[660]

(3) Unterrichtungsrecht. Die schwächste Art der Mitwirkungsrechte sind Unterrichtungsrechte, nach denen dem Betriebsrat gegenüber dem Arbeitgeber ein Informationsrecht zusteht. Zu unterscheiden ist zwischen dem normalen Informationsrecht und dem besonderen Informationsrecht, an das sich weitere Beteiligungsrechte des Betriebsrats anschließen. Ein normales Informationsrecht des Betriebsrats ergibt sich z. B. aus § 105 BetrVG. Danach hat der Arbeitgeber eine beabsichtigte Einstellung oder personelle Veränderung eines leitenden Angestellten dem Betriebsrat rechtzeitig mitzuteilen. Dagegen besteht ein besonderes Informationsrecht mit weiteren Beteiligungsrechten des Betriebsrats z. B. nach § 99 I 1 BetrVG. Danach hat der Arbeitgeber in Unternehmen mit in der Regel mehr als zwanzig wahlberechtigten Arbeitnehmern den Betriebsrat vor jeder Einstellung, Eingruppierung, Umgruppierung und Versetzung zu unterrichten und ihm unter Vorlage der erforderlichen Unterlagen Auskunft über die Auswirkungen der geplanten Maßnahmen zu geben. Diesem besonderen Informationsrecht folgt für den Betriebsrat das weitere Beteiligungsrecht, seine Zustimmung zu der geplanten Maßnahme des Arbeitgebers vor ihrer Umsetzung einzuholen. Derartige besondere Informationsrechte des Betriebsrats gehen somit weiteren Beteiligungsrechten, wie z. B. einer Zustimmung, nur voraus.

b) Besondere Sachgebiete der Beteiligung. Neben allgemeinen Sachgebieten der Beteiligung ist insbesondere die Mitbestimmung des Betriebsrats in sozialen, personellen und wirtschaftlichen Angelegenheiten von besonderer Bedeutung. Außerdem besteht für den Betriebsrat im Hinblick auf die Gestaltung von Arbeitsplatz, Arbeitsablauf und Arbeitsumgebung ein besonderes Beteiligungsrecht.

aa) Allgemeine Aufgaben des Betriebsrats. In § 80 BetrVG sind allgemeine Aufgaben des Betriebsrats geregelt. Dabei dienen die allgemeinen Aufgaben des Betriebsrats, die in § 80 I Nr. 1–9 BetrVG konkretisiert werden, dem Schutz der gesamten Belegschaft und des einzelnen Arbeitnehmers.[661] Danach hat der Betriebsrat z. B. darüber zu wachen, dass die zugunsten der Arbeitnehmer geltenden Gesetze, Verordnungen, Unfallverhütungsvorschriften, Tarifverträge und Betriebsvereinbarungen durchgeführt werden. Des Weiteren hat er beim Arbeitgeber Maßnahmen zu beantragen, die dem Betrieb und der Belegschaft dienen oder z. B. die Durchsetzung der tatsächlichen Gleichstellung von Frauen und Männern, insbesondere bei der Einstellung, Beschäftigung, Aus-, Fort- und Weiterbildung und den beruflichen Aufstieg fördern. Zur Durchführung seiner Aufgaben aus § 80 BetrVG ist der Betriebsrat rechtzeitig und umfassend vom Arbeitgeber zu unterrichten.

bb) Mitbestimmung in sozialen Angelegenheiten

Schrifttum: *Bieder*, Die Entwicklung der betrieblichen Mitbestimmung in sozialen Angelegenheiten (§ 87 I BetrVG), NZA-RR 2017, 225; *H. Hanau*, Individualautonomie und Mitbestimmung in sozialen Angelegenheiten, 1994; *P. Hanau*, Allgemeine Grundsätze der betrieblichen Mitbestimmung, RdA 1973, 281; *ders.*, Probleme der Ausübung des Mitbestimmungsrechts des Betriebsrats, NZA 1985, Beil. 2, S. 3; *von Hoyningen-Huene*, Die fehlerhafte Beteiligung des Betriebsrats in sozialen Angelegenheiten, DB 1987, 1426; *Richardi*, Regelungsabrede als Ausübungsform der Mitbe-

---

660 Vgl. Junker, Rn. 700
661 Vgl. Dütz/Thüsing, Rn. 930

stimmung in sozialen Angelegenheiten?, NZA-Beilage 2019, 12; *Säcker*, 10 Jahre Betriebsverfassungsgesetz 1972 im Spiegel höchstrichterlicher Rechtsprechung,1982; *Schlünder*, Die Rechtsfolgen der Missachtung der Betriebsverfassung durch den Arbeitgeber, 1991; *Schlüter*, Die Rechtsfolgen mangelnder Beteiligung des Betriebsrats in sozialen Angelegenheiten (§ 87 BetrVG n. F.), DB 1972, 92 und 139; *Wiese*, Schutz und Teilhabe als Zwecke notwendiger Mitbestimmung in sozialen Angelegenheiten und deren Rangverhältnis, ZfA 2000, 117.

721 §§ 87 ff. BetrVG regeln die Mitbestimmungsrechte des Betriebsrats in sozialen Angelegenheiten. § 87 I BetrVG enthält einen umfassenden Mitbestimmungskatalog für den Betriebsrat. Die Mitbestimmung des Betriebsrats ist bei diesen Sachverhalten zwingend erforderlich. Kommt eine Einigung über die Mitbestimmung in sozialen Angelegenheiten zwischen Arbeitgeber und Betriebsrat nicht zustande, so entscheidet nach § 87 II BetrVG die Einigungsstelle. Der Spruch der Einigungsstelle ersetzt dann die Einigung zwischen Arbeitgeber und Betriebsrat. Soweit eine zwingende gesetzliche oder tarifvertragliche Regelung gegeben ist, hat der Arbeitgeber keinen Regelungsspielraum, so dass auch ein Mitbestimmungsrecht ausscheidet.[662] Allerdings kann nach § 88 BetrVG eine freiwillige Betriebsvereinbarung geschlossen werden, indem Mitbestimmungsrechte des Betriebsrats vereinbart werden können. Bei den Mitbestimmungsrechten nach § 87 I BetrVG handelt es sich nach h. M. um Initiativrechte des Betriebsrats.[663] Daraus leitet sich für den Betriebsrat die Möglichkeit ab, durch seine zwingende Mitbestimmung und auf seine Initiative hin gewünschte Regelungen, z. B. zu Fragen der Ordnung des Betriebs oder dem Beginn und dem Ende der täglichen Arbeitszeit, festzuschreiben, notfalls durch eine Entscheidung der Einigungsstelle.

722 Mit dem Recht des Betriebsrats korrespondiert die Pflicht des Arbeitgebers zur Beteiligung des Betriebsrats an der Entscheidung; der Arbeitgeber darf somit nicht abwarten, ob der Betriebsrat in einer Angelegenheit mitbestimmen will, sondern er muss von sich aus die Zustimmung des Betriebsrats herbeizuführen suchen.[664] Die Mitbestimmungsrechte in sozialen Angelegenheiten treten hinter Regelungen des Tarifvertrags oder hinter gesetzliche Regelungen, z. B. nach § 3 II TVG, zurück. Beteiligt der Arbeitgeber den Betriebsrat nicht im Rahmen der Mitbestimmung über soziale Angelegenheiten, die in § 87 I BetrVG geregelt sind, obwohl die Mitbestimmung zwingend erforderlich ist, so kann der Betriebsrat die Einigungsstelle anrufen und eine Entscheidung über die getroffene Maßnahme verlangen. Bei einem groben Verstoß des Arbeitgebers gegen seine Verpflichtungen aus § 87 I BetrVG kann der Betriebsrat nach § 23 III 1 BetrVG beim Arbeitsgericht beantragen, dem Arbeitgeber aufzugeben, ihn aufgrund seines zwingenden Mitbestimmungsrechts an der Entscheidung zu beteiligen.

cc) Mitbestimmung in personellen Angelegenheiten

Schrifttum: *Hunold*, Die Mitwirkung und Mitbestimmung des Betriebsrats in allgemeinen personellen Angelegenheiten (§§ 92–95 BetrVG), DB 1989, 1334; *Kempter/Steinat*, Personelle Angelegenheiten nach § 99 BetrVG – verfahrensrechtliche Aspekte und taktische Möglichkeiten des Arbeitgebers, NZA-RR 2017, 630; *Oetker*, Der Schutz befristet Beschäftigter durch das Recht des Betriebsrats zur Verweigerung der Zustimmung bei unbefristeten Einstellungen (§ 99 II Nr. 3 BetrVG), NZA 2003, 937; *Ottmann*, Beteiligung des Betriebsrates im Einstellungsprozess (Teil 1), ArbRAktuell 2018, 493; *Ottmann*, Beteiligung des Betriebsrates im Einstellungsprozess (Teil 2), ArbRAktuell 2018, 521; *Rummel*, Die Beteiligung des Betriebsrats an der Personalplanung und an personellen Einzelmaßnahmen, 1978; *Rumpf/Boewer*, Mitbestimmung in wirtschaftlichen Angelegenheiten und bei der Unternehmens- und Personalplanung, 4. Aufl., 2007; *Wahlers*, Einführung und Ausgestaltung eines Assessment-Centers als mitbestimmungs-(mitwirkungs-)pflichtige Maßnahme, ZTR 2005, 185.

---

662 Vgl. ErfK/Kania, § 87 BetrVG Rn. 14
663 Vgl. BAG AP Nr. 1 zu § 87 BetrVG 1972; vgl. Richardi/Richardi, § 87 Rn. 65
664 Vgl. Dütz/Thüsing, Rn. 937

Auch in personellen Angelegenheiten, insbesondere bei der Personalplanung, der Beschäftigungssicherung, bei der Förderung der Berufsbildung aber auch bei personellen Einzelmaßnahmen stehen dem Betriebsrat Beteiligungsrechte zu. **723**

(1) Personalplanung. Im Rahmen der Personalplanung hat der Betriebsrat gegenüber dem Arbeitgeber ein Unterrichtungs- und Beratungsrecht. Nach § 92 I BetrVG hat der Arbeitgeber den Betriebsrat über die Personalplanung, insbesondere über den gegenwärtigen und künftigen Personalbedarf sowie über die sich daraus ergebenden personellen Maßnahmen und Maßnahmen der Berufsbildung an Hand von Unterlagen rechtzeitig und umfassend zu unterrichten. Der Arbeitgeber hat mit dem Betriebsrat über Art und Umfang der erforderlichen Maßnahmen und über die Vermeidung von Härten zu beraten. Der Betriebsrat seinerseits kann dem Arbeitgeber Vorschläge für die Einführung einer Personalplanung einschließlich Maßnahmen auf Förderung der Durchsetzung der tatsächlichen Gleichberechtigung von Frauen und Männern i. S. d. § 80 I Nr. 2a BetrVG und ihrer Durchführung nach § 92 II BetrVG machen.[665] **724**

Verwendet der Arbeitgeber Personalfragebögen, bedarf diese Verwendung nach § 94 I 1 BetrVG der unbedingten Zustimmung des Betriebsrats. Es handelt sich somit um ein zwingendes Mitbestimmungsrecht. Kommt eine Einigung über ihren Inhalt nicht zustande, so entscheidet die Einigungsstelle. Dies gilt entsprechend für persönliche Angaben in schriftlichen Arbeitsverträgen, die allgemein für den Betrieb verwendet werden sollen, sowie für die Aufstellung allgemeiner Beurteilungsgrundsätze. Auch Auswahlrichtlinien bei Einstellungen, Versetzungen, Umgruppierungen und Kündigungen bedürfen der Zustimmung des Betriebsrats nach § 95 I 1 BetrVG. In Betrieben mit mehr als 500 Arbeitnehmern kann der Betriebsrat derartige Auswahlrichtlinien im Hinblick auf fachliche und persönliche Voraussetzungen und soziale Gesichtspunkte nach § 95 II BetrVG vom Arbeitgeber verlangen. Dies gilt gemäß § 95 IIa BetrVG auch dann, wenn bei der Aufstellung der Richtlinien Künstliche Intelligenz zum Einsatz kommt. **725**

Des Weiteren hat der Betriebsrat nach § 92a I BetrVG das Recht, dem Arbeitgeber Vorschläge zur Sicherung und Förderung der Beschäftigten zu machen. Es können insbesondere Vorschläge für eine flexible Gestaltung der Arbeitszeit, die Förderung von Teilzeitarbeit, neue Formen der Arbeitsorganisation, Änderungen der Arbeitsverfahren und Arbeitsabläufe, die Qualifizierung der Arbeitnehmer, Alternativen zur Ausgliederung von Arbeit oder ihrer Vergabe an andere Unternehmen sowie für ein Produktions- und Investitionsprogramm sein. Dabei handelt es sich um ein Initiativrecht des Betriebsrats, wobei diesem Initiativrecht das Beratungsrecht mit dem Arbeitgeber über diese Vorschläge als weiteres Beteiligungsrecht des Betriebsrats folgt. Außerdem kann der Betriebsrat nach § 93 BetrVG verlangen, dass Arbeitsplätze, die besetzt werden sollen, entweder allgemein oder mit detaillierter Tätigkeitsbeschreibung vor ihrer Besetzung innerhalb des Betriebs ausgeschrieben werden. **726**

(2) Berufsbildung. Das Mitbestimmungsrecht des Betriebsrats in personellen Angelegenheiten umfasst auch die Förderung der Berufsbildung, die in §§ 96 ff. BetrVG geregelt ist. Nach § 96 I 1 BetrVG haben Arbeitgeber und Betriebsrat im Rahmen der betrieblichen Personalplanung und in Zusammenarbeit mit den für die Berufsbildung und den für die Förderung der Berufsbildung zuständigen Stellen die Berufsbildung der Arbeitnehmer zu fördern. Auf Verlangen des Betriebsrats hat der Arbeitgeber den Berufsbildungsbedarf der Belegschaft zu ermitteln und mit dem Betriebsrat Fragen der Berufsbildung der Arbeitnehmer des Betriebs zu beraten. Dem Betriebsrat steht auch bei der Förderung der Berufsbildung ein Vorschlagsrecht gegenüber dem Arbeitgeber zu. Sollte es im Rahmen der Beratung zu keiner Einigung kommen, so können sowohl der Arbeit- **727**

---

665 Michalski/Westerhoff, Rn. 1115

geber als auch der Betriebsrat gemäß § 96 Ia BetrVG die Einigungsstelle anrufen. Aus § 98 BetrVG ergeben sich für den Betriebsrat Zustimmungs-, Widerspruchs- oder Abberufungsrechte. Zum einen hat der Betriebsrat bei der Durchführung von Maßnahmen der betrieblichen Berufsbildung mitzubestimmen; zum anderen kann der Betriebsrat der Bestellung einer mit der Durchführung der betrieblichen Berufsbildung beauftragten Person widersprechen oder ihre Abberufung verlangen, wenn diese die persönliche oder fachliche, insbesondere die berufs- und arbeitspädagogische Eignung i. S. d. Berufsbildungsgesetzes (BBiG) nicht besitzt oder ihre Aufgaben vernachlässigt.

728 **(3) Einstellung, Eingruppierung, Umgruppierung und Versetzung.** Auch bei personellen Einzelmaßnahmen stehen dem Betriebsrat nach §§ 99–101 BetrVG Mitbestimmungsrechte zu. So hat der Arbeitgeber in Unternehmen mit in der Regel mehr als 20 wahlberechtigten Arbeitnehmern nach § 99 I 1 BetrVG den Betriebsrat vor jeder Einstellung, Eingruppierung, Umgruppierung und Versetzung zu unterrichten, ihm die erforderlichen Bewerbungsunterlagen vorzulegen und Auskunft über die Person der Beteiligten zu geben. Für leitende Angestellte gilt nach § 105 BetrVG gegenüber dem Betriebsrat eine reine Mitteilungspflicht. Einstellung bedeutet, dass der zukünftige Arbeitnehmer mit der Arbeitsaufnahme im Betrieb beginnt. Dadurch erfolgt eine Eingliederung in den Betrieb. Denn nur durch die Eingliederung in den Betrieb werden die Interessen der schon Beschäftigten berührt, deren Wahrung dieses Beteiligungsrecht dient.[666] Eine das Mitbestimmungsrecht nach § 99 BetrVG auslösende Einstellung liegt auch vor beim Tätigwerden aufgrund eines befristeten Arbeitsverhältnisses, eines Probearbeitsverhältnisses oder eines Ausbildungsverhältnisses.[667]

729 Bei der Eingruppierung handelt es sich um eine erstmalige Einstufung des Arbeitnehmers in eine Lohn- und Gehaltsgruppe. Diese ergibt sich aus dem vertraglich vereinbarten Tätigkeitsbereich für den Arbeitnehmer, auf den z. B. ein Tarifvertrag, eine Betriebsvereinbarung oder eine betriebliche Übung, eventuell sogar eine einseitige positive Zuwendung des Arbeitgebers anwendbar ist.[668] Eine Umgruppierung sorgt dagegen dafür, dass ein Arbeitnehmer ab einem bestimmten Zeitpunkt einer anderen Lohn- und Gehaltsklasse angehört. Im Rahmen der Umgruppierung beschränkt sich das Recht des Betriebsrats auf die Richtigkeitskontrolle; ein eigener Gestaltungsspielraum, z. B. auf die Höhe des zu zahlenden Lohns oder Gehalts, wird dem Betriebsrat nicht zugebilligt.

730 Auch der Versetzung eines Arbeitnehmers hat der Betriebsrat zuzustimmen. Nach § 95 III 1 BetrVG bedeutet Versetzung eine Zuweisung eines anderen Arbeitsbereichs, die voraussichtlich die Dauer von einem Monat überschreitet oder die mit einer erheblichen Änderung der Umstände verbunden ist, unter denen die Arbeit zu leisten ist. Dabei umfasst der Arbeitsbereich nach § 81 I 1 BetrVG nicht nur die Aufgabe und Verantwortung des Arbeitnehmers sowie seine Art der Tätigkeit, sondern auch seine Einordnung in den Arbeitsablauf des Betriebs. Der Arbeitgeber kann eine Versetzung im Rahmen seines Weisungsrechts nach § 106 GewO oder aufgrund einer Änderungskündigung vornehmen. Dagegen regeln die §§ 99–101 BetrVG die sich aus dem Betriebsverfassungsrecht ergebenden Mitbestimmungsrechte für den Betriebsrat. Ist mit der Versetzung eine Umgruppierung verbunden, erstreckt sich die Mitbestimmungsbefugnis des Betriebsrats auf Versetzung und Umgruppierung.[669]

731 Personelle Einzelmaßnahmen des Arbeitgebers bedürfen zwingend der Mitbestimmung des Betriebsrats. Die Möglichkeiten des Betriebsrats zur Verweigerung seiner Zustim-

---

666 Dütz/Thüsing, Rn. 846; siehe dazu BAG NZA 1992, 1141, 1143
667 Dütz/Thüsing, Rn. 864
668 Vgl. BAGE 107, 338, 342 f. = NZA 2004, 800
669 Vgl. BAG AP Nr. 14 zu § 99 BetrVG 1972, Eingruppierung; Fitting, § 99 Rn. 137

mung für personelle Einzelmaßnahmen ergeben sich aus § 99 II Nr. 1–6 BetrVG. Verweigert der Betriebsrat nach § 99 III BetrVG seine Zustimmung, so hat er die Ablehnung unter Angabe von Gründen innerhalb einer Woche nach Unterrichtung durch den Arbeitgeber diesem schriftlich mitzuteilen. Informiert der Betriebsrat den Arbeitgeber über die Verweigerung seiner Zustimmung nicht schriftlich innerhalb der Frist, so gilt im Rahmen einer Fiktion die Zustimmung zur personellen Einzelmaßnahme als erteilt. Verweigert der Betriebsrat seine Zustimmung, so kann der Arbeitgeber nach § 99 IV BetrVG beim Arbeitsgericht beantragen, die Zustimmung durch eine Entscheidung zu ersetzen.

(4) Ordentliche und außerordentliche Kündigung. Beteiligungsrechte des Betriebsrats bestehen nach §§ 102, 103 BetrVG auch bei der ordentlichen und außerordentlichen Kündigung sowie bei der Versetzung in besonderen Fällen. Nach § 102 I 1 BetrVG ist der Betriebsrat vor jeder Kündigung zu hören. Der Arbeitgeber hat dem Betriebsrat die Gründe für die Kündigung mitzuteilen. Eine ohne Anhörung des Betriebsrats ausgesprochene Kündigung ist unwirksam. Hat der Betriebsrat nach § 102 II BetrVG gegen eine ordentliche Kündigung Bedenken, so hat er diese unter Angabe der Gründe dem Arbeitgeber spätestens innerhalb einer Woche schriftlich mitzuteilen. Äußert er sich innerhalb dieser Frist nicht, gilt seine Zustimmung zur Kündigung als erteilt. Der Betriebsrat kann einer ordentlichen Kündigung widersprechen. Kündigt der Arbeitgeber, obwohl der Betriebsrat der ordentlichen Kündigung widersprochen hat, so hat er dem Arbeitnehmer nach § 102 IV BetrVG mit der Kündigung eine Abschrift der Stellungnahme des Betriebsrats zuzuleiten. Hat der Betriebsrat einer ordentlichen Kündigung frist- und ordnungsgemäß widersprochen und hat der Arbeitnehmer nach dem Kündigungsschutzgesetz Klage auf Feststellung erhoben, dass das Arbeitsverhältnis durch die Kündigung nicht aufgehoben ist, so muss der Arbeitgeber nach § 99 V 1 BetrVG auf Verlangen des Arbeitnehmers diesen nach Ablauf der Kündigungsfrist bis zum rechtskräftigen Abschluss des Rechtsstreits bei unveränderten Arbeitsbedingungen weiter beschäftigen. Arbeitgeber und Betriebsrat können darüber hinaus vereinbaren, dass ordentliche Kündigungen grds. der Zustimmung des Betriebsrats bedürfen und dass bei Meinungsverschiedenheiten über das Recht der Nichterteilung einer Zustimmung die Einigungsstelle entscheidet.

Nach § 103 I BetrVG bedarf die außerordentliche Kündigung des Arbeitgebers gegenüber Mitgliedern des Betriebsrats, der Jugend- und Auszubildendenvertretung sowie des Wahlvorstands oder von Wahlbewerbern der Zustimmung des Betriebsrats. Verweigert der Betriebsrat seine Zustimmung, so kann das Arbeitsgericht sie auf Antrag des Arbeitgebers durch eine Entscheidung ersetzen, wenn die außerordentliche Kündigung unter Berücksichtigung aller Umstände gerechtfertigt ist.

Der Betriebsrat hat seinerseits das Recht, die Entlassung oder Versetzung betriebsstörender Arbeitnehmer vom Arbeitgeber zu verlangen. Nach § 104 S. 1 BetrVG kann der Betriebsrat den Arbeitgeber auffordern, die Entlassung oder Versetzung eines Arbeitnehmers vorzunehmen, wenn dieser durch gesetzwidriges Verhalten oder durch grobe Verletzung der Grundsätze für die Behandlung von Betriebsangehörigen nach § 75 BetrVG mehrfach auffällt, insbesondere durch rassistische oder fremdenfeindliche Betätigungen, die den Betriebsfrieden wiederholt ernstlich stören.

dd) Mitbestimmung in wirtschaftlichen Angelegenheiten

Schrifttum: *Bender*, Der Wegfall der Geschäftsgrundlage bei arbeitsrechtlichen Kollektivverträgen am Beispiel des Tarifvertrags und des Sozialplans, 2005; *Dütz/Thüsing*, Arbeitsgerichtliche Überprüfbarkeit von Einigungsstellensprüchen nach § 109 BetrVG, FS D. Gaul, 1992, S. 41; *Ehmann*, Betriebsstillegung und Mitbestimmung, 1978; *B. Gaul*, Beteiligungsrechte von Wirtschaftsausschuss und Betriebsrat bei Umwandlung und Betriebsübergang, DB 1995, 2265; *Gillen/Vahle*, Personalabbau und Betriebsratsanhörung. NZA 2005, 1385; *Hjort*, Auskunftsrechte von Wirtschaftsausschüssen im Konzern, AuR 2018, 224; *Hüffner/Kerschner*, Die Beteiligungsrechte des Betriebsrats im wirtschaftlichen Bereich, 1981; *Lahusen*, Streitigkeiten zwischen Unternehmer und Wirtschaftsausschuss, BB 1989, 1399; *Pauken*, Neues vom Wirtschaftsausschuss, ArbRAktuell 2020, 342; *Pulte*, Interessensausgleich und Sozialplan, 1983; *Reuter/Körnig*, Die Mitbestimmung des Betriebsrats bei Betriebsänderungen – Datensetzung oder unternehmerische Mitbestimmung?, AG 1978, 325; *Schubert*, Der Unternehmensbegriff im Rahmen der betrieblichen Mitbestimmung in wirtschaftlichen Angelegenheiten, ZfA 2004, 253.

735 (1) **Grundlagen.** Die Mitbestimmung in sog. wirtschaftlichen Angelegenheiten ist, was die unmittelbare Teilhabe an Entscheidungen angeht, im Rahmen des Betriebsverfassungsrechts richtigerweise wenig ausgestaltet. Denn die wirtschaftlichen Angelegenheiten eines Betriebs – Positionierung im wirtschaftlichen Umfeld, Akquisition von Aufträgen, Bearbeitung von Aufträgen in der Produktion oder als Dienstleistung sowie unternehmerische Entscheidungen über eine Betriebstätigkeit in anderen Märkten oder im Ausland – obliegt der unternehmerischen Entscheidung des Arbeitgebers. Eine Ausdehnung des Betriebsverfassungsrechts auch auf diese Gebiete hätte zur Folge, dass die notwendige unternehmerische Entscheidungsfreiheit weiter eingeschränkt würde. Insofern hat sich das Betriebsverfassungsrecht bei der Mitbestimmung in wirtschaftlichen Angelegenheiten auf zwei bedeutende Themengebiete beschränkt: zum einen ist nach § 106 I 1 BetrVG in allen Unternehmen mit in der Regel mehr als 100 ständig beschäftigten Arbeitnehmern ein Wirtschaftsausschuss zu bilden; zum anderen hat nach § 111 S. 1 BetrVG der Arbeitgeber mit in der Regel mehr als 20 wahlberechtigten Arbeitnehmern den Betriebsrat über geplante Betriebsänderungen, welche wesentliche Nachteile für die Belegschaft oder erhebliche Teile der Belegschaft zur Folge haben können, rechtzeitig und umfassend zu unterrichten und die geplanten Betriebsänderungen mit dem Betriebsrat zu beraten.

736 (2) **Wirtschaftsausschuss.** Ist ein Wirtschaftsausschuss in einem Unternehmen mit mehr als 100 ständig beschäftigten Arbeitnehmern errichtet, obliegt diesem die Aufgabe, wirtschaftliche Angelegenheiten mit dem Unternehmer zu beraten und den Betriebsrat zu unterrichten. Dieser Informationspflicht kann der Wirtschaftsausschuss allerdings nur dann gegenüber dem Betriebsrat nachkommen, wenn der Unternehmer selbst den Wirtschaftsausschuss rechtzeitig und umfassend über die wirtschaftlichen Angelegenheiten des Unternehmens unter Vorlage der erforderlichen Unterlagen unterrichtet hat. § 106 III BetrVG hat dazu zehn Themengebiete normiert, welche unter den Begriff „Wirtschaftliche Angelegenheiten" fallen, so z. B. die wirtschaftliche und finanzielle Lage des Unternehmens, Rationalisierungsvorhaben oder Fabrikations- und Arbeitsmethoden, und zwar insbesondere die Einführung neuer Arbeitsmethoden.

737 (3) **Betriebsänderungen.** Die Rechte des Betriebsrats bei Betriebsänderungen sind in § 111 BetrVG geregelt. Betriebsänderungen nach § 111 S. 3 BetrVG sind nach
Nr. 1 Einschränkung und Stilllegung des ganzen Betriebs oder von wesentlichen Betriebsteilen;
Nr. 2 Verlegung des ganzen Betriebs oder von wesentlichen Betriebsteilen;
Nr. 3 Zusammenschluss mit anderen Betrieben oder die Spaltung von Betrieben;
Nr. 4 Grundlegende Änderungen der Betriebsorganisation, des Betriebszwecks oder der Betriebsanlagen;
Nr. 5 Einführung grundlegend neuer Arbeitsmethoden und Fertigungsverfahren.

738 Erforderlich ist, dass der Arbeitgeber den Betriebsrat über Betriebsänderungen rechtzeitig und umfassend unterrichtet und die geplanten Betriebsänderungen mit dem Betriebsrat berät. Ziel der Beratungen ist zum einen die Herbeiführung eines Interessenausgleichs i. S. v. § 112 I 1 BetrVG im Rahmen einer Einigung der Betriebsparteien über die Unternehmerentscheidung zur geplanten Betriebsänderung; Beratungszweck ist zum anderen die Aufstellung eines Sozialplans nach § 112 I 2 BetrVG als Einigung der Betriebspartner über die Milderung der wirtschaftlichen Nachteile, die für die Arbeitnehmer in Folge einer Betriebsänderung entstehen.[670] Während es sich beim Interessenausgleich um eine unternehmerische Entscheidung handelt, unter welchen Voraussetzungen eine Betriebsänderung stattzufinden hat und ein solcher Interessenausgleich weder erzwingbar ist, noch die Wirkung einer Betriebsvereinbarung hat,[671] kann der Betriebsrat einen Sozialplan nach §§ 112 IV 1, 112a BetrVG erzwingen.

(4) Sozialplan. Nach § 112 I 3 BetrVG hat der Sozialplan die Wirkung einer Betriebsvereinbarung. Für die einzelnen Arbeitnehmer ergibt sich aus § 77 IV BetrVG nach Abschluss der Betriebsvereinbarung über einen Sozialplan die Möglichkeit, die Rechte aus dem Sozialplan geltend zu machen. Entscheidet die Einigungsstelle über einen Sozialplan, kann sie nach § 112 V BetrVG eine Ermessensentscheidung treffen, wobei sie die in § 112 V 2 Nr. 1–3 BetrVG normierten Grundsätze wie z. B. Ausgleich oder Milderung wirtschaftlicher Nachteile, Berücksichtigung der Aussichten der betroffenen Arbeitnehmer auf dem Arbeitsmarkt, Förderungsmöglichkeiten zur Vermeidung von Arbeitslosigkeit sowie bei der Bemessung des Gesamtbetrags der Sozialplanleistungen unter dem Gesichtspunkt der Beachtung des Fortbestands des Unternehmens anzuwenden hat. Ein Sozialplan ist i. S. v. § 112a BetrVG nur dann aufzustellen, wenn es sich zwar bloß um einen reinen Personalabbau handelt, dieser aber in den gem. § 112a I 1 Nr. 1–4 BetrVG geregelten Fällen vorkommt. **739**

Weicht der Unternehmer nach § 113 I BetrVG von einem Interessenausgleich über die geplante Betriebsänderung, insbesondere die Einhaltung eines Sozialplans, ohne zwingenden Grund ab, so können Arbeitnehmer, die in Folge dieser Abweichung entlassen werden, beim Arbeitsgericht Klage erheben mit dem Antrag, den Arbeitgeber zur Zahlung von Abfindungen zu verurteilen. § 113 I BetrVG verweist bei der Höhe der Abfindung auf § 10 KSchG. Danach ist als Abfindung ein Betrag von bis zu zwölf bzw. achtzehn Monatsverdiensten festzusetzen. Weitere wirtschaftliche Nachteile des Arbeitnehmers werden nach § 113 II BetrVG entsprechend behandelt. Das gilt ebenso, wenn der Unternehmer eine geplante Betriebsänderung durchführt, ohne über diese einen Interessenausgleich mit dem Betriebsrat versucht zu haben und in Folge der Maßnahme Arbeitnehmer entlassen werden oder diese andere wirtschaftliche Nachteile erleiden. **740**

ee) Mitbestimmung bei der Gestaltung von Arbeitsplatz, Arbeitsablauf und Arbeitsumgebung

Schrifttum: *Bächle*, Unterrichtungs- und Belehrungspflichten nach dem BetrVG 1972, DB 1973, 1400; *Bieback*, Betriebliche Sozialpolitik, staatliche Subvention und die Mitbestimmung des Betriebsrats, RdA 1983, 265; *Dahl*, Mitbestimmung des Betriebsrats bei Maßnahmen des Gesundheitsschutzes, BB 2018, 1972; *Dahl/Brink*, Die Mitbestimmung des Betriebsrats bei der Einführung und Anwendung technischer Einrichtungen in der Praxis, NZA 2018, 1231; *Färber*, Die Beteiligungsrechte des Betriebsrats bei der Einführung und Anwendung neuer Techniken, FS D. Gaul, 1992, S. 57; *Fieseler/Berger*, Mitbestimmung von Maßnahmen des Gesundheitsschutzes, NZA 2018, 1520; *Grimm/Schiefer*, Videoüberwachung am Arbeitsplatz, RdA 2009, 329; *Gutzeit*, Mitbestimmung des Betriebsrats bei Internetauftritten des Arbeitgebers, NZA 2021, 301; *Hofe*, Betriebliche Mitbestimmung und Humanisierung der Arbeitswelt, 1978; *Kohte*, Arbeit, Leben und Gesundheit. Betriebsverfassungsrechtliche Herausforderungen und Perspektiven, FS Kissel, 1994, S. 547; *Natzel*, Zur Mitbestimmung bei der menschengerechten Gestaltung der Arbeit, RdA 1974, 280; *Rungaldier*, Kollektivvertragliche Mitbestimmung bei der Arbeitsorganisation und Rationalisierung, 1983; *Schulze/Volk/Schwartzer*, Umweltschutz durch den Betriebsrat, ArbRAktuell 2020, 492; *Wedde/Klöver*, Outsourcing – Das Ende der Mitbestimmung?, CR 1993, 93; *Zöllner*, Arbeitsrecht und menschengerechte Arbeitsgestaltung, RdA 1973, 212.

---

670 Vgl. Dütz/Thüsing, Rn. 882
671 Vgl. Michalski/Westerhoff, Rn. 1131

741 Die technische Ausgestaltung des einzelnen Arbeitsplatzes, die Gestaltung der Arbeitsumgebung und die Gestaltung des Arbeitsablaufs haben für den einzelnen Arbeitnehmer besondere Bedeutung, weil dadurch sein körperlicher und seelischer Zustand nachhaltig beeinflusst wird.[672] Aus diesem Grund steht dem Betriebsrat nach § 90 I BetrVG ein Informationsrecht über die Planung von Neu-, Um- und Erweiterungsbauten von Fabrikations-, Verwaltungs- und sonstigen betrieblichen Räumen, von technischen Anlagen, von Arbeitsverfahren und Arbeitsabläufen einschließlich des Einsatzes von Künstlicher Intelligenz oder von Arbeitsplätzen rechtzeitig unter Vorlage der erforderlichen Unterlagen zu. An dieses Informationsrecht schließen sich für den Betriebsrat weitere Beteiligungsrechte an. So hat der Arbeitgeber nach § 90 II BetrVG mit dem Betriebsrat die vorgesehenen Maßnahmen und ihre Auswirkungen auf die Arbeitnehmer, insbesondere auf die Art ihrer Arbeit sowie die sich daraus ergebenden Anforderungen an die Arbeitnehmer, so rechtzeitig zu beraten, dass Vorschläge und Bedenken des Betriebsrats bei der Planung berücksichtigt werden können. Zu berücksichtigen haben Arbeitgeber wie Betriebsrat dabei auch die gesicherten arbeitswissenschaftlichen Erkenntnisse über eine menschengerechte Gestaltung der Arbeit.

742 Ein besonderes Mitbestimmungsrecht steht dem Betriebsrat nach § 91 BetrVG bei der Gestaltung von Arbeitsplatz, Arbeitsablauf oder Arbeitsumgebung zu. Werden die Arbeitnehmer durch Änderungen der Arbeitsplätze, des Arbeitsablaufs oder der Arbeitsumgebung, die den gesicherten arbeitswissenschaftlichen Erkenntnissen über die menschengerechte Gestaltung der Arbeit offensichtlich widersprechen, in besonderer Weise belastet, so kann der Betriebsrat vom Arbeitgeber angemessene Maßnahmen zur Abwendung, Milderung oder zum Ausgleich der Belastung verlangen. Einigen sich Arbeitgeber und Betriebsrat über derartige angemessene Maßnahmen nicht, entscheidet die Einigungsstelle. Der Spruch der Einigungsstelle ersetzt dann die Einigung zwischen Arbeitgeber und Betriebsrat.

743 c) **Ausübung der Beteiligungsrechte.** Der Betriebsrat übt seine Beteiligungsrechte gegenüber dem Arbeitgeber aus. Die bedeutendste Form der Beteiligung des Betriebsrats im Betrieb ergibt sich aus dem Katalog der Mitbestimmungsrechte nach § 87 I Nr. 1–14 BetrVG. Zu unterscheiden ist bei diesem Mitbestimmungskatalog, ob bei Maßnahmen, etwa Fragen der Ordnung des Betriebs und des Verhaltens der Arbeitnehmer im Betrieb oder Regelungen über die Verhütung von Arbeitsunfällen und Berufskrankheiten, der Arbeitgeber die Initiative für Regelungen ergreift, oder ob das Initiativrecht beim Betriebsrat liegt, so z. B. beim Beginn und Ende der täglichen Arbeitszeit einschließlich der Pausen. Neu hinzugekommen ist im Jahre 2021 das Mitbestimmungsrecht bei der Ausgestaltung von mobiler Arbeit, die mittels Informations- und Kommunikationstechnik erbracht wird gemäß § 87 I Nr. 14 BetrVG. Zwar hat der Betriebsrat Angelegenheiten, die unter den Mitbestimmungskatalog nach § 87 I Nr. 1–14 BetrVG fallen, zwingend mitzuentscheiden und seine Zustimmung zu erteilen, wenn der Arbeitgeber eine Regelung vorschlägt. Damit ist aber noch keine gleichberechtigte Mitwirkung erreicht, da der Arbeitgeber davon absehen kann, eine Veränderung des bisherigen Zustands einzuleiten.[673] Aus diesem Grund wird dem Betriebsrat ein Initiativrecht zugebilligt. Typische Initiativrechte des Betriebsrats finden sich in den §§ 91, 95 II BetrVG. Danach kann der Betriebsrat angemessene Maßnahmen des Arbeitgebers zur Abwendung, Milderung oder zum Ausgleich der Belastung von Arbeitnehmern durch Änderungen der Arbeitsplätze, des Arbeitsablaufs oder der Arbeitsumgebung verlangen. Ebenso kann der Betriebsrat in Betrieben mit mehr als 500 Arbeitnehmern die Aufstellung von Richtlinien über die personelle Auswahl bei Einstellungen, Versetzungen, Um-

---

672 ErfK/Kania, § 90 BetrVG, Rn. 1
673 Junker, Rn. 704

gruppierungen oder Kündigungen unter der Beachtung fachlicher und persönlicher Voraussetzungen sowie sozialer Gesichtspunkte einfordern. Selbst wenn das Initiativrecht des Betriebsrats für die Ausübung seiner Beteiligungsrechte nicht ausdrücklich, z. B. durch das Wort „verlangen", im Betriebsverfassungsgesetz zum Ausdruck kommt, billigt die Rechtsprechung dem Betriebsrat auch dann ein Initiativrecht zu, wenn Sinn und Zweck der gesetzlichen Regelung ein solches Initiativrecht beinhalten.[674] Ein solches Initiativrecht des Betriebsrats gilt nach Ansicht des Bundesarbeitsgerichts auch für einzelne Mitbestimmungsrechte in § 87 I BetrVG.

744 Während eines Arbeitskampfs sind die Beteiligungsrechte des Betriebsrats eingeschränkt. Direkte Maßnahmen des Arbeitskampfs zwischen Arbeitgeber und Betriebsrat sind nach § 74 II 1 BetrVG unzulässig. Ein rechtmäßiger Arbeitskampf, z. B. der von einer Gewerkschaft durchgeführte Streik, verpflichtet den Betriebsrat zu absoluter Neutralität. Mit Einschränkung bestehen die Beteiligungsrechte des Betriebsrats aber auch während des Arbeitskampfs, so z. B. die Anhörung nach § 102 BetrVG bei einer krankheitsbedingten Kündigung, es sei denn, der Arbeitgeber antwortet auf den Streik mit einer Betriebsstilllegung.

745 d) **Durchsetzung der Beteiligungsrechte.** Die erörterten Beteiligungsrechte dürfen nicht nur durch das Betriebsverfassungsgesetz normiert sein. Ihre Ausübung muss der Betriebsrat gegenüber dem Arbeitgeber auch durchsetzen können. Bei der Durchsetzung von Beteiligungsrechten des Betriebsrats ist einerseits zwischen Rechts- und Regelungsstreitigkeiten und andererseits zwischen Mitbestimmungs- und Mitwirkungsrechten zu unterscheiden.[675]

746 Können sich Arbeitgeber und Betriebsrat bei Rechtsfragen betriebsverfassungsrechtlicher Art nicht einigen, kann die jeweilige Seite, die sich benachteiligt fühlt, das Arbeitsgericht anrufen. Nach §§ 2a I Nr. 1, II, 80 ff. ArbGG entscheidet das Arbeitsgericht im Beschlussverfahren. Wird die Entscheidung des Arbeitsgerichts von der unterlegenen Partei nicht umgesetzt, findet aus rechtskräftigen Beschlüssen nach § 85 I 1 ArbGG gegenüber einem Beteiligten, dem eine Verpflichtung auferlegt worden ist, die Zwangsvollstreckung statt. Konkrete Unterlassungs- und Beseitigungsansprüche ergeben sich für den Betriebsrat aus §§ 23 III, 101 S. 1 BetrVG. Zum einen kann der Betriebsrat bei groben Verstößen des Arbeitgebers gegen seine Verpflichtungen aus dem Betriebsverfassungsgesetz beim Arbeitsgericht beantragen, dem Arbeitgeber aufzugeben, eine Handlung zu unterlassen, die Vornahme einer Handlung zu dulden oder eine Handlung vorzunehmen. Zum anderen kann der Betriebsrat beim Arbeitsgericht beantragen, den Arbeitgeber zu verpflichten, eine personelle Maßnahme aufzuheben, wenn der Arbeitgeber eine personelle Maßnahme ohne Zustimmung des Betriebsrats durchführt.

747 Dagegen handelt es sich um eine Regelungsstreitigkeit, wenn Arbeitgeber und Betriebsrat keine Einigung über eine betriebliche Regelung, so z. B. über die Einführung der Gleitzeit i. S. v. § 87 I Nr. 2 BetrVG, erzielen. Eine endgültige Einigung soll i. S. v. § 76 BetrVG die Einigungsstelle vornehmen. Der schriftliche Beschluss der Einigungsstelle hat die Qualität einer Betriebsvereinbarung. Handelt es sich beim Regelungsstreit um eine Streitigkeit über eine freiwillige Betriebsvereinbarung nach § 88 BetrVG, können sich Arbeitgeber und Betriebsrat im Fall einer freiwilligen Betriebsvereinbarung allerdings nach § 76 VI BetrVG nur gemeinsam an die Einigungsstelle wenden. Arbeitgeber und Betriebsrat müssen somit jeder für sich den Antrag gegenüber der Einigungsstelle stellen, eine Einigung herbeizuführen; beide Parteien müssen mit der Aufnahme der Tätigkeit durch die Einigungsstelle einverstanden sein. Der Einigungsstelle kommt ins-

---

674 Vgl. BAGE 51, 187, 193 = AP Nr. 3 zu § 87 BetrVG 1972, Kurzarbeit
675 Vgl. Junker, Rn. 707

gesamt die Funktion einer innerbetrieblichen Schlichtungsstelle zu.[676] Die Entscheidung der Einigungsstelle schließt die Möglichkeit, das Arbeitsgericht anzurufen, nicht aus, soweit nach anderen Vorschriften der Rechtsweg möglich ist. Durch Tarifvertrag kann nach § 76 VIII BetrVG bestimmt werden, dass an die Stelle der Einigungsstelle eine tarifliche Schlichtungsstelle tritt.

748 **e) Betriebsvereinbarung.** In § 77 BetrVG ist die Betriebsvereinbarung geregelt. Die Betriebsvereinbarung ist ein Vertrag, der schriftlich zwischen Arbeitgeber und Betriebsrat im Rahmen ihrer Zuständigkeit zur Festsetzung von Rechtsnormen über den Inhalt, den Abschluss und die Beendigung von Arbeitsverhältnissen sowie über betriebliche und betriebsverfassungsrechtliche Fragen abgeschlossen wird.[677] Nach § 77 II 1 BetrVG sind Betriebsvereinbarungen vom Betriebsrat und Arbeitgeber gemeinsam zu beschließen und schriftlich abzufassen; sie sind von beiden Seiten zu unterzeichnen. Dies gilt nur dann nicht, soweit Betriebsvereinbarungen auf einem Spruch der Einigungsstelle beruhen. Erfolgt der Abschluss der Betriebsvereinbarung in elektronischer Form, so müssen Betriebsrat und Arbeitgeber in Abweichung zu § 126a II BGB dasselbe Dokument elektronisch signieren. Der Arbeitgeber ist verpflichtet, die Betriebsvereinbarungen an geeigneter Stelle im Betrieb auszulegen. Arbeitgeber und Betriebsrat können Betriebsvereinbarungen über alle Sachgebiete treffen, die in den Aufgabenbereich des Betriebsrats fallen. Dabei ist zwischen erzwingbaren Betriebsvereinbarungen, z. B. bei Regelungen über den Mitbestimmungskatalog des Betriebsrats in sozialen Angelegenheiten nach § 87 I BetrVG, und freiwilligen Betriebsvereinbarungen nach § 88 BetrVG zu unterscheiden.[678] Nach § 77 IV 1 BetrVG gelten Betriebsvereinbarungen unmittelbar und zwingend. Sie haben Rechtsnormcharakter.

749 Die Betriebsvereinbarung wird zwischen Arbeitgeber und Arbeitnehmer nach den Vorschriften des Bürgerlichen Gesetzbuches über den Vertragsabschluss festlegen. Vorformulierte Vertragsbedingungen, die eine Vertragspartei der anderen Vertragspartei bei Abschluss einer Betriebsvereinbarung i. S. v. §§ 305 ff. BGB stellt, sind nach § 310 IV BGB unwirksam. Eine Betriebsvereinbarung kann nach § 134 BGB auch nichtig sein, wenn sie gegen ein Gesetz, z. B. gegen das Bundesurlaubsgesetz, verstößt oder wenn sie das sog. Günstigkeitsprinzip verletzt,[679] insbesondere aber Regeln des Tarifvertrags. Eine solche Betriebsvereinbarung ist dann nichtig. Auch eine Anfechtung der Betriebsvereinbarung, ob durch Irrtum oder wegen arglistiger Täuschung, führt zur Nichtigkeit der Betriebsvereinbarung.

750 **aa) Inhalt der Betriebsvereinbarung.** In § 77 BetrVG sind inhaltliche Regelungen einer Betriebsvereinbarung nicht formuliert. Ausgeschlossen ist eine Betriebsvereinbarung nach § 77 III BetrVG über Arbeitsentgelte und sonstige Arbeitsbedingungen, die durch Tarifvertrag geregelt sind oder üblicherweise geregelt werden. Betriebsvereinbarungen können aber über den Inhalt von Arbeitsverhältnissen, die Verfassung des Betriebs oder den Abschluss von Arbeitsverträgen Vorschriften enthalten. Zu beachten ist dabei das vorrangige Tarifvertragsrecht. Die Rechtsprechung billigt Arbeitgeber wie Betriebsrat eine umfassende Kompetenz zu, auch außerhalb der Mitbestimmungstatbestände des Betriebsverfassungsgesetzes durch freiwillige Betriebsvereinbarungen Regelungen zu treffen, welche die Arbeitnehmer nicht nur begünstigen, sondern im Einzelfall auch belasten können.[680] Allerdings regeln Betriebsvereinbarungen üblicherweise nur die Arbeitsbedingungen im Einzelnen Betrieb.

---

676 Vgl. von Hoyningen-Huene, § 6 Rn. 59; GK-BetrVG/Kreutz, § 76 Rn. 5
677 Michalski/Westerhoff, Rn. 1081; GK-BetrVG/Kreutz, § 77 Rn. 6
678 Dazu Thüsing, Rn. 905, 907
679 Zum kollektiven Günstigkeitsprinzip siehe: ErfK/Kania, § 77 BetrVG, Rn. 70 ff.
680 Vgl. BAG AP Nr. 94 zu § 77 BetrVG = NZA 2007, 453

Eine wichtige Schranke der Betriebsvereinbarung ist das außerbetriebliche Verhalten des **751** Arbeitnehmers. So ist z. B. eine Betriebsvereinbarung über die Freizeitgestaltung der Arbeitnehmer unwirksam.[681] Die Überprüfung der Rechtmäßigkeit einer Betriebsvereinbarung kann zum einen im Rahmen eines arbeitsrechtlichen Beschlussverfahrens nach § 2a I Nr. 1 ArbGG überprüft werden. Zum anderen ist bei der Betriebsvereinbarung darauf zu achten, dass sie nicht mit einer Regelungssperre, gesetzlich z. B. normiert in § 77 III 1 BetrVG, kollidiert. So können Gegenstand einer Betriebsvereinbarung nicht Regelungen über Arbeitsentgelte oder sonstige Arbeitsbedingungen sein, die durch Tarifvertrag geregelt sind oder üblicherweise geregelt werden. Ein solcher Schutz der Tarifautonomie wird als Tarifvorbehalt bezeichnet.[682] Der Tarifvorbehalt umfasst Regelungen über Arbeitsentgelte und sonstige Arbeitsbedingungen. Dabei ist gleichgültig, ob diese Sachgebiete vom Mitbestimmungsrecht des Betriebsrats umfasst sind oder nicht.[683] In § 87 I BetrVG ist ebenfalls ein Tarifvorbehalt normiert. Danach entfällt das Mitbestimmungsrecht des Betriebsrats, soweit eine tarifliche Regelung besteht.

Auch auf den Arbeitsvertrag kann der Inhalt einer Betriebsvereinbarung Auswirkungen **752** haben. Grundsätzlich gilt das Günstigkeitsprinzip. Das bedeutet, dass in Betriebsvereinbarungen grds. nur Regelungen getroffen werden dürfen, welche sich im Hinblick auf den Arbeitsvertrag für den einzelnen Arbeitnehmer günstiger auswirken. Ausnahmen zum Günstigkeitsprinzip sind in 77 IV 4 BetrVG geregelt. Zum einen ist es durch eine Betriebsvereinbarung möglich, Ausschlussfristen für die durch Betriebsvereinbarung den Arbeitnehmern zugestandenen Rechte einzuführen; zum anderen können Verjährungsfristen verkürzt werden.

bb) Geltungsbereich. Der Geltungsbereich einer Betriebsvereinbarung umfasst die **753** räumliche, die persönliche sowie die zeitliche Geltung. Die mit dem Betriebsrat abgeschlossene Betriebsvereinbarung gilt nur für den Betrieb, für den sie geschlossen worden ist. Sie gilt auch für Filialen des Betriebs, evtl. für rechtlich selbstständige Niederlassungen. Keine Geltung hat die Betriebsvereinbarung bei einer Unternehmensgruppe für selbstständige Tochtergesellschaften im In- und Ausland sowie für am Betrieb beteiligte Unternehmen. Persönlich betroffen sind von einer Betriebsvereinbarung i. S. v. § 5 I BetrVG alle Arbeitnehmer des Betriebs einschließlich der zu ihrer Berufsausbildung Beschäftigten sowie die in Heimarbeit Beschäftigten, die in der Hauptsache für den Betrieb arbeiten.

Betriebsvereinbarungen werden üblicherweise für einen bestimmten Zeitraum abge- **754** schlossen. Sie gelten auch für Arbeitnehmer, die erst nach Abschluss der Betriebsvereinbarungen ihre Arbeitstätigkeit im Betrieb aufnehmen. Eine Betriebsvereinbarung endet entweder durch Zeitablauf, durch Aufhebung oder durch eine neue Betriebsvereinbarung. Sie kann nach § 77 V BetrVG, soweit nichts anderes vereinbart ist, mit einer Frist von drei Monaten gekündigt werden. Sie endet auch durch Zweckerreichung, durch eine Regelung im Tarifvertrag als höherrangiges Recht sowie bei Beendigung des Betriebs. Dagegen wird der Bestand einer Betriebsvereinbarung weder durch den Wechsel des Betriebsrats, noch durch Änderungen innerhalb der Belegschaft und auch nicht durch den Wechsel des Arbeitgebers, z. B. bei Änderung der Rechtsform des Unternehmens, sofern die Identität des Betriebs erhalten bleibt, berührt.[684]

In § 77 VI BetrVG ist eine Nachwirkung der Betriebsvereinbarung geregelt. Die Nach- **755** wirkung kann durch den Betriebsrat vor der Einigungsstelle erzwungen werden. Die

---

681 Vgl. BAGE 95, 221, 228 = AP Nr. 16 zu § 87 BetrVG 1972 m. Anm. von Hoyningen-Huene
682 Vgl. Richardi/Richardi, BetrVG § 77 Rn. 246
683 Vgl. BAGE 67, 377, 383 = AP Nr. 1 zu § 77 BetrVG 1972, Tarifvorbehalt
684 Vgl. Michalski/Westerhoff, Rn. 1100

Betriebsparteien haben allerdings die Möglichkeit, die Nachwirkung der Betriebsvereinbarung vertraglich auszuschließen.[685] Auf freiwillige Betriebsvereinbarungen ist § 77 VI BetrVG nicht anwendbar.[686] Denkbar ist innerhalb einer Betriebsvereinbarung auch eine Rückwirkung zu Lasten der Arbeitnehmer, so z. B. bei einer Betriebsvereinbarung über die Reduzierung der Ansprüche aus einer betrieblichen Altersversorgung.[687]

756 Betriebsvereinbarungen dürfen nicht gegen zwingende Gesetze verstoßen. Das gilt ebenso gegenüber den Grundrechten. Denn die Betriebsparteien haben beim Abschluss von Betriebsvereinbarungen die in § 75 I BetrVG verankerten Grundsätze von Recht und Billigkeit zu beachten, insbesondere den betriebsverfassungsrechtlichen Gleichbehandlungsgrundsatz, der sich auf den allgemeinen Gleichbehandlungsgrundsatz nach Art. 3 GG bezieht.[688]

757 **f) Betriebsabsprache.** Arbeitgeber und Betriebsrat können mitbestimmungspflichtige Sachverhalte auch durch eine Betriebsabsprache regeln. Die Betriebsabsprache ist im Betriebsverfassungsgesetz nicht geregelt. Sie ist formlos gültig. Somit reichen eine mündliche Abrede oder sogar konkludentes Verhalten für eine Betriebsabsprache aus. Bei der Betriebsabsprache handelt es sich nur um eine schuldrechtliche Verpflichtung; eine normative Regelung ist im Gegensatz zur Betriebsvereinbarung bei der Betriebsabsprache nicht vorgesehen. Betriebsabsprachen haben keine direkte Auswirkung auf die Arbeitsverhältnisse der einzelnen Arbeitnehmer; ihre Verpflichtungen ergeben sich nur zwischen dem Arbeitgeber und dem Betriebsrat. Die Sperrwirkung des § 77 III 1 BetrVG gilt nicht für die Betriebsabsprache, da sie keinen normativen Charakter hat.[689] Nach Ansicht des Bundesarbeitsgerichts schränkt § 77 III 1 BetrVG zum Schutz der Tarifautonomie die konkurrierenden Normsetzungsbefugnis auf betrieblicher Ebene ein.[690]

758 In einer Betriebsabsprache können Arbeitgeber und Betriebsrat z. B. vereinbaren, dass die Arbeitnehmer am Tag des Endspiels der Fußballweltmeisterschaft in Katar im Jahr 2022 zwei Stunden weniger arbeiten müssen, damit sie die Live-Übertragung des gesamten Fußballspiels am Fernsehapparat verfolgen können. Nach § 87 I Nr. 2 BetrVG hat der Betriebsrat ein Mitbestimmungsrecht über den Beginn und das Ende der täglichen Arbeitszeit. In einer Betriebsabsprache können Arbeitgeber und Betriebsrat somit die Verkürzung der Arbeitszeit an einem bestimmten Tag für wenige Stunden, wie im obigen Beispiel dargestellt, vereinbaren. Eine solche Vereinbarung enthält keinen normativen Charakter. Es handelt sich um eine typische Betriebsabsprache. Betriebsabsprachen können auch über organisatorische Fragen der Betriebsverfassung, z. B. die Zeit und den Ort der Sprechstunde, über freiwillige Abreden bei sozialen Angelegenheiten i. S. v. § 88 BetrVG oder, wenn Betriebsvereinbarungen aufgrund des Tarifvorbehalts nach § 77 III 1 BetrVG nicht möglich sind, erfolgen. Betriebsabsprachen sind in letzterem Fall deshalb möglich, weil sie wiederum keinen normativen Charakter haben, die die Regelungen des Tarifvertrags beeinträchtigen können.

III. Mitbestimmung für leitende Angestellte

1. Grundlagen

759 In § 5 III BetrVG ist geregelt, dass das Betriebsverfassungsgesetz, soweit in ihm nicht ausdrücklich etwas anderes bestimmt ist, keine Anwendung auf leitende Angestellte

---

685 Vgl. BAG NZA 1995, 1010, 1012
686 Vgl. BAG AP Nr. 5 zu §§ 77 BetrVG 1972 = DB 1982, 2301; Richardi/Richardi, § 77 BetrVG Rn. 177
687 Vgl. dazu BAG NZA 2004, 98, 101
688 Vgl. BAG NZA 2005, 773, 774
689 Vgl. Dütz/Thüsing, Rn. 825a
690 Vgl. BAG NZA 1999, 887, 888

findet. Leitende Angestellte sind nach § 5 III BetrVG, wer nach Arbeitsvertrag und Stellung im Unternehmen oder im Betrieb:
Nr. 1 zur selbstständigen Einstellung und Entlassung von im Betrieb oder in der Betriebsabteilung beschäftigten Arbeitnehmern berechtigt oder
Nr. 2 Generalvollmacht oder Prokura hat und die Prokura auch im Verhältnis zum Arbeitgeber nicht unbedeutend ist oder
Nr. 3 regelmäßig sonstige Aufgaben wahrnimmt, die für den Bestand und die Entwicklung des Unternehmens oder eines Betriebs von Bedeutung sind und deren Erfüllung besondere Erfahrung und Kenntnisse voraussetzt, wenn er dabei entweder die Entscheidungen im Wesentlichen frei von Weisungen trifft oder sie maßgeblich beeinflusst; dies kann auch bei Vorgaben insbesondere aufgrund von Rechtsvorschriften, Plänen oder Richtlinien sowie bei Zusammenarbeit mit anderen leitenden Angestellten gegeben sein.

760 Insofern schließt § 5 III BetrVG leitende Angestellte bis auf wenige im Gesetz normierte Ausnahmen von der Mitbestimmung im Betrieb und Unternehmen aus. Diese Regelungslücke hat das Gesetz über Sprecherausschüsse der leitenden Angestellten (SprAuG) aus dem Jahr 1989 geschlossen.

761 Das Gesetz über Sprecherausschüsse der leitenden Angestellten gibt den leitenden Angestellten im Betrieb eine eigene gesetzliche Interessenvertretung; damit soll der besonderen Rolle dieser Gruppe von Angestellten im Betrieb und der Tatsache Rechnung getragen werden, dass sich in der Vergangenheit schon viele solcher Ausschüsse auf freiwilliger Grundlage gebildet hatten.[691] Denn der Schutz des Betriebsverfassungsgesetzes sollte der Arbeitnehmerseite vorbehalten bleiben; leitende Angestellte wurden aufgrund ihrer Tätigkeit und ihrer Nähe zum Unternehmer zur Arbeitgeberseite gezählt. Das Gesetz über Sprecherausschüsse orientiert sich weitestgehend am Betriebsverfassungsgesetz. Es gilt nach § 1 I SprAuG in Betrieben mit in der Regel mindestens zehn leitenden Angestellten. Nach § 1 III SprAuG findet dieses Gesetz keine Anwendung auf Verwaltungen und Betriebe des Bundes, der Länder, der Gemeinden und sonstiger Körperschaften, Anstalten und Stiftungen des öffentlichen Rechts sowie Religionsgemeinschaften und ihre karitativen sowie erzieherischen Einrichtungen.

2. Sprecherausschuss

762 Der Sprecherausschuss arbeitet nach § 2 I SprAuG mit dem Arbeitgeber vertrauensvoll unter Beachtung der geltenden Tarifverträge zum Wohl der leitenden Angestellten und des Betriebs zusammen. Der Arbeitgeber hat vor Abschluss einer Betriebsvereinbarung oder sonstigen Vereinbarungen mit dem Betriebsrat, die die rechtlichen Interessen der leitenden Angestellten berühren, den Sprecherausschuss rechtzeitig anzuhören. Nach § 2 SprAuG kann der Sprecherausschuss dem Betriebsrat oder Mitgliedern des Betriebsrats das Recht einräumen, an Sitzungen des Sprecherausschusses teilzunehmen. Umgekehrt kann der Betriebsrat dem Sprecherausschuss oder Mitgliedern des Sprecherausschusses das Recht einräumen, an Sitzungen des Betriebsrats teilzunehmen. Einmal im Kalenderjahr soll eine gemeinsame Sitzung des Sprecherausschusses und des Betriebsrats stattfinden.

763 Nach § 2 III SprAuG dürfen die Mitglieder des Sprecherausschusses in der Ausübung ihrer Tätigkeit nicht gestört oder behindert werden. Sie dürfen wegen ihrer Tätigkeit nicht benachteiligt oder begünstigt werden; dies gilt auch für ihre berufliche Entwicklung.

---

691 Vgl. Richardi/Bayreuther, § 25, Rn. 28

3. Errichtung, Organisation und Geschäftsführung

764 In Betrieben mit in der Regel mindestens zehn leitenden Angestellten werden nach § 1 I SprAuG Sprecherausschüsse der leitenden Angestellten gewählt. Wahlberechtigt sind nach § 3 I SprAuG alle leitenden Angestellten des Betriebs. Wählbar sind nach § 3 II 1 SprAuG alle leitenden Angestellten, die mindestens sechs Monate dem Betrieb angehören. Auf die sechsmonatige Betriebszugehörigkeit werden Zeiten angerechnet, in denen der leitende Angestellte unmittelbar vorher einem anderen Betrieb desselben Unternehmens oder Konzerns als Beschäftigter angehört hat. Nicht wählbar ist, wer:
- aufgrund allgemeinen Auftrags des Arbeitgebers Verhandlungspartner des Sprecherausschusses ist,
- nicht Aufsichtsratsmitglied der Arbeitnehmer nach § 6 II 1 MitbestG i. V. m. § 105 I AktG sein kann oder
- in Folge strafgerichtlicher Verurteilung die Fähigkeit, Rechte aus öffentlichen Wahlen zu erlangen, nicht besitzt.

765 Die Zahl der Sprecherausschussmitglieder in einem Betrieb wird in § 4 SprAuG geregelt. Nach § 5 I SprAuG ist der Zeitpunkt der Wahlen und die Amtszeit der Sprecherausschüsse mit den Wahlen und der Amtszeit von Betriebsräten vergleichbar. Ebenfalls beträgt die regelmäßige Amtszeit des Sprecherausschusses nach § 5 IV 1 SprAuG vier Jahre. Der Sprecherausschuss wird in geheimer und unmittelbarer Wahl gewählt.

766 Die Organisation des Sprecherausschusses, Vertretung und Geschäftsführung, ist in den §§ 11 ff. SprAuG geregelt. Die Organisation des Sprecherausschusses ist vergleichbar zur Organisation des Betriebsrats i. S. d. Betriebsverfassungsgesetzes. Danach wählt der Sprecherausschuss gem. § 11 I SprAuG aus seiner Mitte den Vorsitzenden und dessen Stellvertreter. Der Vorsitzende beruft den Sprecherausschuss unter Angabe einer Tagesordnung rechtzeitig ein. Der Vorsitzende des Sprecherausschusses hat nach § 12 III SprAuG auch dann eine Sitzung einzuberufen und den Gegenstand, dessen Beratung beantragt ist, auf die Tagesordnung zu setzen, wenn dies ein Drittel der Mitglieder des Sprecherausschusses oder der Arbeitgeber beantragen. Der Arbeitgeber nimmt an den Sitzungen, die auf sein Verlangen anberaumt sind, und an den Sitzungen, zu denen er ausdrücklich eingeladen ist, teil. Die Sitzungen finden gemäß § 12 V SprAuG üblicherweise während der Arbeitszeit als Präsenzsitzung statt. Gemäß § 12 VI SprAuG kann unter bestimmten Voraussetzungen aber auch die Teilnahme mittels Video- und Telefonkonferenz erfolgen. Eine Aufzeichnung der Sitzung ist aber unzulässig.

767 Der Sprecherausschuss handelt durch Beschluss. Ein Beschluss des Sprecherausschusses wird gemäß § 13 I SprAuG mit der Mehrheit der Stimmen der anwesenden Mitglieder gefasst. Bei Stimmengleichheit ist ein Antrag abgelehnt. Ebenso wie beim Betriebsrat gem. § 33 II BetrVG ist der Sprecherausschuss nach § 13 II SprAuG nur beschlussfähig, wenn mindestens die Hälfte seiner Mitglieder an der Beschlussfassung teilnimmt. Stellvertretung durch Ersatzmitglieder ist zulässig. Nach § 13 III SprAuG ist über jede Verhandlung des Sprecherausschusses eine Niederschrift anzufertigen, die mindestens den Wortlaut der Beschlüsse und die Stimmenmehrheit, mit der sie gefasst sind, enthält. Soweit ein Mitglied mittels Video- oder Telefonkonferenz an der Sitzung teilnimmt, so hat es seine Teilnahme gegenüber dem Vorsitzenden in Textform zu bestätigen. Die Bestätigung wird sodann der Niederschrift beigefügt. Zur Wahrnehmung ihrer Aufgaben sind die Mitglieder des Sprecherausschusses nach § 14 I SprAuG von ihrer beruflichen Tätigkeit ohne Minderung des Arbeitsentgelts zu befreien, wenn und soweit es nach Umfang und Art des Betriebs zur ordnungsgemäßen Durchführung ihrer Aufgaben erforderlich ist. Die durch die Tätigkeit des Sprecherausschusses entstehenden Kosten trägt der Arbeitgeber. Außerdem hat der Arbeitgeber für die Sitzungen und die laufende Geschäftsführung in erforderlichem Umfang Räume, sachliche Mittel und Büropersonal zur Verfügung zu stellen.

Einmal pro Kalenderjahr soll der Sprecherausschuss nach § 15 SprAuG eine Versammlung der leitenden Angestellten einberufen und dort einen Tätigkeitsbericht erstatten. Auch auf Antrag des Arbeitgebers oder eines Viertels der leitenden Angestellten hat der Sprecherausschuss eine Versammlung der leitenden Angestellten einzuberufen und den beantragten Beratungsgegenstand auf die Tagesordnung zu setzen. Die Versammlung der leitenden Angestellten findet üblicherweise während der Arbeitszeit statt; sie ist nicht öffentlich. Geleitet wird sie vom Vorsitzenden des Sprecherausschusses. Nach § 15 III SprAuG ist der Arbeitgeber zu der Versammlung der leitenden Angestellten unter Mitteilung der Tagesordnung einzuladen. Der Arbeitgeber ist berechtigt, in der Versammlung zu sprechen, insbesondere, um über die wirtschaftliche Lage und der Entwicklung des Betriebs zu berichten. **768**

4. Aufgaben und Beteiligungsrechte

Der Sprecherausschuss hat folgende Aufgaben und Pflichten wahrzunehmen: **769**
- Vertrauensvolle Zusammenarbeit mit dem Arbeitgeber nach § 2 I 1 SprAuG;
- Zusammenarbeit mit dem Betriebsrat nach § 2 II SprAuG;
- Einwirkung auf leitende Angestellte zur Einhaltung der absoluten Friedenspflicht nach § 2 IV SprAuG;
- Unterstützung von leitenden Angestellten bei der Wahrnehmung ihrer Belange gegenüber dem Arbeitgeber gem. § 26 I SprAuG;
- Überwachungspflicht gegenüber allen leitenden Angestellten des Betriebs, dass diese nach den Grundsätzen von Recht und Billigkeit behandelt werden, insbesondere, dass jede Benachteiligung von Personen aus Gründen ihrer Rasse oder wegen ihrer ethnischen Herkunft, ihrer Abstammung oder sonstigen Herkunft, ihrer Nationalität, ihrer Religion oder Weltanschauung, ihrer Behinderung, ihres Alters, ihrer politischen oder gewerkschaftlichen Betätigung oder Einstellung, wegen ihres Geschlechts oder wegen ihrer sexuellen Identität gem. § 27 I SprAuG unterbleibt;
- Geheimhaltungspflicht über Betriebs- oder Geschäftsgeheimnisse, die den Mitgliedern wegen ihrer Zugehörigkeit zum Sprecherausschuss bekannt und vom Arbeitgeber ausdrücklich als geheimhaltungsbedürftig bezeichnet worden sind i. S. v. § 29 I SprAuG.

Aus den §§ 30–32 SprAuG ergeben sich die Mitwirkungsrechte für den Sprecherausschuss, z. B. **770**
- Unterrichts- und Beratungsrecht über die Änderung der Gehaltsgestaltung und sonstiger allgemeiner Arbeitsbedingungen sowie über die Einführung oder Änderung allgemeiner Beurteilungsgrundsätze nach § 30 SprAuG;
- Unterrichtungsrecht über eine beabsichtigte Einstellung oder personelle Veränderung eines leitenden Angestellten gem. § 31 I SprAuG;
- Anhörungsrecht vor jeder Kündigung eines leitenden Angestellten nach § 31 II SprAuG;
- Informationsrecht über die wirtschaftlichen Angelegenheiten des Betriebs und des Unternehmens vom Arbeitgeber mindestens einmal im Kalenderhalbjahr gem. § 32 I SprAuG;
- Informations- und Beratungsrecht bei geplanten Betriebsänderungen i. S. v. § 111 S. 3 Nr. 1–5 BetrVG.

5. Rechtsstellung der Sprecherausschussmitglieder

Nach § 2 III SprAuG dürfen die Mitglieder des Sprecherausschusses in der Ausübung ihrer Tätigkeit weder gestört noch behindert werden. Sie dürfen wegen ihrer Tätigkeit **771** außerdem nicht benachteiligt oder begünstigt werden; dies gilt auch für ihre berufliche Entwicklung. Die Mitglieder des Sprecherausschusses sind nach § 14 I SprAuG von ihrer beruflichen Tätigkeit ohne Minderung des Arbeitsentgelts zu befreien, wenn und insoweit es nach Umfang und Art des Betriebs zur ordnungsgemäßen Durchführung ihrer Aufgaben erforderlich ist. Im Gegensatz zu Mitgliedern des Betriebsrats nach § 15 KSchG, § 103 BetrVG besteht für Mitglieder des Sprecherausschusses kein absolutes Kündigungsverbot während ihrer Mitwirkung im Sprecherausschuss. In § 9 SprAuG sind das Erlöschen der Mitgliedschaft, der Ausschluss von Mitgliedern oder die Auflösung des Sprecherausschusses geregelt.

6. Zusammenwirken mit dem Betriebsrat

772 Sprecherausschuss und Betriebsrat sollen als Repräsentanten der Arbeitnehmer möglichst in Abstimmung zusammenwirken. Dazu dient § 2 II SprAuG. Danach kann der Sprecherausschuss dem Betriebsrat oder Mitgliedern des Betriebsrats das Recht einräumen, an Sitzungen des Sprecherausschusses teilzunehmen. Dasselbe kann der Betriebsrat tun: er kann dem Sprecherausschuss oder Mitgliedern des Sprecherausschusses das Recht einräumen, an Sitzungen des Betriebsrats teilzunehmen. Außerdem soll einmal im Kalenderjahr eine gemeinsame Sitzung des Sprecherausschusses und des Betriebsrats stattfinden. In solchen Sitzungen kann das Verhalten und die Vorgehensweise gegenüber dem Arbeitgeber abgestimmt werden. Außerdem hat der Arbeitgeber nach § 2 I 2 SprAuG vor Abschluss einer Betriebsvereinbarung oder sonstigen Vereinbarungen mit dem Betriebsrat, welche rechtliche Interessen der leitenden Angestellten berühren, den Sprecherausschuss rechtzeitig anzuhören. Der Betriebsrat kann seinerseits dem Sprecherausschuss seine Sichtweise vor dem Abschluss einer Betriebsvereinbarung erläutern.

IV. Personalvertretungsrecht

Schrifttum: *Altvater/Peiseler*, Bundespersonalvertretungsrecht, 5. Aufl., 2009; *Conze*, Zur aktuellen Rechtsprechung des BVerwG zum Personalvertretungsrecht, öAT 2020, 246; *Dannhäuser*, Die Mitbestimmung der Personalvertretung bei der Vergabe öffentlicher Ämter im Spiegel der Rechtsprechung des Bundesverwaltungsgerichts, PersV 1989, 49; *Grabendorff/Windscheid/Ilbertz/Widmaier*, BPersVG, 11. Aufl., 2008; *Ilbertz*, 30 Jahre Personalvertretungsrecht des Bundes, ZBR 1984, 181; *ders.*, Personalvertretungsrecht des Bundes und der Länder: Mit Wahlordnung, 14. Aufl. 2007; *Kosseus*, Die strukturellen Unterschiede der betrieblichen Interessenvertretung nach dem Bundespersonalvertretungsgesetz und dem Betriebsverfassungsgesetz, RdA 1996, 2; *Müller*, Ein Recht auf Home-Office?, öAT 2021, 45; *Müller/Preis*, Arbeitsrecht im öffentlichen Dienst, 7. Aufl., 2009; *Schinkel*, Die Entwicklung des Personalvertretungsrechts, NZA 1986, 314; NZA 1987, 692; *Söllner/ Reinert*, Personalvertretungsrecht, 2. Aufl., 1993; *Wolf*, Personalvertretungsrecht des Bundes: Rechtssicherheit für Personalräte und Personalverantwortliche, 3. Aufl., 2009.

1. Grundlagen

773 Für Personalvertretungen in den Verwaltungen des Bundes oder der bundesunmittelbaren Körperschaften, der Anstalten und Stiftungen des öffentlichen Rechts sowie in den Gerichten des Bundes gilt das Bundespersonalvertretungsgesetz (BPersVG). Daneben bestehen auf Länderebene eigene Personalvertretungsgesetze. Denn nach § 130 BetrVG ist das Betriebsverfassungsgesetz auf den öffentlichen Dienst, d. h. Verwaltungen und Betriebe des Bundes, der Länder, der Gemeinden und sonstiger Körperschaften, Anstalten und Stiftungen des öffentlichen Rechts nicht anwendbar. Allerdings lehnt sich das Bundespersonalvertretungsgesetz sehr eng an das Betriebsverfassungsgesetz an.

2. Personalrat

774 So sind z. B. nach § 12 BPersVG in allen Dienststellen, die in der Regel mindestens fünf Wahlberechtigte beschäftigen, von denen drei wählbar sind, Personalräte zu bilden. Die Wahl und die Zusammensetzung des Personalrats ergeben sich aus §§ 13–25 BPersVG.

Eine Besonderheit ergibt sich für die Personalvertretung bei den Wahlvorschriften nach § 19 BPersVG. Nach § 19 II BPersVG wählen die Beamten und Arbeitnehmer des öffentlichen Dienstes, d. h. deren Arbeiter und Angestellte, ihre Vertreter in getrennten Wahlgängen. Denn nach § 17 BPersVG müssen von den verschiedenen Gruppen, Beamten und Arbeitnehmern des öffentlichen Dienstes, aus jeder einzelnen Gruppe entsprechend ihrer Stärke Mitglieder im Personalrat vertreten sein, wenn diese aus mindestens drei Mitgliedern besteht. Bei gleicher Stärke der Gruppen entscheidet das Los. Nach §§ 12, 53, 55 BPersVG werden für Dienststellen Personalräte, im Geschäftsbereich mehrstufiger Verwaltungen bei den Behörden der Mittelstufe Bezirkspersonalräte sowie neben den einzelnen Personalräten ein Gesamtpersonalrat gebildet. Nach § 26 BPersVG beträgt die regelmäßige Amtszeit des Personalrats vier Jahre.

3. Errichtung, Organisation und Geschäftsführung

Errichtung, Organisation und Geschäftsführung des Personalrates sind in den §§ 32 ff. BPersVG geregelt. In den §§ 46, 47 BPersVG ist die Rechtsstellung der Mitglieder des Personalrats normiert. Die Mitglieder des Personalrats führen ihr Amt unentgeltlich als Ehrenamt. Versäumnis von Arbeitszeit, die zur ordnungsgemäßen Durchführung der Aufgaben des Personalrats erforderlich ist, hat keine Minderung der Dienstbezüge oder des Arbeitsentgelts zur Folge. Werden Personalratsmitglieder durch die Erfüllung ihrer Aufgaben über die regelmäßige Arbeitszeit hinaus beansprucht, so ist ihnen Dienstbefreiung in entsprechendem Umfang zu gewähren. Mitglieder des Personalrats sind von ihrer dienstlichen Tätigkeit freizustellen, wenn und soweit es nach Umfang und Art der Dienststelle zur ordnungsgemäßen Durchführung ihrer Aufgaben erforderlich ist. Aus § 46 IV BPersVG ergibt sich die Anzahl der Mitglieder, welche ab einer Mindestbeschäftigtenanzahl von ihrer dienstlichen Tätigkeit in ihren Dienststellen vollkommen freizustellen sind.

Eine Besonderheit zum Betriebsverfassungsrecht bildet § 38 BPersVG. Danach soll zwar über die gemeinsamen Angelegenheiten der Beamten und Arbeitnehmer vom Personalrat gemeinsam beraten und beschlossen werden. In Angelegenheiten, die aber lediglich die Angehörigen einer Gruppe betreffen, sind nach gemeinsamer Beratung im Personalrat nur die Vertreter dieser Gruppe zur Beschlussfassung berufen. Dasselbe gilt für Angelegenheiten, die lediglich die Angehörigen zweier Gruppen betreffen, so z. B. die Arbeiter und Angestellten im öffentlichen Dienst.

4. Personalversammlung

Nach § 49 BPersVG hat der Personalrat einmal in jedem Kalenderhalbjahr in einer Personalversammlung einen Tätigkeitsbericht zu erstatten. Die Personalversammlung besteht aus den Beschäftigten der Dienststelle. Sie wird vom Vorsitzenden des Personalrats geleitet und ist nicht öffentlich. Für den Geschäftsbereich mehrstufiger Verwaltungen werden bei den Behörden der Mittelstufe nach § 53 BPersVG Bezirkspersonalräte, bei den obersten Dienstbehörden Hauptpersonalräte gebildet. Aus § 68 I BPersVG ergeben sich für die Personalvertretung folgende allgemeine Aufgaben:

Nr. 1 Maßnahmen, die der Dienststelle und ihren Angehörigen dienen, zu beantragen;
Nr. 2 darüber zu wachen, dass die zugunsten der Beschäftigten geltenden Gesetze, Verordnungen, Tarifverträge, Dienstvereinbarungen und Verwaltungsanordnungen durchgeführt werden;
Nr. 3 Anregungen und Beschwerden von Beschäftigten entgegenzunehmen und, falls sie berechtigt erscheinen, durch Verhandlung mit dem Leiter der Dienststelle auf ihre Erledigung hinzuwirken;
Nr. 4 die Eingliederung und berufliche Entwicklung Schwerbeschädigter und sonstiger Schutzbedürftiger, insbesondere älterer Personen, zu fördern;
Nr. 5 Maßnahmen zur beruflichen Förderung Schwerbeschädigter zu beantragen,

Nr. 5a die Durchsetzung der tatsächlichen Gleichberechtigung von Frauen und Männern, insbesondere bei der Einstellung, Beschäftigung, Aus-, Fort- und Weiterbildung und den beruflichen Aufstieg zu fördern;
Nr. 6 die Eingliederung ausländischer Beschäftigter in die Dienststelle und das Verständnis zwischen ihnen und den deutschen Beschäftigten zu fördern;
Nr. 7 mit der Jugend- und Auszubildendenvertretung zur Förderung der Belange der in § 57 BPersVG genannten Beschäftigten eng zusammenzuarbeiten.

778 Erforderlich ist, dass die Personalvertretung zur Durchführung ihrer Aufgaben rechtzeitig und umfassend vom Dienstherrn unterrichtet wird. Ihr sind hierfür erforderliche Unterlagen vorzulegen. Personalakten dürfen allerdings nur mit Zustimmung des Beschäftigten und nur von den von ihm bestimmten Mitgliedern des Personalrats eingesehen werden. Auch im Personalvertretungsrecht bestehen Unterrichtungs-, Anhörungs- und Beratungsrechte. Diese bestehen z. B. bei
- der Unterrichtung der Personalvertretung zur Durchführung ihrer üblichen Aufgaben nach § 68 II BPersVG;
- der Anhörung des Personalrats vor Weiterleitung von Personalanforderungen zum Haushaltsvorschlag gem. § 78 III BPersVG;
- Prüfungen, die eine Dienststelle von den Beschäftigten ihres Bereichs abnimmt, durch beratende Teilnahme nach § 80 BPersVG.

5. Mitwirkungs- und Mitbestimmungsrechte

779 Die Mitwirkungsrechte des Personalrats ergeben sich aus § 78 BPersVG. Der Personalrat wirkt nach § 78 I BPersVG mit bei der
Nr. 1 Vorbereitung von Verwaltungsanordnungen einer Dienststelle für die innerdienstlichen, sozialen und persönlichen Angelegenheiten der Beschäftigten ihres Geschäftsbereichs;
Nr. 2 Auflösung, Einschränkung, Verlegung oder Zusammenlegung von Dienststellen oder wesentlichen Teilen von ihnen;
Nr. 3 Erhebung der Disziplinarklage gegen einen Beamten;
Nr. 4 Entlassung von Beamten auf Probe oder auf Widerruf, wenn sie die Entlassung nicht selbst beantragt haben;
Nr. 5 vorzeitigen Versetzung in den Ruhestand.

780 Des Weiteren ergeben sich für den Personalrat bedeutende Mitbestimmungsrechte, so z. B. nach §§ 69–77 BPersVG. Dabei obliegt dem Personalrat im Rahmen einer gleichberechtigten Mitbestimmung die Möglichkeit der Meinungsäußerung nach freiem Ermessen, so z. B. nach § 69 BPersVG. Kommt es zwischen Dienstherrn und Personalrat zu keiner Einigung, muss die Einigungsstelle nach § 71 BPersVG entscheiden. Bei der beschränkten Mitbestimmung kann der Personalrat seine Zustimmung nur aus bestimmten, im Gesetz genannten Gründen verweigern, so z. B. nach §§ 77 II, 79 I BPersVG.[692] Handelt es sich um eine mitzubestimmende Personalangelegenheit des Personalrats für Beamte nach § 76 BPersVG, z. B. bei einer Einstellung, bei einer Beförderung oder einer Übertragung einer höher oder niedriger zu bewertenden Tätigkeit, einer Versetzung zu einer anderen Dienststelle oder eine Abordnung für eine Dauer von mehr als drei Monaten, besteht für den Personalrat nur nach § 77 II BPersVG die Möglichkeit, seine Zustimmung zu diesen Personalangelegenheiten der Beamten zu verweigern. Die Verweigerung der Zustimmung wird dann nach § 69 IV BPersVG durch die Einigungsstelle überprüft. Sie stellt fest, ob ein Grund zur Verweigerung der Zustimmung vorliegt. In den Fällen der §§ 76, 85 I Nr. 7 BPersVG beschließt die Einigungsstelle eine Empfehlung, wenn

---
692 Vgl. Michalski/Westerhoff, Rn. 1183

sie nicht der Auffassung der obersten Dienstbehörde folgt. Die oberste Dienstbehörde entscheidet danach endgültig.

Wie dem Betriebsrat, so steht auch dem Personalrat ein Initiativrecht zu. Die Initiative kann z. B. der Personalrat in Angelegenheiten nach § 75 III Nr. 1–6, Nr. 11–17 BPersVG ergreifen und dem Dienstherrn Vorschläge zum Abschluss von Dienstvereinbarungen machen. Über die Einigungsstelle kann der Personalrat eine Entscheidung erzwingen. Ein weiteres Initiativrecht ergibt sich aus § 70 II BPersVG. Beantragt der Personalrat eine Maßnahme, die nach anderen als den in § 70 I bezeichneten Vorschriften seiner Mitbestimmung unterliegt, so hat er diese schriftlich dem Leiter der Dienststelle vorzuschlagen. Allerdings kann bei diesem Initiativrecht der Personalrat eine Entscheidung nicht über die Einigungsstelle erzwingen. Endgültig entscheidet über die Initiative die oberste Dienstbehörde.

6. Dienstvereinbarung

Vergleichbar zur Betriebsvereinbarung sind im Personalvertretungsrecht die Dienstvereinbarungen, welche in § 73 BPersVG geregelt sind. Bedeutender Unterschied zur Betriebsvereinbarung zwischen Arbeitgeber und Betriebsrat ist allerdings, dass nach § 73 I BPersVG Dienstvereinbarungen nur zulässig sind, soweit sie das Bundespersonalvertretungsgesetz ausdrücklich vorsieht. Dienstvereinbarungen werden durch Dienststelle und Personalrat gemeinsam beschlossen; sie sind schriftlich abzufassen, von beiden Seiten zu unterzeichnen und in geeigneter Weise bekannt zu machen. Nach § 73 II BPersVG gehen Dienstvereinbarungen, die für einen größeren Bereich gelten, denjenigen für einen kleineren Bereich vor.

V. Mitbestimmung in Unternehmen

Schrifttum: *Barthel/Dikau*, Mitbestimmung in der Wirtschaft, 1980; *Bauer*, Unternehmensmitbestimmung 4.0, NZA-Beilage 2017, 85; *Bayer*, Die Erosion der deutschen Mitbestimmung, NJW 2016, 1930; *Beuthien*, Unternehmerische Mitbestimmung kraft Tarif- und Betriebsautonomie, ZfA 1983, 141; *Henssler*, Die Ernennung des Vorsitzenden der Geschäftsführung in der mitbestimmten GmbH, GmbHR 2004, 321 ff.; *Hommelhoff*, Unternehmensführung in der mitbestimmten GmbH, ZGR 1978, 119; *Huke/Prinz*, Das Drittelbeteiligungsgesetz löst das Betriebsverfassungsgesetz 1952 ab, BB 2004, 2633; *Junker*, Europäische Aktiengesellschaft und deutsche Mitbestimmung, ZfA 2005, 211; *ders.*, Unternehmensmitbestimmung in Deutschland, ZfA 2005, 1; *Kindl*, Die Geltendmachung von Mängeln bei aktienrechtlichen Aufsichtsratsbeschlüssen und die Besetzung von Ausschüssen in mitbestimmten Gesellschaften, DB 1993, 2065; *Kisker*, Unternehmerische Mitbestimmung in der Europäischen Gesellschaft, der Europäischen Genossenschaft und bei grenzüberschreitender Verschmelzung im Vergleich, RdA 2006, 206; *Klinkhammer*, Der Arbeitsdirektor des Montan-Mitbestimmungsgesetzes – Reflexionen eines Insiders, FS Stahlhacke, 1995, S. 275; *Loritz*, Sinn und Aufgabe der Mitbestimmung heute, ZfA 1991, 1 ff.; *Reichenberger*, Bestellung des Aufsichtsrats bei erstmaliger Drittelbeteiligung, NJW-Spezial 2018, 719; *Reuter*, Der Einfluss der Mitbestimmung auf das Gesellschafts- und Arbeitsrecht, AcP 179 (1979), 509; *Rieble*, Unternehmensmitbestimmung vor dem Hintergrund europarechtlicher Entwicklungen, NJW 2006, 2214; *Winter/Marx/De Decker*, Mitbestimmungsrechtliche Aspekte der SE & Co.KG, NZA 2016, 334; *Zöllner*, Der Mitbestimmungsgedanke und die Entwicklung des Kapitalgesellschaftsrechts, AG 1981, 13; *ders.*, Die Besetzung von Aufsichtsratsausschüssen nach dem MitbestG 1976, FS Zeuner, 1994, S. 161.

1. Grundlagen

Neben dem Mitbestimmungs- und Mitwirkungsrecht der Arbeitnehmerseite durch Betriebsräte nach dem Betriebsverfassungsgesetz oder durch Sprecherausschüsse nach dem Gesetz über Sprecherausschüsse der leitenden Angestellten besteht des Weiteren ein Mitbestimmungsrecht der Arbeitnehmer im Unternehmen durch die Beteiligung an der Unternehmensführung. Arbeitnehmern steht bei bestimmten Unternehmen die Möglichkeit zur Übernahme einer Leitungsfunktion in der Geschäftsführung oder in der Überwachung der Geschäftsführung zu. Während die Mitwirkung und Mitbestimmung nach dem BetrVG den Arbeitnehmern eine Beteiligung an Entscheidungen auf der betrieblichen Ebene ermöglicht, fallen die eigentlich bedeutsamen wirtschaftlichen Entscheidungen regelmäßig auf der höheren Unternehmensebene, wo sie den Unternehmensorganen obliegen. Soweit auf dieser Ebene eine Beteiligung der Arbeitnehmer vorgesehen ist, wird allgemein von der überbetrieblichen Mitbestimmung gesprochen. Gemeint ist hiermit also die Mitbestimmung der Arbeitnehmer an Entscheidungen des Arbeitgebers in den Gesellschaftsorganen von Unternehmen. Mitbestimmung in Unternehmensorganen gibt es nur bei Kapitalgesellschaften und Genossenschaften, nicht hingegen bei einzelkaufmännischen Unternehmen, Personengesellschaften, Stiftungen und Vereinen.[693] Insofern beschränkt sich die Mitbestimmung der Arbeitnehmer nicht nur auf die sozialen, personellen und wirtschaftlichen Angelegenheiten in einem Betrieb; das deutsche Recht beteiligt die Arbeitnehmer auch an Planungs- und Entscheidungsprozessen von Unternehmen, in dem die Aufsichtsräte bestimmter Kapitalgesellschaften mit Arbeitnehmervertretern zu besetzen sind und die Arbeitnehmer dadurch nicht nur Einfluss auf das betriebliche Geschehen, sondern auch auf die Unternehmenspolitik erhalten.[694]

784 Während nach dem Ersten Weltkrieg im Jahr 1920 das Betriebsrätegesetz in Kraft trat und den Arbeitnehmern das Recht zugestand, bis zu zwei Vertreter in Aufsichtsräte von Kapitalgesellschaften zu entsenden, ist dieser Ansatz der Unternehmensmitbestimmung seit Beginn der Bundesrepublik Deutschland erheblich erweitert worden. Insbesondere das Gesetz über die Mitbestimmung der Arbeitnehmer in den Aufsichtsräten und Vorständen der Unternehmen des Bergbaus und der eisen- und stahlerzeugenden Industrie (Montan-MitbestG) aus dem Jahr 1951, das Gesetz über die Mitbestimmung der Arbeitnehmer (MitbestG) von 1976 sowie das Gesetz über die Drittelbeteiligung der Arbeitnehmer im Aufsichtsrat (DrittelbG) aus dem Jahr 2004 haben die Mitbestimmung im Unternehmen stark geprägt.

2. Mitbestimmung nach Montan-Mitbestimmungsgesetz 1951 (Montan-MitbestG)

785 Nach § 1 I Montan-MitbestG haben die Arbeitnehmer in Unternehmen, deren überwiegender Betriebszweck in der Förderung von Steinkohle, Braunkohle oder Eisenerz oder in der Aufbereitung, Verkokung, Verschwelung oder Brikettierung dieser Grundstoffe liegt und deren Betrieb unter der Aufsicht der Bergbaubehörden steht, sowie in Unternehmen der eisen- und stahlerzeugenden Industrie, ein Mitbestimmungsrecht in den Aufsichtsräten und in der gesetzlichen Vertretung berufenen Organen nach Maßgabe dieses Gesetzes. Das Mitbestimmungsrecht der Arbeitnehmer im Montan-Mitbestimmungsgesetz findet nach § 1 II Montan-MitbestG nur auf Unternehmen Anwendung, welche in Form einer Aktiengesellschaft oder einer Gesellschaft mit beschränkter Haftung betrieben werden und in der Regel mehr als 1000 Arbeitnehmer beschäftigen.

786 Das Montan-Mitbestimmungsgesetz kennt neben der Mitbestimmung im Aufsichtsrat eine Beteiligung der Arbeitnehmerseite im Vorstand in Form eines Arbeitsdirektors; er kann nicht gegen die Stimmen der Mehrheit der Arbeitnehmervertreter im Aufsichtsrat bestellt oder abberufen werden, § 13 Montan-MitbestG; der Arbeitsdirektor ist gleichberechtigtes Mitglied des Vorstands und soll die wirtschaftlichen und sozialen Interessen der Arbeitnehmer wahren.[695] §§ 4 I 1, 9 I, II Montan-MitbestG regeln eine paritätische

---

693 Ulmer/Habersack, § 1 MitbestG Rn. 4
694 Junker, Rn. 800
695 Junker, Rn. 830; Lieb/Jacobs, Rn. 925 ff.

Zusammensetzung der Mitglieder des Aufsichtsrats. Um Pattsituationen bei der Abstimmung im Aufsichtsrat zu vermeiden, setzt sich dieser nach § 4 I 1c) Montan-MitbestG zusätzlich aus einem weiteren neutralen Mitglied zusammen. Die Wahl der Arbeitnehmervertreter für den Aufsichtsrat in Unternehmen des Bergbaus oder der eisen- und stahlerzeugenden Industrie erfolgt nach § 6 Montan-MitbestG.

787 Durch das im Jahr 1956 erlassene Gesetz zur Ergänzung des Gesetzes über die Mitbestimmung der Arbeitnehmer in den Aufsichtsräten und Vorständen der Unternehmen des Bergbaus und der eisen- und stahlerzeugenden Industrie (MontMitbestErgG) wollte der Gesetzgeber aufgrund des Rückgangs in der Montanindustrie auch in solchen Gesellschaften die umfangreiche Mitbestimmung verankern, welche zwar selbst keine Montanunternehmen waren, aber einen Konzern beherrschten, zu dem Montanunternehmen gehörten.[696] Nach § 3 II MontanMitbestErgG fällt ein Unternehmen unter das Montan-Mitbestimmungsgesetz, wenn ein solches Konzernunternehmen mit den abhängigen Unternehmen insgesamt mindestens 20 % der Umsätze sämtlicher Konzernunternehmen und abhängigen Unternehmen im Bereich des Bergbaus oder der eisen- und stahlerzeugenden Industrie erzielt, jeweils vermindert um die in den Umsätzen enthaltenden Kosten für fremdbezogene Roh-, Hilfs- und Betriebsstoffe, oder i. d. R. mehr als 20 % der Arbeitnehmer sämtlicher Konzernunternehmen und abhängiger Unternehmen in diesen Bereichen beschäftigt.

788 Die Montanmitbestimmung wird heute als ein überholtes Modell bezeichnet, weil sich eine so weitgehende Mitbestimmungsregelung wie nach dem Montan-Mitbestimmungsgesetz später in anderen Mitbestimmungsgesetzen nicht mehr durchsetzen konnte; außerdem fallen heutzutage nur noch wenige Betriebe unter die weitreichenden Mitbestimmungsregelungen des Montan-Mitbestimmungsgesetzes.[697]

3. Mitbestimmung nach Mitbestimmungsgesetz 1976 (MitbestG)

789 Das Gesetz über die Mitbestimmung der Arbeitnehmer gilt nach § 1 MitbestG in Unternehmen, die in der Rechtsform einer Aktiengesellschaft, einer Kommanditgesellschaft auf Aktien, einer Gesellschaft mit beschränkter Haftung oder einer Genossenschaft betrieben werden und in der Regel mehr als 2000 Arbeitnehmer beschäftigen. Etwa 60 % der Gesellschaften, die unter das Mitbestimmungsgesetz 1976 fallen, bestehen in der Rechtsform der Aktiengesellschaft. Da nur wenige Kommanditgesellschaften auf Aktien bzw. Genossenschaften unter das MitbestG fallen, sind folglich knapp 40 % der Unternehmen, auf die das MitbestG anwendbar ist, Gesellschaften mit beschränkter Haftung. Im zweiten Teil des Mitbestimmungsgesetzes ist die Unternehmensmitbestimmung für Arbeitnehmer im Aufsichtsrat eines Unternehmens geregelt, auf die das Mitbestimmungsgesetz Anwendung findet. Gem. § 7 I MitbestG setzt sich der Aufsichtsrat eines Unternehmens nach:

Nr. 1 mit in der Regel nicht mehr als 10 000 Arbeitnehmern zusammen aus je sechs Aufsichtsratsmitgliedern der Anteilseigner und der Arbeitnehmer;

Nr. 2 mit in der Regel mehr als 10 000, jedoch nicht mehr als 20 000 Arbeitnehmern zusammen aus je acht Aufsichtsratsmitgliedern der Anteilseigner und der Arbeitnehmer;

Nr. 3 mit in der Regel mehr als 20 000 Arbeitnehmern zusammen aus je zehn Aufsichtsratsmitgliedern der Anteilseigner und der Arbeitnehmer.

790 Gem. § 7 II MitbestG müssen sich unter den Aufsichtsratsmitgliedern der Arbeitnehmer befinden nach:

---

696 Richardi/Bayreuther, § 43, Rn. 1, 2
697 Vgl. Junker, Rn. 831

Nr. 1 in einem Aufsichtsrat, dem sechs Aufsichtsratsmitglieder der Arbeitnehmer angehören, vier Arbeitnehmer des Unternehmens und zwei Vertreter von Gewerkschaften;
Nr. 2 in einem Aufsichtsrat, dem acht Aufsichtsratsmitglieder der Arbeitnehmer angehören, sechs Arbeitnehmer des Unternehmens und zwei Vertreter von Gewerkschaften;
Nr. 3 in einem Aufsichtsrat, dem zehn Aufsichtsratsmitglieder der Arbeitnehmer angehören, sieben Arbeitnehmer des Unternehmens und drei Vertreter von Gewerkschaften.

791 Die Wahl der Aufsichtsratsmitglieder der Arbeitnehmer durch Delegierte richtet sich nach §§ 10 ff. MitbestG. Dabei müssen nach § 15 II 1 Nr. 1, 2 MitbestG die Wahlvorschläge von Aufsichtsratsmitgliedern der Arbeitnehmer von mindestens 20 % der wahlberechtigten Arbeitnehmer des Unternehmens unterzeichnet sein bzw. bei leitenden Angestellten von 5 % der wahlberechtigten leitenden Angestellten. Während nach § 9 I MitbestG die Aufsichtsratsmitglieder der Arbeitnehmer eines Unternehmens mit in der Regel mehr als 8000 Arbeitnehmern direkt gewählt werden, werden die Aufsichtsratsmitglieder der Arbeitnehmer eines Unternehmens mit in der Regel mehr als 8000 Arbeitnehmern durch Delegierte gewählt, sofern nicht die wahlberechtigten Arbeitnehmer die unmittelbare Wahl beschließen.

792 Nach § 27 I MitbestG wählt der Aufsichtsrat mit einer Mehrheit von zwei Dritteln der Mitglieder, aus denen er insgesamt zu bestehen hat, aus seiner Mitte einen Aufsichtsratsvorsitzenden und einen Stellvertreter. Ist ein zweiter Wahlgang erforderlich, so wählen nach § 27 II 2 MitbestG die Aufsichtsratsmitglieder der Anteilseigner den Aufsichtsratsvorsitzenden und die Aufsichtsratsmitglieder der Arbeitnehmer den Stellvertreter jeweils mit der Mehrheit der abgegebenen Stimmen. Von Bedeutung ist diese Entscheidungsbefugnis der Anteilseigner, weil der Aufsichtsratsvorsitzende in Patt-Situationen bei einer Wiederholung der Abstimmung ein sog. Zweitstimmenrecht hat, so dass bei erneuter Stimmengleichheit nach §§ 29 II, 31 IV MitbestG die Stimme des Vorsitzenden entscheidet. Durch dieses Zweitstimmenrecht des Aufsichtsratsvorsitzenden ergibt sich für die Anteils- bzw. Arbeitgeberseite ein gewisser Vorteil.[698]

793 Auch im Vorstand einer Kapitalgesellschaft bzw. einer Genossenschaft schlägt sich die Unternehmensmitbestimmung nieder. Nach § 33 I, II MitbestG gehört dem gesetzlich vorgeschriebenen geschäftsführenden Organ, üblicherweise Vorstand, auch ein sog. Arbeitsdirektor an. Der Arbeitsdirektor hat wie die übrigen Mitglieder des zur gesetzlichen Vertretung des Unternehmens befugten Organs seine Aufgaben im engsten Einvernehmen mit dem Gesamtorgan auszuüben. Im Vergleich zu § 13 I 2 Montan-MitbestG hat im Mitbestimmungsgesetz die Arbeitnehmerseite nicht die Möglichkeit, einen Arbeitsdirektor zu verhindern. Bedeutender Unterschied zum Montan-Mitbestimmungsgesetz ist, dass das Mitbestimmungsgesetz eine vollständige paritätische Gewichtung von Arbeitgeber- und Arbeitnehmerseite in Unternehmen, die unter das Mitbestimmungsgesetz fallen, nicht vorsieht.

4. Mitbestimmung nach Drittelbeteiligungsgesetz 2004 (DrittelbG)

794 Das „Minimalsystem" der Unternehmensmitbestimmung ist die im Drittelbeteiligungsgesetz geregelte Drittelbeteiligung von Arbeitnehmervertretern im Aufsichtsrat: dieses Gesetz hat lediglich die Vorgängerregelung der §§ 76–87a BetrVG 1952 zum 1.7.2004 durch § 15 DrittelbG abgelöst und stellt, abgesehen von wenigen inhaltlichen Änderun-

---

698 Vgl. Ulmer/Habersack, § 29 MitbestG Rn. 16

V. Mitbestimmung in Unternehmen

gen, im Wesentlichen nur eine redaktionelle Neufassung dar.[699] Durch das Drittelbeteiligungsgesetz werden nach § 1 I DrittelbG folgende Unternehmen erfasst:

Nr. 1 Aktiengesellschaften mit in der Regel mehr als 500 Arbeitnehmern sowie Aktiengesellschaften mit in der Regel weniger als 500 Arbeitnehmern, die vor dem 10.8.1994 eingetragen worden sind und keine Familiengesellschaften sind;

Nr. 2 eine Kommanditgesellschaft auf Aktien mit in der Regel mehr als 500 Arbeitnehmern;

Nr. 3 eine Gesellschaft mit beschränkter Haftung mit in der Regel mehr als 500 Arbeitnehmern;

Nr. 4 ein Versicherungsverein auf Gegenseitigkeit mit in der Regel mehr als 500 Arbeitnehmern, wenn dort ein Aufsichtsrat besteht;

Nr. 5 eine Genossenschaft mit in der Regel mehr als 500 Arbeitnehmern.

Der Aufsichtsrat eines der in § 1 I Nr. 1–5 DrittelbG genannten Unternehmen muss zu einem Drittel aus Arbeitnehmervertretern (sog. Drittelparität) bestehen. Ist ein Aufsichtsratsmitglied der Arbeitnehmer oder sind zwei Aufsichtsratsmitglieder der Arbeitnehmer zu wählen, so müssen diese nach § 4 II DrittelbG als Arbeitnehmer im Unternehmen beschäftigt sein. Sind mehr als zwei Aufsichtsratsmitglieder der Arbeitnehmer zu wählen, so müssen ebenfalls mindestens zwei Aufsichtsratsmitglieder als Arbeitnehmer im Unternehmen beschäftigt sein. Da § 3 I DrittelbG als Arbeitnehmer nur die in § 5 I BetrVG bezeichneten Personen ansieht, fallen leitende Angestellte nicht unter die Möglichkeit, aus ihrem Kreis Aufsichtsratsmitglieder bei Unternehmen, auf die das Drittelbeteiligungsgesetz anwendbar ist, zu wählen. Auch bei der mitbestimmten GmbH ist ein Aufsichtsrat im Gegensatz zu § 52 GmbHG gem. § 1 I Nr. 3 DrittelbG verpflichtend. Nach § 5 I DrittelbG werden die Aufsichtsratsmitglieder der Arbeitnehmer nach den Grundsätzen der Mehrheitswahl in allgemeiner, geheimer, gleicher und unmittelbarer Wahl für die Zeit gewählt, die im Gesetz oder in der Satzung für die von der Hauptversammlung zu wählenden Aufsichtsratsmitglieder bestimmt ist.

---

[699] Vgl. ErfK/Oetker, Einf. DrittelbG, Rn. 1 ff.

Fünfter Teil: Arbeitsgerichtsbarkeit

Schrifttum: *Ahmad/Horcher*, Fragen der Zwangsvollstreckung im arbeitsgerichtlichen Urteilsverfahren, NZA 2018, 1234; *Bader/Hohmann/Klein*, Die ehrenamtlichen Richterinnen und Richter beim Arbeits- und Sozialgericht, 12. Aufl., 2006; *Bergwitz*, Der besondere Gerichtsstand des Arbeitsortes, § 48 Ia ArbGG, NZA 2008, 443; *Francken/Natter*, Die arbeitsgerichtliche Videoverhandlung, NZA 2021, 153; *Gaumann*, Das arbeitsgerichtliche Urteilsverfahren NZA 2006, 779; *Germelmann*, Der Arbeitsgerichtsprozess, NJW 2005, 2054; *Holthaus/Koch*, Auswirkungen der Reform des Zivilprozesses auf das arbeitsgerichtliche Verfahren, RdA 2003, 140; *Linsenmaier*, Von Lyon nach Erfurt – Zur Geschichte der deutschen Arbeitsgerichtsbarkeit, NZA 2004, 401; *Mittag*, Tücken bei den Fristen der Nichtzulassungsbeschwerde im Arbeitsrecht, AuR 2010, 16; *Müller*, Der elektronische Rechtsverkehr im arbeitsgerichtlichen Verfahren, NZA 2019, 11; *Nägele*, Das arbeitsgerichtliche Urteilsverfahren, 2004; *Oltmanns*, Die Digitalisierung des Arbeitsgerichtsprozesses: Status quo und Perspektiven, NZA 2021, 525; *Reinecke*, Die Entscheidungsgrundlagen für die Prüfung der Rechtswegzuständigkeit, insbesondere der arbeitsgerichtlichen Zuständigkeit, ZfA 1998, 359; *Rieble* (Hrsg.), Zukunft der Arbeitsgerichtsbarkeit, 2005; *Schmädicke*, Wie weit geht die Aufklärungspflicht des Arbeitsrichters in der Güteverhandlung?, NZA 2007, 1029; *Schmid/Holzer*, Die Corona-Pandemie: Vom Home Office zum örtlich (un-)zuständigen Arbeitsgericht, SPA 2020, 129; *Schwab/Wildschütz/Heege*, Disharmonien zwischen ZPO und ArbGG – Anmerkungen aus der Praxis, NZA 2003, 999; *Vetters*, Kündigungsprozesse richtig führen – häufige Fehler aus Sicht eines Instanzrichters, NZA 2005, 64; *Walker*, Die Abgrenzung zwischen Urteils- und Beschlussverfahren im Arbeitsgerichtsprozess, FS 50 Jahre BAG, 2004, S. 1365.

§ 1 Grundlagen

796 Ab dem 19. Jahrhundert entwickelte sich die Arbeitsgerichtsbarkeit in Deutschland. In der Allgemeinen Preußischen Gewerbeordnung von 1845 wurde für Gemeinden das Recht normiert, paritätisch besetzte Schiedsgerichte zu errichten, welche Streitigkeiten, die durch Arbeitsverhältnisse entstanden, zu schlichten hatten. Im Jahr 1926 wurde in Deutschland das erste Arbeitsgerichtsgesetz verabschiedet. Daraus entstanden die ersten Arbeitsgerichte, allerdings nur für die erste Instanz. Berufungs- und Revisionsverfahren blieben weiterhin den ordentlichen Gerichten vorbehalten. Unser heutiges Arbeitsgerichtsgesetz wurde 1953 erlassen. Es hat nach der Neufassung im Jahr 1979 seitdem vielfältige Änderungen erfahren. Eines der Hauptanliegen des Arbeitsgerichtsgesetzes war und ist es, eigene, von der ordentlichen Gerichtsbarkeit losgelöste Gerichtsinstanzen zu schaffen. So normiert § 1 ArbGG, dass die Gerichtsbarkeit in Arbeitssachen entweder durch die Arbeitsgerichte, die Landesarbeitsgerichte sowie das Bundesarbeitsgericht ausgeübt wird.

797 Obwohl das Arbeitsrecht überwiegend zum Privatrecht gehört und insofern auch die Zivilgerichte arbeitsrechtliche Streitigkeiten entscheiden könnten, sind vier Gründe ersichtlich, warum für Arbeitsrechtsstreitigkeiten eine eigene Gerichtsbarkeit besteht:
– Erster Grund ist die besondere Sachkunde der Arbeitsgerichte, die im Wesentlichen durch die Besetzung der Gerichte erreicht wird;
– als zweiter Grund, der für eine eigenständige Arbeitsgerichtsbarkeit spricht, kann gelten, dass das zivilgerichtliche Verfahren für Arbeitssachen oft zu langsam und schwerfällig ist; von einer schnellen Entscheidung hängt aber gerade im Arbeitsrecht oftmals die Existenz eines Arbeitnehmers ab (Lohnansprüche, Kündigungen);
– der dritte Grund für eine Sondergerichtsbarkeit in Arbeitssachen ist, dass eine gütliche Einigung einem streitigen Verfahren vorzuziehen ist, insbesondere im Hinblick auf die weitere Zusammenarbeit der Arbeitsvertragsparteien und die Erhaltung des Betriebsfriedens;

– viertens ist das arbeitsgerichtliche Verfahren arbeitnehmerfreundlich gestaltet, d. h. auf Formalia wird weniger Wert gelegt, weil die Arbeitsvertragsparteien – insbesondere die Arbeitnehmer – meist rechtsunkundig sind und eine gewissen Scheu haben, einen Rechtsanwalt einzuschalten.[700]

§ 2 Organisation und Zuständigkeit der Arbeitsgerichte

Zu unterscheiden ist bei der Ausübung der Gerichtsbarkeit in Arbeitssachen zwischen den Arbeitsgerichten, §§ 14–31 ArbGG, den Landesarbeitsgerichten, §§ 33–39 ArbGG, und dem Bundesarbeitsgericht, §§ 40–45 ArbGG. Nach § 6 I ArbGG sind die Gerichte für Arbeitssachen mit Berufsrichtern und mit ehrenamtlichen Richtern aus den Kreisen der Arbeitnehmer und Arbeitgeber besetzt.

```
                     Arbeitsgerichtsbarkeit
                              |
    • Gerichtsinstanzen
        – Arbeitsgericht, §§ 14 ff. ArbGG
        – Landesarbeitsgericht, §§ 33 ff. ArbGG
        – Bundesarbeitsgericht, §§ 40 ff. ArbGG
    • Sachliche Zuständigkeit, §§ 2, 2a ArbGG
    • Örtliche Zuständigkeit, §§ 46, 48, 82 ArbGG
    • Urteilsverfahren, §§ 46–79 ArbGG
    • Beschlussverfahren, §§ 80–100 ArbGG
    • Schiedsverfahren, §§ 101–110 ArbGG
```

Abb. 20: Arbeitsgerichtsbarkeit

I. Gerichtsinstanzen

1. Arbeitsgericht

Nach § 14 I ArbGG werden in den verschiedenen Bundesländern Arbeitsgerichte errichtet. Nach § 16 ArbGG besteht das Arbeitsgericht aus der erforderlichen Zahl von Vorsitzenden und ehrenamtlichen Richtern. Die ehrenamtlichen Richter werden je zur Hälfte aus den Kreisen der Arbeitnehmer und der Arbeitgeber bestellt.[701] Jede Kammer des Arbeitsgerichts wird in der Besetzung mit einem Vorsitzenden und je einem ehrenamtlichen Richter aus Kreisen der Arbeitnehmer und der Arbeitgeber tätig. Nach § 8 I ArbGG sind in der ersten Instanz die Arbeitsgerichte zuständig. Auf die Höhe des Streitwertes kommt es dabei, im Gegensatz zu den Zivilgerichten, nicht an. Ausnahme von dieser Zuständigkeit ist in § 240 Nr. 5 SGB IX normiert. Danach entscheidet über Rechtsstreitigkeiten, die aufgrund des Sozialgesetzbuches IX im Geschäftsbereich des Bundesnachrichtendienstes entstehen, im ersten und letzten Rechtszug der Oberste Gerichtshof der zuständigen Gerichtszweige, also das Bundesarbeitsgericht.

---

700 Siehe zu den Ausführungen detailliert Michalski/Westerhoff, Rn. 1288–1292
701 Hohmann, § 16, Rn. 2

2. Landesarbeitsgericht

800 Gegen Urteile der Arbeitsgerichte findet unter den Voraussetzungen des § 64 ArbGG die Berufung an die Landesarbeitsgerichte statt. Auch für die Landesarbeitsgerichtsbarkeit werden Kammern gebildet gem. § 35 ArbGG. Nach § 35 I ArbGG besteht das Landesarbeitsgericht aus dem Präsidenten, der erforderlichen Zahl von weiteren Vorsitzenden und von ehrenamtlichen Richtern. Die ehrenamtlichen Richter werden wiederum je zur Hälfte aus den Kreisen der Arbeitnehmer und der Arbeitgeber entnommen. Auch jede Kammer des Landesarbeitsgerichts wird in der Besetzung mit einem Vorsitzenden und je einem ehrenamtlichen Richter aus den Kreisen der Arbeitnehmer und der Arbeitgeber tätig. Die Zuständigkeit der Landesarbeitsgerichte ergibt sich aus § 8 II, IV ArbGG. Zum einen finden vor den Landesarbeitsgerichten die Berufungsverfahren gegen die Urteile der Arbeitsgerichte statt; zum anderen sind Beschwerden gegen Beschlüsse des Arbeitsgerichts und ihrer Vorsitzenden im Beschlussverfahren an das Landesarbeitsgericht zu richten.

3. Bundesarbeitsgericht

801 Höchste Instanz der Arbeitsgerichtsbarkeit ist das Bundesarbeitsgericht mit Sitz in Erfurt. Das Bundesarbeitsgericht ist unter den Voraussetzungen der §§ 72 ff. ArbGG die Revisionsinstanz zur rechtlichen Überprüfung eines Endurteils eines Landesarbeitsgerichts. Nach § 41 I ArbGG besteht das Bundesarbeitsgericht aus dem Präsidenten, der erforderlichen Zahl von Vorsitzenden Richtern, von berufsrichterlichen Beisitzern sowie ehrenamtlichen Richtern. Wiederum werden die ehrenamtlichen Richter je zur Hälfte aus den Kreisen der Arbeitnehmer und der Arbeitgeber bestellt. Nach § 41 II ArbGG bestehen innerhalb des Bundesarbeitsgerichts verschiedene Senate. Jeder Senat wird in der Besetzung mit einem Vorsitzenden, zwei berufsrichterlichen Beisitzern und je einem ehrenamtlichen Richter aus den Kreisen der Arbeitnehmer und der Arbeitgeber tätig. Die Zahl der Senate bestimmt das Bundesministerium für Arbeit und Soziales im Einvernehmen mit dem Bundesministerium der Justiz. Aktuell besteht das Bundesarbeitsgericht in Erfurt aus zehn Senaten.

802 Zusätzlich ist nach § 45 I ArbGG beim Bundesarbeitsgericht ein Großer Senat (GS) gebildet worden. Der Große Senat hat dann zu entscheiden, wenn ein Senat in einer Rechtsfrage von der Entscheidung eines anderen Senats oder des Großen Senats abweichen will. Nach § 45 III ArbGG ist eine Vorlage an den Großen Senat nur zulässig, wenn der Senat, von dessen Entscheidung abgewichen werden soll, auf Anfrage des erkennenden Senats erklärt hat, dass er an seiner Rechtsauffassung festhält. Der erkennende Senat kann auch eine Frage von grundsätzlicher Bedeutung an den Großen Senat zur Entscheidung vorlegen, wenn das nach seiner Auffassung zur Fortbildung des Rechts oder zur Sicherung einer einheitlichen Rechtsprechung erforderlich ist.

803 Der Große Senat besteht nach § 45 V ArbGG aus dem Präsidenten, je einem Berufsrichter der Senate, in denen der Präsident nicht den Vorsitz führt, und je drei ehrenamtlichen Richtern aus den Kreisen der Arbeitnehmer und Arbeitgeber. Die Mitglieder und Vertreter des Großen Senats werden durch das Präsidium für ein Geschäftsjahr bestellt. Den Vorsitz im Großen Senat führt der Präsident des Bundesarbeitsgerichts, bei Verhinderung das dienstälteste Mitglied. Nach § 45 VII ArbGG entscheidet der Große Senat nur über die Rechtsfrage. Er kann ohne mündliche Verhandlung entscheiden. Seine Entscheidung ist in der vorliegenden Sache für den erkennenden Senat bindend.

II. Rechtsweg

804 Der Rechtsweg zu einem Arbeitsgericht ist eröffnet, sobald es sich um eine arbeitsrechtliche Streitigkeit handelt, also es um arbeitsrechtliche Normen geht. Das ArbGG unterscheidet grundsätzlich zwischen Urteils- und Beschlussverfahren. Zum einen unterscheiden sich diese in der Art der Entscheidung des Gerichts – es ergeht als Entscheidung entweder ein Urteil, oder ein Beschluss. Darüber hinaus gilt in Urteilsverfahren der sog. Beibringungsgrundsatz des Zivilprozesses. Das bedeutet, dass die Parteien des Rechtsstreits selbst alle wesentlichen Tatsachen vortragen müssen. Im Beschlussverfahren hingegen ermittelt das erkennende Gericht selbst den Sachverhalt und damit die entscheidungserheblichen Tatsachen.

III. Sachliche Zuständigkeit

805 Die sachliche Zuständigkeit der Arbeitsgerichte ergibt sich aus §§ 48, 2, 2a, 3 ArbGG. Zu unterscheiden ist bei der Zuständigkeit, ob Arbeitsgerichte im Urteilsverfahren oder im Beschlussverfahren Entscheidungen treffen.

806 Nach § 2 I ArbGG sind die Gerichte für Arbeitssachen ausschließlich zuständig für:
Nr. 1 bürgerliche Rechtsstreitigkeiten zwischen Tarifvertragsparteien oder zwischen diesen und Dritten aus Tarifverträgen oder über das Bestehen oder Nichtbestehen von Tarifverträgen;
Nr. 2 bürgerliche Rechtsstreitigkeiten zwischen tariffähigen Parteien oder zwischen diesen und Dritten aus unerlaubten Handlungen, soweit es sich um Maßnahmen zum Zweck des Arbeitskampfs oder um Fragen der Vereinigungsfreiheit einschließlich des hiermit im Zusammenhang stehenden Betätigungsrechts der Vereinigungen handelt;
Nr. 3 bürgerliche Rechtsstreitigkeiten zwischen Arbeitnehmern und Arbeitgebern
  a) aus dem Arbeitsverhältnis;
  b) über das Bestehen oder Nichtbestehen eines Arbeitsverhältnisses;
  c) aus Verhandlungen über die Eingehung eines Arbeitsverhältnisses und dessen Nachwirkungen;
  d) aus unerlaubten Handlungen, soweit diese mit dem Arbeitsverhältnis im Zusammenhang stehen;
  e) über Arbeitspapiere;
Nr. 4 bürgerliche Rechtsstreitigkeiten zwischen Arbeitnehmern oder ihren Hinterbliebenen und
  a) Arbeitgebern über Ansprüche, die mit dem Arbeitsverhältnis in rechtlichem oder unmittelbar wirtschaftlichem Zusammenhang stehen;
  b) gemeinsamen Einrichtungen der Tarifvertragsparteien oder Sozialeinrichtungen des privaten Rechts über Ansprüche aus dem Arbeitsverhältnis oder Ansprüche, die mit dem Arbeitsverhältnis in rechtlichem oder unmittelbar wirtschaftlichem Zusammenhang stehen,
  soweit nicht die ausschließliche Zuständigkeit eines anderen Gerichts gegeben ist;
Nr. 5 bürgerliche Rechtsstreitigkeiten zwischen Arbeitnehmern oder ihren Hinterbliebenen und dem Träger der Insolvenzsicherung über Ansprüche auf Leistungen der Insolvenzsicherung nach dem Vierten Abschnitt des Ersten Teils des Gesetzes zur Verbesserung der betrieblichen Altersversorgung;
Nr. 6 bürgerliche Rechtsstreitigkeiten zwischen Arbeitgebern und Einrichtungen der Tarifvertragsparteien oder Sozialeinrichtungen bzw. dem Träger der Insolvenzsicherung sowie zwischen diesen Einrichtungen, soweit nicht die ausschließliche Zuständigkeit eines anderen Gerichts gegeben ist;
Nr. 7 bürgerliche Rechtsstreitigkeiten zwischen Entwicklungshelfern und Trägern des Entwicklungsdienstes nach dem Entwicklungshelfergesetz;

Nr. 8 bürgerliche Rechtsstreitigkeiten zwischen den Trägern des freiwilligen sozialen und ökologischen Jahres oder den Einsatzstellen und Freiwilligen nach dem Jugendfreiwilligendienstgesetz;
Nr. 9 bürgerliche Rechtsstreitigkeiten zwischen Arbeitnehmern aus gemeinsamer Arbeit und aus unerlaubten Handlungen, soweit diese mit dem Arbeitsverhältnis im Zusammenhang stehen;
Nr. 10 bürgerliche Rechtsstreitigkeiten zwischen behinderten Menschen im Arbeitsbereich von Werkstätten für behinderte Menschen und den Trägern der Werkstätten aus den in § 221 SGB IX geregelten arbeitnehmerähnlichen Rechtsverhältnissen.

807 Weitere Zuständigkeiten für die Arbeitsgerichte im Urteilsverfahren ergeben sich aus § 2 II-IV ArbGG. Ausdrücklich ist in § 2 V ArbGG normiert, dass in Rechtsstreitigkeiten nach diesen Vorschriften das Urteilsverfahren stattzufinden hat.

808 Die Zuständigkeit der Arbeitsgerichte im Beschlussverfahren ergibt sich nach § 2a I ArbGG für:
Nr. 1 Angelegenheiten aus dem Betriebsverfassungsgesetz;
Nr. 2 Angelegenheiten aus dem Sprecherausschussgesetz;
Nr. 3 Angelegenheiten aus dem Mitbestimmungsgesetz, dem Mitbestimmungsergänzungsgesetz und dem Drittelbeteiligungsgesetz;
Nr. 3a Angelegenheiten der Schwerbehindertenvertretung nach §§ 177, 178, 222 SGB IX;
Nr. 3b Angelegenheiten aus dem Gesetz über Europäische Betriebsräte;
Nr. 3c Angelegenheiten aus § 51 des Berufsbildungsgesetzes;
Nr. 3d Angelegenheiten aus § 10 des Bundesfreiwilligendienstgesetzes;
Nr. 3e Angelegenheiten aus dem SE-Beteiligungsgesetz;
Nr. 3f Angelegenheiten aus dem SCE-Beteiligungsgesetz;
Nr. 3g Angelegenheiten aus dem Gesetz über die Mitbestimmung der Arbeitnehmer bei einer grenzüberschreitenden Verschmelzung;
Nr. 4 die Entscheidung über die Tariffähigkeit und die Tarifzuständigkeit einer Vereinigung;
Nr. 5 die Entscheidung über die Wirksamkeit einer Allgemeinverbindlicherklärung nach § 5 TVG, einer Rechtsverordnung nach § 7 oder § 7a AEntG und einer Rechtsverordnung nach § 3a AÜG;
Nr. 6. die Entscheidung über den nach § 4a II 2 TVG im Betrieb anwendbaren Tarifvertrag.

809 § 2a II ArbGG normiert ausdrücklich, dass in Streitigkeiten nach diesen Vorschriften das Beschlussverfahren vor dem Arbeitsgericht stattzufinden hat.

810 Die in den §§ 2, 2a ArbGG begründeten Zuständigkeiten im Urteilsverfahren wie im Beschlussverfahren bestehen auch in den Fällen, in denen der Rechtsstreit durch einen Rechtsnachfolger oder durch eine Person geführt wird, die kraft Gesetzes anstelle des sachlich Berechtigten oder Verpflichteten hierzu befugt ist. Gem. § 4 ArbGG kann in den Fällen des § 2 I, II ArbGG die Arbeitsgerichtsbarkeit durch einen Schiedsvertrag i. S. d. §§ 101–110 ArbGG ausgeschlossen werden.

IV. Örtliche Zuständigkeit

811 Bei der örtlichen Zuständigkeit der Arbeitsgerichte ist zwischen dem Urteilsverfahren und dem Beschlussverfahren zu unterscheiden. Für die Urteilsverfahren findet sich zur örtlichen Zuständigkeit keine gesonderte Regelung im ArbGG. Vielmehr verweist § 46

II 1 ArbGG auf die Normen der Zivilprozessordnung. Damit bestimmt sich die örtliche Zuständigkeit gemäß der §§ 12 ff. ZPO. Zunächst ist daher festzustellen, ob ein ausschließlicher Gerichtsstand vorhanden ist. Ist dies nicht der Fall, so ist die Klage im Zweifel an dem allgemeinen Gerichtsstand zu erheben. Dies ist gemäß §§ 12, 13 ZPO der Wohnsitz des Beklagten bzw. gemäß §§ 12, 17 ZPO der Verwaltungssitz bei juristischen Personen. In Betracht kommen auch im Arbeitsrecht besondere Gerichtsstände, wie z. B. der Erfüllungsort gemäß § 29 ZPO. Dies wäre der Ort der Arbeitsleistung.

Für besondere Klagearten oder Prozessgegenstände sind gesonderte Zuständigkeiten normiert. § 48 I ArbGG regelt bei Urteilsverfahren den besonderen Gerichtsstand des Arbeitsortes, § 82 I ArbGG für Beschlussverfahren die örtliche Zuständigkeit. Danach ist grds. das Arbeitsgericht zuständig, in dessen Bezirk der Betrieb liegt. In Angelegenheiten des Gesamtbetriebsrats, des Konzernbetriebsrats, der Gesamtjugendvertretung oder der Gesamt-Jugend- und Auszubildendenvertretung, des Wirtschaftsausschusses und der Vertretung der Arbeitnehmer im Aufsichtsrat ist das Arbeitsgericht zuständig, in dessen Bezirk das Unternehmen seinen Sitz hat. Gleiches gilt nach § 82 II, III ArbGG für die Zuständigkeit des Arbeitsgerichts in Angelegenheiten eines Europäischen Betriebsrats bzw. einer Europäischen Gesellschaft.

V. Verweisung

Ist der Rechtsweg unzulässig oder fehlt dem angerufenen Gericht die sachliche oder örtliche Zuständigkeit, spricht das Gericht dies nach Anhörung der Parteien von Amts wegen aus und verweist nach § 48 I ArbGG i. V. m. § 17a II GVG, 281 ZPO den Rechtsstreit zugleich bindend an das zuständige Gericht des zulässigen Rechtswegs.[702] Der Beschluss des Arbeitsgerichts ist nach § 48 I ArbGG i. V. m. §§ 17–17b GVG ohne mündliche Verhandlung möglich. Der Verweisungsbeschluss ist bindend. Eine Zurück- oder Weiterverweisung kommt nur dann in Betracht, wenn der Verweisungsbeschluss entweder rechtswidrig oder willkürlich ist.[703]

812

§ 3 Urteilsverfahren und Beschlussverfahren

Arbeitsgerichte treffen Entscheidungen durch Urteil oder durch Beschluss.

813

I. Urteilsverfahren

Das Urteilsverfahren ist in den §§ 46–79 ArbGG normiert. Es findet nach § 46 I ArbGG in den in § 2 I–IV ArbGG bezeichneten bürgerlichen Rechtsstreitigkeiten Anwendung. Auch bei Arbeitsrechtsstreitigkeiten gelten für das Urteilsverfahren des ersten Rechtszugs überwiegend die Vorschriften der Zivilprozessordnung über das Verfahren vor den Amtsgerichten entsprechend. Für den Kläger wie den Beklagten muss die Partei- und die Prozessfähigkeit sowie die Prozessführungsbefugnis bestehen. Unter Parteifähigkeit versteht man die Möglichkeit, als Person an einem Prozess teilnehmen zu dürfen. Nach § 50 I ZPO ist die Parteifähigkeit mit der Rechtsfähigkeit einer Person vergleichbar. Zwar handelt es sich gerade bei Gewerkschaften oder auch bei Vereinigungen von Arbeitgebern häufig um nichtrechtsfähige Persönlichkeiten. § 10 ArbGG weist diesen häufig nichtrechtsfähigen Persönlichkeiten aber die Parteifähigkeit zu. Unter Prozessfähigkeit versteht man die Fähigkeit, als Person eigenständig oder durch einen selbst

814

---
702 Waltermann, Rn. 911
703 Vgl. Junker, Rn. 866; Germelmann/Germelmann/Künzl, § 48 Rn. 75 ff.

bestellten Vertreter im Prozess wirksam auftreten und handeln zu können. Diese Möglichkeit, im Prozess nach §§ 51 I, 52 ZPO selbst als Partei eigenständig aufzutreten und handeln zu können, ist vergleichbar mit der Geschäftsfähigkeit.[704] Außerdem ist erforderlich, dass der Kläger im eigenen Namen einen Prozess führen kann, demzufolge prozessführungsbefugt ist.

Urteils- und Beschlussverfahren

- Urteilsverfahren, §§ 46–79 ArbGG
  - Parteifähigkeit
  - Prozessfähigkeit
  - Prozessführungsbefugnis
  - Kläger und Beklagter
  - Hinreichend bestimmter Klageantrag
  - Mündliche Verhandlung erforderlich
  - Berufungsverfahren
  - Revisionsverfahren
  - Zwangsvollstreckung
- Beschlussverfahren, §§ 80–100 ArbGG
  - Parteifähigkeit
  - Prozessfähigkeit
  - Prozessführungsbefugnis
  - Antragsteller und Antragsgegner
  - Einleitung durch schriftlichen Antrag
  - Keine mündliche Verhandlung erforderlich
  - Beschwerde gegen Beschluss
  - Zwangsvollstreckung

Abb. 21: Urteils- und Beschlussverfahren

815 Nach § 46 II 1 ArbGG i. V. m. §§ 253 II Nr. 2, 495 ZPO ist es erforderlich, dass der Klageantrag hinreichend bestimmt ist. Die Anforderungen an den Klageantrag richten sich danach, ob es sich um eine Leistungsklage (Prototyp ist die Lohnzahlungsklage) oder um eine Feststellungsklage (Hauptanwendungsfall ist die Kündigungsschutzklage) handelt.[705] Die Leistungsklage ist im Hinblick auf eine Lohnzahlungsklage dann hinreichend bestimmt, wenn der Arbeitnehmer als Kläger eine exakte Lohnsumme angibt, auf die er seiner Meinung nach einen Anspruch hat. Bei einer allgemeinen Feststellungsklage, z. B. im Rahmen einer Kündigungsschutzklage, ist ebenfalls ein exakt bestimmter Klageantrag zu stellen mit detaillierten Aussagen dazu, warum die Kündigung sozial ungerechtfertigt oder aus anderen Gründen unwirksam ist.

816 In erster Instanz, d. h. vor den Arbeitsgerichten, ist der Kläger, z. B. der Arbeitnehmer, selbst postulationsfähig. Er kann eigenständig vor Gericht auftreten und ist nicht auf eine Vertretung durch einen Rechtsanwalt angewiesen. Er kann sich aber nach § 11 II 1 ArbGG auch durch einen Rechtsanwalt als Bevollmächtigten vertreten lassen. Nach § 11 IV ArbGG müssen sich die Parteien vor dem Bundesarbeitsgericht und dem Landesarbeitsgericht durch Prozessbevollmächtigte vertreten lassen. Das geht vor dem Bundesarbeitsgericht nur durch einen Rechtsanwalt, vor den Landesarbeitsgerichten neben ei-

---

704 Siehe dazu Schade, Rn. 12
705 Junker, Rn. 871 f.

nem bei einem deutschen Gericht zugelassenen Rechtsanwalt auch durch einen Verbandsvertreter.

Beim Urteilsverfahren ist nach § 46 II 2 ArbGG eine mündliche Verhandlung unbedingt erforderlich. Nach 54 I ArbGG beginnt die mündliche Verhandlung mit einer Verhandlung vor dem Vorsitzenden zum Zweck der gütlichen Einigung (Güteverhandlung). Nach § 60 I 1 ArbGG soll am Ende des Gerichtstermins die sofortige Verkündung des Urteils stattfinden; ein besonderer Termin kann nur bestimmt werden, wenn die sofortige Verkündung aus besonderen Gründen nicht möglich ist, insbesondere, weil die Beratung nicht mehr am Tag der Verhandlung stattfinden kann. **817**

In §§ 64 ff. ArbGG ist das Berufungsverfahren geregelt. Nach § 64 I ArbGG findet gegen die Urteile des Arbeitsgerichts, soweit nicht nach § 78 ArbGG das Rechtsmittel der sofortigen Beschwerde gegeben ist, die Berufung an die Landesarbeitsgerichte, nach § 72 I ArbGG gegen das Endurteil eines Landesarbeitsgerichts die Revision an das Bundesarbeitsgericht statt. Die Zulässigkeit der Berufung an die Landesarbeitsgerichte ist in § 64 II ArbGG normiert, die Revision ist unter den in § 72 II ArbGG angegebenen Gründen zuzulassen. **818**

Für die Zwangsvollstreckung aus Endurteilen von Arbeitsgerichten sind nach § 62 II ArbGG die §§ 704 ff. ZPO entsprechend anzuwenden. Nach § 764 I ZPO ist das Amtsgericht Vollstreckungsgericht, ausnahmsweise das Arbeitsgericht nach §§ 887 f., 890 ZPO. Nach §§ 62 I 1 ArbGG sind Urteile, gegen die Einspruch oder Berufung zulässig sind, vorläufig gegen Sicherheitsleistung vollstreckbar. Durch diese Regelung soll der Schuldner davon abgehalten werden, zwecks Verzögerung der Vollstreckung Rechtsmittel einzulegen, und der Gläubiger soll möglichst schnell die Erfüllung des zuerkannten Anspruchs erreichen können.[706] **819**

II. Beschlussverfahren

Das arbeitsrechtliche Beschlussverfahren ist in den §§ 80–100 ArbGG geregelt. Es findet in den in § 2a ArbGG bezeichneten Fällen Anwendung. Nach § 80 II ArbGG gelten für das Beschlussverfahren des ersten Rechtszugs ebenfalls die für das Urteilsverfahren der ersten Instanz maßgebenden Vorschriften über Prozessfähigkeit, Prozessvertretung, Ladungen, Termine und Fristen, Ablehnung und Ausschließung von Gerichtspersonen, Zustellungen, persönliches Erscheinen der Parteien, etc. Nach § 81 I ArbGG ist das Beschlussverfahren nur auf Antrag einzuleiten; der Antrag ist bei dem zuständigen Arbeitsgericht schriftlich einzureichen oder bei seiner Geschäftsstelle mündlich zur Niederschrift anzubringen. Zuständig ist nach § 82 I ArbGG das Arbeitsgericht, in dessen Bezirk der Betrieb liegt; vergleichbar zum Urteilsverfahren ist in Angelegenheiten eines Europäischen Betriebsrats, in Angelegenheiten aus dem SE-Beteiligungsgesetz oder in Angelegenheiten nach dem SCE-Beteiligungsgesetz das Arbeitsgericht örtlich zuständig, in dessen Bezirk das Unternehmen oder das herrschende Unternehmen bzw. die Europäische Gesellschaft oder die Europäische Genossenschaft ihren Sitz hat. **820**

Im Gegensatz zum Urteilsverfahren mit Kläger und Beklagtem als Prozessparteien sind bei einem Beschlussverfahren Antragsteller und Antragsgegner als Beteiligte zu berücksichtigen. Nach § 83 I 1 ArbGG hat das Gericht den Sachverhalt im Rahmen der gestellten Anträge von Amts wegen zu erforschen. Im Gegensatz zum Urteilsverfahren muss eine Güteverhandlung nicht zwingend angestrebt werden. Nach § 2 II GKG werden keine Gerichtskosten festgesetzt. Nach § 84 ArbGG entscheidet das Arbeitsgericht nach **821**

---

706 Vgl. zu den Grundsätzen der vorläufigen Vollstreckbarkeit: ErfK/Koch, § 62 ArbGG, Rn. 2

seiner freien, aus dem Gesamtergebnis des Verfahrens gewonnenen Überzeugung durch Beschluss, der schriftlich abzufassen ist. Üblicherweise findet nach § 83 IV ArbGG ein Anhörungstermin statt. Mit Einverständnis der Beteiligten kann das Gericht auch ohne mündliche Verhandlung entscheiden.

822 Auch im Beschlussverfahren können die Beteiligten nach § 83a ArbGG das Verfahren durch Vergleich beenden oder für erledigt erklären. Hat der Antragsteller das Verfahren nach § 83a III ArbGG für erledigt erklärt, so sind die übrigen Beteiligten binnen einer von dem Vorsitzenden zu bestimmenden Frist von mindestens zwei Wochen aufzufordern, mitzuteilen, ob sie der Erledigung zustimmen. Aus einem rechtskräftigen Beschluss des Arbeitsgerichts oder aus einem gerichtlichen Vergleich, durch den einem Beteiligten eine Verpflichtung aufgelegt wird, kann nach § 85 I ArbGG die Zwangsvollstreckung stattfinden. Dabei ist ein Beschluss des Arbeitsgerichts in vermögensrechtlichen Streitigkeiten vorläufig vollstreckbar. Der Erlass einer einstweiligen Verfügung ist nach § 85 II 1 ArbGG zulässig. Gegen den das Verfahren beendenden Beschluss kann nach § 87 ArbGG Beschwerde an das Landesarbeitsgericht erhoben werden.

§ 4 Schiedsverfahren

823 Der Vierte Teil des Arbeitsgerichtsgesetzes regelt in den §§ 101–110 ArbGG den Schiedsvertrag in Arbeitsstreitigkeiten. Nach § 4 ArbGG kann die Arbeitsgerichtsbarkeit nach Maßgabe der §§ 101–110 ArbGG in den Fällen des § 2 I, II ArbGG ausgeschlossen werden. Für bürgerliche Rechtsstreitigkeiten zwischen Tarifvertragsparteien aus Tarifverträgen bzw. über das Bestehen oder das Nichtbestehen von Tarifverträgen können die Parteien des Tarifvertrags die Arbeitsgerichtsbarkeit allgemein oder für den Einzelfall durch die ausdrückliche Vereinbarung ausschließen, dass die Entscheidung durch ein Schiedsgericht erfolgen soll. Die Schiedsvereinbarung gilt dann allerdings nur für tarifgebundene Personen. Insofern kommt für die meisten Arbeitsverhältnisse eine Schiedsvereinbarung nicht in Betracht. Ist eine Schiedsvereinbarung getroffen worden, gilt diese als prozesshindernde Einrede, denn das Arbeitsgericht hat eine Klage als unzulässig abzuweisen, wenn ein Schiedsvertrag geschlossen wurde und sich der Beklagte auf den Schiedsvertrag beruft.

824 Die Zusammensetzung des Schiedsgerichts ergibt sich aus § 103 ArbGG. Es muss aus einer gleichen Zahl von Arbeitnehmern und Arbeitgebern bestehen; außerdem können ihm Unparteiische angehören. Das Verfahren vor dem Schiedsgericht, z. B. die Anhörung der Parteien, die Beweisaufnahme, ein vor einem Schiedsgericht zu schließender Vergleich sowie der Schiedsspruch sind in §§ 104 ff. ArbGG geregelt.

825 Gegen einen Schiedsspruch kann die Partei, die sich diesem Schiedsspruch nicht unterwerfen will, nach § 110 ArbGG Aufhebungsklage vor dem zuständigen Amtsgericht erheben. Auf Aufhebung des Schiedsspruchs kann geklagt werden, wenn das schiedsgerichtliche Verfahren unzulässig war oder der Schiedsspruch auf der Verletzung einer Rechtsnorm beruht bzw. wenn die Voraussetzungen vorliegen, unter denen gegen ein gerichtliches Urteil nach § 580 Nr. 1–6 ZPO die Restitutionsklage zulässig wäre. Nach § 110 III ArbGG ist die Klage binnen einer Notfrist von zwei Wochen zu erheben. Die Frist beginnt üblicherweise mit der Zustellung des Schiedsspruchs. Die Zwangsvollstreckung findet nach § 109 I ArbGG oder aus einem vor dem Schiedsgericht geschlossenen Vergleich nur statt, wenn der Schiedsspruch oder der Vergleich von dem Vorsitzenden des Arbeitsgerichts, das für die Geltendmachung des Anspruchs zuständig wäre, für vollstreckbar erklärt worden ist. Ist der Schiedsspruch für vollstreckbar erklärt, so ist nach § 110 IV ArbGG in dem der Klage stattgebenden Urteil auch die Aufhebung der Vollstreckbarkeitserklärung auszusprechen.

Stichwortverzeichnis

Die Ziffernangaben beziehen sich auf die Randnummern des Werkes.

A

Abfindung 350, 388, 427, 740
Abfindungszahlung 374
Abgrenzung 5
Abkehr 598
Abmahnung 235, 251, 359, 439, 485, 629
Abnahmeverzögerung 624
Abordnung 780
Absolutes Fixgeschäft 238
AEUV 35
Akkordarbeit 306
Akkordlohn 198
Alkoholabhängigkeit 285
Alkoholgenuss 285
Allgemeiner Gleichbehandlungsgrundsatz 657, 756
Allgemeinverbindlichkeitserklärung 571
Altersgrenze 385, 387
Altersteilzeit 22
Altersversorgung 292
– betriebliche 152
– gesetzliche 152
Anbahnung 70
Änderungskündigung 59, 115, 163, 359, 365 f., 368, 444, 730
Anfechtung 94, 96, 370, 749
Anfechtungserklärung 98, 370
Anfechtungsfrist 370
Anfechtungsgrund 370
Anfechtungsgründe 96
Angebot und Annahme 87
Angestellter 17, 143
Anhörung
– Betriebsrat 340
– Sprecherausschuss 340 f.
Anhörungstermin 821
Annahmeverzug 239, 277, 312, 315, 630
Anzeige- und Überwachungspflicht 181
Arbeiter 17, 143
Arbeitgeber 16, 149, 660
– Nebenpflicht 207
– Tod 406
Arbeitgeberdarlehen 258
Arbeitgeberverband 547
Arbeitnehmer 16, 161, 661
– befristet 515 f.
– Tod 389
arbeitnehmerähnliche Person 27
Arbeitnehmererfindung 216
Arbeitnehmer-Mitbestimmung 636
Arbeitnehmerschutzrecht 1
Arbeitnehmerüberlassung 127, 233

Arbeitsbereitschaft 168, 490
Arbeitsgericht 243, 799
Arbeitsgerichtsbarkeit 7, 11, 796
Arbeitsgruppe 681
Arbeitskampf 586, 606, 609, 744
– Fernwirkung 623
– Gebot der Verhältnismäßigkeit 613
– Kampfmittel 610
– Kampfparität 611
– rechtmäßiger 590
– rechtswidriger 607, 625
– verdeckte Kampfführung 617
Arbeitskampfparität 318
Arbeitskampfrisiko 318
Arbeitslosengeld 375
Arbeitsmedizin 473
Arbeitsorganisation 139, 473
Arbeitspapiere 410
Arbeitsschutz 470, 485
Arbeitssicherheit 480
Arbeitsunfähigkeit 281 ff., 288, 290, 297
Arbeitsunfall 319, 322
Arbeitsverhältnis 15, 23, 159, 463
– Beendigung 407
– faktisches 99
– fehlerhaftes 99, 373
Arbeitsverhältnis auf Probe 116
Arbeitsverhältnisse 109
Arbeitsvertrag 56, 68
– Aufhebung 369, 374
– auflösend bedingt 384
– zweckbefristet 383
Arbeitsvertragliche Einheitsregelungen 57
Arbeitszeit 166, 487, 491, 501, 525
– bedarfsabhängig 114
– kapazitätsorientiert 114
Arbeitszeitkonto 238
Arbeitszeitregelung 175
Arbeitszeitschutz 486
Arglistige Täuschung 97
Art der Arbeitsleistung 162
Art. 12 GG 66
Aufhebung 369
Aufhebungsklage 825
Aufhebungsvertrag 374
Aufsichtsrat 786
Aufwendungsersatz 220
Ausbeutung 95
Ausbildungsvertrag 146
Ausgleichsabgabe 511
Ausgleichsquittung 425
Aushilfsarbeitsverhältnis 124

Stichwortverzeichnis

Ausschlussfrist 106
– einstufig 202
– zweistufig 202
Außenseiter 566 f.
Aussperrung 600, 622

B
Beamte 135
Beauftragter 482
Beerdigung 294
Beerdigungskosten 328
Befristete Arbeitsverhältnisse 109
Befristung 377
Benachteiligung 226, 229, 231 f., 263, 769
– mittelbare 227
– unmittelbare 227
Benachteiligungsverbot 72, 84, 87, 111, 227, 232, 264, 503, 512, 517, 657
Bereitschaft 167
Bereitschaftsdienst 168, 490
Berufsausbildungsverhältnis 118
Berufsausbildungsvertrag 118
Berufsbildung 727
Berufsgenossenschaft 322 f.
Berufskrankheit 319, 479, 484
Berufsunfähigkeit 152
Berufsverbandsprinzip 557
Berufung 457 f., 800, 818
Berufungsbegründung 458
Berufungsverfahren 818
Beschäftigungspflicht 205 f., 256
Beschäftigungsverbot 504, 507
Beschlussverfahren 462, 746, 751, 805, 808 f., 811, 820
beschränkte Geschäftsfähigkeit 89
Beschwerde 462, 818
Bestandsgarantie 541
Bestechlichkeit 185
Betätigungsgarantie 543
Betreuer 89
Betrieb 150, 155, 395, 645, 658
betriebliche Altersversorgung 217
Betriebliche Übung 58, 102
Betriebsabsprache 757 f.
Betriebsänderung 737, 740
Betriebsarzt 480
Betriebsausschuss 678
Betriebsbesetzung 607
Betriebsblockade 607
Betriebsbuße 235, 250
Betriebsfrieden 182
Betriebsgeheimnis 182
Betriebsordnung 250
Betriebsrat 54, 165, 177, 333, 368, 478, 654, 662, 676, 686, 697, 710, 741, 748, 762
– Amtszeit 670, 676
– Anhörungsrecht 717
– Arbeitsgruppe 680 f.
– Aufgaben 684
– Beratungsrecht 717

– Beschluss 682
– Beteiligungsrecht 712
– Ersatzmitglied 676
– Europäischer 701 f.
– Gesamtbetriebsrat 699
– Geschäftsführung 678
– Geschäftsordnung 678
– Haftung 696
– Initiativrecht 721, 726, 743
– Konzernbetriebsrat 700
– Kündigung 689, 691
– Mitgliedschaft 676
– Mitwirkungsrecht 715
– Neutralität 744
– Organisation 676
– Rechtsstellung 663
– Schulung 687
– Sitzung 679
– Tätigkeit 686
– Unterrichtungsrecht 718
– Verschwiegenheitspflicht 694
– Wahl 664
– Wählbarkeit 668
– Wahlberechtigung 668
– Wahlverfahren 672
– Widerspruchsrecht 716
– Zustimmung 714, 743
Betriebsräteversammlung 699
Betriebsratsbeschluss 347
Betriebsrisiko 316
Betriebsschutz 502
Betriebsstilllegung 404, 601, 623, 744
Betriebsstörung 317
Betriebsteil 155, 395, 647
Betriebsübergang 155, 345, 392
Betriebsunterbrechung 404
Betriebsvereinbarung 54, 156, 173, 194, 393, 721, 748 f.
– erzwingbare 748
– freiwillige 748
– Geltungsbereich 753
– Inhalt 750
– Nachwirkung 755
Betriebsverfassung 653
Betriebsverfassungsrecht 638
Betriebsversammlung 697 f.
Bewerbungsunterlagen 80
Bezeichnung 142
Bildschirmarbeit 502
Bildungsurlaub 304
Blue-Pencil-Test 202
Boykott 597
Brandbekämpfung 475
Bruttolohn 201
Bundesarbeitsgericht 801
– Großer Senat 802
– Senat 801
Bundesverfassungsgericht 459
Bußgeld 485

Stichwortverzeichnis

C
culpa post contrahendum 420

D
Datenschutz 523
Datenschutzbeauftragter 481
Dauerschuldverhältnis 98, 159
Dienstbefreiung 775
Dienstvereinbarung 782
Direktionsrecht 60
Direktversicherung 152
Direktzusage 152
Diskriminierungsverbot 85, 262 f., 657
dispositive Wirkung 52 f.
Drittelbeteiligung 794
Drittwirkung von Grundrechten 49
Drogenabhängigkeit 285
Druckkündigung 364

E
Eigengeschäftsführung 185
eingebrachte Sachen 213
Eingliederung 141
Eingruppierung 694, 718, 728 f.
Einigungsstelle 641, 710, 721 f., 732, 739, 742, 747, 755, 780
– Beschlussfassung 711
Einschränkungen der Nebentätigkeit 187
Einstellung 694, 718, 728
Einstellungshindernis 81
Einstweilige Verfügung 633
Einstweiliger Rechtsschutz 243
Einteilung 174
Eltern 89
Elterngeld 309 f.
Elternzeit 309 f., 349, 505
Entbindung 306 ff., 348, 504 f.
Entgeltumwandlung 217
Entlassungssperre 451
Equal-Pay-Grundsatz 129
Erbe 161, 399, 406
Erbfall 399
Erhaltungsarbeit 618
Erholungsurlaub 268
Ersatzruhetag 500
Europäisches Gemeinschaftsrecht 33
Evakuierung 475

F
Fahrlässigkeit
– einfache 273
– grobe 273 f.
– leichte 273
– leichteste 273
Familienangehörige 134
Feiertag 279
Feiertagsbeschäftigung 177, 500
Feststellungsklage 453, 815
Firmentarifvertrag 559, 577 f.

Fixschuld
– Absolute 276
Flächenstreik 594
Fließarbeit 306
Formfreiheit 93
Fortsetzungserkrankung 290
Fragerecht 76, 97
Franchise-Geber 29
Franchise-Nehmer 29
Frauenarbeitsschutz 503
freier Mitarbeiter 28
Freistellung 268 f., 301
Freiwillige Zulage 200
Friedenspflicht 562 f., 576, 626, 628, 655
Frühschicht 294
Fürsorgepflicht 208, 258

G
Geburt 294, 305
Gehaltstarifvertrag 560, 565
Geheimhaltungspflicht 769
Geldakkordlohn 198
Gerichtskosten 821
Gesamtbetriebsrat 665, 710
Gesamtzusage 102, 153, 217
Geschäftsfähigkeit 89, 814
Gesetzgebung 50
Gesundheitsschutz 210, 468, 474, 477
Gewerbeaufsichtsamt 483
Gewerbeordnung 11
Gewerkschaft 550
Gewohnheitsrecht 62
Gläubiger 161
Gleichbehandlungsgebot 516
Gleichbehandlungsgrundsatz 153, 194, 222 f., 264 ff.
Gleitzeit 491, 747
Gleitzeitregelung 175
Gratifikation 199
Grenzen 77
Grundsatz 229
Günstigkeitsprinzip 53, 564, 567, 749, 752
Güteverhandlung 456, 817, 821

H
Haftungsbeschränkung 273 f., 325, 327
– des Arbeitgebers 323
– des Arbeitnehmers 327
Haftungserleichterung 274
Haftungsverlagerung 322, 325
Handelsvertreter 29
Handlungspflicht 181
Hausgewerbetreibender 518
Haustarifvertrag 549
Heimarbeiter 28, 518 f.
Heimarbeitsausschuss 520
Hinterbliebenenversorgung 292
Höchstdauer 170
Hochzeit 294

Stichwortverzeichnis

I
Industrieverbandsprinzip 547, 557
Informationsrechte 75
Inhaltskontrolle 101
Initiativrecht 743
Insolvenz 154, 204, 405
Integrationsamt 350, 514
Interessenabwägung 445
Interessenausgleich 405, 641, 738, 740
Interessenvertretung 639
Internationales Privatrecht 46
Invitatio ad offerendum 71

J
Job-Sharing 21, 115
Jugend- und Auszubildendenvertretung 682, 690, 704
Jugendarbeitsschutz 506

K
Kampfparität 623
Kernarbeitszeit 175, 238, 491
Klageschrift 456
Koalition 531, 535
Koalitionsfreiheit 49, 538, 540
– individuelle 539
Koalitionsmittelgarantie 544
Kollektive Koalitionsfreiheit 540
Kollektives Arbeitsrecht 6
Konkurrierende Gesetzgebung 50
Konzernbetriebsrat 665, 667, 700, 710
Krankengeld 282
Krankenkasse 288
Krankfeiern 288
Krankheit 282 f., 285, 290, 437
Krankheitsfall 279, 281 ff.
Kündigung 148, 235, 426, 732
– außerordentliche 272, 352 ff.
– betriebsbedingt 441
– betriebsbedingte 341, 364
– fristlose 352
– ordentliche 332
– personenbedingte 364, 436
– sozial 429
– Unwirksamkeit 354
– verhaltensbedingte 364, 438
Kündigungserklärung 334, 353
– Form 334
Kündigungsfrist 148, 337, 340, 352, 367
– fiktive 356
Kündigungsgrund 336, 355
Kündigungsrecht 272
Kündigungsschutzklage 353, 366, 452, 456, 815
Kündigungssperre 350
Kündigungsverbot 404, 505
Kurzarbeit 173, 525 ff.

L
Ladenschlussgesetz 521

Landesarbeitsgericht 800
Leiharbeit 126
Leiharbeitnehmer 668
Leiharbeitsverhältnis 232
Leistungsfähigkeit 178
Leistungsklage 563, 815
Leistungsstörung 234, 624
Leitender Angestellter 144
Lieferverzögerung 624
Lohnschutz 203, 692
Lohnwucher 95
Lohnzahlungsklage 255, 270, 815
Lüge 372

M
Mankohaftung 249
Manteltarifvertrag 560, 565
Massenentlassung 451
Masseverbindlichkeit 204
Maßregelungsverbot 231, 450
Mehrarbeit 306, 525
Mindestlohn 195
Mitbestimmung 69, 634, 713 f., 721, 731, 759, 780, 783
Mitbestimmungsgesetz 789
Mitteilungspflicht 75
Mitverschulden 273
Mobbing 211, 258
Montanmitbestimmung 788
Montan-Mitbestimmungsgesetz 785
Mutterschaftsgeld 307
Mutterschutz 504 f.

N
Nachtarbeit 176, 487, 494, 504
Nachtzeit 487, 494
Nachwirkung 575
Naturkatastrophe 294
Nebenbeschäftigung 125
Nebenpflicht 269
Nebentätigkeit 19
Nebentätigkeitsverbot 186
Nettolohn 201
Nichtbeförderung 231
Nichteinstellung 231
Nichtigkeit 331
Nichtraucherschutz 502
normativer Teil 564
Normenkollision 579
Notstandsarbeit 618

O
Objektive Unmöglichkeit 237
Öffnungsklausel 564
Ordnungswidrigkeit 485, 489
Ort der Arbeitsleistung 164

P
Parteifähigkeit 814
Pensionskasse 152

Stichwortverzeichnis

Pensionssicherungsverein 154
Pensionszusage 217
Personalabteilung 219
Personalakte 212
Personalbedarf 724
Personalfragebogen 725
Personalplanung 69, 724
Personalrat 774, 777
– Bezirkspersonalrat 774
– Errichtung 775
– Gesamtpersonalrat 774
– Geschäftsführung 775
– Hauptpersonalrat 777
– Initiativrecht 781
– Mitbestimmungsrechte 780
– Mitwirkungsrechte 779
– Organisation 775
Personalversammlung 777
Personalvertretung 690, 778
Persönlichkeitsrechte 211, 271
Pfändung 203 f., 214
Pflegegeld 311
Pflegeversicherung 292, 311
Pflegezeit 311
Praktikant 25, 121
Prämie 199
primäres, sekundäres und tertiäres Gemeinschaftsrecht 36
Privatautonomie 189, 222
Probezeit 23, 120, 148, 338, 432
Prognoseprinzip 443
Provision 200
Prozessfähigkeit 814, 820
Prozessführungsbefugnis 814
Prozessvertretung 820

R
Rechtsetzungskompetenz 38
Rechtsfähigkeit 814
Rechtsverhältnis Arbeitgeber-Arbeitnehmer 65
Regelaltersrente 385
Regelungssperre 751
Rehabilitation 286, 321
Restitutionsklage 825
Revision 459, 461, 818
Richterrecht 63
Richtlinie 55
Rufbereitschaft 169, 490
Ruhegeld 217
Ruhepause 170, 492, 507
Ruhezeit 171, 493

S
Sachbezüge 197
Sachverbandsprinzip 550
Schadensersatz/Schmerzensgeld 86
Scheidungstermin 294
Schichtarbeit 176, 494, 496
Schichtplan 496
Schiedsgericht 582, 823 f.

Schiedsspruch 582, 825
Schiedsvereinbarung 823
Schiedsverfahren 582, 823
Schiedsvertrag 810, 823
Schlechterfüllung 234
Schlichtung 581, 583
Schlichtungsstelle 585, 747
Schriftform 93
Schüler 123
Schutzpflicht 259
Schwangerschaft 305, 307 f., 348, 504 f.
Schweigen 97
Schwerbehindertenschutz 508
Schwerbehindertenvertretung 682, 709
Schwerpunktstreik 318, 594, 623
Selbsttötungsversuch 285
sexuelle Belästigung 212
Sicherheitsbeauftragter 479
Sicherheitsingenieur 480
Sicherheitsleistung 819
Sonderurlaub 303
Sonntagsbeschäftigung 177, 500 f.
Sozialauswahl 446
soziale Rechtfertigung 434
Sozialplan 204, 641, 738 f.
Sozialstaatsprinzip 49, 67
Sozialversicherung 292
Sportunfall 284
Sprecherausschuss 341, 708, 761
– Aufgaben 769
– Beschluss 767
– Errichtung 764
– Geschäftsführung 766
– Mitwirkungsrecht 770
– Organisation 766
– Versammlung 768
– Vertretung 766
Sprungrevision 460
Stellenangebot 228
Stellenausschreibung 71
Stellvertretung 91
Straftat 295, 489
Streik 318, 593, 622
– politischer 607
– wilder 607
Streikbruchprämie 602
Sympathiestreik 626

T
Tantieme 200
Tarifautonomie 553, 566
Tarifbezirk 574
Tariffähigkeit 554, 580
Tarifgebundenheit 194, 573
Tarifkollision 577
Tarifkonkurrenz 577
Tarifpluralität 569, 577, 579
Tarifvertrag 156, 173, 194, 291, 393, 490, 526, 552, 564, 569 f., 626, 747, 751
– Geltungsbereich 574

Stichwortverzeichnis

- Nachbindung 570, 573, 577 f.
- Nachwirkung 575
- schuldrechtlicher Teil 561

Tarifvertragsvorbehalt 173
Tarifvorbehalt 751
Tarifzuständigkeit 557
Teilzeitarbeit 110, 115, 232
Teilzeitarbeitsverhältnis 20
Teilzeitbeschäftigte 515
Tendenzbetrieb 183, 646
Tod 161
Todesfall 294
Topftheorie 266
Treuepflicht 180

U

Ultima-ratio-Prinzip 444, 614
Umdeutung 360
Umgruppierung 694, 718, 728 f.
unbeschränkte Geschäftsfähigkeit 89
Unechte Leiharbeit 127
Unfall
- betriebsbezogen 325
- wegebezogen 325

Unfallschutz 484
Unfallverhütung 478, 480, 485
Unfallversicherung 319, 324
Unfallversicherungsträger 479
Ungleichbehandlung 223, 265
Unmöglichkeit 234, 238
Unselbstständigkeit 141
Unterlassungsklage 563
Unternehmensmitbestimmung 636
Unternehmer 16, 131
Unterstützungskasse 152
Untersuchungshaft 295
Urlaub 297
- Zeitpunkt 300
- Zeitraum 300

Urlaubsgeld 302
Urteilsverfahren 805, 807, 814, 817

V

Verbandstarifvertrag 559
Verbandswechsel 580
Verbraucher 130
Verdachtskündigung 362, 465
Vergleich 427, 456, 822, 824
Vergütungsanspruch 218
Vergütungspflicht 193
Verhinderung 294
Verkehrsstau 294

Vermögensinteressen 214
Versäumnisurteil 457
Verschwiegenheitspflicht 184, 212, 423
Versetzung 165, 694, 718, 728, 730, 780
Versicherungsfall 323
Vertragsfreiheit 1
Vertragsstrafe 235
Vertreter ohne Vertretungsmacht 99
Vertretungsmacht 91
Verweisung 812
Verwirkung 419
Verzug 234, 237, 255
Völkerrechtliche Verträge 32
Volontär 25, 122
Vorstellungskosten 80
vorvertragliches Schuldverhältnis 73

W

Wahlanfechtung 674
Wählbarkeit 668
Wahlversammlung 672, 690
Wahlvorstand 665, 667, 690
Warnstreik 594
Weisungsgebundenheit 138, 141
Weisungsrecht 15, 61, 162, 165, 223, 440, 526
Weiterbeschäftigung 356, 463, 693
Weiterbeschäftigungsanspruch 463
Weiterbildung 191
Weiterbildungsgebot 190
Werkstudent 25, 123
Werkvertrag 15
Wettbewerbsverbot 188, 424
- gesetzliches 188
- nachvertragliches 188

Whistleblowing 182
Wiedereinstellung 363, 448
Wiedereinstellungsanspruch 465
Willkürverbot 222
Wirtschaftsausschuss 651, 706, 735 f.

Z

Zahlungsunfähigkeit 270
Zeitakkordlohn 198
Zeitlicher Umfang 166
Zeitlohn 198
Zeugnis
- einfaches 219, 261, 411
- qualifiziertes 219, 261, 411

Zurückbehaltungsrecht 270
Zwangsschlichtung 583, 588
Zwangsvollstreckung 243, 746, 819, 822, 825
Zweitstimmenrecht 792
Zwischenfeststellungsklage 453